SHIXUE DIAOCHA YU TANSUO

JIAOYUBU SHEHUI KEXUE WEIYUANHUI
LISHIXUE XUEBU LUNCONG

史学调查与探索

教育部社会科学委员会
历史学学部论丛

教育部社会科学委员会历史学学部 编

2016

北京师范大学出版集团
BEIJING NORMAL UNIVERSITY PUBLISHING GROUP
北京师范大学出版社

前　言

本刊是教育部社会科学委员会历史学学部主办的学术咨询性质的年刊，2011 年和 2015 年分别出版了第一辑和第二辑，今年出版的是第三辑。

本刊的宗旨是以《国家中长期教育改革和发展规划纲要》为指针，贯彻教育部社会科学委员会章程，在历史学学科领域范围内积极开展学术调研、咨询工作的基础上，提供相关信息交流的园地。本刊发表的文章，一是有关学科领域的研究报告，二是有关学术前沿重要问题的研究进展信息，三是有关学科发展中面临的各种值得关注的倾向性的资讯，四是有关推进学科建设的意见和建议等。

本刊尤其关注关于学科建设、史学前沿、学术建议、学术调查等方面有实质性和启发性的文章。历史学部的所有成员，固然因职责的关系，有义务为本刊撰文。但是，本刊更广泛的作者当是辛勤耕耘在历史学各领域第一线的学者、专家，这是本刊真诚的期待。希望本刊有益于全国史学界同人，也希望全国史学界同人支持本刊。

本辑包含“中外历史研究的会通”和“多文明视野下的中国与世界”两个主题，都是近年来在历史学学科发展中受到关注的前沿问题。中国史研究如果离开世界史的背景，会影响对中国史特色的阐述——因为特色总是在相互比较中才能看清楚的；中国的世界史研究如果离开中国史主体，也很难真正理解研究世界史的意义和目的。“中外历史研究的会通”意识，将会从历史研究的理论、视角、方法等方面带给中国史学新的思考。“多文明视野下的中国与世界”，不仅涵盖了以全球化的多文明视野进行的中国史研究、外国史研究和中外历史比较研究，还要求具备在认识论的层面去看待与分析“多文明视野下的中国与世界”，促使我们重新认识中国、重新认识世界、重新认识我们自己。

2016 年 7 月

目　录

·中外历史研究的会通·

·多文明视野下的中国与世界·

一般与个别：略谈中外历史的会通

阎步克

一

中国传统史学把自己的使命，概括为纵向的“通古今之变”，至于与四边蛮夷的横向比较，只是“礼乐之邦”的陪衬而已。近代以来的“中外历史的会通”，显然就是一场视角的变革了。把中外同时纳入视野，激发了近代史家的无数灵感。“中外历史的会通”之意义重大，首先在于事物的特点是在比较中呈现出来的。在某种意义上甚至可以说，是比较建构了事物。进而现代科技极大地增加了各地域的交流频度，在人类生活逐渐“全球化”或“一体化”时，学术的展开也必然趋于“会通”。我个人所学习的中国制度史，当然也是如此。

我觉得，根据自然法则，人类生活的“一体化”最终不可避免，其多样性也将以新形式表现出来。当然，漫长曲折的“一体化”中，既存的各民族、地域和文化单元，也在全力维护其独特性。除了争取利益最大化之外，也在于多样性本身的文化价值。学术上也是如此。

吉尔兹的“地方性知识”概念，便含有一个意图：不是寻求抹杀个性的“规律”，而是采用“文化持有者的内部眼界”，“摒弃一般，寻找个别的方式去重建新的知识结构”。在文化之中，蕴含着人类精神创造的那些最精微的东西，这就需要“内部眼界”。比如说，使用“清新”“华腴”或“沉郁顿挫”之类传统术语，方能传达中国诗词的美妙之处。然而这套术语，或说这种“内部眼界”，无法用于外文诗歌。笔者所学习的政治制度就不同了。

若转入制度领域，那么连“寻求个别”的吉尔兹，也看到了“在任何一个复杂构成的社会的政治核心中，总有统治精英以及一套符号形式去表达他们真正管理统治的操作行为”，“在任何地方，这一点都十分明晰，国王们通过仪典获得对他们的王国的象征性的拥有”①。统治精英、符号形式、操作行为、礼制仪典之类概念，实际就组成了一个普适的参照系，可以用于“任何地方”“任何一个复杂构成的社会”。

历史学特别关注那些独一无二、不可重复的东西。“天底下没有两片一模一样的树叶”。然而千姿百态的纷纷树叶，也是可以类型化的。当你把视线从某一特定个体移开，着眼于更多个体时，“类型”就浮现了。凯特莱说：“人数越多，个人的意愿就会深埋在普遍事实的系列之下，而普遍事实则取决于决定社会存在与延续的总体原因。”穆勒也看到：“本性看来似乎最为变幻莫测的事件，单独处理时看不出端倪，一旦涉及足够多的回数，它们就能够以接近数学规律的特征发生。”②样本越多，“大数定律”的意义越大。比如说，个人最终无法超越“正态分布”。所谓“中外历史的会通”，所涉样本至少在两个以上。超越个性的深层法则，就开始重要起来了。

一位世界史教授曾对我谈到，他讲授东南亚各国史时，最大难点之一，就是如何把它们的历史，同中国史“放在同一平台上加以观察”。我觉得这个想法很好。尽管作为人文学科，历史学对独一无二的、不可重复的东西情有独钟，但它毕竟还有一个科学层面。科学要求对同类事物采用同一方法，不能甲人、甲地、甲事物是一套，乙人、乙地、乙事物又是一套。有人认为，中西政治体制的内在逻辑不同，本质上是不可比的。然而也可以换一种态度：人类既然是同一个物种，其各个种群的结构就应该可比；其各种差异，可以、也需要在同一平台上呈现出来。中国有很多传统政治术语，如“德治”“法治”或“王道”“霸道”之类，它们无法用作比较各种

① [美]吉尔兹：《地方性知识：阐释人类学论文集》，王海龙、张家瑄译，“导读”14－15页，正文162－163页，北京，中央编译出版社，2000。

② 转引自[英]鲍尔：《预知社会：群体行为的内在法则》，暴永宁译，48、50页，北京，当代中国出版社，2007。

权力结构、政治思想的共同平台，只是分析对象而已。适当建构起来的“同一平台”，看上去是“中外历史会通”的基本问题之一。

有一种观点，说是“中国皇权不下县”，县以下广泛存在着各种“自治”。对此秦晖做出了一个出色反驳。他通过比较西欧、东欧、东亚、南亚、西亚等地的“小共同体”与国家的关系，有力阐明了在各前现代文明中，中国属于“大共同体本位社会”①。这就是一个基于“会通”的认识。假如谁想反驳它，那就必须遵循同样方法，即引证其他社会的相关资料提供比较。最近我参与讨论“中国专制主义”概念的问题，这时就深感中国传统政体的认识也依赖于“会通”，即需要在政体类型学的层面建立共同的参照系，对人类史上的各种政权分类比较，由此在“序列”中确定中国皇权的属性，而不宜孤零零地就中国论中国②。

这样的理论框架的建构，经常要超出历史学领域，而进入相关的社会科学领域，甚至科学领域。从学理上说，一套解释模式，在自身所处的层次不可能拥有“完备性”，必须求助于更高层次的概念体系。中外政治制度史的“会通”，须以一般政治学理论为基础；中外经济史的“会通”，须以一般经济学理论为基础。假如要比较罗马帝国和秦汉帝国的地方行政，只把二者放在一起各做叙述，还不算“会通”；假如要比较西方的“四要素说”(土、水、火、气)及其医学理论与中国的“五行说”及其医学理论，只把二者放在一起各做叙述，也不算真正“会通”。这时的分析平台，要在更高的行政学，或文化学、医学层次上建构起来的；换个说法，则是历史学与行政学、文化学、医学的交界面上建构起来的。个人当然可以不承担这种建构，大多数人只是利用既成范式、从事具体研究而已，可对一个领域就不是如此了。超越实证、也超越“地方性”的新平台的探索与搭建，是“中外历史会通”新开拓的基础工作。

---

① 秦晖：《“大共同体本位”与传统中国社会——兼论中国走向公民社会之路》，见《传统十论：本土文化的制度、文化及其变革》，61页以下，上海，复旦大学出版社，2003。

② 阎步克：《政体类型学视角中的“中国专制主义”问题》，载《北京大学学报》，2012(6)。

近代中国人最初看世界时，采用的仍是“内部眼界”：用“大同”来比拟民主，用“议郎”比拟议员，赞扬华盛顿的“推举”，“不僭位号，不传子孙，而创为推举之法”，等等。随后的严复、康有为、梁启超等，就不相同了。他们尝试把中外比较，建立在一个共同平台之上。严复翻译孟德斯鸠《法意》之余，对中西政制之异颇有评述，其若干认知已积淀下来了。像“家长主义”问题上的中西之异，严复的讨论至今仍有价值。康有为曾“经三十一国，行六十万里”。在万木草堂开设过“外国政治沿革得失”的课程，为光绪编写过《列国政要比较表》。其《官制议》一书中有大量中西制度比较，不乏卓见。萧公权评价《官制议》：“可说是当时中国讨论政府官制的论著中，最有系统的一部。”①梁启超的《中国专制政治进化史论》，以现代政体理论为“平台”，采用了专制、贵族制、封建制等概念，本于中国史的内在发展逻辑，为历代政治史勾画出了一个基本轮廓，并阐述了中央集权、外戚势力、异族政权和部落贵族、宰相权臣等重大问题。其基于政治体制、政治形态的历史分期，不妨说是中国学者的“制度史观”的开山之作。我想这篇名作，可以列为历史系本科生的必读之文。这类比较，都在为“中外历史的会通”搭建平台。

时至今日，中外比较业已蔚为大观。相关的论著、论文，用“遍地开花”来形容并不过分。大到中外历史的不同方向和阶段，小到风俗、器物，旁及环境、自然……。尽管各位具体研究者可能仅仅在各个“点”上深挖，但从整体上说，视野开阔的中外比较，必将使中国史研究的传统视角、方法、课题得到深化，并引发新视角、新方法、新课题。

二

从理论上说，“中外历史的会通”的基础是一个共同框架。然而在科学实践中，每个人的具体分析方法，又必定是家异其说，且因时而异的。

梁启超《中国专制政治进化史论》一文的历史分期，以政治体制、政治

---

① 萧公权：《康有为思想研究》，191页，北京，新星出版社，2005。

形态为本，可以说是“制度史观”的。而近代以来，文化史观、经济史观等，也开始展示风采。郭沫若等马克思主义史学家，把唯物史观引入中国学界，由此令中国人知道了母系氏族、父系氏族、奴隶社会、封建社会等概念，它们都是清以前的史家梦想不及的。又如，以铜器论述夏国家起源，以铁器论述战国剧变，“奴隶制与封建制的更替之发生在春秋、战国之交，铁的使用更是一个铁的证据”①，均令人耳目一新，学术创新度相当之大。“五种生产方式”的概念，成为中西比较、中外会通的理论平台之一了。

用现代眼光审视中国史，日本学者比中国学者先行了一步。京都学派的内藤湖南、宫崎市定等人，用古代、中世、近世为中国史分期。“上古”或“古代”到东汉中期为止，这是中国文化的形成、发展和扩张时期。在经历了汉晋间的过渡后，进入六朝隋唐之“中世”，这个时代的最大特点，被认为是贵族政治。唐宋之际又发生了“变革”，这是一个根本性的转型②，其意义是“东洋的近世”，中国由此步入近代社会。

这个“三分法”，很大程度上是比照西欧史而来的。近代日人受西欧史启发，把日本史分为“上古之史”“中古之史”“近代之史”，进而又“西体中用”，把这个“三段论”用于中国史③。有人说，这个中国史的“三段论”与西欧史只是“形似”，实际上所遵循的，仍是中国史的内在规律。然而无法否认，在理论起点上，“三分法”来自对西欧史三阶段的模拟参照。宫崎市定是这样提问的：“欧洲史上三个时代(按即古代、中世、近世)的概念，大致如上所述，这个时代观念怎样适用于其他地域?”于是，汉帝国可以媲美于罗马帝国，北方民族势力“亦可与日耳曼雇佣兵相比”；“东洋的近世亦和宋王朝的统一天下一起开始”，这时候的资本主义、君主独裁、国民主

① 郭沫若：《中国古代史的分期问题》，载《红旗》，1972(7)。

② 正如柳立言先生所论：只有认为唐宋间发生了一场根本性的社会转型，而且这个转型具有“近代化”的意义，才是日本京都学派“唐宋变革论”的基本观点。参见其：《何谓“唐宋变革”?》，载《中华文史论丛》，2006(1)；《宋代的家庭和法律》，上海，上海古籍出版社，2008。一般性地申说唐宋间的变化，认为此时进入了历史中期或后期，那跟日人的“唐宋变革论”并不相同。

③ 参见王晴佳：《中国史学的西“体”中用》，载《北京大学学报》，2014(1)。

义、宋学等，看上去可以比之西欧近世。宫崎市定进而这样申言："既然我们的态度是将特殊的事物尝试应用在一般事物上，则所谓特殊事物实际上便不再特殊。"①这个辩白确实很思辨、很机智，然而也足以证明，宫崎并非不知道他的"比之"是一种套用。他只是表明，自己就要寻求一个"深刻的片面"。为"唐宋变革论"提供的各种论证，大抵都是参照了西欧近代化的。

与之类似，尽管中国学者努力阐述，"中国封建社会"有自己的特点，但在理论起点上，这类认识仍是以"五种生产方式"为本的，可是"生产方式"只有五种吗？任何社会都必然经历"五种生产方式"吗？中国学人对"封建"概念已提出了各种质疑。那么在"会通"的实践中，也可能出现各种扭曲变形，若直接以一方为模板来剪裁另一方的话。

当然，学术的推进其实是很奇妙的，它也经常通过"深刻的片面"②来获取新知。只有上帝才是"全面"，然而上帝并不存在。应该承认，中国的"五种生产方式"、日人的"三段论"依然留下了丰厚的学术遗产。各种不同论点，宛若从不同角度投向黑暗的历史客体的一束探照灯光，它们各自照亮了不同景象，同时必定各有所见不及之处，"深刻"与"片面"时常是伴生的。

"五种生产方式"是一种经济史观，日本的京都学派的"三段论"则被说成是"文化史观"(这个"文化"是"大文化"，不限于思想文化)。日人相信，内藤的"文化史观"揭示了中国史的内在特质。然而在这个模式之中，秦奠定了两千年帝国制度的重大意义，以及两千年帝制的连续性，仍有被低估之嫌。唐宋间的历史趋势，是沿中国史自身的逻辑与道路继续前行呢，还是转身走上了世界另一局部地区的近代化道路呢？一段时间里，中国学者对于中古士族通常要冠以"地主"二字，故对此期士族是"寄生官僚"还是"自律贵族"的讨论，无疑是日人居优。范文澜断言，三千年的一大堆历史

① ［日］宫崎市定：《东洋的近世》，见《日本学者研究中国史论著选译》第1卷《通论》，北京，中华书局，1992。

② 我是最早从黄子平先生那里，听到"深刻的片面"这个提法的。参见其：《深刻的片面》，见《深思的老树的精灵》，7页，杭州，浙江文艺出版社，1986。

现象，本质上“却只有一个土地问题，即农民和地主争夺所有权问题”，一旦土地改革胜利，“即全中国永远大治的时候。”①然而历史真的这么简单吗？

近几十年“制度史观”又有逐渐复兴之势。首先，“文化大革命”结束之后的政治反思，促成了历史学者对“政治体制”的再度重视。进而，进入21世纪后的“中国崛起”和经济成就，又出现了很多新认识。改革开放三十年时，经济学家、社会学家、政治学家、法学家总结改革成就，几乎异口同声把“行政主导”视为最大的“中国特色”。GDP(国内生产总值)体量不久将居于世界第一，在政治体制上又与西方国家保持了重大区别。现行政治体制应在多大程度上继续维持，或者在什么方向上加以改革？各种不同的主张与论辩，表明它是当今中国所面临的最重大问题之一。这甚至成了一个世界性论题——中国很重要，当中国“统治世界”会发生什么？② 而中国人已在讨论改变世界规则这样的问题了。③ 就连“历史的终结”的断言者，也不由得滋生了犹疑，承认了中国的未来“尚无答案”——“中国能否使用政治权力，以民主法治社会无法学会的方式，继续促进发展呢？”④

比之20世纪之初，在21世纪之初，史学家更清晰地看到，中国自秦汉就发展出了现代式的集权官僚体制⑤，两千年连续不断的政治传统展示

① 范文澜：《研究中国三千年历史的钥匙》，见中国社会科学院近代史研究所编：《范文澜历史论文选集》，108、112页，北京，中国社会科学出版社，1979。

② [美]安德森：《中国预言：2020年及以后的中央王国》，葛雪蕾、洪漫、李莎译，北京，新华出版社，2011；[美]雅克：《当中国统治世界》，张莉、刘曲译，北京，中信出版社，2010。这样的论述还有很多。

③ 参见阎学通：《历史的惯性：未来十年的中国与世界》，北京，中信出版社，2013。

④ 弗朗西斯·福山在20世纪末期发表《历史的终结及最后之人》(中译本，北京，中国社会科学出版社，2003)，其中对中国的历史与现实的讨论颇不充分。而在他2011年出版的《政治秩序的起源：从前人类时代到法国大革命》(中译本，桂林，广西师范大学出版社，2013)中，对中国的政治体制便有了很多讨论。而且承认，未来的政治发展有两点尚无答案：一是中国的未来，二是若干西方民主制国家的政治衰败迹象。

⑤ 顾立雅在半个世纪之前就曾评价说，早在纪元之初，中国就显示了与20世纪的超级国家的众多类似性。H. G. Creel，“The Beginning of Bureaucracy in China：The Origin of Hsien”，*Journal of Asian Studies*，XXXII，1964.

了巨大历史惯性，影响至今，影响到了社会政治的方方面面，并将继续展示各种影响，尽管物质生产与生活比古代已发生了巨大变化。这反过来启迪学者重新审视国史，正视这一事实：政治体制在塑造中国古今的社会形态上，都是一个巨大权重。这是一个“政治优先的社会”，“政治决定着经济、身份、文化等其他方面”。① 有人称之为“轴心制度”，有人视之为众多分支领域的“统摄核心”。据报道，2010 年的一次研讨会上，20 多位中国史学家取得了如下共识：“在秦至清这一漫长的历史时期，与现代社会不同，权力因素和文化因素的作用要大于经济因素。”②类似看法还可以举出很多。而几十年前有学者就已提出：“中国现在所遭遇的问题，政治仍是最紧要的。”“这一传统笼罩到经济、文化、艺术各方面。所以要研究中国历史的特质，首先必须研究这个政治的传统。”“我希望大家多研究中国的政治史，不要存一种现代的偏见，以为经济史或思想史更为重要。”③

社会科学方面，对“制度”的重视与日俱增。经济学有“新制度主义”，政治学也出现了“新制度主义”。这对中国史研究的“制度史观”，看上去也是一个好消息。一百年前梁启超率先阐释的“制度史观”，已尝试在共同比较平台上阐述中国史了；加之一百年来中国制度史研究的丰富成果，可以为各种“会通”的努力提供新的资源和动力。在这个“制度史观”中，夏商周早期国家可以说是中国政治社会体制的 1.0 版，秦以来两千年帝制是它的 2.0 版；近代以来，中国政治社会体制的 3.0 版，正在探索形成之中。

与日人的“三段论”不同，“百代多行秦政法”的意义应予充分强调。与“封建社会”观点不同，两千年的中国是农业官僚社会。说到魏晋南北朝，则一百年前梁启超有论：“六朝时代，可谓之有贵族，而不可谓有贵族政治。其于专制政体之进化，毫无损也。”一百年后田余庆有论：门阀政治只是“皇权政治在特殊条件下出现的变态”。在“变态—回归”的视角中，此期

① 李开元：《汉帝国的建立与刘邦集团：军功受益阶层研究》，256 页，北京，生活·读书·新知三联书店，2000。

② 《〈文史哲〉杂志举办〈秦至清末中国社会形态问题〉高端学术论坛》，载《文史哲》，2010(4)。

③ 余英时：《关于中国历史特质的一些看法》，见《文史传统与文化重建》，139 页、146—147 页，北京，生活·读书·新知三联书店，2004。

的政治体制源于皇权官僚政治，最终依然“回归”于皇权官僚政治了。魏晋南北朝若非贵族政治，那么唐宋的政治变化，也就没有构成根本性的政治转型。至于近代政治变迁意义，也可以理解为在外力冲击和推动之下，其固有的政治社会体制的又一次“升级换代”。我们刻意使用“升级换代”一词，就是在外源性的推动之外，强调它也是同一事物连续发展义，在某种意义上，其中含有中国史进程的内在逻辑与节奏。

三

现代学术曾给中国史学带来了革命性的变化。然而又不能忽略这样一点：所谓“现代学术”的具体内容，是主要以西方的历史经验为基础，在西方率先发展起来的。它提供了很多被认为是普适性的方法，但因为没有把更多民族、地区的历史经验完全纳入考虑，那些认识是否充分“普适”，并不是没有疑问的。这还不是所谓“东方主义”那一类问题，更多的是“地方性”的问题。比如，用于分析西方人心理的模式与技术，很可能不全适用于中国人的心理；西方经济学，难以充分解释当代中国的经济起飞。现代社会科学理论，其实仍没有摆脱“地方性”。古希腊的政体理论，根本没有考虑中国。孟德斯鸠眼中的中国，也只是一个不甚清晰的轮廓。到20世纪六七十年代，欧美学者开始了对各种政体进行大规模的系统比较，动辄对数十数百个国家政权加以分类，但传统中国的资料不能说已被充分利用了。

在讨论国家起源理论时，张光直曾指出“(美国)考古学界在将社会进化学说应用在世界各区古代文化史时，集中其注意力于所谓‘国家起源’这个问题上。在这些讨论中间，很少人用到中国的材料，因为中国古史材料还很少用最近的比较社会学的概念和方法去处理”，那么中国的商周史料，“在社会进化论上与在国家起源问题上可能有什么新的贡献?”面对商周国家的独特性，一种方式是把中国视为常规的变态，而“另一种方式是在给国家下定义时把中国古代社会的事实考虑为分类基础的一部分，亦即把血缘地缘关系的相对重要性作重新的安排”。总之，张光直认为，“中国考古学可以对社会演进的一般程序的研究，供给一些新的重要资料，并且可以有他自己的贡献”①。

依张光直的看法，中国的古史材料，可以用现代比较社会学的方法来处理；同于中国的考古学，应为、也可以为国家社会的演进研究做出自己的理论贡献。类似的事例，以及学者们的类似看法，都可以作为21世纪中国史学的努力方向之一。中国浩如烟海的典籍文物，留下了极为丰富的历史资料；中国历史进程无与伦比的连续性，也使人类社会的某些内在规律，更鲜明地体现出来了。中国史所能为学人提供的学术灵感、学术创造、学术新知，足以为历史研究的“同一平台”增添砖瓦。当然这个任务也给中国史学人的世界史素养和社会科学素养，提出了更高要求。需要他们稔熟世界各地区、各民族的历史，甚至了稔熟社会科学。“中外历史的会通”任务，需要几代人的持续努力。

自己在研究古代官僚等级制度时，也有一些相关心得。中国历代曾发展出纷繁多样的品秩勋爵制度，足以精巧处理“人”的分等分类和“职”的分等分类，以安排身份和保障行政。而且它们经历了数千年的连续发展。周朝的爵号可以一直使用到帝制后期，这在其他社会绝无仅有。直到当今中国，级别、衔号、名位的身份功能，依然蔚为大观。人类社会的品级衔号现象中的很多内在规律，在中国社会中更鲜明地反映出来了。可以说，没有任何一个国家，在品级衔号的复杂性、精致性和连续性上，能跟中国相比。然而西方社会学、行政学、组织学等，是在西方的历史经验上发展出来的，所以在这方面所累积的理论工具，并不足以充分解释中国古今的品级衔号。这里有一个很大的灰色区域，可供中国学人发挥才智发展理论。

例如，在现代行政学、组织学中，职位是职位，级别是级别，各是各。而中国古代的位阶变迁却显示，职位可以转化为级别，级别也可以转化为职位。古代的职位往往被用作虚衔，由此发生“品位化”，当职位最终发展为结衔之时，往往就要另行设置新职、拟定新名。由此就可以提炼出一个“职阶转化律”。

---

① 张光直：《中国青铜时代》，89页，北京，生活·读书·新知三联书店，1999。

又如，如何分析“品位分等”的发达程度，在现有著作中找不到现成的分析方法。而我们可以提供下列指标：第一，品位获得的开放或封闭程度；第二，品位占有的流动或稳定程度；第三，品位待遇的丰厚或简薄程度；第四，品位安排的复杂或简单程度。这样，同样是品位分等占主导的时代，人们就可以把周朝与唐宋进一步区分开来了：周朝的品位结构，封闭性、稳定性很大，待遇丰厚，结构简单；而唐宋的品位结构，开放性、变动性大，待遇不如周代丰厚，结构复杂。

从职-阶关系出发，就可以进行若干中外对比。比如，西欧中世纪的五等爵号，“男爵”(Baron)本意是“人”，逐渐特指领主之下的重要附庸①，用作贵族通称，又用作低等爵号。英国“伯爵”(Earl)本是镇守一方的地方长官。“公爵”(Duke)原系罗马帝国的高级将领称号，10世纪时德皇重拾其号，设置了公爵。“侯爵”(Marquess)本是威尔士边疆的领主。“子爵”(Viscount)源于法国的郡守，在伯爵之下②。其五等爵号，可以说有4个来自职称。而周代五等爵，只有“侯”来自职称，其余公、伯、子、男，以及卿、大夫、士，都来自人之尊称，甚至家族亲称。斯维至：“五等爵，除侯以外，公、伯、子、男原来都是家族称谓。这样，等级起源于血缘关系亦可证明。”③从中西爵号来源看，一个以职称居多，一个以人称、亲称居多，这个差异，是不是跟周朝的封建贵族更富宗法性，而西欧中世纪的封建制更具契约性质相关呢？我想答案应是肯定的。这样的比较，就是以“职-阶”关系的一般原理为平台的。

在若干具体问题上，中外比较也饶有兴味。例如，中国古代的“士”阶层是文士，日本、欧洲的小贵族却是武士、骑士。明治时代官僚，75%来自毕业于帝国大学法律系的旧武士。这都跟明清官僚主要来自科举考生形成对比。在中国的秦汉，军功爵构成了一套身份性位阶；到了宋明清，却以科举功名构建身份体制——中国王朝日益“重文轻武”了。10世纪中叶的

① [法]布洛赫：《封建社会》下册，李增洪、侯树栋、张绪山译，546页，北京，商务印书馆，2004。

② 阎照祥：《英国贵族史》，100—103页，北京，人民出版社，2000。

③ 白寿彝主编：《中国通史》第3卷上册，837页，上海，上海人民出版社，1994。

高丽政权，九品官吏分为文武两班，文武官形式上平等，但实际差别很大，文班才能成为贵族。不过两个世纪后出现了武臣叛乱，政权又转向武臣政治了。拜占庭帝国晚期的军职官阶，明显高于文职。印度莫卧儿帝国的官僚位阶来自军事编制“曼沙达尔”(mansabdar)，共33级，从指挥10人的“曼沙达尔”直到指挥万人的“曼沙达尔”。由此“军队、贵族和民政合为一体”。但文、武待遇还是有区别的，军职的“曼沙达尔”封赐采邑，文职的“曼沙达尔”领取薪俸。彼得一世颁令，军职、文职各14品。军职明显高于文职，14品军职都有世袭贵族权，文职要8品以上才有这种特权，9品以下没有。而且武职为社会所敬仰，文职则为社会所蔑视。这类情况，都可以跟中国“重文轻武”加以比较。罗素曾说过：“由于哲人的治理而产生的社会也和武人统治下产生的社会截然不同。中国和日本就是这种对比的实例。”①然而现有的政体理论，主要是在欧洲的历史经验中发展起来的，未能把中国史纳入考虑，因而未能体现这种“截然不同”。

又如“侍从官”这个职类，在中国古代地位特殊而功能复杂。朝廷选拔权贵子弟做侍从侍卫，由此成为国家官僚的主要来源；历代有多种位阶，都是由侍从侍卫的官号蜕变而来的；甚至若干最重要的机构都发源于侍从官，如尚书台、御史台、中书省、门下省以至内阁(明清的内阁学士理论上是“文学侍从”)。可见侍从职类在历代官制发展中具有颇大能动性。康有为已看到：“设官之制，原以为国为民，故英、法之国，无供奉之官。而君主之国，若俄、德、英、日，皆有宫内部以奉人主。”②如古波斯帝国也有让少年接受集中管理教育，承担差役，由此获得公职的制度。16世纪奥托曼帝国宫廷中，有约300名侍童，可以经许多年的侍从或侍卫服务，被选拔到军职与文职上去，其制度称“契满”。俄罗斯在彼得一世时，军职、文职之外，别有“御前职”14品。日本官制，有“宫内省”或“宫内厅”。这些御前职、宫内官，跟中国的“侍从”职类在官制上的能动性相比，又有何异同？

① ［英］罗素：《权力论：新社会分析》，吴友三译，29页，北京，商务印书馆，1991。

② 康有为：《官制议》，见《康有为全集》第7卷，321页，北京，中国人民大学出版社，2000。

当然限于才识，我个人无力全面了解各国古今的位阶衔号细节。所幸新一代年轻学人非常优秀，期望他们会对这个工作产生兴趣。近日读到了一位学者在“唐奖”颁授典礼上的讲话：“我们必须致力于揭示中国历史变动的独特过程和独特方式。然而这绝对不是主张研究方法上的孤立主义，恰恰相反，在今天的汉学研究中，比较的观点比以往任何阶段都更受重视。原因并不难寻找。中国文明及其发展形态的独特性只有在和其他文明（尤其是西方文明）的比较和对照之下，才能坚实而充分地建立起来”。我想，其他历史学者也都会有类似的看法。

（作者为北京大学中国古代史研究中心教授）

文化的古今之辨与中外之辨

冯天瑜

在新的世界环境中重建文化自我保持与自我更新的当世中国人，处于“古与今”“中与外”这两组矛盾运动形成的张力之中。

一 古今之辨

不同时代的人们立足于各自所处的当下，将无限悠长、深远的时间之流划分为古与今、过去与现代，因而“古”与“今”是一组相对的、运行未竟的概念。清人段玉裁(1735—1815)说：

> 古今者，不定之名也。三代为古，则汉为今；汉魏晋为古，则唐宋以下为今。①

文化的“古今之辨”，也即文化的时代性转化，中国历史上曾多次进行，其中尤以“古今一大变革之会”②的战国年间最为突出。

那一时期，从王侯到士人，都卷入“法先王”与“法后王”、“师古”与“师今”的论争，这种论争直接与列国的变法实践相关联。在这一过程中，一些学派更对因与革、常与变关系作过深沉的学术思考，儒家“法古”而又兼顾因革的思想，法家“变古”以“趋时”的历史进化观，便是“古今之辨”中

① (清)段玉裁：《广雅疏证序》，见(清)王念孙：《广雅疏证》，1页，北京，中华书局，1983。

② 梁启超：《论中国学术思想变迁之大势》，83页，上海，上海古籍出版社，2001。

的代表性流派，它们分别阐扬了文化的继承性与变异性这两个侧面，留下宝贵的精神遗产。

直到中古与近古，每当触及“古今之辨”，人们几乎都要援引先秦，难出故辙，如北宋王安石变法、明代张居正改革，都重新开展“变古”与“法古”之争，其思维模式、语言文字，都同先秦的古今论战别无二致。可见，自先秦到清代，中华文化古今之辨的基本格局并未发生质的变更。

现代中国再度发生的“古今之争”具有新的、更为深广的意义。这时的中国社会经历着文明转型，从物质生产到精神生产，从生产方式到生活方式以至思维方式，都发生着调整甚至根本性的变化，与包括战国在内的往昔任何社会变革都不可同日而语，无怪近世士人每每发出“千古之奇变”“世变之亟”一类惊叹，诗人黄遵宪则称其为：

> 七万里戎来集此，五千年史未闻诸。①

梁启超更有一段生动文字：

> 中国自数千年以来，皆停顿时代也，而今则过渡时代也……中国自数千年来，常立于一定不易之域，寸地不进，跬步不移，未尝知过渡之为何状也。虽然为五大洋惊涛骇浪之所冲击，为19世纪狂飙飞沙之所驱突，于是穷古以来，祖宗遗传深顽厚锢之根据地遂渐渐摧落失陷，而全国民族亦遂不得不经营惨淡跋涉苦辛相率而就于过渡之道。②

称数千年“皆停顿”，当然不确切，但“笔端常带感情”的梁启超真切地描述出近世中国古今转换的空前剧烈，而戊戌维新、辛亥革命、新文化运动等一系列社会变革，则活生生地展现着古今转换愈趋深化的发展路径。

---

① （清）黄遵宪：《和钟西耘庶常德祥津门感怀诗》，见《人境庐诗草笺注》上，169页，上海，上海古籍出版社，1981。

② 梁启超：《过渡时代论》，载《清议报》，1901(82)。

二 中外之辨

文化的“中外之辨”，即文化的民族性比较、国别性比较，也是一个贯穿古今的问题。现世中国的“中外之辨”与古中国久已进行的“华夷之辨”有某种近似性，却又大异其趣。“华夷之辨”所包蕴的内容，是处于“高势位”的华夏-汉族的农耕文明与处于“低势位”的周边诸族的游牧或半农半牧文明之间的比较、冲突与融合。在这一过程中，华夏-汉族可能在军事上受到“夷狄”的威胁，然而文化上的优胜地位却从未动过，即使在军事上被“夷狄”所征服，却迟早会发生文化上的“征服者被征服”。在这一意义上，古代中国的“华夷之辨”并没有给华夏-汉族造成真正的文化危机，因而其“内夏外夷”“以尊临卑”的心态一以贯之。

如果说，古代中国文化是在东亚大陆内部发生、发展的，即或有来自西亚、南亚文化的影响，其强度也较为有限；那么，进入近代，中国文化则日渐纳入世界文化体系，直接承受“高势位”的外来工业文明的挑战，昔日的优胜地位发生动摇。这在固守“文化本位”的论者看来似乎是灭顶之灾，而对于一个有着雄健的包容精神和消化能力的民族来说，实则是文化跃进的契机，诚如王国维所指出的，“外界之势力之影响于学术”，是刺激、促进学术革新的有力因素，历史上“佛教之东适”对我国文化曾产生启迪作用，现在的“西学东渐”也是打破我国学术沉滞局面的一大转机，因而他把西学称之为“第二佛教”①，给予积极的评判。徐复观进而申发此义：

> 中国文化，应由与西方文化的接触而开一新局面，中国的历史，应由与西方文化的接触而得一新生命。代表西方文化的民主与科学，一方面可以把中国文化精神从主观状态中迎接出来，使道德客观化为法治，使动机具体化而为能力，并以可视的可量的知识，补不可视不

---

① 王国维：《论近年之学术界》，见《静庵文集》，光绪三十一年本，77页。

可量的道德文化所缺少的一面。另一方面则由科学民主而提供了我们以新的生活条件与方法，使我们可以解决二千年久悬不决的问题。①

徐复观关于西学“可以把中国文化精神从主观状态中迎接出来”的论说乃精彩之睿见。

三 古今之辨与中外之辨的联系性和差异性

中华文化在近世经历的“古今之辨”与“中外之辨”，彼此间有相贯通之处，“近代玄奘”严复较早悟出个中机关。

作为亲历西方的中国士子，严复发现西方文化已完成由“古学”向“新学”的转化，而中国仍然停留在古学阶段。元明以前，西方“新学未出”，人们论及物理人事，都崇奉“雅里氏”(即亚里士多德)，与中国尊信孔子无异，这时西学与中学没有多大差距。明中叶后，“柏庚(即培根)起于英，特嘉尔(即笛卡儿)起于法”，奈端(即牛顿)、嘉里列倭(即伽利略)继起，新学方兴，“而古学之失日著”②，因此，中国人在现代接触到的“西学”实为西方的“新学”，中西之辨，也就是新旧之辨、古今之辨。“中之人好古而忽今，西之人力今以胜古”③，便成为中西差异的要点。严复洞察到文化上的中西之争，是处于不同发展阶段的两种文化间的冲突，带有古今之辨的性质。

王国维更确认，“学问之事本无中西”，“学术之所争只有是非真伪之别”，而不应“以国家、人种、宗教之见杂之”④，他在《国学丛刊序》倡言：

> 中西二学，盛则俱盛，衰则俱衰，风气既开，互相推助。虑二者之不能并立者，真不知世间有学问事者矣！

---

① 徐复观：《中国知识分子的历史性格及其历史的命运》，见李维武编：《徐复观文集》第一卷，144页，武汉，湖北人民出版社，2009。

② [英]赫胥黎：《天演论》卷下，严复译，80页，北京，商务印书馆，1981。

③ 严复：《论世变之亟》，见《严复集》第一册，1页，北京，中华书局，1986。

④ 王国维：《奏定经学科大学文学科大学章程书后》，载《教育世界》，1906(2)、(3)。

熊十力强调中西文化难分上下，不可非此即彼，而只能走融通互补之路，熊氏称：

> 中西之学，当互济而不可偏废。①
>
> 中西文化，宜互相融和……中西学术，合之两美，离之两伤。②

陈独秀则高倡“学术为吾人类公有之利器”③。

冯友兰在《新事理》中强调，中西文化的差异，主要是时代的差异，或发展阶段的差异，“一般人心目所有中西之分大部分都是古今之异”。然而，文化的“中外之辨”又不等同于“古今之辨”。因为，中外之间包含着民族性差异。中华文化在数千年间形成的传统，早已渗入中华民族的生活方式与思维方式，成为其安身立命的基地和接纳外来文化的母本。

陈寅恪曾揭示文化史上一个“虽似相反，而实足以相成”的通则——中华民族对外来文化“无不尽量吸收，然仍不忘其本来民族之地位”④。

中国自两汉、六朝至唐宋，对于从印度传入的佛教文化便是吸收中有改造，论争中有融合，吸纳《中庸》的天台宗、吸纳《周易》的华严宗、吸纳《孟子》的禅宗等中国化佛教；采摘佛学思辨成果的新儒学——理学。

这些立足中华文化土壤，又兼采外域英华的流派，传之久远，影响深广，构成中古—近古文化的基本形态，而一味强调外来文化“原版性”的流派却难以繁荣生发，如玄奘及其弟子窥基创立的刻意追逐“天竺化”(即印度化)的法相唯识宗，曲高和寡，成为中国佛教宗派中短命的一支。

现代向西方寻求真理的中国思想者，也多走中西结合路径。如康有为的学说参合中西哲理，其《孟子微》借鉴近代西方的政治、法律、经济等学说来补充、印证孟子的仁政思想，也使孟学作现代转化。孙中山明白宣示：

---

① 熊十力：《读经示要》卷一，见《熊十力全集》第三卷，629页，武汉，湖北人民出版社，2001。

② 熊十力：《略说中西文化》，载《学原》1947，1(4)。

③ 《随感录》(一)，载《新青年》，1918-04-15，第四卷第四号。

④ 陈寅恪：《冯友兰中国哲学史下册审查报告》，见《金明馆丛稿二编》，252页，上海，上海古籍出版社，1980。

余之谋中国革命，其所持主义，有因袭吾国固有之思想者，有规抚欧洲之学说事迹者，有吾所独见而创获者。①

此说颇有代表性，凡是在中国现代发生较深影响的思想流派，莫不植根传统，而又接纳外域，兼以自己的综合创新。反之，那些一味充当外人传声筒的流派则没有生命力，教条主义者生搬硬套外国模式，遭到历史的淘汰。拒绝外来养料滋补、故步自封的文化，必然沉沦衰亡；同时，不能在本地土壤扎根的外来文化，也不可能垂之久远，必然萎黄凋零。只有在当代亿万民众实践的基础上兼采中外、贯通古今的文化，才根深叶茂，苍劲挺拔：

异日发明光大我国之学术者，必在兼通世界学术之人，而不在一孔之陋儒，固可决也。②

同时，现代中国不仅要“拿来”西方文化并消化之，还要向外部世界提供我们的文化创造，以实现双向对流。而异文化间的“请进来”与“走出去”，达成健康的“互动”，正是文化“一”与“多”辩证统一的进路。

（作者为武汉大学历史学院教授）

---

① 《孙中山全集》第七卷，60页，北京，中华书局，1985。

② 王国维：《奏定经学科大学文学科大学章程书后》，载《教育世界》，1906(2)、(3)。

区域历史的结构与再结构：历史研究的“会通”如何实现？（论纲）

赵世瑜

经过20年的努力，区域社会史研究已经从华南（包括珠江三角洲、潮汕地区、香港新界、福建莆仙平原等地）渐次扩展到华北、西南、江南、长江中游地区等更为广阔的地域范围。① 在这一过程中，研究者内部逐渐认识到，如何突破原有的解释框架、观察角度和提问方式，以及如何在更深入的层次上与华南研究对话，是使研究进一步深化的重要前提；而在研究者外部，也已有学者提出，在区域研究的基础上，通过区域比较，回应跨区域的问题，从而达致一种整合性的认识，是区域社会史研究面对的重大问题。②

在对珠江三角洲地区历史进行的研究基础上，萧凤霞（Helen Siu）和刘志伟将他们的工作解释为对这一地区600年的“结构过程”（structuring）的分析。③ 我认为，这一术语可以作为不同区域历史研究共同的核心概念之

① 这些努力的结果导致了香港的教育资助委员会（UGC）第5轮卓越学科领域计划项目（AoE Scheme）“中国社会的历史人类学研究”（H-01/08）。该项目由全国的区域性团队分头进行。本文亦为该项目的华北子项目阶段性成果。

② 参见杨念群：《“在地化”研究的得失与中国社会史发展的前景》，载《天津社会科学》，2007(1)。

③ 萧凤霞：《廿载华南研究之旅》，载《清华社会学评论》，2001(1)；刘志伟：《地域社会与文化的结构过程——珠江三角洲研究的历史学与人类学对话》，载《历史研究》，2003(1)。本文中涉及这两位学者的引文，皆出自这两文，不赘注。

一，也可以作为多学科区域历史比较的理论平台。①

作为一个对历史有特殊偏爱的人类学者，萧凤霞将人类学的核心概念之一的“结构”视为一个动态的过程，从而使言人人殊的“历史人类学”有了一个统一的概念工具。她对“结构过程”的含义是这样表述的：

> 我们一直以来往往不必要地把“结构”和“变迁”这两个概念截然二分。实际上，我们要明白“个人”在分析研究中所发挥的“作用”，要了解的不是“结构”(structure)，而是“结构过程”(structuring)。个人透过他们有目的的行动，织造了关系和意义(结构)的网络，这网络又进一步帮助或限制他们作出某些行动，这是一个永无止境的过程。

将此表述还原到区域史的研究中，就是说，研究者所要做的，就是认识特定区域内的个人或者人群怎样通过其有目的的行动，去织造出关系和意义的网络，也即制造出一个“结构”，其后，这个结构又影响着他们的后续行动。这个行动—结构—行动的延续不断的过程，就是历史。

历史学者刘志伟在自明初以来的600年历史中发现了若干重要的结构过程要素——沙田的开发、作为文化系谱的宗族的建构、神明体系在地方的建立、户籍制度的确立及其演变、作为身份认同表征的族群之形成，等等。这些重要的关系网络涉及地理空间、村落形态、生业、市场、土地经营、社会组织与等级、族群分类、信仰仪式诸方面，后者则构成珠江三角洲的社会结构。而这一结构的形成与演变(即结构过程)经由明初的军事征服、正统末的“黄萧养之乱”、嘉靖时期的礼仪改革、清初的迁海等若干时段，最后到清中叶以后，形成了我们日后可以通过文献和田野观察发现的珠三角社会。而这一“可发现”的事实又证明了该社会对其后百年历史的影响。

在对华南其他地区的研究中，作者们虽然未必一一言明，但都揭示了

① 自2010年以来，我曾在若干场合提出这一看法，包括在台湾“中研院”史语所等单位主办的闽南文化研习营、暨南大学等处所做《在空间中理解时间》的专题讲演中，都提及“结构过程”概念的意义，并提出不同区域内部的“再结构过程”问题。

各不同地区的结构过程，尽管它们经历的重要历史时段或有不同，结构过程要素也有差异。福建莆仙平原的开发可以溯自宋代，木兰陂水利工程的修建，儒、释、道势力的博弈及民间信仰的正统化，都显示了该地区的崛起。相邻的广东潮州地区通过双忠公信仰建立等个案，也表明了当地自元代起与韩愈时代的分野。在这两个地区，明代中叶以后的海上贸易成为它们的结构过程中的重要结点。而在珠江三角洲地区以后，台湾地区自明末以后也开始进入了这样一个历史序列，显而易见的，该地区的开发与前面三个地区的结构过程有着密切的联系。

如果我们按照华南研究的模式，将区域大规模深度开发作为该区域结构过程的表征的话，那么其他区域的这一过程显然处在历史的不同阶段：华北腹心地区在春秋战国时期，江南在东晋南朝至隋唐，洞庭湖与鄱阳湖区在南宋至元，而西南地区在晚明至清，东北地区在晚清民国——恰好构成了一个完整的中国历史的序列。如果这一多少有些粗疏的概括符合事实的话，那么“先发”的区域在此后必然经过一个或数个“再结构过程”。也就是说，虽然同处于一个时代，但华南地区的明清，不等于华北地区的明清；华南地区在明清时期经历的结构过程，在华北腹心地区已早早经历过了，后者在明清时期所经历的，已然是新一轮的“再结构过程”了。如果承认这一点，做区域社会史或社会经济史研究的人，就不会将明清时期的华北与同时期的华南或江南做简单的类比。

不仅如此，对于研究华北的学者来说，关注春秋战国以降的结构过程十分重要，关注此后的再结构过程也同样重要。这既是华南研究的启示，也是与华南研究之间的不同。或许，我们也可以只使用“结构过程”这个概念，即将某区域先后接续的若干过程各自独立看待，但这样我们会切断其间的关联。

对历史学者来说，区域历史所经历的“再结构过程”可能不止一个，而且绝不止数百年之久。于是，试图揭示这些过程的历史学者将会面对更大的困难。他们不仅要像人类学者那样面对空间或文化上的他者，还要面对时间上的他者，这些他者的眉目一个比一个更模糊。而且，如果确定某区域历史的再结构过程不止一个的话，就需要确定原有的结构如何破坏、新的结构要素如何替代旧的。

历史学者的难处还在于，越向后看，材料就越少，结构性要素就越模糊不清，让人无法确定。以华北为例，我们不能像华南那样，从今天依稀可见的历史遗存中，结合历史文献去确定那些明代以来的重要的结构性要素，因为我们不能断定哪些要素是明朝或清朝开始出现的，而哪些要素是宋朝或者元朝、甚至更早就存在了。因此，华北的研究就必然是长时段的。我们必须借助考古学的成果，同时对早期文献重新进行审视，力图发现区域历史早期的结构过程和再结构过程。这时，区域社会史研究者引以为傲的民间文献和田野观察成为可望而不可即的东西，但人类学的视野依然是重要的，这会使我们对古代历史提出新的解释。

区域社会史研究者往往是通过观察现代社会去反观那个距离最近的结构过程的，因为眼前的种种现象，是这个结构过程的延续。我们或许也可以采用这种逆向的方法，去观察历史上的结构—再结构过程。比如，我们试图在明清时期的区域社会中发现前此某个结构过程延续下来的浓重痕迹，从而发现这个过程中的重要结构要素，进而把握该结构过程。相对于它，明清时期该区域历史的结构过程就变成了"再结构过程"。

区别某区域历史的结构过程和再结构过程，要看构成原有结构的过程是否中断；判断这一过程是否中断，则要看特定的区域人群是否在继续编织那个"关系和意义的网络"。同时，当历史发生重大变化的时候，原有人群或新的人群是否开始努力编织新的网络，从而开始一个新的"结构过程"。我认为，原有的关于历史分期的讨论，或者是近年来关于"变"与"不变"的讨论，也都可以在这样的理路下得到重释。

以往历史学界对中外历史的"会通"问题多有论述，而且大多是在学术史的框架内进行讨论的。瞿林东教授对中国古代史学编纂中的"会通"特点有系统的阐发，对郑樵、马端临、章学诚对会通思想的贡献也一一呈现。[①] 章清教授则对晚清以来中学与西学之间的关系做了系列探讨，他揭示出晚清以来学者们对历史编纂的立场已经显现出"中史"与"西史"会通的取向，

① 参见瞿林东：《会通思想与历史编纂——论中国古代史学的一个特点和优点》，载《史学月刊》，2010(11)。有关这一主题的研究颇多，在此不一一列举。

并构成中国史学现代转型的重要特征。①

近年来对历史研究“碎片化”的讨论又将“会通”旧话重提。龚留柱教授在反思秦汉史研究存在的问题时说，“目前的秦汉史研究，仍然存在一种只见树木不见森林、只见事实不见分析、只讲是什么而不讲为什么的倾向，……研究者不能以小见大、互相之间也缺乏呼应，不能不使史学面貌呈现‘碎片化’趋向”。此外，他还认为“断代区隔过于森严”，缺乏大型的、有眼光的断代史著作出现等，都是“碎片化”的体现。②

但是，罗志田教授在对近代史研究的检讨中，却执基本相反的意见。他一方面认为，由于史料本身就具有“断裂和片段的特性”，因此史学就是一门以碎片为基础的学问；另一方面，从零碎的片段中，也可能反映出整体，所以问题在于究竟如何才能从这些断裂的片段看到整体的形态和意义。③ 换句话说，这实际上是一个方法论的问题。他以为不必为所谓近代史研究的“碎片化”担忧，需要重视的，是如何具有高超的历史想象力，来把这些碎片连缀成整体。

我认为，这种看似冲突的主张事实上存在一种共识，就是史学家都认识到，史料或者我们已知的历史的确都是“碎片”；与曾经发生过的实际情况相比，我们所知道的不过是九牛一毛。也正因此，古今中外才有如此多的学者倡导“会通”，才处心积虑地用各种方式试图把这些碎片连缀成篇，向后人展现一幅尽量完整的画卷。在中国古代，存在纪传、编年、纪事本末等多种体裁的通史，也有《通典》《通志》《文献通考》等会通型典章制度著作；在西方，又有体现整体史追求的“年鉴派”实践；在其他学科，则有如人类学那样的通过小社区的分析达致跨文化比较的方法，否则，倡导历史研究的“会通”，就只能停留在学术史的回顾与理念层面的呼吁上。

我认为，二十多年来区域社会史或历史人类学的方法和实践，是践行“会通”传统的方式之一，也日益在国内外史学界产生积极的影响。中国传

---

① 参见章清：《中西历史之“会通”与中国史学的转向》，载《历史研究》，2005(2)。

② 龚留柱：《避免史学“碎片化”，“会通”之义大矣哉》，载《史学月刊》，2011(5)。

③ 罗志田：《非碎无以立通：简论以碎片为基础的史学》，载《近代史研究》，2012(4)。

统史学对“会通”理念的实践，主要是通过通史的方式，但这种方式由于时代的局限，未能建立国家-社会、制度-生活、事件-日常的“会通”，故此有对“整体史”的呼唤；它也无法形成重视区域联系与互动的空间的“会通”，于是又有“全球史”和“新世界史”的尝试。然而，在我们对人类社会历史的诸多方面还一无所知或者理解错误的时候，这些努力就有可能是片面的、先入为主的、代入式的。理想的“会通”，并不是以一种宏大叙事代替另一种宏大叙事。

在区域社会史研究看来，历史发展的复杂性和多元性只能在一个一个具体的历史情境中才能得到把握，在大量的基于文字传统和口述传统的资料没有得到搜集和解读的情况下，许多既定的历史结论往往是似是而非的，社会历史的基本脉络和变迁机制也无法得到认识。在每一个具体的历史情境中，造成未来变化的各种关键要素是不同的，正是这些要素形成了一个地方社会的结构。当我们把握住了这个结构及其形成、变化的过程，即文初所说的“结构过程”，才能真正做到对这一区域社会的“会通”，而这，只是把握更大空间的结构过程即更高层次的“会通”的起点。

（作者为北京大学历史学系教授）

是东方与西方，还是传统与现代？

——论东西方两分法的历史渊源和现实误区

原祖杰

笼统地划分中学、西学所犯的一个简单错误就是将不同时期的文明成果混淆到一起。不仅中国很多学者表现出这一倾向，在一部分欧美学者中也存在这种思维定式，将欧洲传统与现代文明整合一处，似乎西方文明天生就是现代文明，他们论著中的中西文明对比经常跨越不同的历史时段。而对很多非西方人来说，要跟西方人平起平坐，他们只能以本土文化的面目出现，不然就难以摆脱"追随者"甚至"被征服者"的身份。而要以本土文化的面目出现，他们就把人类近代文明进步的一切成果都拱手让人了，留给自己的，除了回归传统文化和宗教原教旨主义，已经没有其他多余的空间了。换言之，把理性思维方式在内的一切现代文明归功于西方，就会窒息自身的发展活力，堵塞自己在现代世界的发展道路。

严格意义上说，所谓西方文明、欧洲文明、东方文明、中国文明等，所指都应该是现代文明出现之前局限于某一地理空间的区域文明。首先出现在欧洲的现代文明，是地理大发现之后，也就是人类历史真正步入世界史阶段之后，经过不同文明之间的接触、碰撞、冲突、融合而形成的。在欧洲的纵向变化，则是在经历了文艺复兴、宗教改革、科学革命和启蒙运动等一系列文化和社会变革之后，形成的一种新的世界观和价值观。英国学者安东尼·吉登斯将这一历史性转折称为"人类历史必然经历的'断裂'(discontinuities)"。他总结说："现代性以前所未有的方式，把我们抛离了所有类型的社会秩序的轨道，从而形成了其生活形态。在外延和内涵两个方面，现代性卷入的变革比过往时代的绝大多数变迁特性都更加意义深远。在外延方面，它们确立了跨越全球的社会联系方式；在内涵方面，它们正在改变我们日常生活中最熟悉和最带个人色彩的领域。”

要清楚认识现代与传统的区别以及东西方划分的误区，单从理论上加以说明是不够的，还需回放历史变迁的场景，探索东西方概念出现的历史渊源，辨析造成这一思维定式的心理原因。只有这样，才能跳出近代欧洲知识精英主导的现代话语模式和以民族国家为基础的线性历史观，重新认识和建构人类文明史和地理大发现以后的世界史。

一 东西方划分的历史渊源

从历史上看，东西方的划分既有地理上的原因又有文化和政治上的原因。欧洲东西方概念的建立始于罗马帝国时期。那时存在于东地中海地区的是高度城市化的文化，以希腊语为他们的共同语言，而更为乡村化的西方则是以拉丁语为共同语言。公元 476 年西罗马帝国灭亡后，罗马天主教影响下的西部和中部欧洲与拜占庭希腊文化和东正教影响下的东部渐行渐远，形成不同的文化认同。随着公元 7 世纪伊斯兰帝国的崛起，古代的东西方联系形成长期对立之势。被阿尔卑斯山隔开的南北欧合而形成中世纪基督教欧洲。与此同时，他们对那些在地理上位居其东部的民族、文化或者国家则以东方相称。从古代的波斯帝国，到中世纪后期的土耳其帝国，再到地理大发现前后的印度和中国，都是欧洲人心目中的东方。

中国历史上对“西方”的较为系统的认识始于地理大发现之后的明朝中期。而在此之前，无论是欧洲对中国的介绍，还是中国对欧洲的听闻，大多是通过偶然穿行于两地之间的商人、军人、旅者们的道听途说，其中最为著名的当属《马可·波罗游记》。也就是说，在地理大发现之前，中国与欧洲彼此的认识是支离破碎的、模糊的。毫无疑问，早期欧洲与中国等亚洲国家的相互认识在很大程度上得益于16 世纪以来基督教传教士的信息传播，也正是在这种传播中，形成了欧洲知识界更为系统化的东方观，从而也形成了中国人将开始于欧洲的现代化等同于西方化的误解。中国媒体对欧洲诸国较为系统的介绍部分归功于英国传教士李提摩太和中国的蔡尔康合作翻译的英国历史学家麦肯齐的《泰西新史揽要》(英文原名为《十九世纪》)。从中英文书名的转译中即可以看到，麦肯齐讨论的“十九世纪”应该是欧洲的现代史，而到了中国人眼中就成了“泰西新史”。由于传教士的作用，中国对欧洲的了解开始就超越了直观的认识，完成了一种新的知识建构和生产。正因为如此，当大批欧洲船只出现于中国的东海岸的时候，他们并没有被中国人按过去的方位习惯叫作“东夷”，而是沿用了李提摩太的“泰西”称谓。

东西方的划分，开始或许是受到地理方位的影响，但随着时间的推移，尤其是进入现代社会以后，这种划分被赋予了越来越多的意识形态含义。从早期的欧洲启蒙思想家孟德斯鸠、伏尔泰，到晚近的黑格尔、马克思、韦伯等人，无不受到欧洲中心论的影响，经常会戴着有色眼镜观察东方社会。及至20世纪50年代卡尔·A.魏特夫的《东方专制主义》一书的出版，通过对自然环境和所谓“治水社会”等因素的分析，更将东方国家与专制制度绑在了一起。的确，16、17世纪欧洲的思想家们在观察中国、印度等国的文明形态时，自然会更感兴趣于那些不同于其自身文明的特征。然而，这种标签化的做法最终让他们形成一种思维定式，进而强化了他们对所谓“东方专制主义”的偏见，淡化了他们对中国、印度等国历史上早已出现的“现代国家元素”的认识和探索。而后来的欧洲人，包括前面提到的我们熟知的一些思想家们，又在这个基础上不断叠加新的内容，建构起所谓的“东方主义”，一个与欧洲或者西方形成鲜明对比的他者形象。令人不安的是，刻意强化东西方划分的不仅有立足于欧洲中心论的欧美各国的思想家们，也包括在现代化过程中对自己国家和民族的处境深感忧虑的亚洲各国，尤其是中国的学者们，如果说现代民族主义在欧洲是一种现代化的自然生成，而对于中国等被迫走向现代化的国家，民族主义的形成则更多是一种对外来入侵和压迫的反应，关于东西方划分的讨论正是在这样的语境下展开的。

二 围绕东方与西方、传统与现代的论争

除了明清时期传教士到来后引起的局部的（如历法方面）东西文化之争以及从鸦片战争到洋务运动中国在应对西方冲击时出现的“体用之争”，20世纪中国思想界有关东西方文化的讨论至少有五次。罗荣渠主编的《从“西化”到现代化》文献集对前四次大论战做了总结，用他的话说：“这四次大论战是：关于东西文化问题的论战（1915—1927年），关于中国现代化问题的讨论（1933年），关于中国文化出路问题的新论战（三十年代至四十年代），关于中国应以农立国还是以工立国的论战（二十年代至四十年代）。”如果再算上他在编写此书时所经历的80年代后期有关中西文化的讨论，20世纪出现的东方与西方、传统与现代的论争应该有五次之多。在“五四”前后长达十余年的中西文化论战中，至少有三种不同的声音：第一种声音的代表人物是胡适，提出要打破所谓东西方有“精神文明”与“物质文明”之对立的成见；第二种声音是梁启超的“中西互补”论；第三种是梁漱溟所代表的本土派。

显然，在“五四”前后的中西文化论战中还很少有人认真对待“西化”与“现代化”的区别。中国人之所以将现代化误认为是“西化”，是因为中国的现代化开始就是以“西化”的面目出现的，而且在最初出现时就给中国人在心理上种上了被动、屈从的情结。大部分中国人只是到19世纪中期西方坚船利炮打开中国大门并将屈辱的不平等条约强加给中国之后，才开始认识已经初步实现了现代化的欧美国家，所接触到的现代的物质、精神文化无不打上西方的烙印。因此，在关于中西文化的论辩与交锋中，无论是中国知识分子还是政治家们，都很难摆脱对所谓西方亦步亦趋充当小学生的弱势情结。知识分子如梁启超、梁漱溟等在认识到欧洲文明的诸多优越可取之处时，不是心悦诚服地虚心学习，而是寻找各种借口为不得已的“承受”取得心理平衡，其表现形式就是梁启超的“中西互补”说与梁漱溟“世界文化三期重现说”。无论器物、制度还是文化，近代中国的学术与政治精英们都希望能够采取“最直捷之途径”以超越欧美，唯其如此方能一雪前耻。

三 是否存在中国的现代性——对“多元现代性”的反思

20世纪后半期有关现代化的讨论在中国大陆之外从来没有停歇过，其中以香港中文大学金耀基的“中国的现代性”理论最具代表性。金耀基清楚地看到，中国的现代化成绩之所以不理想，“乃是由于中国的本土运动中具有反现代化与非现代化的两股势力。这两股势力削弱、抵消了现代化的力量”。可以看出，金耀基在探索中国现代化出路时萦绕于心的还是既要“现代化”又要保持“中国文化”这一难题。90年代问世的亨廷顿的“文明冲突论”让金先生的“多元现代性”理论找到了知音，在《中国的现代转向》一书中，金先生进一步阐述了他的观点，即建立在“多元文明”框架下的“中国的现代性”。他注意到，在全球现代化过程中，非西方人因现代化之增加，不但没有被“西化”淹没，反而增加了对本土化的认同。金耀基认为，中国的现代化不是，也不能是摆脱历史的运动。中国的现代化是在中国的历史中进行的。一切现代化的社会，不论是西方的或东方的，都有一些共同的特征：如工业化、都市化、世俗化等，但同样的，任何现代化的社会也必然具有特殊的性格。各现代化社会之所以同中有异，不只是他们不同的人种、语言使然，而是他们的历史文化使然。可以看出，金先生的思维为线性史观所主导，而对吉登斯提醒的传统与现代的“断裂”无所觉察。为了描绘“中国的现代化”蓝图，他分析了中国台湾和香港现代化之后的传统元素和人们对传统文化的认同，并据以相信中国人能够建立既是“现代的”又是“中国的”文明秩序。金先生所说的现代化进程中的文化个性不能说完全没有道理，但过分强化个性支流而抹杀共性主流显然存在着逻辑上的问题。如果因为中国在现代化过程中保留了某些传统文化因素就可以称作“中国的现代性”，那么金先生上文所称“风格与面貌”各异的英、美、德、法的现代性是否也各有归属，可以分别被称为“英国的现代性”“美国的现代性”“德国的现代性”“法国的现代性”呢？如果都可以这样认定，那么金先生力图论证的“中国的现代性”还有多大意义呢？

金先生之所以如此强调“中国的现代化”，一个重要原因还在于那无法抹平的“西方化”伤痕。在金先生看来，不管我们怎么标榜自身的现代化，都还是西方化。原因在于，“现代性首先是在西方实现的，最早的现代性是西方的现代性”。仅仅因为西方首先开始了现代化，就把后来的所有现代化实践都称作西方化，同样存在着逻辑上的问题。我们不能因为汽车最先是在美国发明的就把任何国家生产的汽车都叫作美国汽车：一辆新款奔驰与当年初创的福特汽车相比，虽然制造的基本原理一致，但结构、功能不知复杂了多少倍，这些补充成分包含了来自不同国家的不同发明家和制造商的智慧，谁还能把它称作美国汽车？汽车的设计与制造经历了一个从一国首创到不同国家不断改进的过程，固然不能将其归于最先拿到专利的个人或者国家，由不同国家知识精英在不同时段参与的启蒙思想，自然也不能归于哪个国家哪个区域所有；现代学术也经历了从欧洲肇始到全球贡献的漫长发展历程，不能不顾后期汇入的众多河流而只认其欧洲源头。

四 全人类共同的现代化进程

人类文明发展史告诉我们，任何一种文化或文明都不可能在一个封闭的体系中获得突破性发展。跨越封闭体系的方式有很多种，比较常见的包括军事征服、商业往来和以宗教传播为主要形式的文化交流。在中国早期文明形成的过程中中原文化与周边文化的交流，中国历史上游牧民族与汉族之间的碰撞与同化，都对文明发展起到刺激和促进作用。欧洲早期文明的发展同样得益于不同文化之间各种方式的接触与交流。有研究者指出，希腊文明是古巴比伦文明和古埃及文明在地中海上相遇而形成的再生文明。从文化上讲，远古的希腊原本是周边不同民族的殖民地，希腊社会事实上是一个由移民构成的社会，具有不同文化背景的移民在这里聚合交流，才创造出早期的灿烂文明。这段历史发生在公元前 14、15 世纪，与摩西“出埃及记”中记录的移民流散时间大致相当。又有记载说：公元 7、8 世纪阿拉伯人对原属波斯帝国的中亚，北非、南欧等地中海沿岸广大地区的征服，使他们掌握了比一千年前的希腊人所拥有的更为丰富的知识。欧亚大陆的文明史告诉我们，文明正是在不同区域、不同群体的交流、传递中获得改进和发展的。

中国历史上不乏中原文明与周边游牧文明之间的冲突与融合，而发生在欧亚大陆其他地区乃至地中海周围的各种军事征战都在不同程度上带来文明的突破性发展，从早期的希波战争，到后来的罗马人征服、蛮族入侵、阿拉伯人的扩张等，不胜枚举。早期的文明接触与知识传播也许与现代化运动没有多少直接关系，但却足以说明接触与交流是文明进步最为重要的契机。需要指出的是，这里所说的文明进步是从长时段、整体史的角度着眼的，因为短期、局部的文明接触，尤其是前现代军事征服带来的文明接触，常常会造成一个时期局部地区文明的断裂和倒退。伊斯兰世界输出的不仅仅是阿拉伯数字，还有以伊斯兰教为核心的文化专制主义；蒙古对中原征服的直接后果是唐宋以来该地区臻于成熟的政治、经济和文化制度的破坏和中断。即便如此，我们从全人类的整体历史中还是可以看到文明接触的积极作用，而这种接触的现代意义，在地理大发现开启了真正意义上的全球史之后得到了全面展示。

在美国的中国史研究领域，无论是早年费正清领导的哈佛学派的“冲击-反应”模式，还是20世纪90年代以来兴起的“中国中心观”，都在一定程度上忽视了不同文明间的相互接触对彼此产生的影响(“冲击-反应”模式只看到单向的影响)。近年来部分美国学者对于地理大发现时期欧亚文明的海上接触做出一些新的探讨，或许可以帮助我们更为客观地观察在现代文明曙光中亚洲人和欧洲人相互交织的身影。小约翰·E. 威尔斯(John E. Wills, Jr.)强调说，欧洲船队进入印度洋之际亚洲各国在这片水域已经建立了繁荣的海上贸易。如果将我们的分析划分为“欧洲冲击”和“亚洲反应”是讲不通的。沙培德在讨论中国的现代化问题时也认为，“20世纪初期将现代等同于西方的想法简单地忽视了推动现代化的全球过程”。学者们从地理大发现之后的全球贸易和欧洲殖民体系建立等不同的角度重新审视了全球各个民族、各种文化参与其中的世界现代化的酝酿过程，对于我们解构欧洲话语主导的世界现代史有重要的启发作用。

现代思想的最基本内核是理性主义的思维方式。而这种思维方式的产生正是地理大发现后文明碰撞、交流、比较、融合的结果。近年来中国国内一批有影响的研究已经揭示了“中国观”对启蒙时代欧洲新思想的激励作用。我们有理由相信，中国帝制时期的官僚体系及其选拔和管理方式给伏尔泰等欧洲思想家提供了现代政治制度设计的有益参考。他在《风俗伦》中写道：“人类肯定想象不出一个比这更好的政府：一切都由一级从属一级的衙门来裁决，官员必须经过好几次严格的考试才被录用。”卢梭也在《论政治经济学》中颂扬中国的行政和司法，盛赞中国皇帝的民本思想。也许他们通过传教士获得的有关中国的信息并非全都准确，但不能否认这些信息给他们带来的思想刺激和知识冲击。

在谈及文明之间的相互影响、刺激推动了思想与科技进步的时候，人们总是想到正面的文化制度对负面的文化制度的推动作用，而忽视后者对前者的刺激作用。在《法的精神》与《波斯人来信》中，孟德斯鸠都把帝制中国和波斯帝国当作探索宫廷权力的反面教材加以引用。通过商人和旅行家口中传播的东方，“不仅是专制与奢侈的场所，而且是色情堕落的集聚地”。根据图夫茨大学教授麦克卡伯的观察：“这些被天主教视为罪孽的东西先是被认为来自‘他者’(例如，波斯人)，然后很快反映到法国内部新的政治‘他者’身上，他们就是可恶的贵族阶层。在很多激进的政治描述中，宫廷贵族都是穿着东方马甲的。”在这里，东方学或者东方主义从反面激发了欧洲现代思想巨匠们的创作灵感，也许不能说东方的某些专制文化对现代思想有什么贡献，但从历史经验来看，这种交流之功是不能抹杀的。

如果说早期有关中国的介绍引发了欧洲人对中国文化的兴趣的话，以耶稣会士为主的晚明至清初的来华传教士对于传播中国文化则是居功至伟。传教士们在中国传播的科学与文化知识在明清中国只能引起少数文人士大夫的关注，他们传递回欧洲的有关中国的知识却吸引了较多知识精英的兴趣。其实，直到18世纪末，欧洲知识界和政界对于中国文化的印象还是“积极正面的，甚至是激情狂热的”。萧邦齐对当时欧洲人的中国热描述道：“中国事物变成欧洲旋风。欧洲人复制了中国的壁纸、室内装饰和家具；凡尔赛和伦敦的精英房主们建造了具有中国亭阁的中国园林。欧洲的保皇派和启蒙派哲学家们都充满激情地讨论着政府的中国模式，开明或仁慈的专制主义。”

毫无疑问，来自中国的事物和信息在一段时期对欧洲知识精英们的思想形成强烈的冲击，至于何种信息产生了哪些具体影响是难以准确估量的。莱布尼茨发明的二进制是否因其热衷中国文化而从《易经》中受到启发也许是个谜案，至少伏尔泰对儒家文化、科举制度、文官制度的评价说明这些中国文化元素在他的大脑中引起了反应。可以断言，正是地理大发现之后通过大批耶稣会传教士带来的东方知识，激发了欧洲人的头脑风暴，为后来启蒙思想的形成创造了条件。因此，盲目追随部分启蒙思想家们的欧洲中心论思维模式，将“地理大发现”以来欧洲在现代化上的领先地位看作自希腊、罗马以来的文化基因所致，显然忽视了文明之间交流、碰撞所产生的驱动作用；而过分强调中国历史上的“理性主义元素”，动辄以中国历史上有过某种元素来排斥和抵制现代化潮流，就会陷入“传统文化自恋症”而自我封闭，其结果必然是重复历史上被动挨打的局面。

五　传统、现代与后现代

中国学者对于传统、现代和后现代的认知明显受到欧美学术潮流的影响。20 世纪 70 年代后期以来，以“文明进步”为主导的世界体系受到越来越多的质疑，杂糅着迷信、宗教复兴和尚古论的新传统主义在世界很多地区得以崛起。在第三波民主化浪潮的冲击下，学术关注点开始转向对具体文化传统与经验的理解，“边缘”“非西方”“非主流”“亚文化”“失去的声音”和“被遮蔽的真相”成为学术界力图挖掘以矫正历时数百年的西方中心论话语的热点。左翼批判在攻克了“西方中心”之后开始将目标指向其他各种中心和主流，中国史研究领域的“新清史”正是在这样一个语境下得以崛起的。也正是在这样的语境下，新文化运动与“五四运动”中的反传统基调被严重质疑，甚至传统社会中的女子缠足陋习也在学者们的重新审视中获得同情与理解。

这种思潮也波及开放不久的中国学术界，20 世纪 80 年代的文化讨论，除了在一定程度上重复着“五四”以来传统与现代的攻守，还受到海外带有民主化倾向的左翼思想的影响，其表现形式之一就是甘阳所谓“反‘反传统’”的态度或倾向：“这种倾向认为，近代以来，尤其是“五四”一代知识分子，由于把‘现代化’与‘西化’不恰当地等同了起来，以一种全盘否定的‘反传统’态度来对待中国文化，因此在客观上‘切断’了中华民族的‘文化传统’，造成了所谓的文化传统的‘断裂带’。因此，今日的任务显然是应努力去弥补这种断裂，以‘接上’中国文化的‘传统’。”甘阳当时即注意到，把“传统”或“文化传统”看作“已经定型的过去”就造成“唯恐中国人变成不是中国人，中国文化不成其为中国文化的种种心理”。弥补传统的努力接近于霍布斯鲍姆阐述的“被发明的传统”，即通过不断重复一套规则、礼仪来反复灌输某种价值和行为方式，从而自动延伸着过去。换言之，传统经常表现为嵌入变化、创新的现代世界的某些“不变”成分，它不会也不应该改变现代化的总体进程。

现代化对于全人类来说，都是进行时，而非完成时，是基于理性原则对宇宙自然和人类社会自身文化制度的不断探索，是在文明进步的大趋势下，人类对于各种现代实践活动的调适、批判与纠正。为了解决现代化过程中出现的种种困扰，人类经常需要诉诸传统文明中的智慧，既包括欧美社会中的基督教福音改革，也包括中国儒、释、道思想中的仁爱观、正义观、善恶观以及对自然界的敬畏与尊重。当欧洲早期的殖民活动在非洲和中南美洲大肆荼毒生灵时，被现代性排斥的基督教传教士尾随而来，通过开办学校、医院以及慈善机构，缓解了殖民主义给各地本土居民造成的痛苦；当奴隶贸易横行大西洋时，是罗马教廷首先提出尖锐的批评和废止的号召；当19世纪后期美国急速发展的工业化造成了触目惊心的垄断、腐败和环境污染时，是基督教福音派推动了改善社会关系的进步运动。历史证明，被现代科学主义轻视、排斥的很多属于传统文化的宗教、伦理、文化、风俗，经常会在现代化的刚性诉求中起到缓冲作用，慰藉着人们脆弱的心灵。

当然，对现代化过程中出现的极端现象的批评并非总是需要诉诸传统，19世纪资本主义的恶性发展曾引起马克思等欧洲知识分子的广泛担忧，并因此催生了马克思主义，形成有史以来对资本主义制度最为严厉的批判和对现代化选择的最为积极的探索。20世纪以来的经济大萧条和两次世界大战，让更多的知识分子加入对现代化进程中某些极端现象的批判行列。第二次世界大战之后这种反思和批判在更为广泛的层面展开，形成所谓后现代主义。事实上，后现代主义是19世纪以来全球知识分子对现代性批判的继续；后现代实际上并未超越现代，只是通过另一种思维方式在一定程度上调适着现代造成的紧张。

然而，20世纪后期以来的历史经验证明，一些试图修正现代性的理论、行动常常会因为矫枉过正而造成出乎意料的后果。过去几十年获得发展的文化多元化、本土化并没有给人类社会带来多少福音，反而鼓励了宗教和文化中极端势力和偏执情绪，甚至在一定程度上强化了作为现代化副产品而崛起的民族国家之间的隔阂与界限。而民族国家作为一种历史现象早在19世纪就被马克思主义所摒弃，在人类面临愈来愈多急需解决的共同问题(诸如环境污染、资源利用、人权践踏等)的当今世界，已经成为人类争取福祉的障碍了。亨廷顿等欧美学者清楚看到了文明冲突带来的危险，但却因其头脑中东西方划分的思维定式，只会从其文化本位出发探索文明出路，其胸襟和视野使之难以为人类文明指引未来的发展方向。

相比之下，英国历史学家阿诺德·汤因比的观点可能更有预见性。他认为，未来的人类只有走向一个“世界国家”，才能避免民族国家的狭隘，以及为追求狭隘国家利益而带来的冲突和灭亡。而人类社会要过渡到一个“世界国家”，只有具有“天下主义”传统的中国才能担当此任。汤因比在20世纪80年代的预言不免会让一部分中国学者感到振奋，岂止是中国人的天下观，中国儒家的中庸之道、道家的自然观、佛家的慈悲关怀，都可以成为医治现代病的良药。然而，如果因此而让中国思想界抛弃现代化的努力而回归传统，则必然陷国家未来于危险之中。如果中国真要担当起拯救世界的大任，首先要做的是在世界现代化进程中发挥引领作用；而要做到这一点，就要实现充分的现代性，不仅经济上要成为全球经济的支柱，而且制度、文化上能够取信于人，包括中国人和外国人。在历史上曾经发挥过领导作用的英国和仍在发挥领导作用的美国可以成为中国走向世界的镜鉴，他们无一例外地首先抢占了文明的制高点：作为现代启蒙思想策源地的英国曾经是人类最先进思想的源泉，而美国自开国以来一直追求制度、文化上的高标准，以民主、自由等所谓“美国信条”吸引着全球的精英络绎不绝地汇聚而来，形成持之不懈的软实力。只有站在现代文明的制高点，才能引领文明走向，引领现代世界。如果说传统文化对于现代化取径具有一定的影响力的话，那么中国传统文化中的“天下主义”和“大同思想”或可成为当代中国推动“全球共同体”的文化基础，而自“新文化运动”以来开启的社会主义或共产主义实践又为这个国家探索进步、理性的现代化道路积累了经验。

总之，东西方的划分只是由于某些时期出现的特定历史现象造成的思维定式，既与长时段的文明发展规律相悖，也不足以用来观察和定位当今世界。中外学术研究的诸多发现已经证明，英国在第一次工业革命中的突破在很大程度上是得益于其优越的地理位置，让其承载了地理大发现后井喷式的文明交流成果；而美国在19世纪后期的崛起更多依赖于内战前后大批移民带来的文化融合。这让他们在人类共同参与的现代化进程中先后处于领导地位，但却不能因此就将现代文明的所有成果归功于英、美，或者所谓西方。换言之，现代文明是地理大发现之后首先出现于西欧和北欧进而扩大到全世界的一种文明形式，它不仅区分于传统的伊斯兰文明和亚洲文明，同样也区分于传统的欧洲文明。将现代文明等同于西方文明是历史上西方中心论的产物，不仅缺乏可靠的历史根据，也在现实生活中造成思维上的混乱和误导。

（作者为四川大学历史文化学院教授）

关于“中外历史研究的会通”问题

李工真

自改革开放以来，中国的历史学科从“文化大革命”结束前的意识形态史学中走了出来，这促进了一种微观史学精细化的发展。在这种研究精细化发展的基础上，由于材料与档案来源上的原因，中国史研究的具体深度一直胜过外国史研究。不过近年来，随着对外学术交流的发展，从事外国史研究的学者有了越来越多出国访学和深造的机会，因而也在研究的精细化上不断取得进步，并在实证研究上开始追赶中国史研究的水平。

现在中国史学界面临着这个问题：相当多从事中国史研究的学者并不了解、也基本上不关心从事外国史的学者在研究什么问题；相当多从事外国史的学者也同样不了解、更不关心从事中国史的学者在研究什么问题。这两者在研究上彼此处于一种相对隔绝的状态，基本上是在“各说各话”，因而两者之间需要彼此沟通和相互交融，也即研究上的会通。

一 这种隔绝状态是如何产生的，为什么会长期存在？

我认为主要有两方面的原因：

一是由于研究者精力上的有限性以及知识准备上的不足。在微观史学精细化发展的道路上，一名史学研究者，哪怕穷尽毕生精力，也只能在自己熟悉的领域里有所建树。例如，在中国史领域里，由于立足于微观史学上的精细化，一名研究者往往只能成为一名秦汉史专家、魏晋南北朝专家、宋史专家、明清史专家；在外国史领域里，一名研究者也往往只能成为一名美国史专家、英国史专家、法国史专家、德国史专家。事实上，甚至在中国史研究和外国史研究各自内部，也同样存在着不同专家之间的会通问题，就更不要说这两大研究领域之间的会通问题了。

二是由于在我国史学界，中国史研究与外国史研究的基本来路不一样。中国史研究属于拥有悠久历史传统的国学的一部分，本身就占据着“弘扬民族文化”的制高点，而外国史研究从来源上讲则是一种“舶来品”，是1840年鸦片战争之后中国人“睁眼看世界”的产物，严格地讲，也是当时西方文明强势的一种结果。由此可见，中国史研究与外国史研究这两者之间从来源上讲本身就存在着矛盾，而且长期以来，这两者在中国受到的社会心理待遇也很不一样，这也是为什么历史研究在中国会分成为中国史研究与外国史研究的原因之一。这里本身就有立场、视角、观念上的差异，甚至是冲突问题，更不要说两者之间的会通问题了。

但也正因为如此，人们今天才会提出这两者之间的会通问题。尤其在今天，这个世界已经在不断走向全球化了，并在高度的信息化了，而在我国史学界，中国史研究与外国史研究仍然处于一种分离状态，甚至把外国史统称为“世界史”，就仿佛世界史里面不包括中国史一样，这种状态当然是不利于中国史学研究今后的发展的。

二　对不同国家历史研究进行会通的必要性

自从德国历史学家兰克创立新型实证史学学派以来，西方的历史学家们便走上了一条微观史学精细化的道路，这种微观史学精细化日益演变成一种技术化，或者说它本身就是工业革命的技术化思潮在史学研究领域中的一种反映。由于知识和精力上的局限性，历史学家们往往只是去研究某一国家、某一时段、某一领域中的具体问题，而不是去关注人类共同关心的重大问题。

回顾近现代以来的史学史，人们会发现，每当这种微观史学精细化发展到一定阶段时，就会出现一种对此状况不满的方向上的变化。例如，20世纪20年代以后，像斯宾格勒、汤因比这样具有宏大视野的学者，就另辟新路，提出了他们宏观史学上的新理论。1922年斯宾格勒的《西方的没落》、1934年汤因比的《历史研究》等，既是不满足于这种微观史学精细化研究的结果，又是充分利用了这种精细化研究的结果，更是会通了各国微观史学精细化研究的结果。从这个意义上讲，这些关注人类命运走向的历史学大家，无疑都是会通上的高手，正是他们所做的会通工作以及在此基础上提出的文化和文明的新理论，才使人们对人类历史的认识更加深入了一步，而后人又在这种认识的基础上开始了下一个新的精细化阶段，这种新的精细化阶段又为再下一步的宏观史学新理论的提出提供了客观知识上的基础。1970年斯塔夫里阿诺斯的《全球通史》，2000年杰里·本特利和赫伯特·齐格勒的《新全球史》，2002年加文·孟席斯的《1421：中国发现世界》，2010年伊恩·莫里斯的《西方将主宰多久》和2013年的《文明的度量》等，都是这方面的证据。正是在这种研究发展的节奏中，我们才真正理解了“一切历史都是现代人的现代史”这句话的含义。

由此可见，对于历史学研究的发展来说，无论是微观史学的精细化，还是宏观史学的全球史观，两者都是必不可少的，但两者的意义却并不相同。微观史学强调的是研究上的精细化、实证上的技术化和客观知识上的可靠性，而宏观史学强调的是研究上的宽阔视野、全球史观和主观智慧的发挥。由于历史学研究的目的并不仅仅为了追求一种客观知识，而是要在求真的基础上，追求一种主观智慧，这种主观智慧涉及人类共同关心的重大问题以及人类的终极关怀问题，因此，宏观史学的研究更加接近于历史学研究的真实目的，从这个意义上讲，会通思路的发展也无疑有助于接近历史学研究的真实目的。

三　中国史研究与外国史研究会通的条件与意义

第一，要进行中外历史研究上的会通，研究者至少需要具备以下几个条件：

(1)研究者首先需要具有一种全球史观上的情怀。事实上，任何从事历史研究的学者，无论是从事中国史研究，还是从事世界史研究，都需要一种价值判断，因为历史研究是一种文化活动，它本身就需要一种见解、视野和精神。但是在他进入对具体历史问题的学术研究后，则应站在全球视野的角度，强调“价值中立”，克服道德偏好，因为这正是开阔的全球史观所要求的。只要参与具体学术问题探讨的研究者都能这样去做，就能最终达到一种对真理事实的逼近，也就能达到一种学术本质上的会通。

(2)研究者之间需要一种方法论上的会通。从事历史研究的学者，无论是从事中国史研究，还是从事外国史研究，都必须遵循国际上公认的学术研究方法论上的原理、逻辑、步骤和规范，在充分学术自由的前提下，本着任何问题都可以讨论的精神，就有可能达到一种研究上的会通。

(3)研究者需要具备特定的能力、素质和研究条件，首先包括对具体语言的掌握，知识结构上的要求，对资料来源限制性的克服等。正如当年张之洞所言：“自强之道，贵能取人之长，若非精晓洋文，即不能自读西书，若不能多读西书，即无从会通博采。”因此，进行这种学术会通的中国史研究者，至少需要熟练地掌握一门外语，需要了解外国史研究上的具体动向，并能阅读必需的国外资料。同样，进行这种学术会通的外国史研究者，也至少需要熟练地掌握古汉语，需要了解中国史研究上的具体动向，并能阅读必需的中国史资料。虽然在克服资料来源的限制性上，从事中国史研究的学者更有优势，因为中国史的资料掌握在自己手中，因而他们的研究往往能发现某一历史事实；而从事外国史研究的学者，由于大多还只能采用第二手材料，他们的研究往往在于给出一种说法。但在会通研究的问题上，从事外国史研究的学者恰恰可能更有优势，因为他们外国史的专业知识基础使他们更容易从全球视野出发去分析问题。总之，这里本身就提出了两者之间相互学习、相互借鉴、相互沟通和相互交融的问题，也即会通问题。

第二，具体研究内容上的会通可能意义更加重大。

从具体研究的内容上讲，进行中外历史研究的会通，首先要有一定的会通条件。当世界本身缺乏联系时，各种文明还基本处于独自发展的过程中，它们的发展史还只是这个世界各个局部地区的历史。由于这些文明彼此之间并没有发生太多直接的联系，外部世界也还没有太多地影响到中国的发展，因此，研究公元前2世纪以前的这段历史的中国史专家或外国史专家还难以找到太多具体的会通点，对这段历史的会通研究也往往只能是一种大范围、长时段、对比式的研究，而不是有直接联系的具体内容上的会通研究。

然而，自公元前139年汉朝的张骞出使西域、开辟丝绸之路以来，中国与外部世界的交往日趋扩大，中西交通的发展，佛教传入中国等都说明中国开始与外部世界建立起日益密切的联系。当然，那时的中国人还并没有“世界”观念，依然是以自我为中心的，因此，这一点并不奇怪：那时的中国人当然是站在中国的立场上看中国的。

自15、16世纪以来，人类真正开始了一个从分散走向整体的世界历史进程，尤其随着地理大发现、文艺复兴、宗教改革、启蒙运动、工业革命的发展，中国已经越来越多地受到外部世界的影响了。中国与外部世界之间的会通点越来越多，会通面也越来越大，能进行会通研究的具体内容也越来越多，进行会通研究的意义也就越来越明显。由于世界的发展本身已经具有了这种联系上的可能性，因而也就提出了如何站在世界的立场上看中国、如何站在中国的立场上看世界，以及如何站在世界的立场上看世界的问题了。

总之，现今的研究者可以从这四种角度来研究历史问题：

(1)站在中国的立场上看中国。

(2)站在世界的立场上看中国。

(3)站在中国的立场上看世界。

(4)站在世界的立场上看世界。

但是，站在中国的立场上看中国与站在世界的立场上看中国，得出的结论是不同的。例如，对于中国的“义和团运动”，站在中国的立场上看，是一场反帝爱国运动。站在世界的立场上看，是不同发展阶段中的东西方文明之间的一场冲突。

同样，站在中国的立场上看世界与站在世界的立场上看世界，得出的结论也是不同的。例如，在环保问题上，站在中国的立场上看，这是世界上任何一个民族在工业化过程中必然要付出的一种代价，中国人甚至还提出了“生存权高于一切”的口号，因为如果连生存都成为问题，那么别的什么都谈不上了。然而站在世界立场上看，这是一个全球化的问题，一个全人类都在面临的灾难性问题，它的结果在很多方面甚至是不可逆转的，因此，任何一个负责任的大国都必须担负起环保的责任。目前中国也认识到这个问题了，并开始着手于解决这一问题了，这正是中国人站在世界立场上看世界的一个结果。

站在世界的立场上不等于站在西方的立场上，这个世界的立场应是我们与外部世界之间达成的一种共识。没有对整个世界的历史进行更深入的研究和探讨，就无法达成这种共识，这里本身就体现出对中外历史进行会通研究的必要性和意义。

毫无疑问，中外历史研究的会通能有利于从以上这四个角度上来发现问题、描述问题，解释问题、解决问题，因而能促进历史学研究上的创新。

（作者为武汉大学历史学院教授）

“自由”与20世纪中国思想史的中西会通

方光华

一 传统是否有“自由”思想

1895年，严复在《论世变之亟》一文中指出，与西方文化相比较，中国文化缺少“自由”因素。他认为中西文化的差异，“苟扼要而谈，不外于学术则黜伪而崇真，于刑政则屈私以为公而已。斯二者，与中国理道初无异也。顾彼行之而常通，吾行之而常病者，则自由不自由异耳”①。学术追求真理，政治追求公益，本是中西文化的共同宗旨，中国却达不到这样的效果，关键在于西方文化以自由为精髓，而中国文化没有。西方文化“自由为体，民主为用”，有保护人的天赋权利的各种民主制度，而自由为中国“圣贤之所深畏”。但在1905年撰写的《老子道德经评点》中，他认为老子思想中包含自由和民主因素：“往而不害，安平太。”“安，自由也；平，平等也；太，合群也。”“不尚贤，使民不争。不贵难得之货，使民不为盗。不见可欲，使民心不乱。”“此不佞所以云，黄老为民主治道也。”②他还认为儒家忠恕之道“己所不欲，勿施于人”“己欲立而立人，己欲达而达人”，与自由观念要求尊重主体间权利界限有相通性。

严复以后，关于中国传统思想中是否有“自由”观念，学者们的争论不

① 严复：《论世变之亟》，载《直报》(天津)，1895-02-04，第8号。见王栻主编：《严复集》第1册，2—3页，北京，中华书局，1986。

② 严复：《〈老子〉评语》，该文1905年出版于日本东京。见《严复集》第4册，1090、1076页。

绝如缕。文化保守主义者梁漱溟、贺麟、钱穆、徐复观、冯友兰、牟宗三、唐君毅等指出，传统思想中并不缺少自由观念。① 例如，孔、孟都追求情感和理性的自由。孟子说人皆有恻隐之心、羞恶之心、恭敬之心、是非之心，说明人有"仁爱""尊严""秩序"和"理性"的诉求与潜力，有这样的内在力量，待人接物一定要使自己内心最真实的情感得到表达，只有这样，才会获得真正的自由。庄子认为若打消生死之限、时命之囿、哀乐之情，就能达到完全自由不受万物拘束的逍遥境界。禅宗六祖惠能说他的禅法是"无念为宗，无相为体，无住为本"。"无念"即对任何事物都不产生贪取或舍弃的念头；"无相"即"于相而离相"，"即见闻觉知，不染万境"，在接触诸法时也不执着于法相；"无住"即《金刚经》所谓"菩萨摩诃萨应如是生清净心，不应住色生心，不应住声香味触法生心，应无所住而生其心"，即在对心法、心所法都无执着取舍的前提下，保持一种自由的人生情态。像这类关于"自由"的论述，在中国思想中比比皆是，可见，自由始终是中国传统思想的主题。

面对文化保守主义提出的论调，自由主义者胡适指出："中国古人太看重'自由''自然'的'自'字，所以往往看轻外面的拘束力量……故意回向内心去求安慰，求自由。"他说，《庄子》中的列子御风而行、道教的神仙、佛教的西天净土，都有由自己的内心去寻求自由的意义，但这并不是真正的自由。真正的自由首先是政治自由，即人在政治生活中的自由，"东方自由主义运动始终没有抓住政治自由的特殊重要性，所以始终没有走上建

---

① 重视发掘传统中的自由思想是文化保守主义者的共识。梁漱溟认为中国人的人生态度和精神条件与西方不同，因此中国不可能照搬西方的自由民主道路，必须从儒家传统中寻找走向现代自由民主的道路。(《东西文化及其哲学》，上海，上海书店出版社，1989)徐复观认为孔子不仅奠定了儒学的基础，而且也"创发了中国的自由社会"，使得个体可以通过自身努力改进社会地位。这比多数为奴隶的古希腊罗马要进步得多，因此"真正向往民主政治的人"，应该发掘孔子的自由民主精神，使现代社会奠基于"伟大的传统之中"。(《中国自由社会的创发》，见《学术与政治之间》，121页，上海，华东师范大学出版社，2009)唐君毅阐述了现代自由价值高低不同的八个层次，第八层次的自由(即最高的自由)是"能涵盖一切现实的与可能的人生文化之价值，而加以肯定，赞叹，生发，成就"之仁心呈露的自由，这也就是孔子"为仁由己"的自由，由己就是由自，这是一种能够包容一切好的自由精神的最广大自由。由此他高度肯定孔子"中国自由之父"的历史地位。(《自由之种类与文化价值》，见《人文精神之重建》下，275－276页，桂林，广西师范大学出版社，2005)

设民主政治的路子”。而“西方的自由主义绝大贡献正在这一点，他们觉悟到只有民主的政治方才能够保障人民的基本自由，所以自由主义的政治意义是强调的拥护民主”。他还总结说：“自由主义的第一个意义是自由，第二个意义是民主，第三个意义是容忍——容忍反对党，第四个意义是和平的渐进的改革。”①殷海光也认为：“在中国文化里，跟自由主义能发生亲和作用的是佛老思想。可是，佛老思想只是一种人生境界和一种生活态度。……佛老思想所造成的境界和态度，可导致人采取退避不争的方式来缓和暴政的迫害，藉此‘全生保真’，但不能鼓起人争自由的热情。”②林毓生指出中国传统文化中并不是没有“自由”这个词汇，但主要是“一种自由自在、心中觉得舒服畅快的感觉”，“这种感受当然是自由主义所赞许的，但这不是西方自由主义的政治哲学与道德哲学讲的那种自由”③。

马克思主义者对于传统思想中的“自由”也有评说。如侯外庐指出，子思和孟子通过唯我论的比附，将外在的客观宇宙世界统一于主观的内心，又从这一唯心主义的比附出发，推导出“天人合一”的神秘宗教宇宙观④，它成为儒学宗教化的理论根源。在评述隋唐佛学时，他认为，隋唐佛学甚至整个中国佛学的本质，就是自我意识的循环。“从自我意识到独立的主体，从独立的主体到绝对的主体，这是隋唐佛学的一般的思辨结构。”⑤佛学中主体与本体的联结，实质是“主体和本体原来是一体，因此，主体对本体的证悟，并且与本体冥合，乃是主体对于自己的本源的复归”⑥，“人

---

① 胡适：《自由主义》，1948 年 9 月 4 日胡适在北平电台的广播词，载北平《世界日报》，1948-09-05。见欧阳哲生编：《胡适文集》(12)，805－810 页，北京，北京大学出版社，1998。

② 殷海光：《中国文化的展望》，176 页，上海，上海三联书店，2009。

③ 林毓生：《民主自由与中国的创造转化》，见《中国传统的创造性转化》，324 页，北京，生活·读书·新知三联书店，2011。

④ 侯外庐：“以自己的内心为中心，而视宇宙事物一如吾心，这就是唯我论的比附逻辑，以神秘主义的宇宙观作依据。……由唯我论的比附逻辑，到神秘主义的天人合一的宇宙观，再到神人同形说的宗教思想，其间实有紧密的逻辑关联。”见《中国思想通史》第一卷，401 页，北京，人民出版社，1957。

⑤ 侯外庐主编：《中国思想通史》第四卷上，162 页，北京，人民出版社，1959。

⑥ 侯外庐主编：《中国思想通史》第四卷下，893 页，北京，人民出版社，1960。

的自我意识由于‘正观’而与本体相结合，在人生的苦海中获得了解救”。① 这既是一种“自我淘空”，又是一种“自我充实”，这不仅是佛学的本质所在，甚至在后起的理学思潮中，在以朱熹与王阳明为代表的哲学观中，都有集中的体现。总之，传统心性论及其关于“自由”的论述，实质是自我意识的循环，它放弃了对客观世界的有效改造，从而也放弃了对自身的真正改造，不可能有精神生活真正意义的升华。

对于自由主义者和马克思主义者关于传统思想中“自由”的批评，文化保守主义曾经给予反驳。

首先，文化保守主义者认为，传统思想中的“自由”并不神秘。儒道佛都对各自所主张的“自由”提出理论依据。孔孟指出心性的基本内容源自天道。《易传》说：“一阴一阳之谓道，继之者善也。”阴阳变化赋予人善的品性，《易传·乾文言》把善解释为仁、义、礼、信，而《系辞》又说乾卦本身具备简易的智慧，“乾以易知”，证明天道内化于人的品性即包括了仁、义、礼、智、信各个要素，也就是孔孟对人的品性的基本估价。② 老子提出人的本心是“婴儿之心”“愚人之心”“赤子之心”，庄子进一步明确，这种纯真之心是以自然之道为依归的超越情怀。老子观察天道，发现天道具有从“无”中产生“有”的玄妙，而且“反者道之动”，天道总是朝相反的方向运动。“道者，德之钦”(《庄子·庚桑楚》)，真正的人性源于“道”所昭示的“玄德”，它是对现实的批判性反思，是对“道法自然”的理想状态的求索。惠能指出：佛性空灵，本无一物，但它具有自然智慧，有洞彻一切皆空的超越性情怀，“外善能分别诸法相，内于第一意而不动”。它根源于诸法缘起关系所呈现的真如实相。③

---

① 侯外庐主编：《中国思想通史》第四卷上，173页，北京，人民出版社，1959。

② 参见徐复观：《儒家精神的基本性格及其限定与新生》，见李维武编：《徐复观新儒学论著辑要》，196—228页，北京，中国广播电视出版社，1996。

③ 唐君毅曾指出：“真要讲求胸襟局度之开阔的自由，杜威罗素之境界，皆远不如庄子，及佛家之空宗，禅宗，与华严。庄子之逍遥游，齐物论，乃真表现最开阔之胸襟，而自一切偏执的价值观念解脱之自由者。”追求自由自在也是佛家的基本观念。(《略说庄子与佛家之自由精神》，见《人文精神之重建》，294—295页，桂林，广西师范大学出版社，2005)

其次，对于传统思想中的“自由”是以主观吞并客观世界的说法，文化保守主义者也不同意。他们指出，传统心性论并不认为客观世界都是由心性生成的。例如，孟子曾经说“万物皆备于我”，庄子曾经说“发乎天光者，人见其人，物见其物”(《庄子·齐物论》)，佛教说“心生则种种法生，心灭则种种法灭”。《坛经》论“摩诃般若波罗蜜法”：“何名摩诃？摩诃者是大，心量广大，犹如虚空。……虚空能含日月星辰，大地山河，一切草木，恶人善人，恶罚善法，天堂地狱，尽在空中，世人性空，亦复如是。性含万法是大，万法尽是自性。”①但传统心性论并没有将客观外在的自然世界和社会存在看作是心性的衍生物，不是说由心性生成了世界万事万物，而是说外在的自然世界和社会存在的意义要由心性这个主体所展开，心性能使客观事物的意义在人类生活中呈现出来。②

再次，文化保守主义者不同意传统思想中的“自由”只是对自我的无穷反省和忏悔，没有对客观世界的实际改造。他们指出，传统心性论的现实改造作用是十分明显的。孔、孟都没有把人性视为圆满具足的存在，人性之善仅仅是仁义道德的萌芽，它需要自我锤炼，但自我锤炼的过程并不是孤立的，它与个体的社会生活联系在一起，需要在君臣父子夫妇的关系中逐渐养成。如孟子说：“凡有四端于我者，知皆扩而充之矣。若火之始燃，泉之始达，苟能充之，足以保四海，苟不充之，不足以事父母。”(《孟子·公孙丑上》)老子指出，达于清静状态，一要“载营魄抱一”，神形合一；二要“少私寡欲”，“知足不辱，知之不殆，可以长久”，而“甚爱必大费，多藏必厚亡”；三要“浊以静之徐清”，就像河里的浑水只有静下来才可以变清新。庄子也认为“虚无恬淡，乃合天德”(《庄子·刻意》)，而要做到虚无恬淡，就要对“成心”“机心”“适人之心”甚至“德心”引起警惕，通过“心斋”“见独”“坐忘”等途径，认识到“万物一齐”，“道通为一”的道理。老庄思想

---

① 杨曾文校释：《敦煌新本六祖坛经》，27页，上海，上海古籍出版社，1993。

② 牟宗三强调西方哲学的特征是“外在的形上学”，这种思考路数“不能知性尽性，即不能开价值之源，树立价值之主体。”而价值主体是人类一切文化活动的根源，心性体现的是价值主体的创造活动，使主客体统一于人的生命之中。(《生命的学问》，25—26页，桂林，广西师范大学出版社，2005)

这种“上德不德，是以有德”的思想指向开阔了人们的视野，起到了社会改造的实际效果。惠能主张定慧等学，行住坐卧，无非是禅，实质上即是将禅修当作与现实生活并无矛盾的生活方式。所有的修行方式如果与现实生活脱节，不是生活的有机组成部分，那么它就不会产生任何有益的效果，反而会制约心性的自由舒展。如果禅不是人们日常生活自然而然的行为，即人不能与禅合一，不能在禅里面实现个人行为方式的自由，那么它绝不是真正的禅。禅只有成为人们的生存方式，像穿衣吃饭那样自然，才是真正求证真理的方式。可见，佛教表面上不对社会现实政治问题发表直接的见解，不去探讨所谓客观世界的规则，但它对人们心目中的各种世界观念那些不容置疑的预设的质疑，指出了生活是如何由之走向荒诞的，它不仅使人认识到常识的荒诞性，而且使人思考某种真正合乎伦理的生活的可能，它并没有脱离现实人生。①

最后，文化保守主义者甚至认为，传统思想中的“自由”与现代政治民主并无本质冲突。中国传统社会确实存在专制统治，但这不是因为传统思想导致专制统治，传统思想与民主观念并不冲突。牟宗三认为“儒家与现代化并不冲突”，从儒家内部可以生长出现代民主政治。② 徐复观力图从政治制度和政治理念两个层面来理解传统文化，他说从制度上讲，传统确实是专制制度，但是从政治理念上讲，儒学中早已孕育了民主观念，“由德治思想，而否定了政治是一种权力的观点，更否定了国家纯是压迫工具的

① 唐君毅认为孔子思想中的“空空如也”“毋意、毋必、毋固、毋我”，体现了宽大的度量和廓然虚旷的心灵境界，这与“佛家与庄子之空的智慧与无的智慧”是完全相同的，儒释道都展现了丰富宽广的心灵。(《人文精神之重建》二，296页，桂林，广西师范大学出版社，2005)徐复观认为以孔子为代表的儒家所开创的自由社会，使“一个人能凭借自己的努力而可改进自己的地位”，一方面通过学与教的精神和方法将个人从自然中解放出来，确立人的地位，使人由“无德而进为有德，可以由无能而进为有能”。另一方面，仅仅在人自身的德与能方面获得了自由，如果在社会地位上不能获得自由，个人就会落空而无真实的意义。因此中国传统的心性论非常重视个体对现实世界的改造，从而提升自由的境界和水平。(《中国自由社会的创发》，见《学术与政治之间》，121－124页，上海，华东师范大学出版社，2009)

② 牟宗三：《从儒家的当前使命说中国文化的现代意义》，见《时代与感受》，300页，台北，鹅湖出版社，1984。

谰言。由民本思想，而否定了统治者自身有何特殊权益的观点，更否定了统治与被统治乃严格的阶级对立的谰言”。① 儒家虽然没有提出民主制度，但是却提出了民主政治的原则。徐复观甚至认为，儒家的自由思想比西方的民主具有更大的合理性，因为西方民主是由外面逼出来的，基础并不稳固，而儒家民主转进了精神层面，有坚实的内在依据。他说，民主政治作为一种政治形式，一副架子，还必须发展精神层面的德性活动，“只有进一步接受儒家的思想，民主政治才能生稳根，才能发挥其最高的价值”。②

二 传统“自由”思想的性质

对于文化保守主义者关于传统思想中“自由”的辩护，自由主义者和马克思主义者并不完全赞同。

首先，自由主义者和马克思主义者都认为传统思想中的“自由”依然有其神秘性，缺乏确切的内涵。胡适说“自由”这个词确实“是中国古代就有的”③，其含义是“自己作主”，但在传统思想中读不出人的权利等现代内容。他说：“我们现在所讲的‘自由’，不是那种内心境界……是不受外力拘束压迫的权利。是在某一方面的生活不受外力限制束缚的权利。”④殷海光认为：“民主制度底基础是诸基本人权。基本人权，不是甚么神秘的东西，而是可以一件一件地计量的。例如，思想、言论、出版、教育、组织、经营、宗教……，等等自由都是。……这些基本人权，是民主制度底生命线。这些基本人权，如果受到损害，民主制度便发生动摇。”⑤自由主

① 徐复观：《儒家政治思想的构造及其转进》，见《学术与政治之间》，52 页，台北，台湾学生书局，1985。

② 徐复观：《儒家政治思想的构造及其转进》，见《学术与政治之间》，53 页，台北，台湾学生书局，1985。

③ 胡适：《中国文化里的自由传统》，见欧阳哲生编：《胡适文集》(12)，682 页，北京，北京大学出版社，1998。

④ 胡适：《自由主义》，见欧阳哲生编：《胡适文集》(12)，805－806 页，北京，北京大学出版社，1998。

⑤ 殷海光：《民主底试金石》，见张斌峰、何卓恩编：《殷海光文集》第 1 卷，53 页，武汉，湖北人民出版社，2009。

义者认为自由与权利是不可分的，而传统思想中很少有这类内容。

马克思主义者也认为，传统主流思想中的“自由”很少看到对人的生存和发展权利的要求，只有在非主流思想和农民运动中才能发现现代自由的因子。而且自由是有条件的，是历史的。例如，号称保障自由平等权利的民主，就有奴隶社会的民主、封建社会的民主、资本主义社会的民主，以及社会主义社会的民主等多种实践方式。① 侯外庐指出，当前我们迫切需要的自由是民族自由和民主自由，在国际上实现国家、民族之间的平等，在国家内部实现各民族之间、人与人之间的平等。他将实现民族解放、民族独立的民主运动称为“对外的民主”，将中华民族内部各民族之间、人与人之间的平等称为“对内的民主”，指出在抵抗日本侵略的危急时刻，“对内的民主服从民族解放独立的对外民主”，只有实现中华民族的独立解放，才能真正最终解决“国内诸部分汉蒙回藏等民族问题”。② 对外的民主与对内的民主并不冲突，对内的民主是实现对外的民主的基础和条件，如果没有国内各民族的团结奋斗和牺牲，要实现对外民主、民族解放是不可能的。他认为抗日民族统一战线是对内民主的一种形式，抗战胜利后，这种低级的民主形式还会更加发展。由抗战民主发展到建国民主，继续发展到有更高实质内容的社会主义民主，是侯外庐民主自由思想的核心内涵。而在传统思想中，很难看到“自由”这类切实的内容。

其次，文化保守主义认为传统“自由”没有忽视客观世界的改造的说法始终没有得到自由主义者和马克思主义者的认同。自由主义者和马克思主义者都指出，是否能对客观世界做出切实的改造，关键是能不能培育出科学精神。自由主义者殷海光认为，良好发展的社会把追求真理当作基本价值，而中国传统存在泛道德主义的倾向，常常为了道德或利害关系，牺牲了“是什么就说什么”的科学原则，“自孔氏以降，中国文化走的泛道德主义的路。道德是一定要的，但泛道德一定有害，至少，泛道德主义迷住了

① 侯外庐：《中山先生的民权论与民主建国》，见《抗战建国论》，22页，重庆，重庆生活书店，1938。

② 侯外庐：《抗战建国与民主问题》，见《抗战建国论》，9页，重庆，重庆生活书店，1938。

我们的视线，使我们看不清现实世界，因而发展不出现代科学”。[①] 汉武帝“罢黜百家，独尊儒术”，儒学思想成为正统思想，成为人的行为和思想的规范，知识分子“没有正式而且大规模地被教导着主动又独自地运用自己的智能来认知这个大家置身其中的经验世界。他们又从来没有在一个制度的培养和鼓励之下离开‘先王之法’来自动创造方法以解决人生和社会的实际问题”。这就造成“中国没有认知经验世界的真正科学传统。中国知识分子主要地被导向情绪的思想与作价值判断的规范思想，而绝少作逻辑思考”[②]。也就是说，中国传统缺乏科学精神，知识分子习惯于在没有做客观的认识和逻辑的思考之前先做价值判断。

马克思主义者侯外庐指出，中国传统思想虽有对于自然世界的思索，但整体来说，中国哲人研究自然世界，并没有走上科学分析之路。他们探讨自然世界的运动规则，着重点是为人类社会政治和伦理生活立法，是为了建立政治、伦理生活的理想方式，是为人类精神生活寻找支柱。因此，与西方面对自然而认识人类自身的传统不同，中国思想的主流不是因为对自然认识的深化而升华对人类自身的认识水平，相反，它主要是因为对人类自身的认识的升华，促进对自然形成新的认识。天人之际的问题与社会政治伦理紧密相连。人们是因为出于对人事的关怀，而去探求天人关系，探求天道。如果不能满足人事的需要，对天道的探求就失去了意义。他曾这样评价诸子思想的共同特点：“在中国，思想史起点上的思想家，不论孔子和墨子，其所论定的问题，大部分重视道德论、政治论与人生论；其所研究的对象也大都以人事为范围；其关于自然的认识，显得分量不大，其关于宇宙观问题的理解，也在形式上遵循着西周的传统。”[③]同时，在社会转型的关键时刻，中国思想往往能准确预见新的发展可能性，体现出强烈的现实批判性，有助于人们解放思想。如同没有老子，春秋时代中国社会的发展可能是另外一种样子。但随着社会变革的加剧与社会矛盾与冲突

---

① 殷海光：《中国文化的展望》，288页，上海，上海三联书店，2009。

② 殷海光：《中国文化的展望》，110、111页，上海，上海三联书店，2009。

③ 侯外庐、赵纪彬、杜国庠：《中国思想通史》第一卷，131页，北京，人民出版社，1957。

的尖锐化，中国思想往往倾向于在自己的内心实现自由。如同战国时期，庄子通过对政治的本质的深刻反思，认为绝对不存在理想的政治，因而对社会变革的前景充满忧虑，认为最要紧的是保持自己心灵的自由。中国思想性因素的发展往往走在精神认识上超越有限达到无限的思路。不能正面社会矛盾并寻求矛盾的有效解决，是传统思想严重的不足。

最后，文化保守主义认为传统“自由”可以开启现代民主的说法也不为自由主义者和马克思主义者所认可。胡适在20世纪40年代曾经撰文发掘中国的自由传统和民主的历史基础，① 但直到晚年仍不认为传统思想中有真正的民主。他指出中国几千年来没有解决如何限制一个大一统帝国君主专制的问题，而与西方民主国家接触几十年就能够提出解决的方法：“赶掉皇帝，废除帝制。”②这说明传统中民主的成分确实不多。殷海光也并不认为传统有现代制度性的民主。传统中国是以“家族作中心统治着所有的家族”③，核心是“孔制”和“礼教”，根本不同于现代的民主制度。

侯外庐更对中国传统社会的特性做了深入研究，指出民主思想难以产生的历史原因。他认为，中国文明社会的起源走的是一条特殊的路径，它“采取了土地为国家所有的路径，一开始便是大土地所有制，这不能不说是‘早熟’”，“氏族公社的保留以及转化成为土地所有者氏族王族，是它的‘维新’的路径”④。他总结出中国文明起源的基本标志是家族而不是家庭，是氏族公有制而不是私有制，是国野之分而不是国民意义上的国家。古代希腊文明社会的建立路径是：家族的消灭、私有制的起源、城邦国家的产生。而中国进入文明社会的路径是：家族和氏族制度与奴隶制度结合，土地财产为土地国有或氏族贵族专有，“宗子维城”的城市国家出现。中国文

① 如《民主中国的历史基础》(1941年3月12日在美国伊利诺伊大学发表的演讲，见周质平编：《胡适英文文存》(2)，北京，外语教学与研究出版社，2012)、《中国文化里的自由传统》(载台湾《新生报》，1949-03-28)。

② 胡适：《中国传统与将来》，见欧阳哲生编：《胡适文集》(12)，207页，北京，北京大学出版社，1998。

③ 殷海光：《中国文化的展望》，68页，上海：上海三联书店，2009。

④ 侯外庐、赵纪彬、杜国庠：《中国思想通史》第一卷，7、9页，北京，人民出版社，1957。

明形成之际，土地所有形态走的是从氏族公社公有到氏族贵族的土地国有的路径，中间未经过土地的氏族成员私有化阶段，个体私有财产权不发达。他还指出，与西方中世纪相比，中国封建社会的显著特点就是“自由的土地私有的法律观念的缺乏”①。中国封建社会土地为皇族地主(国家)所有，其他阶层仅有占有权或使用权，其对于土地的所有权不过是“法律的虚构”②。封建土地国有制作为“一条红线贯串着明清以前全部封建史”。中国封建社会分为前后两个时期，前期表现为对土地的直接干预，后期表现为通过赋税方式的变化实现对土地所有，方式虽有改变，但土地所有制形式的本质并没有改变。皇族垄断的土地所有制形式一直是中国封建所有制主要的形式，也是理解中国封建社会政治史、思想史的关键所在。“自由的土地私有权的法律观念之缺乏，土地私有权的缺乏，甚至可以作为了解‘全东方’世界的真正的关键。”③私有权观念的不发达，以国有土地为核心的所有制造就了它的政治形态，影响了中国思想家的生活空间和思想的范围，导致民主政治思想难以产生。

三 传统“自由”思想的现代价值

文化保守主义者关于传统思想中“自由”的辩护也深深影响了自由主义者和马克思主义者。

第一，外在自由需要有内在自由的坚实基础。文化保守主义者认为，中国文化总的方向是内圣而外王，以儒学为代表的传统虽然缺少权利观念，也无制度保障，但是依然有丰富的个人自由。而且，与民主自由相比较，内在自由可能更为根本。贺麟指出：“最令我感觉奇怪的，何以竟寂焉无人在那里谈现代化的思想、现代化的道德？何以很少人倡导道德思想应力求现代化？我并且进一步追问，假如思想道德不现代化——单求实

① 侯外庐：《韧的追求》，253页，北京，生活·读书·新知三联书店，1985。

② 侯外庐：《封建主义生产关系的普遍原理与中国封建主义》，见《侯外庐史学论文选集》，186页，北京，人民出版社，1987。

③ 侯外庐：《韧的追求》，253页，北京，生活·读书·新知三联书店，1985。

业、军事、政治的现代化是否可能?"①他怀疑若没有人的心灵自由,现代化是否可能真正实现。牟宗三还设计了良知"坎陷"而开辟现代民主的途径,认为良知是内在自由的根本,也是人们的认知和知识领域的根基与支撑,由内在自由达到外在自由,通过良心本源的自我"坎陷"就能完成。"吾心之良知决定此行为之当否,在实现此行为中,固须一面致此良知,但在致字上,吾心之良知亦须决定自己转而为了别。此种转化是良知自己决定坎陷其自己:此亦是其天理之一环。坎陷其自己而为了别以从物。从物始能知物,知物始能宰物。及其可以宰也,它复自坎陷中涌出其自己而复会物以归己,成为自己之所统与所摄。"

英文中的自由有 freedom 和 liberty 两个词汇,前者偏哲学,强调不受因果律及其他因素之限制的自主、自决,自身负责,后者偏政治学,强调个人的自由权利。19 世纪末,严复指出自由是西方文明的精髓,他所谓的自由就是"天赋权利",即古典自由主义者洛克(John Locke)等强调的个人自由权、私有财产权等基本权利。② 他认为自由最根本的是个人行使权利的自由,并认为这种自由需要有制度作为保障。严复对专制制度及其为之论证的思想体系如韩愈的君主理论进行了深入批判,希望通过建立君主立宪制度来实现政治自由,保障个人的自由权利。可见在中国自由主义的萌芽期,建设保障自由的社会制度就被置于自由主义的首要地位,对自由多注重其"liberty"意义的一面。

受文化保守主义所影响,一度以为政治自由最为重要的殷海光,在晚年对自由的认识有了变化。在《中国文化的展望》中,他专门讨论了自由的含义,强调"自由有始原的完整性","完整性属于而且只属于个人"。③ 1965 年在《自由的伦理基础》一文中,他引用伯林(Isaiah Berlin)、佛洛姆(Erich Fromm)的思想,指出自由的意义不仅包括消极自由,即低度的自由,还包括积极自由,即高度的自由。自由既有民主制度保障下的自由权利,也有个人的精神自由。他甚至对张佛泉"诸人权即诸自由"的论调进行

① 贺麟:《文化与人生》,37 页,北京,商务印书馆,1988。

② [英]洛克:《政府论》,叶启芳、瞿菊农译,北京,商务印书馆,1964。

③ 殷海光:《中国文化的展望》,327—328 页,上海,上海三联书店,2009。

反驳，认为如果把自由权利作为自由的唯一维度，可能会导致对内在自由和外在自由的分割。他认为"'内心自由'是一切自由的起点"。[①] 强调内心自由具有两种意义，一是道德意义，能够使道德主体克服欲念，即康德的道德自主性；二是开放心灵的自由，心灵不做囚徒。他指出有了心灵自由也并不一定就有外部自由，但没有心灵的内在自由就不会有真正的外部自由。他的学生林毓生更加认为，儒家"仁的哲学"蕴含了自由主义中一个主要的理念："人的道德自主性"，"仁的哲学"强调人的自觉，是儒学传统中最有生命力的一部分。要发展中国自由主义，就应努力推进儒家"仁的哲学"的"文化传统创造的转化"，借以与康德哲学的"道德自主性"观念衔接，甚至在理论上发展出一套比康德哲学更完美的中国的自由主义。[②]

中国马克思主义者认为，自由绝不是抽象的，对20世纪的中国来说，民族的独立自由和人民平等比个人自由更加重要，实现自由要关注促成自由的经济基础以及促进自由的社会力量。但在经历"文化大革命"后，个人的自由和尊严引起普遍关注，并逐渐形成了1980年关于人道主义和异化问题的大讨论。马克思主义者也认识到，人在马克思主义中处于核心地位，人不仅是社会主义生产的目的，而且是一切工作的目的。在20世纪90年代以来的"文化自觉"思潮中，人们更加清醒地认识到，人是文化的创造者，也是文化的承载者，"人"的自我意识与觉醒是"文化自觉"的根基。没有一定文化中的"人"的自我意识与觉醒，文化终不能成为真正意义上的文化。

第二，自由具有文化传承的特性。文化保守主义认为，自由有历史文化特性，对于这样的特性，不能因为它与西方不同就轻易给予唾弃，只有予以更多的同情方能了解。徐复观认为，西方文化虽然有希腊和希伯来两大来源，但是以科学为特征的西方近代文化却直接渊源于希腊。希腊人在商业城邦的基础上发展文化，他们没有什么压力，完全出于对宇宙自然的

① 殷海光：《自由的伦理基础》，原载《文星》第96期，1965-10-01。见张斌峰、何卓恩编：《殷海光文集》第1卷，259页。

② 林毓生：《中国传统的创造性转化》，324页，北京，生活·读书·新知三联书店，2011。

好奇之心，而冥想自然与宇宙的起源，以至于在近代综合其他因素形成以观察和实验研究自然的传统。而中国的学术思想，都是由于历史中的苦难。由于中西文化的动机不一致，导致两者的研究对象不一致。西方文化对自然的兴趣始终一如，西方近代自然科学的发达，以及西方文化的大规模地征服运动，都可以从中获得解释。而中国思想家们对于自然虽然并非全无兴趣，但他们不同于西方学者的冷静客观地对待自然的态度，而是"把自然演化于人之中"，即用人的感情、道德来衡量自然。由于动机不同，内容有差，导致两种文化在治学方法上的差别。"中国哲学是以行为实践为主，而西方的哲学则是以思辨为主，中国也重视思辨，但只占次要的地位。中国的思辨是为实践而思辨的，西方的哲学则是为思辨而思辨的。"①中国文化中出现重体认、重实用等这样一些特征，不是偶然的。对这样的文化特征所造就的"自由"观念，同情的了解特别重要。而且现代自由不可能脱离传统，贺麟说："在思想和文化的范围里，现代决不可与古代脱节。任何一个现代的新思想，如果与过去的文化完全没有关系，便如无源之水、无本之木，绝不能源远流长、根深蒂固。""从旧的里面去发现新的，这就叫做推陈出新。必定要旧中之新，有历史渊源的新，才是真正的新。那种表面上五花八门，欺世骇俗，竞奇斗异的新，只是一时的时髦，并不是真正的新。"②牟宗三也说，科学与民主对中华文化发展十分重要，但是发展科学与民主绝对不是将传统推倒重新来过。唐君毅也说："吾人真欲接受西方文化中之科学、民主、自由之精神，亦须自整个西方文化所表现向上精神上着眼。故吾人今日必须一反此数十年以卑屈羡慕心与功利动机鼓吹西方科学与民主自由之态度，而直下返至中国文化精神本原上，立定脚跟，然后反省今日中国文化根本缺点在何处，西方文化之精神异于中国者，毕竟有何本身之价值，而自一超功利之观点，对其价值加以肯定尊重，最后再看，中国文化精神自身之发展，是否能自补其不足，而兼具西方文化精神之长。而吾人亦将唯由此道，可以言真自动的接受西

---

① 徐复观：《徐复观先生谈中国文化》，见黄克剑、林少敏编：《徐复观集》(修订本)，601页，北京，群言出版社，1993年。

② 贺麟：《文化与人生》，4、51页，北京，商务印书馆，1988。

方文化之一切向上的科学、民主、自由等精神于中国文化精神未来之发展中也。”①他说：“无承担自己祖宗所遗之文化精神，而能吸收他人之文化精神者，亦未之有也。”②“中国未来立国之文化思想，必须有待于吾人一面在纵的方面承先启后，一面在横的方面，作广度的吸收西方思想，以为综摄的创造。此创造并不能期必某一个人或某一时期完成，但是只要大家先能提起精神，扩大胸量，去掉虚怯、卑屈、羡慕的情绪，而有一顶天立地的气概，便能逐渐完成。”③

自由主义者胡适和殷海光对于现代化都表达了基本相同的观念，如对科学、民主、自由的追求。胡适则提出了西化、现代化等问题，但他没有细究现代化与西化的差异。而殷海光则明确指出：“现代化是以西方近代文化为中心而向全球扩张的，可是西化却不一定即是现代化。”现代化虽然发源于西方，已经逐渐演变成一种世界普遍性的文化，但“时至今日，任何一个外来文化，只要得到科学思想与技术的要领，都可能有所贡献于现代化。这样一来，现代化已经不是西方近代文化的专利独占品了”④。也就是说，中国的现代化有可能采取不同于现代西方的发展方式。殷海光认为中国文化的现代化是必然趋势，但他隐约意识到当时西方现代文化的不足，他主张在民主科学的基础上，兼采基督博爱、佛教慈悲、孔孟仁义，力图整合东西道德。他力图为自由主义寻找稳固的人文基础。他说：“许多人拿近代西方的自由思想去衡量古代的中国而后施以抨击，不想想看：在思想上，老子和庄子的世界是多么的自由自在？特别是庄子，心灵何等的开放。再从社会层面看，中国在强大的帝制下，人民却有很大的社会自由。拿犹太教和回教来说，比孔教要专断多了。历史的社会应与历史的社会比较，拿历史的社会与近代西方的社会比较，是一个根本的错误。”⑤“空

---

① 唐君毅：《中国文化之精神价值》，355—356页，桂林，广西师范大学出版社，2005。

② 唐君毅：《人文精神之重建》下，228—229页，桂林，广西师范大学出版社，2005。

③ 唐君毅：《人文精神之重建》下，232页，桂林，广西师范大学出版社，2005。

④ 殷海光：《中国文化的展望》，293页，上海，上海三联书店，2009。

⑤ 殷海光：《病中语录》，见张斌峰、何卓恩编：《殷海光文集》第4卷，306页。

谈自由主义乃自由主义致败之由。我们要实践自由主义，必须顾到它所在的社会文化情境。”①林毓生也认为：“自由、理性、法治与民主不能经由打倒传统而获得，只能在传统经由创造的转化而逐渐建立起一个新的、有生机的传统的时候才能逐渐获得。”②这表明，20世纪五六十年代的自由主义者已经意识到现代自由需要与传统文化土壤相结合。

马克思主义者侯外庐也主张“从掘发自己民族文化的传统中，走出一条中国化的道路”③，既注意从世界史的普遍性角度看待中国历史和思想的发生发展，又注重从中国社会历史的特殊性出发审查中国历史的个性特点，在“世界”性和“民族”性相统一的基础上，发掘中国传统社会与思想中自身所孕育出的诸如自由、平等、民主、科学、理性等近现代文化因子，以嫁接起“传统”与“现代”的内在性桥梁。他通过对唯心主义神学的批判和对唯物主义和无神论的发掘和肯定，揭示了当代中国思想的发展路向应该是唯物主义和无神论思想的继续发展。通过对思想家近代民主自由思想的发掘和肯定，侯外庐表达了实现新时代自由民主的理想，要求实现人人平等、思想解放、建立民主社会。侯外庐是反对封建土地国有制和资产阶级自由的土地私有制的，要求在法权上建立全民所有制。只有从法律上保证所有人民对土地和自身财产享有所有权，才是社会的进步。而中国社会一直就缺乏这种法权观念，因此，法权观念的启蒙也是一个时代主题。从他的批判性分析中，我们看到，侯外庐对法律的不平等性、专制主义制度、唯心主义神学世界观等是持坚决的批判态度的。但是中国思想中反对专制统治的思想，朴素的唯物主义、无神论和对自由的要求、对经济和个性解放的要求等思想内容是可以发掘利用的优良传统。他的历史研究启示我们：只有对自己的文化和思想有“自知之明”，并能将自己的民族文化和思想融入世界文化体系中，在世界文化体系中找到自己文化和思想的位置与坐标，对自身文化进行创造与建设，才能较好地做到中国与世界的沟通，

① 殷海光：《中国文化的展望》，332页，上海，上海三联书店，2009。

② 林毓生：《中国传统的创造性转化》，6页，北京，生活·读书·新知三联书店，2011。

③ 侯外庐：《侯外庐自传》，载《晋阳学刊》，1981(5)。

最终自立于世界民族文化之林。

第三，自由是一个不断实现的过程。传统自由思想有着宏大的理论框架，其中天人合一、顺乎人性、和而不同是其核心。天人合一，就是把人类置身于自然之中，从自然中汲取人生智慧，对自然真理有所体察；顺乎人性，就是尊重人内心最真实的情感，听从人内心最真实的呼唤，让内心最真实的情感得到表达；和而不同，就是尊重不同观点和不同文化的多样性表达。传统认为，只有在这些方面有了深切的体悟并能躬自实践，才会有人的真正自由。而这样的自由是永无止境的，它是一个不断实践的过程。

冯友兰曾在中国传统思想的基础上提出"新理学"体系，这个体系的核心是"二世界""四境界"①。所谓"二世界"即他在《新理学》中主要论述的"真际世界"与"实际世界"。所谓"四境界"即在《新原人》中集中论述的人生四个境界：自然境界、功利境界、道德境界和天人境界。"二世界"中的"真际世界"相当于柏拉图的理念世界与宋明程朱理学世界，"实际世界"就是现象世界。冯友兰认为，真际世界揭示实际世界的根本规律，决定着实际世界的运行实践。而对于真际世界的了解，是成为"圣人"的唯一路径。达到圣人的境界，就达到了可以与天地合一的境地。冯友兰认为，天地境界是人类每个人可以，也应该达到的最高境界，在达到这一境界之前，因为人的天赋、悟性、勤惰等差异，会经过不同的阶段。"这四种人生境界之中，自然境界、功利境界的人，是人现在就是的人；道德境界、天地境界的人，是人应该成为的人。前两者是自然的产物，后两者是精神的创造。自然境界最低，往上是功利境界，再往上是道德境界，最后是天地境界。"②按照冯友兰的理论，人的自由将是一个不断实现的过程，他接续了传统自由思想的精神传统。

自由主义者也逐渐意识到，现代自由除了政治制度之维，还有经济之维、社会之维、道德之维乃至宗教之维。殷海光晚年就很关注宗教与自由的关系。他曾经将思想分为"有颜色的思想"和"无颜色的思想"。"有颜色

① 张岱年：《张岱年全集》第8卷，467页，石家庄，河北人民出版社，1996。

② 冯友兰：《三松堂全集》第4卷，569页，郑州，河南人民出版社，2001。

的思想”带有鲜明的感性色彩，它包括宗教教条、传统说法等①，而“无颜色的思想”即科学知识与科学思想，“它没有情绪、意欲、个人成分、地域特点……搀杂其间”。② 殷海光原以为“无颜色的思想”高于“有颜色的思想”，但他后来意识到这两种知识其实互为补偿：“有人说，科学与宗教不相容，科学态度与宗教态度不相容。假若所谓宗教，意指对宇宙之解释；并且从宗教的前提推衍出道德伦范，那么宗教所产生的结果，方法，以及看法，与科学确乎有逻辑上的不相容之处。但是，如果所谓宗教意指对人生价值之虔诚献身的态度，例如，正义，和平，解除痛苦，那么宗教与科学之间不仅无何冲突，而且是需要互相补偿的。”③林毓生曾经指出：殷海光由强调宗教与科学、知识的冲突到晚年重视研究宗教，与他整个的思想转变有关系，由重视知识问题到重视关切人生或心灵的问题。“他眼看这个世界技术化愈来愈强，而人的道德理想愈来愈败坏，人的心灵愈来愈萎缩，人的生活愈来愈繁忙，四周的空气愈来愈污染。这种情境，使他焦虑，逼他反省，令他寻求解答。以此，他扩大了思想的角度和范畴，而伸入人的切身的问题，而透入生命的层域中。渐渐地，他了解到古往今来世界不同的文化领域中，古典的中国文化分子对于生活层面以及心灵的层面都曾作过妥当的安排。尤其是在人生态度和存在价值的取向上，殷老师认为有许多可供我们欣赏与参考的地方。”④从殷海光对于宗教的态度的转变，不难看出中国自由主义者关于自由的定义和自由的实现都有不断拓展的思想空间。

侯外庐认为，在复杂的历史内容中，要抓住两个根本，一个是物质生产方式以及相关的经济制度，另一个是人们理论化的社会思维。实现以经济制度变革为核心的社会变革是实现人的自由发展的前提条件，经济制度

① 殷海光：《正确思想的评准》，见张斌峰、何卓恩编：《殷海光文集》第3卷，314页。

② 殷海光：《正确思想的评准》，见张斌峰、何卓恩编：《殷海光文集》第3卷，315页。

③ 殷海光：《自然思想与人文思想》，见张斌峰、何卓恩编：《殷海光文集》第4卷，107页。

④ 殷海光：《最后的话语》，见张斌峰、何卓恩编：《殷海光文集》第4卷，298页。

变革必然带来政治制度变革，并影响人们的社会思想。但当社会经济制度和政治制度变革实现之后，人们发现，人们的社会思维并没有自然而然地变化。甚至科学技术的日益进步，市场经济的相继活跃，政治、经济、社会、文化的现代化的全面铺开，它的实质只是使人从自然中进一步挺立出来，人与自然的关系、人与人自身的关系、人类不同文化的关系这些古老的话题，又在人们的生活中显示出来。

（作者为西北大学历史学院教授）

重回中国历史本体

——三十年来中国史学的本土化趋势

王学典

中国正在崛起。而国家崛起的实质是民族文化的复兴。习近平关于“中华民族伟大复兴需要以中华文化繁荣发展为条件”的论断实属洞见。国家的崛起，必将推动本民族的文化自觉与自信不断增强。在重新崛起的大背景下，弥漫于意识形态领域的那种近二百年来由外族入侵所导致的崇洋、信洋心理以及其背后隐藏着的文化自我否定意识必将得到彻底的修正。返归中国本体，找回或者重塑失落已久的天下意识，将会是中国人文社会科学在新的历史条件下“再出发”的基本立场和前提。近三十年来，在更深入的实证研究的支撑下，越来越多的史学工作者认识到，长期统御中国历史的普世主义叙事框架和中国历史实际进程之间存在着难以逾越的鸿沟，要重建中国历史，必须挣脱旧有的不合实际的理论束缚，面向中国本土，从历史实际出发，重新探索有关中国的历史解释体系。这一努力的实质，就是要“从西方话语中拯救中国历史”，重新勘察中国的历史演进之路。这将是现代中国史学一次具有重要意义的转折。它不仅代表着中国史学自主意识的增强，更代表着中国史学的发展方向。“以中国区别于欧洲的历史特质和历史经验，建立起中国自己的历史尺度，重新发现和编撰长期被欧洲历史遮蔽的中国历史，建立起区别于欧洲史观的中国史观”，① 是这一努力的最终目标。可以说，近三十年间，对“本土化”史学的追求，是

① 荣剑：《中国史观与中国现代性问题——中国社会发展及其现代转型的思想路径》，见《中国社会科学辑刊》(2010 年 12 月冬季卷)，上海，复旦大学出版社，2011。

中国史学家从学术上对国家重新崛起所做的最深刻的呼应。

一 挣脱"五种生产方式"的链条

众所周知，晚清帝国的崩溃，直接导致以"正史范式"为主流的中国史学传统叙事体系的终结。此后一个世纪，中国史学为西方历史叙事框架所约束。梁启超所揭橥之新史学，其最具革命意义之处在于用西方进化论观点重构中国历史。马克思主义史学崛起后，中国历史叙事的主流框架，就是用源自欧洲的"五种生产方式"来演绎中国历史。几十年来，"以五种生产方式为核心的社会形态论始终占有无可争议的独尊地位，它规范着史学研究的构架并指导着它的方向"。五种生产方式说被当成自然科学规律一样的规律，并由此出发，在逻辑上先验地得出了一系列的历史定论。在这种情势下，历史学家的任务并非是要从历史研究中得出理论，只不过是找出一些事实来填充或者证明那个现成的理论。① 所以，当从欧洲历史提炼的历史尺度成为中国历史编纂学的权威标准后，中国史学史上的20世纪，基本上就呈现为一种"中国史在西方"的状态。用西方模式笼罩中国经验，用西方观点加工中国材料，用西方话语描述、归纳中国文明和思想的特征，用西方程序对中国的历史重新编码，是这一状态的真实写照。一部中国历史就这样被硬塞进"五种生产方式"的结构序列之中。由于这套结构序列实在无法包容中国的历史经验，结果只能无可逃避的在"五种生产方式"理论和中国历史经验之间造成长期的紧张。虽然饱受二者关系紧张的折磨，但慑于"五种生产方式说"本身更多是一个政治学命题，史学家们不仅不敢越雷池半步、去挑战这一学说的权威性，而且还挖空心思地去"迁就""迎合"这一学说，义无反顾地削中国历史之足以适西方模式之履。这样就导致在几十年的史学研究中出现了世界史坛难得一见的独特景观——史学家们成群结队，这边忙着手拿放大镜找奴隶制，那边翻箱倒柜寻资本主义萌芽。

① 何兆武：《社会形态与历史规律》，载《历史研究》，2000(2)。

难以想象，五千年生生不息的中国历史，长期匍匐于一个僵硬的模式之下。受特定政治环境的影响，1949 年后，在相当长一个时期，中国史学家一项中心工作就是按图索骥，以“五种生产方式说”来编排中国历史。其间，中国史学界的话题多与此有关。以长期聚讼纷纭的历史分期为例，其目的就是坐实中国的奴隶社会，从而维护“五种生产方式说”链条在中国历史进程当中的完整性，为“五种生产方式说”与中国历史的一致性寻找依据。关于资本主义萌芽的讨论也是为了论证即使没有外国人侵略，中国也一定会缓慢地发展到资本主义社会。殊可叹息，代表新中国史学成就的“五朵金花”，其中的每一朵几乎都植根于“五种生产方式说”与中国历史经验之间的紧张中。由于长期徘徊于五种生产方式说的笼罩之中，中国史学的现代历程虽已开启百年，但在社会形态的探索上刚一出发便陷入泥淖，这不能不说是现代中国史学的一大遗憾。十七年史学之所以受到诸多诟病，其故多在于此。突破“五种生产方式说”，无疑是重建本土化史学的关键！而这，有赖于学术的自觉。

几乎从改革开放一开始，“五种生产方式说”即受到质疑。其标志就是所谓“无奴派”的崛起。1979 年，黄现璠在《广西师范学院学报》第 2、3 期发表《我国民族历史没有奴隶社会的探讨》，文中指出：“我坚决主张我国历史上没有奴隶社会，汉族没有，少数民族绝大多数也没有。希腊罗马奴隶制社会仍是人类历史发展中的特例，不是通例。”一石激起千层浪，这一观点迅速得到张广志、胡钟达等人的支持，拥护者众。否定奴隶制的文章如雨后春笋。① “到了 1982 年，越来越多的人趋向于奴隶社会并

① 除黄现璠的几篇文章外，这一时期“无奴派”发表的文章还有张广志的《论奴隶制的历史地位》，载《四川大学学报》，1980(2)、(3)；祝中熹的《对中国古代社会性质的一点浅见》，载《青海师范学院学报》，1980(3)；韦文宣的《泗城府属地区封建农奴制度的几个问题》，载《中央民族大学学报》，1980(4)；曹成章的《“滚很召”的来源及其性质》，载《民族研究》，1980(5)；徐溥的《原始社会解体后必然是奴隶社会吗》，载《社会科学研究》，1980(6)；纵瑞华的《试论历史上最初的国家都不是奴隶制国家》，载《青海师范学院学报》，1981(2)、(3)；胡钟达的《试论亚细亚生产方式兼评五种生产方式说》，载《中国史研究》，1981(3)；曹成章的《关于傣族奴隶制问题的质疑》，载《民族研究》，1982(1)；李汝能的《茂汶羌族地区没有历过奴隶制社会阶段》，载《西南民族学院学报》，1982(2)；等等。

非人类历史发展必经阶段的看法，殷商并非奴隶社会几成历史学界的共识。”①奴隶制的否定，是“从西方话语中拯救中国历史”的第一个重大成果。

可以说，三十年间，关于中国古代历史发展道路的讨论一浪高过一浪。近年来，随着冯天瑜《“封建”考论》的出版，关于中国古代“封建社会”的讨论又成为学术探讨的焦点。冯书以历史语义学为工具，试图证明被用来指称中国自秦代以降社会形态的“封建社会”不过是彻头彻尾的概念“误植”，这就从根本上瓦解了封建社会长期延续的中国历史叙事框架。冯的探索是“对中国几千年历史的一个总体反思和考查”，目的在于“给历史重新定性”，② 重新定义源远流长的中国历史。2010 年 5 月 2—3 日，山东大学《文史哲》杂志举行“秦至清末：中国社会形态问题”人文高端论坛，其后又在杂志上开设专栏，专题讨论所谓“中国封建社会”问题。一些代表性学者提出了与五种生产方式说迥然相异的历史观点。有关“中国封建社会形态”的讨论，在这一年达到高潮，甚至被列入“2010 年十大学术热点”③。需要强调的是，这些讨论的总基调，都是否认“秦至清末”是封建社会，目的是把占据中国有记载历史三分之二多的部分从“五种生产方式说”的链条上卸载下来。

通过多年的讨论，越来越多的学者认为，研究中国的问题，不能将马克思、恩格斯的论断生搬硬套在中国古史的头上，而应当花主要的精力研究中国古史的历史实际，提出符合中国古史的相关理论。中国社会形态研究应当建立起自己的话语系统。建立起有中国特色的社会形态理论并给中国古代社会形态一个可信的说法，条件已经基本成熟。这个问题的基本解决，将是中国历史学具有重大学术意义的长足发展的一步。④ 只有归纳出

---

① 陈淳：《社会进化模式与中国早期国家的社会性质》，载《复旦学报》，2006(6)。

② 方维规：《一个概念一本书——读冯天瑜先生新作〈“封建”考论〉》，载《中国图书评论》，2006(9)。

③ 《光明日报》理论部、《学术月刊》编辑部：《2010 年度中国十大学术热点》，载《光明日报》，2011-01-11。

④ 晁福林：《探讨有中国特色的社会形态理论》，载《历史研究》，2000(2)。

中国历史研究中新的概念系统和理论范式，才能重建中国史叙事的理论体系。① 即使过去坚定的“五种生产方式说”信奉者也已认识到“用五种生产方式斧削中国历史，是不适宜的”，“五种生产方式是按照欧洲的历史提出来的，所以只适用欧洲的历史，与中国历史是不切合的”，“必须放弃用五种生产方式套改中国历史的做法，另行考虑解决中国历史发展体系的途径和方法”。②

二 海外汉学的强力示范和诱导

如果说对五种生产方式说的摆脱是本土化史学的一次“内爆”，那么，海外汉学则从外部对这一趋势给予强有力的推动。改革开放以来，随着中国国际地位的提升，国际汉学研究愈发兴盛。海外汉学家们在理论和实践方面“以中国为中心”展开的探索，对中国史学的本土化努力给予了强力的示范和诱导。虽然海外汉学的“中国中心观”与中国史学的本土化追求在出发点上完全不同，但他们在新理论指引下对中国的重新发现一再向中国史学家们展示着从中国本土出发研究中国历史所蕴藏的巨大潜力和无限可能性。其中，美国历史学家柯文是一个代表人物。严格说来，“中国史重返故土”作为一种史学思潮大体出现于20世纪90年代中期，柯文的《在中国发现历史——中国中心观在美国的兴起》在中国大陆的问世(1989年7月)可作为这一思潮的标志。柯文敏锐地指出，带有种族中心主义的西方人对中国历史的歪曲自不待言，但是“中国史家，不论是马克思主义者或非马克思主义者，在重建他们自己的过去历史时，在很大程度上一直依靠着从西方借用来的词汇、概念和分析框架”，从而使中国人研究自己的历史也不能以中国为中心。他呼吁，要“寻求中国史自身的剧情主线”。柯文的“中国中心观”要义在于：力图从中国而不是从西方着手来研究中国历史，并尽量采取内部的(即中国的)而不是外部的(即西方的)准绳来决定中国历

① 张国刚：《本土化：重建中国社会形态理论的根本》，载《历史研究》，2000(2)。

② 田昌五：《中国历史发展体系的新构想》，载《历史研究》，2000(2)。田昌五主张中国历史可分为洪荒时代、族邦时代、封建帝制时代或帝国时代三大时代。

史哪些现象具有历史重要性。总之，“中国中心观”要求是“一种根植在中国的而不是西方的历史经验之中的史学”。在柯文的鼓吹下，“中国中心观”已经成为20世纪90年代以来中国史学界人人宗奉的最响亮的口号。

2000年贡德·弗兰克《白银资本》中文版的付梓也对“中国中心观”的传播起了推波助澜的作用。该书以极具挑战性的姿态，对1500年以来世界各地之间的经济联系作了一个气势恢宏的论述。其最引人瞩目之处在于在对“欧洲中心主义神话”进行严厉批判的同时，把中国置于亚洲的中心，把亚洲置于全球经济的中心。他认为，中国需求白银，欧洲需求中国商品，这二者的结合导致了全世界的商业扩张。中国在工业革命前的经济史中占据着极其突出和积极的地位。该书在中国史学界所引起的巨大轰动效应，使“中国中心观”更加深入人心。

在重新认识和发现中国历史时，日本学者滨下武志关于中国朝贡贸易体系的研究具有和弗兰克理论同等重要的方法论意义。滨下武志针对“西方原发的现代化模式是否适用于亚洲”的问题，提出了一种类似“地区”(areas)或“区域”(regions)的概念以建构区别于西方民族-国家及其国际条约体系的分析框架。滨下武志认为“可以把亚洲的历史理解为一个系统的历史，这个系统的特征是以中国为中心的地域圈的朝贡贸易关系。这个朝贡体系是后来的‘近代’亚洲的前提，而且它的影响在当代亚洲历史的重要方面都有所体现”。① 在滨下武志对中国朝贡贸易体系的开创性研究中，原来在欧洲史学框架中被高度漫画化的中国帝国形象得到了更为细致和准确的描述：它不仅仅是一个借助庞大的官僚体系以实现中央集权专制统治的国家，同时也是一个连接中心和边缘的有机的关系网络，其中包括各省和附属国、土司和藩部、朝贡国和贸易伙伴，由此构成了一个以中国为中心、以朝贡体系为纽带、以东亚国家和亚洲大部为辐射地带的经济共同体。②滨下武志认为，对中国朝贡贸易关系的体系性理解对于重新审视东西方关系有重大寓意，因为西方人在最初进入亚洲直至形成对亚洲的扩张和冲击

① ［日］滨下武志：《中国、东亚与全球经济：区域和历史的视角》，王玉茹等译，17页，北京，社会科学文献出版社，2009。

② ［日］滨下武志：《中国、东亚与全球经济：区域和历史的视角》，17—18页。

时，均受到了朝贡贸易体系的制约。滨下武志的研究暗含着这样一个深刻结论：中国和亚洲在西方冲击下所发生的现代社会转型，不能被简单地理解为从帝国向民族-国家的转变过程，以及从朝贡体系向条约体系的转变过程。应当“将亚洲作为一个完整的历史体系来把握”①。有论者认为：“弗兰克和滨下武志的研究体现着一种完全不同于欧洲中心史观的史学叙事，这种史学叙事是立基于中国或亚洲的历史特质和历史经验，是依据它们区别于欧洲的社会性质、国家或民族间的关系以及独特的历史进程而总结出来的，其意义不仅在于重新书写被欧洲史观所复制或歪曲了的中国史和亚洲史，而且更重要的是，它塑造了一个不同于西方的现代性叙事。”②

另一个以中国为本位研究中国历史的代表人物是黄宗智。长期以来，“中国史”只是给西方“观点”提供有待加工的材料，从而成为西方“思想”的附属物或注脚，而它自身似乎并不能形成“观点”“通则”和“模式”。但以黄宗智为代表的一批学者的论著，却第一次将中国历史经验摆到了与西方历史经验同等重要的位置上，并用前者来补充甚至修正后者。例如，源自英国经验并上升为所谓世界历史通则的一种看法认为：“商品化必然导致近代化”、活跃的市场交换一定会导致资本主义的产生。现在，学者们经过细密的实证考察后认为，这一通则与中国经验特别是与明清以来江南经验截然相悖。而江南经验所昭示的事实是：近500年的商品化并未导致资本主义萌芽和所谓近代早期的发生；小农经济能在高度市场化或高水平市场扩张条件下持续，因此，“商品化必然导致资本主义发展的经典认识明显是不对的”。这些观点再次证明了中国经验与欧洲模式之间的方枘圆凿，从而为中国史学的本土化提供了更多的合法性。

细察近三十年的中国史学，由西方汉学引发的话题层出不穷，可谓一波未平再起一波。无论是柯文，还是黄宗智，抑或是滨下武志，这些形形色色的“中国中心观”都是与西方旧有理论体系辩驳中诞生的，但其治史理念、作业方式，以及取得的成果无疑都对中国史学家产生了强力的示范作

① [日]滨下武志：《中国、东亚与全球经济：区域和历史的视角》，34页。

② 荣剑：《中国史观与中国现代性问题——中国社会发展及其现代转型的思想路径》，见《中国社会科学辑刊》(2010年12月冬季卷)，上海，复旦大学出版社，2011。

用，同时也诱导中国史学家们发展和探索自己的中国中心观。究其实，海外汉学研究的中国中心观，是基于现实世界里中国的日益回归世界中心，这一点，同样也构成中国史学家发展中国中心观的基础。中国走着一条与西方完全不同的路，已经成为中西学者的共识。

三　本土化史学的探索是一个漫长的过程

时至今日，用西方框架西方模式来笼罩作为整体的中国历史经验这种现象在主流史学界已销声匿迹。这是近十年来中国史学给人的最深刻感受。今天的史学界，已经很少有人还在那里谈论中国史的“奴隶制阶段”“封建制阶段”和“资本主义萌芽时期”。虽然人们想用“族邦时代”“帝制时代”或“贵族社会”“选举社会”“郡县制时代”等概念来取而代之的努力尚未得到普遍认可，但以西欧历史经验为基础的历史框架已被抛弃却已是不争的事实。越来越多的史学家开始在研究中刻意保持与“五种生产方式说”的距离，甚至彻底摆脱它的束缚。白寿彝总主编的《中国通史》就谨慎地避开了古史分期问题，采用按纯粹时间顺序构建起来的编年体叙事模式，按“远古时代”“上古时代”“中古时代”等概念来划分中国历史。《中国大通史》的编者则公开宣称“不再套用斯大林提出的‘五种社会形态’单线演变模式作为裁断中国历史分期的标准”，并且“避免笼统使用含义不清的封建制度的概念”，而是直接使用具体的所有制和生产方式的概念，如均田制、地主土地所有制、租佃经济等，把夏商周三代称作“宗法集约型家国同构农耕社会”，把秦汉至清称作“专制个体型家国同构农耕社会”。① 田昌五则按洪荒时代、族邦时代、封建帝制时代或帝国时代构建其中国历史体系新论。② 可以说，现在，“在各种分期的新说中都已不见‘奴隶制’或‘奴隶社会’的字样，说明奴隶制不等于奴隶社会、奴隶社会不是必经阶段、三代

① 曹大为：《关于新编〈中国大通史〉的几点理论思考》，载《史学理论研究》，1998(3)。

② 田昌五：《中国历史体系新论》，载《文史哲》，1995(2)。

不是奴隶社会等观点已被很多人接受”①。

把“中国史”从外来模式中搭救出来，脱掉长期穿在中国躯体上的并不合身的“西装”，应该说是近一二十年来中国史学界的一个重大进步。如果说20世纪80年代的中国史学抛弃“以阶级斗争为纲”的枷锁是在轰轰烈烈中进行的话，那么90年代中国史学从“西方历史框架”的束缚中解脱出来则是在不声不响中完成的。“中国史重返故土”的历程就是在这样一种“润物细无声”的语境中启动与展开。

在一些学者看来，“自下而上”的区域社会史应该成为推动中国社会史研究本土化的重要实践和主要趋向。走向田野与社会，回到历史现场进行“在地化”的考察、体验和研究，实为中国社会史研究本土化的必由之路。②“中国史重返故土”的趋势在20世纪90年代中期以后，越来越扎根于“走入田野”这一新形成的学术风尚之中。在这一意义上，“中国中心观”事实上早已变成中国的“地域中心观”。这突出表现为社会学、人类学和民俗学田野调查方法与技术向历史学特别是其中的社会史研究的大规模移植与渗透。一种以本土研究中的微型问题、中型问题为核心的多学科互动局面业已出现，历史学家、人类学家和社会学家正在共同把历史研究导向微观层面。微型社会史研究在90年代的中国几乎以“井喷”的方式流行开来，令整个史学界侧目，实在不是偶然的。如果研究只是局限于宏观或面上的分析，就难免“把某一历史过程中发生的一些联系套用到另一种历史过程中去”，一度出现的“中国史在西方”的状况与长期流行的以“全国”为单位的“泛泛而论”的偏好密不可分。而来自“微观层面的信息，尤其是从人类学方法研究得来的第一手资料和感性认识”，却导致若干早已形成并且深入人心的“定论”被削弱、被动摇，乃至被颠覆。喷涌而出的大量社会史研究成果已充分证实了这一点。以深入村落、置身乡土、沉潜档案、采风民间、发掘口述、参与观察等为内容的“走入田野”的作业方式可以说在世纪之交已经形成气候。“中国史重返故土”的历程也只有在这一作业方式中才能向纵深走去。

在此，我们也不能不提出，“中国史重返故土”这样一个过程，现在仅

① 叶文宪：《关于重构中国古代史体系的思考》，载《史学月刊》，2000(2)。

② 行龙：《中国社会史研究呼唤本土化》，载《人民日报》，2012-05-31。

处在起步阶段，在它面前，注定还有漫长的路要走。任重道远，歧路彷徨，可能是对它当下境况的写照。说它“任重道远”，或许还好理解，因为它不仅无法与辉煌的“纪传体”这一自足的历史编纂学形态相比，即使要达到“中国史在西方”那种成熟程度也不容易——它们毕竟都各有一整套专属的预设、框架、宗旨和概念，配套成龙、驱遣自如。相比之下，有待重建的“本土化”史学，仍然是“歧路彷徨”。第一，理想的“重返故土”后的完全基于中国历史经验的“中国中心观”的史学，究竟是一种什么面目，老实说目前大家并不清楚。目的地在哪里，也有待深入讨论。第二，如同上文所说，“中国史将重返故土”的历程中有美国中国学家及其东方弟子与追随者们的推波助澜，我们又怎能保证这一历程最后不会重陷“中国史在西方”的境地？“奴隶制”“封建制”“亚细亚生产方式”等固然已被抛弃，但“公共领域”“市民社会”“早期工业化”“近代早期”等概念，不也同样来自“西方经验”、同样与中国经验相悖？一位强调“本土化转换”的学者坦言：他和他的同道们的研究仍“大多是在西方社会理论资源提供的脉络中发言”，因为在“全球化背景下”，史家们已“几乎无法摆脱西方设问方式的影响”①。那么，我们所要定位和探寻的“本土化史学”，路又在何方？——在中国崛起的大时代里，如何建构自主的历史叙事框架，将会是21世纪中国史学最大的悬念。

（作者为山东大学儒学高等研究院教授）

① 参见杨念群：《导论：东西方思想交汇下的中国思想史研究——一个“问题史”的追溯》，见杨念群主编：《空间·记忆·社会转型：“新社会史”研究论文精选集》，68－69页，上海，上海人民出版社，2001。

北宋治国中化解矛盾的怀柔方式及其倾向

——以处理内外重大矛盾问题为中心

陈 峰

中国古代王朝在治国的过程中，不可避免地面临内外各种复杂、严峻的矛盾与挑战，统治者为了生存与发展，就必然需要加以应对。但如何应对，则须符合自身的治国理念与目标，有所偏重，有所取舍，为此而制定各项方针政策，同时运用必要的方式手段，以力争获得相应的效果。可以说，秦汉隋唐等王朝在治国中采取的方式手段上，固然有怀柔或妥协的一面，但往往更注重直接而强硬的另一面。诸如面对来自上层集团、将帅势力、外患威胁、民族冲突等重大矛盾问题时，就常采取直接打击的方式。这体现了强调进取功效的理念，具有敢于冒险的精神，其特征当与中国古代前期帝制处于上升阶段相关。与以往较为明显不同的是，北宋统治者在对待以上重大矛盾问题时，虽然也采取了一些直接强硬的手段应对，但更倾向于运用怀柔的方式化解，反映了追求维稳的理念，其精神深处则是回避冒险，就此而形成了鲜明的时代特征，此当与中国传统帝制步入成熟后期有一定关系。关于“怀柔”的概念，《诗·周颂·时迈》有“怀柔百神”之语，毛诗传解释为：“怀，来；柔，安。”颜师古注相同。① 又《礼记·中庸》云：“送往迎来，嘉善而矜不能，所以柔远人也。继绝世，举废国，治乱持危，朝聘以时，厚往而薄来，所以怀诸侯也。”②本文特用其政治上的

① (清)阮元校刻：《毛诗正义》卷一九之二，《十三经注疏》本，588页，北京，中华书局，1980。

② (清)阮元校刻：《礼记正义》卷五二，《十三经注疏》本，1630页，北京，中华书局，1980。

怀柔术之意，主要指温和拉拢、笼络与安抚的方式，与武力、暴力或强制性的方式相对，含有妥协、让步的用意在内。对于宋朝统治的怀柔现象，学界虽从某些方面有所关注，并分析了其表现，① 但作为治国方式全面系统而深入地加以论述还明显不足，故本文试图对此加以探究，以推动研究的深入。

一　宋初的怀柔举措及其倾向意识的奠定

北宋建立伊始，便开始探索运用怀柔的方式解决内外重大矛盾问题，历太祖、太宗两朝，在总结历史与自身经验教训的基础上，遂逐渐形成了强烈的怀柔倾向意识，由此转化为与其治国理念相匹配的重要施政方式之一。

赵匡胤称帝前，无论是出身还是资历都不突出，远不如一批重量级的宿旧亲贵将帅，这种因机缘而致高位的情形，加之其沉稳的性格因素，都决定了谨小慎微的行事风格特点。因此在“陈桥兵变”夺权过程中，赵匡胤充分运用安抚手段，严禁杀戮，不仅保全、优待后周宗室，还留用了原有宰相以下官僚队伍，从而使历来血腥动荡的政变在平稳过程中完成。故古今史家都指出：陈桥兵变具有“兵不血刃，市不易肆”②的特点。陈桥兵变

---

① 目前，论者对宋太祖“陈桥兵变”“杯酒释兵权”及“先南后北”的论述颇多，并涉及本文所提出的怀柔方式，代表性成果如王育济《论“陈桥兵变”》指出：“酿造出一种文明理性的‘立国气象’，从而对唐宋之际的‘治乱分合’以及两宋政治产生了深刻而有益的影响。”载《文史哲》，1997(1)；另见氏著《宋初“先南后北”统一策略的再探讨》，载《东岳论丛》，1996(1)；《论“杯酒释兵权”》，载《中国史研究》，1996(3)。王云裳《宋太祖任边帅“皆富于财”的怀柔政策及影响》，主要论述宋太祖对边将在经济上的优厚待遇，载《浙江师范大学学报》，2010(1)。对待大理政权怀柔态度，见段玉明《大理国的周边关系》，载《云南社会科学》，1997(3)。另外，从传统羁縻的角度出发观察宋与周边民族关系的研究，有郭声波《试论宋代的羁縻州管理》，载《中国历史地理论丛》，2000(3)；麦思明《地域经济与羁縻制度——宋代广西左右江地区羁縻制度研究》，载《广西民族研究》，2009(1)。

② （宋）佚名撰，王瑞来笺证：《宋季三朝政要笺证》卷六《卫王本末》，508页，北京，中华书局，2010；现代史家的代表性看法见王育济：《论“陈桥兵变”》，载《文史哲》，1997(1)。

建宋的成功，可以说是怀柔方式的一次顺利尝试，也为此后处理重大矛盾问题提供了启示与经验，即首选温和手段，以尽可能小的代价换取尽可能大的结果。随后，宋太祖君臣在应对内外矛盾、冲突时，都首先考虑使用怀柔的方式，即使不得不兵戈相见，也尽量辅之以怀柔善后。最典型的例证有：灭诸国与北伐、收兵权与削藩、处理文武关系、制约外戚与宦官以及对待周边民族政权的态度，等等。

北宋建国伊始，五代遗存的各地割据政权众多，为了统一天下，必须逐一加以消灭，为此确定了先南后北的方略，即先征服内地，然后收复燕云。在实施过程中，统治者一方面在用兵时尽可能减少杀戮活动，另一方面则运用怀柔方式解决善后问题。例如，在以武力征服后蜀政权后，主帅王全斌等一批将领虽然完成军事任务，在以往可被视为功臣，但因带头并纵容部下抢掠而遭到贬官严惩；① 在对坚持顽抗的南唐用兵之前，宋太祖汲取灭蜀的教训，慎重地挑选了以稳重出名的曹彬为主帅，不仅告诫尽量避免杀戮，还特别赋予可斩杀副将以下的尚方宝剑，因此在兵入建康城之际，市井所受破坏影响有限；② 对待割据两浙的钱氏势力，宋廷不遗余力笼络，既利用其协助打击南唐，又通过怀柔的方式竭力拉拢。到宋太宗时，仍然是以利诱加压力的办法促使其最终走向主动归顺。③ 特别值得指出的是，不仅对所推翻的后周皇室优礼有加，而且在灭诸国后继续采取不同于以往“灭国毁祀”的传统做法，对所有亡国君王及其宗族、大臣都加以安抚，将其迁居京城开封，给予各种名义上与物质上的待遇，令其终老而死。④ 这既体现了前所未有的宽容气度，其实更是通过怀柔方式缓解新征服地区势力的最佳选择。

---

① （宋）李焘撰：《续资治通鉴长编》（以下简称《长编》）卷八，乾德五年春正月，187页，北京，中华书局，2004。

② 《长编》卷一五，开宝七年十月，324页。

③ （元）脱脱等撰：《宋史》卷四八〇《吴越钱氏·钱俶传》，13899－13904页，北京，中华书局，1977。

④ 《宋史》卷一一九《宾礼四》，2796－2799页；《宋史》卷四七八《南唐李氏》、卷四七九《西蜀孟氏》、卷四八〇《吴越钱氏》、卷四八一《南汉刘氏》、卷四八二《北汉刘氏》、卷四八三《湖南周氏、荆南高氏、漳泉陈氏》，13853－13966页。

关于收复契丹控制的燕云十六州地区的问题，宋太祖最初考虑过优先采用经济赎买的方式，其次才是运用武力手段解决，① 这当然还是想发挥怀柔方式的功效。但由于燕云关系契丹的重大战略利益，因此辽朝不可能接受，并继续支持北汉傀儡政权，故彼此依然存在冲突。不过，宋太祖后期已尝试缓和与辽的紧张关系②。开宝七年(974)，宋主动遣使“请和”，辽也派地方官“与宋议和”。③ 此后，宋辽使臣往来逐渐频繁，还互致国书、礼物，双方关系一度缓和。④宋太祖此举还对后世产生了示范作用，曹彬就曾对真宗言及对辽关系时说：“太祖英武定天下，犹委孙全兴经营和好。”⑤当时的官员朱台符也在上奏中提出：“今若垂天覆之仁，假来王之便，必欢悦慕义，遣使朝贡，因与之尽弃前恶，复寻旧盟，利以货财，许以关市，如太祖故事，结之以恩，彼必思之。两国既和，则无北顾之忧。”⑥宋太宗即位后，在招抚手段无效的情况下，以武力征服北汉。随之，宋太宗先后两次发动收燕云的战争，但皆以失败告终。从此，宋廷对辽采取守势，放弃了主动进攻的战略。

在实施统一天下行动的同时，宋统治者更在思考如何恢复统治秩序和长治久安的重大问题。宋太祖君臣探讨以往长期动乱的核心症结时，一致认为是臣强君弱所致，其祸根则是武力因素超强干预政治的结果。⑦ 如宋人总结：“大抵五代之所以取天下者，皆以兵。兵权所在，则随以兴；兵

① 宋太祖曾设立封桩库，储积金帛，并告诉近臣：此库金帛专用于向辽朝赎买燕云地区，如果遭到拒绝，再以此项经费支持武力收复行动。有关记载见于《长编》卷一九，太平兴国三年十月乙亥，436页。

② 陶晋生：《宋辽关系史研究》，13—15页，北京，中华书局，2008。

③ (元)脱脱：《辽史》卷八《景宗纪上》，94页，北京，中华书局，1974。

④ 《长编》卷一六，开宝八年三月己亥、七月庚辰、八月壬戌，337、343、344页；《宋史》卷三《太祖纪三》，44—46页；《辽史》卷八《景宗纪上》，94—95页。参见傅乐焕：《宋辽交聘表稿》，见氏著《辽史丛考》，181—182页，北京，中华书局，1984。

⑤ 《长编》卷四四，咸平二年五月乙巳，945页。

⑥ 《长编》卷四四，咸平二年三月，932页。

⑦ 《长编》卷二，建隆二年七月戊辰(49页)记载：宋太祖云：“天下自唐季以来，数十年间，帝王凡易八姓，战斗不息，生民涂地，其故何也？吾欲息天下之兵，为国家长久计，其道何如？”赵普答道：“此非它故，方镇太重，君弱臣强而已。”

权所去，则随以亡。”①于是，收兵权成为强化君主集权的关键举措，而收兵权又首先是收夺功臣将帅的兵权。前朝历史上收夺功臣兵权常常是伴随血腥杀戮，最典型的莫过于汉初残杀韩信、英布等将帅的例子。至于后世明太祖朱元璋滥杀功臣的现象，更是惨绝无比。但宋太祖却是耗费心机运用怀柔方式，“杯酒释兵权”其实便是通过赎买的办法，即给予功臣将帅及其家族优厚的经济待遇，换取他们握有的禁军权力。② 这种处理方式无疑减少了因暴力剥夺而带来的严重震荡后果，对稳定新生政权发挥了颇大的积极作用。事实上，为了顺利推动“杯酒释兵权”举措的进行，宋太祖还采取了与功臣将帅联姻的办法，就此形成了宋朝皇室与武将通婚的传统，③从而进一步化解了彼此的矛盾。随之，宋太祖又在对藩镇势力实施削藩的过程中，除了武力镇压个别对抗者外，继续主要采取怀柔的方式加以解决，如先利用一些旧藩镇年老、生病、故去以及犯法等机会，解除其节度使之衔，并终止其后嗣继任。开宝二年(969)，再通过类似“杯酒释兵权”的“后苑之宴”，集中解除了一批旧藩镇的节钺，安排他们到位高无权的虚职上④，“召前朝慢令恃功藩镇大臣，一日而列于环卫，皆俯伏骇汗”。⑤宋太宗即位后，继续采取以上方式方法收兵权与削藩，长期困扰中央的将帅拥兵自重与藩镇割据的局面遂告终结。

对于唐末五代以来长期存在的文武关系严重失衡的问题，宋太祖采取了调整与调和的思路，一方面对过于强势的武臣予以压制，对处于弱势的文臣有意识地加以扶持和保护。如在中央重用赵普为首的文官大臣，排除将帅对决策的干扰，同时不断派出文官到各地任职，陆续取代原来藩镇手下的爪牙。赵匡胤对此的理解是：“五代方镇残虐，民受其祸，朕令选儒臣干事者百余，分治大藩，纵皆贪浊，亦未及武臣一人也。”⑥重视科举选

① (宋)范浚：《香溪集》卷八《五代论》，影印文渊阁四库全书本，第1140册，71页。

② 《长编》卷二，建隆二年七月庚午，49—50页。

③ 参见拙作《北宋皇室与“将门”通婚现象探析》，载《文史哲》，2004(3)。

④ 《长编》卷一〇，开宝二年十月己亥，233页。

⑤ (宋)陈傅良：《历代兵制》卷八《宋》，影印文渊阁四库全书本，第663册，477页。并参见拙作《宋太祖朝节度使类别及其转型述论》，载《河北大学学报》，2012(4)。

⑥ 《长编》卷一三，开宝五年是岁，293页。

官制度，在宋太祖朝不仅科举录取人数较以往扩大，而且开创“特奏名”先例，对落榜的举子也加以安抚。另一方面，宋太祖不仅不杀文官大臣，更在太庙之中立碑，即所谓著名的“誓碑”，告诫后世继承者勿杀文臣士大夫与言官，或曰：不杀大臣。①实际上也包含了武臣将帅，这便与以往帝王随意诛杀大臣形成鲜明对比，也具有了更深层次的怀柔意义。于是，后周宰相范质等一批大臣不仅没有受戮，还得到留用，而失宠的臣僚大都以赋闲的办法安置于地方，即使如盘踞定州多年的节度使孙行友心怀不满，“乃缮治甲兵，将弃其孥，还据山寨以叛”，宋太祖仅以废黜其节钺的办法处理。② 宋太宗在这方面的所为更为显著，不仅宽恕犯罪的文官士大夫，如赵普第二次为相后打击政敌卢多逊，将其与赵廷美谋乱之事相联系，告其与秦王交结，但卢最终只是被削夺官爵，“并家属流崖州”，并未被诛杀，这不能不说是宋太宗的宽大处置。③ 并且赵光义对不杀大臣的誓约无限放大，即使是败军将帅也一律免死，北伐失败的将帅如此，更有临阵逃脱导致君子馆之战全军覆没的大将李继隆也不予严惩的典型例证。④

对以往曾长期困扰影响朝政、甚至颠覆王朝的外戚、宦官问题，宋初两代统治者也通过制度建设，既给予其各种待遇，特别是对外戚给予名位与经济上优待，又杜绝了其干政的门径。从而开创了一种制约外戚与宦官的政治传统，基本为后嗣所继承。⑤

宋神宗朝，朝臣张方平在回答关于“祖宗御戎之要”的问题时曾指出：“太祖不勤远略，如灵夏、河西，皆因其酋豪，许之世袭。”⑥也就是说，实

---

① （宋）李心传：《建炎以来系年要录》卷四，建炎元年四月丁亥，96 页，上海，上海古籍出版社，1992。有关誓碑的研究成果颇多，刘浦江的新近论文《祖宗之法：再论宋太祖誓约及誓碑》则有总结性论述，均肯定了誓碑及其内容的真实性，载《文史》，2010 年第 3 辑。

② 《长编》卷二，建隆二年八月己酉，52 页；《宋史》卷二五三《孙行友传》，8873 页。

③ 《长编》卷二三，太平兴国七年四月，第 516－517 页。参见张其凡：《赵普评传》，211－213 页，北京，北京出版社，1991。

④ 《长编》卷二七，雍熙三年十二月，625 页。参见拙著《北宋武将群体与相关问题研究》，314 页，北京，中华书局，2004。

⑤ 参见张邦炜：《宋代皇亲与政治》，200－333 页，成都，四川人民出版社，1993。

⑥ 《宋史》卷三一八《张方平传》，10357 页。

际上不止对于西部、北部边疆如此，在对待南疆周边的既有政权上，宋太祖君臣也基于现实主义的考虑，同样采取怀柔的方式处理彼此的关系，最突出的莫过于对大理国的态度。宋师消灭后蜀之后，对于是否继续征讨西南的大理的问题，宋史上有“宋挥玉斧”的说法，即宋太祖对着地图，挥着玉斧指大渡河以外不再用兵。① 此即默认大理国的存在，也就是采取怀柔的态度对待此前曾处于中央控制之下的这一地区。宋太宗一度利用交趾内乱的机会，试图出兵征服这一地区，但在兵败之后，则转而采取怀柔的态度保持与其政权的关系。②

历经宋太祖、太宗两朝，怀柔方式在统治过程中的不断运用，遂就此形成明显的倾向意识，并对后嗣产生了影响深远。

二 北宋怀柔方式的继承与发挥

宋真宗作为深宫中成长的守成君主，原本就缺乏开创精神，又深受宋太宗后期保守的政治氛围熏陶，故登基后对开国以来的大政方针基本都加以沿袭，其中对治国中的怀柔方式不仅抱有依赖感，而且更进一步加以深化，以应对内外各种复杂重大的问题。即使遭遇碰壁，特别是在边防上更是如此，但已视之为祖宗之法的重要内容，自觉、不自觉或主动、被动地加以沿袭并发挥。如宋真宗在答复陈彭年的话中宣称：“太祖、太宗丕变弊俗，崇尚斯文。朕获绍先业，谨遵圣训，礼乐交举，儒术化成，实二后垂裕之所致也。”③

从第三代的宋真宗起，直至靖康之日亡国，宋统治集团面临的内外重大问题既有之前延续而来者，也有发生或多或少变化者，也有异常困扰的新旧交织的矛盾，其中边患问题又尤其突出。可以说，宋廷通常首选的解

---

① 《宋史》卷三五三《宇文常传》，11149页；(宋)周煇：《清波别志》卷上“黎州”条引《西南备边录》，“丛书集成初编”《清波杂志附别志》本，121页，北京，中华书局，1985。并参见前引段玉明论文；宁超：《“宋挥玉斧”辩》，载《思想战线》，1978(4)等。

② 《宋史》卷四八八《外国四・交趾》，14058－14059页。

③ 《长编》卷七九，大中祥符五年十月辛酉，1798－1799页。

决方式仍然是怀柔，实际上也是妥协，其次才不得不考虑使用武力或其他的强制方式。

从对外来说，来自北方契丹及西部的党项势力是治国面临的主要外部威胁，宋真宗统治集团在对方军事进攻下，不得不加以抵抗，但始终不放弃使用怀柔的方式。“澶渊之盟”的最终订立，既是宋与最大对手辽朝的妥协，也属于一种怀柔方式应对的产物。随之，再招抚了西夏新首领李德明。宋朝与辽、夏议和后，调整了军事部署，裁减了前线驻军，减免了对地方的征调。其中在对辽前线，“罢诸路行营，合镇、定两路都部署为一”，“省河北戍兵十之五，缘边三之一”，“放河北诸州强壮归农，令有司市耕牛给之”。① 在西北前线，“缘边屯戍量留步兵，余悉分屯河中府、鄜州、永兴军，以就刍粟”②。为了表示和平的诚意，宋真宗还下诏将前线原敌对性的地名改为通好之意的名称，如威虏军改为广信军，破虏军改为信安军，定羌军改为保德军，等等。③ 与辽、夏议和的完成，使宋廷自认为化解了边防上的长期困境。从此，直到宋徽宗时期与辽朝反目为止，宋辽基本上维持了百余年的和平关系。而宋与西夏的君臣关系，也保持了二十多年，直到元昊称帝后双方才再度交战。但“庆历和议”的签订，仍是宋统治者再度运用怀柔方式缓解彼此关系的体现。此后，宋夏之间虽时战时和，不过怀柔的主张还有很大的影响，如元祐年间，宋廷对西夏“专务安静”，主动守边者受到压制，正如当时一位官员所指出：元祐初以来，薄军功之赏，“务以息邀功之士”。④ 至于西北吐蕃势力，宋廷基本采取笼络的态度，封赏官爵、赏赐财物，保持较为稳定的关系，以制衡西夏。⑤

北宋南疆地区虽然没有重大的威胁，但各种复杂的势力却长期存在，并在某些时期构成一定的挑战和危机，宋廷对此总体上采取怀柔的方式应对，在不得已的情况下才用兵解决危机。其中对待南方的大理政权，宋廷

---

① 《宋史》卷七《真宗纪二》，127 页。

② 《长编》卷六四，景德三年十月辛巳，1429 页。

③ 《长编》卷五八，景德元年十二月甲辰，1301 页。

④ 《长编》卷四四三，元祐五年六月辛丑，10657 页。

⑤ 参见李华瑞：《宋夏关系史》，296—309 页，北京，中国人民大学出版社，2010。

延续宋初的不加干涉的态度，保持着经济文化交往。当交趾李朝建立后，内部一度发生激烈的权力斗争，宋真宗拒绝了乘机出兵的建议，认为："祖宗开疆如此其大，慎守而已，安用劳民，以贪无用之土乎？"①景德四年，宋廷还接受李朝的朝贡，授予对方旌节，以怀柔态度对待②。此后，虽发生过交趾北部地方官员或部族势力骚扰的事件，宋仁宗基本采取安抚的办法处理。③ 当交趾地方势力侬智高发起叛乱，不断请求归顺宋朝之时，宋仁宗不愿恶化与交趾的既有关系，一再加以拒绝，因此最终酿成侬智高北上攻击两广的乱局。宋廷不惜遭受侬智高进攻并劳师镇压，其实正是希望保持对交趾怀柔政策的一贯性。④ 熙宁年间，交趾因与宋关系恶化而大举侵略。宋神宗派军南征，在大败交趾军、兵临其都城的情况下，宋军还是班师返回，仅获得对方献出的边界五州疆土。到元丰时期，在交趾的一再要求下，宋廷最终又归还五州土地。⑤

对唐朝时期曾经一度臣服过的高丽，宋廷因担心辽朝猜忌的缘故采取低调的官方交往，而长期保持与其频繁的民间层面的交流。宋神宗时期，加强了与高丽的官方往来，接待高丽使团甚至造成不小的经济负担，所谓"待高丽之礼特厚"⑥，也同样属于怀柔对待外藩的性质。

从对内而言，宋真宗以来的统治者为了稳定统治，同样大肆运用怀柔方式处理各种矛盾及问题。在稳定统治上层方面，首先依照"崇文抑武"的方针处理文武关系，对文官士大夫在各方面给予重用，如北宋中叶人所云：

---

① （宋）陈均编：《皇朝编年纲目备要》卷七，许沛藻等点校，景德三年六月，144页，北京，中华书局，2006。

② 《长编》卷六六，景德四年七月辛巳，1475页。

③ 《宋史》卷四八八《外国四·交趾传》，14067—14068页。

④ （宋）司马光撰：《涑水记闻》卷一三，邓广铭、张希清点校，256—264页，北京，中华书局，1989。

⑤ 《宋会要辑稿》蕃夷四之三五至四〇，7731—7733页；（宋）司马光撰：《涑水记闻》卷一三，248—249页；《宋史》卷四八八《外国四·交趾传》，14069—14070页。

⑥ 参见杨渭生：《宋丽关系史研究》，杭州，杭州大学出版社，1997。李立：《宋朝与高丽的外文关系》，载《城市研究》，1995(5)。吴玉亚、包伟民：《变动社会中的外交模式——从宋廷对高丽使臣接待制度看宋丽关系之流变》，载《山东师范大学学报》，2004(1)。陶晋生：《宋辽关系史研究》，141—148页。

“今世用人，大率以文词进：大臣，文士也；近侍之臣，文士也；钱谷之司，文士也；边防大帅，文士也；天下转运使，文士也；知州郡，文士也。虽有武臣，盖仅有也。故于文士观其所长，随其才而任之，使其所能，则不能者止。”①范祖禹认为：“仁宗皇帝在位四十二年，以尧舜为师法，待儒臣以宾友。”②宋高宗也承认：“祖宗涵养士类垂二百年，教以礼乐，风以诗书，班爵以贵之，制禄以富之，于士无负。”③而对武将采取“厚其禄而薄其礼”之术，也就是对武将虽在权威与礼仪上予以压制，在物质待遇上却给予优容、优待，如拥有节度使头衔的武臣，其俸禄甚至高于宰相，观察使级武臣的俸禄与参知政事相等。④ 而皇室则继续保持与武将联姻的传统。

在控制军队方面，从宋太宗后期即开始尝试用文臣参与统军，到北宋中叶，“以文驭武”制度定型，不仅最高军事决策机要机构枢密院由文臣掌控，并且无论是出征作战还是镇守地方，也基本由文官担任主帅，武将出任副职。⑤ 这种相互牵制的机制，虽然不断暴露效率低下的结果，但却一直得到贯彻，其实也是一种另外意义上的怀柔性的控制军权举措。

宋太祖誓碑誓约的精神，在北宋中后期奉行不悖，此类例证不胜枚举。文臣即使参与了皇位争夺这类历来不被帝王容忍的大事，也不过受到贬官流放的惩处。如宋真宗即位后，除了将曾反对自己继承帝位的宦官王继恩贬为右监门卫将军，监管均州外，对参与此事的参知政事李昌龄仅贬为忠武军司马，知制诰胡旦被除名流放浔州，其余一概不问。⑥ 宋仁宗在位期间，范仲淹因与西夏元昊私下通信，宋廷获悉后虽有大臣提出斩杀的建议，最终却只是予以贬责。⑦ 甚至于宋钦宗即位后，对祸国殃民、引起

---

① （宋）蔡襄：《上英宗国论要目十二事》，见赵汝愚编：《宋朝诸臣奏议》卷一四八，北京大学中国中古史研究中心标点整理，1695页，上海，上海古籍出版社，1999。

② （宋）范祖禹：《帝学》卷六，影印文渊阁四库全书本，第696册，765页。

③ （宋）李纲：《梁溪集》卷三四《戒励士风诏》，影印文渊阁四库全书本，第1125册，802页。

④ 《宋史》卷一七一《职官志一一》，4101、4103页。

⑤ 参见拙作《北宋武将群体与相关问题研究》，107—146、194—250页。

⑥ 《长编》卷四一，至道三年五月甲戌，865—866页。

⑦ 《宋史》卷三一四《范仲淹传》，10271页。

公愤的蔡京、童贯等一批前朝大臣，也没有挥舞斧钺，仅贬官流放。[①] 而对于败军之将，宋统治者继续予以宽容，如宋真宗朝造成御辽防线溃败的大帅傅潜，即使朝臣一致要求诉诸刑典，却不过暂时免官流放，以后又恢复官爵。[②] 败军之将王超、王荣之流，也都是暂时加以贬降。[③] 宋仁宗朝，对夏作战失败被俘的大将石元孙，因一时下落不明而被赠官优抚，庆历和议后被送回，宋廷也不过是将其监管地方而言。[④] 至于宋徽宗朝刘延庆之类临阵逃脱的主将，也无刀斧之虞。[⑤] 可以说，宋朝对罪大恶极的官僚与无能的败军将帅的宽纵，已将怀柔术用到过头的地步。因此，其虽消极影响极大，不过从缓和上层矛盾的角度看，的确满足了其设计的目的。

北宋时期，下层反抗的现象不绝于史，特别是北宋中叶以后，农民及士兵的造反活动日益增加。宋廷对其中突出者固然武力镇压，但也不放弃招安，对一般的"盗贼"常采用招安手法应付，北宋后期更频繁地下诏招安。如咸平三年(1000)，宋真宗曾遣使招抚西川造反首领王均，诏书有"如能递相劝率，效顺革心，当赐生全，别加录用"之语。[⑥] 何竹淇编纂的《两宋农民战争史料汇编》[⑦]辑录宋代各类武装造反活动433次(其中北宋203次)，其中就有不少招安的事例。于是，宋人张知甫《可书》称："故谚云：若要富，守定行在卖酒醋。若要官，杀人放火受招安。"[⑧]北宋统治者的招安政策，其实也属于解决下层激烈矛盾的一种怀柔方式，这恰与前代通常采取的武力镇压方

① 《宋史》卷二〇〇《刑法二》，5000－5001页。

② 《宋史》卷二七九《傅潜传》，9473－9474页。

③ 《宋史》卷二七八《王超传》，9465页；《长编》卷四七，咸平三年十月丙辰，1029页；《宋史》卷二八〇《王荣传》，9500页。并参见拙著《北宋武将群体与相关问题研究》，第317页。

④ 《宋史》卷二五〇《石元孙传》，8814－8815页；(宋)曾巩撰：《隆平集校证》卷一九《石元孙传》，王瑞来校证，563页，北京，中华书局，2012。参见何冠环：《败军之将刘平——兼论宋代的儒将》，见《北宋武将研究》，317－318页，香港，中华书局(香港)有限公司，2008。

⑤ 《宋史》卷二二《徽宗纪四》，410－411页；卷三五七《刘延庆传》，11237页。

⑥ 《宋大诏令集》卷二一七《遣使谕王均等诏》，827页，北京，中华书局，1962。

⑦ 何竹淇编：《两宋农民战争史料汇编》，北京，中华书局，1976。

⑧ (宋)张知甫撰：《可书》"绍兴谚"条，孔凡礼点校，417页，北京，中华书局，2002。

式形成对比，有助于缓和下层矛盾，具有某种降低社会冲突的效果。

三 北宋怀柔治国方式的根源及影响

北宋王朝在治国的过程中，倾向运用怀柔方式处理内外矛盾，固然彰显出其相对保守的政治色彩，更体现了追求统治稳定为要义的理念精神。其根源既与总结历史经验教训有关，也与自身发展历程中的探索有关。

北宋开国君臣充分汲取前代王朝暴政亡国的教训，特别是唐末五代乱世的前车之鉴，自始至终强调防弊，注重秩序稳定与长治久安，因此施政举措皆围绕此宗旨而行，所谓"事为之防，曲为之制"。① 在宋太宗两次北伐失败后，更将注意力转向内部，以维持稳定为核心的内部建设成为国家的发展路线。② 从此，这一路线被后嗣君臣所继承，并被视为祖宗之法的主要内容而长期贯彻执行。③ 这正是其怀柔方式盛行的大的背景根源，即为了稳定的目的，竭力缓和矛盾，减少冲突，即使为此付出高昂的代价，以及牺牲功效，也在所不惜。

在收兵权举措与崇文抑武方针的影响下，崇尚武力的军功集团在宋初便逐渐消亡，以科举出身为背景的文官士大夫迅速成为统治集团的主体力量。北宋以儒家思想文化为背景的科举文官集团长期执政，武将群体受到压制，这就极大地制约了尚武力量及其方式对政治生活的影响，从而导致统治集团内军功观念意识的弱化，历史上盛行的"出将入相"现象也消失殆尽。因此，国家政治的走向受到深刻的影响，即摆脱了以往积极进取、强国暴政及盛世开疆的思路，转而推崇内向性的发展、建设。④ 这便造就了北宋政治长期所具有的保守特点，提倡文治，惧怕内外冲突，而抵触武力

---

① 《长编》卷一七，开宝九年十月乙卯，382页。

② 漆侠：《宋太宗与守内虚外》，见田余庆主编：《庆祝邓广铭教授九十华诞纪念论文集》，161－170页，石家庄，河北教育出版社，1997。

③ 参见邓小南：《祖宗之法——北宋前期政治述略》，北京，生活·读书·新知三联书店，2006。

④ 参见拙作《宋代军功集团在政治上的消亡及其影响》，见《宋代军政研究》，51－55页，北京，中国社会科学出版社，2010。

与强硬路线，遂进一步巩固并加剧了维稳的意识倾向。

北宋建国后，基于教化臣民的需要，致力于提倡儒家思想文化。宋仁宗朝以降，讲求“义理”的宋学(特别是其中的理学)兴起，儒家注重君臣关系的秩序认识，讲求仁政、中庸与反对暴政的政治思想，重义轻利的价值取向，强调以三纲五常为主的伦理道德观①，这些核心价值观渗透到宋朝的统治思想之中，虽然不可能都获得实现，许多内容还常常成为虚伪的遮羞布，但却无疑推动了国家发展及价值评判的趋向。就政治理想而言，主流宋儒们追求的是三代“圣王”之道，而非秦汉以降的“霸道”。如有学者指出：“在政治思想方面，他们都同有超越汉、唐，复归‘三代’的明显倾向。”②苏轼即反映：当今士大夫，“仕者莫不谈王道，述礼乐，皆欲复三代，追尧舜”。③ 宰相王安石劝告宋神宗不必效仿汉唐盛世，而应“修先王之政”；④ 理学家二程批评周代以下已无圣王，“先王之世，以道治天下；后世只是以法把持天下”；⑤ 欧阳修、范祖禹等史家则通过修史，批判汉唐黩武追求，如他们虽承认唐太宗的功业超越以往许多帝王，但对其征伐活动却予以谴责。⑥ 总之，这些都从理论上支持了以维护内部稳定为目的怀柔方式的推行。

值得注意的是，在北宋中叶以来的经筵制度下，帝王深受文治与儒学思想的影响，不仅文官士大夫代表了主流意识，高踞政治舞台前列，并且君臣也在价值观与施政的理念上更为契合。如范祖禹所说：“仁宗皇帝在

① 参见邓广铭：《略谈宋学》，见邓广铭、徐规等主编：《宋史研究论文集》，1－15页，杭州，浙江人民出版社，1987；陈来：《宋明理学》，北京，生活·读书·新知三联书店，2011。

② 参见余英时：《朱熹的历史世界》，191－194页，北京，生活·读书·新知三联书店，2004。

③ 孔凡礼点校：《苏轼文集》卷四八《应制举上两制书》，1392页，北京，中华书局，1986。

④ (宋)王安石：《王文公文集》卷一《上皇帝万言书》，唐武标校，2页，上海，上海人民出版社，1974。

⑤ (宋)朱熹编：《二程遗书》卷一《端伯传师说》，见(宋)程颢、程颐：《二程集》，王孝鱼点校，4页，北京，中华书局，1981。

⑥ 《新唐书》卷二《太宗纪》“赞曰”，48－49页，北京，中华书局，1975。(宋)范祖禹：《唐鉴》卷三《太宗下》，84－85页，上海，上海古籍出版社，1981。

位四十年，以尧舜为师法，待儒臣以宾友。”①宋钦宗也认为：“祖宗涵养士类垂二百年，教以礼乐，风以诗书，班爵以贵之，制禄以富之，于士无负。”②儒学中原本存在的王霸、义利倾向的对立，被宋儒进一步发挥，这对怀柔方式的延伸与扩大，自然起到了推波助澜的作用。

北宋时期，商品经济的发展，也潜移默化地对统治集团处理内外矛盾的方式产生了前所未有的影响。在北宋王朝收入中，货币在税收中的比重日益加大，其中商税和专卖的收入逐渐超过农业收入。③ 而这种变化对宋朝统治者的决策，无形中产生了影响，即计算成本的意识增强。早在宋太祖收复燕云的问题上已有经济赎买的考虑，自不待言。北宋中叶，朝臣富弼指出：宋真宗为对付辽朝进攻，“于是讲金帛啖之之术，以结欢好。自此河湟百姓，几四十年不识干戈。岁遗差优，然不足以当用兵之费百一二焉。则知澶渊之盟，未为失策。”④说明北宋执政者在计算得失的思考下，着手以怀柔性的经济手段应对边患，并认为是合理与合算的。宋廷给文武官僚、外戚的优厚待遇，自然是以经济方式化解与上层矛盾的重要途径，不免与商品经济对观念的渗透有关。至于应付下层造反时，也愿意考虑以招安应对，同样具有考虑降低成本的用意。就此而言，与直接强硬对付相比，这些都属于怀柔方式的范畴。

四 余 论

北宋统治者在治国中使用怀柔方式的倾向，对处理内外重大问题带来了特有的效果，这便是内部的冲突与矛盾相对缓和，皇权与中央集权相对稳定，统治的稳定期也相对较长；但保守有余而开拓不足，国家机器的效率相对低下，尤其是边患严重，其治世不免于文明彰显而格局狭小的结

① 《帝学》卷六，影印文渊阁四库全书本，第696册，765(B)页。

② (宋)李纲：《梁溪集》卷三四《戒励士风诏》，影印文渊阁四库全书本，第1125册，802页。

③ 参见汪圣铎：《两宋财政史》下册，688—694页，北京，中华书局，1995。

④ (宋)富弼：《上仁宗河北守御十三策》，《宋朝诸臣奏议》卷一三五，1501页。

局。北宋中叶人程颐指出："尝观自三代而后，本朝有超越古今者五事：如百年无内乱；四圣百年；受命之日，市不易肆；百年未尝诛杀大臣；至诚以待夷狄。"①此话赞颂了宋朝超越三代以下各朝的时代特征，属于正面肯定怀柔方式的意思，其实背后也隐含着自身无力解决边患的无奈。值得玩味的是，南宋时孝宗皇帝曾对一味容忍文武官僚失职的传统深表不满，愤懑道："国朝以来，过于忠厚，宰相而误国者，大将而败军师者，皆未尝诛戮之。"却因在朝中引起轩然大波，不得不表示收回原话以示妥协，才平息了臣僚的不满。②

诚所谓：矫枉过正，一利必有一弊。北宋对怀柔方式的过分重视，也带来了相应的积弊，并相沿至南宋亡国。如南宋学者吕祖谦沉痛地指出："国朝治体，有远过前代者，有视前代为未备者。夫以宽大忠厚建立规模，以礼逊节义成就风俗，此所谓远过前代者也。故于俶扰艰危之后，驻跸东南逾五十年，无纤毫之虞，则根本之深可知矣。然文治可观而武绩未振，名胜相望而干略未优，故虽昌炽盛大之时，此病已见。"③宋人又总结道："汉唐多内难而无外患，本朝无内患而有外忧。"④元代人修宋史时则评价道："宋恃文教而略武卫。"⑤都在肯定宋朝成就的同时，多少点出了其一味以稳定为目的的怀柔方式的弊端。

（作者为西北大学历史学院教授）

① 《河南程氏遗书》卷一五《入关语录》，见《二程集》，159页。

② （宋）李心传撰：《建炎以来朝野杂记》乙集卷三《孝宗论用人择相》，徐规点校，545－546页，北京，中华书局，2000；《宋史》卷三九六《史浩传》，12068页。并见前引刘浦江论文。

③ 《宋史》卷四三四《儒林四·吕祖谦传》，12873－12874页。

④ （宋）吕中：《宋大事记讲义》卷一《国势论》，影印文渊阁四库全书本，第686册，194页。

⑤ 《宋史》卷四九三《蛮夷一·序》，14171页。

内陆亚洲与中国历史：读《中国的亚洲内陆边疆》

姚大力

一 引 言

本书作者拉铁摩尔是一个被涂上太多样的强烈色彩的奇人。他是从未获得过高等教育学位的美国和英国大学的常任教授；平生最感自豪的，是能在不带翻译的情况下做到广泛地游历当时中国北方三大边区，即满洲、内蒙古和新疆，“每到之处，都需要用不止一种语言从事交流”。他曾被“冷战”中的双方分别指控为共产主义间谍、导致美国“丢失”中国的罪魁祸首，以及“反动学者和美帝国主义的特务”。他又是最早受聘为蒙古国科学院外籍院士，最早接受蒙古国政府颁授给外国人的最高勋章“北极勋章”的西方人。作为20世纪50年代麦卡锡主义的罹害者，他至今被人批评为“至少在道德上、智识上和政治上是错误的”。但也有人以为，拉铁摩尔事实上“比他本人所知更多地受操控于国民党人蒋介石，以及共产党人冀朝鼎和陈翰笙”。还有人断言，如果可以说他终生有过两个被他所深爱的对象，那么它们最有可能首先是“内亚”，然后是他的妻子埃莉诺。拉铁摩尔确实具有某种与针对他的所有这些臧否相关联的性格特征，那应当就是他对于弱势人群的天生同情心，和过于简单、因而也使他特别容易受蒙骗的理想主义眼光。就研究中国北方和西北边疆，及其与东半部发达中国之间的历史关系而言，1940年出版的《中国的亚洲内陆边疆》(以下简称为“内亚边疆”)，在拉铁摩尔所写的近二十部著作里，可能是最有经典性和生命力、最难读懂，并且也远没有过时的一种。在今天，为理解本书“采用互相交缠在一起的大量工作假设、理论原点和概括性陈述而展开的对……中国历史、地理、经济与族群的跨领域讨论”，有两篇很值得参考的资料应予介绍。一篇是詹姆斯·考顿《亚洲边疆的民族主义：欧文·拉铁摩尔与美国的政策辩论》(1989)一书的第三章(“内亚各边疆地区”)。狄·考司摩认为，它可以被当作再版“内亚边疆”时最合适的导论。另一篇则是罗威廉在2007年发表在《亚洲研究杂志》上的长篇评论《欧文·拉铁摩尔、亚洲与比较历史》。该文从西方思想史的角度，揭示出拉铁摩尔借以思考和分析亚洲内陆边疆历史与现实局面的那些理论、观念和方法的背景和来源——他经常会放弃一度采用过的某些见解，并转而对曾被自己当作学术资源来汲取发挥的那些观点进行甚至是有点严厉的批评。但是我以为，“内亚边疆”一书还有一个十分鲜明的性格，基本上还没有被先前已有的评述充分地注意到。

“内亚边疆”的写作，需要靠大量的相关细部的实证研究来支撑。它们部分地来自拉铁摩尔在实地勘察中捕捉、提炼和解剖关键性细节的锐利思考力，还有很大一部分则来自其他学者们的著述。不过像作者的其他著作一样，本书并没有对这些细部研究本身作详细的展开或考辨。从本书中我们也很容易辨析出当时流行的诸多社会学、人类学和政治学理论给予拉铁摩尔的影响。不过他同样没有在其中去从事对这些理论问题本身的讨论追问。拉铁摩尔要做的，乃是从这些成果出发，或者说是在这些被他当作现成素材的基础上，去勾画一幅关于中国边疆问题的宏大、连贯的总图景。从本书字里行间，我们经常能读出作者的匠心，却一点也找不到平庸琐屑的匠气。在三十多万字的庞大叙事里，蕴含了太多闪耀着智慧光芒的、带原创性的灵感或思想片段。它们往往是被平实简略的叙事进路引向水到渠成的当口，好像是在全然不经意之中被作者轻轻拈出的。只是三言两语，点到为止；没有更多的论证，也没有更多有关其适用性的发挥。然而这样一些思想片段，却在直到现在为止的人类学或历史学相关研究中，分别成为被着重加以发展、引申与推进的核心观念。很少有像“内亚边疆”这样的学术著作，在它出版七十多年之后，在它据以展开论说的许多具体知识早已被更新的情形下，依然具有丰富的参考价值，而不仅是留在有关领域的研究史目录中的一项纪录而已。有些不从事中国边疆史地方向的评论者以为，拉铁摩尔的影响力，主要表现在关心亚洲政治和美国外交政策的非专业读者群之中。这种估价恐怕有点外行。事实上，“内亚边疆”的学术影响经久而不衰，最像中国人用来描写梅花的那种“暗香”，幽渺而不绝，既灭而复著。

二　蒙古高原游牧人群的起源

拉铁摩尔有一个重要贡献，经常被人们多少有些不准确地界定为关于“草原游牧方式之起源”的讨论。但他的思考的真正聚焦点，其实是游牧制度在蒙古草原这一具体地理环境内形成发育的历史过程问题。然而即使在澄清这一点之后，拉铁摩尔的见解仍然很容易被读者误解。这是因为游牧制度在蒙古草原上的起源地带，实际上并非止于一处而已。

“内亚边疆”一书所欲考察的最核心的问题，是中国西北及北部边疆与东部发达地区之间的关系问题，所以作者极其重视长城沿线的农牧混合带在蒙古草原游牧制度起源中的历史地位。他指出，标志着分割农牧地区边界的长城，不能仅仅视为一条线。“线的边界概念不能成为绝对的地理事实。政治上所认定的明确的边界，却被历史的起伏推广成一个广阔的边缘地带”①。这是因为从黄土地到草原的生态转变不存在一条显著的界线，而只是从灌溉地区到半灌溉地区，再到非灌溉地区。就在位于草原边缘的农牧混合带，从“部分专业化的以农业为主的中间社会”里，由于一部分居民“脱离了旧有专业化或半专业化路线而产生”出一种新的专业化与进化的路线，游牧经济制度于是起源并发展起来。他写道，草原游牧经济的主要来源，“是草原边缘上的一种特殊的农业。从事这种农业的社会群体，由于不能向更好的土地移植，所以无法发展专业化的农业”（第39、208—209页）。正是在这一意义上，他用一种很容易被误读的口吻宣称，公元前四至三世纪突然出现在蒙古草原上的游牧的“‘新’蛮族”，也许大多数与原来

① ［美］拉铁摩尔：《中国的亚洲内陆边疆》，唐晓峰译，156页，南京，江苏人民出版社，2005。以下凡引述本书，仅注页码。

生活在农牧混合带的“旧蛮族”属于同一个人群(第41页)①。他们“大都是因汉人的发展而被迫自中国北部及西北部的贫瘠地区，退到草原上去的‘蛮族’部落的后裔”(第179页)。不过在另一些地方，他把自己的意思表达得更为精确。例如，他说匈奴游牧集团中“至少有一部分原是秦国北部边疆前游牧时期的戎、狄”(第288页)。他又说，“真正游牧民族”中“至少有一部分是从‘旧社会’前汉族中的蛮族演化而成的，虽然他们也有另外的来源”(第231页)。是汉族的发展把保留着戎狄身份的这部分人群推入草原新环境中，在那里，他们不再像南部中国的土著人群那样成为注定要被汉化的“前汉族”，而是转变为蒙古游牧社会里的“非汉族”(第228页)。

十分明显，在追溯游牧于今甘肃、青海高原地区的谷地的“羌”人起源的晚近研究中，拉铁摩尔的这一分析理路发挥出十分有力的作用。但是当研究者试图使用同样的解释框架，在汉地社会边缘的农牧混合带去寻找蒙古高原游牧人群的起源时，情况就完全不一样了。拉铁摩尔像是早就预见到在这个问题上可能产生的混淆，因此他又明确断言，尽管“在汉族农耕环境的边缘迅速兴起了一种新的与汉人不同的地方性生活方式”，中亚及蒙古的游牧制度并不“完全是原始民族从黄河流域后退到草原的结果”(第106、228页)。他指出，“亚洲内部游牧经济的起源地至少有三处：西伯利亚森林的边缘、中亚绿洲的边缘，和中国北部草原的边缘”(第106、208页)。活动于这三处起源地的人群是不一样的。被汉人的扩张活动逼到草原边缘农牧混合带的戎狄，“在人种学上也许与汉族差别不大”。他们“是残留于汉文化发展所及地区的后卫”，是“汉族本源的民族中比较落后的一支”(第223页)。他们也许部分地融入了那个突然膨胀起来的草原游牧人集团，但绝不是组成后者的主体成分。拉铁摩尔强有力地反问道：“如果草原社会的形成是基于一部分‘旧社会’边境的残余人群，而这些人群又与汉人同源，那么，为什么草原的主要语言属乌拉尔-阿尔泰语系，而与原始汉语完全无关呢?”(第290页)

草原人群语言的独特性确实是一个最雄辩的事实。“任何的汉语方言，

① 此处对原书汉译文本稍有改动，以下凡遇到类似情况，不再一一注明。

从中国带到草原时，都不能在自外面传入游牧民族的非汉语的乌拉尔-阿尔泰语系的包围中保存下来”(第330页)。拉铁摩尔据此质疑司马迁的《史记》试图构建一个北方非华夏人群从戎、狄到胡、匈奴的演变层序，并由此引出“新的名称并不代表新的民族，而只是从旧民族中发展出来的新团体”的错误历史见解(第286页)。他指出，之所以会产生如此误解，是因为在司马迁所要考察的游牧方式的动力源从汉地社会边缘的农牧混合带移向草原的其他边缘，并进而又从那里移入草原深处时，“正统派的中国历史学家就无法了解游牧社会的情况了”。因此司马迁的叙事，总是力求在更古老的边缘性蛮族生活方式和位于开放草原上一种新蛮族的游牧方式之间，“维持着一种连续性，哪怕面对的是一种新蛮族生活方式，却仍不证自明地采用了老一套的处理方法。就好像对诸如蛮族起源那样的问题，本不必加以细致检讨”(第290页)。

上面的批评，显然不只针对司马迁。拉铁摩尔在写作本书时，已经通过间接途径了解到王国维著名论文《鬼方、昆夷、玁狁考》的主要结论(第221—222页，并参第222页的注七与注八)。按照近现代中国的这位伟大学者的看法，“古之獯鬻、玁狁，后人皆被以犬戎之名。……尔后强国并起，外族不得逞于中国。其逃亡奔走、复其故国者，或本在边裔、未入中国者，战国辟土时，乃复与之相接。彼所自称，本无戎狄之名，乃复以本名呼之。于是胡与匈奴之名，始见于战国之际。与数百年前之獯鬻、玁狁先后相应。其为同种，当司马氏作《史记》时盖已知之矣!”王国维赞同司马迁的看法，把分别以獯鬻、玁狁为一组，戎狄为一组，以及胡与匈奴为一组的异族人群名称，视为只是对同一人群在不同时序中被赋予的不同称呼。而拉铁摩尔则以为，在这个问题上，“现代中国历史批评家们也受旧传统的影响”，因而多倾向于“只注意通过研究名称来考察”不同人群的来源问题。戎狄和匈奴是两个完全不同的人群范畴。戎狄被华夏从兼宜农牧的地域逐渐挤压到农牧混合带边缘。因此，汉文记载里的“戎狄入侵”，并不是“从蒙古及中亚已经发展的游牧社会侵入中国”，它在很大程度上是对华夏在原来由戎、夏共享的地区内经营土地扩张的回应；并且这种回应总的说来是失败的。正因为如此，尽管史料记载过华夏与戎狄在多处地点上的遭遇，却从来没有提到有游牧部落从敌对人群的后方涌现出来。另一方面，胡或者匈奴指的是位于戎狄背后的草原地区游牧社会中人(第 42、223—225 页)。

在以上两种不同主张里，后者应当更加接近历史的实相。半个多世纪之后，狄·考司摩从对欧亚草原带和西伯利亚地区考古资料的梳理分析中，也肯定了这一点："中国北部地区游牧文化的形成，很可能与远离中原的一个更广阔的地区有着密切的联系，而发生在中华文化圈内的政治和文化进程对其的影响只是边缘性的。"①尽管是在一个被看走了眼的问题上，王国维依然展现出他目光如炬的那一面。其实他已经非常正确地指出，自西周中后叶至于战国，华夏对与它发生接触的异族人群的认识，是分成为先后两个层次去加以区别的。较早已为华夏所熟悉者，分别被纳入属于他称性质的"戎""狄"(显然还有"蛮""夷")等"中国之名"。战国中叶之后，在华夏原先熟悉的戎狄等族背后，又出现了一个令"中国"十分陌生的驰骋草原的真正游牧人群。他们以其"本名"见诸汉语文献，是即胡及匈奴名称之由来。王国维与拉铁摩尔见解之间的区别，只是前者在明明已被他自己判为两个层次的戎狄与胡或匈奴之间，过于轻率地画上了等号。像司马迁和王国维那样在"华夏边缘"去寻找蒙古草原游牧人群起源的思考路径，至今仍在影响汉语学术界有关蒙古游牧社会起源问题的思考。

那么蒙古草原上的游牧方式究竟起源于何处呢？拉铁摩尔认为，分布在很多生态合适地带的边缘游牧人群，是从"原来迟缓的向游牧方式的进化，突然迅速发展成具有整个草原规模的草原社会"的(第 297 页)。尽管还无法知道"从边缘游牧经济到完全游牧经济的转变点是在什么地方"。但转变一经开始，它的发展迅速的影响力便是"突然而广泛的"；它会"迅速释放出极大的新的力量"(第 289 页)。他不赞成蒙古草原上的完全游牧方式是经由西方游牧人群向东传播的结果，因为"我们没有远方草原民族突然接近中国的确证"。他心目中的所谓西方影响，是指埃及和美索不达米亚两地"绿洲社会边缘上的草原社会"而言(第 106 页)。虽然也曾简略地提到过

① [美]狄宇宙：《古代中国与其强邻：东亚历史上游牧力量的兴起》，贺岩、高书文译，83 页，北京，中国社会科学出版社，2010。

巴泽雷克墓葬，但对从欧亚草原带西端的斯基泰人直到其东端匈奴人的考古资料的比较研究，似乎基本没有进入拉铁摩尔的视野。因此他干脆没有受到过以下这类问题的困惑，即匈奴人的游牧方式是否可能源自斯基泰人由西向东的影响？狄·考司摩根据较新的考古研究成果推测，南西伯利亚和哈萨克草原-阿尔泰地区，也许是最早的游牧人群的形成地①。那么，蒙古草原周边的各种半游牧人群，是否可能是受到从它西边邻人中间发展起来的最早的完全游牧技术刺激，而得以大踏步地从各个方向深入草原内部，迅速膨胀成一个巨大的游牧部落群，并很快与汉地社会发生接触的？这样一条文化传播路径确实早就存在了。我们知道，从中国赤峰到南俄，从西伯利亚到黑海沿岸的环草原地带，广泛分布着与“鄂尔多斯剑”和大角鹿母题金属牌饰等在形制、风格和制造技术上都十分相似的青铜制品。“表现在所有这些地方的青铜工艺之间的共同性，都要多于这些地方与在距离上更接近它们的各南方邻人之间的技术共同性”②。

不过事实上，我们至今没有在阿尔泰、图瓦和哈萨克草原寻找到可以称得起最古老游牧人群的考古学证据。著名俄罗斯考古学家库兹米娜写道：“朝向流动畜牧的转变并不具有自发跨越式的特征，而是一个由草原生态诸特殊性和畜牧经济演化的整个进程所导致的持续数百年之久的漫长自然过程。这个过程最终产生的，就是流动畜牧形式，即游牧经济在斯基泰时期的确立。”③那些留下了“神秘的大墓，或者所谓‘库尔干’”的斯基泰人，依然是迄今可以确认的最早的游牧人群。因此，看来我们应该将活动于蒙古高原的主体人群及其所拥有的游牧文化的起源当作两个不同的问题，分别加以处理。而后一个问题，即蒙古高原的游牧文化究竟源于何方

---

① ［美］狄宇宙：《古代中国与其强邻：东亚历史上游牧力量的兴起》，贺岩、高书文译，40页，北京，中国社会科学出版社，2010。

② Gideon Shelach，Early Pastoral Societies of Northeast China：Local Change and Interregional Interaction during C. 1100-600 BCE，in R. Amitai & M. Biran edit.，*Mongols*，*Turks*，*And Others*：*Eurasian Nomads and the Sedentary World*，Leiden：Brill，2005，p. 33.

③ E. E. Kuzmina，*The Prehistory of the Silk Road*，Edited by V. H. Mair，Philadelphia：University of Pennsylvania Press，2008，p. 66.

的问题，恐怕还不能说已经解决了。或许我们根本就不应当以这样的方式提出问题。正如克立伯所说："游牧经济是一种以最大注意力从事于畜牧的不稳定、不规则现象，因而我们最好还是去研究导致它兴起或衰落的那一系列条件是什么，而不再追问它的诸种起源，或试图建立种种因果模式"①。由此看来，拉铁摩尔当初无意汲汲于探究游牧经济的进路在蒙古高原的起始地点，是有先见之明的。

三 中国疆域结构的二分化："胡焕庸线"与"拉铁摩尔线"

1935 年，中国地理学家胡焕庸提出一条反映中国人口密度特征的"瑷珲—腾冲线"。1987 年，他又根据中国疆土及人口变迁的新数据，对这条被更改为今名的"黑河—腾冲线"重新描述如下：在该线以东，占国土总面积 42.9％的土地上承载了 94.4％的中国人口；而在占国土总面积 57.1％的西部中国，只分布着 5.6％的全国人口。故知中国东西部的人口密度之比大体为 22∶1。这条线在国外学术界被称为"胡焕庸线"或"胡线"。我们不太清楚拉铁摩尔是否听说过这条"胡线"，但他在"内亚边疆"一书中刻画出另一条不怎么连贯平直的分割线，却与"胡线"有异曲同工的功效。

按照他的估算，当日中国疆域内属于长城以外的各地区(今蒙古国及俄属唐努乌梁海也被他计算在内)及青藏高原的总幅员，约为 300 万平方英里(1 平方英里≈2.6 平方千米)，长城以内各地的总地域面积则约为 150 万平方英里。但生活在这两部分版图上的人口，却分别是 4500 万和 4 亿—5 亿(第 7 页)。由此推断，二者间的人口密度比约为 1∶22。拉铁摩尔按当日习称把"长城内各地"叫作"中国本部"(China proper)，可能引起当代中国读者的不快，以为其中暗含着"只有长城之内才算中国"的阴谋算计。但它实际上只是在清王朝把治下版图划分为"内地"十八直省和边疆各"藩部"这样两个部分的历史语境中，对"内地"一词的意译。严格地说，他亦未曾把上述划分明确地界定为一根连贯的线条。不过如果需要画一根线出来，

① R. Cribb，*Nomads in Archaeology*，Cambridge，New York：Cambridge University Press，1991，pp. 1、9.

那么它的上半段就是蜿蜒曲折的长城，而下半段则从明长城西端嘉峪关横切河西走廊，沿祁连山北麓东南行，由青藏高原的东缘界限所构成。基于这样一种二分法的分析，拉铁摩尔设问道：虽然挤满了“内地”的汉人可以由陆地直接到达地域广阔、人口稀疏的西部中国——他将它冠名为“长城边疆”(the Great Wall Frontier，第 15 页)，但在几乎整个历史时期，“汉族却没有永久性地成功移民于长城之外，这是为什么?”(第 7 页)他用这样的提问来引出全书有关东西部中国之间充满张力的历史关系的讨论，真可谓意味深长。

“内亚边疆”一书的内容，或许可以用“两极、三时段、四部分”予以概括。所谓两极，是指由东部中国的雨养农业环境(拉铁摩尔的原文称之为 the river lands of China，译言“中国的大河流经之地”)所培育的汉族农业社会基本形态和植根于蒙古草原的游牧社会形态。两种形态所代表的，大体上是在同一个中国内部的汉族中国与少数民族中国之间的划分。毛泽东曾经说过一段大致相同的话：“都说中国地大物博，人口众多。其实是汉族人口众多，少数民族地大物博。”“长城边疆”区域之内的其他环境也很重要，但它们所培育出来的，只是处于上述两极之间的各种“过渡性的、次要的社会”(第 163 页)。该书第一部分分头论述长城边疆各地区和黄土地带的历史地理特征，指出长城边疆各地区之间是如何不同、却又如何相互联系(第 15 页)，以及汉人社会如何可能顺利地向南扩张的问题。接下来的三个部分，又进一步分为“传说时代和早期历史时代”“列国时代”和“帝国时代”三个时段，去追述中国历史形态之两极间的紧张与互动关系。

“长城边疆”所呈现的人类生存环境本身是多样的。但按拉铁摩尔的见解，“东自满洲的混合型地理环境，西至中国‘突厥斯坦’的绿洲和沙漠，乃至西藏的寒冷高原，起源于上述诸地域内各种社会的历史角色，最宜于被看作是基于蒙古草原历史的一系列变型”。在此种意义上，蒙古草原的历史成为“所有边疆历史中最典型的篇章(*the locus classius*)”(第 37 页)。之所以如此，是因为从中国内亚边疆诸地域发育而成的社会，都具有某种共同的“绿洲”背景：从新疆北部和青海的草原绿洲，到南疆的沙漠绿洲，再到西藏的高原地区被山岭、而不是沙漠包围的绿洲——“新疆中部的盆地及其周围的绿洲，正好与西藏中部隆起的高地及其周围的河谷村落相对照”(第 140 页)。从草原到草原绿洲、沙漠绿洲，再到被山岭包围的绿洲，长城边疆各地域社会的这一生存环境的连续性或共同性，使它们“更易于接受来自草原而不是来自中国的影响”。就这样，凭据“抵拒汉人渗透的最主要环境”即草原，以“最执拗顽强地对抗中国社会”的草原社会作为中坚，蒙古草原游牧部落与长城边疆的其他人群组成了中国内部与汉人社会持续对抗的联合阵营(第 179 页)。结果，从中国历史的“主要中心”即黄土高原这片最容易耕作的土地上成长发达起来的汉文明，可以先把水患频仍、沼泽丛生的华北大平原合并为它的一部分，接着又将较大规模的经济经营、社会组织及政治统一的制度文化传播到南方，最终将长江流域及其以南作为“一个完整区域合并到更大的整体区域中”；但在另一个方向上，汉人对无法从事雨养精耕农业的长城边疆却难以实现类似的“合并”，而只能做到“从远处使之臣服并加以控制”(第 21—24、110 页)。

“内亚边疆”一书对构成一个整体中国的这两大板块的分析，很容易使我们想起清朝在征服漠南蒙古和后来被称为“内地”的汉地社会之后，继而将漠北蒙古、青海、西藏、准噶尔盆地、塔里木盆地等处收入版图的历史过程。清政权在延续三朝之久的这场领土争夺中，有一个几乎自始至终的对手，那就是漠西蒙古部。游牧的蒙古部成为对抗形势中另一板块的轴心力量，或可印证拉铁摩尔有关“典型篇章”的上述说法。

现在看来，就认识中国内部各民族间相互关系的历史格局而言，“拉铁摩尔线”似乎比“胡焕庸线”更贴近不同生态-人群-文化区域的实际分布形势。胡线所界划的东部中国，将今吉林和黑龙江大部划入东部中国，就绝对不如“拉铁摩尔线”把它们划出“内地”范围，并将之作为“长城边疆”的一部分来处理显得合理了。在东北，只有南部的辽河下游及沿渤海海岸各地，其气候、作物和农业条件与黄河流域较少区别；因此尽管由于其“半孤立性，使其可能在政治上与中国分离”，那里的社会、政治组织都与华北相同，可以成为“中国本部之延伸”，成为“从华北向前突入的狭隘的前沿阵地”，甚至“时时有变成‘小中国’的趋势”。但是从地理概念上看，东北的西部平原与蒙古的联系更为深远，东部的山林地带是朝鲜半岛环境的延长，而其北部的高山及密林，直到 17 世纪还不能自别于西伯利亚(第 69－73、166 页)。汉人进入东北腹地从事农业活动，只是近代以来的事情；其移民形式“不完全是中国历史的老方式”。“汉人从辽河流域大量移民到北部的通古斯森林和西部的蒙古草原，则完全是古代中国所没有的铁路、新式军械、金融、工业及贸业活动的结果”(第 8、9 页)。在传统时代这个地区处在汉地农业社会之外，但它对汉地中国具有极重大的历史影响。清政权从这里走向君临全中国的权力巅峰，其中乃有一定的历史因缘在。下文还将回到这个话题上来。

四 两片领土板块的整合：对清统一成就的低估

然而，恰恰是清王朝征服和治理汉地及长城边疆的划时代成功，似乎动摇了拉铁摩尔对中国内部这两个板块之间存在无法调和的冲突和对抗性机制的反复强调。

他写道：“典型的草原社会与典型的中国社会代表的是两个极端”(第 347 页)。“中国内地与蒙古草原的最大差异是：草原的原始农业文化没有能够发展到大农田粗耕制，或农耕与畜牧并行的混合经济。游牧最终成为占统治地位的制度”(第 37 页)。这就是说，支配着草原和汉地社会的，是两种互相难以调和的经济制度。“乘马的游牧经济技术起源很晚，而且是在外围边疆，从未能与中国文化调和”(第 42 页)。于是“在草原社会主体及中国社会主体各自发展其固有的特征及专门的政治体制后，它们便随着这种发展，而互相对立了”(第 303 页)。

对立之所以发生，首先是因为双方的内在条件或社会特质“使它们不可能混合成一个在经济上既有精耕也有粗放，在政治上既有集权又有分散的社会”。其次，这两种无法统一的社会，既不能凭依“事实上永远不能完全实现”的“长城式的绝对固定的边疆”而互相分离，又不能由任何一方吸纳或永远控制另外一方，“由此就产生了没完没了的斗争”(第 328、304 页)。基于这样的理由，他相信在传统时代，汉地与草原是不能调和的。“唯一可以真正整合以农业为主和以畜牧为主的社会的桥梁是工业化”(第

38、351页)。这一观念也表现在他对未来东北整合的期望中："用过去所缺少的工业技术来联系整合农田、草原和森林。这样就可以在亚洲历史上第一次取消那种不同环境造成不同经济的情况，消除社会间的互相敌视"(第93页)。所以他又说，"未能发展工业化，是中国亚洲边疆消长起伏的历史关键"(第329页)。

现在的问题是，清王朝所确立的广袤的中国版图，难道还不能被看作是上述两种对立社会制度，或者更准确地说，中国的内地和长城边疆两大板块之间的统一与整合的历史成果吗？清军的军事征服固然使用了旧式火器，但它基本发生在前工业化时代。可见传统中国内部两大板块之间的对立，被拉铁摩尔不适当地绝对化了。

不过本书的卓越之处也在于，即便在做出稍有过当的断制时，它的陈述仍然会包含某些合理的、极富于启发性的思想因素。就目前的讨论来说，这种灵感火花至少在两个方向上有力地激发着后人将思考进一步向前推进：其一是对植根于汉地农业社会的专制君主官僚制在长城外各边区发挥其功能的极度有限性的认识；其二则与超越两大板块之经济-政治-文化制约的国家建构模式何以可能出现的问题有关。这里先说前者。

在谈到中国历史上国家版图的拓展形式时，拉铁摩尔指出："这里，我们必须区别两种情况，一种是一个社会向新的地区的发展，另一种是政治力量对并未实际占领的地区的伸入。"(第303页)很清楚，根据这样的区分，长期以华北为其统治中心与根据地的华夏-汉族国家，只能在它的南面才找得到"开阔并有无限深度的边疆"，可以依赖用汉文化对那里实施同化的方式来保障在这个方向上的疆域扩张成果。而在其他方向上，征服却无法通过渐次跟进在汉人的大规模移民运动之后来实现。版图的膨胀只能借由政治-军事力量"伸入"各个"并未实际占领的地区"的方式达成。这是因为汉人的社会及国家只能建立在被限制于某种地理环境内的农业技术上。"蒙古和东北西部的那些草原以及西藏诸荒原都缺乏汉族从事精耕和灌溉农业所最必须的条件。而东北东部及北部的丛林莽原和零碎的新疆绿洲又不能有适合[汉人]政治及经济需求的集中人口"(第157、158页)。在那里，传统时代的汉族社会无法再施展像铺地毯一样地开辟自身生存空间的顽强努力：西藏是“难以逾越、无法侵入”的；北方是一片“想要关闭却未能真正关闭的边疆”，即便有少数汉人得以深入草原环境，那也只会在他们中间产生异化和离心的倾向；中亚绿洲倒是较易接近、并可能被战胜和占领的，但那里的文化和族裔与汉族完全不同，而汉地社会的影响则由于距离它太遥远而减弱，因此它们虽然可能从远处征服控制，却无法被同化(第135、318、110页)。

汉地社会对长城边疆采用的这种“不依赖移民占领而从外面将统治伸入其地”的控制方式，作为专制君主官僚制体系的一个组成部分，在唐朝形成以羁縻和册封为核心的制度化框架。今中国新疆及其以西地区和蒙古高原都曾被纳入这个制度化的治理框架之中。唐王朝靠这套制度间接统治蒙古高原，大概有40年时间(7世纪30年代至60年代)。它维持对西域的控制，则前后大约110年(630—670，693—760)，加上此后唐军困守龟兹、北庭等孤城又有30余年(760—792)，它对西域实行间接统治总共140年左右。唐王朝之后的一千年中，汉式专制君主官僚制国家再也没有过统治这两个地区的历史记录；至于它将西藏纳入版图的事情，更是从来没有发生。

两宋和明朝相加，持续超过六百年。它们虽然未曾据有长城边疆(明代在辽东边外维持的羁縻体系除外)，却继承了唐代那套羁縻册封制度，主要用来控御环绕于汉地社会周边的各种少数民族区域。如果说唐代的羁縻体系本来或许含有朝着不止一个方向演化变迁的潜在可能，那么宋明时代的制度实践却只向它展开了单一可能的发展空间，这就是沿着从羁縻制到土官、土司制度，进而再通过改土归流，把所治理的地域最终纳入统一施行于内地的府县制体系之内。

但是中央政府遵循此一过程完全“消化”边缘性人群，还需要有两个必需的前提条件。一是它们必须位于紧贴在汉地农耕社会外缘地带、并且尚可从事农业垦殖的区段；二是其地域及人群规模都不能过大。唯其如此，才可以在那里培育出一定数量的由汉族移民和被汉化的当地原住民混合组成的编户齐民，从而为将该地区整合到府县管治体系之内造就必不可少的政治文化及社会响应的基础。不难看出来，这个原本服务于按“从外面将统治伸入其地"的策略来攫取新领土的羁縻体系的制度框架，实际上已演变为通过旧有汉族社会向外推进其边缘线来包纳和融化新地区，从而实现对外扩张的依赖路径。正因为如此，此种依赖路径所能适用的空间范围又反过来受到上述两项前提条件的严重局限。而停留在长期与中央政府维持羁縻、册封关系层面上的那些更为外围的附属地区和人群，既然不能被置于有效的国家治理之下，就完全有可能最终摆脱受羁縻册封的地位，朝着相对独立的政治-文化实体演变。

由以上分析可以知道，在儒家拟想中的"天下"之内，可能被外儒内法的专制君主官僚制国家机器牢固地纳入中国版图的边界，理应位于期望中得以通过改土归流而内地化的土司建制地区，与无法推行土司建制、而只能与之维持松散羁縻关系的那些更带边缘性的原住民地区之间。很明显，除了伸入到青藏高原东侧部分的土司建制地区外，属于长城边疆的大面积地域并没有被囊括在这条边界之内。

既然如此，传统中国凭什么能大幅度地跨越"拉铁摩尔线"，并最终将长城边疆各地区牢固地转化为自己的国土呢？拉铁摩尔是不可能从这一角度思考这个问题的，他甚至认为工业化之前这是不可能的事情。但是他在本书中的论述，事实上已经为我们回答这个问题提供了某些重要线索。

五　"内、外边疆"和"贮存地"：分析概念的有效性与欠缺

关于传统中国的国家建构模式问题，"内亚边疆"一书中包含一个极富启发意义，但还需要加以进一步澄清、修正和完善的原创性观念。它指出，"在中国历史中，可以看出有一种显著的'边疆格调'：或者是一个王朝建立在边疆以外或边疆之上，然后向内地推进，建立起它对中国的统治；或者是在中国以内建立王朝，然后向外推进，建立起它对边疆及边疆以外的统治"(第 264 页)。这里讲到的后一个"或者"，无疑指的就是汉式的外儒内法专制君主官僚制的国家建构模式；而对于前者，作者分别用采用"边疆王朝"(第 87 页，英文原文作 a frontier dynasty)或者"边境王朝"(第 349 页，the border dynasties)、"边境起源的王朝"(第 81、350 页，dynasties of frontier origin, dynasties of border origin)，乃至"'游牧'王朝"(第348页，"nomad" dynasties)来命名之。它们往往"在中国的边缘赢得一个根据地，部分地被它的汉族臣民所同化，然后将其依然保留着的蛮族的活力与他们已获得的汉文化的温文老到结合在一起，向内推进，建立一个统治当日全部中国的王朝"(第228页)。

在拉铁摩尔看来，中国历史之所以会形成这种"边疆格调"，与位于分别接近草原和农业中国的两种不同的过渡地区有密切的关系(第265页)。在书里，他可以说是再三再四地提及这个概念，尽管所使用的名称并不完全统一，诸如"边缘领土"(marginal territories，第264页)、"边缘地区"(marginal region，第271页)、"边缘土地"(marginal lands)、"边缘地带"(marginal terrain，俱见第272页)、"边缘区域"(marginal zone，第316页)，等等。本书汉译文本几乎把它们全都翻译为"过渡地区"或"过渡地带"，此种对译是深得要领的。因为"过渡"，或者说"中间性质"(midway in character)、"中间地位"(middle position，俱见第103页)，确实是这些"边缘地带"的最显著的共性。

不过关于这种过渡地区，拉铁摩尔在本书中的界定带有某种模糊之处。也许在他的心目中，实际上它们有时候是就其狭义而言，而有时候又是广义的。他写道，自从游牧社会成熟之后，便有两种不同的过渡地区从两套地理环境系统中产生出来：在农业中国，由南向北依次分布着"形成早期汉族农业发展的良好土地"，"当灌溉及其他技术相当发展后也能与良好土地一样有利的次等土地"，以及"汉族农业的渗透未及其地的'过渡地区'"；从蒙古草原方面由北向南伸展的，则是"只能支持游牧业的真正草原"，"游牧业比粗耕农业或农牧混合生计都占优势的'次草原'"，以及"必须依靠实践来确定农业与畜牧孰优孰劣的过渡地区"(第266页)。这样两种有差别的过渡地区，虽然都具有"混合经济"的形态，但仍拥有各自不同的特征。其中一种"容有较多的汉族特征"，而另一种则"容有较多的游牧特征"(第316页)。可以想见，双方的过渡地区位于长城两侧幅度并不会太宽的地带。因为"在中国内地及蒙古之间，长城把传统中国生活方式比草原游牧方式更占优势的地区都划给了中国。在这些地区中，有些东西会削弱汉族农业的特征，但是最成问题的地区都在长城以北”(第318页)。而另一方面，在长城之外，今内蒙古有相当大的地域面积至少可以看作属于“次草原”。

可是在书里的另外一些讨论中，位于长城之外的内蒙古又被整个地当作同一个地理单元来处理。长城的修建意味着“汉族的扩张已经达到真正草原边缘”(第249页)。而在长城以外，“边界本身的自然结构，即内边疆区域和外边疆区域，在长城和内、外蒙古之间的关系中表现得最为清楚”(第161页)。相对于“内、外蒙古”作为内边疆和外边疆的这种区分，也存在于“宁夏及甘肃西部的次绿洲地区”(sub-oasis areas，第128页)与新疆之间。作者补充说，宁甘地区可以灌溉的土地“不能叫绿洲，因为它们并不很孤立，但它们又很像绿洲，所以最好叫作‘半绿洲’”(semi-oases，第270页)。因此作者以为，甘肃西部和宁夏“之对于新疆的关系，如同内蒙古之对于外蒙古的关系”(第101页)。如果要说二者之间还有什么不同之处，那就是“内蒙古地区，即外蒙古大草原的门户，在长城之外，而‘内中亚’却在长城以内”(第318页)。这就是说，相对于长城外的新疆中亚，长城之内的陇西和宁夏庶几可视为“内中亚”。读到这里，我们便能对上面引述的页161中那段话里“在长城和内、外蒙古之间的关系”一语理解得更透彻了。长城既可以是内地和边疆之间的界限，也可以成为内边疆与外边疆之间的界限。

拉铁摩尔在本书中似乎没有非常明确地论述过，所谓“过渡地区”与内、外边疆的判分之间究竟是什么样的关系。只有一处，当他说到宁甘半绿洲地带时，他又径称该地为“过渡地区”(marginal region，第271页)。但是我们几乎可以肯定，他所说的过渡地区，在大多数情况下，都指内边疆而言。

内外边疆的概念，可以用来非常有效地解释很多现象。比如，拉铁摩尔指出，由于汉人比草原人更容易掌握类似绿洲的河西走廊，该地终究被汉人所控制。在这个过程中，汉族生活方式(注意：他在这里说的是汉族的“生活方式”，还不是汉族这一人群本身)“在甘肃次绿洲地区渐占优势，一步步把印欧语系诸部从他们最东方的地方挤走”。但是另一方面，由于距离、交通以及中间非汉族居地的阻隔，又使这里难于和汉地完全结成一体。因此按他的看法(这个看法实际上不完全正确)，尽管甘肃的回民“在血统、语言和文化上都是汉人”，由于伊斯兰教影响与当地地理环境的合力作用，在那里却形成了一个“自处于汉族之外，不愿受人统治，汉族人也未能完全同化或使之心悦诚服地归顺的少数民族”。所以该地“表面上虽被中国文化同化，但其内部还多少保留着一些地域的、社会的及政治的分离主义特征”(第109－110、116页)。

又比如，与外边疆草原“多半时期是由一个普遍和谐的游牧社会占着优势”不一样，“掌握内边疆的游牧人则有时依附于草原上的同宗，有时却依附于中国的农业和城市”(第162页)。这就使汉式的专制君主官僚制国家有可能谋求内蒙古各游牧部落的中立化，使他们既不对边界产生压迫，也不退出维持着该边界的汉式王朝国家对他们进行干涉调节的地域范围。也就是向那些本来应当被边界隔绝的部落谋求帮助，“使他们调转方向，背向边界而不是面向边界”(第160页)。这段话将长达1300余年间，内蒙古与漠北蒙古草原之间的历史关系以及二者间不同历史定位的区别，用很简洁准确的语言概括出来了。自匈奴被汉武帝逐出漠南直到元统一漠北和漠南草原为止，内蒙古草原曾长时期地成为离析于中心之外的边缘游牧人群为中原王朝防卫来自外边疆的游牧社会主流人群南侵所凭依的缓冲带。不仅如此，在明政权建立之后，“北方远离中国内地的蒙古人与居住在内蒙古的曾与蒙古人统治中国的机构有密切关系的蒙古人”，仍有明显不同(第53页)。直到明中叶，蒙古部活动重心才再度南移。

借助于内边疆的概念，我们也得以更好地理解为什么土司制度能在甘青和四川藏区长期维系下来。这不但是因为“柴达木和青海高原没有一个足够富腴的牧场来支持一个大型独立的游牧社会”(第323页)，它与清王朝能越过这个地区而将西藏、新疆纳入版图也有密不可分的关系。正因为巩固地确立了对上述“外边疆”的统治权力，清王朝才得以成功地消除可能诱发川甘青三省藏区离心倾向的外部渊源。同时，清在青海草原和硕特蒙古部设立的札萨克制，也是对青海各藏人土司的一种重要制约因素。因此，不应当把清对川甘青藏区的有效治理，看作仅仅是由于土司制度所发挥的功能。此地作为一个“内边疆”地区所具有的特别属性，也是在其中起到极关键作用的因素。

与内边疆概念紧密相关，本书还提出了一个叫作“贮存地”的概念。在长城以北的方向上，这个“贮存地”指的也就是内蒙古，在它的更北方则是“顽固不化的土地”(the “lands of unregenerate”)，即作为外边疆的漠北草原。在北方游牧人群入主一部分乃至全部汉地社会时，这个人群不会完全移入汉地之内，而总是会有一部分驻扎在北部邻近长城的地区。后者担当起其入侵同伴们的“后卫”，既负责保卫被征服的汉地，以免它遭受从更遥远的北部南下的敌对部落的攻击，同时也是为统治汉地社会的同伴提供源源不断的官吏与守军的资源地(第 162 页)。在这里我们又仿佛看到了隐然存在于“贮存地”与“过渡地区”之间你中有我、我中有你的关系。确实，拉铁摩尔强调说，“贮存地”的文化与“过渡地区”文化一样，具有“混合文化”的属性，因此它会“自限于可以容忍混合文化的环境范围中，不再深入草原”(第 351 页)。这个“可以容忍混合文化的环境范围”，不就是“过渡地区”，或者就是“内边疆”的范围吗?

引入这么繁复的名词概念，对拉铁摩尔的叙事框架果真是必须的吗?平心而论，他在这方面难免有过于随意的嫌疑。但他既然已经把它们都提出来了，那就迫使我们不得不对这些概念及其相互关系进行细心的梳理。只有在这样的基础上，才可能从略显含糊其辞的陈述中，把属于他的一项最带原创性的精辟见解发掘出来。

六 “边疆王朝”：“长城边疆地区”对中国历史的重大贡献

纵观“内亚边疆”全书对“边疆王朝”的界定，大体包含如下一些主要内容：(1)它指的是自外边疆将其统治推向部分的或全部汉地社会的王朝。(2)它的创建者往往不是来自严格意义上的、“纯粹”的草原社会，而是来源于草原边境的混合文化社会。(3)它虽然来自外边疆，却会把内边疆当作为防卫基地和人才资源的“贮存地”。(4)统治人群分化为进入汉地社会和留驻“贮存地”这样两部分的结果，是“原来建立帝国的人，现在成了他们自己帝国的牺牲者，而另一些变得像被征服者的人们，却享受最大的利益”。当逐渐增大的差异终于撕裂了那个混合国家时，边地游牧人就会在政治上“回到游牧制度去”。(5)由于边疆之内汉族经济是最有利的方式，进入汉地的草原统治者及其政权多半会变成汉式的统治者和汉式政权。本书或详或略地讨论过的像这样的边疆王朝，有北魏、辽、金、元和清等国家(第162—163、334、347—350页等)。但这个“清单”却存在三个互有联系的非常大的问题。

首先是能否将内边疆和“贮存地”等同看待，或者说二者是否必定要位于同一地域范围的问题。这一点最清楚地反映在清东北方向上的内边疆和“贮存地”互不一致的情况中。拉铁摩尔自己使用以下措辞来划分该地区的内、外边疆：“长城、汉人边区、柳条边；加上它西部和西北部的蒙古人，以及它东部和东北部的满洲人。”(第161页)这也就是说，山海关之外的辽东汉文化地区按上述界定属于内边疆，而其外边疆则位于分别从西—西北和东—东北方向将辽东封闭起来的柳条边之外。那么清朝的战略“贮存地”又在哪里呢？拉铁摩尔在最初提出“贮存地”概念的《满洲：冲突的摇篮》①一书里，把柳条边内外，也就是清朝在这个方向上的内外边疆都看作它的“贮存地”。柳条边以内是“汉军八旗的最初‘贮存地’”；其外两侧分别是“蒙古‘贮存地’”和“满洲‘贮存地’”。更粗略、更一般地说，那么“东北的‘贮存地’区域也许可以界定为整个辽宁省(奉天)，以及位于北纬四十六度以南的吉林省”②。如果硬要对被包含在这个“贮存地”内的各地域的重要性之间进行比较，那么其中最重要的，当然不会是位于内边疆的汉八旗所在地。另外，拉铁摩尔虽然从未指实过元代蒙古人的“贮存地”究竟是在哪里，但它显然也不能认为仅仅是内蒙古，虽然为了军事指挥的需要，进攻中原的司令部曾经设立在那里。蒙古人心目中的“祖宗根本之地”，则一直是以漠北为中心的。

① Manchuria, *Cradle of Conflict*, New York: Macmillan Company, 1932, 2nd edit., revised, 1935.

② Manchuria, *Cradle of Conflict*, New York: Macmillan Company, 1932, 2nd edit., revised, 1935, pp. 42、105. 并参书末所附“各盟旗‘贮存地’”地图。

第二个问题在于，“贮存地”和内边疆非但就其所在地域而言并不重合，而且具有完全不一样的政策实施目标。拉铁摩尔用非常生动明确的语言把可以在边疆实施的政策区分为“面对内里和面朝外方的政策”(inward-facing and outward-facing policies)，它们的目标分别是为治理腹地提供出身于特定族群的政治或军事精英，以及为抵拒来自外围边疆的蛮族入侵提供军事防卫资源①。但他以为“贮存地”(在他看来，这个概念与内边疆几乎是一物两指)可以同时承担满足对内需求的人力资源库和防卫外来侵入的军事资源库功能，却与历史上的各种实际情况都不相符合。

辽、金、元、清四个边疆王朝各自的“贮存地”，分别是以“平地松林”著称的辽西草原-森林地带、松嫩流域的河谷-森林地带(金初称上京为“内地”)、整个蒙古高原(元初视居庸以北为“内地”)，以及东北的“白山黑水”之地。它们都位于外边疆地区，或者至少不限于内边疆，并且总的说来也没有替各自的中央王朝阻挡来自“顽固不化的土地”上的蛮族部落入侵中原汉地的作用。若言及兼有“面对内里”和“面朝外方”两项功能的内边疆，最容易使人想起的，似是北魏平城时代的“六镇”。除了屏障首都平城的主要功能外，六镇将领一度是北魏统治集团汲取军事人才的重要资源所在。但这种情况只发生在平城时期近百年中。随着迁都洛阳，拓跋集团在深入汉地和进一步汉化的过程中，差不多完全失去了对外边疆的控制。它利用安置在内边疆的部落来阻拦更北方的柔然骑兵南下，与它之前的汉政权利用降附的南匈奴抵拒北匈奴侵扰汉边，已经没有太大的差别。在此之外，六镇再也不被看作向中原供给政治及军事精英的资源库，至于其所在的雁北外围，更是从未成为过拓跋集团在族裔及文化认同方面的根据地。所以六镇的作用，最终还是面对外边疆保卫华北的一片缓冲地带。它曾部分地拥有过的“贮存地”功能，更宜被看作北魏政权在成为充分发展的成熟形态之前的非典型表现。

本书还提到被称为“成吉思汗边墙”的金界壕-边墙-边堡系统，似乎认为可以用它来证明金朝的“贮存地”兼有抵拒游牧民族自外入侵的内边疆功

---

① Manchuria, *Cradle of Conflict*, New York: Macmillan Company, 1932, 2nd edit., revised, 1935, pp. 110、181.

能。金界壕系统的目标是保卫作为女真人根据地的外边疆、亦即其“贮存地”本身，所以他正确地称之为“贮存地围墙”(第350页)。既然如此，它就与内边疆以及内边疆作为中原汉地防卫来自外边疆侵入的“贮存地”功能完全不是一回事。而在内蒙古长城一线，被金朝降服后替它守卫边墙的汪古等部，并不被视作与金人同族。他们连北魏前期“六镇”那样的地位都没有。金在该地带的边防措置，也与汉式的专制君主官僚制国家戍守长城的做法一脉相承。总之，内边疆或者担负的是“面朝外方”的防卫功能，或者需要与外边疆合二而一，承担“面朝内里”的“贮存地”功能。无论如何，我们找不到历史实例来证明，内边疆可以同时兼有“面对内里”和“面朝外方”这样两种功能。

那么拉铁摩尔为什么会刻意将“贮存地”观念与他稍晚提出的内外边疆观念——这两类观念各自都非常有用——颇不协调地整合在一起，并由此把“贮存地”和内边疆混为一谈呢？内外边疆概念主要来源于对汉式王朝领土结构的分析。而在拉铁摩尔看来，边疆王朝在进入汉地社会、并在那里立住脚跟后，必将逐渐蜕化为一个汉式王朝。很可能出于这样的原因，他才会觉得，用于汉式王朝领土结构的解释框架也完全可以原封不动地移用于边疆王朝。

这里就涉及本书枚举边疆王朝诸特征的清单里所存在的最后一个问题了，即对这些边疆王朝最终都将被汉化的断言。所谓“汉化”，至多可以用来描述边疆王朝越来越多地在统治汉地社会方面采用汉家制度。但尤其是对于元、清这样的政权，处于其有效治理之下的疆域已经大大超出汉地范围，怎么还能如此以偏概全地用“汉化”来界定它们的整个统治体系的性质或特征？

实际上，本书已在不少地方揭示过清政权充分利用东蒙古势力征服汉地，揭示它以极小的战争代价收服了“差不多所有的蒙古民族”，它“在蒙古和西藏都成功地控制着部落与地区的权力变更过程”，由以保持帝国版图结构的平衡，“既不令边疆压迫内地，也不令任何利益团体越出中国内地而进入边疆的旋涡”(第50—51、150页)。作者在《满洲：冲突的摇篮》里甚至更加明确地宣称：“事实上，满洲人所统治的帝国并不是一个汉式的帝国。它囊括了一片比任何出自汉族的王朝治下更大的领土，版图远大于最后一个纯粹汉族的明王朝所有。”①凡此种种，都不是最近一千多年内的汉族王朝想这样做并且做到了的。这些独特性，显然非汉家制度或汉化叙事所能涵盖。可惜的是，拉铁摩尔对这一点尚未给予足够的注意。

不过，前文揭示的那三方面的缺陷并非无可弥补。关键是在运用边疆王朝的重要概念从事历史分析时，还需要把它拆分成两个次类型来处理。前期边疆王朝以北魏为代表。拉铁摩尔所枚举的起源于边疆的非汉族王朝的那些特征，其实主要是它的前期特征，例如，极高程度的汉化以及位于内边疆的对外军事防线。这与它在长时期向中原渗透的过程中逐渐被汉化、并由此失去了自身文化及族裔认同的资源所在地密切相关。10 世纪之前统治过汉地的其他边疆王朝，如十六国、北魏的各继承政权，乃至五代时的后唐、后晋、后汉政权，也都可以大体归入这一次类型内。如前所述，它们在与外边疆的关系方面所扮演的角色，与纯粹汉族的王朝相比没有太多的区别。

另一类便是由 10 世纪起的辽、金、元、清所代表的后期边疆王朝。它们都是在相对短暂的期间内征服并统治了汉地社会一部分或者甚至是全部汉地，因此仍得以保留着自己所赖以兴起的原居地，把它变成帝国版图结构中的重要组成部分。相对于前期边疆王朝，它们最显著的特征就可以说是多元性格的国家治理体系和位于外边疆的“贮存地”。拉铁摩尔说，草原本身是游牧制度的“贮存地”（第 351 页）。他实际上也已经看到，在他的分析框架中属于外边疆的女真发源地是金的“贮存地”。但他始终没有想到，对已经萌发于他心中的这些非常有解释力的念头，应当有意识地再往前推进一步，明确指出以“真正的”草原乃至其他外边疆作为自己的“贮存地”，乃是后期边疆王朝之所以区别于没有这样的“贮存地”、而只能退守内边疆的前期边疆王朝的最重要特征之一。

七　边疆王朝的历史分期问题：对拉铁摩尔思考的再推进

现在我们可以回到由那条将中国分为两半的“拉铁摩尔线”所生发出来

① Manchuria, *Cradle of Conflict*, New York: Macmillan Company, 1932, 2nd edit., revised, 1935, p. 309.

的问题上去了。正是在后期边疆王朝中孕育和发展起来的国家建构模式，才使传统中国做得到大踏步跨越“拉铁摩尔线”，把西部中国的广大地域囊括在自己的版图之中！

后期边疆王朝的国家建构模式，自然有继承外儒内法的专制君主官僚制模式的那一个层面，主要表现在帝国中央政府的基本架构，以及治理汉地社会的主要制度体系中。同时它也有汉式的国家建构模式所不具备的另一种面相。这是因为后期边疆王朝不像汉族政权那样，把“车同轨，书同文，行同伦”，也就是用汉文化来覆盖王朝的全部疆域当作自己所追求的理想治理目标。因此它必须有另外一个管理系统，来维持对西部中国的有效统治。在清代，这个管理系统以理藩院为其核心组成部分。十分有意思的是，当清人力图证明自己的各种机构衙署渊源有自，由以彰显出清统治体系的政治合法性时，乾隆钦定的《历代职官表》却不得不承认，它无法在明、宋及五代为理藩院追溯一个前身。但再更往前推，它却把唐朝的鸿胪寺与清代理藩院相比拟。

鸿胪寺本是专掌“宾礼”的部门。“鸿”，大之谓也，“胪”，陈序也；是“以大礼陈序宾客也”①。宾礼原有内外之分，对外的宾礼就是所谓“边仪”。据《唐六典》，唐鸿胪寺有关“边仪”的具体职掌是，“凡四方夷狄君长朝见者，辨其等位，以宾待之。凡……夷狄君长之子袭官爵者，皆辨其嫡庶，详其可否，以上尚书。若诸蕃大酋渠有封建，则受册而往其国”②。宋鸿胪寺的职掌与此相类。“诸蕃入贡”时，它还须负责照看“其缘路州、往来待遇，及供张、送遣、馆设之礼”③。在明代，鸿胪寺下设司宾、司仪二署，归礼部节制。可见鸿胪寺有关“边仪”的职责，实质具有准外交的性质。清鸿胪寺“所掌者惟傧赞及朝仪”；按《历代职官表》编撰者的说法，它原来承担的“宾客之事”，“则分属理藩院、礼部、会同、四译馆”④。因此，这本钦定著作不但将唐和比唐更早时期的鸿胪寺追溯为本朝鸿胪寺的来源，而

① （宋）孙逢吉：《职官分纪》卷二〇。

② 《唐六典》卷一八。

③ 《庆元条法事类》卷七八。

④ 《历代职官表》卷一七。

且也把它列为理藩院制度的渊源所自。

“职官表”说前代鸿胪寺掌管的“宾客之事”为清礼部、会同及四译馆所分摊，这没有错。大体上凡涉内宾礼者属礼部，“边仪”则属之两馆。问题是理藩院分摊到的，又是它哪一部分的职能呢？理藩院对蒙青藏、南北新疆及西部四川的治理范围，包括涉及旗界、封爵、设官、户口、耕牧、赋税、兵刑、交通、会盟、朝贡、贸易、宗教等事项在内。“职官表”作者心里很清楚，这是一块“秦汉以来，德不及远”的地域，“故从未有设官以治之者”。可知谓清之理藩院乃自唐之鸿胪寺派生而来，是论殊不足取。但前引“从未”之说亦尚稍有未确，那就是它未能反映元代的情况。“职官表”事实上亦将元代负责管理西藏和全国佛教的宣政院列为理藩院的制度渊源。这是完全正确的。元、清在创建后期边疆王朝国家建构模式方面前后相连续的线索于此清晰可见。更准确地说，这一模式的发生还要早于元。它萌芽于辽，发育于金，定型于元，而成熟、发达于清。

拉铁摩尔有关边疆王朝之见解的原创性，还体现在由他最早提出来的以下论断中：“我相信还没有人指出过，重大的‘游牧人的征服’并非来源于大草原，而是来自草原边境。换句话说，侵入者并不是纯粹典型的游牧人，而是邻近内陆亚洲边疆的各种混合文化人群。”（第 347 页）换言之，“真正”的游牧者，“很少，或者就干脆不受贸易的影响，也不想统治定居人口”（第 329 页）。中国东北地区的重要性就这样被突现出来。在以辽河中下游为“动脉”的汉式农业区域以北，西侧是契丹等原蒙古语游牧部落以及后来的蒙古人活动的森林-草原地段，向北与呼伦贝尔草原相联系，东侧则是通古斯-满语人群从事农耕、畜牧和渔猎生计所依赖的森林-河谷地带。由此往北到今吉林、宁古塔一带，农耕逐渐减少。进入黑龙江地区，渔猎、小舟和雪橇越来越常见。在更北面的西伯利亚森林和半北冰洋苔原，驯鹿取代马匹变成人类用于交通的主要牲畜；在那里，“雅库特族和通古斯族以一连串逐渐变异的经济与社会，把这个地区与满洲、蒙古及中亚的突厥族联系起来”（第 71—75 页）。

位于辽河流域的汉地前沿之北，有很多河谷地带都适合于农耕。迫使汉地社会的北进止于辽河流域的原因有三项。过于零碎分散的可耕地，致使那些河谷盆地即使合在一起仍不足以支撑一个能独立发展的农业社会；江河的流向以及辽东的半孤立性，都不利于自身能量不足的河谷居民把位于它南方的辽河沿岸汉地社会、并通过那里以华北汉地作为谋图发展的后盾；相反，每一片“有希望的”谷地都面对着邻近森林或草原居民的干扰威胁，因而显得过于脆弱(第72页)。在杨虎嫩对东北的族群历史所由以展开的地形空间与自然环境的分区域描述中，我们依然看得到拉铁摩尔式思考的影响力①。

拉铁摩尔指出，正是在“这片森林、河流和山地的世界之内”，不止一次地孕育出“真正重要的历史发展”，即边疆王朝的诞生与崛起。相邻不远的不同人群及其文化之间较易于互相渗透与交融，成为整个东北的最一般的共同性。此种共同性一方面具有被植根于不同区域内的不同文化之间的差异性所抵消的倾向，但另一方面它又可能变成一种“不固定的中介”，导致某一特定人群及其文化转换或融入另一特定人群及其文化之中，或者使二者混合为“一个新形式”(第75页)。这种一般共同性与特殊差异性之间的辩证关系，使东北各人群的文化与社会天生带有朝着多种不同方向发展的可能。因此转变并不困难。它并不要求某一个特定人群突然地将自己的生活方式变成另一种全新式样，而只需要使之“偏重于他们原来经济社会组织的某一部分，同时放弃其他部分”。一个有能力大体均衡地同时驾驭农耕、游牧和渔猎畜牧人群的政权，于是从这里发展起来，继而成长为统治全中国的边疆王朝(第78页)。我们看到，巴菲尔德在出版于1989年的《危险的边疆：游牧帝国与中国》中，用几乎整本书的篇幅来加以精彩论述的核心观念，即“满洲边缘地界”是中国大多数边疆王朝的真正摇篮，就脱胎于拉铁摩尔自谓“我相信还没有人指出过的”最早、但很简略的表述。

顺便说说，在巴菲尔德的分析框架里，蒙古王朝的兴起看来变成了一个“独一无二”的例外，因为它的起源地显然不属于“满洲边缘地界”，而是完全的草原地带②。他像拉铁摩尔一样，认为纯粹的游牧人无意于直接统

---

① J. Janhunen，Manchuria，*An Ethnic History*，Helsinki，1996，pp. 3-11.

② ［美］巴菲尔德：《危险的边疆：游牧帝国与中国》，袁剑译，293页，南京，江苏人民出版社，2011。

治汉地人口及其社会，而更愿意采取通过战争和战争威胁的“外部边界战略”，榨取其所需的中原资源，同时不丧失其机动性①。拉铁摩尔或许也曾感到过同样性质的解释困难，因此他宁可说，成吉思汗原本“不是大草原的人，而是草原边缘的人”，不过“从小就被逐到草原”上而已。“当他返回到草原边缘时，有许多混合文化的下属，可以引导他从事新的征服，并在征服后立即将那里组织起来”(第349页)。也有些学者，从分析蒙古社会文化中的森林狩猎人因素出发，强调在其中显示出来的混合文化属性。但是这样的混合成分，究竟是被完全的游牧方式在进化过程中所吸纳、并已转化为属于自身的某种有机组成部分，抑或它反映出蒙古人并不属于纯粹的游牧部落，而是出于游牧及森林狩猎部落之间的“边缘集团”？我以为前者可能更接近历史的实相。

拉铁摩尔其实没有必要采用将成吉思汗和蒙古部“边缘化”的解释策略。在蒙古人从草原深处迅速走上征服汉地农耕世界的道路之前，位于“满洲边缘地界”的契丹人和女真人已经这样做过了。在中亚东部的伊斯兰世界，原先游牧的突厥人也已经在他们以南的绿洲农业社会做过同样的事情。正像拉铁摩尔认识到的，蒙古人是在契丹、女真和突厥人的启发与协助下，才得以突破草原文化对其自身的限制的。就此而言之，蒙古人的成就，倒又不完全是一种“例外”了。

拉铁摩尔之前的中外历史学家们，恐怕还没有什么人从积极的意义上把长城边疆地区看作是中国历史的一个重要推动力。“边疆王朝”观念的提出，是他对中国史研究的一项具有开创性质的巨大贡献。到今天，我们应该是比过去更容易看清他的这个贡献的意义所在了。

八　书里的其他精湛见解

这是一本厚重的书。信手翻开它，拈过三五页，就会有随处散落的真知灼见跃入阅读者眼帘。例如，关于铜器对上古中国社会的主要影响，书

① ［美］巴菲尔德：《危险的边疆：游牧帝国与中国》，袁剑译，62—65页，南京，江苏人民出版社，2011。

里强调，农民没有铜器时代。因为“它并没有被制成工具以增加农业的产量”，而只用来制造武器、奢侈的装饰品及祭祀用品，作为武力和贵族价值的象征，以利于统治者增加其统治范围和效率(第 176 页)。我们知道，这个见解在后来有关商代青铜器的考古人类学研究中被大大地向前推进了。在肯定疑古派对古文献中记载的传说材料的质疑态度同时，该书指出，对这样的材料“仍可以用新方法”加以研究。它们“虽然不能用来证实历史事件，但它可以表现那时社会的观念，甚至是那些已无法复原其政治事件的社会的观念”(第 183 页)。这很接近于知识考古学的立场，它把有关传说的叙事看作一项“社会事实”，从中去发掘存在于叙事形成时期的那个社会的时代观念。关于中国从史前时代向文明的突破为什么发生在黄河流域，拉铁摩尔说，“第一个主要发展的地区并不是中国各区域中最富饶的地方，而是对文明初期发展阻力最小，并对最简陋的灌溉制度也能给以丰厚回报的地区”。北部中国在环境上的优良条件“显然能使人们优先进步到较大规模的经营经济、社会组织及政治统一”。由此造成华夏文明从南向北的扩张(第 24—26 页)。

拉铁摩尔不太准确地用“非封建主义”来界定孔子的政治主张，但他的下述判断仍然是很有眼力的：面对秦以帝国制度取代封建制，“孔子的信徒们在那个时候太习惯于理想的制度，以至当一个真实的新制度诞生时，他们却不能认识”(第 254 页)。不过他也没有因为秦立国的政策代表了一种“历史新趋势”便对它予以全盘肯定。他本能地不喜欢秦推行的“斩敌人的首级而获得奖赏的制度”，认为它是破坏“文雅”传统的“冷血政策”(第 255—256 页)。他可能不知道顾炎武在四百年前也说过类似的话：“终春秋二百四十二年，车战之时未有斩首至于累万者。车战废而首功兴矣”①。他更不会知道钱穆在差不多与他同时在西南联大的课堂上说的那些话。后者赞扬春秋时代的文化是发展到“极优美、极高尚、极细腻雅致”的古代贵族文化。而到战国时代，“浮现在上层政治的，只是些杀伐战争、诡谲欺骗、粗糙暴戾，代表堕落的贵族”②。他们的立场，与那些从线性进化的历史目的论出发，

① 《日知录》卷三。

② 钱穆：《国史大纲》上册，71—72 页，北京，商务印书馆，1994。

完全摈弃道德判断，而只是从抗拒或顺应历史运动方向的原则去解释人类行为，把道德上的善与政治实践中的成功以及胜利混为一谈，并对赤裸裸地宣扬邪恶的法家学说赞不绝口的庸俗见解相比，不知道要高明多少倍。拉铁摩尔对儒家理念与它的制度实践之间严重脱节的评论也入木三分。他说，儒学的道德标准“在事实上的表现是几个模范官员两袖清风地退职，而大多数人却在告老时宦囊中饱”（第120页）。被垄断的“‘文化’成为一种最腐败（尤以贪污舞弊为盛），同时又最雍容多礼、知识高深（在某些方面）的特殊阶级的专利品”（第32页）。他没有来得及看到的是，“文化”不幸还可以在“革命”名义下进一步堕落到“雍容多礼、知识高深”扫地以尽的地步，而只剩下“腐败”肆行，其不坏几如金刚之身。

用“绿洲”特征来突显出不同地貌背景中的不同人群可能具有的生存状态类似性，这是需要丰富的想象力才能完成的一种逻辑运算。好像是沿着同一思考路径，弗拉艾进而把这一特征归结为整个中亚历史的属性。他写道，从近东的伊朗直到中国甘肃省的历史，“基本上是一部大大小小的绿洲的历史。甚至像费尔干纳和伊犁河谷这样的盆地，也可以被描述为特别巨大的绿洲，尽管二者的边界都由山脉、而不是荒漠所构成”。他强调说，“无论如何，生活在一个绿洲里的感觉对所有的人都是一样的。可耕地的开辟基本是灌溉的结果。从发育于冰川的河水引流的沟渠，使中亚的大量人口能通过一直逼近到周围高山和沙漠之边的农耕，而生存下来并且取得繁荣”①。

不过“内亚边疆”作者观察南疆绿洲社会的特征，有一个稍微不同的关注点。他从对绿洲感知的共同性中发现的，不是绿洲地区作为一个统一的政治共同体由以生成的可能前景，而是它们“都很相似，却仍然彼此分离”。虽然每一个较大的绿洲与它背后山坡台地上的微型绿洲群之间存在着一定程度的物资交换关系，但主要各“绿洲间没有任何贸易的需要。因为这个原因，这些绿洲居民在族裔、语言、文化上虽是一体，彼此却完全漠不相关。……某个绿洲中所产生的剩余人口、粮食、器具及财富使它偶

① Richard N. Frye, *The Heritage of Central Asia: Asia from Antiquity to the Turkish Expansion*, Princeton, NJ: Markus Wiener Publishers, 1996, p. 13.

尔可以攻击并占领一两个其他的绿洲，但没有任何机制可以把它们结合起来”。基于绿洲社会像“原子”一样的同一性，从他们内部“很难建立起一个金字塔式的政治统一体”。因此，“对绿洲的有效的贸易和有效的征服。只能来自绿洲以外的中国或草原的势力”(第110－111、321页)。本书对冰川河流下游的大绿洲及其中游台地上小绿洲之间的经济联系，以及大型绿洲之间互相孤立的粗线条分析，在后来保柳睦美的著作里，获得了进一步的肯定①。

关于对“丝绸之路”上商业规模的估计，拉铁摩尔很冷静地指出，“除了可以承受高价运输的奢侈品外”，绿洲地区没有和中国贸易的必要；而中国以外地区虽然需要丝绸，“但国内并没有增加出口的必要。因此，贸易多半是在中亚商队商人及中间商人的手里。也许丝绸的输出是由赏赐及补贴开始的，丝绸成了奢侈价格的标准，小国君主接受的这种赏赐、补贴太多，便把它们卖到更远的地方去”(第314页)。不久前出版的《丝路新史》一书，利用晚近发现和获得解读的大量考古及古文书材料，对丝绸之路在它繁荣时期的商业规模进行了十分具体翔实的实证性论述。它指出，在丝路上各绿洲社会内，市场虽然存在，但很有限。流通于其中的绝大部分商品是当地货物，而不是外来产品。大部分商队只活动在从自己所在的绿洲到下一个绿洲之间大约五百公里的范围。这些市场的供给者只是那些以10到20头驮畜组成的小商队。“拥有数百头驮畜的长途商队在各种历史记录中都很少提及，一般只见于国家间使团互访之时”。只有在755年之前的唐鼎盛时期，我们才看到，为供给西域驻军而从中原向今新疆的大量财富转运，给丝路各绿洲带来高度的经济繁荣，包括货币经济形式在内。按上引著作的看法，唐以后丝绸之路上的商业主角，转变为零售或沿街叫卖的商贩②。这些结论没有推翻而只是让人感觉更信服地落实了拉铁摩尔见解的基本面。

---

① ［日］保柳睦美，シルク・ロド地帯の自然の変迁，28－29页，东京都，古今书院，1976。

② Valerie Hansen, *Silk Road: A New History*, Oxford: Oxford University Press Inc., 2012, pp. 237、106-107、10.

蒙古高原的游牧人群是“内亚边疆”一书最关注的对象。它力图在一个比较复杂的互动结构中去展示“游牧生活不可能完全自给自足或独立”的属性。在和平的游牧环境中，“牲畜的过剩会多到没有意义。……在这种情况下，伟大的领袖就要利用他部下的机动性，趁中国衰落的时候侵略中国，或是在中国强盛的时候进行贸易”。任何在游牧社会里因消费不完而积聚起来的剩余物资，诸如牲畜、毛、皮之类，都可以用于和农业社会交易。同时，在农业地区的边缘地带生产的粮食，运到草原比运到汉地中心区域更便宜，所以能以较大的利润出售到游牧区。另外，促成没有内部贸易的经济必要性的草原社会去追求对外贸易的主要动力，不完全是经济性质的。“草原社会里必需品分配的普及性，造成了必须用来自这个社会以外的奢侈品来区分贵族与平民、统治者与被统治者”(第211、47、45页)。

有时候，作者考虑问题的角度是非常独特的。例如，他写道：虽然在牧民最难熬的初春季节，干草对越冬后体质特别虚弱、又要生产幼仔的牲畜具有特别的价值，但“储草的方法却没有普遍而持久地实行过”。这是因为移动权比固定的居住权对牧民远为重要，因此游牧社会拒绝私有地产概念的发生发展。而“在牧场割草，会引起确定牧场所有权及限制迁徙等问题”。同样的理由也被用来解释下面的问题，即在有些大的草原，为什么“即使在好的季节也没有放牧的牲畜”？“因为这里需要较深较昂贵的井。在可以很容易挖井，任何人都可以用水的地方，可以根据需要去掘浅井，不会有什么问题。但是很深的井具有特殊的价值，也就有了固定的所有权，而固定的所有权并不符合社会的一般利益”(第44—45页)。不论这些几乎全然出自丰富的现场经验的“人类学”解释在今日是否需要修正，在读到它们的时候，我们仍然会情不自禁地感受到由含蕴其中的机智所传达的冲击力。

本书提出，藏传佛教给予蒙古游牧社会的影响中，有一项很少被人意识到。是即“召庙的不动产强化了为各旗及其首领划分疆界的稳定政策，打倒了作为草原游牧经济传统的移动性”(第61页)。这一点在漠南的内蒙古草原不容易很清楚地显现出来；因为正如拉铁摩尔所说，“俺答汗是一位筑城的王公。他所统治的土地不在草原的中心，它的经济形式是混合的"(第54页)。近来日本学者有关清代库伦兴起的历史研究，证实库伦的城市化与哲布尊丹巴呼图克图的驻锡召庙从流动到固定(1778)的曲折过程紧密相关。召庙的固定不但导致了作为长距离交易商业中心的"买卖城"在库伦以东约十里处的建立，而且还形成一批在库伦和买卖城之间从事批零转卖的小商贩("塔木诺尔臣")。随之也就发生"民人"(即汉人)进入库伦城内违法居住日益增多、屡禁不止的现象。道光末，召庙从其定驻点移往别处(1839)，长期没有解决的库伦城内蒙汉违禁混居的问题不了了之。1855年，召庙再度移回原地。为继续推行蒙汉分离的统治政策，混住在旧库伦城内的汉族商民几经周折，最终被完全迁出来。于是在库伦的东西分别形成两个称为"塔木诺尔臣"的商民居住区，分别叫"东营子"和"西库伦"①。由此可见，拉铁摩尔关于召庙对于城市在蒙古游牧社会中的产生所起到的促进作用的直感，是非常敏锐、富于创意的。

九 对边缘人群的同情敬重

1975年，在为纽约AMS出版公司重印他的第一部学术性著作《满洲：冲突的摇篮》修订版所写的导言里，拉铁摩尔坦率地承认，他在写这本书的时候，曾受到斯宾格勒"带有一点不祥预言倾向"的影响。"不过如果不是因为我的妻子，这种影响还会更严重。她不断对我说，不要太多地依赖于某种属于别人的思想。因为我已经表明我能够进行自己的思考，并且有时候它还不错。为什么就不能让它展开来呢？她还很真诚而慷慨地补充说，斯宾格勒也许从未听说过满洲之地，而我在那时已经比任何一个其他西方人都更了解满洲了"。这虽然是一段事后的追述，但我相信，它仍在一定程度上反映出拉铁摩尔的一个信念，即信任经验和自己的感觉，比追随任何一种理论都更加要紧。因此，即使是在真正奠定他作为一名学者、而不仅是旅行纪作家地位的"内亚边疆"这本书里，我们也读不到甚至只是中等篇幅的理论性阐述。他主要是凭丰富的经验、敏锐的眼光与感觉来获

① ［日］佐藤宪行：清代ハルハ・モングルの都市に関する研究，10—26、332—333页，东京都，学術出版会，2009。

取、组织和表达他对事实的洞见。

不过除此之外，拉铁摩尔对于我们今日所处认知环境的另一项弥足珍贵的启示，是他在观察分析变动中的历史与现实形势时最念兹在兹的那种对受到不公正对待的边缘社会和其他类型弱者的理解的同情与敬重之心。他声称“中国一定可以收复东北”(第 93 页)，所表达的也可能主要还是反对德、意、日的同盟国立场。但是，当他批评列强在“各种约定条件”下豁免庚子赔款是“对中国事务的一种随意控制”时，当他满不以为然地写出下面这样的话时，确实没有人再能否认他是在为被欺负的中国伸张正义了：“豁免赔款的各国无疑认为他们做的是‘对中国再好没有的事情’，不过这只是从外国人观点看来再好没有而已。毫不奇怪，中国人对此绝不会带着同样满足的热情而感觉兴高采烈”①。

遵循与此相同的观照角度，上古中国夷夏关系中的另一个层面也得以更清楚地再现出来。他尖锐地指出，“中国古代及现代历史家们”有关历史上的汉族只在抵御侵略和保卫自己文化时才从事战争、华夏与戎狄的战争都起因于戎狄攻击的见解，传达给读者的只是一种“肤浅的印象”。作者举出的最令人信服的例证是，伊水上游的河谷在公元前 5 至 4 世纪被来自北方和西北的戎人占据了，但这些部落恰恰是由于秦和晋从两个方向上的领土扩张而被排挤出他们位于今陕西东北部的原居地的。他们之所以侵入东迁后的周室，“是因为他们被迫从秦、晋之间退出来，而并非因为他们是单纯的侵略性游牧民族”。这是一种“退却的侵略”；“事实上是被迫把较好的土地让给一部分汉族，而向另一部分汉族取得较贫瘠的土地”(第 221—232 页)。拉铁摩尔因此同意马伯乐的见解，以为北狄“在人种学上和中国北部居民是同一民族，他们是被在中国北部进步到较高农业经济的中国人排斥出来的”(第 38 页)。此一“排斥”包含两种不同过程。一方面是把“一个一个的少数民族部落……合并到逐渐扩大的汉族中来”(第 178 页)——这种同化过程当然不可能是完全和平、非暴力、无压迫性的。另一个方面就是把未能被同化的各种非华夏人群边缘化，即从原先由它们与华夏共同享有

① Manchuria，*Cradle of Conflict*，New York：Macmillan Company，1932，2nd edit.，revised，1935，p. 278.

的华北核心地区逐渐驱赶出去，最终在华北形成“内夏而外夷”的空间分布格局。如果有人对上述空间格局的产生过程所内含的不公正毫无意识，那就只能认为，他们是受了至今弥漫于汉族社会的族裔中心论和“物竞天择”的社会进化论思想太过分的影响。

在这个意义上，甚至长城也不能再理解为是汉族农业社会保卫自身安全的纯粹防御性建筑。用类似“圈地”的方式把被排挤出宜农地区的边缘人群阻隔在外，至少是最初修建长城的动机之一。

由此可以得出以下两个结论：“第一，虽然文献记载的目的是强调汉族在自卫，但对具体的攻击、征伐及扩张的记载中，却表现出汉族主动侵略的时候比他们自卫的时候要多。第二，在这个时期，汉族所统治的土地无疑是在增加。这个过程是与中国‘封建列国’间均势的时常变迁并行的。称霸的国家就是对少数民族战争最多、掠地最广的国家。”（第 223 页）由此还可以看到，“胜利者”书写的代表了支配者言说的历史是如何靠不住：“一个自命为文明的民族，虽然事实上是在侵略一个落后的民族，但仍说自己不过是‘巩固自身的地位’。另外，尽管少数民族实际上是在自卫，但其战争的方式却是突袭，于是常常被编年史记载为‘攻击’，使优越民族进一步声张自己的权势变得合理合法。”（第 225 页）

对 20 世纪蒙古民族主义的同情，充斥于本书和作者其他著述内相关篇章的字里行间。有很多原因共同导致了蒙古社会在近现代的衰落。清政府实行的旗地划分政策，把蒙古各部变成了“游牧附庸”。它不但减少游牧人移动循环的规模，“而代之以比较严格的土地制度”，因而非但有效地阻止了各部间的联合，更以严重违背蒙古社会传统的方式，把蒙古土地在事实上变成了蒙古王公和藏传佛教高级僧侣们个人所拥有的财产。蒙古的对内和对外贸易逐渐被来自汉地的商人们垄断。这种垄断得到蒙古本土上述两种统治势力的支持与协助。蒙古王公通过对其部属的控制阻碍了蒙古商人阶级的兴起，同时充当汉商保护人，并进而通过向汉商投资和合伙经营来分享汉商的贸易利润。此外，早在旗地正式开放之前，他们就开始以牺牲蒙古游牧人利益为代价，把土地出让给汉族移民耕种。蒙古社会里的藏传佛教教团使将近一半的当地男子成为僧人。召庙非但参加到与汉商分取商业利润的活动中去，他们掌握的不动产也加强了在各旗及其首领之间分疆划界的趋势。与王公贵族和高级喇嘛“对社会的功用越来越少，而其所积累的财富却越来越多”相对应，游牧经济中的直接劳动者在丧失游牧经济若干利益的同时，“却没有丧失他们理论上的游牧民族的义务和职责”(第 51—59 页)①。

尽管如此，直到 19 世纪末期之前，“穷蒙古人总要比穷汉人多少吃得好，穿得好，住得好”(第 60 页)。在这之后，又有三样新因素的加入，使蒙古人的境遇变得越发糟糕。铁路这种在“整个中国体制中还没有过的经济与政治力量的新产物”深入蒙古(在满洲发生的情况也与此类似)，完全改变了生产于边疆的谷物产品去向。此前在边缘的农业地带生产出来的粮食，运往草原的成本低于运往汉地；另外游牧人对粮食补给的需求有限，也限制了粮食生产规模的肆意扩大。因此这可以说是一种有利于游牧社会的生产活动。铁道运输的出现整个地改变了谷物运输的方向，因为现在卖往汉地市场变得更有利可图了(第 89、211、62 页)。于是接着就产生了第二项新危机，即汉地贸易经济控制蒙古经济的现象，在 20 世纪转变为由大量农业移民而导致的“汉地农业经济代替蒙古游牧经济”的局面(第 61 页)。此外，自 1928 年以后，国民政府实质上改变了孙中山关于五族共和的民族主义政策，转而利用铁道和火器，对蒙古民族实施一种被拉铁摩尔称为“次帝国主义”或者“亚帝国主义”的统治路线。他在蒙古地区的具体做法之一，是“以没收土地的方式加强对蒙古人的压迫”(第 63、91 页)。当然，他也没有忘记立即补充，他并不是想使人把整个中国误解为是帝国主义。其实只有几个中国阶级是如此，他们的权益与整个国家利益并不一致(第 133 页，见注 67)。

所以，在现代蒙古问题上，拉铁摩尔其实是站在越来越沉重地遭受无情剥夺的蒙古普通民众一边的。他不满意蒙古王公和高级僧侣忽视本民族的根本利益，与汉商合谋压榨一般蒙古部众，变成接受政府补贴的国家政策的工具。他用事实揭示出汉商对蒙古大众骇人听闻的巧取豪夺。1911 年，清代外蒙古诸部积欠于汉商的全部债款约一千五百万两白银，平均每

① 并参见 James Cotton，Owen Lattimore and Chinese Frontiers，in D. S. Goodman edt.，*China And The West*：*Ideas and Activists*，Manchester & NY：Manchester University Press，1990，p. 152.

户牧民欠债五百两。归化一家著名商号“大盛魁”，每年收取的蒙人债务利息达七万匹马和五十万只羊。他用几乎像是在控诉的语调写道：“事实上，整个旗(部落土地单位)的总债务会成为一笔转账，商人可以因此逐年把全旗剩余的产品完全拿走，另以高价换给蒙古人以刚刚够用的衣料、用具、商品和冬季需要的谷类和面粉，使这个社会能够生存下去。这一笔复利账因利息过高而逐年增加，变成商人在这个社会中的合法地位与权利的象征。保留蒙古人的债务极为重要，即使一个旗愿意完全把债务偿清，汉商也不愿意收，而情愿把债款留在那里。利息有时高达百分之五百。”(第 59 页)

他拿这些实地感受以及其他源于间接渠道的闻见，与缺乏真正透明性、有限而并不完全准确的当日苏联的有关信息进行对照。正因为太轻信那些半真半假、半遮半掩的不实报道，拉铁摩尔才会对苏联的民族政策予以非常积极的认可。与罗曼·罗兰、萨特等访问过苏联、并且对那里的异常情况有所意识，却终身对此缄口不言的西方知识分子相比，他完全有权利获得今人更多的理解。

对于清代外蒙古从中国脱离出去、独立建国的问题，拉铁摩尔的分析也值得引起我们的思考。他在为一本出版于 1949 年的专著《外蒙古及其国际地位》所写的“导论”里指出，概括地说起来，沙俄的蒙古政策是维持蒙古作为俄、日势力范围之间缓冲地的地位；而有关苏联政策最清楚的迹象，也是指向把蒙古当作缓冲地来处理的。甚至早在 1911 年之前，从清代外蒙古人自己的观点来说，他们面临的最急迫的威胁，并不是遭受代表着某个外国政府的少数外国人的“殖民”统治，而是那里的最好土地被来自汉地的定居农民实施在最真确意义上“殖民”的危险。他们将不是被臣服，而是被替代。他们的命运将不像印度，而更像是美洲印第安人①。毫无疑问，他是同情并支持这个民族主义运动的。

不过与此同时，他并没有忽略中国人的态度和感受，仍然对中国表达出充分的尊重。在发表于 1946 年《外交事务》杂志上的论文《外蒙古的状况》里，

---

① Owen Lattimore, *Studies In Frontiers History*: *Collected Papers 1928—1958*, London: Oxford University Press, 1962, p. 276.

他强调中国对当日蒙古人民共和国的承认具有重大的意义。这个承认的基础是在中方未出席的雅尔塔会议上奠定的。“我们不知道承认外蒙独立的压力是苏联施加的，或者是苏联的盟国为促使它参加对日战争，而把建议承认蒙古人民共和国作为一种交换条件提出来”。无论如何，蒋中正在1945年8月24日最高国防委员会和国民政府中央执行委员会联席会议上发表的讲话里，已经明确承认了这一事实。拉铁摩尔援引会议次日由中央新闻社在华盛顿发布的专号称，蒋中正宣布：本着中华民国自身的“革命诸原则”，必须“以果敢的决心，通过法定程序，承认外蒙古的独立”。不多几个月之后，在那里举行了由中国官方视察员出席见证的公民表决，一个新国家就这样最终确立了①。对蒋中正的这番话，或许会有一些当代中国人不予赞同；他预备通过这个决定的“法定程序”，后来或许也始终没有履行。一个最高当局者的承诺并没有真正代表他理应代表的、并必须通过法的形式予以确认的国家意志；但它却被国际社会视同那个国家的立场。这样的事情发生在中国现代史上绝非一次而已。无论如何，蒙古国作为今日中国的一个邻邦，已经是谁都不可改变、也不应当再想去加以改变的铁的现实。在这个问题上抱持任何一种与此不同的态度，除了严重损害两国间的友好关系以及中国自己的国际形象，是不会有什么其他结果的。

与以上讨论相关，我们可以从拉铁摩尔的思想遗产中获得的另一个启发，是他对同一个国家内部存在着诸多历史地形成的不同人群以及分别属于他们各自的历史居住地这一事实的高度重视和尊重。重视和尊重这样的事实，对他来说就意味着重视和尊重这些不同人群，尤其是其中人口较少的边缘人群在他们世代生活的那片历史家园里保存并继续发展属于自己的语言和其他文化传统的合法权利。今天，是不是承认在中国的版图之内还存在着诸多历史地形成的属于各不同民族或族群的家园，对于理顺汉族与其他各民族，乃至与生活在某些特别地区的人们之间的关系，很可能是一个具有关键意义的问题。

这里必须补充强调的是，对历史家园的承认，意味着我们要承认的，

① Owen Lattimore, *Studies In Frontiers History: Collected Papers 1928—1958*, London: Oxford University Press, 1962, pp. 266-277、260.

是某个特定人群在某个特定区域内可以行使的某些特定集体权利，但它是一种内生于国家宪法基本框架之下的集体权利，它不能违反宪法和国家的其他基本法律、制度和规定，不能否定生活在其中的该特定人群以及任何其他人群的任何成员作为一个国家公民所拥有全部个人权利和个人自由。人群的迁徙移居在任何地方都一向存在。中国很多的少数民族历史家园内的人口比例中，有相当大一部分是汉族及其他民族人口。他们之间的关系，只能是共生和互补的关系。不过我认为现在的关键，仍然在于我们究竟有没有这样一种心胸去面对如下事实：共生互补本是可以适用于无关乎历史家园问题的任何一个地区内处理人与人之间相互关系的原则；但在那些特定地区，还须要承认其地方治理权能所具有的“非均衡性”特征，亦即承认它拥有为维护特定人群的集体权利所必需的溢出于相应层级一般地方政区治理范围的某些特殊权限。这种非均衡性是绝不可忽略的，因为我们必须实事求是地认识到，“国家可以用多种方式不必践踏个体公民权和政治权利就可系统地削弱少数民族的权力”①。

在结束全书时，作者提出，展开在本书中的研究，最终是为了“使我们能够积极参与促成我们这个时代的各种发展，而不只是消极地等待它们”。历史研究的性质决定了研究者必须眼望过去。但是因为历史研究者永远做不到、也根本不应该试图做到“价值中立”——超越被研究对象的价值观本身并不意味着研究者因此就能以“价值中立”自命——，他们心中所怀有的根本价值关怀，总是可以使他们所研究的过去能在与当下乃至将来之间的相互贯通中获得解读。历史学家绝无预言未来的能力。但是他们应该有参与和促成时代发展的积极性和责任感。或许这也是拉铁摩尔这部书之所以具有如许生命力的基本原因之一。

（作者为复旦大学历史地理研究中心教授）

① ［加拿大］威尔·金里卡：《少数的权利：民族主义、多元文化主义和公民》，邓红风译，251页，上海，上海译文出版社，2005。

美日返还琉球群岛和大东群岛施政权谈判进程中的钓鱼岛问题考①

崔修竹　崔　丕

今天，钓鱼岛问题已经成为深刻影响和制约中日关系发展方向的重要因素。中日关于钓鱼岛主权归属问题的争端，其形成与美日返还琉球群岛和大东群岛施政权谈判的进程具有不可分割的关系。自从2002年日本外务省解密中日邦交正常化谈判的历史档案以来，国际学术界就开始研究中日邦交正常化进程中的钓鱼岛问题。② 其后，伴随着美日两国政府陆续解密有关美日返还琉球群岛和大东群岛施政权谈判的历史档案，国际学术界开

---

① 本文是国家社会科学基金重点项目《美日返还琉球群岛和大东群岛施政权谈判与钓鱼岛归属问题研究》(14ASS006)的中期研究成果。1971年6月17日，美日两国在东京和华盛顿同时签署的《日本国与美利坚合众国关于琉球群岛和大东群岛的协定》(Agreement Between Japan and The United States of America Concerning The Ryukyu Islands and The Daito Islands)，通常简称为《美日返还冲绳协定》。本文在引用美日两国政府解密档案时，按照其原文的意义，分别使用"钓鱼岛"/"尖阁诸岛"；"琉球群岛"/"冲绳"这些地理名称。

② 这批解密档案包括1972年7月日本公明党委员长竹入义胜与周恩来总理的会谈记录和1972年9月中日邦交正常化谈判过程中日本外务大臣大平正芳、内阁总理大臣田中角荣与周恩来总理的会谈记录、《日中和平友好条约交涉》第一次会谈至第十六次会谈的记录(1978年7月21日—1978年8月11日)、《日中和平友好条约交涉》外长会谈的三次记录(1978年8月10日—8月12日)、《福田总理、邓副总理会谈记录》(1978年10月23日、10月25日)。主要的研究著作有：[日]石井明等：《记录与考证：日中国交正常化》，东京，岩波书店，2004；李恩民：《日中和平友好条约交涉的政治过程》，东京，御茶之水书房，2005；[日]井上正也：《日中国交正常化的政治史》，名古屋，名古屋大学出版会，2010；[日]矢吹晋：《尖阁问题的核心》，东京，花传社，2013。

始关注美日返还琉球群岛和大东群岛施政权谈判进程中的钓鱼岛问题。①但是，无论是在完整地利用美日两国政府解密档案的程度方面还是在历史认识方面，仍然存在着诸多值得继续深入探讨之处。本文拟在对美日两国政府解密档案进行互证研究的基础上，重点探讨以下三个问题：在美日返还琉球群岛和大东群岛施政权谈判初期，美日两国政府究竟是怎样确定对钓鱼岛问题的基本政策的？在美日两国政府代表开始具体讨论有关返还区域的法律文件形式时，美日双方的谈判策略究竟出现了哪些重要的变化？在美日返还琉球群岛和大东群岛施政权谈判的整个过程中，美国政府究竟是怎样处理日本政府与台湾当局之间关于钓鱼岛归属之争的？从而阐明美日返还琉球群岛

① 美国政府解密的有关档案，集中收录在日本学者石井修等监修的《美国对日政策文件集》(*Documents on United States Policy Toward Japan*)第15期、16期、17期、18期、19期、22期、23期、24期各卷当中，东京，柏书房，2004—2009。该文献集是日本学者整理的美国政府解密档案文献集。除《解题》以外，凡是收录的文献一律按照美国政府解密档案的原文格式编辑和印刷出版。日本政府解密的有关档案，主要收录在日本外务省外交史料馆2010年公开的0600-2010-00029卷宗当中。在美日两国政府的解密档案问世以前，国际学术界的研究论著几乎没有关注美日返还琉球群岛和大东群岛施政权谈判中的钓鱼岛问题。参见[日]井上清：《钓鱼岛：历史与主权》，贾俊琪、于伟译，北京，中国社会科学出版社，1997；[日]河野康子：《返还冲绳的政治与外交》，东京，东京大学出版会，1994；[日]宫里政玄：《日美关系与冲绳1945—1972》，东京，岩波书店，2000；我部政明：《何谓返还冲绳》，东京，日本广播协会，2000；[日]原贵美惠：《旧金山和平条约的盲点——亚洲太平洋地域的冷战与战后未解决的诸问题》，广岛，溪水社，2005；[美]迈克尔·沙勒：《被改变的国家：自占领以来的美国与日本》(Michael Schaller, *Altered States: The United States and Japan since the Occupation*)，牛津，牛津大学出版社，1997；[日]原贵美惠：《亚洲太平洋的冷战边疆：旧金山体系中被分割的领土》(Kimie Hara, *Cold War Frontiers in the Asia-Pacific : Divided Territories in the San Francisco System*)，伦敦/纽约，罗特里奇·泰勒/弗朗西斯集团，2007。美日两国政府有关档案解密以后的最新研究著作，参见[美]罗伯特·D. 艾尔德里奇：《美国对中国东海岛屿争端政策的起源：返还冲绳与尖阁诸岛》(Robert D. Eldridge, *The Origins of U. S. Policy in The East China Sea Islands Dispute : Okinawa's Reversion and The Senkaku Islands*)，伦敦，罗德里奇出版社，2014；[日]中岛琢磨：《返还冲绳与日美安保体制》，名古屋，名古屋大学出版会，2012；[日]矢吹晋：《尖阁冲突始于返还冲绳：作为日美中三角关系顶点的尖阁》，东京，花传社，2013。有关中国学者的研究，参见：张植荣、蒋苏晋：《美国与中日钓鱼台列屿争端》，载《中国边疆史地研究》，2002(3)；郭永虎：《关于中日钓鱼岛争端中“美国因素”的历史考察》，载《中国边疆史地研究》，2005(4)；刘江永：《论中日钓鱼岛主权争议问题》，载《太平洋学报》，2011，19(3)；郭永虎：《尼克松政府对中国钓鱼岛政策初探》，载《当代中国史研究》，2012(2)。

和大东群岛施政权谈判进程中钓鱼岛问题的发展态势及其深刻影响。

一 美日两国政府确定对钓鱼岛问题的基本政策

美日两国政府对钓鱼岛问题的基本政策是与美日关系中的"冲绳问题"联系在一起的。第二次世界大战结束以后，在对日本的战后处理过程中，美国政府始终坚持对琉球群岛进行"战略托管"。根据1951年9月签署的《旧金山对日和约》第三条规定，美国政府获得了对北纬29度以南"西南诸岛"(含琉球群岛和大东群岛)的施政权①。1953年12月25日，美国琉球

---

① 在《旧金山对日和约》的起草过程中，直到1951年6月末，美国参谋长联席会议始终主张将"北纬29度以南的琉球群岛、孀妇岩以南的南方群岛(包括小笠原群岛、西之鸟岛以及火山列岛)、冲之鸟岛以及南鸟岛"作为美国的"战略托管"区域。1951年4月4日，日本外务省次官井口贞夫向盟军统帅部美国政治顾问西伯尔德提议：用"北纬29度以南的西南诸岛"替代《对日和约草案》第三条中的"北纬29度以南的琉球群岛"这一表述。因为"奄美大岛不属于琉球群岛，而是属于萨南群岛"，"西南诸岛包含萨南群岛和琉球群岛，即位于九州和台湾之间的所有岛屿"。1951年7月12日，井口贞夫和条约局局长西村熊雄在获得吉田茂首相的同意后向美国政府提出"意见书"，要求以"西南诸岛"这一地名替代"琉球群岛"，对日媾和特使杜勒斯表示同意。1951年7月18日，美国国务院电令各驻外使馆通知所在国政府，在《对日和约草案》第三条中以"北纬29度以南的西南诸岛(包括琉球群岛和大东群岛)"替代"北纬29度以南的琉球群岛"之表述。1951年6月27日，杜勒斯特使提出"潜在主权"这一概念。7月2日，同意日本政府公开说明在签署《旧金山对日和约》以后日本对该条约第三条地域拥有"潜在主权"。《国防部部长致国务卿》(*The Secretary of Defense to the Secretary of State*)，1951年6月28日。美国国务院编：《美国对外关系文件》(Department of State eds.，*Foreign Relations of the United States*)，1951年第6卷，1155—1159页，华盛顿，政府印刷局，1977。《盟军统帅部美国政治顾问(西伯尔德)致国务卿电》(*The United States Political Adviser to SCAP (Sebald) to the Secretary of State*)，1951年4月4日，《美国对外关系文件》，1951年第6卷，960—961页。《盟军统帅部美国政治顾问致国务卿(杜勒斯)电》(*The United States Political Advisor to SCAP to the Secretary of State(Dulles)*)，1951年7月15日。《美国对外关系文件》，1951年第6卷，1196—1198页。《国务卿致驻外使节电》(*The Secretary of State to Certain Diplomatic offices*)，1951年7月18日。《美国对外关系文件》，1951年第6卷，1199—1200页。《关于琉球问题顾问致杜勒斯特使的备忘录》(*Memorandum Re Ryukyu by the Consultant to the Secretary Dulles*)，1951年6月27日。《美国对外关系文件》，1951年第6卷，1152页。《西伯尔德(艾里逊)致国务卿(杜勒斯)电》(*Telegram No.14，from Sebald (Allison) to the Secretary of State (for Dulles)*)，1951年7月2日。《美国对外关系文件》，1951年第6卷，1173页。

民政府发布第27号公告，首次以经纬度线的方式标示琉球群岛的地理界线，并将钓鱼岛纳入琉球群岛的范围①。1957年6月5日，艾森豪威尔总统颁布第10713号政令，将钓鱼岛纳入美国琉球民政府的施政权之下②。在整个20世纪50年代，美国政府首先将返还冲绳施政权与日本重整军备问题直接联系起来。当日本鸠山一郎内阁推行“自主重整军备”政策，试图以此推动美国政府调整对冲绳政策并改善与苏联的关系时，美国政府又将冲绳问题与千岛群岛问题直接联系起来，防止日本在千岛群岛问题上向苏联妥协。20世纪60年代，美国政府开始将冲绳问题与日本在亚洲太平洋地区发挥更大作用的问题联系起来。日本经济的高速增长和日本政府保持与美国的战略协调，促成了美国政府对冲绳政策的转变。1967年11月，美日首脑会谈确定在未来“两三年内”返还冲绳施政权。1969年11月21日，美国尼克松总统和日本佐藤荣作总理大臣发表《美日首脑联合声明》，

---

① 经纬度线如下：北纬28度、东经124度40分；北纬24度、东经122度；北纬24度、东经133度；北纬27度、东经131度50分；北纬27度、东经128度18分；北纬28度、东经128度18分；北纬28度、东经124度40分。美国中央情报局：《尖阁诸岛争端：在麻烦水域的石油》(CIA / BGI GR71-9，Intelligence Report ：*The Senkaku Islands Dispute ：Oil Under Troubled Waters ?*)，1971年5月，附件1：《琉球群岛的地理界线》。[美]数字国家安全档案：《日本与美国：外交、防务与经济关系》(Digital National Security Archive，*Japan and The United States：Diplomatic，Security，and Economic Relations*，ProQuest LLC. 2013)，第3编，1961—2000 ，第00105号文件。另见：《布朗致约翰逊大使：关于尖阁岛地位的大事年表》(*Winthrop G. Brown to Ambassador Johnson，Chronology of Events Relating to Status of the Senkaku Islands*)，1971年6月7日。《美国对日政策文件集》，第19期第9卷，171－172页，东京，柏书房，2006。在美国琉球民政府第27号公告以前，美国国家安全委员会讨论《旧金山对日和约》第三条地域时使用的地图中并不包含钓鱼岛。见《对日和约第三条中的岛屿》(*The Japanese Treaty Islands*)，1953年6月15日。《解密档案参考系统》(*Declassified Documents Reference System*，*Gale* 2013)，CK3100132280。

② 美国中央情报局：《尖阁诸岛争端：在麻烦水域的石油》(CIA / BGI GR 71-9，Intelligence Report ：The Senkaku Islands Dispute ：Oil Under Troubled Waters)，1971年5月。《日本与美国：外交、防务与经济关系》，第3编，第00105号文件。美国政府测定的钓鱼岛诸岛屿的经纬度如下：钓鱼岛：北纬25度、东经123度32分；北小岛：北纬25度45分、东经123度35分；南小岛：北纬25度44分、东经123度36分；黄尾礁：北纬25度55分、东经123度40分；赤尾礁：北纬25度、东经124度34分。该文件同时列出上述岛屿的中文名称和日文名称。“黄尾礁”“赤尾礁”系原文标注的中文名称。

约定按照"撤除核武器、冲绳基地与日本本土基地相同、1972 年内返还施政权"的原则，处理冲绳问题①。美日两国政府关于钓鱼岛问题的基本政策，就是在返还琉球群岛和大东群岛施政权谈判过程中确立下来的。

从 1970 年 2 月起，日本内阁总理府与外务省开始讨论返还谈判的具体事项及其对策，决定"在佐藤、尼克松会谈中达成谅解的返还施政大纲的框架内(撤除核武器、冲绳基地与本土基地相同、1972 年内返还施政权)，尽可能缔结简洁的施政权返还协定。以此作为基本方针，进行外交谈判。"②1970 年 5 月 6 日，美国局北美第一课提议："鉴于返还协定必须经过美日两国国会的审议和批准，返还协定本身应当尽可能简明扼要，详细的协商事宜应当通过附属议定书或换文的方式来处理。"③1970 年 5 月 12 日，外务省美国局提出：在当前阶段，应当首先与美国方面讨论"冲绳居民的请求权处理方式问题、关于驻日美军地位协定以外的各种设施的规定问题、美国在冲绳资产的处理问题、在冲绳的美资企业以及自由业者的权益问题"④。1970 年 8 月 12 日，外务省美国局北美第一课长提出了"美日返还冲绳交涉的主要问题点例示"，概括了应当列入《美日返还冲绳协定》的事项，具体内容如下。(一)前言——协定的主旨；(二)美国方面放弃的权利与利益，包括地域方面的规定；(三)日美两国之间诸条约协定的适用范围；(四)根据地位协定提供的设施和区域；(五)美国之音：仅限于承认近乎于现状的活动；(六)关于经济和财政方面的原则规定：包括货币兑换、财政转换、返还日本国有资产、美国资产的处理、琉球政府财产处理、邮政金融结算；(七)其他：包括请求权，美国军政府、美国民政府、琉球政府

① 崔丕：《冷战时期美日关系史研究》，第三章《美国对日本南方领土与北方领土的政策》、第七章《美国政府处理返还冲绳问题的思路与政策》，117－138、269－338 页，北京，中央编译出版社，2013。

② [日]总理府、外务省：《关于返还冲绳施政权与复归准备的推进方式》，昭和 45 年 2 月 21 日。[日]美国局：《冲绳问题(对美交涉主要事项及其基本方针)》，昭和 45 年 3 月 14 日。东京，日本外务省外交史料馆，0600-2010-00029。

③ [日]美国局北美第一课(佐藤)：《推进对美交涉返还冲绳的方式(草案)》，昭和 45 年 5 月 6 日。日本外务省外交史料馆，0600-2010-00029。

④ [日]外务省美国局：《当前返还冲绳的主要问题》，昭和 45 年 5 月 12 日。日本外省外交史料馆，0600-2010-00029。

的各种法令的效力及其处理方式，民事和刑事审判，协定生效时间。此外，美日之间预定签署谅解议定书的事项有：拟提供的设施和区域名称、用途；承认美国之音的各种条件；货币兑换；美国资产的处理；美国方面设置的电话网络的处理；琉球政府财政赤字的处理；美国以及其他国家在冲绳的外资企业及自由业者的处理；其他美国民间权益(学校、广播)的处理；各种转让事宜，美国琉球民政府的职能，航空、航海、气象业务；美军纪念碑以及墓地的处理；开设美国总领事馆①。在这里，我们可以清楚地看到，日本政府预定谈判的重点目标之一就是返还区域问题，涉及返还区域的具体事项将通过“附属议定书或换文”的方式来处理。

1970 年 4 月 6 日，美国国务院向美国驻日大使通报《美日返还琉球群岛和大东群岛协定草案》。关于返还区域，《草案》第一条第二段指出：“琉球群岛和大东群岛”是指“北纬 29 度以南包括冲绳和西南诸岛在内的所有岛屿以及这些岛屿的领水，根据 1953 年 12 月 24 日签署的《美日返还奄美大岛协定》，该协定所包括的岛屿以及领水不在其内”②。1970 年 4 月 7 日，美国国务院向驻日大使下达了关于返还冲绳谈判的指令文件。该指令规定，美国对日谈判的目标是：保持冲绳基地美军最大限度的灵活性、有序转让冲绳行政管辖权、最大限度保证美国的经济和财政利益、保证美国商人的前途和其他在冲绳的美国私人利益、保证公众对美军继续存在的支持。此外，还应当谈判与返还施政权有关的“特殊协定”。包括：地位协定、日本对冲绳的防卫责任、移交民政权利、经济和财政协定、美国之音中转站③。从美国政府的返还琉球群岛和大东群岛施政权谈判方针来看，美国政府准备返还的区域就是《旧金山对日和约》第三条规定的区域，并没有明确提出钓鱼岛问题。

---

① ［日］北美第一课长：《返还冲绳交涉的问题点例示(未定稿)》，昭和 45 年 8 月 12 日；美国局长：《关于返还冲绳协定交涉的现状》，昭和 45 年 8 月 12 日，日本外务省外交史料馆，0600-2010-00029。

② 《国务卿致美国驻日大使电》(*The Secretary of State to Amembassy Tokyo*)，第 51281 号，1970 年 4 月 6 日。《美国对日政策文件集》，第 15 期第 7 卷，278 页，东京，柏书房，2004。

③ 《国务卿致美国驻日大使电》(*The Secretary of State to Amembassy Tokyo*)，第 51278 号，1970 年 4 月 7 日。《美国对日政策文件集》，第 15 期第 7 卷，288—294 页。

引发美日两国政府直接讨论钓鱼岛主权归属问题的事件是中国东海海域海底石油资源问题。1968 年，联合国亚洲远东经济委员会组织科学调查团对黄海和东海大陆架进行考察，确认该海域大陆架是世界上蕴藏石油最丰富的地区之一。同年末，日本政府请求美国琉球民政府“清除中国人在钓鱼岛活动的痕迹”。1969 年 5 月 9 日，琉球政府石垣市当局在钓鱼岛、黄尾屿、赤尾屿及南北小岛树立“主权碑”。1970 年 7 月 7—16 日，美国琉球民政府当局在钓鱼诸岛设立“禁止登陆警告牌”①。日本政府的这些活动，引起台湾当局的警觉。1970 年 7 月 17 日，台湾当局宣布对东海大陆架天然资源拥有“主权”。1970 年 7 月 28 日，台湾当局授予美国海湾石油公司在钓鱼岛海域勘探石油的特许权②。1970 年 8 月 10 日，日本外务大臣爱知揆一在日本参议院发言称：“尖阁诸岛属于西南诸岛，日本对该区域拥有潜在主权。”③从此，中日关于钓鱼岛主权归属问题的争端突显出来。

1970 年 8 月 11 日，美国国务院向美国驻台北“代表”发布指令，要求其按照该指令解释“西南诸岛”的定义。这是美国政府首次表达对钓鱼岛问题的

① 《布朗致约翰逊大使：关于尖阁诸岛地位的大事年表》(*Winthrop G. Brown to Ambassador Johnson, Chronology of Events Relating to Status of the Senkaku Islands*)，1971 年 6 月 7 日。《美国对日政策文件集》，第 19 期第 9 卷，172—173 页。1961 年，日本水产大学地质学教授新野弘与美国地质学家埃里默合作，提出了《中国东海及南海浅水区的沉积物》的报告，暗示上述海域可能蕴藏石油资源。1966 年，联合国亚洲远东经济委员会(ECAFE)设立“亚洲近海海底矿物资源共同调查委员会”(CCOP)，1966 年 10 月，日本加入“亚洲近海海底矿物资源共同调查委员会”。同年，由委员会组织科学调查团对中国东海和南海海域大陆架进行海底矿物调查。1967 年 6 月，新野弘与埃里默再次联名发表研究报告《朝鲜海峡及中国东海的地层与石油展望》，认为“东海属于世界上石油开发前景最好又未经勘探的地区之一”。关于钓鱼岛海域蕴藏海底石油资源的分布图，见《美国对日政策文件集》，第 19 期第 9 卷，155 页。

② 《布朗致约翰逊大使：关于钓鱼岛地位的大事年表》，1971 年 6 月 7 日。《美国对日政策文件集》，第 19 期第 9 卷，173 页。台湾当局与美国海湾石油公司缔结的合同期限为 7 年，投资总额为 5600 万美元。《国家安全委员会执行秘书艾利奥特致基辛格备忘录》(*Memorandum For Mr. Henry A. Kissinger The White House By Theodore L. Eliot, Jr. Executive Secretary*)，1970 年 12 月 14 日，附件。《美国对日政策文件集》，第 19 期第 9 卷，62—63 页。

③ 《布朗致约翰逊大使：关于尖阁诸岛地位的大事年表》，1971 年 6 月 7 日。《美国对日政策文件集》，第 19 期第 9 卷，173 页。

立场。该指令共计包括三项内容。首先，“日本政府尚未要求美国确认关于‘西南诸岛’一词的含义，如果日本提出要求，国务院的立场如下：用于对日和约第三条中的该词，当初的含义是包括尖阁诸岛。和约中的西南诸岛一词，是指第二次世界大战末期在日本统治下的北纬 29 度以南的所有岛屿，和约中对此并无其他表达”。其次，“根据该条约，美国政府将尖阁诸岛作为琉球群岛的一部分进行施政管辖，认为日本仍然拥有琉球群岛的潜在主权。美国对琉球群岛的施政权，预计将在 1972 年返还日本”。最后，“美国政府认为任何关于尖阁诸岛及其毗邻大陆架的争端应当由争端双方去解决”。① 8 月 19 日，美国国务院向美国驻日大使发布指令，除重申 1970 年 8 月 11 日国务院致美国驻台北“代表”指令的内容以外，还特别指出：“11 日指令的第三项内容，并不表示美国意在引起人们怀疑日本对这些岛屿的主权，而仅仅想要表明，一旦发生关于尖阁诸岛主权的争端，对日和约和返还协定都不应该成为争端的决定因素。争端应当由提出主权主张的当事者去解决，或通过第三方(例如国际法院)来裁决。”②显然，美国政府重新解释《旧金山对日和约》第三条的地域范围，使其立场具有双重特征：其一，决意将钓鱼岛的施政权返还给日本；其二，美国政府不介入有关钓鱼岛主权归属的争端。

1970 年 8 月 31 日，爱知大臣与美国驻日大使迈耶举行会谈。爱知大臣提出：“日本政府拟公开发表声明：尖阁诸岛是琉球的一部分，请求作为琉球群岛施政者的美国政府不予以反对。”③1970 年 9 月 8 日，外务省美

---

① 《国务卿致美国驻台北“大使”电》，第 129846 号，1970 年 8 月 11 日。《美国对日政策文件集》，第 19 期第 9 卷，8—9 页。

② 《约翰逊致美国驻日大使电》(*Johnson to Amembassy Tokyo*)，第 135439 号，1970 年 8 月 19 日。《美国对日政策文件集》，第 19 期第 9 卷，10—11 页。值得注意的是，1970 年 8 月 19 日，日本外务省美国局北美第一课课长千叶一夫与美国驻日大使迈耶会谈。千叶一夫介绍了日本外务省内部关于钓鱼岛问题的不同意见。其中，“条约局的法律专家认为，缺少足够的法律证据证明日本对尖阁诸岛的权利”。《美国驻日大使致国务卿电》(*Amembassy Tokyo to Secretary of State*)，第 6502 号，1970 年 8 月 19 日。《美国对日政策文件集》，第 15 期第 8 卷，319 页。美国国务院副国务卿约翰逊在复电中对此表示怀疑，认为“有可能是在大陆架问题上存在分歧。”《约翰逊致美国驻日大使电》(*Johnson to Amembassy Tokyo*)，1970 年 8 月 19 日。《美国对日政策文件集》，第 15 期第 8 卷，309 页。

③ 《美国驻日大使致国务卿电》(*Amembassy Tokyo to Secretary of State*)，第 4816 号，1970 年 9 月 2 日。《美国对日政策文件集》，第 15 期第 9 卷，14 页。

国局局长东乡文彦会见美国驻日公使斯奈德，东乡再次提出日本政府公开发表声明的问题：“尖阁诸岛是琉球的一部分，并将包括在返还琉球协定当中。”斯奈德根据美国政府的指令精神答曰：“美国政府不希望发表公开声明，也不希望卷入争端”。但是，美国政府愿意“通过国务院发言人答记者问的方式”表明其立场①。

1970 年 9 月 10 日，美国国务院对日提交《答记者问》的稿本。全文如下：“问：有报道说，作为琉球群岛的一部分，在现处于美国施政权下的尖阁诸岛上，竖起了‘中华民国’国旗。关于将来对尖阁诸岛的处理，美国将采取什么立场？答：根据对日和约第三条，美国对‘西南诸岛’拥有施政权。在该条约中使用的这一词语是指：第二次世界大战结束时在日本统治下的、并且在该条约中没有特别提及的、北纬 29 度以南的所有岛屿。在该条约中使用的这一词语，意为包括尖阁诸岛。根据该条约，美国政府对作为琉球群岛一部分的尖阁诸岛拥有施政权，但是认为日本保留对琉球群岛的潜在主权。按照 1969 年 11 月尼克松总统与佐藤荣作总理大臣达成的协议，琉球群岛的施政权将在 1972 年内返还日本。问：当发生尖阁诸岛主权归属问题的争端时，美国政府将采取何种立场？答：对于任何对立的要求，我们认为上述事项应当在当事者之间解决。”②

至此，美日两国政府对钓鱼岛问题的基本政策已经确立下来。从日本来说，日本政府谋求美国政府承认“尖阁诸岛是琉球群岛的一部分”，表面上是针对台湾当局，实则要求将其纳入美日返还琉球群岛和大东群岛施政权协定的范围，为日本政府实际控制钓鱼岛预作张本。从美国来说，美国政府重新界定《旧金山对日和约》第三条地域的范围，将《旧金山对日和约》

---

① 《美国驻日大使致国务卿电》(*Amembassy Tokyo to Secretary of State*)，第 7093 号，1970 年 9 月 9 日。《美国对日政策文件集》，第 15 期第 9 卷，22、23 页。

② 《国务卿致美国驻日大使电》(*The Secretary of State to Amembassy Tokyo*)，第 148490 号，1970 年 9 月 10 日。《美国对日政策文件集》，第 15 期第 9 卷，29－31 页。在该《答记者问》稿本中还包含一项预备方案，如果有记者提出“美国对钓鱼岛毗连的大陆架问题持何种立场”时，国务院发言人应当回答说“如果毗连的大陆架问题出现争端，该争端应当在争议双方之间解决”。如果没有记者提出这一问题，国务院发言人则不使用该预备方案。

第三条与美国琉球民政府第27号公告直接联系起来，既承认“尖阁诸岛是琉球群岛的一部分，属于未来返还施政权的范围”，又将施政权与主权归属相对分离，主张“有关主权问题的争端由争议双方谈判或提交国际法院仲裁”。美日两国政府对钓鱼岛问题的这种政策，不仅直接影响着美日两国政府关于返还区域的法律文件形式的磋商，而且直接影响着美国政府对中日关于钓鱼岛主权归属争端的政策走向。

二 美日两国政府关于返还区域法律文件形式的磋商

1970年8月31日，美国政府正式向日本政府提交《美日返还琉球群岛和大东群岛协定草案》。与1970年4月6日美国国务院向美国驻日大使馆通报的文本相比，在返还区域的界定方面，没有任何变化①。

1970年10月8日，日本政府提出《美日返还琉球群岛和大东群岛协定草案》。关于返还区域的界定问题，日本政府提出：美国政府应将《旧金山对日和约》第三条规定的地域返还日本；根据1953年12月24日签署《美日返还奄美大岛协定》和1968年4月5日签署的《美日返还小笠原群岛协定》，已经返还的地域不在其内。与美国政府提出的协定草案不同，日本政府还提出在返还协定第一条中增加“附件”(Annex)，并以经纬度线标示返还区域的具体范围。即北纬28度、东经124度40分；北纬24度、东经122度；北纬24度、东经133度；北纬27度、东经131度50分；北纬27度、东经128度18分；北纬28度，东经128度18分；北纬28度，东经124度40分②。尽管没有一一列举该范围内包含的岛屿名称，实际上是将钓鱼岛划入其中的。

1970年10月12日，日本外务省条约局局长中岛敏次郎会见美国驻日公使斯奈德，说明日本政府方面关于返还协定的修改意见。他强调指出：“对于日本政府来说，在1972年尖阁诸岛问题具有特别重要的意义。”斯奈

① 《美方返还冲绳协定草案》(*Okinawa Reversion U. S. Draft Agreement*)，1970年8月31日。日本外务省外交史料馆，0600-2010-00029。

② 《美国驻日大使致国务卿电》(*Amembassy Tokyo to Secretary of State*)，第8128号，1970年10月9日。《美国对日政策文件集》，第15期第9卷，89—92页。

德认为："在尖阁诸岛问题上，美国政府倾向于中立；即使是间接地涉及尖阁诸岛争端，在返还协定中可能也是不合适的。在对日和约第三条中并没有使用经纬度线标示。在原则上，作为国际文件，应当尽可能避免使用经纬度线。"①1970年12月11日，中岛敏次郎拜会美国驻日大使迈耶。中岛表示："日本政府之所以提议使用经纬度线标示返还区域，仅仅是想更加清楚地表明尖阁诸岛区域包含在拟返还领土范围以内。"当然，"日本政府也愿意考虑其他方式，更清楚地表示这一点"。迈耶大使除重申美国政府的基本立场以外，提议"在返还协定第一条的注释（footnote）中或者采取谅解议事录（Agreed Minute）的形式，将尖阁诸岛包含进来。"②这样，在《美日关于琉球群岛和大东群岛的协定》中究竟以何种方式处理钓鱼岛问题，美日两国之间产生分歧。直到1971年3月末，这种局面没有发生任何变化③。

1971年4月1日，爱知大臣与美国驻日大使迈耶预定进行会谈。3月31日，外务省美国局在为爱知大臣专门准备的《发言要领》中将钓鱼岛问题列为"重要交涉事项"。指出："无论是从国内来看，还是从琉球民族主义来看，尖阁诸岛问题都是极其微妙的问题。关于返还区域的定义（协定第一条），希望按照我方草案，在附件中使用经纬度线标示地理范围，急切盼望得到美国方面的答复。"④同一天，美国国务卿罗杰斯向美国驻日大使迈耶发布指令：授权他在美日返还协定的谅解议事录中使用经纬度线标示返还区域范围。"具体范围是1953年12月25日美国琉球民政府第27号公告所确定的区域。经纬度线如下：北纬28度、东经124度40分；北纬24度、东经122度；北纬24度、东经133度；北纬27度、东经131度50分；北纬27度、东经128度18分；北纬28度、东经128度18分；至起

① 《美国驻日大使致国务卿电》(*Amembassy Tokyo to Secretary of State*)，第75532号，1970年10月14日。[美]数字国家安全档案：《日本与美国：外交、防务与经济关系》，第1编，第01334号文件。

② 《美国驻日大使致国务卿电》(*Amembassy Tokyo to Secretary of State*)，第10171号，1970年12月16日。《美国对日政策文件集》，第15期第9卷，189—192页。

③ [日]美国局、条约局：《关于返还冲绳交涉的整体状况》，昭和46年3月20日，30—31页，日本外务省外交史料馆，0600-2010-00029。

④ [日]美国局北美第一课：《与迈耶大使会谈时大臣发言要领（草案）》，昭和46年3月31日，日本外务省外交史料馆，0600-2010-00029。

点。”该指令认为：“按照以上处理方式，有四个方面的益处。(1)满足日本政府的基本要求；(2)清楚地表示美国现在管辖的区域和美国政府拟返还施政权的区域；(3)使返还协定更加符合旧金山对日和约第三条的规定；(4)美国不介入主权归属问题。”①不过，在1971年4月1日的爱知大臣与迈耶大使的会谈中，或许是因为时差的关系，或许是因为其他原因，迈耶大使并没有按照国务卿的指令处理。按照日本政府解密的会谈记录，“关于返还区域(尖阁诸岛)处理问题，大臣指出：应当按照已经提交的日方草案加以解决。大使回答说：目前正在向本国政府请示的过程中”②。按照美国政府解密的会谈记录，“关于尖阁诸岛问题，爱知大臣指出：根据旧金山对日和约第三条，日本政府建议在返还协定中对尖阁诸岛予以特别规定。尖阁诸岛应当包含在返还给日本的领土范围之内，应当使用经纬度线确定其范围。爱知大臣希望美国政府能够接受日本政府的建议，并强调日本政府提出这一建议的重要性，特别是鉴于中国对尖阁诸岛主权的要求”。迈耶大使回答说：“关于这些问题，目前正在等待华盛顿的指示。”③直到4月26日，日本政府才表示同意采取“谅解议事录”的形式，使用经纬度线标示返还区域的地理范围④。此后，谈判的重点转入在返还协定怎样表达返还区域范围的措辞问题。

1971年4月28日，日本外务省条约局局长井川克一拜会美国驻日大使，提议将以下文字列入返还协定第一条第二段：“根据美国琉球民政府1953年12月25日第27号公告确定的区域，使用经纬度线依次将该区域

---

① 《国务卿致美国驻日大使电》(*The Secretary of State to Amembassy Tokyo*)，第67507号，1971年3月31日。《美国对日政策文件集》，第17期第3卷，105—106页，东京，柏书房，2005。

② ［日］美国局北美第一课：《爱知大臣与迈耶大使关于返还冲绳问题的会谈记录》，昭和46年4月1日，日本外务省外交史料馆，0600-2010-00029。

③ 《美国驻日大使致国务卿电》(*Amembassy Tokyo to The Secretary of State*)，第2996号，1971年4月2日。《美国对日政策文件集》，第17期第3卷，117—118页。

④ ［日］美国局北美第一课：《返还冲绳问题(爱知大臣、迈耶大使会谈)》，昭和46年4月26日，日本外务省外交史料馆，0600-2010-00029。《美国驻日大使致国务卿电》(*Amembassy Tokyo to The Secretary of State*)，第3919号，1971年4月28日。《美国对日政策外交集》，第17期第4卷，30—31页。

内的所有岛屿、环礁以及岩礁连接起来，属于美国返还的区域。”① 1971 年 5 月 7 日，美国国务院指令美国驻日大使：“在返还协定正文中，应当限制使用经纬度线标示美国现在施政管辖的区域。”“日本政府的建议容易引起对美日返还协定关于西南诸岛或琉球群岛疆界的误解，并且容易导致美国政府陷入主权争端。最好还是采用美国政府最初建议的措辞。”“在返还协定中没有必要增加有关美国琉球民政府第 27 号公告的内容，协定第一条第二段所指的返还区域，是指根据旧金山对日和约第三条、现在美国施政权下的所有领土，包括所有岛屿、环礁以及岩礁。”②1971 年 5 月 11 日，爱知大臣与迈耶大使举行会谈。按照日本政府解密的会谈记录，爱知大臣强调说：“与美国政府方面建议的措辞相比，日本政府方面建议的措辞更加可取。”迈耶大使的态度则是：“美国的提案是华盛顿方面强烈主张的方案，几乎没有变更的余地。作为美国来说，虽然将其行使施政权的区域返还日本，但是，不对其历史的或将来的领土主张加以裁决，希望避免出现将来提交国际法院的事态。”爱知大臣又表示说：“日本方面非常理解美国方面的立场，可以不要求特别标示尖阁诸岛的地名，不在返还协定的正文中表现返还区域，同意在谅解议事录中标示返还区域。”③按照美国政府解密的会谈记录，爱知大臣的发言内容如下：“与美国方面提议的措辞相比，日本方面提议的措辞更加简单和直接，希望美国政府重新考虑。大使回答说，美国认为，我方提议的措辞对日本更加有益，只是希望更加清楚地表示我们拟返还日本的区域是我们现在行使施政权的区域，并不打算对有关尖阁诸岛的要求进行裁决。爱知表示日本政府完全理解美国的立场，在两国政府之间基本上没有分歧。日本政府仅仅希望更加直接地表述返还区域

① 《美国驻日大使致国务卿电》(*Amembassy Tokyo to The Secretary of State*)，第 3959 号，1971 年 4 月 28 日。《美国对日政策文件集》，第 17 期第 4 卷，42—43 页。

② 《国务卿致美国驻日大使电》(*The Secretary of State to Amembassy Tokyo*)，第 79692 号，1971 年 5 月 7 日。《美国对日政策文件集》，第 17 期第 4 卷，115—116 页。

③ [日]美国局北美第一课：《返还冲绳问题(爱知大臣、迈耶大使会谈)》，昭和 46 年 5 月 11 日，日本外务省外交史料馆，0600-2010-00029。

的范围。"在这里，没有关于"可以不要求特别标示尖阁诸岛的地名"的内容①。由于爱知揆一在会谈中使用的语言是日语，由翻译译成英语，因此，可以说日本政府解密的会谈记录更加精确地体现了爱知大臣发言的本意。5月12日，日本外务省提出《谅解议事录》的修正案："返还协定第一条第二段所指的领土，即美国根据旧金山对日和约第三条而行使施政权的区域，以及美国琉球民政府于1953年12月25日颁布的第27号公告划定的区域，该区域内的所有岛屿、环礁及岩礁……"迈耶大使认为，日本政府的这个《谅解议事录》修正案不会引起误解，以至于美国陷入主权争端，建议美国国务院予以接受②。正是在这样的背景下，1971年5月15日，爱知大臣向日本国会提出了《关于缔结返还冲绳协定谈判的报告》③。

1971年5月17日，美国国务院副国务卿约翰逊向迈耶大使发布紧急指令，共计包括三项内容。首先："不能接受日本政府关于返还协定第一条第二段内容的建议案。""因为该协定的宗旨不需要限制谅解议事录的意义。"其次，重申美国方面最初的建议草案是简洁明了的，能够满足日本政府的关于使用经纬度线标示返还区域的基本要求，也能够满足美国方面的要求。最后，"要求日本政府对谅解议事录草案稍加修改，修改以后，美国政府将予以接受。修改后的内容应当如下：第一条第二段所指的领土是美国根据旧金山对日和约第三条行使施政权的区域，即1953年12月25日美国琉球民政府第27号公告划定的所有岛屿"④。

1971年5月18日，日本外务省条约局局长井川克一提交修改后的《谅

① 《美国驻日大使致国务卿电》(*Amembassy Tokyo to The Secretary of State*)，第4401号，1971年5月13日。《美国对日政策文件集》，第17期第4卷，207—208页。

② 《美国驻日大使致国务卿电》(*Amembassy Tokyo to The Secretary of State*)，第4401号，1971年5月13日。《美国对日政策文件集》，第17期第4卷，208页。

③ [日]美国局北美第一课长：《外务大臣关于缔结返还冲绳协定交涉过程的报告(草案)》，昭和46年5月12日，第二稿，昭和46年5月13日。定稿，昭和46年5月13日。《外务大臣关于缔结返还冲绳协定交涉过程的报告》，昭和46年5月15日。日本外务省外交史料馆，0600-2010-00029。在这四个稿本中，都是说返还区域为旧金山对日和约第三条区域，没有明确指出美日两国正在谈判的"谅解议事录"及钓鱼岛问题。

④ 《国务卿致美国驻日大使电》(*The Secretary of State to Amembassy Tokyo*)，第85466号，1971年5月16日。《美国对日政策文件集》，第17期第4卷，268—269页。

解议事录》:“第一条第二段定义的领土是根据旧金山对日和约第三条规定处于美国施政管辖下的领土,1953 年 12 月 25 日美国琉球民政府第 27 号公告划定的区域。按照以下经纬度线依次连接起来而划定的区域内的所有岛屿、小岛、环礁以及岩礁。”①5 月 27 日,日本提议在《谅解议事录》开头部分增加以下表述文字:“美国政府代表和日本国政府代表在交涉本日签署的美日返还琉球群岛和大东群岛协定过程中,达成以下谅解,记录如下……”②1971 年 6 月 4 日,美国驻日大使请求国务院确认了返还协定第一条的内容及《谅解议事录》③。1971 年 6 月 9 日,美国国务卿罗杰斯和日本外务大臣爱知揆一联合会见记者,公开承认双方在《谅解议事录》中以经纬度线标示返还区域的地理范围④。

在国际条约法法理和国际条约法惯例领域,与双边关系条约或协定直接相关的《附件》与《谅解议事录》(《谅解议定书》)有着不同的法律意义。《附件》比《谅解议事录》(《谅解议定书》)具有更强的约束力。从美日两国政府关于返还区域法律文件形式的磋商过程中我们可以非常清楚地看出,日本政府从要求以《附件》形式明确标示返还区域的地理范围逐渐退向接受《谅解议事录》的形式,但是,始终坚持以经纬度线的方式明确划定返还区域。尽管日本政府最终同意在返还协定第一条正文和《谅解议事录》都不明确指名钓鱼岛,但是,始终谋求将钓鱼岛纳入返还区域。美国政府虽然拒绝采取《附件》形式,坚持采取《谅解议事录》形式。但是,美国政府最终同意将《谅解议事录》作为

① 《美国驻日大使致国务卿电》(*Amembassy Tokyo to The Secretary of State*),第 4575 号,1971 年 5 月 18 日。《美国对日政策文件集》,第 17 期第 4 卷,278—279 页。

② 《美国驻日大使致国务卿电》(*Amembassy Tokyo to The Secretary of State*),第 5102 号,1971 年 5 月 31 日。《美国对日政策文件集》,第 17 期第 5 卷,249 页。关于此后日本外务大臣与美国驻日大使的会谈记录,见美国局北米第一课:《返还冲绳问题(爱知大臣、迈耶大使会谈)》,昭和 46 年 5 月 28 日;昭和 46 年 6 月 2 日;昭和 46 年 6 月 4 日,日本外务省外交史料馆,0600-2010-00029。

③ 《美国驻日大使致国务卿电》(*Amembassy Tokyo to The Secretary of State*),第 5319 号,1971 年 6 月 4 日。《美国对日政策文件集》,第 17 期第 6 卷,82 页。关于该《谅解议事录》的英文本和日文本,见《美国对日政策文件集》,第 17 期第 8 卷,10—11 页、21 页。

④ 《中山临时代理大使致外务大臣电》,第 877 号,1971 年 6 月 9 日,日本外务省外交史料馆,0600-2010-00029。

公开发表的《美日关于琉球群岛和大东群岛协定》第一条的补充文件、并接受以经纬度坐标点、经纬度线标示返还区域，确实在相当程度上迎合了日本的利益要求，从而形成了此后日本政府实际控制钓鱼岛的局面。

三 美国政府处理钓鱼岛归属问题争端的策略

在美日返还琉球群岛和大东群岛施政权谈判期间，中华人民共和国政府曾经多次表明对钓鱼岛归属问题的严正立场。1969 年 11 月 28 日，《人民日报》发表社论，严词谴责《美日首脑联合声明》"把美日反动派的军事勾结推到了一个新的阶段"①。1970 年 12 月 4 日，《人民日报》发表评论员文章，谴责佐藤荣作政府"企图将包括钓鱼岛、黄尾屿、赤尾屿、南小岛、北小岛等岛屿在内的属于中国的一些岛屿和海域，划入日本的版图"②。1970 年 12 月 29 日，《人民日报》发表评论员文章，郑重地指出："台湾省及其所属岛屿，包括钓鱼岛、黄尾屿、赤尾屿、南小岛、北小岛等岛屿在内，是中国的神圣领土。这些岛屿周围海域和其他邻近中国浅海海域的海底资源，都完全属于中国所有，决不容许他人染指。"③1971 年 5 月 1 日，

---

① 《美日反动派的罪恶阴谋》，载《人民日报》，1969-11-28，第 1 版。

② 《对中国和朝鲜的又一新的侵略罪行 美日反动派阴谋掠夺中朝海底资源》，载《人民日报》，1970-12-04，第 5 版。《美国驻香港总领事致国务卿电》(*Amconsul Hong Kong to The Secretary of State*)，第 4982 号，1970 年 12 月 4 日。《美国对日政策文件集》，第 19 期第 9 卷，55—56 页。

③ 《决不容许美日反动派掠夺我国海底资源》，载《人民日报》，1970-12-29，第 1 版。1970 年 12 月 30 日，根据毛泽东主席的批示，周恩来总理布置《人民日报》发表英国《卫报》关于中国对东海大陆架拥有主权一文。"并告外交部，今后应照此推荐这类文章给中央参考。"中共中央文献研究室编：《周恩来年谱(1949—1976)》下卷，424 页，北京，中央文献出版社，1997。1970 年 12 月 31 日，《人民日报》转载约翰·吉廷斯在英国《卫报》1970 年 12 月 18 日发表的《争夺东海的石油》一文的摘要，题为《英国〈卫报〉发表文章指出 中国对东海大陆架拥有主权》。详见 1970 年 12 月 31 日《人民日报》第 5 版。有关英国外交部对此事的评论和有关钓鱼岛归属问题的调查，见英国驻华代办处致外交与联邦部远东司：《中国对尖阁诸岛和大陆架的领土要求》(Office of The British Charge D' Affairs Peking to Far Eastern Department Foreign & Commonwealth Office, *China's Claim to The Senkaku Islands and The Continental Shelf*)，1971 年 1 月 6 日。远东区域研究部：《尖阁诸岛》(Far Eastern Section Research Department, *The Senkaku Islands*)，1971 年 2 月 26 日。《英国外交部有关中国的档案 1967—1980》(*Foreign Office Files on China*, 1967—1980)，Kew 2014 . FCO21/480，96—97 页；76—90 页。

《人民日报》发表新华社记者的评论，谴责日美两国政府玩弄"归还冲绳"骗局，"加紧推行侵吞我钓鱼岛等岛屿罪恶计划"①。针对美国在钓鱼岛群岛的赤尾屿和黄尾屿设立美国海军靶场这一行径，1971 年 5 月 17 日，《人民日报》发表新华社的评论文章，郑重指出：这是美日两国政府玩弄的"新花招"，"是美帝国主义侵略中国领土的又一罪证"②。1971 年 6 月 20 日，《人民日报》再次发表评论员文章，愤怒地谴责美日两国政府悍然将钓鱼岛纳入《美日返还冲绳协定》的范围，此乃是"肮脏的交易、无耻的骗局"③。1971 年 12 月 30 日，中华人民共和国外交部发表声明，重申："钓鱼岛、黄尾屿、赤尾屿、南小岛、北小岛等岛屿是台湾的附属岛屿。它们和台湾一样，自古以来就是中国领土不可分割的一部分。"美日两国政府将其纳入"归还冲绳协定"中"完全是非法的，这丝毫不能改变中华人民共和国对钓鱼岛等岛屿的领土主权"④。尽管如此，在我们所论述的这一历史时期，虽然美国尼克松政府已经在考虑调整对华政策并缓和中美关系，中国政府最关注的核心问题乃是台湾问题。⑤ 虽然日本佐藤荣作政府试图在"两个中国"的框架下处理与中华人民共和国的关系，但是，中国政府始终坚持必须以"承认中华人民共和国是代表中国人民的唯一合法政府"作为根本前提，并且逐渐趋向在田中角荣出任日本内阁总理大臣以后解决中日关系正常化问题⑥。因此，美国政府处理钓

---

① 《日本佐藤反动政府勾结美帝国主义 加紧推行侵吞我钓鱼岛等岛屿罪恶计划》，载《人民日报》，1971-05-01，第 5 版。1971 年 4 月 23 日，中央人民广播电台第一次报道 4 月 10 日旅美华人学生在美国各地的保钓示威活动。《美国驻香港总领事致国务卿电》(*Amconsul Hong kong of The Secretary of State*)，第 2593 号，《美国对日政策文件集》，第 19 期第 9 卷，141—142 页。

② 《佐藤反动政府竟以美国侵略军军用地图作"证据"玩弄妄图侵吞我钓鱼岛等岛屿新花招 美帝在这些岛屿设有演习场恰好是美帝侵略中国领土的又一罪证》，载《人民日报》，1971-05-17，第 6 版。

③ 《肮脏的交易 无耻的骗局》，载《人民日报》，1971-06-20，第 4 版。关于日本政府的反应，见中国课：《人民日报关于返还冲绳协定的评论》，昭和 46 年 6 月 22 日，中国情报第 35050 号(总第 1392 号)，日本外务省外交史料馆，0120-2001-02786。

④ 《中华人民共和国外交部声明》(1971 年 12 月 30 日)，载《人民日报》，1971-12-31，第 1 版。

⑤ 中共中央文献研究室编：《周恩来年谱(1949—1976)》下卷，464、467 页。

⑥ 中共中央文献研究室编：《周恩来年谱(1949—1976)》下卷，465、525 页。

鱼岛主权争端的外交活动，主要是在美日与美蒋之间进行的。具体表现在三个层面：其一，日本政府资助在钓鱼岛建立无人气象站问题。台湾当局最初要求美国政府“当美国仍然负有占领国责任时不要允许日本在钓鱼岛建立气象站”①。其后要求美国政府做出“特别承诺”，不允许日本在钓鱼岛建立气象站。② 美国政府的立场是仅仅同意要求日本政府将此事“推迟到返还施政权以后”③，拒绝向台湾当局做出“特别承诺”④。其二，美国海湾石油公司获得钓鱼岛海域大陆架海底石油资源勘探权问题。台湾当局坚持“资源开发谈判不受主权争端的影响”。⑤ 美国政府的立场是不向该公司海上作业提供安全保证，迫使其退出⑥。其三，关于钓鱼岛主权归属问题。鉴于这个问题的重要性，有必要进行具体而微的梳理与论证。

1970 年 9 月 16 日，台湾当局驻美“代表”周书楷与美国国务院副国务卿马歇尔·格林举行会谈，提交台湾当局的备忘录。该备忘录指出：台湾与琉球之间的钓鱼诸岛，在地理上更接近台湾，应当属于中国。“中华民国政府”保留对美日返还琉球群岛施政权谈判的关切，出于维护与美国的友好关系，“中华民国政府”力图避免公开批评美国，但是，不可能公开接受日本政府的主权要求，请美国政府以“最谨慎的态度”对待，万望美国政

---

① 《美国驻台北“大使”致国务卿电》，第 1268 号，1971 年 3 月 22 日。《美国对日政策文件集》，第 19 期第 9 卷，95 页。

② 《美国驻台北“大使”致国务卿电》，第 1507 号，1971 年 4 月 21 日。《美国对日政策文件集》，第 19 期第 9 卷，100 页。

③ 《国务卿致美国驻日“大使”电》，第 12669 号，1971 年 1 月 25 日。《美国对日政策文件集》，第 17 期第 2 卷，74—75 页。

④ 《国务卿致美国驻台北“大使”电》，第 57191 号，1971 年 4 月 5 日。《美国对日政策文件集》，第 19 期第 9 卷，102—104 页。

⑤ 《英国驻淡水领事致外交与联邦部远东司电》(*British Consulate Tamsui to Far Eastern Department Foreign & Commonwealth Office*)，1971 年 4 月 23 日。《英国外交部有关中国的档案 1967—1980》，FCO21/840，43—47 页。

⑥ 《国务卿致美国驻台北“大使”电》，第 65571 号，1971 年 4 月 16 日。《美国对日政策文件集》，第 17 期第 3 卷，210—214 页。日本政府则要求日本石油公司在美日签署返还琉球群岛和大东群岛协定以前暂停与台湾当局合作开发海底石油资源的计划。《英国驻日大使致外交与联邦部远东司电》(*British Embassy Tokyo to Far Eastern Department Foreign & Commonwealth Office*)，1971 年 4 月 23 日。《英国外交部有关中国的档案 1967—1980》，FCO21/480 ，48—49 页。

府不要公开支持日本的主权要求①。1970 年 9 月 23 日，台湾当局钱复先生奉命向美国驻台北办事机构发去信件，对美国琉球民政府派遣人员在钓鱼岛涂抹台湾保钓人士书写的标语一事表示抗议，希望美国政府责令美国琉球民政府控制钓鱼岛争端事态的发展。钱复还特别指出："以后，我们要对美国现在对钓鱼岛的施政权表示抗议，不过，他现在不准备这样做。"美国驻台北"代表"马康卫认为，在钓鱼岛问题上，台湾当局可能准备采取更加偏激的路线。如果他们这样做，"很可能是按照下述方式行事：'中华民国政府'决不承认美国对尖阁诸岛的施政权，哪怕是默认"。他请求国务院"查阅 1954 年美国与'中华民国''共同防卫条约'的谈判记录，其中有可能包含台湾当局承认美国对尖阁诸岛施政权的特殊内容"②。他还建议："我们的主要努力应当放在促进日本政府与'中华民国政府'开始讨论尖阁诸岛争端涉及的各个方面的问题"；并且要"告诫'中华民国政府'：挑战美国对尖阁诸岛的施政权，并不符合'中华民国'的利益"③。马康卫的这些建议和请求，得到美国国务院的支持和重视。1970 年 9 月 30 日，美国国务院指令美国驻台北"代表"向台湾当局阐明："我们希望在我国两个密切的'盟国'之间避免剧烈冲突"；"我们希望'中华民国政府'不要对美国政府将琉球群岛施政权返还日本或者对美国政府关于潜在主权问题的立场重新提出保留条件，挑战我们对尖阁诸岛的施政权"④。1970 年 10 月 20 日，助理国务卿欧文致电美国驻台北"代表"，说明 1954 年美国与"中华民国""共同防卫条约"谈判记录档案是否包含台湾当局承认美国对钓鱼岛施政权的内容。欧文指出："我们能够查阅的档案并不能说明这一问题。唯一相关的声明是杜勒斯在参议院对外关系委员会的证词。在证词中，杜勒斯指出'美

① 《国务卿致美国驻台北"大使"电》，第 152599 号，1970 年 9 月 17 日。《美国对日政策文件集》，第 19 期第 9 卷，22 页。

② 《美国驻台北"大使"致国务卿电》，第 4208 号，1970 年 9 月 26 日。《美国对日政策文件集》，第 19 卷第 9 期，25—28 页。

③ 《美国驻台北"大使"致国务卿电》，第 4337 号，1970 年 10 月 8 日。《美国对日政策文件集》，第 19 期第 9 卷，36—39 页。

④ 《国务卿致美国驻台北"大使"电》，第 161340 号，1970 年 9 月 30 日。《美国对日政策文件集》，第 19 期第 9 卷，66—67 页。

国的岛屿领土包括琉球群岛’。像这样的声明只能够说明条约本身，但是不能堵住中国人的嘴，也不能改变他们的态度。”“尽管不是很有说服力，依据共同防卫条约来讨论仍然是有益的。你可以引证这一事实：如果尖阁诸岛遭受攻击，美国没有任何防卫义务，以此证明尖阁诸岛不能被认为是‘中华民国’的领土。当然，也可以用同样的方式说明台湾沿海岛屿问题。我们承认台湾沿海岛屿是‘中华民国’的领土。因此，应当将尖阁诸岛与台湾沿海岛屿区别开来。”①美国政府的这种逻辑当然不足以改变台湾当局的立场。

1971 年 2 月 23 日，台湾当局魏道明先生强调指出：基于历史、地理和现状等原因，“中华民国”对钓鱼岛拥有“主权”。“即使寸土片石，我们亦必据理力争，此项决心绝不改变。”上述谈话公开发表以后，美国和日本无不认为这是“‘中华民国’首次正式公开主张对钓鱼岛的领土‘主权’。”② 1971 年 3 月 15 日，周书楷向美国国务院详细说明了钓鱼岛属于中国的法律地位。指出：根据历史、地理与地质、传统使用习惯以及法理，钓鱼岛属于台湾省的一部分。鉴于美国对琉球群岛的托管即将于 1972 年终止，“希望美国能够尊重中国对钓鱼岛的主权，在 1972 年结束对琉球群岛的托管时将钓鱼岛归还给‘中华民国政府’”③。3 月 20 日，沈昌焕约见美国驻台北“代表”，重申上述主张④。1971 年 4 月 7 日，蒋介石批准《关于钓鱼台列岛问题之政策与处理方针》：“甲、该列岛主权在历史上与地理上而言，其属于台湾省乃无问题，亦无可争辩。乙、事实上现为美军占领，其为属何国当由美国定之。丙、如其临时交归日本，则我应提交国际法庭以法律解决之。”⑤按照这一基调，1971 年 4 月 12 日，周书楷拜会尼克松总统，阐述对钓鱼岛归属问题的立场。本来，在这次会见以前，美国国家安

① 《国务卿致美国驻台北“大使”电》，第 172760 号，1970 年 10 月 20 日。《美国对日政策文件集》，第 19 期第 9 卷，40—41 页。

② 《美国驻台北“大使”致国务卿电》，第 883 号，1971 年 2 月 26 日。《美国对日政策文件集》，第 19 期第 9 卷，81—83 页。

③ 《国务卿致美国驻台北“大使”电》，第 45609 号，1971 年 3 月 17 日。《美国对日政策文件集》，第 19 期第 9 卷，89—92 页。

④ 《美国驻台北“大使”致国务卿电》，第 1268 号，1971 年 2 月 22 日。《美国对日政策文件集》，第 19 期第 9 卷，93—96 页。

⑤ 《蒋介石日记》，1971 年 4 月 7 日，美国斯坦福大学胡佛图书馆藏。

全委员会拟定了供尼克松总统使用的谈话要点，其中建议尼克松总统在会谈中指出：如果美国现在调整对策，“将严重影响美日关系和日本与‘中华民国’的关系，此乃必须避免的”①。不过，尼克松并没有使用这个谈话要点。尼克松建议，请周书楷与基辛格讨论这一问题。然而，基辛格“只是听取周书楷的陈述，没有发表评论”②。

1971 年 5 月 25 日，国务卿罗杰斯向美国驻台北“代表”马康卫发布指令，责令向台湾当局通报《美日关于琉球群岛和大东群岛的协定》第一条及《谅解议事录》的内容。共计包含三项具体内容。其一，“最早将在 1971 年 6 月 5 日签署《美日关于琉球群岛和大东群岛的协定》”。其二，《美日关于

---

① 《美国国家安全委员会执行秘书艾利奥特致基辛格的备忘录》(*Memorandum For Mr. Henry A. Kissinger The White House By Theodore L. Eliot, Jr. Executive Secretary*)，1971 年 4 月 10 日。《美国对日政策文件集》，第 19 期第 9 卷，117－120 页。

② 《布朗致约翰逊大使：关于尖阁诸岛地位的大事年表》(*Winthrop G. Brown to Ambassador Johnson, Chronology of Events Relating to Status of the Senkaku Islands*)，1971 年 6 月 7 日。《美国对日政策文件》，第 19 期第 9 卷，175 页。《美国驻台北“大使”致国务卿电》，第 2666 号，1971 年 6 月 2 日。《美国对日政策文件集》，第 17 期第 6 卷，30－33 页。在美国国务院编辑的《美国对外关系文件 1969—1976》第 17 卷中收录了 1971 年 4 月 12 日尼克松总统、基辛格与周书楷的会谈记录。按照该记录，尼克松总统表示将履行对台湾当局的“条约”义务。在联合国代表权问题上，“我们的基本政策没有任何变化，但是，我们的战略将有所调整。在我们做出决定以前将与他进行讨论。我将派遣墨菲特使去台湾”。当周书楷提出钓鱼岛问题时，尼克松总统则回答说“重要的问题是联合国代表权问题”。《会谈记录》(*Memorandum of Conversation*)，1971 年 4 月 12 日。《美国对外关系文件 1969—1976》，第 17 卷，290－292 页，华盛顿特区政府印刷局，2006。会谈结束以后，基辛格指示国家安全委员会为其准备有关中国对钓鱼岛主权要求的背景文件。1971 年 4 月 13 日，国家安全委员会成员霍尔德里奇向基辛格提交备忘录。其中概括叙述了周书楷于 3 月 15 日向美国国务院递交的照会的内容和美国国务院不介入钓鱼岛主权争端的立场。基辛格在该文件空白处评论说：“既然将尖阁诸岛移交给日本，不介入争端的立场是没有意义的。我们怎样才能取得一种更加中立的地位?”《国家安全委员会成员霍尔德里奇致总统国家安全助理(基辛格)的备忘录》(*Memorandum From John H. Holdridge of the National Security Council Staff to the President's Assistant for National Security Affairs (Kissinger)*)，1971 年 4 月 13 日。《美国对外关系文件 1969—1976》，第 17 卷，296－297 页。1971 年 4 月 14 日，蒋介石在日记中写道：“(周书楷)谈其在美向尼氏辞行时之语与情形，彼将派其私人代表来此与我商讨联合国代表权问题及钓鱼岛问题，余认为其表示人情而已。”《蒋介石日记》，1971 年 4 月 14 日，美国斯坦福大学胡佛研究所藏。

琉球群岛和大东群岛的协定》第一条及《谅解议事录》全文，包括以经纬度线标示的返还区域。其三，明确指出“返还区域包括钓鱼台或尖阁诸岛”①。这表明，美国政府已经决意要压制台湾当局的要求，将钓鱼岛纳入《美日关于琉球群岛和大东群岛协定》的范围。因此，在 1971 年 5 月 25 日以后，台湾当局只能转向谋求争取美国政府同意暂不将钓鱼岛纳入返还琉球群岛和大东群岛施政权协定的范围，仍然由美国政府继续控制钓鱼岛，最低限度是由美国敦促日本与台湾当局商讨钓鱼岛归属问题。其策略，就是将钓鱼岛问题与纺织品贸易谈判直接联系起来。那么，究竟是谁最先提出“由美国政府继续控制钓鱼岛”这一建议的呢？究竟是谁主张将纺织品贸易协定谈判与钓鱼岛问题直接联系起来的呢？究竟是谁建议敦促日本与台湾当局商讨钓鱼岛归属问题的呢？国内有的学者认为，是美国驻台北“代表”肯尼迪提议保持钓鱼岛现状，暂不将钓鱼岛纳入返还琉球群岛和大东群岛施政权协定的范围、并且建议将钓鱼岛问题与纺织品贸易谈判直接联系起来的②。应当说，这种看法乃是严重的误解。

首先，将肯尼迪当作美国驻台北“代表”乃是张冠李戴。在我们今天能够看到的美国政府解密的各类档案文献中，有三种关于肯尼迪职务任命的文件。其一，大型数据库《解密档案参考系统》收录的 1971 年 5 月 13 日《尼克松总统致国务卿、财政部长、商务部长、劳工部长、总统国家安全事务助理、总统国际经济事务助理、彼得·弗兰根的备忘录》。该备忘录是美国政府在 2007 年 4 月 16 日解密的文本，上面有尼克松总统的亲笔签名③。其二，日本学者整理编辑的美国政府解密档案文件集《美国对日政策文件集》

---

① 《国务卿致美国驻日大使电》(*The Secretary of State to Amembassy Tokyo*)，第 92889 号，1971 年 5 月 25 日。《美国对日政策文件集》，第 17 期第 5 卷，130—132 页。

② 郭永虎：《尼克松政府对中国钓鱼岛政策初探》，载《当代中国史研究》，2012(2)，93 页。

③ 《致国务卿、财政部长、商务部长、劳工部长、总统国家安全事务助理、总统国际经济事务助理、彼得·弗兰根的备忘录》(*Memorandum For : The Secretary of State, The Secretary of the Treasury, The Secretary of Commerce, The Secretary of Labor, The Assistance to the President for National Security Affairs, The Assistant to the President for International Economic Affairs, Mr. Peter M. Flanigan*)，1971 年 5 月 13 日。《解密档案参考系统》(*Declassified Documents Reference System*, Gale 2013)，CK3100697154。

第22期第7卷收录的1971年5月13日《尼克松总统致国务卿、财政部长、商务部长、劳工部长、总统国家安全事务助理、总统国际经济事务助理、彼得·弗兰根的备忘录》，该文件上有尼克松总统的亲笔签名，来自美国政府解密的“白宫机要档案TA4/22”卷宗，1995年9月11日解密①。其三，《美国对日政策文件集》第23期第2卷收录的1971年5月13日《尼克松总统致国务卿、财政部长、商务部长、劳工部长、总统国家安全事务助理、总统国际经济事务助理、彼得·弗兰根的备忘录》。该文件上也有尼克松总统的亲笔签名，来自美国政府解密的“白宫特别文件：总统助理彼德森文件(纺织品谈判 远东Ⅰ)”卷宗，1997年12月2日解密②。这三个文本的解密时间虽然不同，但是其内容是完全相同的，都是有关任命大卫·肯尼迪全权负责美国与日本、韩国，以及中国台湾、香港谈判纺织品贸易协定事务的。在对肯尼迪职衔的称呼上，使用的都是“特使”(Ambassador-at-Large David M. Kennedy)。因此，我们可以非常肯定地说：大卫·肯尼迪并非是美国国务院派驻台北的“代表”，而是被尼克松总统任命的“特使”，专门负责美国对日本、韩国，以及中国台湾、香港的纺织品贸易谈判事务③。在此以前，大卫·肯尼迪一直担任尼克松政府的财政部部长。此时的美国驻台北“代表”仍然是瓦尔特·马康卫(Walter McConaughy)。

其次，从1971年5月26日以后美国国务院与美国驻台北办事机构以及美国国务院与各国驻外使馆之间的往来外交文电来看，也不能说仅仅是由大卫·肯尼迪提出这些建议的。仅就美国政府已经解密的档案文献而言，我们可以非常清楚地看到以下重要的历史事实。1971年5月31日，台湾当局周书楷奉蒋介石之命，“请求美国政府在将琉球群岛施政权返还

---

① 《美国对日政策文件集》，第22期第7卷，103页，东京，柏书房，2008。

② 《美国对日政策文件集》，第23期第2卷，25页，东京，柏书房，2008。

③ 在1971年5月13日以后，美国政府的公文中存在着“美国大使肯尼迪”、“特使肯尼迪”二者混用的情况。《尼克松总统致韩国总统的信》(*Letter from President Nixon to Korean President Park*)，1971年7月16日。《美国对外关系文件》(*Foreign Relations of The United States*，1969—1976)，第19卷，253页，华盛顿，政府印刷局，2010。

给日本之时，继续控制钓鱼岛”①。1971年6月3日，美国驻台北“代表”马康卫致电国务院，陈述对台湾当局建议的意见。他认为，“如果我们至今完全没有承诺将尖阁诸岛包含在返还协定当中”，台湾当局的建议是可以考虑的。然而，“现在做出分别返还的决定，将使美国在日本的处境变得非常困难”。他建议唯一的希望是推动日本同意与台湾当局进行商讨②。1971年6月4日，台湾当局驻美“代表”沈剑虹奉命拜会美国副国务卿格林。在会谈中，沈剑虹指出：“他知道美国已经与日本达成了关于返还协定的基本谅解，不久即将提交国会审议。然而，将尖阁诸岛返还给日本(在会谈中他始终使用日本的称呼——原文件注释)，将使‘中华民国政府’面临非常严重的局势。学生示威反对归还钓鱼岛，钓鱼岛问题成为检验‘中华民国政府’能否捍卫中国权益的试金石。如果‘中华民国政府’失败，将在岛内外面临困境。”“作为第三方，美国是否可以考虑避免将尖阁诸岛纳入返还范围的方法?”“‘中华民国政府’提出这一建议，乃是基于政治考虑，而非基于法律方面的理由。第二次世界大战以后，美国代表包括‘中华民国’在内的所有盟国占领这些岛屿，因此，美国有责任考虑‘中华民国’的观点。”作为个人意见，沈剑虹还建议：“以美国在对‘中华民国’关系上处于困难地位为由”，由美国政府敦促日本与台湾当局讨论钓鱼岛争端③。1971年6月7日，蒋经国会见美国纺织品贸易谈判特使大卫·肯尼迪。“作为他个人向美国总统的建议”，蒋经国指出：如果美国政府同意暂

---

① 《美国驻台北“大使”致国务卿电》，第2666号，1971年6月2日。《美国对日政策文件集》，第17期第6卷，30—32页。1971年5月13日，沈剑虹向台湾当局提议将钓鱼岛作为美军射击靶场。《蒋经国总统文书》，台北“党史馆”，No. 005-010205-00159-015。1972年3月26日，周书楷再次向美国驻台北“代表”马康卫提议将钓鱼岛作为美军射击靶场。《蒋经国总统文书》，No. 005-101205-00013-002。

② 《美国驻台北“大使”致国务卿电》，第2692号，1971年6月3日。《美国对日政策文件集》，第17期第6卷，61—62页。1971年6月5日，国务院将该电转发给美国驻日大使。《国务卿致美国驻日大使电》(*The Secretary of State to Amembassy Tokyo*)，第99740号，1971年6月5日。《美国对日政策文件集》，第19期第9卷，163—164页。

③ 《国务卿致美国驻台北“大使”电》，第99737号，1971年6月5日。《美国对日政策文件集》，第19期第9卷，165—169页。

不将钓鱼岛纳入返还琉球协定范围，台湾当局可以考虑在纺织品贸易谈判问题上做出妥协①。从以上解密档案来看，台湾当局是分别通过美国驻台北办事机构和“中华民国”驻华盛顿“代表”这两个途径提出“暂不将钓鱼岛纳入美日返还琉球协定”的；美国驻台北“代表”马康卫和台湾当局驻美“代表”沈剑虹从各自的立场出发，分别提出了由美国敦促日本同意与台湾当局讨论钓鱼岛问题的建议；至于将钓鱼岛问题与纺织品贸易谈判直接联系起来这一重要策略，最初出自蒋经国之口。

如此说来，并非意味着我们彻底否定肯尼迪特使的作用，而是强调应当对肯尼迪特使的作用有一个合乎实际的理解。从史料考证的角度来说，最根本的问题是我们必须洞察总统国际经济事务助理彼德森在 1971 年 6 月 7 日致尼克松总统备忘录的由来及其结果。

正是在 1971 年 6 月 7 日这一天，肯尼迪将蒋经国的建议电告总统国际经济事务助理彼德森②。彼德森立即向尼克松总统提交备忘录。在美国政府的解密档案系统中，我们能够看到这份备忘录的四种文本。其一，美国国务院整理编辑、美国政府印刷局 2006 年出版的《美国对外关系文件 1969—1976》第 17 卷(中国)中收录的第 133 号文件③。其二，《美国对日政

① 《国务卿致美国驻法大使电》(*The Secretary of State to Amembassy Paris*)，第 100786 号，1971 年 6 月 8 日。《美国对日政策文件集》，第 17 期第 6 卷，189－190 页。在肯尼迪正式出任特使前夕，他就已经计划与蒋经国会谈，并且期待蒋经国能够在纺织品贸易协定问题上向蒋介石进言。见《致总统的备忘录》(*Memorandum For The President*)，1971 年 5 月 11 日。《美国对日政策文件集》，第 23 期第 10 卷，76－77 页。关于这一时期纺织品贸易协定的进展情况，见《彼德森助理致总统的备忘录》(*Peter G. Peterson Assistant to the President The White House*)，1971 年 6 月 11 日。《美国对日政策文件集》，第 23 期第 3 卷，116－118 页。肯尼迪出任美国对日本、韩国，及中国台湾、香港的纺织品贸易协定谈判特使以后，在 1971 年 5 月 31 日－7 月 15 日期间访问亚洲，1971 年 6 月 20 日抵达东京，与日本政府讨论纺织品贸易协定问题。《美国对日政策文件集》，第 17 期第 6 卷，115 页。

② 《国务卿致美国驻法大使电》(*The Secretary of State to Amembassy Paris*)，第 100786 号，1971 年 6 月 8 日。《美国对日政策文件集》，第 17 期第 6 卷，189 页。

③ 《总统国际经济事务助理(彼德森)致尼克松总统的备忘录》(*Memorandum From the President's Assistant for International Economic Affairs [Peterson] to President Nixon*)，1971 年 6 月 7 日。《美国对外关系文件》(*Foreign Relations of The United States* , 1969-1976)，第 17 卷，341－343 页，华盛顿，政府印刷局，2006。

策文件集》第22期第7卷收录的文本，来自于美国政府解密的“白宫机要档案TA4/22”卷宗。1997年12月15日解密①。其三，《美国对日政策文件集》第23期第2卷收录的文本，来自于“白宫特别档案：彼德森助理文件(纺织品谈判 远东I)”卷宗。1997年12月2日解密②。其四，《美国对日政策文件集》第24期第5卷收录的文本，来自于“基辛格办公室档案：国别·远东”卷宗，未注明解密时间③。四者相比，《美国对外关系文件1969—1976》第17卷收录的文本和《美国对日政策文件集》第24期第5卷收录的文本都没有显示该备忘录是否被尼克松总统批阅的情形，而《美国对日政策文件集》第22期第7卷和第23期第2卷收录的文本都有“总统已阅”(The President Has Seen)的字样。除此以外，四者的正文内容都是相同的。该备忘录的主题是“在台湾的纺织品谈判”，其中详细引证了肯尼迪特使来电的内容。该备忘录的第一项内容是报告肯尼迪特使同台湾当局之间关于纺织品贸易谈判的进展情况。第二项内容是报告肯尼迪特使关于台湾当局对美日、美韩纺织品贸易谈判的看法。第三项内容是肯尼迪特使关于改变纺织品贸易谈判现状的三项政策建议。其中包括：第一，按照现行标准，与中国香港和韩国达成协议，并与台湾当局达成谅解。他们愿意接受一个基本的年度出口限额和协商机制。但是，肯尼迪特使并不赞成这种选择。因为这将使中国香港和韩国了解美国在同台湾当局商讨的问题，迫使美国让步。第二，停止谈判并承认失败。肯尼迪特使也不赞成这种选择。“因为这将在国内外引起严重地混乱。”第三，向台湾当局做出某种妥协。肯尼迪特使认为，“尽管台湾当局强调某些军事援助项目(例如：F-4型战斗机)”，但是，要想解决纺织品贸易争端，“唯一的方式”是“暂不将尖阁诸岛的施政权返还给日本”。在肯尼迪看来，钓鱼岛问题是台湾当局的重要问题。如果美国继续维持施政权，不仅可以极大地提高台湾当局的公共形象，而且可以成为一个非常直接的暗示：美国继续支持台湾当局。从而使美国有能力有效

---

① 《彼德森致总统的备忘录》(Memorandum, From Peter G. Peterson to The President)，1971年6月7日。《美国对日政策文件集》，第22期第7卷，114—116页。

② 《美国对日政策文件集》，第23期第2卷，110—112页。

③ 《美国对日政策文件集》，第24期第5卷，101—103页，东京，柏书房，2009。

地处理与中国香港及韩国、日本的纺织品贸易谈判。在面临中国香港和韩国的压力下，台湾当局就能够接受现在的纺织品一揽子解决方案。①

那么，肯尼迪特使的建议究竟在多大程度上影响了尼克松政府的决策呢？从上述美国政府已经解密的四种《总统国际经济事务助理（彼德森）致尼克松总统的备忘录》文本及其来源来看，可以肯定，彼德森不仅将其致尼克松总统的备忘录呈递给尼克松总统，同时也送交总统国家安全事务助理基辛格。基辛格在阅读该备忘录以后，先后在1971年6月7日上午10：30时和下午3：05时两次与约翰逊副国务卿在电话中讨论钓鱼岛问题。第一次电话通话时间非常短暂，基辛格询问国务院对钓鱼岛问题的处理原则。约翰逊的答复是："凡是从日本政府那里获得的权利，原样返还给日本政府。"②第二次电话通话的时间略长些，基辛格共计提出三个问题：(1)"关于尖阁诸岛的法律地位问题"；(2)"提出尖阁诸岛问题是否将损害全局？"(3)"是否应当由美国向国际法院提出尖阁诸岛问题？"约翰逊回答说：(1)"根据1951年的对日和约，美国获得了包括尖阁诸岛在内的琉球群岛的施政权"；(2)"提出尖阁诸岛问题将损害全局"，"毁掉美日返还冲绳谈判不是无足轻重的小问题，我认为我们唯一能做的事情是促使日本主动与中国人讨论这一问题（因为中国人拒绝主动与日本讨论）和说明我们的问题"；(3)"美国不应当向国际法院提出尖阁诸岛问题。尖阁诸岛不是我们的领土。我们没有主权。它是当今我们对琉球施政权下的领土争端。我们只有施政权，它是日中之间的问题"。③ 随后，约翰逊又向基辛格的助手黑

① 《总统国际经济事务助理（彼德森）致尼克松总统的备忘录》(*Memorandum From the President's Assistant for International Economic Affairs [Peterson] to President Nixon, Washington*)，1971年6月7日。《美国对外关系文件》(*Foreign Relations of The United State*，1969-1976)，第17卷，341—343页。《美国对日政策文件集》，第22期第7卷，114—116页；第23期第2卷，110—112页；第24期第5卷，101—103页。

② 《电话记录：约翰逊与基辛格》(*TELECON，Alexis Johnson / Mr. Kissinger*，10：30 a.m.)，1971年6月7日。《美国对日政策文件集》，第24期第6卷，265页。

③ 《电话记录：约翰逊与基辛格》(*TELECON，Alexis Johnson / Mr. Kissinger*，3：05 p.m.)，June 7，1971年6月7日。《美国对日政策文件集》，第24期第6卷，266—267页。另见《解密档案参考系统》，CK3100718854。

格陈述他的观点，黑格立即将其整理成文并提交给基辛格。约翰逊指出："根据1951年的对日和约，美国是北纬29度以南包括琉球群岛在内的西南诸岛的唯一的施政者(国民党中国不是签约国)；1953年，美国琉球民政府颁布有关对日和约涉及的特定疆界的公告，该公告包括尖阁诸岛"；"国务院正在研究日本兼并台湾以前尖阁诸岛的历史"；应当鼓励日本与台湾当局进行商讨。① 毋庸置疑，作为前任美国驻日大使和现任负责东亚事务的副国务卿，约翰逊的意见是至关重要的。6月7日下午3时25分—4时10分，尼克松、基辛格、彼德森在戴维营召开会议②。6月7日夜，尼克松总统决定不改变将包括钓鱼岛在内的琉球群岛施政权返还日本的既定政策，但是，同意敦促日本与台湾当局解决钓鱼岛争端，并在8月派遣军事代表团赴台讨论出售F-4战斗机问题③，以此安抚台湾当局的不满。因此，可以说，在钓鱼岛问题上，肯尼迪特使的作用主要不是体现在最先提出"由美国继续控制钓鱼岛"和将钓鱼岛问题与纺织品贸易协定谈判直接联系起来的建议，而是表现在他在第一时间将蒋经国的建议上报给美国总统国际经济事务助理彼德森，并且支持蒋经国提出的处理办法④。

1971年6月9日，美日两国外长在巴黎举行会谈。罗杰斯国务卿指出：在钓鱼岛问题上，面对普通国民的反对，"'中华民国政府'非常忧虑"，"美国政府也受到来自'中华民国政府'的压力，在不损害日本政府的

① 《黑格致基辛格的备忘录》(*Memorandum From A. Haig to H. Kissinger*)，1971年6月7日。《美国对日政策文件集》，第24期第5卷，94页。

② 在这次会议前，尼克松与基辛格在电话中进行了短暂的交谈。《电话记录：总统与基辛格》(*TELCON President / kisinger, Afternoon*)，1971年6月7日下午。《美国对日政策文件集》，第24期第6卷，268页。

③ 《总统国际经济事务助理(彼德森)致在台北的肯尼迪特使的密信》(*Backchannel Message From the President's Assistant for International Economic Affairs[Peterson]to Ambassador Kennedy in Taipei*)，1971年6月8日。《美国对外关系文件1969—1976》，第17卷，343—345页。当肯尼迪特使将尼克松总统的决定通知给蒋经国时，蒋经国"请求美国政府在签署返还冲绳协定时明确宣布：钓鱼岛的最终地位尚未确定，应当由有关各方解决"。

④ 《约翰斯顿、霍尔德里奇致基辛格的备忘录》(*Memorandum For Mr. Kissinger From Ernest Johnston, John Holdridge*)，1971年6月10日。《美国对日政策文件集》，第23期第3卷，125—127页。

法律地位的情况下，日本政府如果能够以某种方式帮助美国，感激不尽！例如，是否可以尽快地向‘中华民国政府’表示协商之意?”爱知大臣回答说：“日本政府自信能够处理这个问题，而不给美国政府添麻烦。对‘中华民国政府’来说，如有必要，可以协商。但是，时间不是在签署返还协定以前，而应是效法1969年尼克松总统、佐藤总理共同声明的先例，事后进行说明。”①1971年6月10日，罗杰斯国务卿责令美国驻伦敦大使向爱知外务大臣转交他的信件，希望日本政府“在签署返还协定以前，最严肃地考虑与‘中华民国政府’讨论”钓鱼岛问题②。1971年6月11日，台湾当局发表关于钓鱼岛问题的声明。郑重指出：“美国政府与日本政府就要签署关于琉球移交的文件，我们获悉这个文件中竟然包括了‘中华民国’的‘领

---

① 《中山临时代理大使致外务大臣电》，第877号，1971年6月9日。日本外务省外交史料馆，0600-2010-00029。《约翰逊致基辛格的备忘录》(*Memorandum For MR. Henry A. Kissinger The White House From U. Alexis Johnson*)，1971年6月10日。《美国对日政策文件集》，第23期第3卷，121—122页。在这一时期，美国国务院内部关于是否应当推动日本与台湾当局解决钓鱼岛争端问题存在着不同的主张。美国驻台北“代表”马康卫认为，根据《旧金山对日和约》第22条的规定和“日本国与‘中华民国’和平条约”第9条的规定，台湾当局有理由与日本讨论钓鱼岛地位问题。美国政府应当推动日本与台湾当局进行接触。《美国驻台北“大使”致国务卿电》，第2803号，1971年6月9日。《美国对日政策文件集》，第19期第9卷，180—183页。国务院法律顾问斯塔尔反对推动日本与台湾当局解决钓鱼岛争端。他认为，首先台湾当局不是《旧金山对日和约》的“签署国”，因此不能依据《旧金山对日和约》第22条的规定与日本政府进行“谈判”。“更加明智的做法是按照联合国宪章关于和平解决争端的原则，呼吁日本政府通过谈判或其他和平手段包括第三方裁决方式解决尖阁诸岛争端。”其次，“既然我们认为在日本与‘中华民国’之间存在着争端，而且我们也希望不介入该争端，美国政府也就很难援引《旧金山对日和约》第22条的规定。该项规定仅适用于争端当事国之间解决争端”。最后，“最重要的考虑是我们与日本的关系”；“中华人民共和国的立场也需要考虑”。《斯塔尔致索斯米斯的备忘录》(*Memorandum From Robert I. Starr to Mr. Thomas Shoesmith*)，1971年6月11日。《美国对日政策文件集》，第19期第9卷，184—188页。

② 《国务卿致美国驻英大使电》(*The Secretary of State to Amembassy London*)，第102728号，1971年6月10日。《美国驻英大使致国务卿电》(*Amembassy London to The Secretary of State*)，第5381号，1971年6月11日。《美国对日政策文件集》，第16期第8卷，186—187页、188页。《斯塔尔致索斯米斯的备忘录》(*Memorandum, From Robert I. Starr to Mr. Thomas P. Shoesmith*)，1971年7月19日。《美国对日政策文件集》，第19期第9卷，238—239页。

土'钓鱼台列岛。在此，'中华民国政府'向全世界郑重声明自己的立场：琉球的地位应由主要同盟国最终决定，'中华民国'对于美国把钓鱼台列岛和琉球一起移交日本感到非常吃惊。钓鱼台列岛属于台湾省，是'中华民国''领土'的一部分，无论从地理位置，地质构造还是历史渊源上说，该岛屿都是'中华民国'的'领土'。另外，台湾省的居民也长时期使用该岛，与'中华民国'有着密切的联系。'中华民国'基于'国家神圣领土'的立场，不管在何种情况下都不会放弃任何哪怕是很小的'领土主权'。为此，'中华民国政府'一直向美国和日本表明，'中华民国'基于历史、地理、实际和法理上的理由，认为钓鱼台列岛作为'中华民国'的'领土'是无可争议的，'中华民国政府'一直主张一旦美国结束了对该岛的管理，应该把它归还给'中华民国'。"①1971 年 6 月 14 日，美国国务卿罗杰斯电令美国驻日大使，立即敦促爱知大臣"尽可能在 6 月 17 日以前"与台湾当局协商钓鱼岛问题②。1971 年 6 月 15 日，美国向双方通报美国国务院发言人即将在 6 月 17 日下午发表的声明的内容。③ 1971 年 6 月 16 日，美国驻日大使迈耶与爱知外务大臣举行第 16 次会谈。爱知询问"美国国务院的声明是否影响日本对尖阁诸岛的合法地位?"迈耶大使则回避明确表态。④ 1971 年 6 月 17 日，美日两国同时在华盛顿和东京签署《美日关于琉球群岛和大东群岛的协定》。与此同时，爱知揆一与迈耶签署秘密《谅解备忘录》。根据该备忘录，美国政府移交琉球群岛及大东群岛施政权以后，日本政府继续向驻日美军提供 88 个军事设施。其中，包括黄尾屿和赤尾屿(序列号分别为第 84

---

① 日本外务省编：《日中关系基本资料集》，369—370 页，东京，霞山会，1998。《板垣大使致外务大臣电》第 391 号，1971 年 6 月 18 日。日本外务省外交史料馆，0600-2010-00029。《美国驻台北"大使"致国务卿电》，第 2863 号，1971 年 6 月 12 日。《美国对日政策文件集》，第 17 期第 7 卷，111—113 页。

② 《国务卿致美国驻日大使电》(*The Secretary of State to Amembassy Tokyo*)，第 104962 号，1971 年 6 月 14 日。《美国对日政策文件集》，第 19 期第 9 卷，189 页。

③ 《国务卿致美国驻日本大使、驻台北"大使"电》，第 106745 号，《美国对日政策文件集》，第 19 期第 9 卷，200—201 页。

④ 《美国驻日大使致国务卿电》(*Amembassy Tokyo to The Secretary of State*)，第 5791 号，1971 年 6 月 16 日。《美国对日政策文件集》，第 19 期第 9 卷，205 页。

号和第 85 号)①。当天下午，美国国务院新闻发言人发表谈话，美国政府将向日本政府返还包括钓鱼岛在内的琉球群岛和大东群岛的施政权，但美军将继续使用黄尾屿和赤尾屿作为军演靶场。美国将钓鱼岛诸岛施政权返还给日本，不影响"中华民国"对该诸岛的主张。美国不能强化对日和约以前日本所有的法律权利，也不能缩小"中华民国"所有的权利，对钓鱼岛主权争端持"中立"立场。②

1971 年 6 月 19 日，台湾当局周书楷召见日本驻台北工作人员吉田，建议"谈判"或"讨论"钓鱼岛地位问题。"无论是'谈判'还是'讨论'，'中华民国政府'都是能够接受的。"日本政府按照既定的方针，直到 6 月 25 日，日本驻台北"代表"板垣修才答复说："尖阁诸岛的地位是由旧金山对日和约确定的"；"如果'中华民国政府'承认日本对尖阁诸岛的领土主权，日本政府愿意在努力维护友好关系的过程中讨论相关问题"。所谓"相关问题"，指的是台湾当局的代表权问题③。显然，日本政府的基本策略是将钓鱼岛

---

① 《谅解备忘录》(*Memorandum of Understanding*)，1971 年 6 月 17 日。《美国对日政策文件集》，第 17 期第 8 卷，100 页。日文本见第 17 期第 8 卷，56 页。1971 年 5 月 12 日，日本外务省就向媒体披露了美国要求将赤尾屿和黄尾屿作为海军射击靶场的绝密情报。美国驻日大使迈耶认为，日本外务省披露这一绝密情报的目的意在显示"美国支持日本对尖阁诸岛的要求"。《美国驻日大使致国务卿电》(*Amembassy Tokyo to The Secretary of State*)，第 4345 号，1971 年 5 月 12 日。《美国对日政策文件集》，第 19 期第 9 卷，160—161 页。1971 年 5 月 19 日，美国国务院向驻台北"代表"、驻香港总领事，以及驻日大使通报国务院发言人尚未使用的应对日本政府泄露美军将黄尾屿、赤尾屿作为海军射击靶场事件的《答记者问》稿本。其中规定，如果有记者询问美军是否在钓鱼岛建立射击靶场，国务院发言人应当这样回答："事实上，美国海军在尖阁诸岛的黄尾屿和赤尾屿有射击靶场。这些靶场通常用于训练目的。"如果记者继续追问"在将尖阁诸岛返还日本以后，美国是否打算保留这些射击靶场"时，国务院发言人将如斯答复："我们正在与日本政府讨论返还以后美国继续使用这些训练设施的可能性。"《国务卿致美国驻台北"大使"电》，第 87994 号，1971 年 5 月 19 日。《美国对日政策文件集》，第 19 期第 9 卷，162 页。

② 《国务卿致美国驻台北"大使"电》，第 108253 号，1971 年 6 月 17 日。《美国对日政策文件集》，第 19 期第 9 卷，207—213 页。蒋介石在 1971 年 6 月 17 日的日记中写道："与经儿谈钓鱼台列岛问题，美国已促日本与我商谈矣。今日美日签订交换琉球书。"《蒋介石日记》，1971 年 6 月 17 日，美国斯坦福大学胡佛图书馆藏。

③ 《美国驻台北"大使"致国务卿电》，第 3192 号，1971 年 6 月 30 日。《美国对日政策文件集》，第 19 期第 9 卷，227—228 页。

主权归属问题与台湾当局的法统地位问题直接联系起来，迫使台湾当局放弃对钓鱼岛的主权要求。与1952年4月日本政府与台湾当局缔结所谓“日本国与‘中华民国’和平条约”时将日本战争赔偿问题与台湾当局法统地位问题直接挂钩的做法相比，何其相似乃尔！在这种情况下，无论是“谈判”也好还是“讨论”也罢，是难以取得任何成果的。

由上可见，在美日返还琉球群岛和大东群岛施政权谈判的过程中，在怎样处置钓鱼岛问题上，台湾当局的立场经历了复杂的变化过程。在1971年5月25日美国政府通报《美日关于琉球群岛和大东群岛的协定》第一条及《谅解议事录》的详细内容以前，其基本立场是要求“返还钓鱼岛管辖权”。在1971年5月25日以后，退向要求“暂不将钓鱼岛纳入美日返还协定范围（维持美军控制现状）”和请求美国敦促日本与台湾当局商讨。日本政府虽然做出了与台湾当局讨论钓鱼岛问题的姿态，其前提却是“必须承认日本对该岛屿的主权”。美国政府始终按照1970年9月10日《答记者问》设定的路线，将施政权与主权归属相对分离、将钓鱼岛纳入返还范围，仅仅是在敦促日本与台湾当局商讨这一点上满足了台湾当局的要求。而在最重要的实际控制权问题上，满足了日本政府的要求。

四 简要的结论

通观美日两国政府在返还琉球群岛和大东群岛施政权谈判进程中处理钓鱼岛问题的政策及其策略，我们至少可以得出三个基本结论。

首先，日本政府的基本政策是首先谋求美国政府承认“尖阁诸岛是琉球群岛的一部分”。要求将其纳入美日返还琉球群岛和大东群岛施政权协定的范围。日本政府提出这一要求的国际法依据是1951年9月签署的《旧金山对日和约》和1953年12月25日美国琉球民政府第27号公告。美国政府重新界定《旧金山对日和约》第三条地域的界线，并且将《旧金山对日和约》第三条与美国琉球民政府第27号公告直接联系起来，既承认“尖阁诸岛是琉球群岛的一部分，属于未来返还施政权的范围”，又将施政权与主权归属相对分离，主张“有关主权问题的争端由争议双方谈判或提交国际法院仲裁。”1970年9月10日美国国务院新闻发言人《答记者问》稿本，确定了美国政府在返还琉球群岛和大东群岛施政权谈判中对钓鱼岛问题的基本政策。从1970年8月末起直到1971年5月末为止，美日两国政府围绕着返还区域的法律文件形式问题进行了长时间的交涉。日本政府最初要求以《附件》的形式、使用经纬度座标点、经纬度线标示返还区域的地理范围，最后退向接受《谅解议事录》的形式，但是，始终坚持以经纬度坐标点和经纬度线的方式明确划定返还区域。尽管最终同意在返还协定第一条正文和《谅解议事录》中都不明确指名钓鱼岛，但是，实现了将钓鱼岛纳入返还区域的既定目标。美国政府虽然拒绝采取《附件》形式，坚持采取《谅解议事录》形式。但是，最终还是同意将《谅解议事录》作为公开发表的《美日关于琉球群岛及大东群岛协定》第一条的补充文件、并接受以经纬坐标点和经纬度线标示返还区域，在相当程度上迎合了日本的利益要求，从而形成了此后日本政府实际控制钓鱼岛的局面①。

其次，在第二次世界大战结束以后的美日关系史中，美日两国政府多以“秘密谅解”的方式处理涉及第三方的重大事项。例如，1952年9月5日美日双方签署的《美日关于对共产党中国输出统制的谅解协定》。按照该协

① 1971年10月27日—11月3日，美国国会参议院外交委员会举行《美日关于琉球群岛及大东群岛协定》的听证会。关于这次听证会的进展情况，在美日两国政府的有关解密档案中记载略有不同。根据日本外务省的解密档案，会议期间，有的议员提出了关于钓鱼岛主权归属争端问题，并且听取了杨振宁等华裔民间人士关于中国拥有钓鱼岛主权的证词，但是，仅仅是将这些内容“记录在案”。详见[日]美国局北美第一课：《参议院外交委员会及参议院全体会议审议返还冲绳协定》，昭和46年11月19日，日本外务省外交史料馆，0120-2001-10606。根据美国国务院助理国务卿杰克·欧文向美国驻日大使的通报，在1971年10月29日的会议上，听取了纽约州立大学物理学家、诺贝尔奖获得者美籍华人杨振宁和“特拉华钓鱼岛委员会”代表吴仙标、托马斯·邓(Thomas Dunn，具有华裔血统)的证词。杨振宁指出：“根据返还协定，美国政府指定将黄尾屿和赤尾屿作为射击靶场，违背美国公开表明的在钓鱼岛争端问题上的中立立场”；“钓鱼岛问题具有将美国拖入日中领土争端的潜在风险”；“请求参议院以某种方式阐明美国政府在钓鱼岛问题上的中立立场，并禁止美国海军和日本联手造成承认日本对钓鱼岛主权的既成事实”。吴仙标“反对将钓鱼岛纳入返还协定”。托马斯·邓的证词重在抨击“日本军国主义复活”。《助理国务卿欧文致美国驻日大使电》(*Jack Irwin*，*Department of State*，*Acting Secretary to Amembassy Tokyo*)，第198739号，1971年10月30日。《美国对日政策文件集》，第17期第9卷，169页。

定，日本对中国大陆的贸易管制范围不仅包括巴黎统筹委员会和中国委员会国际管制清单中的所有物资、美国贸易管制清单中的所有物资，而且还包括美日协商确定增加管制的物资①。再如，1960 年 1 月 6 日，美日双方签署《第一次安全保障协商委员会会议记录》，其中包含一项“秘密谅解”。该“秘密谅解”的内容是：“当发生对驻韩国联合国军的武力攻击时，为反击这类武力攻击，在联合国军统一指挥下的驻日美军可以未经事前协商立即采取军事作战行动。”②另一方面，美日两国政府还以“秘密谅解”的方式处理日本国内政治中高度敏感的重大问题。例如，在美日返还琉球群岛和大东群岛施政权谈判的过程中，美日两国政府签署了一系列秘密文件。其中包括：1969 年 11 月 19 日，尼克松总统与佐藤荣作总理大臣秘密签署的关于紧急事态下在冲绳重新部署核武器问题的《美日首脑关于联合声明的谅解议事录》；1969 年 12 月 2 日，美国财政部部长特使安东尼·乔立克与日本大藏省审议官柏木雄介秘密签署的关于日本政府向美国支付 52000 万美元补偿的《财政补偿谅解备忘录》；1971 年 6 月 12 日，美国驻日大使馆公使斯奈德与日本外务省美国局局长吉野文六签署的关于对驻冲绳美军基地原军用土地恢复原状补偿费的《讨论记录》；③ 1971 年 6 月 17 日爱知揆一外务大臣与美国驻日大使迈耶签署的《关于向驻冲绳美军提供设施和区域的

---

① 《关于国家安全委员会第 104/2 号文件(美国在经济领域能够影响苏联集团战争潜力的政策和计划)执行情况的第六次报告》(*Sixth Progress Report on NSC104/2, United States Policies and Program in the Economic Field Which May Affect the War Potential of the Soviet Bloc*)，1953 年 1 月 19 日。《美国对外关系文件 1952—1954》(*Foreign Relations of The United States* ，1952-1954)，第 1 卷，918－919 页，华盛顿，政府印刷局，1983。

② 福特总统图书馆：《美国国家安全委员会档案 1974—1977》(Gerald R. Food Library，*U. S. National Security Council Institutional Files* 1974-1977)，第 53 箱，《国家安全决定备忘录第 262 号文件附件 2》(*NSDM262*，*Use of U. S. Bases in Japan in the Event of Aggression Against South Korea*，*Attachment* 2，*Minute*)，1974 年 7 月 29 日。该会议记录直到 2008 年 2 月才在福特总统图书馆被发现，2010 年 3 月日本外务省确认了该文件的真实性。

③ 崔丕：《冷战时期美日关系史研究》，288－338 页，北京，中央编译出版社，2013。

谅解备忘录》①。应当说，在美日返还琉球群岛和大东群岛施政权谈判期间形成的一系列谅解性文件中，《美日关于琉球群岛和大东群岛的协定》第一条的《谅解议事录》乃是唯一公开发表的谅解性文件。这种方式在战后美日关系的发展进程中乃是非常罕见的。倘若我们将《美日关于琉球群岛和大东群岛的协定》第一条的《谅解议事录》与爱知外务大臣与迈耶大使秘密签署的《关于向驻冲绳美军提供设施和区域的谅解备忘录》中有关黄尾屿、赤尾屿的规定联系起来观察，就将看到：美日两国政府实际上通过双重方式处理钓鱼岛归属问题。这种处理方式也表明，尽管美国政府在有关钓鱼岛主权归属争端问题上标榜“中立”，实际上是偏袒日本政府的。

最后，在我们所论述的这一时期，尽管美国尼克松政府已经在谋划缓和美中关系和调整美国的亚洲太平洋战略，但是，日本在尼克松政府亚洲太平洋战略中的地位并没有改变。尼克松政府在推进美中关系缓和的同时，继续维护美日安保体制，“防范中国或共产党国家联盟在东北亚、东南亚扩大影响”。② 唯其如此，美国政府才对中华人民共和国关于钓鱼岛主权归属的严正立场置若罔闻；美日两国政府在怎样处置钓鱼岛问题上才得以最大限度地向台湾当局施加压力，如期签署《美日关于琉球群岛和大东群岛的协定》，并将钓鱼岛施政权移交日本政府。尽管台湾当局始终坚持

---

① 关于该《谅解备忘录》的日文本和英文本，见《美国对日政策文件集》，第 17 期第 8 卷，45－102 页，日本外务省外交史料馆：0120-2001-10542。

② 《国家安全研究备忘录第 69 号，美国在亚洲的核政策》(*National Security Study Memorandum* 69，*U. S. Nuclear Policy in Asia*)，1969 年 7 月 14 日。《国家安全研究备忘录第 3 号，美国的军事地位与均势》(*National Security Study Memorandum* 3，*U. S. Military Posture and the Balance of Power*)，1969 年 9 月 5 日。《国家安全决定备忘录第 27 号》(*National Security Decision Memorandum* 27)，1969 年 10 月 11 日。《国家安全决定备忘录第 230 号》(*National Security Decision Memorandum* 230)，1973 年 8 月 9 日。在尼克松总统访问北京前夕，1972 年 1 月初，美日两国首脑在圣克莱门托举行会谈。尼克松总统建议日本缓和有关钓鱼岛主权争端。《霍尔德里奇致基辛格备忘录》(*Memorandum For Henry A. Kissinger From John H. Holdridge*)，1972 年 1 月 5 日。《美国对日政策文件集》，第 20 期第 8 卷，154－156 页。1972 年 3 月 21 日，佐藤荣作首相“要求美国承认日本对尖阁诸岛的领土主权”。《美国驻日大使致国务卿电》(*Amembassy Tokyo to The Secretary of State*)，第 2882 号，1972 年 3 月 22 日。《美国对日政策文件集》，第 19 期第 10 卷，33－34 页。

拥有钓鱼岛的“领土主权”，但在具体问题的处理上呈现逐步后退的变化趋向①。台湾当局对钓鱼岛归属争端的政策与策略之所以呈现如此特征，最根本的原因在于美蒋共同防卫体制的制约和美日安保体制的压力。正是由于美国政府对钓鱼岛问题的这种处理方式，酿成了中日关于钓鱼岛主权争端的祸根②。美国政府在钓鱼岛主权争端问题上负有不可推卸的历史责任。我们越是从比较长期的视阈来观察，其贻害就越深远。

（作者为华东师范大学历史学系教授）

① 在美日两国政府签署《美日关于琉球群岛和大东群岛的协定》以后，直到1972年5月15日该协定生效以前，台湾当局仍然在请求美国政府暂不向日本政府移交对钓鱼岛的施政权。《美国驻台北“大使”致国务卿电》，第4777号，1972年2月8日。《美国对日政策文件集》，第19期第10卷，14—15页。《美国驻台北“大使”致国务卿电》，第1506号，1972年3月24日。《美国对日政策文件集》，第19期第10卷，44—45页。

② 国家情报评估办公室：《备忘录：尖阁诸岛争端的政治影响》(Office of National Estimates，*Memorandum* ：*Political Implications of the Senkaku Islands Dispute*)，1971年5月19日。[美]数字国家安全档案：《日本与美国：外交、防务与经济关系》，第3编，1961—2000，第00107号文件。

东方主义的形成过程简介

马克垚

自从萨义德的《东方学》出版以来，东方主义（也可以称为东方专制主义）已经成为学界讨论的热门话题，批判欧洲中心论、探讨东方对世界文明巨大贡献的著作，也层出不穷。西方人的东方主义中的东方，本来主要是指阿拉伯世界而言的，包括中古的阿拉伯帝国，后来的奥斯曼帝国和莫卧尔帝国等。东方主义赖以形成的材料，许多都是阿拉伯世界的。中国因为远在更远的东部，所以被西方人称为远东，18世纪一度还被认为是文明昌盛的国度。19世纪以后，中国也逐渐被包括进东方的范围。我们这里说的东西方，并不是指地理位置而言，是历史上特定的时间形成的观念，是西方殖民主义的产物。东方被认为是代表了落后、停滞、野蛮，而西方是文明、进步、自由，是世界发展的未来。我这里不拟全面讨论这一问题，只是吸取前贤已有成果，对其形成过程做简略的介绍。

最近有人论述了中国的东方主义之特殊性，使用了“汉学主义”一词，他指出汉学主义和东方主义不同，东方主义是西方人创造出来为殖民主义服务的贬低东方文化的理论，而汉学主义则有两方面的来源，既是西方人创造出来以欧洲中心论为标准看待中国文化、贬低中国文化的理论，也是中国人、东方人应用西方的认识论和方法论看待世界、看待自己的文化和看待自己的产物。中国人看待自己的文化时，不管是赞扬自己还是贬低自己，其标准也仍然是西方的，所以汉学主义是一种西方中心的知识系统。①

① Ming Dong Gu，Sinologism：*An Alternative to Orientalism and Postcolonialism*，London：Reuteledge，2013，pp. 7-8. 该书理论内容介绍可参看周宪：《在知识与政治之间》，载《读书》，2014(2)。

一 古代希腊罗马人之世界

过去认为希腊是西方文明的源头，是西方民主、自由的渊薮，所以希腊当然是西方的。其实这是一个错误的认识。从地理上说，古代希腊不只是现在的希腊半岛，而是以爱琴海为中心、横跨欧亚两洲的一片区域，传说中的特洛伊战争，说的是现在西亚沿岸的强盛城邦特洛伊，其王子帕里斯诱拐了斯巴达王之妻海伦，所以迈锡尼之王阿伽门农率领半岛上的联军攻打特洛伊，经数十年之久特洛伊终被攻下。这被认为是希腊人自己的故事，也证明希腊地理上不是属于西方的。从特洛伊往东，还有当时强大的王国吕底亚和波斯。希腊人使用过欧罗巴和亚细亚这两个地理名词，但和现在的亚洲、欧洲意义完全不同。它是以达达尼尔海峡为界的两部分土地，东部称亚细亚，西部称欧罗巴，这两个名词的来历不十分清楚，可能是来自亚述人对日出和日落的称谓。① 亚细亚在罗马时代是罗马的一个行省。

古代希腊人根本没有现在东西方文明的概念，也没有东西方的地理概念。他们有希腊人和非希腊人的概念，称自己是希腊人(Hellas)而称非希腊人是barbarians。我们把barbarians译作蛮人，但是这一名词起初并没有我国“蛮夷”那样的贬义，只是把希腊人和非希腊人区别开来。古代希腊人对后来被称为东方代表的波斯，并没有什么恶意和贬义，反而十分称赞。希罗多德在其《历史》中说，波斯王居鲁士(公元前558—前529)征服吕底亚后，善待其王，后来希腊许多城邦都想归顺居鲁士。② 大流士(公元前522—前486)起义成功后，波斯人讨论国家的组织形式，有的人主张废除独裁统治，由全体波斯人参加管理国家；有的人主张选择一批优秀人物，实行寡头统治，最后还是采取了大流士的意见，实行个人独裁统治，他认为这样可以给大家以自由。最后的表决是7人中4人赞成个人独裁统治，所以大流士才成为国王。③ 这

---

① [苏]马吉多维奇:《世界探险史》，屈瑞等译，47页，北京，世界知识出版社，1988。

② [古希腊]希罗多德:《历史》上册，王以铸译，45、72页，北京，商务印书馆，1997。

③ [古希腊]希罗多德:《历史》上册，王以铸译，231—235页，北京，商务印书馆，1997。

一故事反映的也许是希腊人的想象，但不能否认也反映波斯仍然保留原始民主传统。另一个史学家色诺芬，也对波斯的居鲁士大为称赞。

亚里士多德在他的《政治学》中，讨论了希腊城邦的组织形式。他区分了6种政体：以一人为统治者，而能照顾全城邦人民利益的，称为王制或君主政体；如果照顾的是个人的利益，则是僭主政体；少数人为统治者而能照顾全城邦人的利益的，是为贵族政体；如果照顾的是少数人的利益，则是寡头政体；以群众为统治者而能照顾全城邦人的利益的，是共和政体；如果照顾的是穷人的利益，则是平民政体。亚里士多德认为好的、坏的政体的区别，是统治者的品质和意愿，归结到伦理道德方面。他认为，几乎所有的城邦都是穷人多而富人少，所以城邦中寡头政体以自由为标志，而平民政体以财富为依据，但这两派所持的正义观念都不完全，都忽略了另外一些人。而城邦的真正目的在于使全邦人民都能进于正义和善德。① 在这些论述中，并没有涉及东、西方的问题。但亚里士多德在《政治学》中，也表示了对亚细亚君主制的看法。他说："与前一类相比，还有另一类君主制就是一些蛮族中的王，他们全都有类似于僭主的权力。他们既是按照法律产生又是世袭的。由于这样一种情况，即蛮人在习俗方面天生比希腊人富于奴性，而亚细亚的蛮人又较之于欧罗巴的蛮人为甚。"②他还从地理环境的不同探讨两种人性格的不同，欧罗巴各族居住在寒冷地方，富于勇敢精神，能保持长久自由而无力统治其他民族，亚细亚民族精神卑弱，常常受人统治，甚至处于被奴役状态；唯有处于亚细亚和欧罗巴之间的希腊人，兼具二者的优点，所以能保持自由并统治世界上的其他民族。③亚里士多德的这些说法，反映了经过长期和波斯的战争，希腊人的自我意识中产生了对东方(波斯为代表)的优越感。他的这一说法也就成为以后西方产生"东方主义"和"东方专制主义"的重要源泉。

---

① [古希腊]亚里士多德：《政治学》，吴寿彭译，132－138页，北京，商务印书馆，1983。

② [古希腊]亚里士多德：前引书，159页；译文根据廖学盛：《魏特夫的臆断和古代希腊历史》，见李祖德等主编：《评魏特夫的"东方专制主义"》，249页，北京，中国社会科学出版社，1997。

③ [古希腊]亚里士多德：前引书，360－362页。

罗马人使用oriens一词，其意思是指日出，后来引申为指方位中的东方。逐渐形成了用oriental和occidental分指东西方的说法。在罗马帝国后期，戴克里先和君士坦丁时期，东、西罗马的分界日益明显，occidental用来指说拉丁语的西部帝国，而oriental用来指说希腊语的东部帝国，和现在的东西方概念不同。至于亚细亚，是罗马帝国的一个行省，主要指现在土耳其的西部，还没有亚洲的概念。罗马帝国虽然雄跨地中海两岸，可是对于希腊人的宿敌波斯(起初是安息[帕提亚]，后来为伊朗萨珊王朝)，却没有多少优势。公元前1世纪，前三头之一的罗马大将克拉苏以7个军团的重兵，被安息人打得大败，本人也被杀。以后双方战争不断，互有胜负，罗马人再也没有能占领两河流域。罗马人对希腊人还是尊重的，流传着向希腊人学习法律，才建立十二铜表法的故事。他们继承了希腊人的想法，也一样自视为文明，而把周围其他民族视为野蛮人。他们对野蛮人的看法，当以恺撒写的《高卢战记》、塔西佗写的《日耳曼尼亚志》和阿密阿那斯·马西里那斯写的《历史》中的描述为代表。特别是阿密阿那斯在其书中对匈奴人的描写，说匈奴人面貌丑陋，吃野生植物的根和半生的肉，没有房屋，住在车中，毫无信义，富于欺骗性，像没有理智的野兽一样等。①这毫无疑问是掺杂了大量的对非罗马人的偏见的。

二 中世纪时期的东西方

中世纪时期西欧是基督教统治的世界，教会势力强大，而整个社会生产、文化比罗马时相对要落后。基督教用宗教统一其管领的地域，还沿用基督教指西方，东正教指东方的用法，西方具有了宗教、文化上的意义。②但是在中世纪，西欧并没有什么文化上的创造，它政治学上的一些看法，不过是后来发现了的亚里士多德《政治学》的抄袭而已。如托马斯·阿奎那

① 齐思和等选译：《中世纪初期的西欧》，28—31页，北京，生活·读书·新知三联书店，1959。

② Gunee，M.，*States and Rulers in the later Middle Ages*，N. Y.，Basil Blackwell，1985，p. 2。

所说的，君主制是最好的政体；暴君政治，即君主政治的腐化变质是最坏的政体①，就是来自亚里士多德的。阿奎那在为亚里士多德的《政治学》做注释时，把拉丁文 despotica 说成是主人对奴隶关系的称谓。其实这也是来自罗马，因为罗马人称皇帝为 dominus，这个字的本意就是主人对奴隶的统治。

这时伊斯兰教兴起于阿拉伯，形成了繁荣昌盛，横跨亚、非、欧三洲的大帝国。西欧远远落后于东方的阿拉伯，但是宗教的差别却使它把反对的矛头指向伊斯兰教，11 世纪发动了宗教战争，这是由教会发起，西欧的大批封建主、骑士、商人、农民参加了的对东方的战争。基督教西欧把阿拉伯人视为异教徒、异族，号召予以消灭。② 以后绵延了二百多年的宗教战争，给双方都带来了许多苦难，也种下了西欧视伊斯兰为敌人的根源。但另一方面，当时先进的阿拉伯却给西欧以许多科学文化知识，西欧被阿拉伯帝国三面包围，阿拉伯帝国占领西班牙，建立后倭马亚王朝(756—1031)，首都科尔多瓦，有居民 50 万，公共澡堂 300 所，许多图书馆、书店，产生了好多著名的学者。如伊本·鲁世德(1126—1198)，即是西班牙人，他是哲学家，以注释亚里士多德而闻名。另一个地方是西西里和南意大利，曾经被阿拉伯人占领，形成了基督教和伊斯兰的混合文化，1224 年创立的那不勒斯大学，成为西欧学习阿拉伯文化的重要阵地，前述著名经院哲学家阿奎那即在这里学习过。哲学家兼医学家伊本·西那(拉丁名阿维森纳，980—1037)，医学家拉齐(865—925)等的著作，都曾翻译成拉丁文，长期是西欧通用的教科书。可是，西欧对阿拉伯人却恩将仇报，1312 年的天主教大公会议认为，不能通过说服或武力使穆斯林改变信仰，因此应该从学术上对其进行攻击。③

① [意]托马斯·阿奎那：《阿奎那政治著作选》，马清槐译，48－53 页，北京，商务印书馆，1963。

② 参见郭守田主编：《世界通史资料选辑：中古部分》，151－153 页，北京，商务印书馆，1981。

③ [英]萨达尔：《东方主义》，马雪峰等译，35 页，长春，吉林人民出版社，2005。

三　16、17世纪的东方主义

16世纪以后，西欧的生产、文化都有了进步，有所谓文艺复兴运动，西欧开始狂热地学习古典文化，这在意大利表现得尤为明显。西欧在了解古典文化的同时，也继承了过去的对东方、对阿拉伯文化的不正确看法，而随着西欧文化的提高，这一认识也日益发展。

东方主义在西欧的形成，有着深厚的历史的现实基础。首先，不要忘记，16—18世纪，也是伊斯兰大扩张的时代，奥斯曼帝国崛起于小亚细亚，取代阿拉伯帝国成为横跨欧、亚、非三洲的大帝国，不断西向进攻，数次兵临维也纳城下，教皇甚至号召组织新的宗教战争，来和奥斯曼对抗。奥斯曼帝国的东面，是伊朗萨非王朝，再东面，是印度的莫卧儿帝国，这样伊斯兰由东到西连成一片，对欧洲的基督教世界形成很大威胁。和伊斯兰对抗，和伊斯兰作战，成为东方主义形成的一个重要来源。这种思想鲜明地反映在这时西欧进行的远洋航行中。最早的航行者葡萄牙，就从教皇得到命令。"教皇授权葡萄牙国王攻击、镇压和征服撒拉森人，……掳其财产，占其领土，将其子民永世贬为奴隶，把其土地和财产献给葡萄牙国王。"①而哥伦布、达·伽马以及西班牙王室，其航行的动机之一就是为了收复圣地，哥伦布在日记中写道，"希望找到大量金子，让西班牙国王能够在三年内做好准备，实现对圣地的征服"。② 由于西欧人到达的非洲、美洲当时的居民比较原始，还没有进化成强大的国家，更加强了西欧人的种族主义观念，自以为是上帝的选民。而随着印第安人的被灭绝，非洲黑人大批奴隶化，西欧白人更强化了自己的优越观念，助长了东方主义的形成。

但是，欧洲人在16、17世纪时的经济、军事实力仍然十分脆弱，当他

① [英]霍布森：《西方文明的东方起源》，孙建党译，123页，济南，山东画报出版社，2009。

② [英]霍布森：《西方文明的东方起源》，孙建党译，147页，济南，山东画报出版社，2009。

们遇到强大的亚洲国家时，就碰了不少钉子。明朝时，葡萄牙、西班牙和荷兰不断寻求和中国政府接触，但除了葡萄牙有一次不成功的北京出使外，其他国家都是和中国地方官员的往来。① 1557年，葡萄牙人通过贿赂明地方官员，得以在澳门停留贸易，成为中国对外贸易的重要通道。荷兰人这一时期曾经一度侵略我台湾，但被郑成功驱逐。所以中国仍然维持着以我为中心的思想体系。至于另一个大国印度，虽然因为分裂割据让西方人占领了一些地方，但只是沿海的边缘地区，没有构成大的威胁。

欧洲人这时自我意识增强，视东方(奥斯曼土耳其为代表)为落后，但并不认为专制主义是不好的，相反，这时西方的思想家许多都赞扬专制主义。我们知道，希腊、罗马作家并不大赞扬民主，认为它会导致社会分裂动乱，柏拉图说民主制度是通过党争得来，在这种制度下每个人行动自由，这种制度以轻薄浮躁的态度践踏好的理想，“是一种使人乐意的无政府状态的花哨的管理形式”。② 而亚里士多德认为君主统治是一人统治，但能照顾全城邦人的利益。他们大都倾向于一种混合政体，即贵族共和制。③

16世纪西欧各国开始摆脱封建分裂，加强王权，相应的就出现了鼓吹专制主义的思想家。马基雅维里写《君主论》，建议美第奇应该成为不择手段进行统治的君主，才能长治久安。他比较了土耳其和法国，说土耳其是由一位主子统治的，其余的人都是他的臣仆；而法国国王却自古以来就处在一大群贵族当中，这些诸侯都拥有各种特权。④ 他对于土耳其这样的国家并无恶感。博丹高倡主权论，认为君主制是最好的政体，而君主是主权的拥有者。他把君主分为专制君主和王制君主，根据那个时代的习惯，认为土耳其君主是专制(seigneuriale)君主，他说王制君主尊重臣民的自由和财产，而专制君主则是其臣民人身和财产的主人。⑤ 这就表示了西欧对东

① 张国刚等：《中西文化关系史》，305－314页，北京，高等教育出版社，2006。

② [古希腊]柏拉图：《理想国》，郭斌和、张竹明译，333页，北京，商务印书馆，1994。

③ 施治生：《古希腊罗马的混合政体论》，见施治生等主编：《古代民主与共和制度》，北京，中国社会科学出版社，1998。

④ [意]马基雅维里：《君主论》，潘汉典译，19页，北京，商务印书馆，1986。

⑤ Bodin, J., *Six Books of the Commonwealth*, Abridged and Translated by Tooley, M. J., Oxford: Basil Blackwell, pp. 56－57.

方的歧视。英国学者霍布斯在其《利维坦》中，使用了 despot 一词指称专制，他说，由征服或战争胜利所取得的管辖权称之为专制的管辖权，这字本来的意义是领主或主人，这便是主人对臣仆的管辖权。他认为，臣仆的财产、劳动、他本人的臣仆，他的子女等都是主人的，可以随时索用。①但霍布斯并不认为专制主义是东方特有的，而是人类社会普遍存在的现象。17 世纪的历史哲学家维柯认为，人类政体的循环最后又归到君主独裁制，而当时的世界被几个伟大的独裁君主统治，包括莫斯科沙皇、鞑靼皇帝，日本天皇、中国皇帝，还有瑞典、丹麦、波兰、英格兰等，而只有五个贵族专政政体。②

四　18 世纪以来东方主义的形成

18 世纪西欧取得了长足的进步。工业革命开创了大机器生产的时代，封建东方的手工业生产再也不能与之竞争；以大工业生产出的坚船利炮为先导，欧洲殖民主义把亚洲、非洲、拉丁美洲都变成他们的殖民地、半殖民地和市场，进行了残酷的剥削和压迫；以启蒙运动为标志，欧洲人完成了自我认识的最后目标，给出了自造的谱系，即希腊罗马、中世纪、文艺复兴、启蒙运动，而后是工业革命、政治民主制的进步过程，③ 而其他民族都是落后、愚昧、在历史进程的外面、没有历史的民族。只有依靠西欧人的教化和训练，才能有希望有历史的进步，进入历史的发展阶段。

18 世纪初，西欧人在对东方的认识中曾经发生了一段插曲。通过传教士的半真半假的介绍，西欧人了解了东方有一个伟大的帝国，物质进步、文化昌明，哲学家兼政治家的皇帝统治着广大的地区和有教养的人民，这

① [英]霍布斯：《利维坦》，黎思复等译，156－159 页，北京，商务印书馆，2010。

② [意]维柯：《新科学》下册，朱光潜译，557、594－595 页，北京，商务印书馆，1989。

③ [美]沃尔夫：《欧洲和没有历史的人民》，赵丙祥等译，9 页，上海，上海人民出版社，2006。

是当时主张开明专制的启蒙思想家所艳羡的理想国家形态，因而对之大加赞扬。不过这只是一个短暂的插曲。不久，西欧人就放弃了利用中国“经验”劝说本国君主实行开明统治的办法，而把中国归于没有历史的国家序列了。

东方主义、东方专制主义的形成，可以确定这么几个代表作。一是孟德斯鸠的《论法的精神》，可以说比较全面地归纳出东方主义的内容。他说专制政体是亚洲各国的特点，包括土耳其、波斯、印度、俄罗斯和中国，在这种政体下，法律只是君主个人的意志，君主是全国土地的所有者和臣民财产的继承者，这里的原则是恐怖，① 孟德斯鸠还从地理环境等分析亚洲形成专制主义的原因，指出亚洲北方寒冷，南部炎热，所以适宜北方的好战者征服南方而形成大帝国，地域广大有利于君主保持统治，亚洲是奴隶而欧洲是自由的。② 然后就是黑格尔从哲学上对亚洲的奴役和欧洲的自由做了总结，他说，世界历史是一种绝对精神的运动，起初是在东方开始，在那里只有一个人是自由的，那就是专制君主；希腊、罗马部分人是自由的(因为那里有奴隶制)，而只有日耳曼才是全体自由的，因为这个时期实现了“精神的自由”。③ 英国的政治经济学家如斯图亚特·密尔(亦译穆勒)，理查德·琼斯等，更从经济学方面指出东方主义的特点，如土地国有制，缺乏个人的财产权利，政府掌握着巨大的灌溉工程，社会处于停滞状态等，例如，密尔在他的《政治经济学原理》中写道，亚洲的君主们，常常把人民的生活必需品也都拿走，以至政府还得再借给他们一些生活必需品，才能使他们维持生命到下一个收获季节。在这种制度下，绝大部分人都在受苦，只有官员、宠臣等过着富裕的生活。“在大多数的亚洲国家，从有文字记载的历史以来，只要没有受到外来影响，直到今天(1848 年)，

---

① [法]孟德斯鸠：《论法的精神》上册，张雁深译，60－66 页，北京，商务印书馆，1973。

② [法]孟德斯鸠：《论法的精神》上册，张雁深译，274－278 页，北京，商务印书馆，1973。

③ [德]黑格尔：《历史哲学》，王造时译，149 页，北京，生活·读书·新知三联书店，1956。

其经济状况的一般特点依然如此”。① 理查德·琼斯在其书中写道：“君主的所有权以及他在产品方面庞大的和实际上无限的权益，使人们不可能组成任何真正独立自主的关于土地的团体。通过分配他的领土所提供的地租，国王用文武官员的身份保持其余人口中最有势力的部分。城市大多数依靠君主或者他的臣仆的支出维持生活，国民是人人知道最无能的和最屈服的亚洲奴隶。② 穆勒在写到中国的情况时更说，中国人的房屋都是土坯、泥或涂上泥的竹片造成，甚至还有纸糊的墙，农具全是木头的，大量土地未被开垦，口粮经常不足。还说中国人没有远见，不大关心未来，长期劳累，目光短浅，得过且过，等等。③ 经过这些人的鼓吹宣传，东方主义就取得了最后的完成形态。而东方专制主义的集大成之作，就是魏特夫的《东方专制主义》一书，该书出版于20世纪50年代，他认为，东方专制主义的根源，是水利灌溉，东方国家的农业是灌溉农业，为了修筑巨大的灌溉工程，需要有集权的专制主义统治，他用中心、边缘、次边缘三个领域，把世界上的所有非西欧国家，都包括在这一范畴中，不但有古代国家，而且连苏联也包括进来了。这一著作虽然似乎是学术研究，但实际上是一本政治书籍，用来攻击当时的社会主义阵营，是“冷战”时期的产物。④

形成了的东方专制主义大致有这样几方面的内容：第一，东方国家没有个人私有财产，流行土地国有制；第二，没有自治城市，大量的农民生活在农村公社中，社会停滞、落后，依靠自身的力量无法进步；第三，国王或皇帝拥有绝对的权力，不受任何约束和限制，也就缺乏个人自由，官吏和臣民充满了奴性等。

正如布劳特所指出的，东方主义和欧洲中心论是一种信仰体系，它并没有多少实证的、科学的证明，不过是一些简单的经验，道听途说的事

① ［英］穆勒：《政治经济学原理及其在社会哲学上的若干应用》上，赵荣潜等译，24—27页，北京，商务印书馆，2009。

② ［英］琼斯：《论财富的分配和赋税的来源》，于树生译，98页，北京，商务印书馆，1994。

③ ［英］穆勒，前引书，196—199页。

④ 参见李祖德等主编：《评魏特夫的“东方专制主义”》，北京，中国社会科学出版社，1997。

实。而作为这一信仰体系的建立者的知识分子，大都和殖民主义有直接、间接的关系，有些人直接就是殖民地官员，所以这个体系是和他们的利益密切相关的。① 例如，写有《英属印度史》，主张印度土地国有的詹姆士·密尔，就是东印度公司的职员，上述的斯图亚特·密尔，就是他的儿子，也是半生在东印度公司工作。哲学家黑格尔，在论述黑人的时候，就完全没有了哲学家的风度，描写了许多可怕的奇闻逸事，如说黑人常常以人肉为食，每逢国王去世，动辄有数百人被宰杀充食，人的鲜肉在市场上出售等，更赤裸裸地谩骂黑人“不可能有什么发展，什么文化”，“黑人和欧洲人中间以往存在着并且继续着的唯一重要的联系，只有奴隶制度了。在黑人看来，这种奴隶制度并没有什么不妥当，而向来对于废除奴隶买卖最出力的英国人，却被黑人自己看作是寇仇”。②

布劳特把东方主义和欧洲中心论(东方和西方)称为文化传播主义。他指出文化传播主义的两点，即欧洲不断取得发明、创造，不断发展、进步，而欧洲以外则停滞不前，保持传统和落后。所以如此，是欧洲人有一种精神，有创新能力，而非欧洲人没有这种精神，没有这种智力，所以缺乏创新能力。而到了第一次世界大战以后，这一理论变化成为平衡论，第二次世界大战后，它就转化成为现代化理论，即承认第三世界也是可以现代化的，但是要按照欧美的模式。③

顾明栋对汉学主义的形成给出了自己的谱系，和前述东方主义不同。他认为汉学主义的起源在18世纪，经过利马窦、莱布尼茨、伏尔泰，到孟德斯鸠可谓形成。孟德斯鸠已经完全抛弃了前些时欧洲人对中国的好感，认为中国是一个古老、停滞、耗竭、拒绝任何改变的国家，“中国是一个专制国家，它的原则是恐怖”，没有荣誉和美德之感。中国所以是专制国家，原因是孟德斯鸠主张的自然环境决定论，他说小国宜于共和政体，中等国家宜于君主治理，而大帝国宜于专制君主治理。他还说西方的君主如

---

① [美]布劳特：《殖民者的世界模式》，谭荣根译，38—47页，北京，社会科学文献出版社，2002。

② [德]黑格尔：《历史哲学》，139—145页。

③ [美]布劳特：《殖民者的世界模式》，16—30页。

果统治得不好，就会认为自己来世的幸福会少，而中国的皇帝认为如果统治得不好，就会丧失他的帝国和生命。① 顾明栋指出，这后一种看法，说明孟德斯鸠完全不知道中国的皇帝是天命皇权的道理，如果中国皇帝统治不好，上天就会要你下台。②

汉学主义的成熟则以德国哲学家赫尔德(1744—1803)为代表。此人对中国毫无知识，在他的《人类哲学史导论》中，根据道听途说，对中国尽情谩骂，说中国是一个裹着丝绸、涂以象形文字的木乃伊，说中国人天生一对小眼睛、塌鼻子、额头扁平、很少胡须、大耳朵、凸起的肚子等，从形象上也加以嘲讽。说中国由半野蛮的专制者统治，其文化十分幼稚，没有科学和发明，也没有对艺术和美的感受。他们自负、贪婪、伪善，他们的道德就是幼稚的服从，而其文字就是原始的象形文字，所以中国是世界上正在下沉的废墟。顾明栋认为他代表了汉学主义的人种中心主义，欧洲中心主义和种族中心主义。③ 而汉学主义的现代形态则以魏特夫的《东方专制主义》为代表，此处不再赘述。

(作者为北京大学历史学系教授)

① [法]孟德斯鸠：《论法的精神》上册，126—129页。

② Ming Dong Gu，op. cit.，pp. 68—70.

③ Ming Dong Gu，op. cit.，pp. 71—72.

存在与影响：中国与世界

葛剑雄

尽管中国拥有悠久的历史，但中国的历史在以往大多数年代内是独立发展的。尽管长期以来中国在东亚汉文化圈中具有重大的甚至是决定性的影响，但中国对其他地区的影响却很有限，一般只是零星的、断续的。中国真正与世界联系在一起，是在19世纪后期，而自觉地承认自己是世界的一员则还要更晚些。

所以不能认为，中国以往的历史必定影响了世界，反之也是如此。

一 从天下到世界

由于自夏、商和西周以来，以黄河中下游为中心的王都所在对周边地区据有绝对优势，而当时人对东亚大陆以外的情况基本还不了解，或者只了解其落后一面，所以形成了一种王都所在即天下之中，王即是天下主宰的观念。《诗经·小雅·北山》中有这样的诗句："溥(普)天之下，莫非王土。率土之滨，莫非王臣。"正是这种观念的写照。

大致与此同时，学者构想了一种"五服"制度："五百里甸服，五百里侯服，五百里绥服，五百里要服，五百里荒服。"①根据这一结构，在王所居的京城(王畿)以外的土地应该分为四方形的五等，每一等的四边宽度都是五百里。由内向外，第一等是甸服(以农业为主的直接统治区)，第二等

① 《尚书·禹贡》。有关《禹贡》的成书年代有不同说法，一般认为至迟不晚于战国后期，但其中包含的内容形成时间不一，从"五服"说与"九州"说的比较可以肯定，前者形成的时间更早。

是侯服(诸侯统治区)，第三等是绥服(必须加以绥抚的地区)，第四等是要服(边远地区)，第五等是荒服(蛮荒之地)。这种设想完全脱离地理环境的实际，连后世的儒家学者都觉得无法自圆其说。宋代学者蔡沈就指出："尧的都城在冀州，冀州的北境加上云中、涿州、易州等地，恐怕也没有二千五百里。即使算到二千五百里，那已到了沙漠旁的不毛之地。东南那些富饶地区都是国家财富和赋税主要来源，却被当作要服、荒服而抛弃。从地势上考察，实在没有办法弄明白。"①毫无可行性使这一方案胎死腹中，但方案本身既说明当时地理知识的缺乏，也反映了在这样的条件下统治者的政治野心也不敢太大。

至迟到战国后期成形的九州制，假托大禹在治水成功后将天下分为九个州。实际上这是当时学者对未来统一国家的一种规划，反映了他们的政治理想。但秦始皇统一六国后，并没有实行九州制。汉武帝元封五年(公元前106)将全国分为十三刺史部，但只是监察区，而不是行政区。其中十一个部以州命名，却没有完全采用《禹贡》九州的名称。《禹贡》九州的范围大致相当于北至今燕山山脉和渤海湾，南至南岭一带，西至陇东高原，东至于海。尽管当时人也知道这一范围并未包括"天下"的全部，但此外已是华夏诸族不屑一顾的蛮荒之地。

在《周礼·职方》《尔雅·释地》和《吕氏春秋·有始览》中都有各自的"九州"规划，各州的名称与《禹贡》不尽相同，划分的范围也有所差异，但都是当时人天下观念的反映。

唯一不同的是战国时齐国学者邹衍的大九州说："儒者所谓中国者，于天下乃八十一分居其一耳。中国名曰赤县神州。赤县神州内自有九州，禹之序九州是也，不得为州数。中国外如赤县神州者九，乃所谓九州也。于是有裨海环之，人民禽兽莫能相通者，如一区中者，乃为一州。如此者九，乃有大瀛海环其外，天地之际焉。"②

---

① 蔡沈《书集传》："尧都冀州，冀之北境并云中、涿、易，亦恐无二千五百里。藉使有之，亦缘沙漠不毛之地，而东南财赋所出则反弃于要、荒，以地势考之，殊未可晓。"

② 《史记》卷七四《孟子荀卿列传》。

但这种学说并非出于对外部世界的了解，更多的是出于臆想和推理。比起那种中国就等于天下，除了中国(实际上只是中原)之外就没有文明社会的观点来，大九州学说高明地承认了还存在着不止一个同样发达的人类社会。但恰恰在这一点上又作了实际上的自我否定：由于各州之间都由无边无际的大海阻隔，人民禽兽无法来往，所以这种存在只具有理论和思辨上的意义，而不是对中国有影响的现实。

东汉时的学者张衡提出“浑天说”：“浑天如鸡子，天体圆如弹丸，地如鸡中黄，孤居于内。天大而地小，天表里有水。天之包地，犹壳之裹黄。天地各乘气而立，载水而浮。”在当时的科学技术条件下，张衡的理论已相当先进，极富有想象力。但对大地表面或内部的状况，显然并不属于张衡的研究范围，或者他不感兴趣，所以我们无法判断他所说的“地”是否已包括“天下”或“九州”以外的地方，是否已突破此前形成的“天下”观。不过从他将大地看成四面都由水所包围的说法看，估计与以往天圆地方的概念没有什么区别，显然不可能超出大九州的范围。

经过战争、吞并和融合，华夏诸族已成为黄河流域乃至东亚大陆人数最多、经济文化最发达、实力最强的民族，占据了当时自然地理条件最优越的地区。而非华夏民族则被迫迁出了黄河流域，或者逐渐融入华夏族，或者接受了华夏文化并以华夏的一支自居。在蒙古高原、青藏高原、长江流域及其以南和大陆附近的岛屿上，还不存在总体上与之匹敌的其他民族或政权。在此范围之外的情况，虽然人们并非一无所知，如穿越河西走廊至中亚的陆上交通线和通向东南亚的海上交通线可能已经存在，产于新疆和田的玉石已在中原广泛流传，说明至迟在4000年前，已经存在由今新疆西南至黄河下游地区的交通路线和人员来往，但其影响还是相当有限的。

随着产于境外的玉石、珠宝、香料等奇珍异宝的传入和亲历者的见闻，使人对以中原为中心的观念不能不有所怀疑。于是昆仑山、瑶池、西王母和海上神山一类神话应运而生，并恰当地弥补了天下说的不足。境外的文明和珍宝来自可望而不可即的仙境，此外就只有愚昧落后的蛮夷，这当然无法动摇中原的天下之中地位。

经过秦朝的短暂统一和随后的几次战乱，空前规模的西汉帝国终于巩固下来。到公元初，汉朝的疆域西起今巴尔喀什湖和帕米尔高原，东至朝鲜半岛北部和东海，北起阴山、辽河，南至今越南中部，并在其中约400万平方千米的领土上设置了103个郡、国(郡级政区)和1500多个县、邑、侯国，统治着6000多万人口。从《汉书·西域传》可以看到，在汉朝西域都护府控制的范围内，各国的户口和“胜兵”数基本是完备的，而传中记载的内容还超出了都护府的范围，可见当时人的地理知识已远届中亚、西亚。

根据明确记载，汉人的足迹已经到达中亚、西亚，直到地中海之滨以及日本、东南亚，贸易交往的范围就更大。“九州”以外的存在已是尽人皆知的事实，来自西域的葡萄、苜蓿、杂技、音乐已接近寻常百姓，异国的使者和商人在长安已不时可见。各地都有人参加过征伐匈奴、大宛的战争或边境的屯戍，他们都亲历了“九州”以外的地方。出使异域归来的使臣的详细报告，管辖西域各国的都护府的文书档案，使学者和史官能够留下确切的记载。《史记》《汉书》中有关西域的史料，即使用今天的眼光看也是比较翔实可靠的。但这一切并没有削弱那种以中原为中心、华夏为主干的天下观，反而使之加强，因为通过这些活动，人们已经确信，在中国之外再也不存在比中国更强大、富饶、文明的国家了。其他国家的君主和臣民如果不对中国称臣纳贡，接受赏赐，就只能自外于华夏声教，甘心为夷狄了。

东汉以后，西北以至中亚的民族大量内迁，东北民族也先后进入黄河流域，有的甚至成为中原的主人。但在占优势的华夏文化面前，这些军事上的征服者无不演变成文化上的被征服者，这些民族的首领也成了“受命于天”的“炎黄子孙”，甚至这些民族本身也渐渐融合在华夏(汉族)之中。发达的文字和造纸、印刷技术使与这种天下观一致的记载长期流传，而被记载的对象不是根本没有文字就是史料早已散佚，所以传统的天下观始终延续，不断加强。

明朝后期，西方传教士陆续来到中国。他们在传播宗教的同时，也带来了西方的科学技术和新知识。万历年间，天主教耶稣会传教士、意大利人利玛窦到达广东肇庆，此后他绘制了多种中文世界地图，并附以详细的说明。但传统的天下观已根深蒂固，利玛窦展示的世界被多数士大夫视为海外奇谈。这就毫不奇怪，为什么直到18世纪初，西方早已完成了地理大发现，欧洲列强已在海上称霸并已将东方作为下一个目标时，修《明史》的史官对此事还是如此记载的：

> 意大利亚居大西洋中，自古不通中国。万历时，其国人利玛窦至京师，为《万国全图》，言天下有五大洲：第一曰亚细亚洲，中凡百余国，而中国居其一。第二曰欧罗巴洲，中凡七十余国，而意大利亚居其一。第三曰利未亚洲，亦百余国。第四曰亚墨利亚洲，地更大，以境土相连，分为南北二洲。最后得墨瓦尼腊泥加洲，为第五，而域中大地尽矣。其说荒渺莫考，然其国人充斥中土，则其地固有之，不可诬也。①

清乾隆五十八年(1793)，英国国王乔治三世派遣的使节马嘎尔尼(George Macartney)来华，以为乾隆皇帝祝寿的名义试图与清朝建立正式的贸易关系，并希望向北京派遣常驻代表。但最终获得乾隆的"特颁诏谕"却说明双方的目的完全南辕北辙："咨尔国王，远在重洋，倾心向化，特遣使恭赍表章，……朕披阅表文，词意肫恳，具见尔国王恭顺之诚，深为嘉许。……至尔国王表内，恳请派一尔国之人，住居天朝，照管尔国买卖一节，此则与天朝体制不合，断不可行。……若云仰慕天朝，欲其观习教化，则天朝自有天朝礼法，与尔国各不相同。尔国所留之人，即能习学，尔国自有风俗制度，亦断不能效法中国。即学会，亦属无用。天朝抚有四海，惟励精图治，办理政务，奇珍异宝，并无贵重。尔国王此次赍进各物，念其诚心远献，特谕该管衙门收纳。其实天朝德威远被，万国来王，种种贵重之物，梯航毕集，无所不有，尔之正使等所亲见。然从不贵奇巧，并无更需尔国制办物件。"②无论对这一事件做出什么解释，这些语句所显示的观念是非常明白的。在中国的统治者乾隆的眼中，英国也好，其他"万国"也好，都不应该与"天朝"平起平坐。"天朝礼法"不同于各国，各

---

① 《明史》卷三二六《外国传》七《意大利亚》。

② 故宫博物院编：《掌故丛编》第3辑《英使马嘎尔尼来聘案》，1928。

国也不可能学习“天朝”，主要的原因并不是文化差异，而是有尊卑高下之别。

鸦片战争期间，林则徐等主管或处理涉外事务的官员开始认识到了解外国状况的重要性。林则徐在广州组织人员，据英国《世界地理大全》编译为《四洲志》。1841年，魏源受林则徐委托，将《四洲志》译稿与其他有关中外文献资料编为《海国图志》，1842年成书50卷出版，以后又经多次增补，至1852年成书100卷。书中的第二部分，介绍了亚洲、澳大利亚洲、非洲、欧洲、美洲各国，认为英国最为强盛，描述了英国生产技术的进步，伦敦的繁荣景气。具体介绍了英国的政治制度，有女王，又有“巴厘满”（PALIMENT，议会）、“五爵会议”（上议院）和“乡绅会议”（下议院），说明乡绅阶级的职权、地位和在政府中的作用。还介绍了美国实行的民主共和制，总统四年一选，议会中少数服从多数，“人心翕然，可不谓公乎?”又称瑞士“国无苛政，风俗俭朴，数百年不见兵革”，“此诚西方之桃源也”。但是在当时的特殊条件下，林则徐与魏源更关心的是如何“以夷制夷”，“以夷款夷”，大量介绍西方的船炮、火轮船、地雷、水雷、望远镜等器械的制作和使用方法，也是为了“师夷长技以制夷”，并不说明“夷”已经与华夏处于同等地位了。而且，对地球各洲的名称和分布，编者不相信欧、亚、美、非、澳的分布，仍然以佛教典籍中“东神胜州、南赡部洲、西牛货洲、北俱芦洲”的说法为准，甚至认为美洲就是西牛货州。可见无论是“四洲”还是“海国”，都还没有超越中国传统的“天下”概念，而将其他外国列为“天下”边缘或以外的范围。

稍后问世的《瀛寰志略》具有同样重要的意义。作者徐继畬出生于山西的五台山，却不像一般北方人那么保守。由于他在福建任职多年，并曾以福建布政使的职位驻守厦门，负责办理通商事务，以后又升任福建巡抚（省最高行政长官），兼办通商，所以特别留意外界情况。据他在该书序言中自述：

道光癸卯（二十三年，1843年）冬，余以通商事久驻厦门。米利坚人雅裨理（David Abeel，1804—1846年，美国传教士）者，西土淹博之士，挟有海图册子，镂板极工，注小字细如毛发，惜不能辨其文也。暇日引与昭谈，四海地形，得其大致。就其图摹取二十余幅，缀之以说，说多得之雅裨理。参以陈资斋《海国见闻录》、七椿园《西域闻见录》、王柳谷《海岛逸志》、泰西人《高厚蒙求》诸书，题曰《瀛寰志略》。

此书至道光二十八年(1848)出版，全书10卷，约14万字，附地图42幅。作者比较系统、详细地介绍了近80个国家和地区的位置、历史、经济、文化、风土人情等方面的状况，对以往中国人很少了解的南美洲、大洋洲和非洲也有涉及，而对亚洲、欧洲、北美洲的介绍更加详细，如欧洲各国的面积、人口、财政收入和兵力都有具体数字，这显然得益于雅裨理提供了相当详尽的资料和记载。作者的高明之处更表现在他对西方政治制度的认识，如在介绍英国的议会制度时称："国有公会所，内分二所，一曰爵房，有爵位贵人及耶稣教师处之；乡绅房者，由庶民推择有才识学术者处之。国有大事，王谕相，相告爵房，聚众公议，参以条例，决其可否。复转告乡绅房，乡绅酌核，上之爵房，爵房酌议，可行则上之相而闻于王，否则报罢。"作者不仅肯定英国的制度已为欧洲许多国家所仿效，又指出英国因此而强盛的事实："四海之内，其帆樯无所不到，凡有土有人之处，无不睥睨相度，思朘削其精华。"

对方兴未艾的美国，作者不仅给予高度评价，还显然出热情的赞誉。特别是对美国的开国领袖华盛顿和他领导的独立战争，都做了传神的描述：

时事仓促，军械、火药、粮草毕无。(华盛)顿以义气激励之，部署既定，薄其大城。时英将顿水师于城外，忽大风起，船悉吹散。顿乘势攻之，取其城。后英师大集，转战而前，顿军败。众恇怯欲散去，顿意气自如，收合成军，再战而克。由是血战八年，屡厥屡奋。顿志气不衰，而英师老矣。佛朗西(法兰西)举倾国之师渡海，与顿夹攻英军，西班牙、荷兰亦勒兵劝和。英不能支，乃与顿盟，划界址为邻国。

对华盛顿个人的功绩和品格更是推崇不已：

> 华盛顿，异人也。起事勇于(陈)胜、(吴)广，割据雄于曹(操)、刘(备)，既已提三尺剑，开疆万里，乃不僭号位，不传子孙，而创为推举之法，几于天下为公，骎骎乎三代之遗意。其治国崇让善俗，不尚武功，亦迥与诸国异。余尝见其画像，气貌雄毅绝伦。呜呼，可不谓人杰矣哉！米利坚合众国以为国，幅员万里，不设王侯之号，不循世及之规，公器付之公论，创古今未有之局，一何奇也！泰西古今人物，能不以华盛顿为称首哉！

镌刻着这段话的石碑作为中国人民的礼物，远涉重洋，运至美国首都华盛顿，至今镶嵌在华盛顿纪念碑的内壁。

徐氏这种新鲜观念在当时实属罕见，此书出版后就受到各方面激烈批评，有人指责他“轻信夷书，动辄铺张扬厉”。“于华盛顿赞其提三尺剑取国而不私有，直为环宇第一流人。于英吉利万称其雄富强大，谓其版图直接前后藏，著书宣示，为域外观，何不检至是耶!”连曾国藩也认为他“颇张大英夷”，保守派、顽固派就更不用说了。甚至有人故意断章取义，污蔑徐氏称日耳曼联邦有“王气方兴未艾”，而实际上在“王气”前有“西方”二字。肯定和赞扬他的人则限于少数同僚故旧，影响有限。

徐氏的遭遇并非偶然，也不是个别例子。当中国的官员和文人学者走出国门，亲历英、法、美等西方国家后，多数人不得不承认西方物质条件的发达和政治制度的先进。但当这类记载传到国内后，绝大多数人还是将信将疑，怀疑者甚至直接指责传播者为“卖国贼”，是为“夷狄”张目。当西方世界的真相已经无法否认时，保守派又想出另一种抵制的办法——“中国古已有之”，就是无论西方有什么优点，在中国古代早已存在，说不定西方还是向中国人学的。如当有人盛赞华盛顿功成身退、美国总统由选举产生时，保守派就会说：中国早就有尧、舜、禹禅让，比美国先进得多。

鸦片战争的失败和《中英江宁(南京)条约》的签订并没有使清朝统治者从“天朝”的迷梦中惊醒，清朝政府仍然按照“天朝体制”来处理“夷务”。与中国历代政府一样，清政府中只有管理藩属和国内少数民族的衙门，与英国、法国等外国的交往只能由礼部和理藩院处理，实际上没有承认这些国家与中国拥有平等的地位。但此时的“英夷”“法夷”已经不再“恭顺”，加上第二次鸦片战争后对外交涉事务增多，清朝政府于1862年3月(同治元年二月)正式设立总理各国通商事务衙门(后改总理各国事务衙门)，主管外交事务、派出驻外国使节，并兼管通商、海防、关税、路矿、邮电、军工、同文馆、派遣留学生等事务。这个机构的职权极大，几乎囊括全部涉外部门，连只是使用外国机器或聘用“洋匠”的路矿、邮电也包括在内。而此举最重大的意义，还在于清朝终于在体制上承认了外国的平等地位，在中国历史上首次设立了处理外交事务的机构。

1900年(光绪二十六年)八国联军攻占北京，次年清朝与列强签订《辛丑条约》，并按条约规定将总理各国事务衙门改为外务部，列为六部之首。就这样，在外部力量的逼迫和推动下，清政府从虚幻的天下观念转变到现实的世界观念。但是从最高统治者到平民百姓，依然程度不等地残留着传统的天下观，因而使这一过程异常漫长而艰难。只有在这一过程基本完成之后，中国才真正能以平等的地位和心态成为世界大家庭的一员。西方列强和日本对中国的侵略，加剧了中国人对外界的逆反心态，使他们更难接受世界的现实。第二次世界大战的结束和联合国的成立，使中国在世界上获得了应有的地位，标志着这一过程的基本完成。

二 中国与世界

对中国人的起源，中国的历史书往往会追溯到100多万年前的元谋人、50万年前的北京人。大多数中国人认为，现在的中国人是他们的后代。尽管世界上早已有了人类起源于非洲、世界上的人都有共同的来源的说法，却没有或者很少影响到中国人的观念。近年来，遗传基因研究在中国的发展，导致中国的遗传学家对中国人来源的关注，并且用基因检测的方法证明：中国人的确来自非洲，时间大约在10万年前。

但中国的大多数考古学家、历史学家并没有接受这样的结论。另一方面，由于遗传学家的证据仅限于基因本身，对具体的迁移过程还无法作更多的解释，所以并没有动摇传统的观念。相反，为了证明中国人源于本土，一批考古学者正在进行辛勤的发掘，希望能找到更有说服力的证据。一些历史学家也试图充分挖掘文献资料，并且结合天文、历法、考古、年代学等方面的研究，能够重新建立中国早期历史的年代表。

不过迄今为止，还无法证明中国有文字记载以来的历史与外来因素有什么关系。无论中国人来自何方，中国几千年来的文明和历史的起点，的确是由本土产生的。

在世界没有连成一体前，不存在整体性的世界历史，只有世界各地区各自的历史。

在中国的夏、商、周时代，世界上先后同时存在着埃及、巴比伦、亚克得、乌尔、赫梯、希腊、亚述、以色列、腓尼基、印度、罗马、迦勒底、波斯、马其顿、叙利亚等文明，但到目前为止，我们还没有发现中国与它们之间有什么明显的关系。也就是说，中国的早期历史与世界其他地区的历史是平行发展的。尽管我们不能绝对肯定，它们之间没有任何直接或间接的影响，但根据现有的史料来判断，至公元前221年秦朝建立为止，中国的历史也是独立发展起来的。

这并不意味着中国与外界没有接触或没有联系，也不意味着中国对世界其他地方的历史进程没有发生过什么影响，但是中国能起重大的或决定性的作用的范围一般限于东亚，即中国大陆和朝鲜半岛、今越南大部、琉球、日本等地，对世界其他地方的影响一般较小，而且往往是间接的。

造成这种结果的主要原因是地理条件，中国的中原地区与这些文明之间相隔遥远，交通极其困难，要穿越河西走廊、青藏高原、帕米尔高原、欧亚草原。距离最近的印度与中国中原地区之间也隔着青藏高原、横断山脉和中国西南的崇山峻岭。如果通过海路，在绕道好望角的航线开通之前，只能由印度洋进入太平洋至中国沿海。即使是在陆上或海上丝绸之路存在的年代，中国与沿线国家或地区间的联系往往也是接力式的，而不是从头至尾的，所以由此传播的信息也是间接的、片断的，人员的直接交流也几乎不可能。

例如，公元93年，东汉的使者就与罗马帝国失之交臂：

> 和帝永元五年，都护班超遣甘英使大秦，抵条支。临大海欲度，而安息西界船人谓英曰："海水广大，往来者逢善风三月乃得度，若遇迟风，亦有二岁者，故入海人皆赍三岁粮。海中善使人思土恋慕，数有死亡者。"英闻之乃止。①

但即使甘英抵达了罗马帝国，罗马帝国与东汉之间是否能就此沟通，或形成人员交往和物资交流，答案也是否定的，因为当时的罗马帝国和东汉双方都没有这样的需要，偶然的或间接的人员来往不会产生多少影响。

正因为如此，中国与中亚以西的地区从来没有发生过直接的冲突，东方与西方两种文明从来没有正面碰撞的机会。西方再强大的远征军，在到达帕米尔高原或印度次大陆时，一般都已成为强弩之末，不可能对中国构成威胁。同样，中国中原王朝的远征军也没有越过中亚，没有扩展到喜马拉雅山以南，如汉武帝时对大宛的征伐，唐朝高仙芝兵败怛罗斯，清朝乾隆时平定天山南路等。海上也是如此，在公元17世纪以前，西方任何海上优势都构成不了对中国的威胁，蒙古的水师也从来没有能登上日本列岛。这不是说地理障碍完全不能逾越，而是因为一个国家、一个民族的政治、军事行动不同于个人探险或经商，不仅要考虑可能性，而且要从政治、经济、文化等各方面全面衡量是否必要。例如，15世纪初郑和的船队拥有两万多人和充足的物资供应，曾到达东南亚、南亚、西亚和非洲东岸。如果明朝希望获得海外殖民地的话，肯定不会有什么困难，但明朝从来没有这样的目的。

即使是文化方面的传播和交流，往往也具有偶然性。例如，至迟在公元2世纪的东汉，中国已经拥有成熟的造纸技术，但直到唐天宝十载(751)高仙芝与大食(阿拉伯帝国)军队在怛罗斯(今哈萨克斯坦江布尔)之战中失败，随军的造纸工匠被俘，造纸技术才传入阿拉伯地区，以后又传至

① 《后汉书》卷八八《西域传》。

欧洲。

其次，由于中国与西方的历史是独立发展的，所以不具有相关性。近代以前，中国的兴衰基本与外界无关，而西方的治乱也不受中国的影响。所以即使一方正处于颓势弱势，另一方也未必会趁人之危；即使一方如日中天，另一方也未必会纳贡称臣。

中国曾经向世界贡献过“四大发明”，但中国也从世界各国的发明中获益。中国的知识、学术和文化不断地传向外界，但中国也从外界学习先进文化。在科学技术和文化的交流中，很难说哪一方的作用更大，贡献更多。

但是中国的人口数量经常占世界人口总数的20％－30％，最低也有10％，最高竟达到35％①。在农业社会，人口的数量具有决定性的作用，中国同时也是世界上生产粮食最多的国家，并有大量经济作物和农产品可以供应市场。中国的富余劳动力也是一个庞大的数字，当他们从事非农业生产时，就能生产出大量商品，低廉的劳动力成本使这些商品在国外非常具有竞争力。从唐宋至明清，中国都曾有大量商品出口，至明朝后期达到空前的水平。中国的生丝、纺织品、棉布、瓷器等商品几乎遍及全球，外贸长期处于出超，导致白银大量流入中国。据有的学者估计，中国的入超所获白银占全球产量的1/3至1/2②。有的学者甚至认为，“整个世界经济秩序当时名副其实地是以中国为中心的”③。尽管由于在缺乏准确的原始数据的条件下，不同学者对当时经济总量的估计相差悬殊，所以得出的结论也完全不同，但可以肯定，使中国在世界扮演最重要角色的机会不是来自政治、军事和文化，而是经济。

只是这样的作用也是不自觉的，以至中国大多数人至今还不了解。由于明朝从初年开始就禁止民间的对外贸易，官方只容许以“称臣纳贡”为前提的朝贡贸易，而且对“朝贡”的次数、规模、范围都有严格的限制。所

① 参见拙著：《中国人口史》第一卷第四章，上海，复旦大学出版社，2002。

② 樊树志：《“全球化”视野下的晚明》，载《复旦学报》，2003(1)。

③ ［德］弗兰克：《白银资本——重视经济全球化中的东方》，刘北成译，北京，中央编译出版社，2000。

以，当时中国对外经济联系和交流的主体是民间的走私贸易，包括中国商人雇佣或招引“倭寇”进行的武装走私。即使在明朝在实际上取消禁令的阶段，外贸主要也是由民间进行的。直到鸦片战争爆发，中国开放的合法外贸港口还只有广州一地。正因为如此，对明清期间中国在世界所起的作用不能估计过高，更不能认为中国已经向世界开放，或者已经与外界结为一体。

（作者为复旦大学中国历史地理研究所教授）

多文明视角与文明本体

刘景华

一 文明本体：核心价值与文化观念

每一个文明都有自己的核心价值和文化观念，这些核心价值和文化观念构成该文明的本体。譬如，西方文明在经济上的核心特征之一，是个体在奋斗和竞争中获得和保有财富，特别重视私有财产，强调私有权的保护。有的文明则重视在个体的合作中，或在个体结成共同体后共同奋斗而获得财富，再在个体之间加以分配。有的文明重视共同体公共财产的保有和共享，而不是私有财产的获得和占有。有的文明并不重视个人财富取得，而更重视个人的社会声望。在价值取向上，也有不同的评判标准。如本尼迪克特所论述的三种文化模式：美洲新墨西哥印第安人中的普韦布洛人，尤其是其中的祖尼人，是日神式文化，是在一个封闭天地里奉行中庸之道，服从传统，使一切行为合乎正常礼仪，生活方式既适度又节制；美洲西北海岸印第安人中的夸库特耳人，则是酒神式文化，是打破常规去追求生存价值，使个人摆脱约束，由放纵而通向智慧；而西北太平洋美拉尼西亚人中的多布人，则奉行没有权威、没有法律、没有信义，内部互相嫉妒，对外仇恨敌视的价值取向与行为模式。

今天虽然面临着全球化浪潮，各文明不断碰撞、不断冲突，也不断相互交融、吸收，但在民族、国家仍然作为当今人类最重要的行为共同体时，各文明势必坚持强调自身文明本体。因此，虽然全球化有可能在将来催生全球性文明产生，但今后相当长一段时间里，各国、各民族、各文明仍然会奉守或坚守自身文明本体，即自身的核心价值和文化观念。因此，今天的世界仍然是多文明的世界，研究者需要有“多文明视角”，如这次会议的讨论主题。

但文明本体不是一成不变的，核心价值和文化观念会随着历史发展而有个不断扬弃的动态过程，任何文明都会在历史进程中不断抛弃不适应时代的旧观念，吸收他者文明的有益营养，创造顺应时代潮流的新观念。全球化背景下的今天更不例外。

二 面对传统文化：不断地扬弃

现代世界的每个文明本体都是有传统的，都是经过长期的历史沉淀的，但并不是说，历史上沉淀下来的东西就一定是有益的。历史沉淀下来的文化因素，或者说传统文化，大致可分成三个部分。第一是最精华部分，第二是必须加以改造才可以继承和利用的部分，第三是糟粕东西。对这三个部分要有三种态度和认识，并随着历史发展而不断扬弃。

对精华部分，我们长期以来都已有固定的态度，那就是继承并发扬光大。其关键是弄清楚从现实需要眼光看，什么才是精华？

对第二部分即可以正确地利用和改造的传统文化因素，一定要强调必须使其符合现代社会和时代潮流，对其局限性也要有准确的辨析和认识。如中国的科举制度，原为选拔人才之用，但后演变为禁锢思想的工具（八股）。又如官吏政治（bureaucracy），本是较为先进的治政方式（比西方早1700年，马克斯·韦伯曾极为欣赏），但从一开始是作为专制者助手而设立的，后又因其等级制度、冗官冗员、主观专断、懒散不作为等而被称为“官僚主义”。

对第三部分即糟粕部分，应该是鲜明的抛弃态度。但究竟什么是糟粕，对此要有正确的认识水平和辨识能力。中国的文化传统历经四五千年，尤其是经封建社会长期熏染，封建文化观念的遗毒极为深远。如“当官发财”的价值取向、家长式作风、专制统治、男尊女卑等，根深蒂固。但现在有死灰复燃、变本加厉之势态。

更要认识到，一些看起来只在某个方面具有积极意义，而用到其他方面则产生消极作用的传统思想文化，往往被高估其作用和地位，从而产生误判和误用。如儒家思想，产生于2500年前，后经统治者作为思想统治工具不恰当地拔高(独尊儒术)，又被予以歪曲的哲理性解读(宋明理学，“存天理灭人欲”之类说教)，在现代某些人那里俨然成了中国优秀文化传统的唯一代表(甚至称为“国学”)。我的一个基本看法，儒家说教对社会稳定可能起到一定作用，但不能推动社会进步，甚至阻碍了社会的进步，否则中国社会就不会2000年徘徊不前了(可以曲辕犁的发明和使用为例)。因此，一定要从几千年文明传统中认真寻找和发掘构筑中国文明本体的核心价值和观念因素。

三　面对他者文明：辨析与吸纳

每一个文明都要面对他者文明。即使是不间断发展、独立性较强的中华文明，几千年历程中也吸纳了不少外来因素(包括精神的，如佛教；物质的，如作物种植；技术的，如机器技术)。在农耕时代，文明之间的接触在地理上多是间接的，在时间上也常常是间歇性的，在方式上还多为暴力的。在当今全球化世界，任何文明都必须直面他者文明，回避不了。

对待他者文明要持开放态度。首先必须对其有一个清楚的辨析。辨析的目的一方面在于对其性质、对其产生的文化土壤和环境有一个清晰认识，以利于与其交往时能采取正确的姿态；另一方面则是作为本文明能否吸纳该外来文明要素的基本依据。从对文明本体的意义来看，我们可将他者文明的因素分成三类：第一类是吸收后有利于丰富文明的；第二类是，若吸纳，可能会不利于甚至损伤本文明的；第三类则是即使改造，也不服本文明“水土”的。

第一类因素是有益的，我们自然要多吸纳，尤其是在当代世界，吸收全人类所创造的一切文明成果，应该是不容置疑的。

第二类因素是有害的。为什么有害？危害度有多大？等等，需要从己方、他方、时代等多角度加以辨析、予以评估，然后决定其拒斥的程度。

第三类因素可能既无益，亦无害，它们可能是他者文明个性条件下的产物，并不具有普适性、推广性，可以不予吸收，但要采取尊重的态度。

总之，不能走极端，不能对他者文明要么全盘接受、甚至取代自身文明本体，要么对他者文明视为洪水猛兽，一概拒之，关门主义。

四　面向新的时代：更新与创造

文明本体都有一个面向新时代的问题。

对自身的核心价值和文化观念，必须根据时代发展进行更新。更新是一种为适应新时代而进行的调整适应。如即使是被人当作中国文明核心的儒家思想，也必须根据新的时代而进行调整和更新，要与时代产生共鸣、共振，不能是老得掉牙的腔调。总不能拿几千年前的观念来评判完全不同于几千年前的当今时代吧。

新的时代更要有创造。创造新的文化观念和核心价值也有被动和主动之分。被动者，是因为在新的时代或新的生存环境里，你不创造新的观念和精神，你就无法生存下去。典型者如东南亚马来人移居澳洲后，创造了秘密结社这种新的文化行为，因为不这样，马来人少数族就不能在澳大利亚人多数族社会中生存下去。

更重要的是主动创造，这是一种文明求发展的创造。如当今中国在国际关系上提出避免“修昔底德陷阱”，创建“新型大国关系”；打造“合作共赢”的“人类命运共同体”，“要结伴不要结盟”等，就是一种打破固有思维、放眼长远的新观念的创造，必将对世界文明的进步带来深远影响。

总之，从继承、开放和创造三个角度，我们要使自身文明的本体成为各种文明积极元素的“优组合”。当前我国提出的社会主义核心价值观(国家层面：富强、民主、文明、和谐；社会层面：自由、平等、公正、法治；个人层面：爱国、敬业、诚信、友善)，就是当今中国的文明本体，是在马克思主义指导的基础上，吸收古今中外文明的精华因素而形成的“优组合”。在另一方面，我们决不能容忍如传统文化中封建观念、外来文化中享乐主义这样一些消极因素的“劣组合”。

(作者为天津师范大学历史文化学院教授)

多文明视野下的中国文明和世界其他古代文明的比较研究(论纲)

黄　洋

多文明视野下看待中国与世界的一个方式是进行中国文明和世界其他文明的比较研究。这是不同领域的学者都十分感兴趣的问题，比较的视野也是多向度的。早在1968年，英国出生的汉学家费子智(C. P. FitzGerald)就在澳大利亚国家研究委员会第13次年会上发表题为《欧洲和中国——一项历史的比较》的主题演讲，从宏观的视野比较中国文明和欧洲文明道路的分岔。他提出并试图回答的问题是，为什么在最早的一千年中，中国文明和欧洲文明(即希腊罗马文明时期)的发展道路大体相似，但之后却分道扬镳了：欧洲经中世纪走向分裂的民族国家，而中国仍然保持了大一统体系。

更具多文明视野的比较研究是所谓轴心时代(Axial Age)或者轴心文明的比较研究。从1972年开始，由史华兹(Benjiamin I. Schwartz)发起，来自不同领域的古代史家们开始对雅斯贝斯1949年提出的"轴心时代"进行进一步探讨，参加讨论的学者除史华兹外，还包括意大利古典史家和史学史名家莫米利亚诺(Arnaldo Momigliano)、英国女古典史家修弗里(S. C. Humphreys)、亚述学名家欧本海姆(A. Leo Oppenheim)、法国亚述学家噶赫利(Paul Garelli)、犹太文明研究者尼基普洛维兹基(V. Nikiprowetzky)、法国印度学家和人类学家路易·杜蒙(Louis Dumont)、著名印度女历史学家塔帕尔(Romila Thapar)，以及德裔法国哲学家怀尔(Éric Weil)。研讨的结果于1975年在美国学术期刊《代达罗斯》

(*Daedalus*)上以专题论文形式刊发，题为“智慧、启示和怀疑：公元前一千纪诸看法”(Wisdom, Revelation, and Doubt: Perspectives on the First Millenium B. C.)。这是学界对轴心时代文明比较研究的肇始。当时学者们讨论的核心问题是，构成轴心文明的共同特征是什么。史华兹给出的答案是“超验”(transcendence)，他因此把“轴心时代”称为“超验的时代”(The Age of Transcendence)。

至于“超验”，史华兹解释说，他是在接近这个词的词源学意义上使用它：“是一种对现实的批判性和反思性质疑，以及一种对超然事物的新的想象。”他的“超验”论断为后来的许多所接受。在史华兹发起的这次讨论之后，对“轴心时代”最为系统的探讨和以色列社会学家爱森斯塔特(Shmuel N. Eisenstadt)的名字联系在一起。他在1983年组织轴心时代研讨会，在1986年出版其主编的会议论文集《轴心时代文明的起源与多样性》，之后于2001年和其他学者再次组织对于轴心时代的研讨，于2005年出版论文集《轴心文明与世界历史》。参加研讨的中国文明研究者主要有马克·艾文(Mark Elvin)、许卓仁、杜维明、何莫邪(Christoph Harbsmeier)和魏格曼(Frederic Wakeman Jr.)。虽然与会者提出的观点多种多样，但一个核心的议题仍然是轴心时代的“超验突破”。爱森斯塔特在很大程度上沿袭了史华兹的论断，不过较之更为明了：“轴心时代文明发展了清楚分隔现世世界和超现世世界的认知。”

然而，史华兹的“超验”论断值得进一步推敲。其最值得商榷之处也许是它带有较为浓烈的西方宗教经验的味道，甚至带有明显的基督教烙印。因而所谓“超验突破”的说法，也受到了一些质疑。马克·艾文在1986年的论文集中发表的论文题为《中国是否有超验突破?》，就已经表明了质疑的态度。他说道：“虽然这一时期在欧亚大陆西半部所持的绝大多数主要信仰和观念，在中国都可以找到某种形式的对应物，但中国文化作为一个总体并未受到那些互不调和的对立面的困扰，这些对立面的极端形式在欧洲人的心灵中造成了如此的创伤。我说的这些对立面，是指自在的和完善的上帝以及不完善的短暂的创造物，世上无所不在、陷入永恒或至少是持久斗争的善和恶，灵魂与肉体(或者一般意义上的物质)，彼世和此世，理想和现实，真理与谬误，甚至是宗教和政治。”希腊文明研究者也对“超验”说法持保留态度。莫米利亚诺更愿意把“轴心时代”称为“批判的时代”(The Age of Criticism)。刘家和先生也大体避免了“超验”的说法，而把人本主义传统的建立看成是轴心时代的突出特征。

更为根本的是，“轴心文明”及其所隐含的“非轴心文明”区分，受到部分学者的质疑。埃及学家扬·阿斯曼(Jan Assman)就指出，在埃及和美索不达米亚，“几个小一些的‘突破’似乎已经指向后来在以色列和希腊完成的那种转变。从这个更广阔的视野来看，‘轴心时代’的概念就失去了大部分的剧变特征。公元前800年和前200年间发生的革命性突破跟随着和古代近东思想史相似的步伐，如果说后者的步伐迈得小一些的话。”亚述学家米凯洛夫斯基(Piotr Michaelowski)也批评道：“仅仅提到西方的希腊、犹太教、基督教和琐罗亚斯德，而不考虑灵智派(Gnostics)、摩尼(Mani)的追随者、曼达教派(Mandeans)，抑或撒贝亚教派(Sabbeans)，以及许多其他的派别，意味着预先确定和局限了对轴心性的理解。对探索范围的扩展，包括更多地探索古代埃及和美索不达米亚思想，无疑将促成对基本轴心假说的进一步重新表述，从而纳入可能没有取得那类(借用传统概念来说)‘突破’，但却发展了许多类似的世界观念的社会。聚焦于轴心现象及其群集，而非特定的‘轴心时代’，也许能够提供一个文明比较研究的探索性方法。这一方法并不明显割裂优势和劣势运动与社会，因而使我们能够更为细致地探索人类的思想。”

虽然“轴心时代”之说在历史学界受到越来越广泛的关注，但尚未达成共识。倒是社会学家们热衷于讨论它，这也许是社会学家更为关注总体特征或者规律的缘故。当然更重要的是因为，“轴心时代”之说本身就是哲学家和社会学家提出来的，因而在根本上是个哲学和社会学命题，而非全然是历史学论断。2008年德国艾佛特大学(Erfurt)马克斯·韦伯中心组织了题为“轴心时代及其对以后历史和现在的影响”的研讨会，会议论文集于2012年以《轴心时代及其后果》为名出版。参加讨论的主要是社会学家和哲学家，也包括1名心理学家，还有埃及学家扬·阿斯曼和中国古代哲学研究者罗哲海(Heiner Roetz)。阿斯曼在会上的批评十分说明问题：“轴心时代理论是哲学家和社会学家、而非历史学家和语文学家的创造，后者的研究是这一理论的基础。它是对现代性根源这一问题的回答。我们所知和生活其中的现代世界发端于何时何地？历史学家为了过去而探讨过去。对于现代性根源的探寻并不对过去本身感兴趣，它所感兴趣的过去，乃是被认为现时特征的某种东西的开端。”他因此而把“轴心时代”之说称为一个神话。并对它提出了尖锐的批评：“轴心时代的神话(在很大程度上其理论)以这样一个首要假设为中心：只有一个真理和一个人类。在其道德、精神和思想演进的某一节点上，人类‘取得突破’而清楚得多地理解了这个真理。……在规范的视角上，轴心时代的神话有明显的确定取向的作用。然而作为公元前一千纪思想史和社会史的重建，它是非常有问题的。”他的结论是：“轴心时代这一概念不是关于‘我们所了解的人类’及其在历史上的最初出现，而是关于‘我们期望的人类’以及普世文明社会这一乌托邦式目标的。”

在国际西方古典学界，希腊罗马文明和中国文明的比较研究也日益受到关注，甚而至于形成了一个热点。最早的兴趣可以追溯到法国学者。1964 年，后来分别成长为各自领域大师级学者的法国古典学家韦尔南和汉学家谢和耐(Jacques Gernet)合作，分别撰写公元前 6—前 2 世纪古代希腊和中国社会及思想的演变，试图从比较的视角分析，在中国和希腊诸多相似的发展中，是什么因素导致它们走上了不同的思想发展道路。谢和耐提出，在这一时期，中国人发展出了一种实证主义的和理性的精神。但这种理性不同于古希腊的理性。之所以不同，是因为中国的历史经验不同于希腊：在中国，民众和贵族阶层之间没有出现暴力危机和冲突，而导致政治体制的激进变革和对整个过去的重新估量。中国历史走的是一条演进的道路，尽管其规模庞大，而且向着理性取得进步，但却允许了调和和妥协。在中国，没有什么可以相比于人类世界和神明世界的截然区分，而这是希腊理性走向诞生的必要的第一步。在这一方面我们可以说先秦的中国思想既未达到、又已超越了这样一种区分。中国人会认为希腊的神明和神话是幼稚的虚构(就像他们后来认为基督教被认为是幼稚的虚构一样)，在这个意义上是一种超越。但它又未达到这样一种区分，是因为它从未关注区分仪式的领域和实证的领域，或者说区分宇宙的领域和人类的领域。中国已来不及发展出希腊那一类的思想，因为中国人业已归化了神明的领域，从而关闭了发展出任何形式的超验思想的道路。

值得注意的是，在史华兹提出"超验时代"的论断之前，谢和耐业已否认了在中国存在超验思想。同时谢和耐特别强调，虽然中国的理性思想不同于希腊的理性思想，但却并不意味着它代表了"人类心智进化过程中的一个低级阶段"。因为这样的宣称意味着"把一种特定类型的思想确定为标准，而把任何在西方世界采用的特定方法之外揭示普世理性之尝试斥责为误入歧途的和荒谬可笑的"。

在20世纪60年代的西方古典学界，将希腊文明和中国文明进行比较，还是非同寻常的。这是因为，从18世纪西方古典学作为一个学科兴起的时候，它就被赋予了特别的意义。尤其是，古典世界被看成是现代西方文明的根源，成为现代西方的"奠基神话"。在此后的两百多年里，古希腊罗马文明一直维系了这种特殊地位，和其他世界古代文明明确区分开来，以至于西方学者在提到"古代史"这个概念的时候，特指的就是希腊罗马史。因为在他们看来，其他世界古代文明如中国文明和世界文明根本都不包含在历史之内。由于这样的缘故，西方古典学是一个十分保守的学科，古典学者通常是不屑于将其他文明和希腊罗马文明相比较的。对韦尔南影响最大的老师是汉学家谢和耐的父亲老谢和耐(Louis Gernet)，后者是一位出色的古典学家。也许是因为受到师门这种跨文明学术兴趣的影响，韦尔南的视野超出了一般的古典学家。晚年时韦尔南的一个愿望是访问中国，惜未能如愿。

进入20世纪后期，情况发生了根本性变化。一方面，西方古典学界受到后现代主义思潮巨大冲击，西方人开始正视古典世界和现代西方的距离，古典文明开始摆脱西方现代性的笼罩。另一方面，和后现代主义相关，对欧洲中心论的进一步反思和批判也促使西方学者开始意识到，古典文明并不具有原先以为的独特优势地位。一旦抛弃古典文明的独特性观念，就不难发现，希腊罗马文明尤其和中国古代文明在诸多方面具有可比性。首先是两者都具有较为丰富和系统的文献记载，而且在诸古代文明中，也仅此两者如此，具有比较的基础。其次，在思想和知识生产领域以及社会制度领域，也都具有很强的可比性。例如，两者都发展出了一套科学和医学知识、哲学和精神思想体系、源远流长的文学和史学传统，乃至在大致同一时期建立了巨大的世界性帝国。因而从20世纪90年代起，希腊罗马文明和中国文明的比较研究，就逐渐成为西方古典学领域的一个热点。产生最为广泛影响的可以说是剑桥大学学者杰弗瑞·劳埃德爵士(Geoffrey E. R. Lloyd，1933年生)对古代希腊和中国学科与医学的比较研究。劳埃德以古代希腊科学思想研究成名，成为著名古典学家。1987曾获萨顿科学史奖章，同年赴北京大学访问一年，对中国古代科学思想产生浓厚兴趣，晚年转向希腊和中国科学与医学思想的比较研究。从1996年起，他陆续出版一系列比较研究希腊和中国科学与医学的著作，包括《对手和权威：对古代希腊和中国科学的探索》(1996)、《求知欲的抱负：理解古代希腊和中国世界》(2002)、《道与言：早期中国和希腊的科学与医学》(2002，和席文合著)、《古代的世界，现代的反思：希腊和中国科学与文化的哲学探视》(2004)、《无懈可击之谬见：古代希腊、中国和今日之智慧与德行》(2005)、《古代希腊和中国科学中的原则与实践》(2006)，其学术成就为学界公认。

此外，西方学者在古代希腊罗马和中国史学的比较研究(穆启乐[Fritz-Heiner Mutschler])、罗马帝国与秦汉帝国的比较研究(穆启乐和闵道安[Achim Mittag]，Walter Scheidel)方面，亦多有探索和收获。

应当指出的是，我国学者其实早于西方学者开始中西历史的比较研究，具有代表性的是刘家和先生所著《古代中国与世界——一个古史研究者的思考》(1995)和林志纯先生所著《中西古典文明千年史》(1997)。然而在国际学术界新一轮的中西古代文明比较研究热潮中，我国学者(无论是中国史学者还是世界史学者)的参与度都并不高，尤其是，研究课题的主导者和牵头者多为西方学者。如何发挥中国学者的优势，在中西古代文明的比较研究中起到重要作用，仍然是值得我们努力的一个方向。

(作者为复旦大学历史学系教授)

中国文明的特质及其形成过程——从东西方文明的比较看(论纲)

王建新

以东亚黄河流域和长江流域为中心形成的中国文明，与以环地中海区域为中心形成的西方文明相比，在其形成和发展过程中走了一条不同的道路，并形成了与西方文明不同的特质。目前流行的文明理论，基本上是以西方文明形成和发展的历程为基准的，对家庭、私有制和国家起源的探讨也是如此。在探讨中国文明形成和发展过程时，西方的文明理论虽然可以借鉴，但不足以对中国文明的特质做出令人信服的解释。考古学的资料和研究成果，为我们提供了正确揭示中国文明特质及其形成过程的可能。

一

从距今1万年左右全球气候进入全新世开始，西亚、北非和东亚都进入了新石器时代，并都出现了最早的农业。农业经济的出现为走向文明的道路奠定了决定性的基础。在西亚和北非，农业最初都是在海拔较高、降雨量较大的地区先出现。农业经济的出现使人类有了与采集和狩猎经济相比较为稳定的食品来源，人口的增长速度大大加快。随着人口的增长，到了距今7000年左右，西亚和北非的农业人群都从高原和山地进入了降雨量较少的大河流域的平原地区。他们选择的主要农作物品种是小麦，小麦的生长不能缺水，因此西亚和北非都开始出现了灌溉农业的生产方式。灌溉农业需要兴修水利工程，在灌溉过程中还需要对水资源进行管理和分配。

这样的农作方式，本身存在着对地域化社会组织和社会管理的需求。因此，西亚和北非地区在世界上较早地从血缘社会进入地域化社会，形成早期国家和早期文明，与他们所处的地域环境和农业生产的方式有一定的关系。西亚和北非的早期国家建立后，除了水利工程外，还实施了修建金字塔、宫殿、神庙等大规模的建筑工程。这些长年持续的大型工程，只有在高度地域化组织的社会才可能实现；而这些大型工程调集了大量的劳动力，使他们脱离了原有的血缘集团，又加速了社会地域化的进程。

在东亚以黄河流域和长江流域为中心的区域，降雨量在多数年份基本可以满足农作物生长的需要。从新石器时代开始，在降雨量较高的长江流域，形成了稻作农业；而在降雨量较低的黄河流域，则选择了较为耐旱的粟作农业。中国农业的耕作方式与西亚和北非的灌溉农业不同，“靠天吃饭”是中国农业至今为止的基本特征。这一特征决定了中国文明走向了与西方文明不同的道路。

“靠天吃饭”的农业，由以血缘为纽带的较小的社会组织就可以操作。这是一种具有自给自足的自然经济特征的农业，其生产和生活本身缺乏走向地域化社会的迫切需求。中国传统文化中“天人合一”的思想和以四季（四时）、月令、二十四节气为代表的对气候演变规律的认识等，都是“靠天吃饭”的自然型农业经济的产物。

中国早期社会什么时候开始出现地域化的发展趋势呢？从距今 1 万年至距今 6000 年的新石器时代早中期文化的考古发现看，无论在黄河流域、长江流域还是在东北地区、华南地区，各类文化都在较小的区域内发展，同时期遗址的数量都不很多，说明这一时期各小区域内的人口也不多，血缘集团应该是主要的社会组织形式。

在黄河中游地区，距今 5500 年前后的仰韶文化庙底沟期或称为庙底沟文化时期，首次出现了在以今陕西东部、河南西部和山西南部为中心的，较大区域内分布、文化面貌强烈趋同的强盛的考古学文化。庙底沟文化的同时期遗址在这一区域内的分布十分密集，文化堆积非常丰富，并且出现了面积达 100 万平方米以上的大型中心聚落。种种现象表明，在这一区域内这一时期的人口规模已经很大，在原有的血缘集团之上，地域化的社会组织已经出现。这是因为，即使在农业生产方式和技术水平都没有发生大的变化的情况下，农业经济的发展还是会导致人口规模的逐步扩大，进而出现不同人群之间对农业生产的基本资源——土地的划分和争夺。在土地划分和争夺的过程中，不同的血缘集团产生了结成地域性联盟(即所谓部落联盟)的需求。在庙底沟文化分布的区域内，对农业社会必不可少的生存资源——山西南部盐资源的共享，也是需要关注的造成这一区域内文化面貌趋同、地域化社会组织形成的另一重要的资源因素。但庙底沟文化崛起之时，周边地区并没有同时出现能与之竞争的较大区域的强势文化。因此，庙底沟文化一枝独秀，不断向周边地区实施扩张和影响，但却几乎看不到来自外部人群的反击和竞争压力。在这样的形势下，创造了庙底沟文化的人群缺少使地域社会组织严密化的内部需求和外部压力。因此，我们看到庙底沟文化分布区域内出现的社会组织地域化的发展趋势，并没有持续发展下去，也没有在此基础上形成早期国家。创造了庙底沟文化的人群在向周边地区无限制扩张和分散的过程中，由于没有形成更为紧密的区域社会组织，强盛一时的庙底沟文化最终走向了分崩离析，走向了衰落。

在庙底沟文化周边的黄河下游和上游地区、长江流域以及东北地区，随着农业经济和手工业经济的发展，加之强盛一时的庙底沟文化以及相邻区域的不同人群所带来的外部压力，到了距今5000—4000年期间，集政治、军事、经济、宗教、文化等多种功能为一体的大型中心聚落在各地都已出现，社会组织的地域化、层级化、复杂化成为普遍的发展趋势，建立在血缘集团基础上的地域联盟普遍形成，并形成了若干互相作用的文化圈。反观这一时期的黄河中游地区，在庙底沟文化解体之后，虽然也有山西南部以陶寺文化为代表的较为发达的人类集团的出现，但与周边地区相比，社会、经济和文化的发展水平都明显不占优势。直到距今4000年前后，黄河中游地区的二里头文化才又异军突起，成为中国早期文明的中心，形成了早期国家。

从中国早期文明和早期国家形成的过程来看，农业经济的发展、人口规模的扩大而导致的土地资源的划分和争夺，应该是中国早期社会出现地域化组织发展趋势的主要动因。在不同地域人群和文化之间此起彼伏的互动过程中，地域化的社会组织日趋完善成熟，催生了早期国家的出现。在农业生产方式并没有发生本质变化的情况下，地域化社会组织——早期国家的出现，并不必要也不可能摧毁和取代原有的血缘集团。恰恰相反，地域化社会组织的出现是血缘集团自身发展的需求，在血缘集团的基础上建立国家，这应该是以夏商周三代为代表的中国早期文明不同于西方早期文明的本质特征。

早期国家的出现，并不一定以生产资料的私有制为基础。在以农业为主体的经济中，生产资料的私有制能否形成的决定性因素之一，应该是以小家庭为主体的个体劳动能否实现。在西亚北非的早期国家时期，处于铜石并用时代和青铜时代。虽然当时的技术能力还不足以支撑个体劳动的实现，但在由王室、贵族、平民和奴隶构成的等级化的社会组织中，奴隶的集体劳动支撑了王室、贵族、平民占有土地的生产资料私有制的形成。在西亚北非早期文明影响下形成的以希腊罗马为代表的西方古典文明，时间上晚于夏商周三代。古代希腊罗马时期已经进入了铁器时代，农业、手工业经济中个体劳动的实现和商业经济的发展，应该是私有制普遍形成的主要原因。在由城邦国家、共和国和帝国的地域化社会和私有制的基础上，古代希腊罗马的对外扩张征服和社会内部的贫富分化，导致了在社会生产领域使用奴隶的规模日益扩大，形成了典型的奴隶制社会。

时间上早于西方古典文明的夏商周三代文明，尚处于青铜时代。已有的考古资料表明，这一时期的青铜器主要用作礼器和兵器，并没有大量用于生产领域。农业生产中使用工具的材质和类型，与新石器时代相比并没有发生本质的变化，仍然是石器、骨器、蚌器和木器。这样的生产技术水平，决定了在农业生产中个体劳动无法实现。因此，以土地为代表的生产资料的私有制也不可能出现。将土地分给各家耕作的所谓“井田制”，只是后人编造的一个神话。在夏商周三代社会中，无论是作为统治者的人群，还是被征服、被统治的人群，每一个人都不能脱离以血缘为纽带的社会组织，必须集体劳动和生活，“聚族而居，聚族而葬”是普遍现象。脱离了血缘社会组织为贵族生活服务的奴隶虽然存在，但数量不多，在社会生产中影响不大。文献资料和考古资料都说明，当时的统治者和贵族存在大量殉人和杀人牲祭祀的习俗。这种习俗本身就表明，奴隶在社会生产中影响很小，人们并没有认识到奴隶作为劳动力的价值，中国历史上应该不存在典型的奴隶制社会。

如果将夏商周三代视为中国文明的早期阶段，秦汉以后的中国文明则进入了成熟阶段，在这两个阶段之间的春秋战国时期，是一个从早期文明向成熟文明演变的过渡阶段。战国时期铁器的普遍使用和牛耕的出现，使农业生产中的个体劳动成为可能。在这样的形势下，孟子提出了井田制的设想，作为土地制度的理想模式，并托古以为根据。商鞅在秦国实行的变法，打破原有的血缘集团，由国家将土地分给每一户农民耕作。在此基础上，实行了兵农合一的什伍制，对居民实施里甲制、连坐制等地域化管理，使秦国率先从血缘社会走向了地域社会。同时，在秦国率先建立了中央集权、君主专制和郡县制的政治架构。商鞅变法在秦国能够成功，主要是因为春秋时期秦立国后的秦人来源就已多样化，战国时期又有大量脱离了原有血缘社会组织的三晋之民进入秦国。同时，秦国的贵族势力与君主的权力相比，一直相对较弱。在这样的情况下，地域化的社会组织和中央集权君主专制的政治体制，更易于被人们接受和实行。与秦相比，关东六国的血缘集团仍比较顽固，实行变法必然遭到贵族的强烈反抗，最后归于失败。

商鞅变法确立的秦国中央集权、君主专制、郡县制的国家政治架构和地域化管理、兵农合一的社会组织结构，在与六国相争的过程中，具有政治、经济、军事的全面优势。秦之所以能战胜六国建立统一帝国，虽有战略战术选择正确的因素，但根本原因是制度上的优势。

文献资料、考古资料和出土文献资料都表明，秦统一后，将秦的中央集权、君主专制和郡县制的政治制度推向了全国，并通过统一文字、统一货币、统一度量衡等措施，对全国的经济和文化实施了整合。同时，由国家将土地分给每一个农民（“令黔首自食田”），实施地域化的社会管理。秦代还实施了长城、阿房宫、秦始皇陵等大规模的工程，组织了庞大的军队，北征匈奴，南伐岭南，并在边疆驻扎戍边。这些大规模的工程和军事活动，从全国各地调集了大量的人力，达到了当时全国人口的1/10、男性青壮年的1/2①。这虽然被认为是秦始皇好大喜功、劳民伤财的行径，但也可以视为秦始皇力图打破各地原有的血缘社会组织，全面构建地域社会的努力。但是，由于秦统一战争的过程过快，秦统治全国的时间又过短，六国原有的血缘社会集团并没有被彻底铲除。云梦睡虎地秦墓竹简的记载表明，在当时的楚国故地是秦制和原有的楚制并行。这表明在被秦占领和统治下的六国故地，原有的血缘社会组织仍然存在。所以，“楚虽三户，灭秦必楚”才能成为秦末全国广泛流行的传言。

秦帝国的统治很快就被推翻，在灭秦的过程中，陈胜、吴广的“揭竿而起”不过是个导火索，真正推翻秦王朝的主力是六国遗族。继秦之后建立的汉王朝的统治者，一方面继承了秦的中央集权、君主专制和郡县制的国家政治制度；另一方面接受了秦二世而亡的教训，恢复了原有的血缘家族社会组织。从此，地域组织的国家政治架构和血缘组织的社会架构长期并存。即使是在上层统治者的政治生活中，血缘家族统治的传统也一直存在，这就是家国不分和家天下的传统。这成为中国文明不同于西方文明的重要特质。

经过汉初特别是文景时期的“无为而治”，西汉王朝的血缘家族社会组织普遍恢复，成为汉帝国政治、经济稳定的社会基础，这也是汉武帝时期“罢黜百家，独尊儒术”的历史背景。儒家思想来源于周代的血缘家族宗法等级社会，与汉代重建的血缘家族社会组织在本质上是相合的，可以维系以血缘家族组织为基础的社会稳定。同时，儒家思想中忠君爱国和大一统等理念，又可以为中央集权君主专制的国家服务。从此，儒家思想成为中国古代社会占主导地位的意识形态。中国古代中央集权君主专制的政治形态、血缘家族的社会形态和以儒家思想为主导的意识形态，在汉代完成了整合，形成宗法一体化的整体结构。

从汉代以后直到清代，中国古代社会虽然有所变化，但基本延续了汉代形成的政治、经济、社会组织和意识形态的主体架构。在国家政治形态上，中国古代中央集权和君主专制的体制，与西方古代希腊罗马的共和制

① 推算秦代全国人口约3000万，其中男性青壮年人口应约600万，上述大工程和军队共计用人约300万。

和中世纪的封建制完全不同。在罗马帝国和其后的查理曼帝国、神圣罗马帝国时期，欧洲虽然也出现过与中国古代相似的中央集权和君主专制的体制，但延续时间都不长。神圣罗马帝国政治统治的崩溃，还导致了封建制的产生。在欧洲中世纪封建制的形态下，封建领主居于国家和社会的主导地位，掌握了土地、司法、财政和军队，是下属农民和农奴的实际统治者，地位较高的贵族还有权利参与推举国王和皇帝。中国古代西周的分封制，不同于欧洲中世纪的封建制。在战国纷争中，如果六国获胜，中国有可能走向封建制；在秦亡后的楚汉相争中，如果项羽获胜，中国也有可能走向封建制；魏晋时期世家大族和庄园经济的发展，又出现过封建化的趋势；但这些可能相继因秦汉帝国的建立和北魏至隋唐均田制的实施而烟消云散。中国古代的中央集权和君主专制的政治体制，大一统的帝国时期如此，即使是在魏晋南北朝和五代十国的分裂时期也是如此，差别仅在于统治地域范围的大小。中央集权制和封建制分别代表了国家政治形态和社会形态的两个极端，因此，中国历史上并不存在典型的封建社会。

在社会形态方面，古代西方在埃及和苏美尔、巴比伦等早期文明时期就已走向了地域社会，在社会层级化的同时，在城邦国家中也出现了包括有公民权的平民在内的市民社会。到了西方古典文明的希腊罗马时期，在地域化的城邦和国家的政治形态下，建立在私有制基础上的小家庭成为社会的基础单元，作为自由人联合体的市民社会成为城邦国家的社会基础。即使在中世纪封建制的形态下，市民社会仍然存在，并且构成了欧洲近代资产阶级革命的社会基础。近代以来，随着城市化的进程，西方的市民社会组织不断发展和完善，已构成了现代西方发展和稳定的社会基础。

中国古代社会的血缘家族社会组织，从先秦到秦汉以后一直存在。在这样的社会形态下，以婚姻为基础的小家庭难以有独立的社会地位，只能是大家族的附属。在中国古代社会中，血缘家族是社会的基础单元。在中国古代郡县制的政治统治方式下，基层行政机构只需要设置到县级，县以下的三老、乡长、乡约等，都不是正式官员，而是被推举产生的地方绅士。地方政府并不需要直接管理老百姓的生产和生活，这些完全由血缘家族自行管理。因此，中国古代农村基层的血缘家族，实质上是一种乡村自治组织，构成了社会稳定的基础。在古代城市内，由于居民的来源和职业多样化，因而按居住地域采用了里坊制的管理方式。但中国作为传统的农业大国，农业和农村一直是经济发展和社会稳定的重心所在。所以，尽管中国历史上不断发生王朝兴衰的政权更替，但只要不发生大的战乱，血缘家族仍然可以维持社会的稳定。同时，血缘家族具有强大的复制和再生能力，即使经过导致百姓流离失所的战乱，进入和平时期后，血缘家族很快就能恢复。一些历史学家所说的中国历史上发生的“农民起义”，其实造反的主体并不是农民，而是失去了土地、脱离了血缘家族关系的流民。在血缘家族组织内生活的农民，只要能维持基本的生产和生活，是根本不会造反的。

近代以来，中国农村的血缘家族社会组织即使经过土地改革、公社化和“文化大革命”的激烈社会变革，也没有被完全摧毁。从 20 世纪 90 年代开始的快速城市化，使大量的农村人口涌入城市，农村传统的血缘家族现在只是在情感上和意识上还存在，而在社会生活中已很难发挥作用了。无论西方文明还是东方文明，除了政治、经济因素之外，社会稳定的基础在于能否使绝大多数人处于稳定的社会关系之中。西方的市民社会为西方古代和近现代的发展构建了稳定的社会基础。中国传统的血缘家族，曾经是中国古代社会稳定的基础，直到近代仍然发挥作用。现代化和城市化的浪潮已经彻底摧毁了中国的传统社会，如何构建适应中国现代发展的新的社会组织，建立使绝大多数人能得到保障的稳定的社会关系，是中国文明延续发展必须解决的重大问题。

在生产关系方面，西方文明至迟从古代希腊罗马时期就确立了私有制，并且一直延续至今。中国的夏商周时期，由于农业生产技术能力的限制，无法实现个体劳动，因此也没有实现以土地为代表的生产资料私有制的可能。战国时期商鞅在秦国的变法，由国家将土地分给每一个农民。这是一种是国家所有、个人使用的土地制度，国家是土地的所有者，农民只是获得了土地的使用权，享受了土地使用权的农民则必须向国家纳税、纳贡和服役。这样的制度从秦汉帝国开始推向了全国。由于中国是一个农业大国，土地是主要的生产资料，以土地制度为代表的国家所有、个人使用的制度，就成为中国古代占主导地位的特有的所有制形态，并且一直延续至今。土地由国家分给农民后，土地使用权的调整主要由血缘家族负责。北魏后期、北齐、隋和唐代前期，虽然都曾推行过均田制，力图由政府直接管理土地使用权的调整，但很快就被迫废止。不少研究者看到文献资料中出现了土地买卖的记载，就认为已经出现了土地的私有化。但实际上不仅土地的所有权可以继承、转让和买卖，土地的使用权同样也可以继承、转让和买卖。在中国古代社会，土地的私有权一直没有得到法理上的承认和保护。即使是历史上出现的土地兼并和大量土地集中于少数人的现象，历朝历代都没有得到国家的认可。只是因为这些占有大量土地的人，不是皇亲国戚，就是高级官僚和地方豪强，国家权力衰弱时拿他们没有办法而已。中国古代的工商业主要有三种形式：一种是官营工商业，一种是私营工商业，还有一种是家族手工业。官营工商业属于国有；家族手工业主要存在于生产领域，而且往往附属于农业经济；私营工商业具有强烈的私有化倾向，因此，在中国历史上一直受到国家的限制和打击。

在宗教信仰领域，西亚北非的早期国家阶段，对神的崇拜已经非常普遍，神庙和王宫巍然并立，神权和王权都处于至高无上的地位。在此基础上发展起来的西方古代的犹太教、基督教、伊斯兰教三教同源，均属一神教。接受了这些宗教的人群，都走上了全民信教的宗教民族甚至宗教国家的道路。宗教在西方社会中有两大主要功能，一是在宗教信仰基础上的精神寄托和精神支撑，二是在宗教信仰下的道德规范和行为规范。这两大功能一直在西方古代和近现代文明中发挥着重要的作用。

从中国早期文明开始，建立在血缘集团基础上的祖先崇拜就处于至高无上的地位，这也是中国文明与西方文明非常不同的特质。在秦汉以来的中国社会中，虽然也有宗教，但无论是从道家、神仙家、阴阳家和方士、术士中产生的中国土生土长的道教，还是从印度传来并经过中国化改造的佛教，都不是一神教。同时，除了藏族、维吾尔族和回族等少数民族，中国没有形成一个全民族信仰的宗教。中国人普遍对宗教采取了十分功利的态度，为了升学、升官、发财、生孩子、祛病、免灾去求神拜佛。正因为如此，无论是中国的神还是外国的神都可以一起拜，佛道合一的现象很早就已出现，但这也表明了中国人在思想文化和宗教方面的包容传统。在缺乏宗教信仰的中国传统社会中，以血缘家族组织为基础的儒家思想成为主导道德规范和行为规范的意识形态，一直持续到近代，发挥了准宗教的作用。文献资料和考古资料都告诉我们，在游牧人群统治中国的时期，恰好也是全国各地兴修孔庙最多的时期，这表明儒家思想在维系社会稳定方面发挥了重大作用。

由于西方文明较早地脱离了血缘社会的纽带，走入了地域社会，为了处理好人际关系和维持社会稳定，逐渐形成了社会契约和法律的传统。在古代巴比伦的《汉谟拉比法典》中，就已出现了保护奴隶生存权的条文。古代罗马的《民法》，以保障所有公民的权利为主旨。这样的法律传统，奠定了西方古代和近现代文明稳定和发展的重要基础。在中国古代中央集权君主专制的政治形态和血缘家族的社会组织形态下，只有维系君主统治的“王法”和作为触犯王法惩罚形式的刑法，没有出现维护所有人权利的公法和民法。在血缘家族社会组织中，还有作为违反道德规范和行为规范惩罚手段的“家法”。由于国法并不保护每一个人的权利，而血缘家族是保障人们生存的根本依靠，生活在血缘家族社会组织中的每一个人都必须遵守维系血缘纽带的道德规范和行为规范，在中国人的传统观念中，符合儒家思想的合情合理，远远重于合法。因此，当现代中国提出建设法治国家的目标的时候，不能忽视传统习俗的深刻影响。

二

人类文明的形成和发展，不是只有一条道路、一种模式。中国和西方形成不同的文明传统，是因为在文明形成和发展的过程中，完全处于不同的人文环境和地理环境，虽然两者也有交集和互动，但却基本上是按照自身的历史轨迹在演变。以黄河流域和长江流域为中心的中国早期文明，在形成过程中处于相对封闭的地理环境。已有的考古资料表明，距今约4000年以前，在处于欧亚大陆腹地的今中国新疆和中亚东部，还没有发现以农业经济为基础的新石器时代文化，说明这一广大区域内人口不可能很多，以古代丝绸之路为通道的东西方交流也不可能出现。在中国北方的南西伯利亚地区，较早地出现了新石器时代和青铜时代的文化，在中国早期文明形成的过程中，两者之间存在着交流和互动。中国早期文明在形成过程中，与印度河流域的早期文明之间是否存在交流与互动，值得关注和探讨。

距今4000年前后，欧亚大陆处于人群大规模迁徙移动的动荡时期。首先是南西伯利亚地区的人群南下进入今中国新疆和中亚，其次是从欧洲和西亚迁出的人群，向东进入到中亚东部、今中国新疆和南亚次大陆。已经进入早期国家和早期文明阶段的中国，也加入了这一迁徙、动荡的过程。由于黄河中游地区的二里头文化和黄河上游地区的齐家文化的崛起，推动以马厂类型和四坝文化为代表的人群向西进入到今中国新疆。在这一时期，原产于西亚的小麦传到了黄河流域，原产于黄河流域的小米，也传到了今中国新疆和中亚。这说明东西方之间的交通通道和交流这时已经存在。

中国夏商时期的考古学文化，虽然与北方地区的考古学文化存在一定的联系，文化的分布范围也有所扩展，但人群迁徙、文化碰撞和考古学文化的中心区域一直都在黄河中游地区，即向心式运动的“逐鹿中原”。

周秦时期与夏商时期相比已发生了很大的变化。早期周人曾流窜于戎狄之间，在推翻商王朝统治的过程中又曾与羌戎结成联盟。周王朝建立后通过分封诸侯将统治范围大大扩张，对外交流与碰撞空前发展，周穆王西巡可视为开通丝绸之路的预演。早期秦人曾与戎人比邻而居，秦建国后穆公时期曾向西发展，“灭国十二，益地千里”。秦始皇统一全国后，北筑长城，南征百越，统治范围又空前扩大。因此，周秦时期人群迁徙和文化发展的方向，已逐渐从向心式运动转变为向外辐射。

周秦时期发生的另一个重大变化，是北方草原地区游牧经济的出现和草原帝国的崛起。距今3000年前后，游牧经济首先在中亚北部和今中国新疆北部出现。在黄河流域北方的蒙古草原，从新石器时代到青铜时代，半农半牧的经济长期处于主导地位。直到距今2500年前后，游牧经济和游牧文化才开始在蒙古草原登上历史舞台。蒙古草原的游牧经济是较晚的次生形态，原来生活在这一地域的人群在自身发展和外部文化影响、外部环境的压力下，放弃了半农半牧的定居生活，选择了在更大区域内活动的游牧生活。游牧经济的发展，很快就导致了不同游牧人群之间对草原的划分和争夺。在这样的情况下，生活在蒙古草原上的原来以血缘为纽带的不同的游牧人群之间，开始了地域化整合的过程。战国中晚期到秦代，蒙古草原上先后出现了东胡、娄烦、白羊、匈奴等早期游牧国家，并开始与黄河流域的农业各国发生争战。在统一强大的秦帝国的压力下，趁秦末汉初中原处于内乱之机，冒顿单于统领下的匈奴，迅速统合了草原上的各游牧集团，从一个较弱小的部族或国家发展成为欧亚大陆北方草原历史上的第一个强大的游牧帝国。

从匈奴开始，蒙古草原的游牧帝国建立之初，在与黄河流域的农业人群交往的过程中，往往都会采取军事上侵扰、经济上抢掠的方式。这是由蒙古草原古代游牧国家形成的过程决定的。由游牧经济的生产方式决定，游牧人群没有能力维持庞大的常备军队，必须采取全民皆兵的军事组织方式。正因为如此，当游牧人群之间发生战争时，在双方实力大致相等甚至被进攻一方实力较强的情况下，有准备的进攻一方战胜无准备的被进攻一方几乎是必然的结果。因此，从冒顿单于的匈奴开始，就不断地对草原上的各游牧人群发动进攻，并且总能获胜。这样，仅仅经过一代人的努力，匈奴就统一了草原，从一个小部族变成了大帝国。同样的历史大剧，在蒙古草原上不断重演。檀石槐的鲜卑、耶律阿保机的契丹、完颜阿骨打的女真、成吉思汗的蒙古，无不如此。由于蒙古草原游牧国家形成的过程就是血腥的、暴力的，所以当他们与黄河流域的农业人群发生交往时，采用暴力的军事抢掠方式只不过是原有过程的一种延续而已。

从汉匈关系开始，蒙古草原的游牧人群与黄河流域、长江流域的农业人群在经济上、军事上、政治上和文化上的二元互动，成为影响中国文明发展历程的主要因素。汉王朝建立后，首先面对的关系帝国生死存亡的重大难题，就是如何应对匈奴的威胁。汉高祖刘邦亲率二十万大军进攻匈奴，也只得到的是白登之役的惨败。从那以后的汉初数十年间，汉王朝对匈奴采取了和亲和忍让的对策，但一直不能解除匈奴的威胁。直到汉武帝时期，在强盛国力的支撑下，重用了卫青、霍去病等优秀将领，采用游牧人群的作战方式反攻匈奴，取得了多次对匈奴作战的决定性胜利。此后，匈奴内部分裂，南匈奴与汉王朝结盟，汉帝国在与草原帝国的关系中才逐渐取得了主动和主导的地位。与此同时，汉王朝西征大宛，南伐西南夷，东灭卫氏朝鲜，统治范围扩展到朝鲜半岛和中印半岛，并在新疆设立了西域都护府实施统治。这一时期丝绸之路的正式开通，使欧亚大陆的东西方文明开始了接触。

两汉王朝的衰落及其后的三国和西晋的内乱，引发了"五胡乱华"，继而形成了游牧人群的鲜卑入主中原后的二元对立的南北朝局面。在这一过程中，游牧人群和农耕人群的融合，又催生了胡汉混合的隋唐帝国。唐王朝是当时世界上最强盛的帝国，新疆乃至中亚的广大区域，都曾被纳入唐王朝的统治下。在唐王朝鼎盛时期，唐太宗既是中原王朝的皇帝，又是统领草原各游牧部族的天可汗。唐王朝对外国、外族人和外来文化的开放与包容在中国历史上是空前的。因此，唐代也是丝绸之路交通、贸易和东西方文化交流空前发展的时期。

安史之乱后，唐王朝走向了衰落。从唐末、五代十国到宋、辽、金，东亚地区游牧人群与农耕人群二元对立的局面再次出现。唐代以后，农业国家的中原王朝再也没有信心和能力建立包括农业人群和游牧人群在内的统一帝国，赵匡胤的宋王朝和朱元璋的明王朝均是如此。与此相反，从草原上崛起的蒙古人在欧亚大陆历史上第一次迅速建立起一个地跨东亚、中亚和欧洲、包括农业人群和游牧人群的蒙古帝国，东西方文明在丝绸之路上再一次碰撞，深刻影响了世界历史的进程。此后，女真人趁明末内乱之机入主中原，在东亚地区再一次建立了一个包括农业人群和多个游牧人群的清帝国，奠定了现代中国的疆域基础。

在中国文明的发展过程中，东亚地区的农业文明与游牧文明的南北互动是影响文明发展和演变的主要动因。虽然入主中原的游牧人群所建的帝国，往往沿用中央集权君主专制的统治方式，并往往会利用和接受儒家思想，这样就在统治的过程中被逐渐汉化。但由于蒙古草原上各时期的游牧帝国都是由一些较为原始的血缘集团短时间内迅速整合形成的，他们往往保留有浓厚的血缘社会的传统。在北方游牧文明与中原和南方的农业文明长期互动的过程中，特别是游牧人群入主中原之时，这样的传统不可避免地对黄河流域和长江流域的农业人群产生深刻影响。我们不仅要看到古代游牧人群的汉化，也必须看到以汉族为主体的农业族群在历史过程中不断地胡化。农业文明与游牧文明的南北互动，不断强化中央集权君主专制的国家和血缘社会的传统长期并存，成为中国文明与西方文明完全不同的特质。

丝绸之路虽然开通了欧亚大陆东西方文明贸易和文化交流的通道，并对东西方文明的演变都产生了一定的影响，但影响最深的是处于东西方之间的亚洲内陆地区。在遥远的东方与西方之间，丝绸之路的交通时断时续，东西方文明之间一直缺乏持续深入地交流、互动与了解。这种局面直到近代以后才被打破。

在中国文明的发展过程中，以汉族为主体的族群不断与其他族群发生互动、碰撞与融合，在这样的历史过程中，许多族群相继被融入中华民族大家庭中，形成了不同于西方民族国家的多民族国家的传统特质。同时，汉文化也不断与其他族群的文化交流与融合，形成了不同于西方文明的多元一体的文明特质。

（作者为西北大学文化遗产学院教授）

希腊化文明与丝绸之路(论纲)

杨巨平

一 希腊化文明与丝绸之路联系的确立

希腊化文明是亚历山大东征之后在西起地中海，东到印度河之间兴起的一个新兴文明区域，它是希腊文明与东方文明互动交流的产物。丝绸之路是在张骞通西域之后在欧亚大陆出现的一条交通大动脉。一个文明，一条商路，两个看似不同的历史现象为什么会出现交集，会有联系，根本原因在于它们一度处于同一个时间和空间的坐标系中。

希腊化文明是在亚历山大帝国的基础上形成的。“希腊化”(‘Ελληνίζω)一词古而有之，但将此词赋予一个时代，则始于19世纪德国历史学家德罗伊森(Johann Gustav Droysen，1808—1884)。他在煌煌三大卷《希腊化史》(*Geschichte des Hellenismus*，汉堡，1836—1843)中首次使用“Hellenismus”来描述亚历山大及其后继者们创立的这个时代。但在这个时代的时间起止上、这个文明的性质上，这个世界的构成上，学术界一直有不同的看法。现在一般通行的观点是把亚历山大之死(公元前323)视为希腊化时代的开始，言外之意亚历山大帝国的历史仍然属于古希腊史的范畴。希腊化时代的下限一般定于公元前30年埃及沦入罗马帝国之手，最后一个希腊化王国灭亡之时。这样的划分能否成立，主要取决于如何给希腊化时代定性。如果把它看作一个希腊文明与东方文明大碰撞、大交流、大融合的时代，那实际上从亚历山大踏上亚洲大地的那一刻起，这样的进程就开始了。亚历山大东征开始之年——公元前334年，就可以视为希腊化时代的开始。公元前30年，罗马对最后一个希腊化王国托勒密埃及的征服，标志着希腊化时代的结束。公元前后，最后一个希腊人王国在印度消失，作为这一时代的文明形态——希腊化文明整体上在公元后的欧亚大陆也确实不复存在，但文明的影响不会中断，文明的遗产还在传播延续。就希腊化时代而言，公元前后作为它的结束和下限是成立的，但就希腊化文明的影响而言，可以说一直延续到公元7世纪阿拉伯帝国的崛起。

“丝绸之路”(Die Seidenstrasse)一词也是一位德国学者首先提出的。1877年，德国地理学家李希霍芬(Baron Ferdinand von Richthofen，1833—1905)在其所著的《中国》一书中，将从中国的塔里木盆地通往中亚的道路称为“丝绸之路”，此词后来被广泛接受，用来指代横贯欧亚大陆、沟通中国到地中海的东西方交通要道。但“丝绸之路”何时形成，学界有各种说法。一般认为，汉武帝时期张骞通西域，标志着丝绸之路的全线贯通。但也有学者指出，中国的丝绸早就通过草原之路传到欧洲，此前还应有一条“草原丝绸之路”。但实际上，所谓的“草原丝绸之路”即使存在，也是时断时通，丝绸的西传主要依靠欧亚大陆游牧民族之间的不断转手来实现，而且他们是以掳掠、战争为获得丝绸的主要手段。丝绸作为一种贸易交换物，大规模地西传是在张骞之后出现的。也就是从此时起，丝绸之路与希腊化文明或希腊化世界发生了直接的联系。但事实上，两个世纪之前的亚历山大帝国的建立，希腊化世界的形成，早就奠定了后来丝绸之路的基础。波斯帝国时期，从地中海到印度的道路已经连通。亚历山大就是沿着这条路线一直征服到印度，并从印度河南下，分兵海陆两路沿阿拉伯海岸回到波斯湾。这说明，当时从地中海到印度的海陆两路都是存在的。亚历山大死后，各希腊化王国虽呈对立之势，但它们之间是相通的。即使远在中亚腹地的兴都库什山下的希腊式城市遗址，考古学家也发现了从德尔斐神庙带来的人生格言和来自地中海地区的尖底双耳罐(amphora)。正是希腊化世界道路系统的存在，使得张骞一旦进入阿姆河流域，就意味着从中国到地中海的联系得以沟通，同时也决定了未来丝路的基本走向。从这个意义上说，亚历山大在丝绸之路的开通上发挥了与张骞同样重要的历史作用。

从公元前2世纪末到公元前后，虽然希腊人在中亚、西亚的统治逐渐萎缩，但丝路所经过之处，都是原来希腊人的控制之地，希腊化文明的遗产随处可见。张骞两次出使西域，首次带回了包含希腊化文明的信息。公元之后，贵霜、帕提亚和罗马的东方在原来希腊化世界的废墟上并立崛起，他们都不同程度地接受了希腊化文明的遗产。丝绸之路的延续意味着这些希腊化文明遗产影响的传播和扩大，丝路沿线各国发行的具有希腊化特征的钱币，各地区出现的具有希腊化文化因素的佛教犍陀罗艺术特征的雕塑、壁画，以及仍然流行于丝路中心地带的希腊文字，都是这种希腊化遗产传播和影响的证明。因此，不论从丝路的开通，还是从丝路经过的地区和丝路传递的文化信息来看，希腊化文明或希腊化世界及其遗产都与丝绸之路有着一种必然的、内在的、不绝如缕的联系。可以这么说，没有早已存在的希腊化世界，从中国到地中海的丝绸之路的全面贯通不可能在汉武帝和张骞的时代得以实现，中国文明与希腊化文明也就不可能首先在中亚相逢，如果没有丝绸之路，希腊化文明的遗产也就不可能在以中亚为中心的地区传播、接受、改造、模仿，并最终传至遥远的中国，融入中国传统文化的主流之中。

二　丝绸之路上的希腊化文明遗产

由于后来入主东方希腊化世界的这些地区的民族(帕提亚人、大月氏-贵霜人，斯基泰人和嚈哒人)大都处于游牧文明阶段，他们不得不接受、利用当地的先进的希腊化文明遗产。这种特殊的历史文化背景，决定了希腊化文明的遗产及其影响在以巴克特里亚为中心的远东地区的长期存在，丝绸之路的开拓与延伸则把这种遗产和影响带到更远的中国。总体上看，希腊化文明的遗产至少在四个方面与丝绸之路发生了直接的联系。

其一，从希腊化城市到丝路重镇。

希腊人撤走或消失之后，他们的城市一部分湮没无闻，但也有相当一部分成为后来的丝路重镇。像中亚的木鹿、撒马尔罕、铁尔梅兹、苦盏、巴克特拉，阿富汗的贝格拉姆、坎大哈，巴基斯坦的塔克西拉等都是当年亚历山大及其后继者的殖民、驻军或建城之地。它们是希腊化文明遗产的中转站和传播源。这些城市能够一直存在到今天，说明希腊人建城选址时所具有的远见。

其二，从希腊化钱币到丝路钱币。

不论是亚历山大还是塞琉古王国的钱币，也不论巴克特里亚希腊人国王的纯希腊铭文的钱币还是印度-希腊人的双语币，它们都被后来的其他民族的统治者或使用，或仿造，或改造。钱币的“希腊性”虽然越来越少，但至少一直延续到了阿拉伯人到来之前。即使是后来的阿拉伯人也沿用了这种钱币的基本形制。这些国家和地区都位于丝路沿线，这些形形色色的钱币是通过文化的层层过滤而被制造出来的。这些钱币作为交换的中介无疑推动了丝路贸易的发展，同时，也传播了这些钱币上的留存的希腊化文化信息。

其三，从希腊化艺术到丝路艺术。

希腊化艺术与丝路宗教艺术有着千丝万缕的联系。希腊化艺术在中亚和印度西北部的最大、影响最深远的遗产就是犍陀罗艺术。不论它形成于印度-希腊人时期，还是印度-斯基泰人时期，或贵霜时期，这种艺术中蕴含的希腊化宗教观念和造型艺术因素是显而易见的。犍陀罗艺术，实际上就是希腊的神人同形同性观念，希腊的雕塑造型艺术与佛教精神的结合。可以说，没有希腊文化因素的参与，没有希腊雕塑家的创作，如此散发希腊化文化气息的犍陀罗艺术是不会出现的。巴克特里亚希腊人在印度西北部活动的时期，应该是犍陀罗艺术的酝酿期、萌芽期。正是他们，带来了阿伊哈努姆遗址所展示的那些原汁原味的希腊造型艺术。至于最早创作佛陀的那一批工匠是印度-希腊人的后裔，还是公元后从罗马的东方经海路而来的那些希腊人，学术界还在争论。但不可否认的是，以米南德为首的这些皈依佛教的印度-希腊人无疑推动了犍陀罗佛教艺术的诞生，因为只有他们才能带来这种艺术的灵感和技艺。

其四，希腊化文明遗产与中国。

希腊化文明与中国古代文明到底有无接触和联系，这样的问题已经有了肯定的回答。正是通过丝绸之路，佛教经中亚首先传入了中国的塔里木盆地，并由此传向内地中原。但它在传播的过程中，一步步与中原文化相结合，最后使印度佛教变成了汉地佛教。从犍陀罗出发的具有希腊化艺术特征的佛教人物雕塑如何渐渐退掉了他们的“胡人”外表，变成了汉人模样的三世佛、菩萨和四大天王等，这是一个涉及历史、文化、艺术、宗教等领域的非常复杂的问题。但佛陀形象的存在，就意味着犍陀罗艺术影响的存在，希腊式样的棕榈枝、葡萄纹饰，敦煌石窟中的爱奥尼亚式和多利亚式柱头，麦积山具有赫拉克勒斯特征的天王形象，甚至龟兹壁画中的裸体人物(有学者否认希腊的影响)，都暗示着希腊化文化因素的存在。此外，与贵霜钱币有明显渊源的和田马钱，尼雅木牍文书上的希腊神像印记，山普拉毛织物上的希腊马人(Centaur)的形象，甘肃李贤墓鎏金银壶上的特洛伊神话故事，太原虞弘墓中石雕上的酿造葡萄酒的场面和来通形象等近年来发现的具有外来文化特征的遗物，无不蕴含着一定的希腊化文化因素。至于中国古代文献中关于西域的记载，其实早就包含了希腊化文明遗产的信息。

总之，源于希腊的希腊化文明，与发轫于中国的丝绸之路，二者之所以能够在中亚和印度相逢，并对包括中国在内的丝路沿线国家和地区产生了深远的影响，既是历史的巧合，也是历史的必然，是人类文明互动交流的结果。东西方两个古老的文明能够借此相识、相交，确实具有特殊的历史意义，值得进一步深入研究。

(作者为南开大学历史学院教授)

汉唐西王母神话与华人对希腊罗马世界的认知

张绪山

西王母神话在中国古代流传甚广，是最著名的神话之一。① 在古代中原华人观念中，西王母神话始终与“西荒”相联系，是中原社会对“域外”的地理认知的重要内容之一；汉唐各代与西王母神话相关联的西方知识，尤其是希腊罗马世界之认知，次第变化，各不相同，所对应的是中原王朝与希腊罗马世界交流的状态。因此，研究与西王母神话相关的华人域外知识之变迁，是研究中西交流尤其是中国与希腊罗马世界交流的重要视角之一。

一 “西王母”神话的早期形态及地理方位意义

在古代典籍中，《山海经》最早提到西王母，② 其中之《西山经》记西王母：“玉山，是西王母所居也。西王母其状如人，豹尾虎齿而擅啸，蓬发戴胜，是司天之厉及五残。”《海内北经》将西王母与“昆仑”联系起来：“西王母，梯几而戴胜[杖]，其南有三青鸟，为西王母取食。在昆仑虚北。”在《大荒西经》中，西王母被置于昆仑之丘：“西海之南，流沙之滨，赤水之

① 鲁迅指出，中国神话与传说中，“其最为世间所知，常引为故实者，有昆仑山与西王母”。《中国小说史略》，见《鲁迅全集》第九卷，21页，北京，人民文学出版社，2005。

② 《山海经》成书年代不可确知，虽有学者认为在西周时代中后期，但大多数学者认定在战国时期，无论如何，在秦汉以前似可断定。鲁迅《中国小说史略》：“《山海经》近所传本十八卷，记海内外山川神祇异物及祭祀所宜，以为禹益作者固非，而谓因《楚辞》而造者亦未是；…… 然秦、汉亦有增益。”见《鲁迅全集》第九卷，20－21页。

后，黑水之前，有大山，名曰昆仑之丘。有神——人面虎身，有文有尾，皆白——处之。其下有弱水之渊环之，其外有炎火之山，投物辄然。有人戴胜，虎齿，有豹尾，穴处，名曰西王母。此山万物尽有。”可见，西王母与“昆仑”的联系是逐步建立起来的。

就《山海经》所载西王母神话的基本形态，其核心元素有二：一是西王母居昆仑——西海、流沙、赤水、黑水、弱水、炎火之山等是其相关元素——在后世流传的西王母神话中，昆仑的意义最为重要，流沙、弱水等元素在不同场合下被涉及。① 二是西王母的怪异形象，即所谓“豹尾虎齿”“蓬发戴胜”。后世学者所突出的多为这两个元素。孔颖达《尔雅注疏》：“西王母者，《山海·西荒经》云：‘西海之中，流沙之滨，赤水之后，黑水之前，有大山名昆仑之丘，有人戴胜虎齿有尾，穴处，名曰西王母。’”

西王母形象的改变见于《穆天子传》。在《穆天子传》中，西王母是一位雍容华贵的得道妇人，或半人半仙的贵妇，以至于让远道而来的周穆王流连忘返，乐而忘归。《穆天子传》卷三描述西王母宴请周穆王于瑶池的情形：“癸亥，至于西王母之邦。吉日甲子，天子宾于西王母，乃执白圭玄璧以见西王母，好献锦组百纯，□组三百纯，西王母再拜受之。□乙丑，天子觞西王母于瑶池之上。”然后是二人的一段情意绵绵的吟唱酬答：“西王母为天子谣曰：‘白云在天，山陵自出。道里悠远，山川间之。将子无死，尚能复来。’天子答之曰：‘予归东土，和治诸夏。万民平均，吾顾见汝。比及三年，将复而野。’西王母又为天子吟曰：‘徂彼西土，爰居其野。虎豹为群，於鹊与处。嘉命不迁，我惟帝女。彼何世民，又将去子。吹笙鼓簧，中心翱翔。世民之子，唯天之望’。天子遂驱升于弇山，乃纪其迹于弇山之石，而树之槐，眉曰：西王母之山。”

除了对西王母形象描述的不同，②《穆天子传》异于《山海经》之处，还

① 《淮南子·地形训》：“西王母在流沙之濒。”《贾子·修政篇》：“尧身涉流沙地，封独山，西见王母。”《史记·大宛列传》：“条枝有弱水、西王母。”

② 童书业：“穆传所记穆王与西王母之唱酬，俨然宾主焉。‘西王母’神怪之性乃为之一洗。”《穆天子传疑》，见《童书业历史地理论集》，167页，北京，中华书局，2004。

在于昆仑山与西王母的分离。《山海经》说西王母居于玉山，又说居于昆仑之丘，而《穆天子传》说弇山，且不曾说弇山产玉；《禹本纪》说“瑶池”在昆仑山上，而《穆天子传》说“瑶池”在西王母境内。① 不过，其他典籍仍持旧说。如《列子·周穆王》：“穆王不恤国事，不乐臣妾，肆意远游。命驾八骏之乘，……驰驱千里，……遂宿于昆仑之阿、赤水之阳。别日升于昆仑之丘，以观黄帝之宫，而诏后世。遂宾于西王母，觞于瑶池之上。西王母为天子谣，王和之，其辞哀焉。”可见昆仑山、瑶池与西王母的联系性一直存在。在后世流传过程中，西王母与昆仑的这两种关系都存在。大概在汉代，西王母与昆仑山变得不可分离。②

汉代以后，西王母神话进入“历史化”叙事。司马迁《史记·赵世家》记载赵国之祖先造父事迹：“造父幸于周缪王。造父取骥之乘匹，与桃林盗骊、骅骝、绿耳，献之缪王。缪王使造父御，西巡狩，见西王母，乐之忘归。而徐偃王反，缪王日驰千里马，攻徐偃王，大破之。乃赐造父以赵城，由此为赵氏。”周缪王即周穆王。在司马迁的叙述中，西王母与历史(或历史化的)人物联系起来，俨然成了真实的历史人物。不过，司马迁在记载周朝大事的《史记·周本纪》的穆王行传中，并没有提及穆王见西王母之事，说明太史公并不信以为真。③

汉代以后，西王母神话更为流行，《淮南子·览冥训》有嫦娥奔月的故事：“羿请不死之药于西王母，姮娥窃以奔月。”姮娥即嫦娥。高诱注：“姮

① 顾颉刚：《昆仑传说与羌戎文化》，见《古史辨自序》下，815－816页，石家庄，河北教育出版社，2000。

② ［日］小南一郎：《中国的神话传说与古小说》，孙昌武译，59页，北京，中华书局，1993。

③ 袁珂认为太史公在《周本纪》穆王传中没有提到穆王见西王母事，仅在《赵世家》里从侧面简略提及，乃是基于处理《穆传》《竹纪》材料的谨慎。见袁珂：《中国神话史》，49页，上海，上海文艺出版社，1988。但实际情况可能是，《周本纪》在叙述穆王事迹时，早已建国的周王之起居出征已有史官记载，叙述穆王事迹可依靠传世史料，需要慎重区分真史实和虚假故事，只将确凿有据之事载入史册；《周本纪》穆王传仅记穆王征讨犬戎和作刑书之事，因前者见于《国语》，后者见于《尚书》，皆“有典有册”，有案可稽。见刘宗迪：《西王母神话地域渊源考》，载《民俗研究》，2005(2)；又同作者：《失落的天书》，523页，北京，商务印书馆，2006。

娥，羿妻，羿请不死之药于西王母，未及服也，嫦娥盗食之，得仙，奔入月中为月精也。”西王母成了掌有“不死之药”的神仙。① 汉武帝是一代名君，以强烈的西王母神仙情怀著称，故汉代以后的传说将他与西王母拉扯到了一起。不过，汉武帝没有穆天子那样的西游行动，所以在后世传说中就变成了西王母访问汉武帝。② 大约成书于东晋以后的《汉武内传》将西王母刻画成一个坐着紫云车自天而降的美妇人，“视之年可卅许，修短得中，天姿掩蔼，容颜绝世”。西王母的形象日渐美化，其神话更加色彩斑斓、旖旎多姿，明显地显示出“累层积累”的特征。

不过，“西王母”作为神仙或邦国而位于“西极”这种意义，是始终不变且随时推移而愈加明朗的。③《尔雅·释地》：“觚竹、北户、西王母、日下，谓之四荒。”《山海经》郭璞注：“觚竹在北，北户在南，西王母在西，日下在东，皆四方昏荒之国，次四极者。”在《穆天子传》中，西王母的所在是弇山。弇山、弇兹山，即崦嵫山，指西方；郭璞注：弇山，弇兹山，日入所也。《离骚》：“吾令羲和弭节兮，望崦嵫而勿迫。”王逸注：“羲和，日御也”；“崦嵫，日所入山也”。《大戴礼记·少闲》：“昔虞舜以天德嗣尧，

① 袁珂认为：嫦娥奔月神话“早在战国初年的《归藏》(已佚)一书里，已经见到了它的雏形。《文选·祭颜光禄文》注引《归藏》说：‘昔常娥以西王母不死之药服之，遂奔月为月精。’便是此一神话的雏形”。见《中国神话史》，49页。

② 大约成书于后汉时代的《汉武故事》：“七月七日，上于承华殿斋，日正中，忽见有青鸟从西方来，集殿前…… 是夜漏七刻，空中无云，隐如雷声，竟天紫色。有顷，王母至乘紫车，玉女夹驭，载七胜，履玄琼凤文之舄，青气如云，有二青鸟如乌，夹侍母旁。下车，上迎拜，延母坐，请不死之药。母曰：‘……帝滞情不遣，欲心尚多，不死之药，未可致也。’因出桃七枚，母自啖二枚，与帝五枚。帝留核着前。王母问曰：‘用此何为?’上曰：‘此桃美，欲种之。’母笑曰：‘此桃三千年一著子，非下土所植也。’留至五更，谈语世事，而不肯言鬼神，肃然便去。”茅盾认为：“以西王母的桃子代表了此等的不死之药的意义。”《中国神话研究初探》，见《茅盾评论文集》(下)，269页，北京，人民文学出版社，1978。

③ B. Karlgren，Legends and Cults in Ancient China，*Bulletin of the Museum of Far Eastern Antiquities of Stockhol*，XVIII (1946)，pp. 270-271；R. Fracasso，Holy Mother of Ancient China：A New Approach to the Hsi-wang-mu 西王母 Problem，*T'oung Pao*，LXXIV (1988)，pp. 2-6. 关于西王母为何所指的讨论，参见岑仲勉：《穆天子传西征地理概测》，见《中外史地考证》上，29页，北京，中华书局，2004；库尔班·外力：《西王母新考》，载《新疆社会科学》，1982(3)。

布功散德制礼。朔方幽都来服，南抚交趾，出入日月，莫不率俾，西王母来献其白琯。”朔方幽都、交趾分别代表北、南方向上的极地，西王母则代表“出入日月”的东、西两极中的西极。王充《论衡》：“西王母国在绝极之外。”西王母所代表的“西极”地理方位意义，以及它与日落处的密切关联，在西王母神话中是很明确的。

在古代华人的世界观念中，“西王母”神话所确立的地理空间，由朦胧的“日落”“西极”意识所引导，随着华人向西方的探索而被锁定在不同地域区间。著名汉学家夏德(F. Hirth)赞同金斯密尔(Kingsmill)的看法，认为：“在中国人的想象中，凡在西方发现新地方，西王母神话就会向更西移动；在古代几个时期，这些传说占据中国人所知世界之西部边界以远的未知之地(terra incognita)。”①吕思勉同样指出：“古所谓西王母之神者，究在今何地与？不可知也。何也？流沙、弱水等，久成缪悠传说之辞，不易即地理凿求其所在也。惟以为在西方，寖假而以为在极西，则其见解迄未变。《尔雅》遂以为四荒之一。《淮南王》云：‘在流沙之濒。’流沙，亦古人所以为极西之地，而实未能确知其所在者也。因西王母之所在，实不可知，而又相沿以为极西之地，于是凡心所以为极西之地，即指为西王母之所在。”②这种世界观念演化的结果是，当华人对西极的认知发生变化时，西王母的位置也随之发生相应变动。汉代华人活动拓展到中亚，与中亚的希腊殖民地发生接触和音讯交流，对“西极”的地理认知范围随之扩展至更遥远的希腊-罗马世界，西王母神话随之与华人有所了解但又了解不多的这个朦胧世界联系起来。

在古代华人的西王母信仰中，“西王母”神话所包含的宗教意义与地理意义交织在一起，呈现出错综复杂的特点：在神话信仰的虚幻图面上往往呈现出华人的某些真实地理知识，而华人实际的地理知识又往往杂

---

① F. Hirth, *China and the Roman Orient: Researches into Their Ancient and Medieval Relations as Represented in Old Chinese Records*, Leipsic & Münich, Shanghai-Hongkong, 1885, p. 293；又见朱杰勤汉译本《大秦国全录》，129 页，北京，商务印书馆，1964。

② 吕思勉：《西王母考》，见《吕思勉说史》，2—3 页，上海，上海古籍出版社，2000。

染着一些虚幻的神话色彩，以至于亦真亦幻、真实与虚幻难以分解。这使历来的研究者始终面临一个难以摆脱的窘境：寻求历史与地理的真实时往往被芜杂的虚幻景象所困扰，而以纯然虚幻神话视之，则又不免对其中包含的真实地理成分感到讶异；它所呈现出来的华人对“西极”地域的认知，在一个方面展现出华人真实的域外地理知识，但这些地理知识被蒙上一层朦胧的纱幕，充斥着各种幻象。汉唐时期华人对西王母神话的信仰与其对希腊-罗马世界的认知纠葛缠绕，乃是一个历史事实。这个历史事实反映了彼一时代华夏域内精神氛围(mental climate)对华人域外探索活动及“天下”(οἰκουμένη，ecumene，écoumène)观念的相互影响。

二 西汉开拓西域与西王母神话

战国以后，中原王朝求仙观念已蔚成风尚，尤以齐国为盛。《史记·封禅书》云：“自(齐)威、宣、燕昭使人入海求蓬莱、方丈、瀛洲。此三神山者，其传在渤海中，去人不远；患且至，则船风引而去。盖尝有至者，诸仙人及不死之药皆在焉。其物禽兽尽白，而黄金银为宫阙。未至，望之如云；及到，三神山反居水下。临之，风辄引去，终莫能至云。世主莫不甘心焉。”秦朝兼并天下之后，亦致力于海上寻仙：“及至秦始皇并天下，至海上，则方士言之不可胜数。始皇自以为至海上而恐不及矣，使人乃赍童男女入海求之。”齐地流传的仙道增强了秦始皇的求仙兴趣。

汉代继承了秦代的这份精神遗产。不过，西汉一朝因其与匈奴的对抗，注意力始终在西部，故与“西极”相关的西王母神话成为西汉一代之主流信仰。司马相如(约公元前179—前118)《大人赋》云：“遍览八纮而观四海兮，朅渡九江越五河。经营炎火而浮弱水兮，杭绝浮渚涉流沙。奄息葱极泛滥水嬉兮，使灵娲鼓瑟而舞冯夷。时若暧暧将混浊兮，召屏翳诛风伯，刑雨师。西望昆仑之轧沕荒忽兮，直径驰乎三危。排阊阖而入帝宫兮，载玉女而与之归。登阆风而摇集兮，亢乌腾而壹止。低徊阴山翔以纡曲兮，吾乃今目睹西王母。暠然白首载胜而穴处兮，亦幸有三足乌为之使。必长生若此而不死兮，虽济万世不足以喜。”“大人”即仙人。《大人赋》

将西王母视为“八纮”“四海”之一极，涉及西王母传说中的所有主要元素，如“弱水之渊”“炎火之山”“流沙”“昆仑”等，对西王母神话诸元素的运用相当娴熟，可谓信手拈来。这无疑反映了西汉一代西王母神话信仰的流行程度。不过，司马相如写《大人赋》的用意并不在简单地状物抒怀，而是向神仙情结严重的汉武帝讽谏，婉劝汉武帝不要耽于神仙幻想，所以他认为西王母“白首载胜而穴处”，以三足乌为之驱使，实在不足称羡。① 然而，始料未及的是，他对仙境的华美描述竟使汉武帝对西王母的向往更为炽烈。《汉书·司马相如传》：“相如既奏《大人赋》，天子大说，飘飘有陵云气游天地之间意。”《汉书·扬雄传》：“往时武帝好神仙，相如上大人赋，欲以风，帝反缥缥有陵云之志。繇是言之，赋劝而不止，明矣。”武帝醉心仙道，在后世广为人知。西晋张华《博物志》卷三：“汉武帝好仙道，祭祀名山大泽，以求神仙之道。”上有所好，下必甚焉。武帝一朝对西王母信仰的热情与迷恋，推动了整个社会求仙思潮的发展，演为彼一时代的精神风尚。②

汉武帝一朝最重大事件之一是经营西域。张骞出使西域之目的，是联合大月氏，促其与西汉王朝合作，共击匈奴，断其右臂，以彻底解除匈奴对中原长期以来的威胁。但大月氏在富饶的河中地区(Transoxiana)安居乐业，已无报胡之心，张骞不得大月氏要领，无功而返。张骞中亚之行，从外交上并不成功，但在拓展华人之域外知识方面，实则功莫大焉。它在客观上提供了一次了解西域国家山川地理、风土人情实况的机会。据司马迁《史记·大宛列传》记载，张骞于公元前 139 年从长安动身，经河西走廊前往大月氏，中途为匈奴截获，羁留匈奴十余年，逃出后于公元前 128—前 127 年到达大宛、大夏、康居和大月氏。大宛位于今乌兹别克斯坦的费尔干纳盆地。大夏即巴克特里亚(Bactria)，是亚历山大东征时于中亚建立的希腊化国家之一。康居在大宛西北，南接大月氏，在今哈萨克斯坦境内，约在今巴尔喀什湖和咸海之间。大月氏，亦称禺知(禺氏)，初居敦煌、祁

① 《史记·司马相如传》颜师古注：“昔之谈者咸以西王母为仙灵之最，故相如言大人之仙，娱游之盛，顾视王母，鄙而狭之，不足羡慕也。”

② ［日］白鸟库吉：《见于大秦传中之中国思想》，见《塞外史地论文译丛》第一辑，王古鲁译，112 页，长沙，商务印书馆，1938—1939。

连山之间，公元前二世纪为匈奴击败，西迁伊犁河、楚河一带，后又受乌孙攻击，遂西击大夏，居妫水(阿姆河)北，南邻大夏，西邻安息，北邻康居。张骞一行从这些国家闻知"其旁大国五六"，即乌孙、奄蔡、安息、条支、黎轩和身毒，知道安息"西则条枝，北有奄蔡，黎轩、条枝在安息西数千里，临西海"。① 这是此前闻所未闻的域外新知识。

在张骞及属下从中亚闻知的五六个国家中，乌孙居于伊犁河流域。乌孙与月氏一样，原居于敦煌、祁连之间，公元前177—前176年，匈奴攻击月氏，迫其西迁，驻足于伊犁河流域。乌孙与匈奴再攻月氏，迫使月氏再度迁移，定都阿姆河以北，征服阿姆河以南希腊人建立的大夏国。奄蔡居于咸海以北，《史记·大宛列传》记载："奄蔡，在康居西北可二千里，行国，与康居大同俗，控弦者十余万，临大泽无涯，盖乃北海云。"安息，即波斯帝国的帕提亚(Parthia)王朝，乃西域大国。身毒，即印度，居南亚次大陆的古国。这些国家的地理位置都可以确定，只有黎轩、条枝之地望的考订，至今仍然是众说纷纭，莫衷一是，② 但它属于希腊化世界应属无疑。

公元前334年，一代雄主马其顿国王亚历山大发动对波斯的战争，经

---

① 《史记·大宛列传》各版本均作："其(安息)西则条枝，北有奄蔡、黎轩。条枝在安息西数千里，临西海。"引得历来名家学者费尽笔墨，以解释(安息)"北有……黎轩"之句。实际上这段记载存在句读讹误，正确的句读应正为："其(安息)西则条枝，北有奄蔡，黎轩、条枝在安息西数千里，临西海。"《汉书·西域传》："乌弋山离国……东与罽宾，北与扑挑，西与犁靬、条支接"，可证。参见 D. D. Leslie and K. H. J. Gardiner：Chinese Knowledge of Western Asia during the Han，*T'oung Pao*，LXVIII (1982)，pp. 254－308.

② 关于黎轩地望的考证，可谓众说纷纭，如 Rekem 说、Alexandria 说、Regha (Rhaga)说、Seleucia 说，等等。见[德]夏德：《大秦国全录》，朱杰勤译，61－62页，北京，商务印书馆，1964；P. Pelliot，Likan，autre nom de Ta-ts'in，*T'oung Pao*，1915，pp. 690－691，中译见冯承钧译：《黎靬为埃及亚历山大城说》，见《西域南海史地考证译丛》第7编，34－35页，北京，商务印书馆，1995；[日]白鸟库吉：《大秦国与拂菻国考》，载《史学杂志》第十五编(1904年)，中译见《塞外史地论文译丛》第一辑，17－18页；Tayochacho Fujita，Li-hsüan et Ta-chin，*Memoirs of the Faculty of Literature and Politics Taihoko Imperial University*，Vol. 1 (1929)；中译见[日]藤田丰八：《黎轩与大秦》，见《西北古地研究》，杨錬译，134－160页，台北，台湾"商务印书馆"，1974。其他众多观点，详见张绪山：《近百余年来黎靬、大秦问题研究综述》，载《中国史研究动态》，2005(3)。

十几年征战建立起一个庞大帝国，这个帝国包括地中海东部地域(巴尔干半岛、小亚细亚、叙利亚、巴勒斯坦、埃及)与波斯，其东部边界远至中亚河中地区与印度河流域。亚历山大在东征期间，鼓励希腊-马其顿士兵与当地妇女通婚，在征服地区积极推行希腊文化，促进了希腊文化与当地文化的融合；公元前323年亚历山大病死，其部将三分其天下，建立起以希腊半岛与小亚为中心的马其顿王国，以叙利亚为中心而囊括伊朗高原的塞琉古王国、以及以埃及为中心的托勒密王国。这三个王国构成“希腊化世界”的主体。

西汉时期汉籍记载的黎轩指塞琉古王国。① 这个王国的东部边陲巴克特里亚地区(即中国记载中的大夏)是亚历山大东征时建立的殖民地。公元前三世纪中叶波斯帕提亚王朝崛起，将塞琉古王国西部与东部的巴克特里亚地区截断，后者成为一块飞地，遂脱离其西部中心而独立。张骞西域探险到达大夏时，塞琉古王国尚未被罗马帝国灭亡，他从大夏的当地希腊人口中听到“塞琉古”一名，是很自然的事。“塞琉古王国”一名中充作形容词的“塞琉古的”(Seleucian)在希腊文中作 Σελευκίων，读音若“塞黎轩”或“塞犁靬”，但以中亚地区的读法，开头音节“塞”多被略读，② 故转为“黎轩”或“犁靬”。

---

① 较早提出此说的学者有 O. Franke、G. Haloun 等，见[荷]J. 戴闻达：《中国人对非洲的发现》，胡国强、覃锦显译，5—6页，北京，商务印书馆，1983。又见[德]夏德：《大秦国全录》，朱杰勤译，45页。有学者提出，《史记》和《汉书》中的黎轩-条枝是一个单独的实体，一个国家，即塞琉古帝国，或是塞琉古帝国的两个继承国。中国作家可能根据安息人提供的消息，把它们联起来当成了一个双胞实体，就如人们称“匈奥帝国”或“米底亚-波斯人”一样。东汉时期，波斯和罗马瓜分了塞琉西亚帝国的大部分领土，《后汉书》才不提黎轩-条支，从前的“黎轩”与“条支”分离开来，等同于这个地区的一个新兴强国大秦即罗马帝国的东部，此时的“条支”指塞琉西亚帝国在两河流域的残余国而隶属于波斯。黎轩-条枝的对音，应是 Seleuciantioch，黎靬(Li-kan)中的“an”音系借自 Antioch 一名中失落的“an”音，Antioch 丢失“an”后即读作条枝。见 D. D. Leslie and K. H. J. Gardiner：Chinese Knowledge of Western Asia during the Han, *ibid.*，pp. 254-308；亦见 D. D. Leslie and K. H. J. Gardiner：*The Roman Empire in Chinese Sources*，Roma，1996，pp. 253-254.

② 许多词汇的开头音节被略读是常有的现象，如古代亚述人称为 Ashkuzai 的中亚草原上的塞人，波斯与印度人称作 Saka，希腊人称作 Skuthoi 或 Sacae。见孙毓棠：《安息与乌弋山离》，见《孙毓棠学术论文集》，404页，北京，中华书局，1995。又如，Alexandria(亚历山大里亚)读作 Kandahar(坎大哈)；Samarkand(撒马耳罕)读作 Maracanda(马拉坎大)；Alexander 读作 Iskander(伊斯坎德尔)。

张骞西域凿空之后，西汉政府加强了对河西走廊的经营与控制，对西域的交通变得通畅起来："汉始筑令以西，初置于酒泉郡以通西北诸国。因益发使抵安息、奄蔡、黎轩、条枝、身毒国……诸使外国辈大者数百，少者百余人。"公元前119年张骞再次出使乌孙，并分遣副使至大宛、康居、大月氏、大夏、安息、身毒等。安息重视汉之遣使，《史记・大宛列传》记载："初，汉使至安息，安息王令将二万骑迎于东界。…… 汉使还，而后发使随汉使来，观汉广大，以大鸟卵及黎轩善眩人献于汉。"波斯与西汉朝廷的交往建立起来，也将安息之西的"西极"知识介绍于中原华人。

《史记・大宛列传》记张骞向汉朝廷报告中亚探险所获得的西方知识，尤其是"西极"国家条枝的知识：

> 条枝在安息西数千里，临西海。暑湿。耕田，田稻。有大鸟，卵如瓮。人众甚多，往往有小君长，而安息役属之，以为外国。国善眩。安息长老传闻，条枝有弱水、西王母，而未尝见。

"条枝"指位于地中海之滨(现叙利亚境内)的塞琉古王国的都城安条克(Antiochia)；西海乃指地中海；大鸟即叙利亚沙漠的鸵鸟。张骞到达中亚前的半个世纪，正是安息帝国的强盛时期，安息王米特拉达梯兹一世(Mithradates Ⅰ，公元前171—前139/138)于公元前141年夺取了底格里斯河畔的塞琉西亚，又曾俘获入侵的塞琉古国王德米特里二世(Demetrius，公元前145—前139/138，公元前129—前125)；公元前131/130年，塞琉古王安条克七世入侵安息腹地，于公元前129年被安息王弗拉阿梯兹(Fraates Ⅱ，公元前139/138—前128/127)杀死。此后塞琉古王国变成了诸侯纷争的状态，受安息左右，成为安息的"藩国"(即"外国")。①

所谓"条枝有弱水、西王母"，实际上是将弱水、西王母置于"条枝"国境内。西王母神话出现于华人域外探险活动所获得的消息中，足令人讶异

---

① ［匈］雅诺什・哈尔马塔主编：《中亚文明史》第二卷，徐文堪、芮传明译，95页，北京，中国对外翻译出版公司，2002；余太山：《古代地中海和中国关系史研究》，10页，北京，商务印书馆，2012。

莫名，但以西汉社会实情考之，又似乎不难理解。中原华人长期盛行西王母信仰，西王母神话在汉代已经成为中原华人的信念，一种精神氛围；尤其是汉武帝神仙情结浓重，视“西王母之邦”为“西极”仙境，不能不对汉朝廷上下官员及整个统治阶层有所影响。于此精神氛围中，张骞必须对亲履之地与“西王母之邦”之间的关系向武帝有所交代。① 张骞西域探险已达此前华人未及的西方之地，但他很快明白“西域”实非“西极”，也没有华人所谓的西王母之邦；但更远的“西极”是否存在西王母之邦，则仍需求证；于是，质询安息人成为必要之举。所谓“安息长老传闻”云云，显然不能照字面意义理解为安息人的主动介绍；毋宁说，有关西王母与“条枝”关系的消息，其实都是出自中原使节主动的征询，是张骞及其副使节揣摩久怀西王母情结的武帝之“圣意”的结果。吕思勉指出：“安息人安知有弱水西王母？其为中国人所附会，不言可知。”②

① 白鸟库吉：“武帝常好神仙，亦系深信西方有西王母仙境之人，故希望张骞一至西域必能详悉西王母国情形。”《见于大秦传中之中国思想》，见《塞外史地论文译丛》第一辑，111—112 页；杨宪益认为：“汉武帝时人确信西面有西王母国……张骞受武帝命而赴西域，其主要使命固为与月氏取得联络，但同时似亦寻求西王母的仙境。”这个见解是对的。但他的如下说法是错误的：“此种信念必源于西域来人的夸大报告；而就‘西王母在条支西，近日所入’的记载看来，所谓西王母国显然也就是大秦，就是承继近东希腊文化的东罗马帝国，西域人所谓 Yavana、Yona、Yunani 地方。古音 m 与 n 相通，如弥字，广东今日尚读 nei，以希腊在东方的名称 Yunani、Yavana 就可以译为西王母，汉武帝寻求西王母国，也就是寻求西方的希腊。”《穆天子传的作成时代及其作者》，见《译余偶拾》，103—104 页，北京，生活·读书·新知三联书店，1983。其错有三：(1)如下文所讨论，“西极为西王母之邦”这个观念为中土所固有，非西域人所输入华人；(2)张骞时代尚无“大秦”之名，最早见于后汉《后汉书·西域传》与《魏略·西戎传》；(3)以 Yunani、Yavana 为“西王母”之译音，非是。

② 吕思勉：《西王母考》，见《吕思勉说史》，2 页。白鸟库吉也持同样见解，见 K. Shiratori，Chinese Ideas reflected in the Ta-‘in Accounts，*Memoirs of the Research Department of the Toyo Bunko*，No. 15，Tokyo，1956，p. 34；译文见《见于大秦传中之中国思想》，见《塞外史地论文译丛》第一辑，111 页。杨宪益认为，“西王母的传说似乎始于汉武帝时……当时大宛的王称为王毋寡，西王母可能即由此附会而成。如果《山海经》里说到西王母的部分是汉人加进去的，《竹书纪年》又与《穆天子传》同样不可考，我们就可以假设西王母故事起源于武帝征大宛前后几年，而神话里的西王母也就是相当于历史上的大宛。”《穆天子传的作成时代及其作者》，见《译余偶拾》，102 页。此说非是，说者对西王母传说起源判断有误。

司马迁记载“西王母”传说得自“安息长老传闻”，同时又强调他们“未尝见”，貌似简单，但寓意丰富，值得玩味。西王母作为“八纮”“四海”之一极的思维模式久已固定成型，在此前提之下，中原王朝的西域探险也成为一次检核固有地理知识的重要机会，作为“西荒”标志的西王母神话，不可避免地被拿来与既有的地理知识相比照。在汉代社会从宫廷到民间都弥漫着西王母崇拜的氛围中，中原王朝的使节在西域探险时很可能将检核西王母旧典真伪作为一个重要探索任务，并将有关信息带回中原，向朝廷交代。① 严肃、博学如司马迁，竟不得不在记载中有所涉及，说明西王母神话在当时中原地理观念中的地位。但太史公毕竟是具有求实精神的史家，对此不会轻易信以为真。“安息长老传闻，条枝有弱水、西王母，而未尝见”一语，实际上在避免否定久行中原的西王母信仰的同时，借安息长老之口，说明西王母仙境的可疑，暗喻武帝信奉神仙之说的无稽。

张骞西域探险不仅获得中亚地区的切实知识，同时也更新了原来想象中的“西极”观念，将模糊的“西王母之邦”推向更遥远的西方，从而与新认知的模糊地域——“条枝”结合起来。百余年后，班固撰写《汉书·西域传》时又吸收了一些新信息：

> 乌弋山离国……西与犁靬、条支接。行可百余日，乃至条支。国临西海。暑湿，田稻。有大鸟，卵如瓮。人众甚多，往往有小君长，安息役属之，以为外国。善眩。安息长老传闻，条支有弱水、西王母，亦未尝见也。自条支乘水西行，可百余日，近日所入云。

“犁靬”同“黎轩”，“条支”同“条枝”。乌弋山离不见于《史记》，盖司马迁根据张骞及副使的报告写《史记·大宛列传》时，这个国家还不存在。乌

① 白鸟库吉认为，“(张骞)随行人物之中，必有深信可在西域参谒西王母宫阙之人，而且在‘曾闻西王母故事’的华人之间，亦必有‘深信此举所获闻西王母国详情’之人。”《见于大秦传中之中国思想》，见《塞外史地论文译丛》第一辑，111页。方豪赞同白鸟之说，但强调：“见西王母乃附带之希望，而非张骞等西使之真正目的。”见氏著：《中西交通史》上，79—80页，上海，上海人民出版社，2008。其说甚是。

弋山离即锡斯坦(Seistan)的 Alexandria-Prophthasia，安息国东部的德兰癸亚纳和阿拉科希亚两地，位于今阿富汗南部，以今日锡斯坦与坎大哈为中心。① 《汉书》沿袭了《史记》中“条枝(支)有弱水、西王母”的说法，但比司马迁时代增加了两点信息：其一，陆路行，自乌弋山离穿过安息南部卡尔玛尼亚、波西斯、苏西阿那诸省可达条支，这正是当年马其顿亚历山大自东方撤军西归的路程。其二，较之司马迁对条支及更远地区的茫然，班固已知道从条支西航，还可到达更远的西方，达于日没之处。② 很显然，此时中国人在保留前代“条支”知识与西王母相关的神话传说外，又增加了一些知识：条支并非“西极”，其西还有未知世界，所谓“可百余日，近日所入云”所表达的乃是一种更广阔的地理观念。

诚如有学者指出，汉代华人对域外的知识很多与空想之传说纠缠在一起。③ 但我们更应该看到，这种传说在本质上包含着华夏世界观之下的地理观念：诸如西王母、东王公之类的中原传说，是与中原华人的“四极”地理观念联系在一起的；西王母所居之地在地理上的变化，与华人域外地理知识的变化相辅相成，乃是华夏域外认知演化的一种标识。具体言之，西汉时代华人之所以将“条支”与西王母神话传说联系在一起，是因为前者代表了当时华人所了解的现实世界的“西极”，而后者则是华人固有世界观中的“西极”。将传统中虚无缥缈“西王母之邦”与真实存在的“条支”联系起来，在今日之人看来实属牵强附会，幼稚可笑，但在当时之人却是顺理成章，符合当时中原华人的心理认知。

三 东汉中国与希腊-罗马世界交流中的西王母神话

西汉末年，汉帝国上下西王母崇拜已相当流行。④ 在发生自然灾难与政治

① 孙毓棠：《安息与乌弋山离》，见《孙毓棠学术论文集》，403－412 页。

② 孙毓棠：《条支》，见《孙毓棠学术论文集》，385 页。

③ ［日］白鸟库吉：《见于大秦传中之中国思想》，见《塞外史地论文译丛》第一辑，103－153 页。

④ 王子今、周苏平：《汉代民间的西王母崇拜》，载《世界宗教研究》，1999(2)。

动荡时，民间将西王母视为救主与保护人；西王母崇拜已经足以成为策动变乱，掀起社会政治波澜的精神力量。汉哀帝时代爆发的西王母信仰下的民众大规模骚乱，以“祠西王母”为鼓动口号，以“传行西王母筹”为组织形式，“会聚”“惊动”“奔走”，从关东直至京师，从正月至秋季，几乎为政府难以控制。《汉书·五行志》记载：“哀帝建平四年(公元前3年)正月，民惊走，持稿或棷一枚，传相付与，曰‘行诏筹’。道中相过逢多至千数，或被发徒践，或夜折关，或逾墙入，或乘车骑奔驰，以置驿传行，经历郡国二十六，至京师。其夏，京师郡国民聚会里巷仟佰，设张博具，歌舞祠西王母。又传书曰：‘母告百姓，佩此书者不死。不信我言，视门枢下，当有白发。’至秋止。”①王莽时期，将哀帝时的“为西王母筹”视为篡汉的祥瑞而提倡，西王母崇拜获得官方承认，② 贯通社会上下而蔚然成风，演成东汉一朝的社会精神氛围。

自公元1世纪起，欧亚大陆自西徂东并列存在着四大帝国，位于东西两端的是罗马帝国与东汉帝国，位于二者之间的是占据伊朗高原的波斯帝国(安息)与占据中亚地区的贵霜帝国。在公元初的三个世纪里，这四大帝国之间保持着相当繁荣的交流。

在汉代文献中，罗马帝国被称作“大秦”。东汉帝国与罗马帝国的交流，从1世纪下半叶逐渐进入繁荣阶段。尤其是，公元1世纪下半叶最后30年间，班超击败匈奴，平定西域，中西交通得到空前有力之维护；而此期罗马帝国东扩亦达盛况，欧亚大陆两大帝国遂成鸡犬相闻之势。和帝永元九年(公元97年)班超遣甘英出使大秦，是华人试图与罗马帝国建立联系的重大事件，《后汉书·西域传》对此有明确记载：“和帝永元九年，都护班超遣甘英使大秦。抵条支。临大海欲度，而安息西界船人谓英曰：‘水

---

① 《汉书·哀帝纪》：“(建平)四年(公元前3年)春，大旱。关东民传行西王母筹，经历郡国，西入关至京师。民又会聚祠西王母，或夜持火上屋，击鼓号呼相惊恐。”《汉书·天文志》：“(哀帝建平)四年正月、二月、三月，民相惊动，欢哗奔走，传行诏筹，祠西王母，又曰：纵目人当来。”

② 《汉书·元后传》：“莽又欲改太后汉家旧号，易其玺绶，恐不见听……于是冠军张永献符命铜璧，文言‘太皇太后当为新室文母太皇太后’。莽乃下诏曰：…… 予伏念皇天命予为子，更命太皇太后为新室文母太皇太后，协于新、故交代之际，信于汉氏。哀帝之代，世传行诏筹，为西王母共具之祥，当为历代母，昭然著明。于祗畏天命，敢不钦承！谨以令月吉日，亲率群公诸侯卿士，奉上皇太后玺绂，以当顺天心，光于四海焉。”

广大，往来者逢善风，三月乃得度。若遇迟风，亦有二岁者，故入海者皆赍三岁粮。海中善使人思土恋慕，数有死亡者。'闻之乃止。"甘英到达的"条支"究竟在何处，说者各异，莫衷一是。① 此时的罗马帝国已经扩展到地中海东岸，包括叙利亚全土，故不可能是西汉时代所记载的叙利亚境内的"条枝"，极可能是波斯湾头的条支。②

甘英未能抵达大秦，外交上无疑是一大憾事，但亲履安息国土而抵达条支，大大有助于中国人域外知识的拓展，正如《后汉书·西域传》所云："甘英临西海而还，皆前世所不至，《山经》所未详，莫不备其风土，传其珍怪焉"；"西域风土之载，前古未闻也。……甘英乃抵条支而历安息，临西海以望大秦，拒玉门、阳关者四万余里，靡不周尽焉"。此后大秦取代条支，成为中国人域外知识中的西极国家。

另一方面，罗马人向东方的探索也是规模空前。《后汉书·西南夷传》载，永宁元年(120)，掸国(即缅甸)国王雍由调向汉庭遣使贡献掸国乐器和幻人。这些幻人"自言我海西人，海西即大秦也。"汉庭由此知道"掸国西南通大秦"。公元2世纪前半叶，一名叫亚历山大的罗马人，从孟加拉湾绕过马来半岛到达了一个叫卡蒂加拉(Kattigara)的地方。卡蒂加拉即汉文史料中的交趾，位于红河入海口处附近，今越南河内城郊。③ 公元166年又

---

① 余太山：《条枝、黎轩和大秦》，见《塞种史研究》，182—192页，北京，中国社会科学出版社，1992；[日]宫崎市定：《条支和大秦和西海》，见《日本学者研究中国史论著选译》第九卷，385—413页，北京，中华书局，1993。

② 波斯湾头的喀拉塞(Charax，即 Kerecène)，自古即为交通便利的商品集散地。公元前4世纪末马其顿王亚历山大东侵时曾占领此地，建城 Alexandria，后为洪水所毁坏。塞琉古王朝的安条克斯四世(Antiochus Ⅳ，175—164 BC)于公元前166年重建新城，复改名 Antiochia。约公元前130年，阿拉伯酋长 Spasinu 占领该地，自立为王，后来此地逐渐被习称为 Charax-Spasinu。"条支"即 Antiochia 之译音。孙毓棠：《条支》，见《孙毓棠学术论文集》，388—389页。甘英是从安息西界船员口中听到这个名称，安息人可能仍使用 Antiochia 的旧称。

③ 像亚历山大这样东游的罗马人在当时可能为数不少。2世纪中叶希腊地理学家马林努斯(Marinus)根据包括亚历山大在内的旅行商人和航海家的报告，记载了印度、金洲和卡蒂加拉的情况。马林努斯的著作未能保存下来，其片段保存于另一位希腊地理学家托勒密(Claudius Ptolemaeus，约90—168)的《地理志》中。见戈岱司：《希腊拉丁作家远东古文献辑录》，23页，北京，中华书局，1987；H. Yule, *Cathay and the Way Thither*, London 1915, vol. 1, pp. 199-200.

有罗马使节东来。《后汉书·西域传》记载："桓帝延熹九年(166)，大秦王安敦遣使自日南徼外献象牙、犀角、瑇瑁，始乃一通焉。其所表贡，并无珍异，疑传者过焉。"汉朝廷认为这是罗马帝国与中国正式通使的开始，但罗马史书并无记载，很可能是商人冒充使节。① 不管这些所谓"使节"的身份如何，无可怀疑的是，此一时期东来的罗马人定然不少。

甘英西使大秦与罗马人东来中国，给华人带来新的"西极"国家大秦的消息，影响了华人对"西极"国家的认知，同时也使华人面临一个不可回避的问题：这个"西极"国家与华人固有地理知识中作为西极符号的"西王母"之间存在何种关系？《后汉书·西域传》称：

> 大秦国，一名犁鞬，以在海西，亦云海西国。……或云其国西有弱水、流沙，近西王母所居处，几于日所入也。《汉书》云："从条支西行二百余日，近日所入"，则与今书异矣。前世汉使皆自乌弋以还，莫有至条支者也……(大秦)所生奇异玉石诸物，谲怪多不经，故不记云。

《后汉书·西域传》的记载值得注意者颇多。首先，在记载大秦王安敦所遣使节时，称"其所表贡，并无珍异"，甚至怀疑"传者过焉"，是因为与大秦人的接触增加，对大秦风土物产实况的了解逐渐趋于真实。认为前代所记载大秦"宝货"是谲怪不经，出乎同样的原因。

其次，正如西汉时代的情形一样，东汉时代华人所得的西王母消息显然也并非来华大秦使者主动介绍，而是出乎关心"西王母之邦"的华人的征问。《史记》《汉书》与《后汉书》涉及西王母传说信息具有共同性：西汉时代安息长老不把一个子虚乌有的西王母之邦置于自己生活且熟悉的本国境内，而仅说远方的"条支有弱水、西王母"；同样，到达中国境内的罗马(大秦)人也不能将西王母之邦置于自己的母邦大秦境内，只能说存在于更远的大秦之西。

最后，司马迁时的中原人知道条支是"极西"的国家；班固时的中原人

---

① F. Hirth，*China and the Roman Orient*，pp. 73－78；又见[德]夏德：《大秦国全录》，朱杰勤译，64－66页。

已知从条支西航，还可到达更远的西方，达于日没之处，但对条支到日没处之间的地理则茫然无知；而东汉时华人从大秦人那里得知，在条支之西还有一个更远的大秦国存在，将一向作为“西极”符号的西王母之邦推到大秦之西，认定“其国西有弱水、流沙，近西王母所居处，几于日所入”，较之《汉书》所谓“自条支乘水西行，可百余日，近日所入”，显然是更进一步。但如此一来，便有了两汉时代华人在“西极”观念上的差异，所以《后汉书·西域传》作者特别指出：“《汉书》云‘从条支西行二百余日，近日所入’，则与今书异矣。”

《后汉书》所谓“今书”，乃指《魏略·西戎传》。① 鱼豢《魏略·西戎传》(《三国志·魏志》注引)涉及西汉与东汉在“西极”认识上的巨大差异：

> 前世谬以为条支在大秦西，今其实在东。前世又谬以为强于安息，今更役属之，号为安息西界。前世又谬以为弱水在条支西，今弱水在大秦西。前世又谬以为从条支西行二百余日，近日所入，今从大秦西近日所入。

《魏略·西戎传》的记载反映东汉一代对“西极”之实际地理(条支、大秦)认知的进步，但西王母信仰所确立的“西极”(“日落处”)传统观念根深蒂固，一仍其旧，故在涉及大秦、西王母国与其他相关国家的相对方位时，便不能不产生巨大干扰，使当时的华人再次陷于了“胶柱鼓瑟”的谬误。《魏略·西戎传》云：

> 大秦西有海水，海水西有河水，河水西南北行，有大山，西有赤水，赤水西有白玉山，白玉山有西王母。西王母西有修流沙，修流沙西有大夏国、坚沙国、属繇国、月氏国，四国西有黑水，所传闻西之极矣。

---

① 余太山：《〈后汉书·西戎传〉与〈魏略·西戎传〉的关系》，见《两汉魏晋南北朝正史西域传研究》上册，29—38页，北京，商务印书馆，2013。

这段记载给人的印象是，大秦国之西还有第二个突厥斯坦。初审之下，这种矛盾实在不可理喻，故有学者认为，这段文字或系传闻，难以深究。① 不过，从西王母信仰所包含的传统地理观念来看，则不难理解。

《山海经·海内东经》提到流沙以远的国家："国在流沙外者，大夏、坚沙、属繇、月氏之国。"(竖沙、居繇显系抄误)大夏、坚沙、属繇、月氏并列，显为毗邻之国；古代大夏在山西境内，② 汉代月氏初居敦煌、祁连山之间，③ 由此似可断言，四国均在河西走廊。后来分别西迁中亚建国。④ 对这四国的比定，学界虽还存在争议，但汉时均为中亚国家则不成问题。⑤ 汉魏时代，有关西王母的旧认知保留下来，并与大秦联系起来，其结果是，大秦与西王母之西的流沙及毗邻邦国也扯上了联系，于是，原本在河西走廊的"大夏、坚沙、属繇、月氏之国"被平移到中亚之后，被再次平移到了大秦国之西。很显然，这是汉魏时代华人固守旧地理观念所产生的世

① 余太山：《两汉魏晋南北朝正史西域传要注》，353—354 页；同作者：《古代地中海和中国关系史研究》，34 页，82—83 页，北京，商务印书馆，2012。

② 余太山：《古族新考》，12—15 页，北京，商务印书馆，2012；同作者：《塞种史研究》，46—51 页。

③ 冯家昇认为："月氏在汉以前，其版图必连甘、宁二地，屡为匈奴所逼，弃宁夏，踡居甘肃甘州间。复为冒顿所破，又西保祁连、敦煌间，即《史记》《汉书》所指之'故地'也。"《关于大月氏的几个问题》，见《冯家昇论著辑粹》，90 页，北京，中华书局，1987。

④ 大夏之西迁，可能发生在公元前 7 世纪 20 年代，即秦穆公三十七年(公元前 623)"伐戎王，益国十二，开地千里，遂霸西戎"之时，但西迁的大夏人只是一部分，其余仍留原地，前注《史记·秦始皇本纪》所谓"北过大夏"可以为证。参见余太山：《古族新考》，21 页；同作者：《塞种史研究》，第 51 页。而月氏、乌孙之西迁中亚则较晚，大约在公元前二世纪。参见[日]桑原骘藏：《张骞西征考》，杨錬译，6—44 页，上海，商务印书馆，1934；[日]藤田丰八：《月氏乌孙之故地》《月氏西移之年代》，见《西域研究》，杨錬译，77—96 页，上海，商务印书馆，1937。

⑤ 白鸟库吉认为，大夏国即 Bactria，坚沙国即 Keš、属繇国即 Sogdiana、月氏国即 Kušan。参见《见于大秦传中之中国思想》，见《塞外史地论文译丛》第一辑，111 页；又《拂菻问题的新解释》，见《塞外史地论文译丛》第一辑，248 页。余太山认为，"坚沙"(kyen-shea)似指"贵霜"，"属繇"似可视作 sugda 的对译，"并列大夏、月氏、坚沙三者，虽无视时代差，然亦曲折第反映出大夏亡于月氏，月氏又亡于贵霜(坚沙)这一历史过程。"见《两汉魏晋南北朝正史西域传要注》上，353—354 页；又同作者：《古代地中海和中国关系史研究》，83 页。

界地理认知上的错误。换言之，《魏略·西戎传》在保存新地理知识的前提下，又套用了《山海经》中与西王母神话相关的地理认知，将旧知识套在了以"大秦"为标志的新的"西极"之上，将那些与西王母有关的国家推移到了更远处。①

在魏晋南北朝时期华人所持的希腊罗马知识中，两汉时代西王母信仰所塑造的世界观念虽大为减弱，但仍然存在并保持一定影响。《魏书·西域传》：

> 大秦国，一名黎轩，都安都城。从条支西渡海曲一万里，去代三万九千四百里。其海傍出，犹渤海也，而东西与渤海相望，盖自然之理。地方六千里，居两海之间。……东南通交趾，又水道通益州永昌郡多出异物。大秦西海水之西有河，河西南流。河西有南、北山，山西有赤水，西有白玉山。玉山西有西王母山，玉为堂云。从安息西界循海曲，亦至大秦，四万余里。于彼国观日月星辰，无异中国，而前史云条支西行百里日入处，失之远矣。

魏晋南北朝时期，中原与西域的联系处于衰落状态，此时之罗马帝国仅存东部，演变成以君士坦丁堡为中心的拜占庭帝国。魏收(506—572)所作《魏书》之《西域传》已佚失，今本《魏书·西域传》乃后人采自《北史·西域传》，有关大秦的知识多取自前代史书，只是改变叙述，使之变得新颖一些而已，其实没有增加新知识。② 但在有关大秦地理的描述中，仍不忘西王母传说之元素(赤水、白玉山、西王母山等)，可见西王母神话所塑造的地理观念对于华人心理影响之甚。

---

① 白鸟库吉认为，此一误解"实由于《魏略》著者将《山海经》《穆天子传》等书所记中国古时传说的极西国家，移而为后汉及三国时代所知的极西国家之故。"《大秦国及拂菻国考》，见《塞外史地论文译丛》第一辑，56页。此说甚是。

② 余太山：《两汉魏晋南北朝正史西域传研究》上册，339—349页；又同作者：《两汉魏晋南北朝正史西域传要注》下册，473—476页，北京，商务印书馆，2013；又同作者：《古代地中海和中国关系史研究》，90—92页。

四 唐代西王母神话中的希腊-罗马世界

东汉以后，佛教传入中国以后，其高度理论化的宗教体系，排挤了西王母信仰的存在空间，西王母神话遂与道教传说结合。昆仑山与西王母被一并纳入道教传说，西王母演化成王母娘娘等形象。

隋唐时期，西王母作为道教的神仙受到祭祀。《隋书·张季珣传》曰："京兆张季珣，父祥。少为高祖所知，其后引为丞相参军事。开皇中，累迁并州司马。仁寿末，汉王谅举兵反，遣其将刘建略地燕、赵，至井陉，祥勒兵拒守，建攻之。复纵火烧其郭下。祥见百姓惊骇，其城侧有西王母庙，祥登城望之，再拜号泣而言曰：'百姓何罪，致此焚烧！神其有灵，可降雨相救。'言讫，庙上云起，须臾骤雨，其火遂灭。士卒感其至诚，莫不用命。城围月余，李雄援军至，贼遂退走。"唐代高宗李治有遣使祭西王母祠之举："永淳二年(683)春正月甲午朔，幸奉天宫，遣使祭嵩岳、少室、箕山、具茨等山，西王母、启母、巢父、许由等祠。"(《旧唐书·高宗本纪》，又见《太平御览》卷一一〇)可见西王母信仰颇为流行。

更常见的是，西王母被作为神话典故写入诗歌。李白《天马歌》有"请君赎献穆天子，犹堪弄影舞瑶池"之句；《清平调》："云想衣裳花想容，春风拂槛露华浓。若非群玉山头见，会向瑶台月下逢。"将"群玉山"与"瑶台"镶入诗句中。杜甫《秋兴》："蓬莱宫阙对南山，承露金茎霄汉间。西望瑶池降王母，东来紫气满函关。"李商隐《瑶池》："瑶池阿母绮窗开，黄竹歌声动地哀。八骏日行三万里，穆王何事不重来。"以及唐彦谦《穆天子传》："王母清歌玉琯悲，瑶台应有再来期。穆王不得重相见，恐为无端哭盛姬。"更将帝王的浪漫爱情渲染出来。韦应物《王母歌》诗："众仙翼神母，羽盖随云起。上游玄极杳冥中，下看东海一杯水。海畔种桃经几时，千年开花千年子。玉颜眇眇何处寻，世上茫茫人自死。"储光羲《田家杂兴八首》其四："人生如蜉蝣，一往不可攀。君看西王母，千载美容颜。"西王母成了人们艳羡的青春永驻的神仙。随着西王母神话被纳入道教传说系统，西王母作为不死神仙的信仰越来越突出，而作为"西极"标志的意义越来越模糊。

唐代武功之强盛，疆域之辽阔，与域外交流之频繁，文化之开放，与域外民族交流之频繁，可谓超迈前代，其域外地理知识随之扩展，达于一时之盛。隋唐时期，以拜占庭帝国为中心的希腊-罗马世界的东部地区以"拂菻"见称于汉籍。拜占庭帝国以罗马帝国正统自居，"罗马"（Rum，Rōm）之名流布于外族，进入亚美尼亚语演变为Hrom（Horum），伊朗帕列维语变为Hrōm，进入花拉子密语和粟特语转为Frōm（Furum），再进入汉语转读为"拂菻"。① 隋唐时期以"拂菻"之名见诸汉籍之事实，多指拜占庭帝国（东罗马帝国）。汉魏时代流行之"大秦"已隐于幕后，与"大秦"密切关联之西王母神话传说渐成故纸堆之"学问"。唐代学者对西王母神话的关注，多见于对汉代史籍的注疏中。

《史记·赵世家》司马贞索隐提到，三国时谯周（201—270）视西王母事迹为神话，不以为然："穆天子传曰'穆王与西王母觞于瑶池之上，作歌'，是乐而忘归也。谯周不信此事，而云'余尝闻之，代（今山西）俗以东西阴阳所出入，宗其神，谓之王父、母（"东王公"与"西王母"）。或曰地名，在西域，有何据乎？'"谯周对西王母神话的怀疑态度，在三国时代可能并不普遍，所以司马贞特为表出，但他本人却没有表达看法。这是中国传统的典型做法：对于往昔的记载，不管其真伪如何，往往都要作为"知识"加以保存。

这种做法也体现在另一处。在《史记·大宛列传》"安息长老传闻，条枝有弱水、西王母，而未尝见"下，司马贞索隐曰："《魏略》云：'弱水在大秦西。'《玄中记》云：'天下之弱者，有昆仑之弱水，鸿毛不能载也。'《山海经》云：'玉山，西王母所居。'《穆天子传》云：'天子觞西王母瑶池之上。'《括地图》云：'昆仑弱水乘龙不至。有三足神乌，为王母取食。'"此处所论完全是对以往典籍有关西王母神话要点的辑录，注者本人并未加以考

① P. Pelliot, Sur I' origine du nom de Fu-lin, *Journal Asiatique*, XIII (1912), pp. 497-500; K. Shiratori, A New Attempt at Solution of the Fu-lin Problem, *Research Department of the Toyo Bunko*, No. 15(1956), pp. 186-195；部分译文见《塞外史地论文译丛》第一辑，243—331页；张绪山：《"拂菻"名称语源研究述评》，载《历史研究》，2009(5)。

辨，自然也谈不上为它所固有的“西极”地理观念增加新的地理与历史知识。

这种特点亦见于唐代张守节正义：

此弱水、西王母既是安息长老传闻而未曾见，《后汉书》云，桓帝时大秦国王安敦遣使自日南徼外来献，或云其国西有弱水、流沙，近西王母处，几于日所入也。然先儒多引《大荒西经》云，弱水云有二源，俱出女国北阿耨达山，南流会于女国东，去国一里，深丈余，阔六十步，非毛舟不可济，南流入海。阿耨达山即昆仑山也，与《大荒西经》合矣。

这基本上是他所注意到的东汉时代的知识，不过，他在这些“知识”中注意到其中存在的地理讹误：

大秦国在西海中岛上，从安息西界过海，好风用三月乃到，弱水又在其国之西。昆仑山弱水流在女国北，出昆仑山南。女国在于窴国南二千七百里。于窴去京凡九千六百七十里。计大秦与大昆仑山相去几四五万里，非所论及，而前贤误矣。此皆据汉括地论之，犹恐未审，然弱水二所说皆有也。

张守节已经意识到华人的“大秦”知识与传统西王母神话纠缠在一起带来的种种不可解矛盾，其最显著者是，将西王母神话及其元素（弱水）与新发现的西极之地（大秦）联系时，由于传说中“西王母之邦”的重要元素昆仑山（及与之绑在一起的弱水）的地望在汉代已经被汉武帝所确定，① 由此造成难以自洽的困境：闻听到的“近西王母处”的大秦及西部的弱水与传说中西王母所居住的昆仑山及弱水相去甚远，“几四五万里”，所以他认为是前人弄错了。

---

① 汉武帝将于阗南山命名为“昆仑”的理由是此山多玉。《史记·大宛列传》：“汉使穷河源，河源出于阗，其山多玉石，采来，而天子案古图书，名河所出山曰昆仑云。”

李唐一代，希腊罗马世界以“大秦”之名重现于华人知识，缘于景教徒入华。景教来华、入长安并获得官方接待，是在唐太宗贞观九年(635)。据活动于长安的景教徒于唐德宗建中二年(781)建造的《大秦景教流行中国碑》记载，景教徒于“贞观九祀，至于长安。帝使宰臣房公玄龄总仗西郊，宾迎入内。翻经书殿，问道禁闱。深知真正，特令传授。”碑文还记载，贞观十二年(638)唐太宗颁诏在长安义宁坊建一大秦寺，安置景教徒21人。然而，景教入华之初并不以“大秦景教”见称，而以“波斯经教”闻名。天宝四年(745)九月玄宗诏令：“波斯经教，出自大秦；传习而来，久行中国。爰初建寺，因以为名。将欲示人，必修其本。其两京波斯寺宜改为大秦寺。天下诸府郡置者，亦准此。”(《唐会要》卷四九)可见，“大秦寺”乃后改，初名“波斯寺”。

景教与“大秦”联系起来，显然与景教徒的经营有关，是其宣传活动的结果。景教徒入华后，最初并不了解历史上“大秦”在华人心目中的地位，后逐渐熟知汉魏时代华人视“大秦”为典章完备、文章华美的仙境般的理想国度，甚至说大秦人体貌“皆长大平正，有类中国”(《后汉书·西域传》)，或“人皆长大平正，似中国人而胡服，自云中国一别也”(《魏略·大秦国》)，或“其人端正长大，衣服车旗，拟仪中国”(《北史·西域传》)，景教徒认识到此种情感大可用来拉近与李唐朝廷的关系，遂将景教发源地与汉籍中的“大秦”曲加比附，为传教之有力工具。① 个中情形，可由景教碑文略见一斑：②

> 案西域图记及汉魏史策，大秦国南统珊瑚之海，北极众宝之山，西望仙境花林，东接长风弱水。其土出火綄布、返魂香、明月珠、夜光璧；俗无寇盗，人有乐康；法非景不行，主非德不立；土宇广阔，文物昌明。

① [日]白鸟库吉：《见于大秦传中之中国思想》，见《塞外史地论文译丛》第一辑，149页。

② 张星烺：《中西交通史料汇编》第一册，217页，北京，中华书局，2003；又翁绍军校勘并注释《汉语景教文典诠释》，56页，北京，生活·读书·新知三联书店，1996。

就实际地理方位，“珊瑚之海”“众宝之山”“仙境花林”及“长风弱水”究竟指哪些地方，历来众说纷纭。① 比较令人接受的观点是，这里的“大秦”主要限于景教活动的地中海东岸(中心在叙利亚一带)，南面的“珊瑚之海”指红海，北面的“众宝之山”指托罗斯山，东面的“弱水”指幼发拉底河，西面的“仙境花林”则指基督教圣地伯利恒(Bethlehem)。② 其叙述中展现出现实的真实地理认知，但仍可见西王母作为“西极”符号所固有的套路：“大秦”之西的“西王母之邦”不见了，但代之而起的是“仙境花林”——二者同为神仙之境；出产宝玉的昆仑山不见了，代之而起的是“众宝之山”——二者的宝山特点暗合；而意涵模糊的“长风弱水”明显地指向西王母神话中的“弱水”，不过，碑文作者没有将“长风弱水”与西王母一道安置在大秦之西，而是安置在大秦之东。这是对西王母神话传统的改造，显示出景教徒将真实的地理知识融入既有历史资料的匠心独运，但也说明在唐代华人的思想中，西王母神话相关地理元素的方位的已失去精确性与清晰度，不再具有重要性，无须像汉代一样生硬地套用。至此，西王母神话已逐渐淡出，像往昔的大秦国一样，成为历史陈迹。后来的西王母神话，几乎完全沿袭两汉时代的旧说。③

(作者为清华大学人文学院历史系教授)

---

① [日]白鸟库吉：《大秦国及拂菻国考》，见《塞外史地论文译丛》第一辑，54页。

② F. Hirth, *China and the Roman Orient*, pp. 290-291；又见朱杰勤汉译本《大秦国全录》，127－128页；白鸟库吉对夏德的这个观点表示赞同，《见于大秦传中之中国思想》，见《塞外史地论文译丛》第一辑，150页；又见翁绍军校勘并注释《汉语景教文典诠释》，57页。

③ 《文献通考》卷三三九及《诸番志》都有取自《后汉书·西域传》的句子：“或云其(大秦)国西有弱水、流沙，近西王母所居处，几于日所入也。”

全球历史观与明清史研究的几点思考

赵　毅

公元1492年哥伦布发现美洲新大陆，1498年达·伽马绕过好望角航抵印度西海岸，1522年麦哲伦船队完成环球首航，开启了人类大航海时代。这是人类历史上最伟大和最重要的事件，世界各国间的洲际交往成为现实，一个整体世界从海上连接起来，东西方大规模的接触碰撞已不可避免，中国社会历史的变迁与世界大变迁密不可分，认识16—19世纪明清时代的中国问题，必须置于全球历史观视阈之下分析观察。

大航海时代的到来，欧洲早期发达国家建立了庞大的殖民帝国，他们的势力扩展到美洲、非洲和东亚，全球性的政治、经济、文化关系普遍展开，几乎所有地区、所有民族都无法回避。16世纪初至17世纪初，短短百年间，葡萄牙占领印度西南的果亚城，以此为中心经营欧洲与南亚、东南亚和中国商人的中介贸易，旋又占领满剌加，势力继续向东推进并强据中国澳门；西班牙在征服美洲开采秘鲁、墨西哥丰饶的银矿后，东进亚洲占领吕宋，经营与中国私商、东南亚各国的跨越大西洋的马尼拉大帆船的银丝贸易；荷兰占领爪哇的巴达维亚，旋又占领中国台湾，经营日本、荷兰与中国私商的海上三角贸易。与西方早期殖民势力环伺的同时，一批"矢志于上帝光荣"的耶稣会传教士在16世纪中晚期已登陆中国，并初步构造了天主教传教网络，形成西学东渐的趋势。

可以说，自16世纪中叶至19世纪中叶300年的明清两代，中国面临着与西方国家发展经贸，拉动国内经济，富国强兵的机遇。同时，在虎狼环视的情形下，中国也面临着殖民地、半殖民地民族危机。

明代中国是个贫银国家，国内商品货币关系在明中叶之后虽有长足发展，对外经贸却阻力重重，国家实行实物财政体制。明代白银货币化始自正统年间，但步履艰难，无大起色。百年之后，却突变骤降，均平法改革、均徭法改革、一条鞭法改革、商税改革接连出台，徭役、田赋、商税纷纷征银，白银跻身主导货币地位。为什么到16世纪中晚期在中国冒出如许多的白银，有研究者进而提出了晚明银经济、银财政的概念，朱明王朝这个老态龙钟的迟暮帝国何以突然阔绰起来了，这要得益于大航海时代提供的对外贸易机遇。是中国海上私商冲破明王朝的海禁到马尼拉与西班牙商人、到果亚与葡萄牙商人、到长崎与日本商人、到巴达维亚与荷兰商人，完成以丝绸、棉布、茶叶、瓷器、蚕茧换取白银的国际经济贸易活动，赚取大量白银运回母国，才使中国国内市场白银存量激增。追溯源流，这巨额白银皆来自秘鲁波多西，墨西哥阿卡普鲁可，日本生野、岩美、佑度岛等银矿。中晚明对外经贸活动，不是在政府支持下进行的，而是中国海上私商违禁悄然出海，悄然归来，白银悄然流入晚明社会，而非国家太仓银库。究竟流入多少，户部全然不知，市舶司也无从知晓。在此种情形下，晚明政府生吞活剥实行白银货币化和银财政体制，没能借鉴国外财政金融制度实行铸币，任由自然状态的称量白银自由流通。自然状态的称量白银与铸币有本质差别。铸币过程不仅注入了技术，更注入了国家信用与权力，体现了主权国家的货币金融主权。将自然状态的称量白银兑换成铸造银币方准进入流通领域，政府便可以掌握社会白银存储量和市场货币投放量，较好地掌控金融风险。晚明政府任由自然状态的称量白银主导货币财政体制，是自乱金融货币体系。在军费猛增，导致财政危险日甚一日的情况下，加速了明王朝的灭亡。降至清前期，中国海上私商的违禁对外经贸依然保持顺差，悄然流入国内的白银比晚明更多，清朝政府仍然没有铸币决策，仍然任由自然状态的称量白银主导国家金融货币与财政体系。田赋、徭役、商税等国税收均收散碎白银，经熔铸成锭后上缴国库。有熔铸，就有火耗，在帝制传统社会存在已久的火耗在清代达到登峰造极，由火耗衍生的五花八门的陋规，成为清前期吏治与民生的滔天公害。若有铸币政策出台，还需要雍正皇帝的耗慕归公再由国家统一发放养廉银的颇费周章换汤不换药的改革吗？

大航海时代的到来，给世界各国（主要是亚非拉国家）不仅带来了发展经贸强国自立的机遇，也把殖民地、半殖民地的命运推到各国人民面前，同处东亚的中日两国也不能例外。中晚明、清代前中期的中国与日本基本国情有许多相同处，皆为专制政体，商品货币经济虽有发展，但自给自足的小农经济仍占绝大比重，程朱理学依然被奉为思想文化宗主，面对来势汹汹的西方政治、经贸、文化和炮舰，两国都曾选择闭关锁国政策予以应对。但是，把同期中日两国稍作比较，我们又会发现许多不同。同为闭关锁国，中国比较彻底，日本却保留长崎作为窗口，与中国、荷兰继续经贸交流，并通过这个窗口搜集西方和中国的情报信息，了解外部世界。在西学冲击下，晚明的徐光启、李之藻、杨廷筠等先进中国士人倾心西学，推广西方应用技术，但未形成声势，更没形成学派，且这些人思想深处还是理学的信仰者，而同期日本的山鹿素行、伊藤仁斋则大胆怀疑，荻生徂徕则对朱子学“修齐治平”进行直接批判。日本知识界学习借鉴吸纳西方文明，到17世纪形成了专门的学术流派——兰学，兰学即日本的西洋学。18世纪，兰学在日本学术界、思想界十分活跃，已成磅礴之势，哺育了19世纪社会改革的启蒙思想家福泽谕吉、西周、加藤弘之、森有礼等，他们真懂西学，鼓吹全面学习西方，为日本社会改革奠定了思想理论基础。而这一时段的清王朝，在一系列对外战争中连吃败仗，民族危机日益加深，也曾有过探讨富国强兵保国保种的各种良策，其中最被称道的莫过于张之洞等的“中学为体，西学为用”，“师夷之技以制夷”，学的是皮毛，根本不懂西学的真谛。19世纪中叶的日本，社会变革的条件趋于成熟，面对外敌凭凌，特别是“黑船来航”事件后，由“攘夷”而“倒幕”，由“尊王”而“维新”，推翻幕府，建立明治新政府，放弃攘夷论和锁国论，打开国门，全面学习西方，进行深刻的社会变革。明治天皇是改革的旗帜，明治政府的要员高杉晋作、桂小五郎、大久保利通是改革的政治推手，三井等大商人集团是改革的金主，给改革以强力支持，日本转型为近代君主立宪政体的议会国家，并跻身西方列强行列。而此时中国却依然故我，如一潭死水，捕捉不到社会改革的一点信息，在旧制度的泥淖中苦苦挣扎，沦为半殖民地。大体相同的国情和国际环境，截然不同的两种命运，这段中日比较史，是很值得在全球历史观视阈下反复审视的。

（作者为辽宁师范大学历史文化旅游学院教授）

关于中日战争的文化史思考

冯天瑜

取得近代化杰出成就的日本何以成为战争策源地，这是日中两国反思历史的一大题旨。

一

“一衣带水”的邻邦日本，风光秀丽，人物聪慧，数千来与中国结下不解之缘。这不仅是天造地设、无可变更的邻居之缘，更是文明交会之缘，这交会中伴有笙歌，也时现杀伐，而大势是文明涵化，即异质文化接触引起双方原有文化模式发生变迁，呈现你中有我、我中有你的化合状态。

中华文明其生也早，其形也昌，居东亚文明圈核心位置，曾经领先于处在边缘的日本。源于中国的稻作、蚕丝、铸铜、冶铁等生产技艺，汉字、儒学、华化佛教、律令制等观念文化、制度文化被日本选择吸收，结合固有传统，造就别具一格的日本文化。客观而论，中国是日本的文化母邦(日本史学家内藤湖南等持此说)。古代中日间虽有少数几次短暂的军事冲突，主潮是友好相处、经济交流，尤其是文化互动，颇有益于两国发展，并养成人民间的深情厚谊。汉名晁衡的日本遣唐士人阿倍仲麻吕与诗仙李白交厚，李白误闻晁衡返国时葬身海上，挥泪吟诗曰：“日本晁卿辞帝都，征帆一片绕蓬壶。明月不归沉碧海，白云愁色满苍梧。”后来阿陪回到长安，得见李白为他写的诗，百感交集，当即题赠五言《望乡》：“卅年长安住，归不到蓬壶。一片望乡情，尽付水天处。魂兮归来了，感君痛苦吾。我更为君哭，不得长安住。”千载之后，我们朗诵此一唱和，仍为中日人民间的真情所感动。这种友谊的基础是文明互动，是文明互动造就的心灵互动。笔者多年来与日本友人交往，也有李白与晁衡似的同感。

古代—中世—近世日本的文化结构略为“日—中—印”(从观念系统而言便是“神道—儒学—佛教”)，近代转变为“日本—西洋”(原有的“日—中—印”结构与“日—西”结构既相冲突又相融会，仍在继续演绎)。近代日本的大趋势是：不安于亚洲之囿，亟亟于进入西方列强队伍，福泽谕吉“脱亚入欧”之说最传神地昭显了此一走势，三个版次(1984、1993、2004)的日元万元钞一直印着福泽的肖像，也就毫不足怪了。这也是日本自古以来向慕“先进”、向慕“强者”传统的近代表现。

日本历经明治维新，学习西洋工业文明和帝国主义谋略有成，迅速强盛起来。近代日本虽不乏反哺昔之先生中国的贤人嘉行，然总趋势则是掠夺中国以自肥，中国人始料未及，只得奋起迎战，由自卫而自强，这一抗争过程也正是中国觉醒的征途，可谓坏事变好事。在这一意义上，昔之学生日本近代变成教训中国的先生。

二

近代日本在亚洲率先迈入工业文明，又随之成为新的战争策源地，其外战国策的形成，为现实的帝国利益追求所驱动，更与其文化传统的畸形发展相关联(传统有向美善发展的可能，也有向丑恶发展的可能，惜乎近代日本选择了后者)，故日本对外战争，渊源有自。

日本文化养育出的民族性格有许多优胜之处，诸如坚韧的团队意识、集体荣誉感、一流的工作精神、勇毅不屈、自然主义的审美意识、对洁净的极致追求、讲求礼节，等等。

尤其是，日本人素来着意向强者学习，善于汲纳世界文明的优秀成果，将其转化为自己的营养和前行动力；同时，日本人又有强劲的传统延续力，始终保持超拔的民族根性。

对日本有深度观察的中国近代思想家戴季陶说：

如果一个民族没有文明的同化性，不能吸收世界的文明，一定不能进步，不能在文化的生活上面立足。但是如果没有一种自己保存、自己发展的能力，只能被人同化而不能同化人，也是不能立足的。在这种地方，我们很看得出日本民族的优越处来。他们本是赤条条一无所有的，照他们自己的神话来说，只有“剑”“镜”“玉”三样神器。也就大生问题。这三样神器是什么时代，由什么地方来的，究竟有没有这三样东西，也都尚待考证。然而他们以赤条条一无所有的民族，由海上流到日本岛，居然能够滋生发展，平定土番，造成一个强大的部落，支配许多土著和外来的民族，而且同化了他们。更从高丽、中国、印度输入各种物质的精神的文明，而且能够通同消化起来，适应于自己的生活，造出一种特性，完成他的国家组织。更把这个力量来做基础，迎着欧力东侵的时代趋向，接受由西方传来的科学文明，造成现代的势力。民族的数量，现在居然足以合德法相比。在东方各民族中，取得一个先进的地位。这些都是证明他的优点。我们看见日本人许多小气的地方，觉得总脱不了岛国的狭隘性。看见他们许多贪得无厌，崇拜欧美而鄙弃中国的种种言行，又觉得他们总没有公道的精神。可是我们在客观的地位细细研究，实在日本这一个民族他的自信心和向上心都要算是十分可敬。①

访问过日本的外国人往往提出问题：如此文雅执礼、勤谨而有序的日本，何以自19世纪末叶以来多次发动外战，并在战争中表现得特别顽强、格外残暴？又可怪异的是，战后70年日本取得卓异的经济、文化成就，何以拒不反省近代历史上的战争罪行？

要回答这些问题，必须深入探究日本文化，了解日本民族精神的深层结构。如果需要略解上述问题，可简析日本民族性的两个偏执点。

其一，“神国意识”笼罩的岛国情结。

“岛国情结”又称之“岛国根性”。一般而言，“岛国根性”呈现4种心态：

① 戴季陶：《日本论》(外一种)，39—41页，海口，海南出版社，1994。

自我封闭、排他意识、强烈的危机感、狂傲又不安于现状的性格。

日本的岛国情结又被“神国意识”左右。“神国”是笼罩日本人的集体理念，使日本区别于世界其他民族，包括其他岛国民族。神国说脱胎于神道，乃日本的精神之根，《古事记》《日本书纪》等神道元典将日本说成“天神创造之国”(神国)，日本人是“天孙之后裔”；天皇是神性与人性兼备的“现人神”，拥有“万世一系”皇统，是日本国家及国民之象征；天皇权威自然天成、毋庸置疑，必须无条件遵从；尽管天皇并不实际治理国家，但任何人不得挑战天皇权威。这一套“元历史”(民族起源)说教，蕴藏着种族优越论、日本中心论、天皇神圣论、世界一统论(“八纮一宇”)，在国家战略层面必然产生突破岛国狭小、资源贫乏局限，向外拓展生存空间的扩张性追求。

在“神国意识”统辖下，“岛国根性”容易催生极端民族主义和侵略有理论。日本历史上(尤其是近代)屡次发动对外战争，便是其表现。①

其二，缺乏善恶对立的价值观。

美国人类学家本尼迪克特以“菊”与“刀”这两种性质迥异的物体比喻日本文化的双重性格：

> 刀与菊，两者都是一幅绘画的组成部分。日本人生性极其好斗而又非常温和；黩武而又爱美；倨傲自尊而又彬彬有礼；顽梗不化而又柔弱善变；驯服而又不愿受人摆布；忠贞而又易于叛变；勇敢而又怯懦；保守而又十分欢迎新的生活方式。②

---

① 参见程毅、李阳辰：《日本右翼思潮：文化基因透视》，载《世界经济与政治论坛》，2001(2)；娄贵书：《日本军国主义根源探析——岛国环境、骑马民族、历史特点与日本军国主义》，载《贵州师范大学学报》，2005(3)；牟成文：《从日本传统文化看日本狭隘民族使命观的形成》，载《世界民族》，2005(4)；顾怡：《文化顺从与日本军国主义意识》，载《中国社会科学院院报》，2007-03-08；黄真、曹绿：《近代日本侵略性文化的历史渊源及解析》，载《日本问题研究》，2009(3)；许琳：《“岛国根性”演绎出的“大国梦想”——日本民族性格析》，载《中国民族报》，2012-10-19；李增：《日本にむける島國根性についての考察》，上海外国语大学日本文化经济学院日语语言文学专业2013年硕士学位论文，等等。

② ［美］鲁思·本尼迪克特：《菊与刀——日本文化的类型》，吕万和、熊达云、王智新译，1—2页，北京，商务印书馆，1990。

这些排山倒海般的“既……又……”句型，形象地反映了日本的民族性格：文化张力横亘心中，充满难以化解的尖锐矛盾，看似均衡、实则极端，温润的表象下血脉贲张。

西方人将日本文化归类为“耻感文化”，以与西方“罪感文化”相对照。与其说日本人重视“罪”，毋宁说他们更重视“耻”；日本人将羞耻感视为德行之本，其权威地位与西方伦理中的“纯洁良心”“笃信上帝”“回避罪恶”相等；日本人不承认死后报应及天堂地狱之说。这种独特的日本式“耻感文化”便是“日本道德的困境”，这也是日本国民被军国主义降服的道德原因。①

日本人始终明确地否认，德行包含同恶进行斗争。日本近代的宗教家及国家主义者宣称“日本人天生性善，可资依赖，没有必要与自己性恶的一半进行斗争，只需要洗净心灵的窗口，使自己的举止适合各种场合。如果它允许自身污秽，其污秽也容易清除，人的善性会再度生辉……恶不是人心生而具有的”。日本人没有基督教的“原罪”意识，“他们没有关于人的堕落的说教”。②

笔者以为，日本道德的“阿喀琉斯之踵”(致命伤)，不一定在“耻感文化”，而在缺失善恶对立的价值观。善恶不分，也许是日本神道与中国式“性善论”“义战观”的最大区别，也是神道与基督教在道德理念上的分野所在。

因为失却求善去恶的心灵追求，没有直逼灵魂的尖锐人生拷问，没有富于批判精神的终极伦理关怀，日本稀缺培育伟大思想的历史文化土壤，而只能产生谋略型的思想者，这些思想者(如近世的佐藤信渊、吉田松荫，近代的德富苏峰、北一辉等)缺乏理性的、善性的形上学指导，往往偏执于民族私利而剑走偏锋(如吉田松荫“失之美英俄的利益当向中国朝鲜求得

---

① 参见周建高：《日本对外扩张中的人民》，载《读书》，2004(6)；牟成文：《日本民族“无责任构造”畸形心态形成因初探》，载《世界民族》，2006(6)；罗国忠、先世知：《日本人的耻感意识及其根源》，载《四川外语学院学报》，2007(2)；刘利华：《日本历史认知的民族心理探析》，载《云南社会科学》，2008(2)；韩芬：《日本国民性与侵华战争关系的解析》，南京师范大学公共管理学院政治学专业 2012 年硕士学位论文，等等。

② 参见[美]鲁思·本尼迪克特著：《菊与刀——日本文化的类型》，吕万和、熊达云、王智新译，3 页。

补偿”的强盗逻辑)，扩张与暴力成为他们的主题词，当此类思想被统治者放大为国民意识时，日本的外战就获得了强有力的文化支撑，于是世人便见到，一个文雅的民族那样狂热地奔向掠夺与杀戮。

没有一个民族天生就是侵略性的民族。由于历史的合力(来自自身传统扭曲性发展，又效法近代西方的帝国主义)，造成近代日本武力扩张的军国主义特性，导致一个洁净、爱美、讲礼的民族走向战争不归路，其今天之当国者还迟迟回避反省。这是文化史上的悲剧，也是需要深入研究的文化哲学课题。

三

第二次世界大战以后，日本取得和平发展的巨大成就，令人敬重，但是在特定的内外条件培植下，经70年来的政治博弈，日本保有并滋长了一种相当强大的因袭军国传统的力量，以至在策动二战的几个原法西斯国家中，唯有日本不愿做深刻反省，此种取向渗透到日本的内政外交。

现代一些主导日本政坛的人士对侵略战争不愿反省，对早有定论的二战史持历史修正主义态度，这既是战后70年的一个怪异现象，也几乎成为一种司空见惯的状态。如果将同为昔时法西斯国家的日本与德国进行对照，日本表现之荒谬、不可理喻，便昭著天下。

2015年3月，德国现任总理默克尔访问日本时，外界十分关注德国对二战侵略历史的态度及其同邻国和解的经验。默克尔讲了三层意思：“正视历史是和解的前提”；“战后德国能幸运地被国际社会再度接受，是因为德国彻底与过去决裂”；如果没有邻国的“大度姿态”，和解是不可能的，“但更重要的是德国有着实事求是地面对历史的意愿”。

再看日本多数执政者战后的作为，正好相反，日本多届高官一再发表掩饰日本战争罪行甚或直接为之翻案的言论。日本前首相村山富市感叹：“日本从未像德国那样自发追究战争责任。”①诚哉斯言！

① [日]村山富市：《日本从未像德国那样自发追究战争责任》，http：//news.ifeng.com/a/20140721/41245758_0.shtml，2014-07-21。

德日反省战争的态度截然不同，可从多方面究其缘由，而要者似有三端。

其一，盟国对德日两国的战后处置不同。

德国在战后初期由反法西斯阵线的美、苏、英、法4国军事占领，从人事、政治机构到思想体系上较为彻底地肃清了纳粹印痕。

日本由美国一国占领。因美国的“冷战”战略需要，对日本战犯惩治不力。稍加比较纽伦堡审判(美苏英法4国主导)与东京审判(美国主持)即可见端倪。

纽伦堡审判对战犯处罚严厉，而且德国政府对藏匿于国内乃至南欧、拉美等地的大小战犯穷追不舍，那些漏网纳粹形同过街老鼠，几无藏身之所。1994年9月，德国通过《反纳粹和反刑事犯罪法》，从法律上根绝纳粹死灰复燃。各种为纳粹辩护的言行皆视为犯法。追踪纳粹余党的工作始终未停，直至2015年7月，德国法庭还在审讯并判处年迈的纳粹份子。

美国主持的“东京审判”对日本战争罪犯有所清算，日本右翼污蔑为自虐式的“东京审判史观”，这类狂言没有得到制止。而且，“东京审判”本身并不彻底，大批甲级、乙级、丙级战犯关押不久，纷纷释放，立即进入政界、财界、文界，给日本右翼重整旗鼓创造了制度空间。日本始终没有一部类似德国《反纳粹和反刑事犯罪法》那样的法律，以防止军国主义借尸还魂。各种否认战争罪行乃至歌颂对外侵略的言行，在日本畅通无阻，甚至赢得喝彩，一些政客还以此作秀，争取选票。

在占领政策上，战败后的德国被美、苏、英、法4国分区占领，国家分裂，成为“冷战”前哨，纳粹的统治体制和思想体制均被瓦解；日本却是美国一家独占，缺乏对美国政策的制衡，保留了天皇制、神道(尤其是靖国神社)这些军国主义的基础，天皇的战争罪责不予追究，战犯能够进入政府(甚至成为首相)。

战后联邦德国第一任总理阿登纳是反纳粹斗士，战时曾两次被捕入狱；而战后初期的日本内阁，基本上是军国旧人的大本营，20世纪50年代，前甲级战犯岸信介竟然当上首相。

总之，美国对日本的占领政策，充分体现了美国一贯奉行的实用主义路线，在价值判断、是非关系、历史认识上采取“模糊策略”或“美国式立场”，一切以美国的实际国家利益得失为考量。以故，在日本右翼篡改历史教科书、日本政要参拜靖国神社等“敏感”的历史问题（也是政治问题）上，人们几乎听不到来自美国官方的抗议。因为美日同盟关系是维持美国在亚太地区秩序的基石，这是超越靖国神社、历史教材这样问题之上的。

其二，德日两国历史文化传统有别。

德意志民族是一个哲学思辨水平很高的民族，“反思”几成德国人的天性。德国挑起两次世界大战，均以惨败告终，给他国和本国人民带来无穷灾难。德意志民族对战争灾难、对造成灾难的纳粹的危害性作了深刻反省，进而对纳粹猖獗的历史原因、纳粹与德意志文化传统的关系、整个德意志民族的战争责任，都进行深度反省，从而达成全民族的历史共识。

反观日本，其文化很少有“反躬自责”诉求，而坚持传统中的病态部分、执着于本民族的历史“荣耀”，故二战终结前后日本朝野并不悔恨发动战争，却亟亟于保留天皇制“国体”，使战后日本拥有“皇国史观”丰厚的“制度土壤”和广泛的“思想市场”。日本右翼坚持狭隘的民族主义立场，继续将武士道视作“大和魂”，致使战争史观陷入混乱，无法形成理性的全民族历史共识。

此外，德、日两国的基本信仰是有差异的。德国人的基督教“原罪”意识与日本人将认罪视为“羞耻”的民族心理，基督教文化强调自由、民主的普世伦理与神道强调种族优越的“神国”情结（大日本主义）、“万世一系”的尊皇传统，也是造成两国对待战争态度迥异的文化原因之一。

其三，德日两国的地理政治环境不同。

在地理环境上，德国是欧洲的大陆型国家、地处欧洲中心。希特勒的侵略战火遍及欧洲大陆，东欧、西欧邻国均遭其蹂躏，以故战后的德国身处受害国的包围之中（尤其是西邻法国、荷兰、比利时，东邻波兰、捷克及稍远的俄罗斯）。在这些受害国强烈的舆论压力和国际政治压力的制约之下，德国必须认真反省战争罪行，否则势必陷入孤立。伴随欧洲一体化进程的展开，德国也需要树立正确的历史观，方能融入“欧洲大家庭”。德国这样做了，取得成功。

日本是一个孤悬西太平洋的岛国，与亚欧大陆隔海相望。尽管它的外拓战略称之“大陆政策”，又屡次侵犯亚洲大陆国家(中、朝首当其冲)，但与这些受害国并不接壤，战败后的日本没有如德国那样的近邻压迫感(正是这种压迫感，促使德国走向理性的历史观和国际观)。二战后，对岛国日本有较强大制约力的只有美国。

按照《波茨坦公告》规定，由中、美、英三国军队占领日本，但中、英因故未能派出占领军，另一战胜国苏联也未在日本驻军，以致仅有美国一国驻军日本，与美、苏、英、法四国占领德国大不相同。不受制衡的美国一旦出于自己的国际战略考虑，需要放松对日本的羁勒，便很难有强劲的国际压力使日本军国走势得以驯服，这使得日本右翼肆无忌惮，将历史修正主义推到极致。时下对日本军国走势有一些制衡力的主要是中国、韩国、俄国，但压力实现度有限。

从国际文化氛围观之，德日也大有差异。欧洲国家有很强的同一性和向心力，文化认同(尤其是宗教认同)加之战后国际政治格局，使德国不可能倒行逆施，否认战争罪责。而反观亚洲各国，其文化“多源发生”，文化理念及宗教信仰异彩纷呈(佛教、儒教、道教、伊斯兰教、基督教、神道教，以及纷繁莫辨的民间宗教)，加之社会制度、意识形态的分野，使亚洲各国很难形成遏制日本军国主义复苏的国际阵线和思想合力，当日本曲解二战史，并迈向用兵海外之际，除了中、韩等国的外交抗议之外，很少从亚洲各国发出促使日本反省历史的共同声音。① 反而是日本仰仗美国之

---

① 参见林治波：《从德日比较看日本为何不能坦诚地反省侵略战争》，载《抗日战争研究》，1995(3)；尹铮：《试论日本侵略和不肯反省的缘由》，载《日本问题研究》1996(1)；陈宣圣：《德日对“二战问题”的不同态度》，载《现代国际关系》，1999(8)；唐天日、姬新龙：《对照德国日本不感到羞耻吗》，载《新华每日电讯》，2002-04-28；孙立祥：《日本不能像德国那样正确对待侵略历史的七个原因》，载《日本学论坛》，2005(3)；梅兆荣：《德、日对二战侵略历史的态度比较》，载《德国研究》，2005(3)；姜长斌：《日本：你为什么还在沉迷旧梦——论德日对战争罪行史的不同态度》，载《探索与争鸣》，2005(4)；杜雁芸：《论德日在反省二战罪行问题上差异和原因》，载《太平洋学报》，2005(6)；金熙德：《日本：缺失了国家层面的历史反省》，载《江汉论坛》，2005(8)；资中筠：《日本认罪为什么这么难》，载《同舟共进》2005(9)；陈言：《无忏悔的日本》，载《经济》，2005(9)；卢嵘：《两个外交官的“对话”》，载《南方周末》，2005-09-01；王鑫：《德国、日本二战史观迥异的比较研究》，山西大学历史文化学院世界史专业2007年硕士学位论文，等等。

力，在亚洲诸国间拉拢某、打击某，纵横捭阖，呼风唤雨。

或曰：日本不认真反省历史，是因为“日本缺乏亚洲认同，很少听到日本政治家与舆论强调日本是亚洲国家”，这显然是“脱亚入欧论”带来的后遗症。① 此议不无道理。日本发动战争的受害国正是亚洲国家，日本自明治以来即不愿与亚洲为伍，至今也大体如此，当然就不愿向亚洲各国真切谢罪，甚至“道歉”一词，时下日本当政者都难以启齿。真是荒诞之至！

对日本的不认罪立场，德国前总理施密特在2004年9月出版的《未来列强》一书中，有如下评述文字：

> 日本在世界上朋友甚寡。部分归因于日本在德川幕府统治时期长达数百年之久的自我孤立，更多是因为日本后来奉行帝国主义政策，给所有邻国带来了灾难，邻国对此铭心刻骨。但关键还是日本人对过去的征服行径和犯下的罪行不愿意承认和表示道歉。……日本政治阶层的多数仍还在示威性地崇拜昔日的战争英雄及一些军事领导人，而对战争受害者只字不提，更不提及遭到日本侵略的那些国家的死难者。……所以，日本的所有邻国都确信，日本人不愿意进行道歉。韩国在这方面反应最强烈。中国也一样。反日情绪在东亚和东南亚普遍存在。②

不知当下日本政坛健将们对此议做何感想？

四

二战后在美国督导下制定的《日本国宪法》(俗称“和平宪法”)第2章第9条说：

---

① 庞中英：《日本为何不认真反省历史》，载《人民日报》，2001-08-16。

② 转引自梅兆荣：《德、日对二战侵略历史的态度比较》，载《德国研究》，2005(3)。

日本国民衷心谋求基于正义与秩序的国际和平，永远放弃以国权发动的战争、武力威胁或武力行使作为解决国际争端的手段；

为达到前项目的，不保持陆海空军及其他战争力量，不承认国家的交战权。

在宪法第9条护荫下，战后日本赢得了繁荣与安定，日本人民受益于“和平宪法”，因而拥护“和平宪法”，反对修改“和平宪法”。然而，念念不忘昔之“强国盛况”的日本保守势力一直认为，“和平宪法”使日本成为“非正常国家”，因为正常国家应当拥有军队、享有战争权，尤其当日本经济强大以后，一些政治家更用力谋求日本成为政治大国、军事大国，而实现此一图谋的突破口，便是“修宪”(即修改宪法第九条)。

修改和平宪法的努力，始于鸠山内阁(鸠山一郎1954年11月至1956年12月连续3次组阁)。第3次鸠山内阁成立后，由于自由、民主两党合并成为自由民主党，政府势力加强，鸠山一郎加快改宪步伐，力促议会通过《宪法调查会法案》，为修改宪法做准备。此一企图未果。鸠山提出修改宪法，以便日本向海外派兵，是这位屡次失言的首相“最大的失言错误”。①

自20世纪50年代中期以降，护宪与修宪之辩一直未曾止歇，这是日本和平民主力量与保守政治势力抗争的一个集结点。

笔者20世纪末、21世纪初访学日本数年间，在东京、名古屋、京都等地多次旁听此类研讨会和群众集会，对此辩有近距离观察，感到论题的尖锐性与复杂性，并对护宪者深怀敬意。

近年来，日本国内“修宪论战”日炽。时下正进入决战阶段，有待观察。

与“修宪之争”紧密相关的是围绕《日美安保条约》的抗争。

签署于1952年的《日美安保条约》是二战后日美关系体系的基石之一。这份军事文件，强调美国可以长期使用设在日本的军事基地，以“维护远东的国际和平与安全”。此处的“远东”包括朝鲜半岛、中国台湾等日本周边地区。1960年修订后的《日美安保条约》，进一步明确了美国防卫日本的

---

① 参见日本现代评论社编：《昭和宰相列传》，孙雷门、申泽福译，228—229页，天津，天津人民出版社，1985。

义务。30多年后的1996年，美国总统克林顿与日本首相桥本龙太郎联合发表《美日安保共同宣言》，宣称“一旦日本周边发生武力争端，美日即有共同防御之责任”。总之，日美不断扩大安保条约涉及范围，使日本拥有更多的军事自由，其危险性显而易见。多年来，爱好和平的日本人民为制止这种趋势，展开顽强、持久的抗争。

在战后一个时期，《日美安保条约》使日本躲在美国大兵背后，可以专心致力于经济建设，而不必过分担心国防安全，也不必对国防投入巨额资金。这是日本迅速从战争废墟上一跃成为世界经济大国的原因之一。但是，《日美安保条约》并未明确与《联合国宪章》(The Charter of the United Nations)的关系，从而造成日本拓宽国际政治空间的障碍，也是近些年日本争取加入联合国安全理事会常任理事国(简称“入常”)遇阻的原因之一。

业已成为经济大国的日本梦想成为政治大国乃至军事大国，但它与美国的特殊关系及其往昔的侵略者形象，在相当程度上不利于亚洲国家将其视为“友邦”。日本右翼坐大，促使政客们扮演民族主义者，在参拜靖国神社等问题上伤害邻国感情，不惜使外交关系降至冰点。“冷战”结束后，日本部分政治家渲染美日同盟可以应对所谓“中国威胁”；又在包括历史认识等诸多问题上对中国等亚洲邻国摆出一副强硬姿态，军事动作日益频繁：向海外派兵、增加军费预算、大幅度添置先进武器等，显露出日本恢复昔日军事强国的诉求。

近些年来，美国高调宣示“重返亚洲”战略，利用钓鱼岛、南海等问题的争端，联合诸国，采取“群狼战术”围堵中国，阻碍中国和平崛起的步伐，维护二战(尤其是“冷战”结束)之后由美国领导的国际秩序、由美国制定的游戏规则。虽然美国声称希望看到一个繁荣、稳定、负责任的中国的和平崛起，但是，美国从其国家利益及全球战略出发，将“制衡中国”作为政策重心。为此，美国必须拉拢亚太“亲美”盟友，炒作“中国威胁论”，部署、强化针对中国、遏制中国的所谓“第一岛链”“第二岛链”。而这一切战略部署，日本都是美国棋局中最重要的棋子。

在此种大情势之下，日本的军国走向，连同其历史修正主义，都得到美国的容忍，乃至受到鼓励(不排除在个别具体问题上敲打日本)。这是人们必须看清的近期、中期形势。而正如识者所云，美国扶植日本重整军国，存在“搬起石头砸自己脚”的可能性。

五

中日关系是亚洲乃至世界十分重要的一组国际关系。从战争与和平视角观之，长期游走中日之间的诗人、史学家郭沫若曾用“两千年玉帛、一百载干戈”来概括中日关系，庶几确当。笔者还可以补充一句：历史告诉我们，中日两大邻近的文明国度“和则双利，战则两伤”。

笔者在2013年9月举行的一次《跨文化对话与中日关系》国际学术研讨会上，作题为《从历史纵深看中日关系》发言，提出应以更广阔、更深远的文化眼光看待中日关系的建议。

第一，从历史流程观测，在很长时期中日关系是亲善友好、互动互利的，此即所谓“两千年玉帛”。应当把中日关系纳入这一宏阔的历史流程，方不会一叶障目，而可以见到希望、见到大势。

第二，日本特殊的自然条件让其有一种空间上的生存危机感，企望向外扩张，当其国力强盛时，就将这种诉求变为行动。而日本如此动作，往往选择中国处于衰弱之际。中日间的“一百载干戈”，正是日本攻击时处弱势的中国造成的，中国起而自卫、奋然抵抗。这加害与受害的基本历史判断，决不可暧昧(据说“暧昧”是日本人性格之一种)，不能任右翼诡辩，混淆视听，把一百载干戈的责任推到受害国身上。

第三，“化干戈为玉帛”是今人的责任。就日本方面而言，要深刻反省历史和战争认识等问题，可以参考德国二战后做认真反省从而得到法国等欧洲国家谅解的做法，这一成功经验(德法间数百载干戈都可以化为玉帛)应该作为解决中日之间百年干戈问题的一个示范。就中国方面而言，也存在问题，如谈中日关系时，百载干戈说得多，而两千年玉帛讲得不够，包括百载干戈时期中日人民间的友谊、互助也讲得太少。而发扬两千年玉帛的历史传统，正是解决中日关系问题的出路所在。

总之，我们既要铭记“一百载干戈”血的教训，也不能忘却“两千年玉帛”造就的文明光华，要勇于和善于“化干戈为玉帛”。

六

遥探前路是一种冒险行为，但如果踏实考察历史故迹和现实生活所隐示的方向，则预测可望庶几靠谱。

预测中日关系的未来走势，不能脱离中国、日本乃至整个东亚近代化进程的历史把握，只有从这段最切近现实的前史出发，方可烛照未来走势，正所谓“前事不忘，后事之师”。

19世纪中叶，在西力东渐背景下，中日两国大体同时迈开近代化步伐，由于复杂的内外原因，日本进展迅速，中国则蹒跚缓踱，以至到了19世纪末叶，日本在历史上第一次超越中国。(中国人迟迟不知这种被超迈，直至甲午惨败，方大梦初醒——康、梁等如是说)初登先进的日本，对昔日的文化母国毫不留情，连续发动战争，最严重的是1894—1895年的甲午战争、1931—1945年的14年侵华战争。

反顾大半个世纪的日中战争史，可以发现一种“30年周期”现象。略言之，中国近代化进程艰难启动(要者如1860—1894年的“洋务运动”、1901年“清末新政”至1927—1937年民国“黄金十年”)，每当行进到30余年，略见成效之际，日本便挑起军事冲突，大举进犯，给中国以重击，旨在打断中国近代化步伐，以确保日本作为亚洲近代化“唯一优等生”的强势地位。

我们当然也谨记，日本不少有良知的杰士为推动中国近代化进程做出贡献，远者如戊戌变法、清末新政、辛亥革命前后，支持中国政治变革、协助近代经济文化建设的日本友人不在少数；近者如当下一轮中国改革开放过程中，日本朝野多有赞助之举，日本的现代化经验示范、财经及技术帮助所起作用不小。

但是，从国家整体战略言之，日本并不愿意庞大的近邻中国复兴，尤其担心中国的强盛到超过日本。明治间第4任首相山县有朋在辛亥革命时期说：“日本所希望的是一个软弱无能的中国，一个受日本影响的弱皇帝统治下的弱中国。”透露了近代日本当国者的战略意图。此种心机，远源于神国“八纮一宇”念想，中承丰臣秀吉吞并亚洲的构思，近取社会达尔文主义“生存空间争夺论”。日本把中国视作竞争对手，为了打压对手，不惜凌辱之、掠占之、宰割之，这便是清末民国间日本给中国造成的一连串历史痛剧，人们岂能忘却这“30年周期”现象。

当代东亚展现一幅新的图景：中国自1978年启动改革开放，恰恰又历30余年。这期间，世界经济地理的图谱发生显著变化：中国国内生产总值1978年排名世界第15位，在一千万人口的荷兰之后，而2005年超过英国和法国而为世界第4位，2008年超过德国而为世界第3位，2010年超过日本，名列全球第二，结束了长达数十年的日本国民经济总产值世界亚军的历史，2014年中国的国内生产总值已为日本的两倍。（以人均收入计，中国当然仍属后进，但经济总量的高歌猛进已然是世界史上的震撼性大事）这种演变趋势，是日本某些人极不乐意见到的。于是，干扰、打断中国的发展进程，再度成为日本某些当政者处心积虑之所在，而“中国威胁论”是他们压制中国的最佳口实，“中国崩溃论”则是其内心期待的一种表达。

期待“30年周期”重演，制约中国现代化进程，是日本右翼的隐然图谋，这是在考察当下及未来中日关系时应当清醒认识的一种态势。而破除其干扰，制止曾经两度发生的“30年周期”现象三度出现，把世纪之交展开的这一轮中国现代化建设事业推向40年、50年以至更长远的时间，是我们的使命。这样的前景对中国人民、日本人民都将是有益的。

21世纪的中日关系绝不可能重现19世纪末叶至20世纪中叶那种不堪回首的情形，因为时代变了，力量对比变了——昔时积贫积弱的中国已然强大，任人宰割的时代一去不复返。

以笔者之见，中国进一步强大，愈加可能建立健全的、稳定的中日关系。因为，中国再强大也不会侵略日本，此为中国文化的和平自卫传统所决定，中国人决不会违背这一传统；又因为，钦敬强者是日本文化的传统，一个真正强大的中国，理当成为日本乐于结交的友邦，一如古之隋唐、今之美国。

我们对中日关系前景并不悲观，另一重要依据是，日本人民不再是20世纪前半叶那样被皇国史观束缚、被黩武主义激发得无法自拔的群氓。民主与和平已然成为今之日本人的主流意识，在“和平宪法”下成长的两三代日本人普遍反战。笔者在日本有各个年龄层次、各种职业的朋友，多为“和平宪法”拥趸，他们都珍惜和平、繁荣的现代生活，不愿打仗几乎是一致的情绪。笔者曾就“如果日本对外开战，你们怎么办”一题采访几位我教过的日本大学生、研究生，连带还有他们的朋友，居然，这些青年的答复不约而同，大体皆为——“如果是日本对外侵略，那我就出国，决不参战”；“如果是别国入侵日本，我立即从军，抵抗至死”，这较之人们记忆中的战时日本青年已别有天地。

值得一提的是，日本人对中国的观感近些年确乎有下行之势(民调显示，对中国持负面看法的日本人比例上升)。试作考察，多半因为中国社会的病端和中国人的缺点引起他们反感，这是中国人应当深自反省的。当然，日人对华恶感上升也与政界及传媒定向渲染中国消极面有关，但只要与日人多作沟通，往往也可以冰释误解。

日本人民文明素质甚高，对各种政治极端主义普遍反感，政坛上有人倒行逆施，常会受到民众抵制。但当下政坛左右失衡，政治生态不良，和平民主力量处于散漫状态(这是“后冷战”时期国际国内环境的产物和政治博弈的结果)，大不如二战结束初期，我所认识的日本朋友对此往往表示遗憾，也有敢为之士起而抗争，近期如中央大学吉见义明教授对日本加害国身份的认定，对“慰安妇”问题开展调查，揭示军国主义时代“国家支持下的性奴隶体系的本质特征”。吉见先生等人的言行昭显了日本人民的正义精神。

综上所述，我们对未来的中日关系决不悲观，而守持一种谨慎乐观的态度。

改善并优化中日关系，自然是当政者职责所在，应当对他们提出要求并加以监督。但我们又不能只寄望于少数当政者，而必须着眼于人民，着眼于养育人民的文化的提升。故此，中国文化的检讨，日本文化的检讨，中日文化交流史的检讨，任重而道远。

(作者为武汉大学历史学院教授)

中华文明枢轴的昨天、今天和明天

姜义华

一 中华文明枢轴的构成

德国思想家卡尔·雅斯贝斯(Karl Jaspers，1883—1969)在《历史的起源与目标》一书中第一次把公元前500年前后同时出现在中国、希腊、以色列、印度等地区的人类文化突破现象称之为“轴心时代”(Axial Period，又译作“轴心期”)。轴心时代，人们对宇宙的本质、人类存在的基本意义、人的实际处境及应对方略突破性的新的认识，从而成为对全部人类文化史具有控制意义、提挈意义和动力意义的年代。中国的“轴心时代”指的是春秋战国时期，那是诸子百家争鸣的时代，是中国文化发展中一个最富原创性的时代。诸子百家所创立的各种学说，尤其是以孔子为代表创立的以伦理教化、制礼作乐为中心的儒家学说，以老子为代表创立的以“无为”即维护事物辩证法的自然发展为中心的道家学说，以商鞅、韩非为代表基于人性本恶而创立的法家学说，以墨子为代表创立的兼爱尚贤尚同文化，汇聚融合构成了中华文明的枢轴。两千多年来，中国的政治、经济、社会、文化的全部演进和变迁，都没有脱离这一枢轴；中华文明之所以连绵不断、生生不息，而没有像“轴心时代”的其他许多文明那样中途泯灭，也正因为这一枢轴一直保持着历史的连续性，没有中途断裂，在中华文明的传承与发展中一直发挥着控制的、提挈的、动力的强大功能，而且能够在诸多外来文明的强烈冲击中通过反思与批判提升自身、壮大自身。

秦汉大一统国家建立以后，中国礼法结合、德刑兼用、权统由一、政不二门、百官修理、威令必行、王霸道杂之国家治理模式就大体定型，直至清末，在基本结构上就没有什么变化。

在这一国家治理模式中，法家依法治国的理论与实践经常处于决定性的地位。在每一个新王朝建立过程中，在这些王朝强盛时，都会特别重视法家所提供的智慧。运用程度的差异，常常会非常直接地影响到他们对国家能否有效治理。近代学者章太炎在那篇后来受到毛泽东重视并专门加以推荐的《秦政记》一文中写道："古先民平其政者，莫遂于秦。秦始负扆以断天下，而子弟为庶人。所任将相，李斯、蒙恬皆功臣良吏也。后宫之属，椒房之嬖，未有一人得自遂者。富人如巴寡妇，筑台怀清，然亦诛灭名族，不使并兼。嗟乎！韩非道'八奸'，同床、在旁、父兄皆与焉。世之议政者，徒议同床、在旁，而父兄脱然也。秦皇以贱其公子侧室，高于世主。夫其卓绝在上不与士民等夷者，独天子一人耳。天子以秉政劳民贵，帝族无功，何以得有位号？授之以政而不达，与之以爵而不衡，诚宜下替与布衣、黔首等。"以汉、唐、明各代与之相较，不少方面都不及秦，各代也多有不同："唐、宋虽理法度，不如汉、明平也。亦有踦偶，非斠然一概者。明制贵其宗室，孽子诸王虽不与政柄，而公卿为伏谒，耳孙疏属皆气禀于县官，非直异汉，唐、宋犹无是也。汉世游侠，兼并养威于下，而上不限名田，以成其厚。武帝以降，国之辅拂，不任二府，而外戚窃其柄，非直异明，唐、宋亦绝矣。要以著之图法者，庆赏不遗匹夫，诛罚不避肺府，斯为直耳。"他还专门比较了秦始皇与汉武帝、汉孝文帝，说："末俗以秦皇方汉孝武；至于孝文，云有高山大湫之异。自法家论之，秦皇为有守。非独刑罚依科也，用人亦然。韩非有之曰：明王之吏，宰相必起于州部，猛将必发于卒伍。夫有功者必赏，则爵禄厚而愈劝；迁官袭级，则官职大而愈治。(《显学篇》)汉武之世，女富溢尤，宠霍光以辅幼主。平生命将，尽其嬖幸卫、霍、贰师之伦；宿将爪牙若李广、程不识者，非摧抑，乃废不用。秦皇则一任李斯、王翦、蒙恬而已矣。岂无便僻之使、燕昵之谒邪？抱一司契，自胜而不为也。孝武壹怒，则大臣莫保其性。其自大守以下，虽直指得擅杀之。文帝为贤矣，淮南之狱，案诛长吏不发封者数人，迁怒无罪，以饰己名。世以秦皇为严，而不妄诛一吏也。

由是言之，秦皇之与孝武，则犹高山之与大湫也。其视孝文，秦皇犹贤也。”直指，是直指使者的简称，汉武帝时置，亦称绣衣使者，可以自行处置太守以下官员。淮南之狱，指汉文帝弟淮南王刘长以谋反罪被判处流放蜀郡，途经各县，地方官俱不敢打开监车上的车封。刘长不食而死。文帝下令，处死这些地方官。通过以上历史事实，章太炎说明了能否真正像法家所要求的那样依法治国，是如何决定了在中华文明发展过程中曾发挥过重大影响的那些人物的成败得失。

东汉中、后期，政治日渐腐败，为改变这一状况，有志者纷纷倡导法家学说，出现了王符的《潜夫论》、仲长统的《昌言》、崔实的《政论》、姚信的《士纬》、阮武的《正论》等一批代表性的论著。如章太炎在《訄书·学变》中所说：“自汉季以至吴、魏，法家大行，而钟繇、陈群、诸葛亮之伦，皆以其道见诸行事，治法为章。”其后各代，凡面临类似形势时，法家学说都会专门引发很多人的共鸣。

通观秦汉以来中华文明、中华民族、中国国家发展的全部历史，还可发现，每一新王朝建立之初，因历经前朝苛政和社会动乱、大规模战争，朝野都急需休养生息，道家无为而治的思想便会盛行。汉初黄老之治，经济上实行轻徭薄赋，思想上主张清静无为，成就了“文景之治”。后来不少所谓“盛世”出现之前，几乎都与此相类似，有一个轻徭薄赋、清静无为时期。司马迁之父司马谈在《论六家要旨》中，阐明道家要旨时说：“道家无为，又曰无不为，其实易行，其辞难知。其术以虚无为本，以因循为用。无成执，无常形，故能究万物之情。不为物先，不为物后，故能为万物主。有法无法，因时为业；有度无度，因物与合。”他认为，唯其如此，道家故能够“因阴阳之大顺，采儒墨之善，撮名法之要，与时迁移，应物变化，立俗施事，无所不宜，指约而易操，事少而功多”（《史记·太史公自序》）。在魏晋南北朝、五代十国等分裂时期，宋与辽、金、西夏、吐蕃等长时间对峙时，道家影响也会明显上升。无为，其实就是为事物自身的辩证法的发展提供一个相对宽松自由的空间，不去强行约束和干预。

打天下的时候，很少人会迷恋儒家学说。每当王朝稳定并逐步强盛，以及达到鼎盛而开始中衰时，儒家则会异常活跃起来，通过倡导德治与礼治，加强伦理教化，建立常态化的行为规范和社会秩序，防患于未然，用温和的手段调节逐步显露的各类社会矛盾。汉代到武帝时，儒家思想方才第一次正式被确定为代表官方的意识形态。但儒家在孔子去世后，已分为八派(子张之儒、子思之儒、颜氏之儒、孟氏之儒、漆雕氏之儒、仲良氏之儒、孙氏之儒、乐正氏之儒)，战国晚期影响最大的孟子一派和荀子一派在一系列基本观点上都意见相左。同为尊儒，其实供选择的空间很大。汉武帝时，尊奉的主要是董仲舒和阴阳学相结合的春秋公羊学。这一派的理论与实践很快就遭到扬雄、王充等人的反驳，更引发古文经学的信奉者极为强烈的不满。而且，汉武帝本人一直坚持儒法必须并用，征和四年(公元前89年)下《轮台罪己诏》，停止远戍轮台扰劳天下，宣布“当今务在禁苛暴，止擅赋，力本农”(《汉书·西域传》)后，减少了边事，减轻徭赋，重视农业，命赵过推行代田法，改进农具和耕作技术，又回到了与民休息、重视发展经济的轨道。

“霸王道杂之”，是汉宣帝刘询对于汉王朝治国基本宗旨所作出的一个著名概括。《汉书·元帝纪》载：“孝元皇帝，宣帝太子也。……壮大，柔仁好儒。见宣帝所用多文法吏，以刑名绳下，大臣杨恽、盖宽饶等坐刺讥辞语为罪而诛，尝侍燕从容言：‘陛下持刑太深，宜用儒生。’宣帝作色曰：‘汉家自有制度，本以霸王道杂之，奈何纯任德教，用周政乎！且俗儒不达时宜，好是古非今，使人眩于名实，不知所守，何足委任！’”元帝即位后，独崇儒家，纯任德教，施政均据儒家经典文字，选官亦多用儒生。和法家一再警告的做法相反，他信用宦官石显，纵容一批儒臣结成朋党，使社会与政治危机迅速加剧。汉元帝皇后王政君之侄王莽乘势而起，元帝去世不多久，王莽以大力宣扬礼乐教化，得到儒生的拥戴，最终接受孺子禅让后称帝，改国号为新，并欲完全按照《周礼》所述施政，结果天下大乱，不仅西汉就此灭亡，新莽也立即覆灭。

儒家基于中为大本、和为达道的理念，提倡纲常伦理、仁政爱民，主张为政当导之以德、齐之以礼，是一种中庸型、中和型的文化。司马谈在《论六家要旨》评论儒家时说过：“夫儒者以六艺为法。六艺经传以千万数，累世不能通其学，当年不能究其礼，故曰‘博而寡要，劳而少功’。”故儒家在治国理政的实践中，必须善于同其他各家相结合。儒家虽然反对导之以政、齐之以刑，但实际施政时却无论如何不能放弃导之以政、齐之以刑。同样，轻徭薄赋，与民休息，也不能断然否定。汉元帝与王莽的失败，说明单单凭借儒学即欲治天下，实在是很难行得通的。

在大一统国家建立以后，墨家似乎从中华文明的枢轴中突然消失。司马谈在《论六家要旨》中分析墨家特点及难以广泛传播的原因时说过："墨者亦尚尧舜道，言其德行曰：'堂高三尺，土阶三等，茅茨不翦，采椽不刮。食土簋，啜土刑，粝粱之食，藜藿之羹。夏日葛衣，冬日鹿裘。'其送死，桐棺三寸，举音不尽其哀。教丧礼，必以此为民之率。使天下法若此，则尊卑无别也。夫世异时移，事业不必同，故曰'俭而难遵'。"但是，他又同时指出："要曰强本节用，则人给家足之道也。此墨子之所长，虽百家弗能废也。"墨家并没有退出中华文明的枢轴，除去司马谈这里所说的"强本节用，则人给家足之道也"之外，墨家所主张的兼爱，已演化为儒家的大同思想，墨家所主张的"一同天下之义"，已演化为法家确立中央集权的整套理论，墨家所提倡的"尚贤"，已深深渗入儒、法、道各家政治实践。墨家思想的精髓还沉淀于广大民间社会，沉淀于社会草根阶层，在一次次大规模农民战争所提出的"均贫富，等贵贱"或"均田免赋"一类口号及其核心组织形态中展现出它强大的生命力。所以，在中国历史演进中，墨家在中华文明的枢轴中从未缺位。

二　中华文明枢轴对其他文明优秀成果的成功吸纳

中华文明的枢轴在自己形成和成长过程中，曾不断从其他众多文明中吸取营养来充实自己，提升自己。构成中华文明的枢轴的各家各派，也经常注意在受到其他文明的冲击时，从对方吸取对自己特别有益的东西来丰富自己，促进自己的新陈代谢。

中华文明的枢轴所受到的外来的巨大冲击，最初是来自农耕地区之外北方、西方、西南方强大的游牧文明，其后是来自印度半岛的佛教，再后是来自近代欧洲的资本主义和社会主义文化。

中华文明首先经过沟通、包容、吸纳、联合，使源自中国北方、西方、西南方的游牧文明，从原始巫术到各族群独特的宗教信仰，从藏传佛教、南传佛教到伊斯兰教，从蒙古族的《江格尔》、藏族的《格萨尔》到柯尔克孜族的《玛纳斯》(并称中国三大英雄史诗)，使它们都成为中华文明的有机构成部分，从而使中华文明更加多姿多彩，形成了中华文明多元一体的新格局。

对于来自印度半岛的佛教、来自欧洲的近代西学，包括马克思主义学说在内，中华文明一直在努力推动它们和中国实际互相结合，能够解决中国实际问题，实现它们的中国化。一千多年前最显著的成果，就是具有中国民族特色的汉传佛教的产生与兴盛。大乘的律宗、三论宗、天台宗、净土宗、禅宗、法相宗、华严宗、真言宗、涅槃宗、地论宗、摄论宗，小乘的俱舍宗、成实宗，都是具有鲜明中国特点的佛教宗派。近一百多年来最显著的成果，就是在师法西方的过程中，我们发现直接将西方资本主义模式移植于中国，行不通，直接将西方包括苏联社会主义模式移植于中国改革与革命，也很难行得通。只有从中国实际出发，吸取真正适合于中国国情的东西，它们才能融入中华文明，成为中华文明不可分割的组成部分。

外来文明的冲击和挑战，还有力地促进了构成中华文明枢轴的各家各派，在应对这些冲击和挑战的过程中，广泛吸收各种新思想、新元素，实现自身的新突破和再创造。

宋明理学的诞生，传统儒学和传统道学的转型，就是主动借鉴佛教心性形上学理论的结果。程颐、程颢、朱熹及陆九渊、王阳明等儒学大家，正是吸收了佛学中许多思想，方才形成他们的理学体系、心学体系。宋明理学被称作新儒学，就是因为它无论是在内容上还是在形式上，都与先秦原始儒学和汉、唐儒学都有了很大差异。从康有为开始所致力的儒学现代转型，从要求在宪法上把孔教规定为国教，到梁漱溟、熊十力、马一浮、钱穆、冯友兰、贺麟等极力在汇通中西方文化的基础上建立起新的儒学体系，都是为了使儒学适应新的时代条件获得新的诠释，继续发挥它道德教化、调谐社会的功能。新道家、新法家，乃至新佛学，也都沿着同样的路径而形成。尤其值得注意的是，社会主义思潮在20世纪的中国，有力地激活了已冷藏多年的墨家学说，墨子及其学派为人们所重新认识。

中华文明的枢轴正因为抱有这种有容乃大、和而不同的开放胸怀，尽管在其历史演进中所遭受的内外冲击与挑战，并不少于希腊、以色列、印度等“轴心时代”的其他诸多文明，但并没有像它们那样中途断裂或夭折，而一直延续至今。中华文明其坚韧，其弹性，其协和万邦及自我调适和自我超越的能力，均有目共睹。而这一切，应当说，正是当今“四个全面”的历史与文化的重要基础。

三 中华文明枢轴的当代传承与创造性运用

“四个全面”，运用的是一种系统思维和创新思维。从传统的儒家、道家、法家、墨家治国理政的思想与实践中吸取经验，尤其是将这四家思想实践综合起来使之各有所用，表现了对中国历史、中华文明的真正洞察与和深度理解。回顾一下中国历史、中华文明演进的曲折过程，就能够进一步体认到“四个全面”在中华文明的传承及中华民族的伟大复兴中的独特性和创新性。

2014年4月1日，习近平在比利时布鲁日欧洲学院发表的演讲中说：“2000多年前，中国就出现了诸子百家的盛况，老子、孔子、墨子等思想家上究天文、下穷地理，广泛探讨人与人、人与社会、人与自然关系的真谛，提出了博大精深的思想体系。他们提出的很多理念，如孝悌忠信、礼义廉耻、仁者爱人、与人为善、天人合一、道法自然、自强不息等，至今仍然深深影响着中国人的生活。中国人看待世界、看待社会、看待人生，有自己独特的价值体系。中国人独特而悠久的精神世界，让中国人具有很强的民族自信心，也培育了以爱国主义为核心的民族精神。”这段论述，有助于我们理解“四个全面”同中华传统文明的关系。“四个全面”，不仅继承了中华文明枢轴的优秀传统，更顺应现今中国的巨大发展和现今世界的巨大变化，运用系统思维和创新思维，综合了、集中了中华文化的精华和世界其他文化的优秀成果，代表了一种深刻洞悉历史、全面把握中国与世界现状的大胆识、大智慧、大战略。《礼记·杂记下》："张而不弛，文、武弗能也；弛而不张，文、武弗为也。一张一弛，文武之道也。"善治国者，不仅善于统筹一张一弛，而且，能够张中有弛，弛中有张，更能同一时候张弛并用，一部分主要用张，一部分主要用弛。"四个全面"系统思维和创新思维的运用，正是这方面的典范。十三亿中国人民今后相当一个时期的伟大实践过程，将越来越清楚地展现出"四个全面"的现实的及历史的意义。

（作者为复旦大学历史学系教授）

汉文明在元时期：果真存在一个“低谷”吗？

姚大力

弁　言

最近二三十年以来，学术界越来越重视把过去流行的国别史放置到全球史或者跨国别史的整体框架中去予以重新考察和讨论。这样做当然是完全必要的。但它仍无法完全回避在国别史和讲述超国别的历史这二者之间如何衔接的老问题。在明人为前朝编定的官方历史叙事里，就没有注意到如何将蒙古帝国和元王朝加以区别的问题。在他们看来，从蒙古帝国分裂出去的西方各大汗国，相对于君临“天下”的元朝皇帝，都是元帝的“西北诸藩”。大体说来，明以后直到今日的中国史叙事，实际上一直遵循着这样一种历史编纂学传统。

这种对两者不加区分的做法，会产生两种极不相同、但同样极其有害的误解。一种情况是把蒙古帝国的历史整个地看成是中国历史的一部分。我在课堂上讲到蒙古西征时，总会有同学问我：老师，我们当年打到哪里？我只好回答：“打到了波兰接近德国的边境处，不过不是‘我们’”。另一种情况，则把元史看成完全就是“蒙古史”，甚而因此不认为它还是中国史，或者只能是中国被外族侵占和奴役的一段历史。由此可知，怎样在我们的标准历史叙事里对蒙古帝国史和元史做出十分明确的不同定位，已经是一件事关更完善地塑造国民历史意识的大事情。

其实，即使就元朝而言，它的疆域已大大超出了今日中国版图。在这个意义上，它也已经是一个世界帝国了。唐朝和清朝的情形亦如此。但是与蒙古帝国史不一样的是，元史、唐史和清史毫无疑问都是中国史。在此前提下，又如何去认识以往各朝的版图中超出当代中国边界线的那部分

“历史疆域”？这应当是如何将国别史和超国别史的空间范围互相衔接起来的另一类别的问题。对此我以为也还有进一步讨论的必要。

本文主题则是：汉文明在元代究竟遭遇了什么样的命运？在很多人的印象里，汉文明在元代肯定是漆黑一团的。这样的想法尽管相当流行，却又带有某种不证自明的性质。似乎不大有人认为，它是一个先要经过认真的证伪过程，而后才能知道它是否可以成立的命题。而严肃的比较研究恰恰告诉我们，汉文明在元时期并没有跌入“低谷”。这可以从以下几个方面看出来。

一 元代汉文明的三座高峰：文人画、元杂剧和元青花

唐代极其发达的人物画传统，在宋元时期一直延续不断。这有梁楷的《李白行吟图》与《泼墨山人图》，作者未明的《二祖调心图》《无准禅师图》，以及《寒山拾得图》等存世墨迹，乃至永乐宫的元代壁画为证。不过宋元绘画最有代表性的题材，已经从过去的人物画转移到山水和花鸟领域内。“文人画”之名始出于清，明多称“士夫画”或“士大夫画”，用指形成于元代、并最为明清人所崇尚和师法的绘画风格。而在宋代，所谓“士夫画”，则还是一种贬称，多指无画技的士人作品，故苏轼以“谬甚矣”论之。

对宋以后的绘画史，与其像董其昌那样把它追溯成自始至终即是南北两宗间的并长争雄，还不如说是主流传统几经曲折的流变过程。在最具典型性的山水画领域里，李泽厚把它呈现为一个从“无我之境”(北宋)到向有我之境过渡(以南宋马远、夏珪为代表)，再演化为元画中“有我之境”的三段论历程。高居翰则分为四个阶段：五代、宋初的“自然与艺术的完美平衡”阶段，当日绘画既不忠实地反映物质宇宙，也不以人的了解来统御宇宙；对体现在自己画里的生命生发出同情和了解的北宋画风；两宋之际至于南宋，追求准确性(“逼真”)和严谨格局取代北宋即兴式创作法的阶段；元代跨越南宋而直追唐宋、超越唐宋，画绘的真正主题已非竹枝或山水，而是画家以“平淡”为特征的心灵。据此则北宋所谓“无我”，尽管已不是绝对地追求“无我”，但大自然确然从整体上被呈现为一种具有主宰性的生命体；而马远、夏珪在对严谨格局(如用右上左下的斜线来划分画面的空间

布局）的追求方面，仍然反映了“院画”的特点，不过是院画中“另开户牖”（清人语）的一路而已。如果说院画是采用勾勒填色、工笔、布局谨严、青绿华丽加斧劈皴等手法，把实际上已糅入了画家的主观意会与内心涵咏的景物当作纯粹外在于主观意识的客观镜像来表现，那么文人画所要直接表达的，乃是画家的主观意境本身，而通过运笔的书法化（水墨和渲染），把展示作者书法技能的题款当成作品的有机构成部分以直写胸臆，布局随意即兴，山水画中“平远”（高居翰形象地把它的特征概括为“隔江山色”）及“高远”（详下）意境的格式化呈现，以及各种复杂而具有个性的皴法等所展现出来的描画对象，不过是传达画家意境的中介而已。

上举三段论或四段论，都同样地强调两宋之间及宋元之间画风的转折性变迁，因之也才得以区分出绘画发展史上开合清晰的若干阶段。不过自徐小虎的英文专著《重加涂绘的大师之画：吴镇原迹及其诸多衍生作品》①在1995年刊出之后，对以上见解已有作重大修正的必要。徐著在区分吴镇原作以及明中叶以往各种摹本、仿制本与伪作的鉴定过程，以及对这些作品从事深度解析的过程中发现，以大自然为主题的写实性、描绘性呈现，在两宋直至元代的绘画传统中事实上保持着一以贯之、但又有缓慢变更的趋势。它先从注重大自然的“正面性”（北宋）向着更注意表现三维空间（南宋）的方向演化，接着又通过向上拉升绘画透视点而使空间向后退缩的方式，来突现所谓“深远”意境，即表现由近及远的山岭蜿蜒在躯体性、量感、质理及空间回响等方面所产生的特征（元）。元代山水画由此以其对“深远”意境的表现力而明显有别于明代尤其是明中叶以后的画作。后者往往使山脉“垂直的块体像纸板屏风般突兀地冒出，……宛如层层摆置的屏风，而不是连贯与一致地伸往画面深处”②。此外，虽然使用线条性、干笔、皴笔之类的笔墨法式在元代后期绘画中已越来越蔚为风气，但此前长期流行的渐层渲染至少仍在吴镇的作品里一再见于使用。元后期的画作虽已清楚地显示出“写意”的倾向，但将大自然作为生命体置于景观中心的宋

① 此书已有汉译本，见徐小虎：《被遗忘的真迹：吴镇书画重鉴》，桂林，广西师范大学出版社，2012。

② 徐小虎：《被遗忘的真迹：吴镇书画重鉴》，270页。

代传统也仍顽强地存在。它以其隐居山水的平淡，反倒截然有别于“明代绘画所散发的社交性与欢乐性本质”。①

因此，我们或许可以说，在元四大家手里已变得十分清晰的文人画风格，是在保持着与宋代绘画传统的诸多延续性的前提下，从后者中蜕化出来的。它与表现在明代文人画中的“完全怒放”的写意倾向之间，具有不容忽略的差异。元代文人画所达成的独有艺术高度，恰恰在很大程度上得益于它能同时从其所兼具的两种感知，即描绘性(或写实性)感知与写意性感知中去汲取创作的灵感。

元杂剧与金诸宫调在表演形式之间的巨大差异，很使人怀疑前者究竟是否真由后者演进而来。梵语中有 aṅka，译言“弧线”“弯折”“钩子”“戏的一幕”“一出戏”②。首见于杂剧的“折”这个术语，似即来源于梵语，字面上译出来的是“弯折”的意思，用来指的却是“戏的一幕”。“折”字虽被赋予此一后起义，大概因为文义还不够典雅，故随杂剧南传而被改写成“齣”，后来又简化为“出”，两者的读音在汉语南方方言里都与“折”字相近，差别仅在吐气与否。这也许表明，杂剧是在金元之际的某个时间从域外传入山西汉地社会的一种表演形式。但是，它是从回鹘人那里传入的吗？现在还不容易说清楚。吐火罗语《弥勒会见记》分为很多 nipāta，季羡林译此字为“幕”。该词在梵文佛经中用指书的一个章节(section)，即使可以译为“幕”，也已经无法找到它与汉语的“折”在词义上的连贯之处了。至于回鹘文译本如何翻译这个 nipāta 字，请待日后查考。所以要说杂剧有一个外来的起源，还需要找寻更多的证据。但是与受它南传影响而产生的明清传奇一起，杂剧作为传统中国戏剧艺术双峰之一的地位，是无论如何都无疑可以成立的。

从景德镇瓷窑遗址发现的现今所知最早的青花瓷残件证明，该地从盛产“影青”(白瓷)到青花瓷制作技术的突破，再到青花瓷技术的成熟，所用不过十多年时间(约始于 14 世纪 20 年代后期)。到 14 世纪 40 年代，元青花已进入大规模生产时期。从一开始，就有波斯陶艺工匠参与了制作过

① 徐小虎：《被遗忘的真迹：吴镇书画重鉴》，138 页。

② Monier Monier-Williams，A Sanskrit-English dictionary，Oxford，1899，第 7 页第一栏。

程。元青花是来自波斯的原材料(包括钴涂料，即后世所谓苏麻里青/回回蓝，以及用于产生釉里红的铜涂料)、域外图案设计人与景德镇的陶艺、上釉技术和窑温控制技术完美结合的产物，产品主要用于外销。只是在元末乱局中断了与南海的贸易后，景德镇才开始生产用于国内市场的青花瓷。于是有以小说和戏剧人物、故事为画案题材的青花瓷生产。波斯原料来源地作为一个长期被保守的商业秘密，很可能是景德镇垄断那个时期青花瓷制造业的重要原因。

以上三者虽说确实是汉文明呈现于元时代的高峰，但除文人画算稍涉汉文化的核心，它们毕竟都还不属于汉文化的主流形态。那么这个时期汉文化主流领域的状况又如何呢？为避免使主题泛滥得漫无边际，我想主要从四库馆臣们如何看待元代汉文化在其主流领域里的表现，来切入对此问题的观察。四库馆臣们所处的言论环境有一定的特殊性。不过在不涉及族群关系的场合，在他们评判纯粹汉文化的各种著述时，上述特殊性所可能引起的干扰，应该说还是很有限的。我们从他们的议论中难以发现，他们心目里怀有视元代汉文明为龙潜谷底的感受。

二 四库馆臣论元经史与文学

自汉代经学以往，清代学者把儒学的历史变迁划分为六个阶段来描述。六个时期的儒学各有优长的一面和鄙陋的一面。两汉：其学笃实谨严，及其弊也拘；魏晋至宋初：各自论说，不相统摄，及其弊也杂；两宋：洛闽崛起，道学大昌，其学务别是非，及其弊也悍；宋末至明初：其学见异不迁，其弊也党；明初至明末：其学各抒心得，及其弊也肆；“国朝”：其学征实不诬，及其弊也琐。① 在这样非常平实的评论中，看不出他们会以为元代儒学有特别卑下的地方。

清儒对元代经学考试中“经疑”的命题设问方式，以及由这种考试方式所促成的学风，其实还是很赞赏的。他们以为，经疑之学“颇有发明，非

① 《四库全书总目》卷一《经部一》，北京，中华书局，1997。

经义之循题衍说，可以影响揣摩者比。故有元一代，士犹笃志于研经”。相反，在他们看来，儒学的毁坏，主要责任在明初的“四书大全”和“五经大全”。虽然朱熹积平生之力作四书章句集注，“凡以明圣学也。至元延祐中，用以取士。而阐明理道之书，遂渐为弋取功名之路。然其时经义、经疑并用，故学者犹有研究古义之功。……至明永乐中，‘大全’出而捷径开，八比盛而俗学炽。科举之文，名为发挥经义，实则发挥注意，不问经义如何也。且所谓注意者，又不甚究其理，而惟揣测其虚字语气，以备临文之摹拟，并不问注意如何也。盖自高头讲章一行，非惟孔曾、思孟之本旨亡，并朱子之四书亦亡矣”!①

对元修三史，四库馆臣的评价也是中肯的。“元修三史，莫繁冗于宋，莫疏略于辽”。而元人之于《金史》，则“经营已久。与宋、辽二史取办仓卒者不同。故其首尾完密，条例整齐，约而不疏，赡而不芜。在三史之中，独为最善。……卓然有良史之风”。②《宋史》的编撰虽有缺陷，但它却依然有它的不可替代性。“自柯维骐以下，屡有修改。然年代绵邈，旧籍散亡，仍以是书为稿本。小小补苴，亦终无以相胜。故考两宋之事，终以原书为据，迄今竟不可废焉”。③ 至于马端临的《文献通考》和胡三省的《资治通鉴音注》，如果也能被看作元代史学的一部分，那么它们无疑可以代表元代史学的最高成就。“通考”虽“稍逊《通典》之简严，而详赡实为过之，非郑樵之《通志》所及也”。④ 他们对胡注的评价更可以说是无保留的赞美了：“通鉴文繁义博，贯穿最难。三省所择，于象纬推测、地形建置、制度沿革诸大端，极为赅备。”⑤“其言实足为千古注书之法。”⑥

元继承自蒙古帝国的辽阔版图，使当日人们能获得非凡的机会，去勘踏过去只能遥望而不可及的地方。清儒评潘昂霄《河源记》云：“河源远隔穷荒，前志传闻，率皆瞽说。惟笃什尝亲历其地。故昂霄以闻于其弟阔阔

① 《四库全书总目》卷三十六《经部三十六·四书类二》，481页。

② 《四库全书总目》卷四十六《史部二·正史类二》，638—639页。

③ 《四库全书总目》卷四十六《史部二·正史类二》，637页。

④ 《四库全书总目》卷八十一《史部三十七·政书类一》，1082页。

⑤ 《四库全书总目》卷四十七《史部三·编年类》，650页。

⑥ 《四库全书总目》卷四十七《史部三·编年类》，652页。

出者，记为是编。自诧为古所未睹。”其评汪大渊《岛夷志略》则曰：“即赵汝适《诸蕃志》之类，亦多得于市舶之口传。大渊此书，则亲历而手记之，究非空谈无征者比。……大半为史所不载。又于诸国山川险要、方域疆里一一记述，即载于史者亦不及所言之详。”方志撰作也有绝佳者，如《至大金陵新志》：“其学问博雅，故荟萃损益，本末灿然。无后来地志家附会丛杂之病。”史评类著作最为崇尚朴学、鄙视虚谈“义理”的清学所诟病，但胡一桂的《十七史纂古今通要》却获得如许好评：“宋以来论史家汗牛充栋，率多庞杂可议。……此书议论颇精允，绝非宋儒隅见者可比。一览令人于古今兴亡，了然胸次。”①

面对上举种种例证，还能用“元人无识”这样简单蛮横的话来论断元经史之学吗？

大概没有人能否认，诗歌创作是汉文化传统的重要组成部分。关于元诗在中国诗歌史上的定位问题，清儒写道：“唐诗至五代而衰，至宋初而未振。……欧阳修、梅尧臣始变旧格。苏轼、黄庭坚益出新意。宋诗于时为极盛。……迁流至于四灵、江湖二派，遂弊极而不复焉。金人奄有中原，故诗格多沿元祐。迨其末造，国运与宋同衰。诗道乃较宋为独盛。……有元一代作者云兴。虞、杨、范、揭以下，指不胜屈。而末叶争趋绮丽，乃类小词。杨维桢负其才气，破崖岸而为之风气一新。然讫不能返诸古也。”②

在不少评论者看来，宋诗的全盛时代，不过从欧阳修、梅尧臣延续到黄、苏、王的时代而已。惟“黄太史必于奇，苏学士必于新，荆国丞相必于工。此宋诗之所以不能及唐也”。③ 因此，“宋诗与唐不异者，梅都官尧臣为最”。④ “宋诗之有唐味者，皆在真庙以前三朝”。⑤ 总的说来，他们对宋诗的评价不怎么高：“宋三百年人各有集，诗各有体。要皆经义策论之

---

① 此引钱曾《读书敏求记》语。

② 《四库全书总目》卷一百九十《集部四十三·总集类五》，2657－2658页。

③ （元）吴澄：《王实翁诗序》，见《吴文正公集》卷十八，文渊阁《四库全书》本。

④ （元）方回编：《瀛奎律髓》卷四评梅晓臣诗，49页，上海，上海古籍出版社，1993。

⑤ （元）方回编：《瀛奎律髓》卷四十七评曹汝弼诗，525页。

有韵者，非诗也。”①这种偏驳随理学的逐渐兴盛而愈趋于严重。故云“宋诗至道学诸公又一变，多主于义理”。② 金诗所承袭的是宋代诗风。“百年以来，诗人多学坡、谷”。③ 元诗创作一改此习，“古祖汉，近宗唐”④，甚至有“举世宗唐”之主张。正因为如此，元诗“能得乎风雅之声，以一扫宋人之积弊”⑤。今人有谓“宋诗痼于理，元诗邻于词”⑥者。此说或出于徐渭之语：“宋人……格高气粗，出语便自生硬。……元人学唐诗，亦浅近婉媚，去词不甚远，故曲子妙绝四朝。”⑦若依四库馆臣之见，则元诗之“去词不远”，只是“末叶争趋绮丽”的一时现象，颇不足以之概言元诗全貌也。

三 汉文化在元代的一般发展特征

或许可以用以下两点来概括元代汉文明的一般特征：它体现了平移式的横向拓展，而非向纵深的持续推进；它体现了对既有前沿成果的消化，从而导致各地域间发展差距的显著缩小。

能举以为证者包括：理学从南部中国向北方的传播；农业经济在汉文化各边缘地区，尤其是云南的发展；回族先民以与唐宋时期伊斯兰世界向中国沿海都市的移民运动所具有的不可比拟的规模大批东来，由此而奠定今天的回族在全中国大分散、小聚居的分布态势；铜银双本位制实为明后期向银本位货币制过渡之准备；棉花种植从边缘向核心地区的大范围推广等。

即使就传统中国时期为汉文明所覆盖的地域而言，它的内部也不可能是铁板一块的。其中经济、文化及社会关系发展的程度，一直呈现着相当巨大的地域性差异。包括它们各自的发展周期，以及在某一特定时刻它们

① (元)刘埙：《隐居通议》，“丛书集成初编”213册，114页，北京，中华书局，1985。

② (明)陆深：《溪山余话》，见《俨山外集》卷十，文渊阁《四库全书》本。

③ (金)元好问：《赵闲闲书拟和韦苏州诗跋》，见《遗山先生文集》卷四〇，《四部丛刊》本。

④ (元)吴澄：《胡助诗序》，见《吴文正公集》卷十三，文渊阁《四库全书》本。

⑤ (元)戴良：《皇元风雅序》，见《九灵山房集》卷二九，《四部丛刊》本。

⑥ (明)李蓘编：《宋艺圃集》，“自序”，文渊阁《四库全书》本。

⑦ (明)徐渭：《南词叙录》，朗芬室《读曲丛刊》本。

在各自周期中所处的具体发展阶段，都是很不相同的。经济、文化或社会发展领域内最具推动力的所在地区，也不是固定不变，而是处于不断移动之中的。郝若贝在施坚雅工作的基础上，将汉文明核心地区分成岭南、东南中国、长江上游、长江中游、长江下游、西北中国、北部中国共七大区域，此下再分析出“核心”或“边缘”两类次区域。这样，除长江上游未进一步划分次区域外，上述六大区域总共被分划为19个次区域(共20个地区)。接着，他以各地区人口变动的参数作为基本依据，推算出从公元2年到1948年的长时段里各地区经济发展的基本面貌，并将它们分别定位在移民充填(亦即经济发展的起步时期)、急速发展、急剧衰落或基本平衡这四个阶段之中①。

根据郝若贝的这项研究，去分别考察上述诸地域在元代的经济发展状况，并与前后若干时段内各相应地区的状况进行比较，其结果可以制成下列数据统计表：

表1　元代汉文明地区经济发展状况表

年份 / 地区数	1250—1350	742—980	1080—1200	1391—1542
系统增长地区	1	13	8	6
增长转入平衡	1		4	
好转	3		1	
平衡	4	2	2	10
重新积聚人口		4	1	4
系统衰落	8	1	4	
增长转入衰落	3			

由于元政府行政执行力偏低，户口统计数大幅缺漏不全的情形可以想见。因此从元代人口数据推算出来的经济变迁，有可能会夸大那个时期经济形势中不乐观的一面。尽管如此，从以上统计中我们仍然可以获得的一个十分明显的印象是，元代汉地社会的经济发展状况，与它之前的唐后期、两宋，及之后的明前期和中叶相比，确实都处在落后不少的位置上。

① Robert Hartwell, Demographical, Political, and Social Transformations of China, 750-1550, HJAS 42・2, 1982, pp. 365-442.

在整个元时期，四川、长江中游和华北核心地区等经济曾经十分发达的地方，始终处于系统衰落的状态中；闽浙核心地区在元代前半叶也处于经济上的系统衰落阶段。系统衰落的区域面积之大，为其他王朝所不见。虽然它部分地可以被看作宋元之间在川东的长期对峙所导致的巨大破坏(四川人口因此流失 9/10 之多)、宋元及元末在长江中游的长期战争、元灭金的持久战争对华北经济与社会的接连不断的摧毁性打击，以及宋元在东南中国的最后决战等特殊事件的直接后果，但它们之所以在元朝完成统一之后未能获得较迅速的恢复，其最重要的原因即为元朝在国家治理方面的疲弱低效。对这一点估计不足，与据此就把元代汉文明说成一团漆黑的见解，都是很不恰当的。

对于中国最发达地区在元代经济衰退的意义，还很可能被不合理地放大，如果人们把它跟 16 世纪中叶以往“晚期帝制中国”社会与经济的最后繁荣放在一起作简单对比的话。除了经济与社会演化的内部驱动力之外，还有两项此前根本不具备的外在驱动因素，它们组合在一起，才可能产生出明末至清中叶的长时期经济增长与社会关系的相应发展：由于明代构筑的线形封闭的全线防御蒙古诸部的长城体系，以及清前期大规模西北用兵的军备物资需要，明清国家的财政购买极大地刺激了江南农业和手工业生产的划时代增长；而中国被拖入墨西哥—东亚—西欧的大三角国际贸易圈，则使中国在两百多年内处于白银持续入超的有利地位，从而得以在一个白银资源原本不足的国家建立起发达的银本位货币经济。可见倘若忽略上述特殊条件，用明清中国来反衬元代在原先较发达的各地区内经济与社会发展的下行，只可能因脱离具体历史背景而引发误解。

元对汉地社会的管治，系统地采纳了汉唐以来具有专制君主官僚制性格的中原政治统治体系，但是采纳中也有变化与外来成分的融入。例如，我在过去发表的研究里已经论证过，将首都及其邻近腹要之地划为不设专门治理机构而直接由中书省辖理的“腹里”，其名称系直接来源于蒙古语词 qol 的音译，意为大汗直接统辖与治理下的民户及其所在地域。在缺乏首辅音 f-的蒙古语里，元代北方汉语里“腹里”的读音会变成 hu-li，与 qol 的语音极为接近。“腹里”被选用来对译蒙古语词 qol，颇与音、义兼顾的译音用字原则相符。这又表明腹里的政区建制实际上是被嵌入到汉制中间的蒙古制度成分。行省制度的演变历程中，也可能有与此相类似的情形发生。因此，由元代实现的对中国的空前统一，未必可以简单地被看作只是属于汉唐国家建构模式的历史成就。这属于另一个话题，此处不予赘述。我接下来要讨论的是：坐在元朝宫廷宝座之上的，是一个兼有皇帝、大汗，以及吐蕃民众眼中与藏地结为“施主与福田”关系的，“君临北方蒙古之地，连同汉地、泥婆罗和吐蕃”的观音菩萨化身，转大法轮之蒙古皇帝(这是留在明前期的吐蕃人观念中的印象)。既然如此，这种具有多重身份的君主角色，在被嵌入汉唐式的专制君主官僚制的过程中，又怎样反过来影响了汉唐式专制君主官僚制本身的历史走向呢？

自从士族政治从它的顶峰阶段(即东晋门阀政治)下行以往，有两种正相反对的趋势一直在专制君主官僚体制内部同时增长着，这就是由君臣之际尊卑名分的差异所突显的君主权威的不断抬升，以及臣下制衡君主权威的制度性安排和惯行体例的不断完善。二者的充分发育以及由此引发的它们之间的张力，在宋代士大夫文化高度发达的背景下达到顶点。元朝在采纳汉制的过程中，基本上接受了体现在中原皇帝-官僚制度中的这一部分政治遗产。元代皇帝实际上并不专制。朱元璋认为，元朝灭亡的原因是“主荒臣专”，或谓“后嗣荒沉，失君臣之道，又加以宰相专权，宪台抱怨”。他的评论，让我们想起安迪科特·魏思特(E. Endicott-West)的见解。她指出，元代宫廷礼仪中流行着“非正式性”和“合议”(collegiality)这两种基调。正是这样的基调，使延续并在其延续过程中逐渐获得强化的臣下制衡君权的制度安排和惯行体例，都在很大程度上受到腐蚀削弱、甚至被终止了。唐宋两朝专制君权持续强化和制衡君权的程序效力也持续强化这两种趋势之间的张力，由于元朝几近百年的统治而被破坏了。朱元璋得以在明初大幅度地强化专制主义的君权，与元朝在无意中为他预先扫除了唐宋两朝的君主们所无力克服的来自中原传统的制度化障碍，是密切相关的。

历史无法假设。如果没有元朝的存在，中国的专制君主官僚制究竟会沿着怎样的路径继续演变？我们现在没有办法知道。可是无论如何，专制君权是早已存在于汉唐制度体系之中的一种固有、并且有强烈外显趋势的文化基因。它在14世纪之后的急剧膨胀，恐怕很难认为完全是由于元朝的独特遗产在其中起作用。

四 结 语

陈寅恪说：“宋元之学问、文艺均大盛，而以朱子集其大成。朱子之在中国，犹西洋中世之Thomas Aquinas，其功至不可没。而今人以宋元为衰世，学术文章，卑劣不足道者，则实大误也。欧洲之中世，名为黑暗时代Dark Ages，实未尽然。吾国之中世，亦不同。甚可研究而发明之也。”①他在这里着重表彰的自然是宋，以至于在另一处还说：“华夏民族之文化，历数千载之演进，造极于赵宋之时。”②“至今尚不能超越宋代。”③但他将宋元连称。可见着眼于汉文明发展的基本状态，元代在他眼里未必是汉文明的一个低谷。这与吕思勉对元代的评价截然不同：“蒙古人是始终并没懂得中国政治的，——而且可以算始终并没懂得政治。他看了中国，只是他的殖民地。……罗马人的治国，就是如此。”④

关于中国历史的标准叙事虽不采取吕先生的见解，但也与陈先生的看法颇有不同。它对元代成就的肯定主要有两项，一是多民族国家的空前统一，二是多元文化在元代中国的交相辉映。但即使是针对这两项的肯定，实际也都是非常不到位的。一般人们从这样的叙事中产生“厓山之后无中国”的印象，其责任似不应完全由听者自负。

（作者为复旦大学历史地理研究中心教授）

---

① 《吴宓日记》第2册(1917—1924)，1919年12月14日，103页，北京，生活·读书·新知三联书店，1998。按，吴宓于是日日记记载“午，陈寅恪来。所谈甚多，不能悉记。惟拉杂撮记精要之数条如下”。

② 陈寅恪：《邓广铭〈宋史职官志考证〉序》，见《金明馆丛稿二编》，245页，上海，上海古籍出版社，1980。

③ 《陈寅恪先生欧阳修课笔记》(一九三六年九月二十六日第一课)，见卞僧慧纂：《陈寅恪先生年谱长编》，336页，北京，中华书局，2010。

④ 吕思勉：《白话本国史》，见《吕思勉全集》第1册，346页，上海，上海古籍出版社，2015。

近代文明视野下的江苏社会形态

马俊亚

社会性质与社会形态历来是马克思主义者非常关注的现实问题与学术问题。马克思、恩格斯的《资本论》《经济学手稿》《〈政治经济学批判〉导言》《德意志意识形态》《共产党宣言》《家庭、私有制和国家的起源》《反杜林论》等对社会发展的一般形态和规律作了科学的阐述。列宁《中国的民主主义和民粹主义》认为中国是“半封建的农业国家”和“半殖民地国家”。毛泽东《中国社会各阶级的分析》对中国近代社会阶层作了准确分析；《中国革命与中国共产党》一文认为近代中国是“半殖民地半封建社会”。

本文不再把出租土地、收取租金作为封建形态的唯一标准，而是按照马克思的论述，把人身强制和人身依附作为封建关系的核心依据，以此厘清外表不同的封建形态。

一 苏南：半封建半资本主义

江苏南部地区在近代及其以前盛行永佃制。《吴县志》对此有详细的描述：“吴农佃人之田者，十八九皆所谓租田，然非若古之所谓租及他处之所谓租也。俗有田底、田面之称。田面者，佃农之所有，田主祇有田底而已，盖与佃农各有其半。故田主虽易，而佃农不易。……有时购田建公署，架民屋，而田价必田主与佃农两议而瓜分之，至少亦十分作四六也。又田中事，田主一切不问，皆佃农任之。”①这一制度长时间存在着，直到20世纪30年代初南京国民政府调查证实，苏南存在永佃制，“即土地所有

① 曹允源纂：《吴县志》卷四四，民国二十二年铅印本，37页上—下。

权，不全在地主，而有一部分属于佃户。田地分为田底与田面，地主仅为田底之所有者，佃户则拥有田面之所有权。”①

永佃制下的主佃关系消除了人身依附，由较单纯的市场关系支配。据费孝通调查，田底占有者拥有土地所有权，负担土地税，但无权直接使用土地进行耕种。仅占有田面，不占有田底的人被称为佃户。佃户保留着田面权，不受田底占有者的干涉，佃户的唯一责任是交租。由于土地(即田底)市场的交易自由，“地主及其土地之间的个人关系缩减到最小的程度”。大多数田底拥有者对于土地的位置、耕作、甚至对于佃户都一无所知。他们的唯一兴趣就是租金本身。②

可见，江南农村，尽管存在着佃户，但他们拥有较多的自由权利，不需要承担其他封建义务。马克思指出：“土地所有权的历史表明了封建地主逐步转化为地租所得者，世袭的半交代役租的而且常常是不自由的终身租佃者逐步转化为现代租地农场主，以及依附于土地而没有迁徙自由的农奴和徭役农民逐步转化为农业短工的过程，这种历史事实上就是现代资本的形成史。”③显然，江南土地租佃属于资本主义市场关系，农村的封建性得以消除。

江南大量田底拥有者与资本家、甚至工人阶级有密切交集。

1882 年，上海宝源祥公司在外虹口购地百余亩，以零租金的代价让乡民耕种。④ 20 世纪 20 年代初，吴淞商埠日见发达：“沪上工商各界前往购买地亩者颇不乏人。其有大规模之组织者，为赵鸿藻、朱葆三、张济澜、童立善等四户，圈购地亩自二三百亩以至于一二千亩不等。”⑤汪敬虞先生列举了多例江南资本家占地情况，其数量均在数百亩以上，有的多达数万亩。⑥（1 亩≈666.7 平方米）

① 实业部国际贸易局：《中国实业志(江苏省)》第 2 编，36 页，上海，民光印刷公司，1933。

② 费孝通：《江村经济》，126、131—132 页，南京，江苏人民出版社，1986。

③ 《马克思恩格斯全集》第 46 卷(上)，206 页，北京，人民出版社，1979。

④ 《限期让地》，载《申报》，1885-01-06，第 3 版。

⑤ 《淞市政处对私团圈地之主张》，载《申报》，1922-10-15，第 13 版。

⑥ 汪敬虞编：《中国近代工业史资料》第二辑(下)，1019—1023 页，北京，科学出版社，1957。

近代资本主义最发达的地区之一无锡，绝大部分资本家占有土地。庆丰棉纺集团唐保谦与“丝业大王”薛寿萱家族各占地6000余亩，五金业翘楚周舜卿一次购地千亩以上，业勤纱厂杨宗濂家族拥有义田数百亩，无锡礼社薛家土改时仍有土地近2万亩，振新纱厂荣氏家族有义田300亩。①

中小资本家同样占有土地。无锡杨北乡济南等7个小村的20户中小资本家有地158.084亩。土改调查称：“无锡为苏南主要工业城市，工商家在四郊占有土地为数颇多。如南门铁业公司占有土地三四十亩，茂兴公司有土地四十多亩，北郊启新纱厂有土地三十余亩，华新纱厂有桑田二百余亩，这些土地有的是准备用来建厂的，但目前大多租给农民或雇人耕种。”②

过去，学界长期把资本家占有土地等同于封建性，这显得过于简单化。一方面，土地收入与工业利润相结合，极有利于工农两业的平稳发展。在工业繁荣时，利用其利润投资土地；而在工业企业资金困难时，再把土地利润挹注工业企业。以无锡振新纱厂为例，1905年，荣氏宗族族长荣福龄“把用义庄名义募集的资金入股于振新纺织公司，靠股金红利收入来维护和发展新义庄”。③ 在振新纱厂危机时，荣福龄把新义庄基金转为振新股票；而在振新经营好转时，又把振新股票交换为新义庄基金，用以建造校舍和养老院。④ 第一次世界大战后，土地占有者纷纷把土地积累投向工商业，“无锡城中的杨氏、薛氏和严家桥的唐氏固然早已是这样做法，就是荡口的华氏、北乡斗山的吴氏也都投资兴办近代工业”。⑤

亚当·斯密指出：资本家投资土地，“与商人资本比较，他的财产不易遭遇意外”。⑥ 就经营举措与投资策略而言，工业资本家兼营土地，为企

① 《中国近代工业史资料》第2辑(下)，1020—1021页，北京，科学出版社，1957；中共苏南农村工作委员会：《苏南土地改革文献》，1952年内刊本，483页；《江苏无锡县农村经济调查第一集·第四区》，77页，江苏省农民银行总行，1931。

② 华东军政委员会土地改革委员会：《山东省、华东各大中城市郊区农村调查》，1952年内刊本，第166—168页。

③ 荣敬本等：《梁溪荣氏家族史》，72页，北京，中央编译出版社，1995。

④ 荣敬本等：《梁溪荣氏家族史》，54页，北京，中央编译出版社，1995。

⑤ 王赓唐、汤可可：《无锡近代经济史》，211页，北京，学苑出版社，1993。

⑥ [英]亚当·斯密：《国民财富的性质和原因的研究》(上)，郭大力、王亚南译，346页，北京，商务印书馆，1979。

业提供了稳定的资金储备，更有利于企业的稳定发展。马克思指出："因为投资要把或长或短的一定时期内的变动和平均化计算在内。"①显然，土地经营更有助于工业企业抗拒风险。

另一方面，土地作为抵押品可使工商企业获得大量的贷款。田单地契是金融业乐于收押的抵品，因其既无须建仓存贮，更无消耗、腐烂等风险。而企业经营者用田单作押，既不会减少其土地收入，更不会像抵押机器原料那样，影响企业经营。1934 年，国民政府在无锡等地力推地价申报，所预期的最大益处就是为了增加工商业的抵押资本："若举行地价申报，则业主凭合法手续取得政府之地价申报证明书，上载有业主姓名、亩数、地价等，有志经营工商业者，即可持此证，向人抵押借款，不啻一种有价证券，市面金融赖以流通。"②

以土地作抵押贷借资本，与出卖土地投资工业企业具有相同的意义。马克思引用吉尔巴特的话指出："以商品作担保而贷给资本，和以汇票贴现形式贷给资本所起的作用相同。如果某人用他的商品作担保借进 100 镑，那和他把这宗商品出售而取得 100 镑汇票，并把这张汇票在银行家那里贴现是一样的。"③

工商资本家经营土地的现象，绝非近代江苏乃至中国仅有。资本主义发展最充分的英国，到 19 世纪后期，一些资本家同样不惜重金购买土地，成为典型的资本家兼地主。被封为欧文斯通男爵的大资本家塞缪尔·劳埃德，曾花费 170 万英镑购买土地，至 1883 年有土地 54000 英亩。④（1 英亩≈4046.9 平方米）1924 年，伦敦土地所有权调查表明，有地主成了资本家，"而一些资本家又变成了土地所有者。"⑤布罗代尔写道："资本主义或城市的金钱(来自贵族和资产者)很早便开始进入乡村生活。欧洲没有一个

---

① 《马克思恩格斯全集》第 25 卷，212 页，北京，人民出版社，1974。

② 阮荫槐：《无锡土地整理》(二)，中国地政所丛刊"民国二十年代中国大陆土地问题资料"第 36 种，17905 页，台北，成文出版有限公司等，1977。

③ 《马克思恩格斯全集》第 25 卷，457 页。

④ 阎照祥：《英国贵族史》，316 页，北京，人民出版社，2000。

⑤ [苏]米列伊科夫斯基等：《第二次世界大战后的英国经济与政治》，叶林等译，298 页，北京，世界知识出版社，1960。

城市的金钱不向邻近的土地漫溢。”①

列宁写道，农村的富裕户“把工商企业同较大规模的土地经营结合在一起。我们已经看到，正是这种‘副业’对俄国‘善于经营的’农夫来说是最典型的”。② 他们不但不是什么封建性的表现，而且“只有这少数殷实户才能稳定地参加‘农民经济中的进步潮流’”。③ 可见，资本家对土地的兼营，不是中国资产阶级天生具有封建性或软弱性的表现。

最值得注意的是，与资本家阶级相似，近代江苏相当一部分产业工人占有土地。

工人家庭用工资购置田地的现象极为普遍。1919 年有人对上海附近乡村进行调查后写道：

> 在近乡一个工人家里，……看见有两个年老的人，一男一女大约是他的父母，在家里管理种种琐屑的事情。那少年和中年的男女，大概也有四五口，却都在厂里头做工，赚来的工钱，除去了家常费用外，很有些积蓄。他的母亲，指了指屋外的五六亩田地，和我说：“这都是我们几年做工省吃省用省下来的。”④

据 1929 年对上海农村 50 户工人家庭的调查，地租总收入为 297 元，⑤相当于出租土地 74.25 亩。

近代上海五金业中，厂主往往兼有资本家和工人的双重身份，他们投资土地的情况也极为常见。老顺记在镇海置田 3000 余亩，可炽铁号在宁波有田地 200 余亩、在上海近郊有田数十亩。源椿铁号在无锡有田百余亩。

---

① ［法］布罗代尔：《15 至 18 世纪的物质文明、经济和资本主义》第 2 卷，顾良译，256 页，北京，生活·读书·新知三联书店，1996。

② 《列宁全集》第 3 卷，119 页，北京，人民出版社，1984。

③ 《列宁全集》第 3 卷，120 页，北京，人民出版社，1984。

④ 李次山：《上海劳动状况》，载《新青年》第 7 卷第 6 号，1920-05-01。

⑤ H. D. Lamson, “The Effect of Industrialization upon Village Livelihood,” *Chinese Economic Journal*, vol. Ⅸ, October 1931, no. 4, p. 1071.

其余王大有、锦和、森昌等厂主在农村各置地几十亩不等。① 在中国近代最大的民族资本荣家企业中，占地2—6亩的工人，占抽样总数的35.7%；占地数亩至十余亩的工人，占抽样总数的57.1%。②

直到土改时，苏南的出租土地："虽大部分掌握在地主手中，但亦有为城市工人、小贩占有。"③作为苏南典型的无锡坊前乡，工人人均占地超过了雇农、职员、小商人、工商业家、手工业者。在该乡出租田地各阶层中，工人出租的土地，超过了富农、贫农、手工业者、小商人。④

马克思晚年注意到了各个阶级之间的模糊性。他指出："雇佣工人、资本家和土地所有者，形成建立在资本主义生产方式基础上的现代社会的三大阶级。在英国，现代社会的经济结构无疑已经有了最高度的、最典型的发展。但甚至在这里，这种阶级结构也还没有以纯粹的形式表现出来。在这里，也还有若干中间的和过渡的阶段到处使界限规定模糊起来(……)。"⑤

工人占有并出租土地，同样与封建性无关。出于对马克思理论准确的理解，列宁把"有份地的雇佣工人阶级"视作"新型的农村居民"，特别强调"最典型的俄国农村无产阶级是有份地的雇农、日工、小工、建筑工人或其他工人"。⑥ 工人占有土地，为资本主义常态。列宁指出："一切资本主义国家都有这种有份地的农村工人。……每一种农村工人都带有特殊的土地制度痕迹，即特殊的土地关系历史的痕迹，然而这并不妨碍经济学家把他们概括为农业无产阶级这一类型 。"⑦

列宁批判对马克思理论的机械理解，指出："人们常常过于死板地理解下面这个理论原理，即资本主义需要自由的、无地的工人。作为基本趋

① 上海社会科学院经济研究所主编：《上海近代五金商业史》，148页，上海，上海社会科学院出版社，1990。

② 上海社会科学院经济研究所：《荣家企业史料》上册，119—122页，上海，上海人民出版社，1966。

③ 华东军政委员会土地改革委员会：《山东省、华东各大中城市郊区农村调查》，1952年内刊本，166页。

④ 中共苏南农村工作委员会：《苏南土地改革文献》，1952年内刊本，324页。

⑤ 《马克思恩格斯全集》第25卷，1000页，北京，人民出版社，1974。

⑥ 《列宁全集》第3卷，150页，北京，人民出版社，1984。

⑦ 《列宁全集》第3卷，151页，北京，人民出版社，1984。

势这是完全正确的，但是资本主义渗入农业特别缓慢，其形式非常繁多。”①因此，江南占有土地的产业工人，属于真正的无产阶级。

江南土地出租者多兼资本家、商人、职员和工人的身份，土地出租者与租佃者的关系不存在人身强制，但这并不表明“江南无封建”。相反，江南的资本主义工厂中，还大量存在着人身强制和人身依附。

近代上海工人参加封建帮会的现象非常普遍。李立三指出：“上海工人工作中最大的问题是帮会问题。”20 世纪 30 年代上海总工会主席朱学范写道，与全国其他城市相比，近代上海工人加入帮会的最多。② 中共地下党员在抗战前调查，上海煤气业中，工人主要有关帝会、同乡会、宁波帮、江北帮、无锡帮等；英商公共电车业中，帮派势力较大的为苏北帮和宁波帮。③ 法商水电业中，职员主要拜杜月笙等人为老头子；邮电部门有“十二弟兄”，后扩大为“三十六弟兄”，再扩大到一百个。福新粉厂，湖北帮与无锡帮势力最大，湖北帮几乎全部加入洪帮，无锡人则多加入青帮。阜丰粉厂中，安徽人最多，其次为湖北人，亦多加入青帮。在新关码头工人有青口帮、太古帮、天津帮之分。工部局工人大致分为本地帮、山东帮、江北帮、安徽帮，普遍拜老头子、拜先生、拜把弟兄。在上海，人力车夫拜老头子的人数约占总人数的 90%；上海棉纺工人中，“男工十之七八都参加了青红帮，拜有老头子。”④在上海造船厂，工人必须加入帮会，“否则必受排挤，甚至工钱之多少，亦受各帮之规定。”⑤码头工人则几乎百分之百加入了帮会，上海所有码头都被黄金荣、张啸林、杜月笙、范回春的门徒控制着。⑥

马克思认为，在真正的资本主义条件下，“劳动力的买和卖是在流通

① 《列宁全集》第 3 卷，151 页，北京：人民出版社，1984。

② 朱学范：《上海工人运动与帮会二三事》，见《20 世纪上海文史资料文库》(10)，174—175 页，上海，上海书店出版社，1999。

③ 朱邦兴等：《上海产业与上海职工》，238、265 页，上海，上海人民出版社，1984。

④ 朱邦兴等：《上海产业与上海职工》，497、625、666、697、677 页，上海，上海人民出版社，1984。

⑤ 李次山：《上海劳动状况》，载《新青年》第 7 卷第 6 号，1920-05-1。

⑥ 刘念智：《实业家刘鸿生传略》，54 页，北京，文史资料出版社，1982。

领域或商品交换领域的界限以内进行的，这个领域确实是天赋人权的真正乐园。那里占统治地位的只是自由、平等、所有权和边沁。"①苏南工人加入帮会的普遍性，反映了近代劳动力市场的真实状况，说明工人与厂主、工人与工人之间存在严重的人身依附，真正资本主义意义上的劳动力市场尚没有形成，这才是真正的封建残余之所在。在这里，工人阶级的人身依附关系要远远强于以法律表现的契约关系，工人出卖劳动力并不完全符合商品交换规律，他们的劳动、自由、甚至生命都被别人所支配，这里根本不是什么"天赋人权的乐园"，还太多地保留了旧的制度。列宁指出："陈旧的制度和充满等级性的土地制度无论在农业或工业中都会产生最有害的影响，都会保持着技术上落后的生产形式，这种形式是同奴役和人身依附的极为盛行相联系的。"②

综上所述，在近代苏南，尽管农村土地关系中的人身依附已被消除，建立在资本主义市场关系基础之上的土地租佃已无明显的封建属性，但近代工厂的雇用关系中却明显存在各种各样的人身强制。近代苏南地区的社会形态是资本主义与封建主义的混合形式，亦可称为半封建半资本主义形态。

二 淮北：半领主制半地主制

江苏近代淮河以北地区（简称"淮北"）与江南有着天壤之别。1927 年《申报》报道："逾淮以北，则因地势迥异，而民众生活状况，与其风俗习惯、社会组织，不同江南之处甚多。"③1928 年，中共淮北党组织报告："徐海蚌本系封建残余豪绅地主势力最雄厚的地方，一切风俗习惯、政治、文化保留了极浓厚的封建色彩。"④1929 年，国民政府立法院统计处处长刘

① 《马克思恩格斯全集》第 23 卷，199 页，北京，人民出版社，1972。

② 《列宁全集》第 3 卷，403 页，北京，人民出版社，1959。

③ 君左：《徐州通讯：火车中之一瞥》，载《申报》，1927-07-09，第 9 版。

④ 《徐海蚌特委报告（1928 年 11 月）》，见中共萧县党史办公室、萧县档案局（馆）编：《萧县党史资料》第 1 辑，64—65 页，1985。

大钧写道："苏省田制，江南北异趣。江北……万亩以上之地主，数见不鲜。"①1930年，国民党员吴寿彭考察后认为："即如江南与江北，虽只一水相隔，却有一千年历史的差异。"②1933年，江苏省立徐州民众教育馆长赵光涛指出："徐海的农村经济，在本质上无疑的是部落式的封建经济。"③同年，国民党江苏省执委会常务委员蓝渭滨在对徐海12县数百个庄考察后写道："此间农业之经营，实是万分粗放，农民之生活，实是万分痛苦。"④1952年，中共农村调查团指出：淮海一些地区"文化水平和生活水平都很低落，和江南或沿海农村比较真有百年之隔"。⑤

总的说来，淮北社会形态具有以下主要特征。

第一，淮北社会高度圩寨化，普通民众生活在严密的军事强制下。

在淮北，"人民的生活的单位是各个'土围子'或说是'寨'，或叫做'集'，或叫做'庄'"，寨子外面围着土墙(或砖或石)，边角建有炮楼。⑥徐州王楼村的马恒庄园，四周有围沟、围堆，堆上高筑围墙，墙里设有掩体、射击孔，四角各建炮台一座；内有子圩，子圩内还有明碉暗堡和一座中心炮楼。⑦淮阴刘家圩，环绕着深沟高墙，墙上有城垛，深沟架有吊桥，"宛如《水浒传》里的祝家庄一样"；圩墙内外，豢养着十多条凶猛的洋狗。⑧泗阳县郑厂建有新式枪楼，"楼凡三重，最上为平台，有雉堞，第二重亦

---

① 刘大钧：《我国佃农经济状况》，125页，上海，太平洋书店，1929。

② 吴寿彭：《逗留于农村经济时代的徐海各属》，载《东方杂志》第27卷第6号，1930-03-25，71页。

③ 赵光涛：《我们的路线》，见江苏省立徐州民众教育馆研究委员会编：《江苏省立徐州民众教育馆周年纪念特刊》，1933年10月刊印。

④ 蓝渭滨：《江苏徐海之农业与农民生活》，载《农村经济》第1卷第9期，1934-07-01，10页。

⑤ 苏北区暑期农村调查委员会编：《苏北区农业生产调查报告》第7号《沭阳县刘集区刘集乡(岗旱粮食区)》，1952年8月，南京，江苏省档案馆藏档案，全宗3067，案卷号48(永久)，6页上。

⑥ 吴寿彭：《逗留于农村经济时代的徐海各属》，载《东方杂志》第27卷第6号，1930-03-25，71页。

⑦ 李强：《马恒其人》，见《新沂文史资料》第4辑，60—61页，1990。

⑧ 侍问樵：《淮东乡恶霸地主刘鼎来》，见《淮安文史资料》第4辑，71页，1986。

四面有窗，窗即枪眼。其高厚，其雄峻，直令人追想北欧中世纪之堡垒如林。"①赣榆和安圩，长4900米，平均高约4米。后加高至8米。内有32个炮楼，61座炮台及火炮；圩有4门(后增开3门，共7门)。墙外有护城河，宽8米，深5米。太和寨土圩原周长6里，有4个门。圩壕宽5丈、深8尺余。民国初年，沿城墙建15座炮楼，城壕加宽至7丈，深丈余。②

近代淮北圩寨遍地开花，普通民众皆生活于其中。下表是徐州地区的圩寨分布情况：

表1　20世纪30年代徐州地区圩寨壕沟数③

县份	乡镇数	圩寨数	壕沟数
丰县	56	199	112
萧县	40	190	141
砀山	25	83	54
铜山	25	87	21
邳县	35	73	25
沛县	24	91	25
睢宁	44	193	122
总数	249	916	500
每乡镇平均		3.7	2.0

一般说来，围子内部，"中心有一家高大的瓦房；另再有一个炮楼，该当是寨主的宫殿了。四围就有数十百家的农民，大都是种着寨主的土地。寨主是有一百顷二百顷或者更多的数目的田地"。④ 寨主的府邸，较大

① 张煦侯：《淮阴风土记》上册，177页，1936。

② 汪承恭：《古镇青口今昔》，孙子英：《漫话沙河镇》，分见《赣榆文史资料》第4辑，44、92页，1986。

③ 陈斯龄：《铜山区农艺自卫概况》，载《江苏月报》，1935-12-01，"专文"98页。

④ 吴寿彭：《逗留于农村经济时代的徐海各属》，载《东方杂志》第27卷第6号，1930-03-25，71页。

的可达数百亩。①

1928年，中共徐州区委工作报告指出，“乡村的执政者，在一村为庄长，在一集为圩董，在一乡为乡董或区董，现在改为所谓行政局长。从前或都在大地主手中，及有些声望或前清有些功绩[名]的小地主手中。”②同年11月，中共徐海蚌特委报告：徐海圩寨中，“在军事上有保卫团，这些所谓村长等等东西，在名义上是由选举，实际上就是当地的最大豪绅地主霸占”。③ 吴寿彭也指出，淮北的围寨中，大地主是天然的寨主，并往往充当保卫团团长。④

1928年，中共徐州区委报告：“江北地主的武装势力非常雄厚。”徐海12个县，地主有枪达20万支以上，这个数字还是被低估了的。宿迁的埠子市有3000多支枪，沭阳有个大地主的一个圩寨有枪5000多支。⑤ 1930年中共淮阴中心县委报告，涟水、淮阴、泗阳三县的乡村豪绅地主武装，有枪4万支左右，涟水一带约有2万支。⑥ 1931年萧县政府登记枪支，全县有枪16582支，县警察队仅有枪375支。⑦ 1941年出版的一本反共读物所述的沭阳“李家村”，村内300多户人家，有1架手提机关枪、50多支木壳枪、100多支步枪。⑧ 阜宁3个村子有壮丁1000多名，却有步枪800多支、木壳枪400多支、机关枪12架。⑨

---

① [日]天野元之助：《支那農村襍記》，152页，东京，生活社刊，昭和17年(1942)。

② 《徐州工作报告(1928年5月29日)》，见中共萧县党史办公室、萧县档案局(馆)编：《萧县党史资料》第1辑，28—29页，1985。

③ 《徐海蚌特委报告(1928年11月)》，见中共萧县党史办公室、萧县档案局(馆)编：《萧县党史资料》第1辑，65页，1985。

④ 吴寿彭：《逗留于农村经济时代的徐海各属》，载《东方杂志》第27卷第6号，1930-03-25，71页。

⑤ 《徐州工作报告及工作计划(1928年)》，见中共萧县党史办公室、萧县档案局(馆)编：《萧县党史资料》第1辑，43页，1985。

⑥ 《淮阴中心县委关于淮盐工作报告(1930年11月2日)》，见江苏省档案馆编：《江苏省农民运动档案史料选编》，323页，北京，档案出版社，1983。

⑦ 萧县政协文史办：《王公的剿匪与清乡》，见《萧县文史资料》第3辑，132页，1986。

⑧ 晴村：《苏北归鸿》，16页，泰和，胜利出版社江西分社，1941。

⑨ 晴村：《苏北归鸿》，25页，泰和，胜利出版社江西分社，1941。

当时普遍认为私枪系以多报少，每乡镇至少有枪200支。① 徐州地区，“往往活埋士卒，硬劫枪支，概武器已成各家之‘切菜刀’，可与户为比例矣”。②

这些寨主集军事、行政、经济、教育、司法等多种权力于一体，“在那一个地方最大的豪绅就成了那一个地方的土皇帝，形成豪绅割据的局面”。③ 清末，响水口周集区徐家营寨门勇达120名，分穿40套红马褂，拿40杆红缨枪、40面大红旗。民国年间，徐家营寨由徐端泰出任区长，“衙门开在家里”。④ 因此，“‘徐家’是地主，是‘政府’，是‘军队’。简单的说是独霸一方的土皇帝。”⑤

据一位国民党官员的报告，民国时淮北的一个区长，“每次出来，总是有十多个带盒子炮的卫兵跟随着，前呼后拥，威风凛凛，不知道的以为是国府大员，或是某方面军的总指挥，谁相信是一个小小的区长呢!? 这个区长不但是耀武扬威，而且擅操生杀予夺之权，农民如果按月不送‘好看钱’，就饬团队把他拿来当作强盗办”。⑥

集各种权力于一体的圩寨寨主和军政大地主，基本不受监督，与一般平民化的中小地主有本质区别，权力等同于封建领主。

第二，淮北的主佃关系具有较强的人身依附性质。

新四军领导人曾意识到江苏南北地主之间的区别。管文蔚写道：“苏北的地主与江南的地主有很大的不同。苏北的地主主要靠土地剥削生活，终日闲在家里享清福，不事劳动，婢女成群。出门收租时，保镖人员，前护后拥，完全是封建社会的一种景象。”⑦黄克诚回忆说：苏北“地主本

---

① 王培棠著：《江苏省乡土志》(下)，342页，长沙，商务印书馆，1938。

② 陈斯龄：《铜山区农民自卫概况》，载《江苏月报》，1935-12-01，“专文”89页。

③ 《徐州工作报告及工作计划(1928年)》，见中共萧县党史办公室、萧县档案局(馆)编：《萧县党史资料》第1辑，43页，1985。

④ 中共苏北区委员会农村工作委员会、苏北人民行政公署土地改革委员会编：《苏北土地改革文献》，1952年内刊本，231页。

⑤ 中共苏北区委员会农村工作委员会、苏北人民行政公署土地改革委员会编：《苏北土地改革文献》，1952年内刊本，232页。

⑥ 宋之英：《寿县一瞥》，载《自觉》第8期，1933-03-16，20页。

⑦ 管文蔚：《管文蔚回忆录续编》，13页，北京，人民出版社，1988。

身有武装。大地主住地周围住着他的佃户，有点像封建时代的庄园一样”。①

在淮北，大地主对佃农的权威类似于领主之于农奴。佃农对地主，要以生命作为酬报。② 在徐州，筑不起圩寨的农民多在晚上到地主圩寨“住寨”，他们均有跟从寨主参与军事行动乃至献身的义务。③

在领主制下，最普遍的人际关系是“一个人成为他者的人”。④ 在萧县，“大户聚族而居，掌握生产资料，土地和耕畜农具”。⑤ 萧场以萧姓为中心，萧庵子以范姓为中心，“杂姓农民，俨若附庸”。⑥ 在马恒庄园，长年为马恒役使的长工达30人，丫头、奶妈20人，马夫4人，管闲5人，挑水工4人，厨师14人，门勇66人，计143人。⑦ 沭阳程震泰家族在华帮的客庄，有农户300余家，90%以上是程家的佃户。⑧ 淮阴刘家圩的刘家，有土地8 000多亩，佃户500多家，庄头20多个。⑨ 宿迁极乐庵周围的村庄，农民均是其佃户，每个庄子住着1个和尚，即庄主。⑩ 宿迁邵店的圣寿寺建有多处庙庄、庙圩、庄圩等，安置庙里的工夫杂役户，由他们管理

① 黄克诚：《关于盐阜区抗日根据地的建设问题》，见中共江苏省委党史工作委员会、江苏省档案馆编：《苏北抗日根据地》，打印本，547—548页，1989。

② Ralph Thaxton, “Tenants in Revolution: the Tenacity of Traditional Morality”, *Modern China*, Vol. 1, No. 3, *The Rural Revolution*. Part II · July, 1975), p. 328.

③ 参见宋汉三：《往事的回忆》，见《丰县文史资料》第6辑，101页，1987。

④ Marc Bloch, *Feudal Society*, vol. 1, *The Growth of Ties of Dependence*. Translated by L. A. Manyon. Chicago: The University of Chicago Press, 1961, p. 145.

⑤ 江苏省立徐州民众教育馆：《长安村经济调查报告》，见冯和法编：《中国农村经济资料续编》上编，23页，上海，黎明书局，1935。

⑥ 江苏省立徐州民众教育馆：《长安村经济调查报告》，见冯和法编：《中国农村经济资料续编》上编，15页，上海，黎明书局，1935。

⑦ 李强：《马恒其人》，见《新沂文史资料》第4辑，60—61页，1990。

⑧ 毛系瀛：《一支坚持敌后的文艺宣传队》，见《淮阴文史资料》第9辑，142页，1991。

⑨ 侍问樵：《淮东乡恶霸地主刘鼎来》，见《淮安文史资料》第4辑，71页，1986。

⑩ 吴寿彭：《逗留于农村经济时代的徐海各属》，载《东方杂志》第27卷第6号，1930-03-25，79页。

土地、农户、收租等事宜，并修筑圩寨、炮楼，购置兵器。①

1927年，《银行周报》的调查称，徐海地主视佃户如“农奴”，“佃户至业主家，立而言，不敢抗礼高坐；饮食，则入厨下杂妈婢中食。业主家有事，则传呼服役”。② 同年，《中外经济周刊》调查，东海、沭阳、灌云地区，佃户称田主为“主人”，佃户与田主所订的契约，“须声明永远服从田主指挥，并于暇时为田主服役”。③ 1928年徐海蚌特委报告，海州等地的农民、盐民，看见地主均要叩头，“地主对于农民任意侮辱，有生杀之权”。④ 1929年，国民政府立法院统计处处长刘大钧调查：“佃户本不为业主所重视，不过为业主之一种工具而已。而江北各县且视佃户为农奴矣。”⑤1933年，中央研究院学者在邳县(今邳州市)发现，“东佃阶级非常悬殊：地主活像封建领主，居在另外一个世界的村庄，佃农要服从他的命令。租期长短，并无契约，可以随时退佃，不必征得佃农同意。”⑥

在领主制下，农奴为了获得一些权益，必须向领主缴纳许许多多的物品。⑦ 每当夏收和秋收时，苏北农民均要为地主供饭。地主“偶不如意，即翻桌打碗”。1944年地主常叔文收租时，“佃户供饭三、四桌，还常嫌鸭子小，把鸭子掼到屋顶上，嫌鱼小，连盘子掼到阴沟里”。⑧ 过年时佃户须向地主送4—6样礼品，其他各节皆须送礼。⑨ 淮海地区有的地主下乡自带厨

---

① 唐文明：《宿北大战》，82页，北京，解放军文艺出版社，1997。

② 《江苏省田租调查报告》，载《银行周报》第11卷第50号，1927-12-30，34页。

③ 《灌云县之农业》，载《中外经济周刊》第198号，1927-01-29，20页。

④ 《徐海蚌特委报告(1928年11月)》，见中共萧县党史办公室、萧县档案局(馆)编：《萧县党史资料》第1辑，65页，1985。

⑤ 刘大钧：《我国佃农经济状况》，143页，上海，太平洋书店，1929。

⑥ 行政院农村复兴委员会编：《江苏省农村调查》，70页，上海，商务印书馆，1934。

⑦ H. S. Bennett，*life on the English Manor*：*A Study of Peasant Conditions*，1150-1400. Cambridge：Press Syndicate of Cambridge University，1989，first published in 1937)，p. 99.

⑧ 华东军政委员会土地改革委员会编：《江苏省农村调查》，1952年内刊本，435页。

⑨ 华东军政委员会土地改革委员会编：《江苏省农村调查》，1952年内刊本，436页。

师，开出菜单由佃户照办。① 淮海民谣称："供饭供饭，鸡鸭鱼蛋，带的厨子，开的菜单。"②有的学者认为，18 世纪以前，中国地主必须按市场价支付其从佃农处所获得的家畜、家禽、蔬菜、水果之类的物品。③ 这种事例与徐淮海地区的情况相去实在太远。

第三，淮北大地主可随意剥夺佃户的各种权利，包括生命权。

淮安的大地主家中，大都设有私牢(庄牢)、黑房和马椿，"以供吊人打人甚至杀人之用"。④ 涟水时码集徐家除设有私人武装"保家局"外，也设有"私牢"(又叫"公堂")，以维护其庄规。⑤ 道光七年(1827)在淮安县政府内竖立的"镇佃碑"铭文称：佃户"一经业主呈控，定即严拿，依照详定规条，从严惩办"。此碑一直立到 1946 年土地改革时期。⑥ 从这里可以看出，主佃之间的尊卑关系是受官府保护的。

在英国领主制下，农奴需遵守庄园规矩(the custom of the Manor)。与之类似的是，淮北大地主对佃户也订有详细的庄规。沭阳大地主程震泰家族的庄规包括：偷一棵秫穗，罚秫 3 斗；偷山芋 1 个，罚山芋 2 担；缺少租钱，摘地刨屋；喊差讲嘴，打 20 个嘴巴；喊差不到，打 20 马棒；到主人家，不许坐板凳，等等。涟水县时码街集主兼大地主徐叔扬的庄规包括：晒谷时不许坐笆斗，如果看见就打；佃户、集丁不许盖好房子。一日，徐叔扬见佃户石某乘凉时吸水烟，当即上前打骂，并带回家中进行刑罚。响水口周集区徐家规定佃户到主家不能坐；见到徐家人要立于道旁喊

① 狄超白主编：《中国经济年鉴(1947)》中编，196 页，香港，太平洋经济研究社，1947。

② 白得易编：《苏北民谣》，29 页，上海，平明出版社，1953。

③ Mi Chu Wiens, "Lord and Peasant: The Sixteenth to the Eighteenth Century", *Modern China*, Vol. 6, No. 1, (January 1980), p. 15.

④ 杨健华：《苏北印象记(4)：毁碑的故事》，载《群众》第 11 卷第 8 期，1946-06-22，17 页；华东军政委员会土地改革委员会编：《江苏省农村调查》，1952 年内刊本，438 页。

⑤ 狄超白主编：《中国经济年鉴(1947)》中编，197 页，香港，太平洋经济研究社，1947。

⑥ 杨健华：《苏北印象记(4)：毁碑的故事》，载《群众》第 11 卷第 8 期，1946-06-22，17 页。

爹；不问火急，应差就到；甚至规定只有徐家人才有资格吃香烟。一年除夕，徐家派佃户王氏夫妇当差，因王妻生病，未能赶到，徐家当即上门暴打，拆其房子。而徐家声称这是维护“规矩”。① 宿迁极乐庵规定佃户不能随便读书，每一寄庄只许1名佃民粗识文字。②

20世纪30年代，宿迁前庵寄庄佃农韩四给极乐庵送草，因无法完成庵里繁重的劳动，被庵僧用扁担活活打死。其子给住持磕头赔礼，庙方才“恩赐”一口棺材。③ 阜宁大地主夏灿文，一次大雨天叫佃户陈二帮其挑水，陈哀求雨停再挑，夏当即拿起土枪对陈射击。④ 徐州王楼村马玉新，替马家站岗，有次稍微迟到，被马恒喝令下人用棍子打得死去活来。⑤ 1945年，淮安石塘区佃户黄幹生，欠地主3斗麦子，被常叔文吊死，最后由左邻右舍凑足麦子才算了结。⑥ 平桥区佃户沈炳馀和梁元生，因欠2升多大米和15斤柴草，被大地主、伪二十八师的营长管乐拖到乡公所活活打死。人虽死，但欠租仍不能少，管继续逼两家遗属出去讨饭。灵璧高楼区地主高志舫曾活活踢死欠其3斗麦子的孕妇刘某，而被高志舫逼死的佃户达34人。⑦

直到土地改革以前，苏北地区还有相当多的农民被出卖给地主当“家生子”，其身份是世袭的，“子子孙孙就永世不得翻身”。⑧ 据20世纪40年代在盐阜地区担任过中共区长的李棠回忆，尽管法律上没有规定，盐阜一带仍常有人悄悄地把自己出卖给地主家当家生子。⑨

---

① 中共苏北区委员会农村工作委员会、苏北人民行政公署土地改革委员会编：《苏北土地改革文献》，1952年内刊本，第231—234页。

② 彭鹤亭：《宿迁“敕赐极乐律院”庙史简介》，见《宿迁文史资料》第9辑，43页。

③ 彭鹤亭：《宿迁“敕赐极乐律院”庙史简介》，见《宿迁文史资料》第9辑，43页。

④ 中共苏北区委员会农村工作委员会、苏北人民行政公署土地改革委员会编：《苏北土地改革文献》，1952年内刊本，第236页。

⑤ 李强：《马恒其人》，见《新沂文史资料》第4辑，61页，1990。

⑥ 杨健华：《苏北印象记(5)：佃农翻身》，载《群众》第11卷第9期，1946-06-30，29页。

⑦ 狄超白主编：《中国经济年鉴(1947)》中编，198页，香港，太平洋经济研究社，1947。

⑧ 华东军政委员会土地改革委员会编：《江苏省农村调查》，1952年内刊本，438页。

⑨ 2009年6月17日，笔者与包蕾在南京市江苏省军区第一干休所对李棠(正师级离休干部，1925年生)的访谈。

第四，淮北地主对佃户妻女享有常规的性权力，以至实施初夜权。

大地主对佃农的妻女，可以侮辱、霸占。晚清苏北仪征学者刘师培指出："禾麦初熟，则田主向农民索租，居佃民之舍，食佃民之粟。……或淫其妻女。"①1928年中共徐州区委报告，地主下乡收租，佃户们要献上妻室儿女供其淫乐。② 平时地主若看中佃户的妻女，常以服役为名，召至家中随意奸淫。清苏北海州直隶州知州唐仲冕指出："且闻贫家少女，每为富室佣工，……岂知身居帷闼，无良者且有钻穴之私行。"③盐阜地区大地主柏连聪的5个老婆中4个是强行霸占来的。他在一农民家中吃饭，见主人家女儿漂亮，当众抱到房中奸污；在路上见一回娘家的新娘貌美，随即调戏，"新郎在旁边一句话也不敢讲"。④ 柏宣称："我只有生我的不嫖，我生的不嫖。"⑤在马恒的土地上，"只要哪家有美貌女子，就得想尽办法弄到手，或强行奸污，或骗到家诱奸，不从者，即遭毒打和报复。"马家的女佣，只要稍有姿色，"无一逃出马恒的魔掌"。⑥ 淮安大地主管乐看中平桥区吴秀堂妻子，派众将吴家包围，强行将其奸污，并用枪强迫其夫在旁观看。⑦ 世俗地主如此，宗教地主也不甘人后。宿迁极乐庵的和尚往往有妻妾多人。⑧ 宿迁邵店圣寿寺的和尚"几乎个个寻花问柳"，庙庄、庙圩是其淫乐的最常见处所。当地流行俚语："庙前庙后十八家，都是和尚丈人家。"⑨涟水地藏庵住持觉心，"恃强奸淫掳掠妇女。该处稍有姿色之女子莫不被奸污"。⑩

---

① 李妙根编：《国粹与西化——刘师培文选》，288页，上海，上海远东出版社，1996。

② 《徐州工作报告及工作计划(1928年)》，见中共萧县党史办公室、萧县档案局(馆)编：《萧县党史资料》第1辑，44页，1985。

③ (清)唐仲冕：《陶山文录》卷十，道光二年刻本，27页上。

④ 华东军政委员会土地改革委员会编：《江苏省农村调查》，438页，1952。

⑤ 狄超白主编：《中国经济年鉴(1947)》中编，198页。

⑥ 李强：《马恒其人》，见《新沂文史资料》第4辑，63页，1990。

⑦ 狄超白主编：《中国经济年鉴(1947)》中编，198页。

⑧ 吴寿彭：《逗留于农村经济时代的徐海各属》，载《东方杂志》第27卷第6号，1930-03-25，79页。

⑨ 唐文明：《宿北大战》，82页，北京，解放军文艺出版社，1997。

⑩ 邢颂文：《淮域纪行》，载《江苏月报》第4卷第1期，1935-07-01，"专文"58页。

1942 年 4 月，新四军领导人邓子恢指出：苏北贵族地主阶级的思想意识，包括“可以自由奸淫以至霸占人家的妻女，可以享受初晚的权利”。①20 世纪 40 年代中期调查，“若干地区如宿迁北部，还保留‘初夜权’制度，佃户娶妻，首先要让地主困过，然后可以同房。”②潘朗写道：“农奴的新婚妻子，第一夜必须先陪地主睡，让地主老爷‘破瓜’。”“这风俗，在中国，在号称文风甚盛的苏北，也是存在。”③

据 20 世纪 40 年代担任沭阳农会会长、钱集区委书记的徐士善叙述，沭阳比较广泛、隐晦地存在初夜权：“有次在沭阳张圩斗地主，晚上让他的佃户看管他。结果，夜里佃户用棍子把地主打死了。后来调查知道，原来佃户的媳妇，娶过来的头夜，被这位地主睡了。”④

沭阳程震泰家族的程廉泉，家中的女性雇工，“差不多都受过他的蹂躏。老的也好，丑的也好，俊的也好，甚至于满脸是疤和麻的，他也要糟蹋他[她]。他说这是‘尝新’”。⑤

淮阴孙圩孙大琨，家有田地 26 顷：

> [孙]听到沟南佃户陈兆臻有个美貌的姑娘，他就马上叫几个自卫团[丁]，挑了被子，拿着毡毯，提着尿壶，他自己捧着水烟袋跟在后面，一步三愰，三步九摇，到了陈兆臻的家里，是话未讲，只说：“把你姑娘带来睡睡看，好才要，不好两便。”⑥

沭阳有的佃户向地主借贷娶亲，地主则以得到初夜权作为条件。

> 沭阳胡集北老单圩地主单旭东佃户某某，儿子大了要带媳妇，因

---

① 北京新四军暨华中抗日根据地研究会淮北分会、江苏省泗洪县新四军历史研究会编：《邓子恢淮北文稿》，129 页，北京，人民出版社，2009。

② 华东军政委员会土地改革委员会编：《江苏省农村调查》，1952 年内刊本，438 页。

③ 潘朗：《新民主主义的道德》，2—3 页，香港，智源书局，1950。

④ 2009 年 6 月 17 日，笔者与包蕾在南京市江苏省军区第一干休所对徐士善(正军级离休干部，1922 年生)的访谈。

⑤ 文年：《〈大地主程震泰〉补遗》，载《淮海报》，1946-07-15，第 4 版。

⑥ 洪崖：《孙二太爷的后代》，载《淮海报》，1946-06-21，第 4 版。

没有钱，向地主商量。地主说：“不要愁，我替你想办法。但你要允许我一件事。”佃户问他什么事，他说：“你新儿媳带来，头一晚上我去，这你也赚便宜。你不允许，我只要想你儿媳，还能不给我吗?”佃户经过思考，没办法，答应了。地主借了三石小麦。①

地主所说的“把你家姑娘带来睡睡看”，“我只要想你儿媳，还能不给我吗?”均表明地主对佃户妻女拥有常规的性权力。对这种权力略有不满的佃户自然会受到地主的严惩。沭阳宋山区河东乡小宋庄地主徐香太奸淫佃户田二的儿媳，被田二发觉，田仅责骂儿媳几句。次日，徐执牛鞭将田痛打。田问：“你为什么要打我?”徐答：“你自己知道。”②1936 年，沭阳汤沟乡乡长、大地主汤宜逊的佃户王某娶妻，汤闯进王宅，奸淫王妻。王母劝阻，被其枪杀。③

初夜权等广泛存在，表明淮北大地主是真正的封建领主，淮北佃农与农奴并无区别。

马克思指出：“土地占有的等级结构以及与此相联系的武装扈从制度使贵族掌握了支配农奴的权力。”④淮北乡村中存在着事实上的封建领主制。当然，这个地区还有相当数量的平民化的中小地主，淮北乡村的社会形态属于封建领主制与封建地主制混合的形式。由于淮北城市里尚有较微弱的资本主义因素，淮北总体属于半封建形态。

三　两淮：半封建半奴隶制

马克思、恩格斯多次强调：“美国棉花生产是以奴隶制为基础的。”⑤中

① 《淮海报》，1947-10-17，第 1 版。

② 《苏北报(淮海版)》，1946-03-22，第 1 版。

③ 张新羽：《土地革命时期灌南地区的农民暴动概述》，见《灌南革命史料》第 1 辑，257 页，1984。

④ 《马克思恩格斯选集》第 1 卷，70 页，北京，人民出版社，1995。

⑤ 马克思、恩格斯：《国际述评》(三)，见《马克思恩格斯全集》第 7 卷，504 页，北京，人民出版社，1959。

国传统社会的食盐生产同样采用奴隶制的形式，江苏近代两淮盐民无论在身份、生产，还是境遇等方面，都属于生产奴隶。

在马克思看来："因为奴隶制是一个经济范畴，所以它总是列入各民族的社会制度中。现代各民族只是在本国内把奴隶制掩饰一下，而在新大陆却赤裸裸地公开推行奴隶制。"①早于以及与美国种植园制度同时代的中国盐业中的奴隶制，同样是赤裸裸地公开推行的。清代，具有奴隶地位的两淮灶丁约为 35 万人。② 20 世纪 30 年代，两淮食盐产量占全国总产量 40%以上，盐民达百万人以上，依赖淮盐生活者不下 300 万人。③

盐业作为传统社会中的暴利行业，盐民是创造基本价值的人。马克思认为："在古代世界，商业的影响和商人资本的发展，总是以奴隶经济为其结果；不过由于出发点不同，有时只是使家长制的、以生产直接生活资料为目的的奴隶制度，转化为以生产剩余价值为目的的奴隶制度。"④在中国的盐业体制下，正是因为商业的影响和商人资本的发展，盐民成为生产剩余价值的奴隶。

在马克思看来："在古代，每一个民族都由于物质关系和物质利益（如各个部落的敌视等等）而团结在一起，并且由于生产力太低，每个人不是做奴隶，就是拥有奴隶。"⑤两淮盐民作为官府事实上的奴隶，不是因生产力太低，而是体制有意造成。按清朝律法规定，清朝的户籍分为民、军、商、灶，严禁百姓变动户籍。⑥ 盐民身份系法律规定，而非自由选择。清

---

① 马克思：《哲学的贫困》，见《马克思恩格斯全集》第 4 卷，146 页，北京，人民出版社，1958。

② Thomas A. Metzger, "The Organizational Capabilities of the Ch'ing State in the Field of Commerce: The Liang-huai Salt Monopoly, 1750-1880," in W. E. Wilimott ed., *Economic Organization in Chinese Society*. Stanford: Stanford University Press, 1972, p. 28.

③ 《两淮盐业产量锐减》，载《盐政杂志》第 59 期，1934-12-30，"盐务消息"39 页。另有人估计当时全国以盐为生的人口约 500 万（"Salt in China and Elsewhere," *Chinese Economic Journal*, vol. 4, no. 6, June 1929, p. 492）。

④ 《马克思恩格斯全集》第 25 卷，371 页，北京，人民出版社，1974。

⑤ 《马克思恩格斯全集》第 3 卷，169 页，北京，人民出版社，1960。

⑥ （清）和硕亲王弘昼监理，唐绍祖等纂修：《大清律例》卷八"户律户役"，乾隆五年刻本，1 页上。

末，状元出身的张謇在致两江总督周馥的函中直言不讳地指出："盐法者，专制中最无情理之事，而国家今日利不敌害之政。"①

盐民没有生产自由，无权自主地投入劳动，通过发展生产的途径来获得更大的劳动收益。马克思认为："一个除自己的劳动力外没有任何其他财产的人，在任何社会的和文化的状态中，都不得不为占有劳动的物质条件的他人做奴隶。他只有得到他人的允许才能劳动，因而只有得到他人的允许才能生存。"②盐民只能按商人法定的数量来生产。清朝统治者有一奇怪的理论："凡论生财之道，皆以开源节流为要义。独鹾务则宜节源而开流，源苟不节，生者众，食者寡，势必壅阏不行。灶户坐困，而垣商亦病矣。"③对盐民的生产实施严格控制，目的是维护官商的垄断利润。

两淮盐民没有出卖自己劳动产品的自由。恩格斯写道："只有通过对物的支配，对购买价格的支配，对奴隶的生活资料和劳动资料的支配，才能获得对人的支配。"④盐民自行出售其产品，被定为私盐，各盐场均按保甲法编制，互相稽查、严防重惩。"一有私贩，许即据实首明，将私盐变价，分别赏给。"⑤私盐甚至罪逾私铸。1746年，清律规定，盐商可以直接逮捕灶丁。另外，税收、救济、户口登记和保甲事务等均归盐商管理。⑥民国年间，两淮运使在淮北继续厉行保甲制，规定：地方官协助盐务，除按照奖惩条例规定办理外，近场区域，即淮北的涟水、淮安、灌云、

① 张謇：《为盐业致两江周督函》，见曹从坡等主编：《张謇全集》第3卷，521页，南京，江苏古籍出版社，1994。

② 《马克思恩格斯全集》第19卷，15页，北京，人民出版社，1963。

③ （清）曾国荃等督修，王安定等纂修：《两淮盐法志》卷31，光绪三十一年刻本，"场灶门·火伏"，1页上。

④ 恩格斯：《反杜林论》，见《马克思恩格斯全集》第20卷，202页，北京，人民出版社，1971。

⑤ （清）曾国荃等督修，王安定等纂修：《两淮盐法志》卷三一，光绪三十一年刻本，"场灶门·火伏"，1页下—2页下。

⑥ Thomas A. Metzger, "The Organizational Capabilities of the Ch'ing State in the Field of Commerce: The Liang-huai Salt Monopoly, 1750－1880," in W. E. Wilimott (ed.), *Economic Organization in Chinese Society*. Stanford: Stanford University Press, 1972, p. 28.

东海、赣榆、沭阳、日照等县，淮南的阜宁、盐城等县及皖北的涡阳、亳县一带，“区乡镇保甲长均各连带负有协助查禁所辖境内私制食盐责任”。①

在严刑峻法之下，清廷所设管理盐务的职役，多演变成盘剥、压榨灶丁的为所欲为之徒，成为事实上的奴隶监工。②

盐民所产的盐，“卖”给官商的价格每斤通常为二三文，而官商运到引地的价格则达每斤五六十文。就是盐民所得远低于其劳动产品价值的盐价，还被各级官商视为可肆意掠夺、勒索和榨取的财源。商人在收盐时，一方面利用其垄断地位，以盐色不白、成色不纯等借口，强行压价，另一方面则在称量器材上大做手脚，据陶澍奏称：“查收盐桶秤旧有定制，近来场商每以大桶重秤任意浮收勒措，致灶户以交官盐为累。”③时人说得非常明白：“盐民与社会其他阶级无直接关系，其牛马生活之酿成，当然由于引商之剥削。……盐民所制之盐，只能卖给定商，不容任意出售，反是者即以私论坐罪，盐商握此特权，故恣意压迫操纵，为所欲为，大秤秤进，贬抑盐价，故意停收，擅行折扣。”④

盐民不但要按照国家计划来完成生产定额，承受超经济强制的盘剥；其所用的草荡等还要缴纳灶课，实际上是承受双重的剥削。在明朝时，由商贾向边地运粮，而由官府拨给灶户草荡以煎盐，把盐交给商人。若遇灾歉，仓盐不足，政府和商人均不承担损失，而是每一盐引令灶户纳银2钱补偿商人，称之为“折价”。这一名目在清朝成了课额。⑤ 顺治十四年(1657)巡盐御史白尚登奏：“是灶所授之荡，久有定赋，非漏税之地，今

---

① 南京中国第二历史档案馆藏南京国民政府财政部盐务署档案：“两淮盐区地方区乡镇保甲协助查禁私制食盐奖惩办法(民国二十四年八月)”，全宗号266，卷号8937，无页码。

② 张謇：《整顿垣章禀场立案文》，见曹从坡等主编：《张謇全集》第3卷，484页，南京，江苏古籍出版社，1994。

③ 陶澍：《会同钦差拟定盐务章程折子》，见《陶澍集》(上)，170页，长沙，岳麓书社，1998。

④ 中国盐政讨论会编：《蜕化期中的新盐法·续集》，56页，南京，1936。

⑤ (清)曾国荃等督修，王安定等纂修：《两淮盐法志》卷九七，光绪三十一年刻本，“征榷门·灶课上”，1页上。

议编入县册升科，既纳折价，又纳县税，是两征也。”①

恩格斯阐述过这样一个历史事实：“最坏的美国种植场里的奴隶的命运比起当时英国工人的命运也还是幸福的。”②但两淮盐民远没有“幸运到”“享受”资本主义剥削的利益，也未能享受到封建地主剥削的“好处”，更无法与美国种植园中的同类相比。

佐伯富认为，富灶对贫灶的兼并与剥削，使得贫灶沦为富灶的雇用劳动者，不得不向富灶贷借生产资料，由此造成阶级的分化。③ 在正常情况下，“灶晒之户，专以煎晒为业，其辛苦甚于农民。岁产盐斤，归官商收买，例价除工本外，赢余甚少，不能养赡”。④ 清代江苏巡抚陶澍指出：“灶户煎丁，滨海穷民，最为艰苦。”⑤

为了维持生存和生产，灶户们只得大量借贷。道光十七年(1837)十月海州分司童濂禀：“各场灶户俱是贫民，并无盖藏，每交冬令，池丁必须预借钱文以资衣食，名为寒付，相沿已久。”⑥当然，多数情况下，灶户所借的款项是高利贷。据载：“凡灶户资本，多称贷于商人。至买盐给价，则权衡子母，加倍扣除。又勒令短价，灶户获利无多。”⑦

民国前期，淮北农民以贫困著称，但与农民相比，盐民则更加贫穷。“淮北不少农民衣食住三者皆胜于灶户”。就居住条件而言，盐民一家无论多少口人，通常只住 1 间茅屋。直到 20 世纪 30 年代，调查者在淮北竟没

---

① (清)曾国荃等督修，王安定等纂修：《两淮盐法志》卷九七，光绪三十一年刻本，“征榷门·灶课上”，1 页下。

② 《马克思恩格斯全集》第 7 卷，277 页。

③ [日]佐伯富：《清代盐政の研究》，59 页，京都大学，东洋史研究会刊，1962。

④ 孙玉庭：《盐法隅说》，见贺长龄《皇朝经世文编》卷五〇“户政”二五“盐课下”，31 页上，上海，广百宋斋丁亥(1887)仲春校印。

⑤ 国家图书馆藏历史档案文献丛刊：《盐务档案》(2)，356 页，北京，全国图书馆文献缩微复制中心，2004。

⑥ (清)曾国荃等督修，王安定等纂修：《两淮盐法志》卷一四三，光绪三十一年刻本，“优恤门·济收上”，9 页上。

⑦ (清)朱轼：《请定盐法疏》，见贺长龄编《皇朝经世文编》卷五〇“户政”二五，50 页上，上海，广百宋斋丁亥(1887)仲春校印。

有找到拥有2间茅屋的盐民。①

马克思指出："在奴隶制关系下，劳动者只不过是活的工作机，因而它对别人来说具有价值，或者更确切地说，它是价值。"②盐民付出了超负荷的劳动，却无法获得相当于其劳动力价值的收入，徒为官、商创造惊人的暴利。正如张謇指出的那样："终岁率妻子劳筋骨、暴肌肉于咸风烈日之中，仅免于饥寒，而利其利以骄奢淫佚酣嬉醉饱者，商耳官耳，民何与焉?"③

有人写道："盐民生计，受引商世代朘削，久已沦为奴役。"④还有人写道，传统盐业体制"将整个的国家领土，划分为无数盐商的封邑，更使这些封邑以内的人民，变为盐商的盐奴"。⑤

在传统体制下，盐民只能通过逃亡求生存。康熙九年(1670)巡盐御史席特纳奏："黄河冲决荡地，灶逃无人办课。"清政府又把逃户应纳的课额转加到未逃户身上，使得良善守法或无力逃走的灶户，负担更重，由此形成恶性循环。据奏："查二十六场灶丁，叠遭旱潦，自办尚且不足，复历年代人完纳，困苦实甚。"⑥因此，这些在滨海斥卤之乡，煮盐代耕的灶户，"一遇旱涝，则举室饥号，是惟救死之不赡，遑问赋税哉?"⑦

综上所述，淮盐的生产以奴隶劳动为基础。拥有生产资料的盐商，依靠国家法律的支持，对盐民具有生杀予夺之权。盐民作为生产剩余价值的人，没有迁徙、改变职业的自由，也没有生产、出售自己产品的权力，所得的生活资料远不敷其维持劳动力再生产的需要，他们的境遇远恶于同时

---

① 王间祜：《整理淮北盐场意见书》，见财政部盐务署盐务稽核总所：《盐务汇刊》第5册，35页，1932。

② 《马克思恩格斯全集》46卷上，463页，北京，人民出版社，1979。

③ 张謇：《卫国恤民化枭弭盗均宜变盐法议》，见曹从坡等主编：《张謇全集》第2卷，22页，南京，江苏古籍出版社，1994。

④ 中国盐政讨论会编：《蜕化期中的新盐法·续集》，77页，南京，1936。

⑤ 中国盐政讨论会编：《蜕化期中的新盐法·续集》，92页，南京，1936。

⑥ (清)曾国荃等督修，王安定等纂修：《两淮盐法志》卷九七，光绪三十一年刻本，"征榷门·灶课上"，3页下。

⑦ (清)曾国荃等督修，王安定等纂修：《两淮盐法志》卷一四一，光绪三十一年刻本，"优恤门·恤灶上"，1页上。

代美洲种植园的奴隶。

从1901年始，在张謇的规划和推动下，两淮盐地大量被农垦公司垦为棉田。至抗战前，淮南17家公司的土地总面积达352万余亩，已垦144.6万余亩，棉产总额69.3万担(每担160市斤)。各农垦公司是业主，农民是佃户，“这种租佃关系是封建租佃关系的一种”。① 应该说，在近代两淮盐业区，存在着半封建半奴隶制的形态。

四 结 语

近代江苏具有人类文明时代三大时期的所有特征。恩格斯指出：“奴隶制是古代世界所固有的第一个剥削形式；继之而来的是中世纪的农奴制和近代的雇佣劳动制。这就是文明时代的三大时期所特有的三大奴役形式；公开的而近来是隐蔽的奴隶制始终伴随着文明时代。”②这三种形式在近代江苏并不是按时间顺序更替的，而是同时并存。

更具体地说，近代江苏存在着奴隶制、领主制、地主制和资本主义制度的多种形式，但每个地区都混杂着封建形态，“半封建”是对整个江苏近代社会形态最精练、最准确的概括。

就江苏近代社会的“半殖民地”性而言，从时间维度更能准确地理解。《南京条约》《天津条约》《马关条约》等一系列不平等条约的签订，使上海、苏州、镇江、南京等地成为通商口岸，租界几成国中国，列强获得了领事裁判、内河航行、开矿设厂、协定关税等特权。1937—1945年，江苏大部分地区成为日本占领的沦陷区。

总体而言，近代江苏属于半殖民地半封建形态。

(作者为南京大学历史学院教授)

① 严学熙：《张謇与中国农业现代化》(代序)，见姚谦：《张謇农垦事实调查》，3、10页，南京，江苏人民出版社，2000。

② 《马克思恩格斯全集》第21卷，200页，北京，人民出版社，1965。

白云观与民国初年社会

付海晏

长期以来，白云观吸引了众多海内外学者的关注，相关的研究成果也不断问世，从不同方面拓展了近代白云观的研究。尤其是最近几年来，在相关研究先进的带动下，不断涌现一些新的成果，无论是在研究资料，还是在研究内容方面，均不断有新的进展①。笔者自2008年以来，对北京白云观一直抱有较大兴趣，在承续学界以及本人既有研究的基础上，本文尝试对民国初年白云观的历史及其影响略做初步梳理②。

一 道教改革之先声？

笔者在研究20世纪40年代前后白云观的系列论文，尤其是《白云观全

① 最近对近代白云观史的研究，可参见尹志华、吴真等人的成果。本文最初提交2014年11月在美国罗格斯大学中国研究中心举办的“道教与近代中国”国际学术讨论会，感谢刘迅、赵卫东、秦国帅等与会学者的帮助。在修改稿完成之际，特别要感谢尹志华教授无私提供宝贵的资料并提醒我注意麦锦恒先生的新著《社会变革下的道门往事——民国初年的白云观》(《中国道教》，2015(1))。本研究受国家社科基金重大攻关项目(13&ZD096)、教育部新世纪优秀人才支持计划(NCET110651)、教育部人文社会科学重点研究基地项目(11JJD770006)等项目的支持。

② 相对晚清以及20世纪30—40年代而言，民国初年(1911—1927)白云观的历史较少有学者论及。笔者相关系列研究论文参见《安世霖的悲剧：1946年北平白云观火烧住持案研究》(《“中央研究院”近代史研究所集刊》第62辑，2008)；《1930年代北京白云观的住持危机》(《近代史研究》，2010(2))；《北京白云观与晚清社会》(《华中师范大学学报》，2010(1))；State，Taoist Monasteries，and the Taoist Clergy：A Study of the Zhuchi Crises in the Beiping Baiyun Guan Monastery in the 1930s. (*Journal of Modern Chinese History* 2010：4：2，pp. 179－192)；《安世霖与1940年代北京白云观的宫观改革》(《华中师范大学学报》，2013(1))。目前正在完成《白云观与近代中国》的书稿。

真道范》的研究论文中，曾提出安世霖是近代白云观乃至近代道教历史中具有悲剧色彩的改革者①。然而，从白云观乃至近代道教改革历史的角度而言，至少可以追溯到民国成立之初北京白云观住持陈明霦。

关于陈氏，李养正先生曾在《新编白云观志》中有所介绍：

> 陈明霦真人：(1854—1936?)全真龙门派第二十一代传戒律师。派名明霦，律名至霦，字钟乾，号毓坤，又号玉峰子。清文宗咸丰四年(1854)生于河北顺天府宁河县，世居天津海滨。据道书《白云观方丈传戒谱》载：明霦幼而聪敏，秉性至孝，侍母素食，不茹荤酒。稍长，即有超凡出世之想。年二十四，投拜新城圣海宫陈圆岚真人为师，研究道妙，别具会心。厥后，赴关东千闾二山访道，遍历名山大川，屡遇异人，传授心法。光绪壬午年(1882)，高云溪方丈传戒白云观。他躬逢其盛，才冠群贤，云溪方丈因受之大法。彼时监戒大师张明治亦将所受张耕云老方丈之法，付与明霦，代传道脉。明霦道德名誉，夙为众所钦佩。光绪十年(1884)，云溪方丈复开戒坛，明霦被推任引礼大师。次年(1885)，被道众推任总理都管各执事。他不负众望，怨劳不辞，曾创修花园工程，襄办永久会务，置买田地等。于光绪十七年(1891)道众选任他为监戒大师，冬月，因积劳过甚，退隐宣武城南玉皇庙养病，并自署斋名“安乐洞天”。二十二年(1896)，圣海宫陈师病笃，乃回新城侍奉。同年秋。高方丈又开坛传戒，任证盟大师。事后仍归本庙主持事务。他肩负重任，在各国联军入境中国时，坚定不移，誓守庙土，毅然与联军长官接洽，遂订保护居民之约。两载有余，秋毫无犯，使乡民财产转危为安，后将庙产香火余资竭力樽节，于壬寅(1902)正月在新城创办小学校，招邻里子弟入校读书，不收学费，功德无量。时直督北洋大臣袁世凯还赠以匾额：“德水滂仁一日行，道有福旌其功德。”宣统元年(1909)，任白云观监院。辛亥年(1911)又被道众推举任方丈。他阅历精深，虚怀若谷，待人治事素以

① 参见《安世霖与1940年代北京白云观的宫观改革》，载《华中师范大学学报》，2013(1)。

慈善为怀。1912年，上书袁大总统，创立“中央道教会”。倡导各省道庙设立分会，以整顿道教清规，推广地方慈善事业，并发起国人道德思想爱国教育。1913年开启玄坛，宣演大法，得皈依弟子三百二十余人。1919年三月，开坛说戒百日，祈祷世界和平，庆祝欧战告终。得戒弟子432人。徐世昌颁匾“葆素涵真”。1926年，于徐世昌接洽，献白云观明版《道藏》，影印流传。1927年再次开坛受戒，三次传戒共度戒子1091人。第三次开坛传戒后，离观云游。民国二十五年(1936)二月，陈方丈羽化。①

这篇小传较为全面地介绍了陈氏一生的功绩，其中提到创立中央道教会之举。尽管此举有与正一派竞争之意，然而，确实为民国创立之后道教改革之先声。

白云观以及陈氏为何作为发起人之首倡导成立道教会？民国元年(1912)7月15日，陈明霖等18个全真宫观的代表发表《道教会上国务院总理、袁大总统书》对原因做了详细阐释②。主张成立道教会并要求政府承认。上书称道教实于国计民生确有辅助作用，要求援引佛教会成立之例，统一全国道教徒成立中央道教会。

陈明霦等人强调道教为中华三教中历史最悠久者，“览史册，准备道藏名流众出，有先人道而后出。有先服官而后证道者，亦或终身栖隐，不求闻达而□日懿行，实于国计民生确有辅助者，处己之科律，□众济人之功德”。在“专制政治”腐败之时，道教徒内部常有分歧；而今民国成立，各界均有联合之必要，“去积弊而谋公益，社伪托而谋真”。因此，众人倡

① 载李养正编《新编白云观志》。核心内容源自陈氏门人苏明龄为《白云集》之跋语，然则李文叙述中仍有诸多疏漏，如在陈氏之前任住持者乃白云堂上21代律师刘至融林泉刘大真人；光绪三十二年(1906)任住持，1908年传戒，510戒子，1911年去世。陈氏于1913年4月到7月、1919年5月到8月、1927年7月1日到9月1日，三次传戒，共1091人(330、412、349)。

② 这十八宫观包括北京白云观、奉天承德殿大清宫、江苏上海县白云观、奉天辽阳州十山无量观、直隶朝阳府朝阳洞、山东济宁州长清观、河南南阳府玄妙观、北京玉清观、陕西西安府八仙宫李宗阳、湖北武昌府长春观徐教广等。其中玉清观、长清观实为白云观下院。

导建立道教会统一道徒，恳请“大总统饬部批准立案”，日后民国政府暨道教会皆应共同遵守，“惟愿自今以往，道教会与政府互相维护俱有，日进无疆之希望。民国幸甚，道教幸甚！所有道教会宣言书、道教会大纲请求政府承认，条件等项籍列厚。”①

除了上书的十八全真宫观住持及代表外，倡导成立道教会的还有一个重要人群：“道教会发起人”，在上书后文中，曾列举了81位道教会赞助人的名单②。在这些赞助人中，江朝宗、赵春霖等人或许是较为人所熟悉的人物，无论如何道教会赞助人在推动宫观上书、甚至在后面道教会代表呈交的《道教会宣言书》《道教会大纲》《道教会请求民国政府承认》等三份重要文件中发挥了极为重要的作用。

《道教会宣言书》系统阐释了成立道教会的原因。

强调道教为中华固有之国教，国体革新，道教亦应变制，此中央道教会之所以发生而亟欲振兴者也。“宗教为立国之要素，与道德、政治、法律相辅而行。”道德、政治、法律要统一，宗教也需要统一：

> 然道德渊远、政治繁赜、法律缜密，均非一时所能奏效，唯宗教系单纯的性质，无论何等社会凡虔诚信仰者，一切贪嗔痴妄、杀盗邪淫诸恶念，顷刻即消，其于相辅之中，尤别具一种统扰超学之力也，倘世界大同、道德统一、政治统一、法律统一、宗教亦统一，此疆彼界纷扰奚，特未届其时，必欲强而同之，期求福適为种祸之根，弭乱恃为召乱之媒，是以大地抟抟，众生芸芸，国有国界，教有教界，各国有其立国之特性，各教亦有其立教之真宗，有国以护教，有教以固国，国与教相杂而不可分离，故泰西各国皆重视其本国固有之国教，往往不惜其兵力与财力，特伸张其教，极拥护其教务行远。③

宣言书强调宗教具有重要作用，“与国体如轮车之相倚、唇齿之相依

① 《藏外道书》卷二四，478页。
② 《藏外道书》卷二四，478页。
③ 《藏外道书》卷二四，472页。

也。独是宗教之自外域输入者，国人犹信奉之，况本国之国粹列圣相传，不刊之宗教距可听其凌夷断灭，湮没而弗彰耶”①。对于道教，宣言书强调其历史之悠久，足可称之为中国之国教，其为中华文明之起点，其学说“多从根本上解决所谓绝圣智民利百倍、绝仁业义民复孝慈、绝巧业和盗贼无有”，宣言书认为，“今幸世界潮流趋注共和，始信太上之教持之有故矣。欧西所谓国家、社会、世界三大主义，太上之言均之”。“复以世界眼光相印证，便知老子之教为古今中外一大哲学家，欧洲之先觉如亚里士多德、柏拉图、苏格拉底种种学说及晚近之卢梭民约论、孟德斯鸠之万法精理、康德之魂学、赫胥黎之天演论，太上之经早已见及”②。

“太上老子出著道德五千言，而道教更集大成，以上诸大圣神，皆产自中华，与华人血缘上有密切之关系，推之风俗习惯、情性精神种种方面亦无一不有密切之关系”，“凡胎孕共和与长养共和者，习恃道教为之原宝，文明无止境，道教之进化亦无穷期，但能凭性而行，任天而动”③。宣言书认为道教在发展中“日久失厥本宗”，产生了以符箓为道的道贼、以服食为道的道痰、以炼养为道的道障。“更有深林寂壑、痼癖烟霞、蓬莱方丈、哪吒神仙，理乱不知，黜陟不闻，与物与民胞毫无系念，自为计则得矣”，对于苍生与世界发展则丝毫不关心，更有顽固不化者，对于“天演之如何淘汰，人群之如何进化，则掉头不顾充耳不闻，惟以募化为生涯，疏为事业，在人类中危害生物，为属毒品，无怪乎道教之，如江河日下而为社会所鄙弃，地方所摧残，人侮自侮，势所必至，理有间然也”。④

也正是基于此，宣言书强调“同道等目击心伤，慨然有道教会之建设”，“使政权与教权对峙并行而不相悖，而行政与行教者又需和衷共济组织一优美高尚完全无缺之国家，则人能弘道而道众之志愿乃酬矣”。⑤

在道教会大纲中，对其宗旨进一步表述为两条：其一为“集合多人协

① 《藏外道书》卷二四，472页。
② 《藏外道书》卷二四，473页。
③ 《藏外道书》卷二四，473页。
④ 《藏外道书》卷二四，474页。
⑤ 《藏外道书》卷二四，474页。

力进行，务使五族混化、万善同归，本慈善事业作吉祥道场”；其二为“力挽颓风，表彰道脉，出世入世，化为而一，务求国利民福，以铸造优秀高尚完全无缺之共和”。①

究其事务，则分为出世间业与世间业两大类。出世间业有演教门和宣律门，世间业有救济门、劝善门和化恶门。演教门注重研究，如大乘研究、小乘研究、乙文义传布、真谛传布；主张研习道教重要经典，如道德正宗、大通真经、周易；还注重讲演，包括方便讲演（分析诸乘、融通诸教）。宣律门则包括律仪、说戒、传戒。救济门包括治病（病院卫生会）、保赤（慈幼会）、救灾（水火消防战地慈救会）、济贫（孤儿院贫民工艺厂）、扶困（养老会保贞会）、利渡（利渡会、灯明会）。劝养门包括开通智，设劝善书报会，检定小说会。化恶门包括弭杀（戒杀放生会）、弭盗（正义会）、弭淫（劝戒淫邪会）、正俗（铁血改良会、戒赌工会、戒烟酒会）②。

组织机构在北京设中央道教总会，在各行省设总分会，各城镇乡设分会。总会设会长一人、副会长二人，“总理本会一切法务，由北京业林方丈充当，如方丈更易，由藏任方丈充当”。机构为三部：(1)建立部，下设议事会、审查会和宣发机关；(2)行持部，下设演教司、广化司和法务司；(3)监察部，下设纠纪司、评议司和黜陟司。总分会、分会编制法，悉依总会三部制度而较简略③。

入会条件：道教会规约明确，道教信士及一切善男信女“志愿助扬道教变化众生者，皆得为会员列入籍”，“入会会员不限种族，不限□籍，不限外教，不限行业，但能发心入教即是道友，得受会平等利益”。④

会员规约要求会员皆当遵守道教戒条酌行践持，不得违犯。犯宜即忏不得听犯而不忏，是甘居不肖当除其籍，不与同会；会员皆当发慈养心恒久，心行利人济物之事；会员皆当研究道教德义，自度度人；会员皆当遵

① 《藏外道书》卷二四，474 页。

② 《藏外道书》卷二四，474—475 页。

③ 《藏外道书》卷二四，475 页。

④ 《藏外道书》卷二四，476 页。

守会章，实行道教事业。①

会期：总会每年开会一次，以阳历3月1日起，会期7天，事务3天，讲说4天。总分会每年开会二次，分别以阳历2月1日、8月1日起，会期5天，事务2天，讲说3天。

对于道教会与政府之关系，宣言书强调道教会的目的是“使政权与教权对峙并行而不相悖，而行政与行教者又需和衷共济组织一优美高尚完全无缺之国家，则人能弘道而道众之志愿乃酬矣”。为此，在《道教会要求民国政府示认条件》，道教会制定了明确道教会与民国政府的义务与权利，强调道教会与民国政府绝对分立：道教会在法律范围内之种种行为，民国政府皆不得干涉。道教会于道教事业外概不干涉。民国政府承认道教会后，应订立保护专条列入法典②。

在道教会的义务方面，该文件称“道教会有昌明道德、促进共和之义务”，其中道教会担任之事务包括三项：说教事项（普通说教，军营说教，工商说教，病院说教，监狱说教）、教育事项（道教各种学校，道教各种研究会）、慈善事项（援粥治病，保赤救灾济贫，扶国，弭杀弭盗弭淫正俗）等③。

道教会应享受之权利，即民国政府应给予道教会之利益则包括如下数端：民国政府应承认道教会为完全教会；民国政府对于道教会有完全保护之责任；道教会所享民国政府保护之普通利益，特别利益应与各教同等；道教会得于一切处、目在布教；道教会有监督践行道教公布一切财产上处分之权；道教会有整顿道教一切事业、促进其发达之权；道教会有调和道教信士种种争执、维持其秩序之权；道教会于推行改良社会之宣讲教育及救济社会之慈善事项时，有通告民国政府认其如约保护之权；道教会于民国政府裁判道教信士犯国律时有派员旁听之权，或遇民国政府有裁判不公等情，道教会得要求复行裁判。④

---

① 《藏外道书》卷二四，477页。
② 《藏外道书》卷二四，477页。
③ 《藏外道书》卷二四，477页。
④ 《藏外道书》卷二四，477页。

1912年8月4日，内务部表示同意，称："信教自由，载在约法，无须另外发布法令，该会研求道教，尚无不合，准予立案"①。在内务部同意立案后，白云观住持陈明霖在北京成立中央道教会，陈氏任会长（在后来所编印之《内政部年鉴》中，也记载有中央道教会的信息），总部也设置在白云观内，经费方面，除白云观外，全国全真宫观也各有捐助。

从清末民初庙产兴学的角度而言，中央道教会刚刚成立就呈文内政部要求保护道教宫观公产。

1912年8月，内务部又颁布了《内务部咨各都督、民政长，各办事长官转国务院交道教会呈请保护道教公产希照本部咨各教会改定会章通行查其确系该教会私产自应遵照约法办理文》，转发了中央道教会的呈请，全文如下：

> 建立道教会人陈明霖、葛明新、王理钧、赵至中等呈国务总理钧座：窃维黄帝为中国垂裳鼻主，曾访道峻峒老子，乃太上传钵正宗，共识研经柱下。道教振兴发源最久，历世业经数千载，授徒奚至亿万人，盖以慈善为事业，自非疏狂忘世者所得混同以道德为范围，更非符咒惑人者所得依托规条严设宗派明分振古兹如，至今弗替。此前时当专制，尚承保助于多年，际此人乐共和，宜享幸福于同等，凡属人民，均有法律上之权利，自由应受约章内之保持。在当道，重视人格、维持调护原有一定章程，而各省值军兴，侵占夺取，未免或越权限，个人尚涉违犯，自由惩处律条，教徒不入邪坡，并无缘坐法则。查佛教会呈请按照约法保护财产，早经贵院通咨，道教会呈请成立，蒙贵院交内务部立案批准各在案，道教会与佛教会事同一律，既无种族之分，亦无阶级之判，谨援案呈请贵部，通咨京内外，凡道教公产，如有藉端占用者，一概发还；其未占有者，按照约法切实保护，以昭人民平等之大公，而广道众惠济之本念。阐道学即严轨范，具有国民资格，各应尽义务于中华，申约法尔免侵凌，从此道教精研更

① 《藏外道书》卷二四，478页。

足，彰公理与世界，望一例之卫护，感大德于无穷，披沥上言，篆铭昌既。谨呈。①

中央道教会呈请民国政府按照保护佛教的文件精神保护道教的庙产，内务部不仅将这个份呈请全文转发，而且明确要求各地“若确为该教会私产，自应遵照约法办理”。

在组织推广方面，道教会宣言书曾有过设计：“悉心筹划先在北京设中央道教总会，以次推行，于各行省设总分会，各城镇乡设分会，内力弥满，再事扩张于欧非美澳，凡日月照临处皆有我中华民国道教会之旗章。”尽管从后来结果来看，道教会组织推广方面的成效似乎并不显著，但是最新的一些相关研究，我们仍然可以看出中央道教会的一些努力尝试。如陈明霦在北京创建道教总会之后，曾嘱咐吴兴道士严合怡组织吴兴分会②。1936 年出版的《内政年鉴》中 1914 年左右陈氏已经任中央道教会会长。到 1915 年，政府公报中有史料称受山东省道教会所请，陈明霦呈文内政部要求后者下令保护山东天齐庙庙产③。

对于陈氏等人倡导成立中央道教会，研究者首要注重到了这一行为在民国创立之初倡导宗教信仰自由、统一道教、改革道教的象征意义，尽管中央道教会似乎由于种种值得深究的困难而“无疾而终”。然而，道教改革的内在趋势与动力也由此而生。在此之后，成立道教社团成为近代道教改革的重要内容之一。从白云观本身而言，陈氏以白云观住持身份率领全真宫观倡导成立道教会无疑是巩固提升白云观作为龙门祖廷的重要举措，事实上陈氏也在民国初年成为道教的代言人。为参加国民协会，包括道教在

① 《内务部咨各都督、民政长，各办事长官转国务院交道教会呈请保护道教公产希照本部咨各教会改定会章通行查其确系该教会私产自应遵照约法办理文》，载《政府公报》第一百十五号，1912-08-23。

② 王宗昱：《吴兴全真道史料》。http：//www.hongdao.net/plus/view.php? aid=1002.

③ 1915 年《政府公报》，第 1228 期，43 页。麦锦恒注意到本则史料：山东省有一名小学稽查贾乃宽，打算拆毁山东省的天齐庙，改建为学校，更将天齐庙的住持扣押。陈明霦得悉此事后，便向内务部呈文，要求将天齐庙住持释放，并保护天齐庙的庙产。

内的各宗教代表于1925年4月6日成立了全国各宗教信徒国民会议协成会，希望宗教界人士在国民会议内有选举权及被选举权，最终目的是希望有代表加入国民会议及将来成立的国会。陈氏作为仅有的两名道教代表参加，最后也当选为13名代表之一。不过由于种种原因其未能继续与未完成的改革，被其继任者安世霖所承担，更吊诡的是在陈氏1931年前后为恢复由于延迟寺庙登机而被取消的住持职位过程中，作为知客的安世霖曾扮演了负面角色，也正是由于安世霖的改革触动、激发了白云观内部的宫观矛盾，也由此造成其悲剧性的命运。

二　维持或振兴?

在1946年安世霖被火烧惨案发生后，著名的《一四七画报》连载了对白云观历史极为了解的"穷老道"的《八十年来之白云观》，其中对陈氏做了专门介绍：

> 陈方丈名陈毓坤(原名是玉崑)，字明霦，为高恩峒的弟子，在未接方丈座时，西太后即谓"此人大有福气"，故俗称陈老道之能享清福，是西太后金口玉言所封而致者，其实，此皆附会之说，因为高老道是创业之主，因机警过火，一意的竭尽心血，搜刮黄白，而不知既老以后尚有一个死字，故白云观在庙产及积蓄达于沸点时，而高老道的心血亦到竭绝之时，使用心机，奔忙一辈子，依然妙手空空，阖目长逝，并未享受清福一日，现成家产，完全落于陈明霦之手，陈老道不费举手抬足之劳，安然享受，此为个人机遇，非关西太后之金口玉言。
>
> 然而陈老亦真聪明，而亦有真学问，无创业之劳，其守成亦非容易。假使高老道之后，即由安世霖接位，则白云观之玩儿完，等不到今日惨案之发生焉，陈老道之考语，是"秉承遗训，克绍箕裘。"然而陈老道在清宫中，则殊不令阉人满意，然而一般文人墨客，则对陈明霦，特别捧场，吾此文，对陈老道，虽是无事可述，惟其对付民国新

贵之纵横手段，仿佛玩弄儿童，则甚为钦佩莫名，因为与本文无关，暇时当另文述之。①

穷老道对陈氏大有福气有生动的描述，强调其真聪明也有真学问，特别对付文人墨客以及民国新贵极有手段。在本文看来，陈氏对于民国初年白云观之维持发挥了重要的作用。具体体现在以下方面。

一曰传戒。对于道教全真祖庭白云观而言，传戒无疑具有重要的作用，整个民国时期，也就是陈氏任白云观住持时三次传戒，在其之后，尤其是安世霖1936年接任住持到1949年，白云观却无一次传戒。对于陈氏三次传戒，现有三通碑刻曾有记载。

1914年，江朝宗撰《白云观陈毓坤方丈传戒碑记》记载白云观1913年传戒概况："故于民国纪元之次年四月，开坛传戒，得戒徒侣凡三百余人，一时都下硕彦名流，毕集斯会。毓坤戴华巾，披鹤氅，挥玉麈，升讲帐，谈经说法，济济跄跄，诚盛举也。"②1918年陈氏第二次传戒，光绪二十年(1894)进士、与白云观颇有渊源的李继沆撰写《白云观陈毓坤方丈二次传戒碑记》(民国八年1919)："比年欧亚战兴，膏血原野，籲天露夜，虔祷和平：兹幸昊苍厌乱，寰海销兵，为念全球人民之甦苏，诸山道侣响匡之殷挚也。爰依成规，先斯召集，定期百日，说法三坛。二十余行省，求戒弟子，担簦负笈而至者，四百一十二人，昕夕通诚讽经宣教，祈中外人民之幸福，祝南北统一之成功。"③

1927年传戒，徐世昌《白云观碑记》(民国十七年1928)曾云："丁卯八月，观中敷宣中极三百大戒，明霦请为碑名。"

对于传戒之重要作用，前述碑刻中多有强调，如江朝宗云："余维宗教之关系于国家，致深远也，悯斯人之陷溺，拯救迷途，其志愿宏大，尤

① 《八十年来之白云观：陈方丈最有福气》，载《一四七画报》，1946，8(4)。

② 《白云观陈毓坤方丈传戒碑记》，见《北京图书馆藏中国历代石刻拓本汇编》第91册，48页，郑州，中州古籍出版社，1989。

③ 《白云观陈毓坤方丈二次传戒碑记》，见《北京图书馆藏中国历代石刻拓本汇编》第92册，118页，郑州，中州古籍出版社，1989。

有不可及者。故为铨次其事，俾镌诸石，而垂不朽云时。”李继沆赞誉陈氏：“于癸丑岁集众说法，扶翼至教，四方景从，非有卓识毅力，奚克臻此。”对于其第二次传戒，李氏云：“京师苦旱日久，开坛伊始，即获甘霖，演戒将终，渥沾膏泽，扶黄庭丹卷之微，叶洛钟铜山之应。大道为公，安有至诚不动者哉？夫明教于一方，不若广教于天下，传道于数百人，不若徇道于千万人，乃布训辞，揭明秘蕴，俾道众功行完满，还山授受，各本道德五千言之大旨，唤起觉世牖民观念，蓄志慈和，自息争端，而归清静。妄情利欲，自平骄气而保虚无。劝一人得一人之益，劝一乡收一乡之效，教化普及，志愿固大且宏也。京华人士，偕临观礼，地方文武，共仰玄微，于是公请大总统，赐额葆素涵真，清帝亦赐额保合太和，衣体扉屦，供养之资，咸赖军政绅商。诸大护法，及同道协力输助，克光盛典，至诚感孚，于斯益信。将来三坛重启，所谓崆峒琼笈，函谷宝章，雪山北来之金科玉律，推扩无极，庶不负卫道阐教之苦心也。”①

二曰宫观整修。尽管白云观在历史上具有重要历史地位，正如陈氏自云“唯白云者，有元邱真人长春宫之旧址也，今且六百有余岁矣。历代宫廷，致其崇奉，搢绅士庶，相与护持。以故崇闳伟丽，甲于天下，为玄门祖庭第一”②。然而，由于建筑、时间等原因，宫观建筑或有塌毁，或光彩不再，因此不得不时时整修。从保留下来的民国白云观照片，其大门不得不用两根大木柱支撑以防止塌毁。对于宫观整修，陈氏也较为注意：“明霦忝主观事，十有余年，中更世变，物力艰难，而观内丹青土木，往往为风霜所剥蚀。向之崇闳者，今颓然而圮；向之伟丽者，今黯然而黝矣。大惧累世祖师之所缔造，自我而隳，其何以上宣大教，下妥羽流哉？”③在白云观信众的捐资下，陈氏于1924年曾整修白云观，竣工之后，陈氏作书勒碑记载以示不忘：

① 《白云观陈毓坤方丈二次传戒碑记》，见《北京图书馆藏中国历代石刻拓本汇编》第92册，118页，郑州，中州古籍出版社，1989。

② 《重修白云观殿宇桥梁碑(民国十三年1924)》，见《北京图书馆藏中国历代石刻拓本汇编》第94册，54页，郑州，中州古籍出版社，1989。

③ 《重修白云观殿宇桥梁碑(民国十三年1924)》，见《北京图书馆藏中国历代石刻拓本汇编》第94册，54页，郑州，中州古籍出版社，1989。

杨君嘉训，余君第祺合资，树立观前县旗两竿，乐砥舟督察绘饰山门牌楼，嵩佑亭都护涂饰甲子及子孙两殿，杨君嘉训复涂饰斗姥一阁，长生、真武、丘祖、灵官四殿，更与袁俊亭总戎、嵩佑亭都护、乐砥舟督察、张彬舫护卫共修窝风、甘雨两桥，工始于庚申之春，迄于壬戌之秋。而颓圮黯黝者，乃顿复崇闳伟丽之旧观焉。语云：莫为之前，虽善弗彰；莫为之后，虽盛莫传。明霦际此胜缘，观喜无量，更惧诸善信之与于斯役者，功德弗彰，乃勒之贞石，以志不朽云尔。①

三曰慈善。陈氏在继任白云观住持之前，曾屡有慈善之举，如住持新城三清宫时，创设三清宫学校，“选拔邻里故旧聪颖子弟免费入学”，“因而造就成材者日众”。民国成立后，倡导成立中央道教会，将慈善事业作为道教会的重要内容。为推广慈善，清同治年间，白云观主持下，由信士单魁兴、高仁峒、程德宽倡导成立《祈福消灾会》，集议定期：“每岁四月八日在京都西便门外白云观如期举行，无论满蒙回汉、士农工商，凡抱有意乐施济众愿者，均可从心助善，纳资入会。不分畛域，不骛纷营，力戒波邪，恪循轨则。虔集道众于真武殿前，设坛讽经，香焚楮，并修吉祥道场。祈祝天人，俾十方善仕，生者博幸福而跻春台，逝者免夙愆而拔苦海。”②1922年，为防止事业半途而废，白云观立《祈福消灾老会碑记(民国十一年1922)》纪念前人经营规划之苦衷与劳绩。

据1932年《白云观玉器业公会善缘碑》可知，玉器行业视丘处机为“燕市玉器业之祖师”自乾隆五十四年(1789)，“玉行首事涂君国英等，约会同人，在本观创立布施善会。嗣是例年正月十八日施行施放馒首，并于翌日焚香献祭，普结善缘，以余神佑，迄二百余年不辍”。③

四曰重印道藏。1918年3月14日，张元济致傅增湘信中说到的“前日

---

① 《重修白云观殿宇桥梁碑(民国十三年1924)》，见《北京图书馆藏中国历代石刻拓本汇编》第94册，54页，郑州，中州古籍出版社，1989。

② 《祈福消灾老会碑记》，见《北京图书馆藏中国历代石刻拓本汇编》第93册，12页，郑州，中州古籍出版社，1989。

③ 《白云观玉器业公会善缘碑》，见《北京图书馆藏中国历代石刻拓本汇编》第97册，25页，郑州，中州古籍出版社，1989。

奉复一函。为影印道藏事”。傅增湘为壮声势，并拉上了李盛铎、赵尔巽、梁启超、康有为、张謇等12位名流作为发起人。作为北京白云观第21代方丈，陈明霦对此事热心响应。

民国十二年至十五年(1923—1926)上海商务印书馆涵芬楼影印的《正统道藏》在近代道教文献整理史以及对后世道教研究均具有极为重要的意义，对此也曾有诸多研究。不过，这一重大事功离不开白云观以及陈明霦的大力支持。

在影印道藏中，时任北洋政府教育总长的傅增湘是重要的推动者。1927年传戒，徐世昌《白云观碑记》(民国十七年1928)曾记载：“观有明正统道藏，门人傅增湘，商诸住持陈明霦，景印流传。余力助其成，曾为之序。”傅增湘曾在《白云观全真道范》序中提及：“余自桑海以来，游涉郊同，时往瞻礼，嗣以重印道藏全经与前方丈陈君过从渐密，经营三载苦心毅力，同排浮议，卒底于成，玉笈金函，流传薄海内外，真诠密典，国之大彰，此正道教振起之机，不徒为本观中兴之绩也。”①

最近有收藏家新发现了傅氏1935年9月20日欲图加印道藏并致函张元济，其中云“昔年增湘创议影印《正统道藏》，历时四载，奔走南北，譬解疏通，乃得定议，允假出照片。旋由东海助资，贵馆协力，卒以告成”。②

张元济日记在记载重印道藏事情中，多次提到陈氏。如在劝说上海白云观协助重印道藏中，陈氏出力甚大。1918年5月陈氏曾赴上海会见张氏。在上海白云观，曾劝说方丈阎雪筠所藏道藏影印出版，不料阎氏后来变卦。1918年6月4日，张元济在给傅增湘信中提到：“陈氏甚为愤愤。谓彼本可强迫，然不欲过伤感情，将来在京总可办理。并对弟道歉。”③陈氏返回北平后，曾写信帮助劝说上海白云观方丈及董事改变态度。张氏曾拿陈氏信件拜访董事劝说上海白云观住持合作，9月17日，“往访葛虞臣、

① 傅增湘：“序”，见《白云观全真道范》，封1—2，白云观藏版，1940。

② 陈晓维：《好书之徒》，147页，北京，中华书局，2012。

③ 张元济、傅增湘：《张元济傅增湘论书尺牍》，75页，北京，商务印书馆，1983。

陈润夫。出示陈毓坤信、均言赞成、容商阎道士。余言，可酌加售价、助观中香火。陈言或送书数部。余言前曾商量。送书一部。至虑损失原书，余意惟恐火患，如有此事，可往白云观抄补”①，9月24日“访白云观道人阎雪筠、未遇。将陈毓坤信留下。施永高言、如印道藏、美国约可销数部。应酬李振唐约在古渝轩晚饭”。② 最后，在上海白云观不合作的情形下，陈氏应允借出所藏道藏残本并同意运到上海拍照影印。

五曰真学问。穷老道提到陈氏不仅仅有福气，而且确实有真学问。关于陈氏之学问，前述三次传戒碑刻对陈氏不无赞誉与吹嘘。如李继沆赞云“陈大法师毓坤，以救世真才，抱济人远量。”在陈氏作为发起人之首的道教会宣言等文书，甚至以其名义撰述的碑刻，相当大程度上可能是他人代笔，然而，较少受到学者注意的《白云集》(1929年1月印)应当是其学问之真反映。

陈氏在序言中介绍其入道以来“苦志参求，略通妙穷，云游天下，能自得师，集思广益，遂多觉悟，因以经典原文联成偈语，集资朝夕考镜，并有读书偶录，即事口占，管窥测，直抒胸臆，录备观览，兼防遗忘”。③

陈氏自序点明《白云集》内容之来源与体例，考其原文，也恰如此。如《玉皇心印经偈》共有52首(七律)，《金光咒偈》26首，又有《玉皇心经联句》等，最后还有三次传戒的题语。门人赵以宽等人所作序言称“今读斯集，精义粹语，觉迷示蒙，若云之出山，地之涌泉，以之接席长春，传灯幽谷，洵道教之大师而徒众之津梁也”④。闻丞烈则云《白云集》“恍如仙云一朵冉冉自天外飞来”⑤，苏明龄则云其有立德、立言、立功⑥。在陈氏去

---

① 张元济：《张元济日记》下册(1912年—1926年)，447页，北京，商务印书馆，1981。

② 张元济：《张元济日记》下册(1912年—1926年)，451页，北京，商务印书馆，1981。

③ 《藏外道书》卷二四，页1。

④ 《藏外道书》卷二四，页2。

⑤ 《藏外道书》卷二四，页4。

⑥ 《藏外道书》卷二四，26页。陈明霖在《云溪道人吟》中赞高仁峒曰：“云成雨露满长天，溪上新花意快然。道有三端德智体，人人学此胜登仙。”(陈明霖：《白云集》，见《藏外道书》卷二四，15页)

世后，1936年3月8日，安世霖等白云观观众为陈氏所立宝塔，其对联赞其："玄圃幽深月伴炼师归羽化，陵园春满风清吉壤驻仙踪。"①

三 民国初年白云观的信众网络

"穷老道"在前引史料中曾强调陈氏对待民国新贵颇有手腕，《民国骇闻》中也有绘声绘色的描述："民国以来，权势压落，然微闻今方丈陈某犹与江朝宗吴炳湘辈称盟弟兄。东方汇理银行买办，及第一舞台大股东孙某之子且拜为义父。而伶界中人往来频繁，尤以杨小楼为最密切。此次义务戏即孙某与杨小楼等所提倡。观此亦足想见当年之白云观之流风余韵也。"②

除江朝宗外，也有研究认为前述曾撰写《白云观碑记》的徐世昌也为道教信徒，其任总统时，白云观方丈陈明霦开坛说戒，他特赐匾额"葆素涵真"。有研究者曾云：从民国政府退职去天津当寓公后，徐世昌在家里供起了吕洞宾，每天午睡后都要在吕祖面前叩首。"小楼一角藏身竹，万绿阴中读老庄。""拂衣起招赤松子，同听万壑风入松。"其《海西草堂集》中，也颇多思玄慕道之诗③。

1914年3月，曾任国务总理、中国现代警察制度创始人的赵秉钧病逝，由内务部发起，北京政商宗教各界人士发起于1914年3月22日在先农坛开追悼会，其中道教代表则为陈明霦④。到1919年陈明霦借第二次传戒，还同时举办世界和平法会，庆祝欧战(第一次世界大战)结束。此后不久，陈氏又会同北京政商名流如民国教育总长傅增湘，民国代理国务总理、北京市长江朝宗发起成立北京书画慈善会，通过各发起人的书画筹集资金，亦代写屏联、匾额等筹募经费。若遇巨额捐款，共同商议如何进行

---

① 《白云堂上第二十一代律师上至下霦毓坤陈大真人之宝塔》，参见马颂仁：《白云观的碑刻与历史》，载《三教文献》，1999(3)。

② 参见《民国骇闻》，19—20页，上海，襟霞图书馆，1919。

③ 陈晓维：《好书之徒》，153页。

④ 载《申报》，1914-03-17，第6版。

慈善活动①。

前述碑记等史料中不同文字表述了白云观信众之广泛，或云“满蒙回汉、士农工商”，或如李继沆在《白云观陈毓坤方丈二次传戒碑记》中所云“京华人士，偕临观礼，地方文武，共仰玄微，于是公请大总统，赐额葆素涵真，清帝亦赐额保合太和，衣体扉屦，供养之资，咸赖军政绅商。诸大护法，及同道协力输助，克光盛典，至诚感孚，于斯益信。”

更精细的研究，须高度重视既有碑刻等文献中学者所忽视的襄助人、赞助人名单。

1913年江朝宗所做《白云观陈毓坤方丈传戒碑记》中曾列出了赞成人名单，根据参考碑刻原文以及马颂仁初步的整理，本文略做如下统计。

军界者共有14人，分别为：提督九门步军统领正黄旗满洲都统管理外三营事务陆军中将江朝宗，拱卫军后路统领陆军少将刘金标，毅军前路统领陆军少将殷贵，陆军第二十三师师长、吉林护卫使陆军中将孟恩远，禁卫军第二团团长陆军少将索崇仁，禁卫军师长陆军中将王廷桢，甘肃护军使宁夏将军陆军中将马福祥，京师营务陆军少将徐占凤，游缉队统带记名副都统安吉升，步军统领衙门秘书长唐福懋，游缉队统带记名副都统申振林，军警联合长陆军少将钱锡霖，记名副都统嵩灵，右翼总兵袁得亮。

政界(包括离任者)6人：莱阳县县知事侯荫培、宛平县知事郭以保、京师警察厅总监吴炳湘、京师警察厅勤务督察长乐达义、前候补道牟其汶、甘肃都督张广建。商界1人：银行总经理孙世勋。

绅士共有25人：刘理权、李崇祥、刘玉铭、王志魁、盛信长、陈遇春、莫钧、刘玉祥、崔信仁、衡永、厉顺庆、刘信霖、侯喜麟、张崇元、李绪庆、李万藻、王宝义、存福、刘堃、杨嘉年、怡龄、李继沆、继铭、刘亦倬、刘海龙。

喇嘛等其他9人：商卓特巴扎萨克喇嘛、多伦诺尔印务达喇巴彦口尔口勒、大国师章嘉呼图克图；正白旗满洲副统左翼总兵鹤春、管理圆明园事务正红旗蒙古都统继禄、头等护卫凤林、头等护卫吴玉顺、头等护卫张

---

① 《北京书画慈善会启事》，详见1919年6月20—22日《申报》。

文志；此外还有潭柘寺住持纯悦。

1919年的碑刻中，赞助人相比而言有了新的特色。

逊清内宫：内殿、永和宫、长春宫、重华宫、诸秀宫。晚清遗老也较多：大学士世续、礼亲王诚堃、镶黄旗满洲督统那彦图、正红旗蒙古督统继禄、镶红旗汉军副督统嵩灵。喇嘛与国师也再次出现：大国师章嘉呼图克图、多伦诺尔印务达喇嘛巴彦济尔噶勒。

军政人物及其地位也较前次有大的变化，如人数较多，地位也更显赫。

据碑文，军界有6人：迪威将军江朝宗、靖威将军雁行、泰威将军李长泰、陆军中将李鸿举、陆军中将刘金标、湖南总司令张守昌。

政界有18人：吉林督军孟恩远、吉林省长郭宗熙、浙江督军卢永祥、湖南督军张敬尧、甘肃督军张广建、甘肃宁夏护军使马福祥、河南督军赵倜、热河都统姜桂题、长江巡阅副使王廷桢、京师警察厅总监吴炳湘、提督九门王怀庆、提督左堂鹤春、提督右堂袁得亮、甘肃渭川道尹张绍烈、勤务督察长李寿金、勤务督察长乐达义、游缉队统带申振林、游缉队统带富莲瑞。

绅士则多达38人：乐达朋、张世勋、马文盛、刘树楠、卢淡云、张清泉、郭印元、张崇元、崔信仁、李崇祥、刘理权、迟宝锐、黄玉、牟其汶、冯恕、李万藻、吕司辅、韩佩萱、刘锦源、增崇、崇培、侯喜麟、孙鸿年、杨嘉年、怡龄、浦庈、厉顺庆、刘龙海、王宝义、丁惟忠、刘义翰、刘玉铭、莫钧、刘玉祥、霍双寿、杨文成、存福、杭学慊。

逊清小朝廷者有：内殿、永和宫、长春宫、重华宫、诸秀宫、大学士世续、礼亲王诚、镶黄旗满洲督统那彦图、正红旗蒙古督统继禄、镶红旗汉军副督统嵩灵、头等护卫张文志、头等护卫吴玉顺、头等护卫凤林。

其他如喇嘛教者等有：大国师章嘉呼图克图、多伦诺尔印务达喇嘛、巴彦济尔噶勒；衍圣公孔令贻。

相对于两次传戒碑刻中所列人物或军政，或内廷遗老，或有地位之绅士，1922年之《祈福消灾老会碑记》72余人(商号)所列人物均未注明身份与地位，不过从中我们可以看出一些端倪与变化。比如，相对于此前，有较多的商铺或字号出现：如庆华公寓、永兴菜行、德泰恒、六合园、顺义木厂、同顺轩。此外根据碑文可以发现单氏家族是老会之发起人，列名中的诸多单姓相信均为其后人。1932 年《白云观玉器业公会善缘碑》显示玉器业与白云观具有重要关系，在玉器商会改成玉器业同业公会之时，鉴于该业“善缘益广，道法常辉，善念弥坚，香火常满”，白云观特立碑作为纪念，认为“俾玉业盛举，绵绵永庥，观中规模，世世靡替，不独玉业同人之幸，亦本观道众之大幸也”。

除了军政绅商外，伶人也是民国初年白云观的重要信众。已有研究曾提及杨小楼与白云观之重要关系，特别是其去世时，时任白云观住持安世霖曾书写挽联，也有记载云其临终以道装入殓。

1924 年陈明霦所做《白云观表德述异记》详细记载了伶人与白云观的关系：

自来神明之礼，变化莫测。事每出于意表，道实蕴于几先。灵爽所凭依，必有迹象之昭著。偶闻者目为迷离惝恍，骤睹者诧为怪异神奇，抑知天为妙窍，即在当前。有感斯通，造因生果，诚能动物之真谛，固属显而易明也。白云观，肇始长春真人，累代相沿，恪循法轨，云集玄羽，供养十方。旧有庄田岁课，丰啬不齐，悉赖信善布施，以资赡济。民国十一、二年间，秋成告祲道众几绝粥。明霦咄咄书空，罔知所措。因商之袁俊亭、孙荩卿、嵩佑亭、张彬航诸善士，协筹生计，维持善法。当由艺术大家杨小楼、俞振庭、余叔岩力任提倡，舞台租费则孙荩卿先生慨捐，衣饰租费则俞振庭先生乐助，复有任润山、果仲连、何卓然诸先生，及高雅各艺员，担荷剧场前后一切义务，择定癸亥长至后七日举行。先期在得兴堂会餐列席，设醴壶中，佳酿初斟色红，再斟变绿，两色更迭相间，四坐莫不称异。饮之均清香沁齿，噫！何其神欤！届期天朗气清。观者踊跃，户履充满，为历来所罕见。聚金无算，各道侣获免饥寒。此皆售技者能力宏远，助善者苦心经营，而神明默佑，豫示朕兆，尤非始念所敢希冀。真可谓道非常道，名非常名矣。爰于功德告竣，叙述镌泐，以垂永久。至献艺秀良，输资善信，尽力友明，文雅列载。谨铭姓字于不朽，庶丰功灵迹，并矢勿谖也夫。①

① 《白云观表德述异记》，见《北京图书馆藏中国历代石刻拓本汇编》第 94 册，52 页，郑州，中州古籍出版社，1989。

在这则碑文中，陈氏提到伶界与商界共同努力为救济白云观演义务戏的详细过程，碑文后所列“善士芳名”中，很多是世人所熟悉之戏剧名家，如俞振庭、杨小楼、余叔岩、尚小云、程砚秋等，也包括知名之戏班，还有袁俊亭、孙善卿、高佑亭等商界名流；其中深圳还有北平正一道士田子久。

四　物质与精神生活

在论述晚清白云观时，笔者曾提及高仁峒在拓展白云观观产方面的努力，在民国初期，白云观的资产到底如何？基于1936年北平社会局所做极为详细的寺院登记文件，本文统计了白云观不动产财产表，并试图对此略作初步的探讨。

表1　白云观不动财产表

寺庙名称及区域地址门牌	土地面积或房屋间数	市价约计	管理及使用状况	坐落地点	享有权利之种类	权利取得之原因	权利取得之年月	契约之种类及数目并是否完备	备考
白云观西便门外一号	庙基56亩3分8厘弱，殿房315间，廊子76间	11万元	作办公室众执事居室、斋堂、厨房等处	西便门外	留居十方道众及自立平民小学校	丘长春阐扬道教建立丛林	元太祖丁亥年	古建无契，碑记为证	
	系沙碱地	1200元	租作香资、封粮、养众、修补学校、雇工、日用等费	武清县梅厂镇	地租一项	自置	于咸丰元年	民国三年红契一张，卖契一张	前招笔误，多招6亩
	40顷零47亩2分，系沙碱地，土□房215间半	12000元	租作香资、封粮、养众、修补学校、雇工、日用等费	武清县梅厂镇	地租一项	自置	嘉庆十三年	乾隆红契4份，嘉庆红契1份，民国三年红契1份，嘉庆卖契1张，老红契9张	

续表

寺庙名称及区域地址门牌	土地面积或房屋间数	市价约计	管理及使用状况	坐落地点	享有权利之种类	权利取得之原因	权利取得之年月	契约之种类及数目并是否完备	备考
白云观西便门外一号	山场1处	3000元	仅作山场	宛平县石府村	无租	前系庆公施舍，舍契于庚子年遗失，现由本观升科	于嘉庆十五年	新粮部照1张，山图1张，宛平县补税契1张	此是粮□，前误，□部□
	地20亩	100元	收租封粮	宛平县真定寺地方	地租一项	自置	道光二年	新粮部照1张，第392号，民国五年	
	地79亩	500元	租作封粮、养众、学校等费	宛平县张义村	地租一项	自置	道光二年	新粮部照1张，第390号，民国五年	
	12亩	60元	租作香资、封粮等费	宛平县南辛庄	地租一项	前系全法施舍，舍契于庚子年遗失，现由本观升科	于乾隆五十九年	新粮部照1张，民国五年，第388号	
	2顷44亩	1200元	租作香资、封粮、养众、修补学校、雇工、日用等费	宛平县南各庄	地租一项	换置	于道光四年	新粮部照1张，民国五年，第394号	
	2顷82亩零9厘	1500元	租作香资、封粮、养众、修补学校、雇工、日用等费	宛平县西黄村	地租一项	前系全法施舍，原契于庚子年遗失，现由本观升科	于乾隆五十九年	新粮部照1张，民国五年，第382号	

续表

寺庙名称及区域地址门牌	土地面积或房屋间数	市价约计	管理及使用状况	坐落地点	享有权利之种类	权利取得之原因	权利取得之年月	契约之种类及数目并是否完备	备考
白云观西便门外一号	2顷33亩9分	1500元	租作香资、封粮、养众、修补学校、雇工、日用等费	宛平县东西娘娘府	地租一项	前系全法施舍，原契于庚子年遗失，现由本观升科	于乾隆五十九年	新粮部照1张，民国五年，第384号	
	2顷47亩	1600元	租作香资、封粮、养众、修补学校、雇工、日用等费	宛平县大小屯地方	地租一项	前系全德施舍，原契于庚子年遗失，现由本观升科	于乾隆五十九年	新粮部照1张，民国五年，第386号	
	1顷零5亩7分8厘	500元	租作香资、封粮、养众、修补学校、雇工、日用等费	宛平县前后泥窪	地租一项	前系全法施舍，原契于庚子年遗失，现由本观升科	于乾隆五十九年	新粮部照1张，民国五年，第385号	
	31亩	150元	租作香资、封粮等费	宛平县五里屯	地租一项	前系全法施舍，原契于庚子年遗失，现由本观升科	于乾隆五十九年	新粮部照1张，民国五年，第387号	
	地33亩	200元	租作香资、封粮等费	宛平县苹果庄	地租一项	自置	于康熙五十四年	新粮部照1张，民国五年，第391号	
	坟地30亩，房4间	1600元	修塔栽树	西便门外	只作茔地	自典置	康熙五十九年	新粮部照1张，民国五年，第395号	原地40亩，被京□饭店占用10亩

续表

寺庙名称及区域地址门牌	土地面积或房屋间数	市价约计	管理及使用状况	坐落地点	享有权利之种类	权利取得之原因	权利取得之年月	契约之种类及数目并是否完备	备考
白云观西便门外一号	地23顷零5亩5分1厘2毫	12000元	佃户交租	固安县方城村、赵各庄、顺氏屯、孔家庄、储林村、黄岱、□□□、吉城、礼文村、公主府、屈家茔□处	卖契	自置	清乾隆、嘉庆、道光、咸丰、同治、光绪年间	新粮部照1纸	此地方在固□□因欠租与佃户涉讼，经判决，白云观胜诉（呈验二十年一月廿三日、二月一日判决，□两件相符），现佃户已上诉，尚未判决。
	地37亩	100元	佃户交租	宛平万泉寺	卖契	自置	乾隆十七年	老粮部照1纸，民国五年□字第893号	
	地1顷	400元	佃户交租	宛平郏河村	卖契	自置	道光十三年	新粮部照1张，民国五年，第393号	
	地9顷97亩，土□房40间	2000元	佃户交租	通县朱家垡、杜市、松垡	卖契	自置	咸丰三十年	红契4份，计民国三年红契1份（朱家垡）、民国三年红契2份(杜市)、民国三年红契1份(松垡)	
	地9顷39亩	2000元	佃户交租	安次县□家□	卖契	自置	咸丰七年	民国三年红契一张	

续表

寺庙名称及区域地址门牌	土地面积或房屋间数	市价约计	管理及使用状况	坐落地点	享有权利之种类	权利取得之原因	权利取得之年月	契约之种类及数目并是否完备	备考
白云观西便门外一号	地44亩	500元	佃户交租	大兴县沙锅门外，□城	卖契	自置	道光二年	红契一张，卖契一张	此地同□春寅□□□在地方法院涉讼，□十八年七月二日经第一审判决，由白云观收回，并□□□欠（呈验十八年七月二十九日法院执行记□，与□□相符），□□尚未收回。
	2顷53亩	1500元	租作香资、封粮、养众、修补学校、雇工、日用等费	宛平县冉家村	地租一项	前系全法施舍，舍契于庚子年遗失，现由本观升科	于乾隆五十九年	新粮部照1张，民国五年，第383号	
	地8亩	400元	租作香资、封粮等费	宛平县金鱼池	地租一项	自置	于嘉庆二十三年	新粮部照1张，第389号，民国五年	
	地21顷50亩零2分6厘	1万元	佃户交租	昌平县念头、沙河皂家屯□处	卖契	自置	嘉庆十三年、光绪十二年	民国三年沙河□□村红契2份，民国三年皂家屯典红契2份，民国三年念头红契1份，民国三年魏家山、□□□红契1份	

续表

寺庙名称及区域地址门牌	土地面积或房屋间数	市价约计	管理及使用状况	坐落地点	享有权利之种类	权利取得之原因	权利取得之年月	契约之种类及数目并是否完备	备考
白云观西便门外一号	地 5 顷 55 亩 5 分	1500 元	佃户交租	房山县瓦窑□村	换契	换置	光绪二十四年	红契 1 份，民国三年换契 1 张	换契已遗失
	地 77 亩，土房 6 间	300 元	佃户交租	房山县西□村	卖契	自置	同治十三年	民国三年红契 1 份	
	地 2 顷 45 亩	500 元	佃户交租	良乡县元武屯	施舍	郎中广善施舍	光绪七年	光绪七年红契 1 张，民国三年红契 1 份	
	地 41 亩 5 分	600 元	佃户交租	良乡县萧家庄	施契	叶合仁施舍	光绪七年	民国三年红契 1 份	
	地 2 顷 14 亩	500 元	佃户交租	房山县□上□	卖契	自置	同治六年	同治六年岳文□卖字一张	
	地 13 顷 82 亩，计有庄窠一处沙碱地，土砖房 5 间	1400 元	佃户交租	良乡县前官营	卖契	自置	嘉庆十三年	红契一张，民国三年地图三张	

综合上述表格，我们可以统计出白云观的不动产中，房屋间数 391 间，房屋价值 105000 元。土地中房屋基地 56 亩 3 分 8 厘，坟地 30 亩，土地价值 6600 元；耕地 150 顷 1 亩 7 分 4 厘 4 毫，另有山场一处，总共价值 57210 元。不动产价值总计 168810 元。动产方面，有水井 2 眼，各种使用器皿 120 宗，各种树木 137 棵，价值 100 元。所有产权价值 168910 元①。其中土地涉及武清、宛平、良乡等县。

① 《白云观寺庙概况登记表》(1936 年 10 月 1 日)，北京市档案馆藏社会局档案，J2-8-376。

在寺院财产登记表，按照规定应当填写存款数目，白云观并没有填写。由此，我们可以猜测白云观或许在财产申报方面有所保留①。除去白云观保存的诸多字画、文物等资产外，仅仅就上述动产与不动产的统计而言，从数字来看，无论是白云观出租房间作为铺面以及从耕地所得之地租，无疑白云观具有极为丰硕的财富②。然而，在分析晚清民国寺院财产时，土地数量并不能与财产有绝对的关系。首先不同区域土地价值并不相同，如上表中良乡县前官营土地 13 余顷，其价值仅 1400 元；此外，地租问题。不同区域地租水平也有较大差异。甚至有很多土地并非只给地租，孙江在研究苏北极乐寺时注意到即便是该寺拥有大量土地，然而在荒歉之年，寺院生计也极为艰难。通过前述相关碑刻，北京白云观也面临类似情况。陈明霦曾云："旧有庄田岁课，丰啬不齐，悉赖信善布施，以资赡济。民国十一二年间，秋成告祲道众几绝粥。"到 1940 年前后，安世霖继任住持，也是由于灾荒、战争等因，白云观不得不发布募捐启示，并派道士到东北募捐，而当时白云观登记人口仅仅有 120 余人，远少于民国初年的 200 余人。

吉冈义丰等人在 20 世纪 40 年代白云观的调查中曾对道士生活有生动的介绍，其中对于道士教育班的介绍颇为有趣。安世霖宗教改革的重要内容就是设立道士教育班，提高道士知识与水平。须知，本文在论述道教会中，改革者已经注意到了道教研究与宣讲等方面的内容，然则至少对白云观道士而言，安世霖道士教育班的努力表明在民国初年道士教育成绩并不乐观。

在没有更多丰富材料的情况下，如何探讨民国初年道士的精神生活？根据北京市档案馆藏社会局档案(J2-8-376)有关白云观 1936 年"经典书画类"的统计与整理，或许略能窥豹一斑。

从这些登记的书目中，我们可以看到，白云观最重要的藏书无疑是道

① 基于篇幅，本文在讨论白云观的财产中，暂没有论及白云观下移的北京玉清观的财产状况。1936 年 1 月填写的《寺庙财产登记表》显示其不动产 11430 元、动产 20 元，参见《寺庙财产登记表》(1936 年 10 月 15 日)，北京市档案馆藏社会局档案，J2-8-565。

② 笔者曾收集到宛平县农户民国初年所租白云观宛平县的地租清单。

家方面的经典：《全道藏经》一部（512函，计5485卷），残道藏经约2500本，《大字高上玉皇本行经》1套，《道庄合刻》3套，《天仙正理》1套，《中黄道经》1套，《救生船》5部，《老子道德经》1部，《三教一源西游原旨》8套2部，《抄本丘真人西游记》2本，《鸿雪因缘图记》6本，《墨书三清律师》1本，《玄风庆会图》85本，《白云仙表》1本，《易经》6本，《龙门心法》65本，《道庄真诠》29本，《盘山真人语录》16本，《白云观登真录序》98本，《险异图略》3套，《皇经讲义》2套，《楞严经正脉》12本，《大字天仙圣母泰山宝卷》5套，《关圣帝君全书》1部，《许真君宗教录》1部，《玉历宝钞》2部，《乾坤正气录》4部，《墨子》1部，《抄本道庄辑要》1本，《孙子》1部，《墨子》3本，《庄子》4本。

除宗教类图书外，诗文笔记类的也有不少：《菜根谭》1本，《全宋文宋字木板古文》1部，《留松堂诗存》1部，《退庵诗存》1部，《冲垒诗集》2套，《钦定熙朝雅颂集》1部，《抱朴子》1套，《大字书经》1套，《大字诗经》1套，《大字春秋》2套，《白莲池馆诗钞（宋字）》1套，《文字稽古编》1套，《庸盦笔记》2部，《板桥全集》1套，《明板谭子化书》1本，《延平问答》2本，《寒松堂全部》4本，《白云鸣道集》272本，《曾国藩轶事》1本，《曾文正公家书》8本，《画传（芥子园）》1套。

史部、典章类的有：《资治通鉴》40函，《华岳志》2部，《大清会典》18函，《吏部则例》1部，《大字康熙字典》4套，《大字五音辑韵》2套，《历代钱式图》1套，《二十四史□集大全》1套，《民法草案（抄）》5本。

名人书画类，如拓恭亲王福字二轴（长一丈二尺，宽四尺），张□山水人物画一轴（长一丈二尺，宽四尺），《袁总统赠贴金字联十二轴》，《金画八仙人八轴》。此类较多，不一一列出，可参考白云观新刊《水陆画集》。

较为人意外的是，白云观竟还藏有《古史辨》1本，《精神哲学通编》1部等学术研究成果。

宫观藏书并不一定代表道士都能阅读，并且图书来源也无法一一明确，也存在较大的偶然性。不过，陈明霦1930年印刷《白云集》中有一重要部分就是《读书录》，从所读书中摘录重要部分，其自云“录备观览兼防遗忘，暮年离悔，亦同伯玉，知非永日兢持，愿学颜子寡过，明达之士进而教之，俾克增扩见闻，以为同勗勉之”①。在跋中，其弟子云陈氏“于宋儒理学诸书研求有素，尤好读周易，察来彰往，遇事洞烛先机，徒滋养愈深，而道愈悟焉。昨读所著《白云集》一书，心法宣传，曲尽玄妙，博施济众之念流露行间。嗟夫！彼南华秋水不得专美于前矣”②。不可否认，弟子所云必有过誉之处，仔细校阅其所著白云集，略能窥测陈氏这一著名道人的读书与阅读世界。

前面曾已经提及白云集中首要重要部分是阅读“经典原文连成偈语”，统计如下：《玉皇心印经偈》共有 52 首（七律），《金光咒偈》26 首，又有《玉皇心经联句》等。其读书抄录部分共有 30 余则。

《庄子》是陈氏抄录较多之书，有如下 10 条：“道无往而不在，学无人而不可”，“人心博大，故能虚，惟虚，故能顺，入世而后出世，内圣而后外王”，“其大意在明道德，如仁义，一生死，齐是非，虚静恬，淡寂寞，无为而已”，“知道者必达于礼，达于礼必明于权，明于权不以物富已”，“其私欲深者，其天机浅”，“大言淡淡，小言瞻瞻”，“无听之于耳，而听之于心，无听之于心，而听之于气”，“心彻为知心与天遨，至人无已神人无功，圣人无名”，“人不知有道，鱼不知有水”，“诗以道志，书以道事，礼以道行，乐以道和，易以道阴阳，春秋以道名分”。

《通书》抄录者有 4 条：“天地间至尊者道，至贵者德，至难得者人，人而至难得者道德兴身而已矣。”“君子以道充为贵，以身安为富，故常泰无不足，君子所以异于人者，惟其自反耳。”“寂然不动诚也，感而遂通神也，动于有无之间，机也。”“能览英火，则心泰；心泰，无不足；无不足，则富贵贫贱处之如一。”

《论语》有 3 条：“言忠信行笃敬”，“知是知非，一念之灵明，是故君子勿自欺也，夫子之道，忠恕而已矣”；“恕生于不知命欲生于不知足，则常足矣”；“学也者，使人求于内也。不求于内，而求于外，非圣人之学也。一日克己复礼，天下归仁焉”。

《孟子》有 2 条：“君子亦仁而已亦，何必同。”“五经四书，无非谓身心

---

① 陈明霖：《白云集》，见《藏外道书》卷二四，1 页。

② 陈明霖：《白云集》，见《藏外道书》卷二四，26 页。

性命而设，从其大体为大人；从其小体为小人。”

《省心录》则有：“常以责人之心责己，则进道；恕己之心恕人，则进德。”

《长春祖师语录》：“吾宗贵乎，见性而水火配合，其次也，大要以息心凝神为初基，以性明见空为实地，以忘识化障为作用，回视铅汞龙虎皆法象，而不可拘之返此使。”

《金丹妙诀·济阳子》：“真知乃有实行，实行方为真知，有真操守自然有真事业，饮啄不止，身不清思虑不止，神不清，声色不止，心不宁。心不宁，则神不灵，神不灵，则道不成，其要妙也，不在瞻星礼斗，苦己劳形，贵在湛然方。”“寸无所营，营神仙之道，乃可长生。”

《中庸》：“尊德性而道问学。”

《菜根谭》：“日用之间，以寡欲正心为主，以不愧天为本。”

《二曲集》：“学非词章记诵之谓也，所以存心复性，以尽乎，人道之当然。”

《教条示龙场诸生》：“为学有四要，一立志，二勤学，三悔过，四责善圣人过多。”

《答许玉林》：“贤人过少，愚人无过(有过不知)。”

吕祖谦：“意在于善，所遇皆养善之；资意在于恶，所遇皆养恶之。资观人须从生为人处下断案。”

《文中子中说》：“富者观其所与，贫者观其所取，达者观其所好，穷者观其所为，此四者可以知人也。”

《湘学略》：“动于正曰道，用于和曰德。”

《明儒学案》：“静而常觉，动而常止者，心之妙也。”

《黄帝外经》：“至道之精，杳杳冥冥，至道之极，混混默默，勿劳汝形，勿摇汝精，无视无敢抱神以静。”

《传习录》：“无善无恶是心之体，有善有恶是意之动，知善知恶是良知，为善去恶是格物。”

《张子全书》：“积众舍己，尧也；与人为善，舜也；闻善即拜，禹也。用人惟已，改过不吝，汤也；不见亦式，不闻亦入，文王也。”

《渔樵问对》:“言之于口，不若行之于身；行之于身，不若尽之于心。言之于口，人得而闻之；行之于身，人得而见之；尽之于心，神得而知之。人之聪明，犹不可欺，况神之聪明乎？无愧于口，不若无愧于身；无愧于身，不若无愧于心。无口过易，无身过难。无身过易，无心过难。即无心过，何难之有吁？难得无心过之人而与之语心哉！是故圣人能立于无过之地者，惟其善待其心者也！”

心安吟：“心安身自安，身安室自宽，心与身俱安，何事能相干难，惟一身小其安若泰山，虽惟一室小宽如天地间。”

《陈白沙集》:“人事一个觉绕觉便我大而物小，物尽而我无，尽人本与天地一般大惟其自小了。”

仔细核对其读书录，有些实际上抄录部分内容之外，又有所感悟：

如在读论语“从心所欲不逾矩”，则云：“夫觉者本无定向，亦无方所，乃系人心中灵光也，譬如空谷触之即应。势听言动功夫乃成其外，而养其内也。外无所成，而内必无所养，既无所养，又无所成，于流俗无异矣。故先贤作四，勿令视听言动，皆归于正，而后方可以养其内也。是内外并修，久亦自然，虽有视听言动是天机，故曰从心所欲不逾。”①

读王夫之静动之说后，陈氏有自己的解释：

“风云雷雨者乃天之常情也，是自然而为者也，喜怒哀乐者，亦人之常情也，是境遇而为者也，人能以境遇而返归自然，虽有喜怒哀乐而不失其中和之道，非有真操守真性天，方可以造道此地步。夫天地动静者乃自然之妙用也。人体，夫地自然之妙用，而印证于心中则发而感诸外，自必开务成物以成夫下之故。所以动者静待静者动，待其致一也，非二也。”②

《尚书》读后感叹：“且夫人之本意乃浑然之先，相生也，而于天空之灵无异也。夫即天赋之性也，其性者，灵者，本乎祖先，而祖先本乎浑然，其浑然是未成之前也，乃未判之际也。既判之后，赋性相随之本意，其意微动谓已发之先是名几希，其几希一出谓之思，其思一转谓之念，而

① 陈明霦：《白云集》，见《藏外道书》卷二四，24 页。

② 陈明霦：《白云集》，见《藏外道书》卷二四，24 页。

念兹在兹谓之中。”①

孟子读后感叹：“其中一动谓之情，其情一变谓之贪，其贪一出而忘想相随，则枝枝叶叶无所不有，自必流于小人之归而后已。故先贤教人必要先立乎其大，而立乎其大者是知其本意也。”②

将陈氏所摘读书录与登记图书目录相互对，可以发现有些书，包括宗教经典在内，有些书，则不再登记书目之中。其弟子谢宠纶、周家桢在序言中称“宣南玉皇庙闭户养疴，于诸子著述名言，更有心得盖积弥厚所以流弥光也。”③另一弟子苏明凌则云其在宣南玉皇庙养疴，自署斋额曰“安乐洞天”，闭户潜修，不问世事。于宋儒理学诸书研求有素，尤好读周易。④

如何看待陈氏阅读之书对其道学思想之影响？其弟子云其做到了立德、立功、立言三者咸备，“南华秋水不得专美于前”，又有歌曰“白璧琳琅，云天苍茫，真人之集，山高水长”⑤。然而，其真实地位与影响如何，本文抛砖引玉，期待后来者的深入研究。

余论：民国初年报刊舆论中的白云观形象

在白云观与近代中国社会的研究中，学术界开始注意利用近代报刊史料对晚清白云观的社会角色进行研究。一个比较有趣的问题便是在这些报刊中，舆论又是如何描述与构建白云观的社会形象的？在近代庙产兴学乃至民国初年破除迷信、“五四运动”的波及下，相对于白云观晚清显赫地位，民国初年白云观开始步入衰退，作为重要表征之一则是舆论中白云观的形象以及负面报道开始增多。然而从游乐视角而言，白云观仍然是城市娱乐的重要社会活动空间。比较可惜与令人遗憾的是，舆论对于白云观道士晚清民国与权要之勾结与腐化的批评则渐次增多，而这恰恰忽视或掩盖了陈

① 陈明霦：《白云集》，见《藏外道书》卷二四，24页。

② 陈明霦：《白云集》，见《藏外道书》卷二四，24页。

③ 陈明霦：《白云集》，见《藏外道书》卷二四，5页。

④ 陈明霦：《白云集》，见《藏外道书》卷二四，26页。

⑤ 陈明霦：《白云集》，见《藏外道书》卷二四，26页。

明霦以及白云观在近代道教改革中的重要努力与成效。然而恰恰是陈明霦个人，1936年初在陈氏羽化后，天主教系统内的诸多报刊发布了陈氏临终受洗之新闻：

> 北平白云观为旧都最大之道院，建于唐代，原名天长观，逮今五百余年，该观现在之二十一代方丈陈受霖，字毓坤，现年八十三岁，系天津静海县人，在观中住持历三十余年之久，陈氏在平市极负声望，一般同道，多为赞誉，附近乡邻，亦皆景慕慈善。讵陈氏年已高迈，近患染尿结症，乃于二月十五日送至公教进行会管辖之中央医院治疗，按该医院内部系由仁爱会修女任看护病人之职，每年病人临危险被修女劝化奉教者颇众，陈氏入院后，幸获上主仁慈，恩惠宠光，照临陈氏，极愿忏悔前非，归奉真教，旋即领受圣洗，后陈氏病愈危笃，该观道众，按照道教病人临终礼仪，将陈氏领回观中，然上主之安排，竟出人意料之外，陈氏至观后，病势转佳，故仍拟再回中央医院修养，而该医院某医师适于此时前往观中，探望陈氏病情，陈氏当即欲再投医院，一方面治疗肉身疾病，另外能在院内得更好安慰也。讵回院不久，因病入膏肓，医治无效，乃于二月二十二日安逝院中云。①

陈氏究竟受洗没有，天主教系统报刊只是一面之词，但是无论如何对于陈氏及白云观而言，无疑被涂抹了难言的黑色。更加令人惋惜的是，当安世霖继任住持并于1946年被宫观道士活活烧死后，白云观的形象更加黯淡。

（作者为华中师范大学中国近代史研究所教授）

① 《北平著名道院白云观方丈陈明霖氏受洗》，载《公教新闻》，1936，25(4)。

近代早期英国"文明"概念考辨

张乃和

现代中文的"文明"一词是日语借词，这一点已成为多数学者的共识。① 然而，在现代英文里，该词究竟何时起源，仍是一个问题。目前，中国学术界对该词起源的理解，主要依据布罗代尔和威廉斯两位学者的著作。② 这两位学者的有关著作一致认为，现代英文的"文明"一词，③ 是法语借词，④ 1772年左右传入英国，取代了此前在17、18世纪英国常用的"教养"一词，⑤ 指一种社会秩序或优雅的状态。1819年在法语中该词开始出现复数形式，在英语中该词开始出现复数形式则要晚至19世纪60年代。至此，在现代意义上中性的、复数的"文明"概念才正式诞生。另外，有的中国学者提出，英国的"文明"概念最早是由霍布斯在他的《利维坦》中提出来的。⑥ 这

① 刘正埮、高名凯等编：《汉语外来词词典》，358页，上海，上海辞书出版社，1984；[意]马西尼：《现代汉语词汇的形成》，黄河清译，249页，上海，汉语大词典出版社，1997；常晓宏：《鲁迅作品中的日语借词》，106页，天津，南开大学出版社，2014。

② [法]费尔南·布罗代尔：《文明史纲》，肖昶、冯棠等译，23－28页，桂林，广西师范大学出版社，2003；[英]雷蒙·威廉斯：《关键词：文化与社会的词汇》，刘建基译，46－50页，北京，生活·读书·新知三联书店，2005；何平：《文化与文明史比较研究》，45－47页，济南，山东大学出版社，2009。

③ 英文为civilization。

④ 源自法文civiliser。

⑤ 英文为civility。

⑥ 张金华：《文明与社会进步》，3页，上海，上海社会科学院出版社，1998；辛向阳、王鸿春主编：《文明的企盼——影响人类的十大文明理论》，8页，南昌，江西人民出版社，1998。

一观点至今仍被有的人视为一说。① 最近，复旦大学召开了“世界文明史研究：理论、路径与方法”高层研讨会，其中的一个重点议题就是讨论文明的概念。李剑鸣先生在这次研讨会上曾明确指出，学术界尚未就文明的概念达成共识。② 可见，文明的概念问题仍值得深入考辨和研究。

近年来，随着早期英语图书在线(EEBO)、18世纪藏书在线(ECCO)、法律史全文数据库(HeinOnline)、经济史全文数据库(Goldsmith's Kress)等一系列全文数据库的建成和引进，国内外学术界在历史文献上的差距日益缩小了。近代早期英文图书的原本不仅可以直接从中下载，还可以进行电子检索。这为我们考辨近代早期英国的“文明”概念问题，提供了文献学基础。这里的近代早期也就是在现代意义上中性的、复数的文明概念正式诞生之前的历史时期。这一考辨工作不仅仅要进行词源学和语义学的考察，而且还要进行结合当时英国的历史文献进行文本分析，从而考辨其历史内涵和外延。在此基础上，本文将进一步澄清有的中国学者对霍布斯《利维坦》中所使用“文明”概念的误解。这将有助于我们深入理解和把握现代文明的概念。

一　词源学与语义学的考察

针对近代早期英国的“文明”概念进行词源学与语义学的考察，在这里将以近代早期英国出版的语言词典为主要线索而展开。这些语言词典包括单语的英语词典与双语的法英、英法词典。

(一)早期英语词典中有关“文明”的词汇

在近代早期的英国，以英语解释英语的单语词典，始于1604年罗伯特·考德利编纂的《英语难词字母顺序表》。③ 该词典收录了2500多个英语

① 黄旭东：《文明概念辨析》，载《贵州大学学报(社会科学版)》，2006(4)；夏泽宏：《马克思恩格斯的文明思想研究》，武汉大学马克思主义学院博士学位论文，2013。

② 陈雅雯：《“世界文明史研究：理论、途径与方法”高层学术研讨会召开》，载《光明日报》，2015-08-01，第11版。

③ 李赋宁：《英语史》，322页，北京，商务印书馆，1991；A. P. Cowie, ed., *The Oxford History of English Lexicography*, vol. 1, Oxford: Oxford University Press, 2009, p. 133.

单词，但有关文明的单词只有一个，即“教养”,① 意思是“说话诚实，或行为文雅”。② 这里的“文雅”,③ 与“异教的、未开化的”④相对。⑤ 可见，这里的“教养”已经蕴含着与“野蛮”相对之义，这与现代英语中的“文明”一词有相通之处。

1616 年约翰·布洛克编纂的《英语释义》，被誉为第一部真正的英语词典，因为该词典不仅收录的条目多，几乎是考德利那部词典的两倍，而且解释的内容也增加了，还收录了一些例句。⑥ 然而，该词典所收录有关文明的单词也只有一个，即“文雅化”，意思是“使变得文雅”。⑦ 值得注意的是，该词典并未收录 1604 年考德利在他的《英语难词字母顺序表》中所收录的“教养”一词。

1623 年亨利·科克拉姆编纂的《英语词典》是近代早期英国第三部英语词典，也是首次以“词典”⑧命名的英语词典。与前两部英语词典相比，该词典所收录的有关文明的条目开始增多了。⑨ 该词典共分三大部分，前两部分分别收录了基本词汇和较难词汇，第三部分则收录了有关上帝、人、动物、植物等方面的词汇。在第一部分，我们发现该词典不仅收录了“文雅化”,⑩ 而且还收录了“市民化”，意思是“变得像市民一样”⑪。此外，该部分还收录了“良好的品行”一词，意思是“教养”“良好的行为”⑫。在第二

---

① 英文为 ciuilitie。

② honest in conversation，or gentile in hehaviour.

③ gentile.

④ heathen.

⑤ Robert Cawdrey，*The Table Alphabeticall of Hard English Words*，London，1604，“ciuilitie”，“heathen”.

⑥ 李赋宁：《英语史》，322 页；A. P. Cowie，ed.，*The Oxford History of English Lexicography*，vol. 1，p. 136.

⑦ John Bullokar，*An English Expositor*，London，1616，“ciuilize，to make ciuill”.

⑧ dictionary.

⑨ Henry Cockeram，*The English Dictionarie*，1623，“ciuilize”，“civitated”，“moralitie”，“ciuilitie”.

⑩ ciuilize.

⑪ civitated，become like a citizen.

⑫ moralitie，ciuilitie，good behaviour.

部分，我们只看到"教养"一词，① 意思是"良好的品行"②。

从上面的考察我们可以发现，在17世纪上半叶，早期的英语词典所收录有关文明的词汇并不是很多，相应的解释也比较简短。由此可以推断，当时的人们关注的重点不是文明问题，或者更准确地说，当时的人们还没有清晰的"文明"概念，而只是关注更为具体的教养、行为举止等方面的问题，也就是我们今天所说的人际交往中的礼仪问题。这实际上反映了中世纪晚期和近代早期人们的行为方式的文明化趋势。③ 但1616年约翰·布洛克编纂的《英语释义》首次收录了有关文明的动词形式"ciuilize"，这是值得注意的。

（二）法英词典中有关"文明"的词汇

为了更进一步理解近代早期英国的"文明"概念，除了以上单语的英语词典之外，我们再来看看同一时期双语的法英和英法词典。由于布罗代尔和威廉斯都认为，现代英文的"文明"一词是法语借词，我们应更多地关注近代早期英国的法英词典。

1611年英国人兰德尔·科特格雷夫编纂的《法英词典》收录了6个有关文明的词汇。④ 实际上，这6个词可以归结为3类：(1)和(2)只是词性不

---

① ciuility.

② morality.

③ 参见刘新成：《试论中世纪晚期西欧行为方式文明化》，载《世界历史》，1997(3)。

④ 这6个词分别是：(1) Civil：ciuill，courteous，gentile，mannerlie，well-behaued；also temperate，mild，quiet；also，towne-bred，or，burger like；also，politicke，lay，secular，ciuill. (2) Civilement：Ciuilly，gently，courteously；in a good fashion，decent order，comelie manner；also，mildly，quietly，temperately；also，according to order，justice and law. (3) Civilise：ciuilized；made ciuille；framed，or trained up，to cuilitie. (4) Civiliser：Looke civilizer. (5) Civilite：Civilitie，gentleness，humanitie，courtesie；also，modesty，mildness；quietness of disposition，and fashion. (6) Civilizer：To ciuilize，bring to civilitie，make ciuill；to tame，quiet，reclaim. Civilize vn criminal. To change his indictment into an action；to turn a criminell，into a ciuill，cause. 参见 Randle Cotgrave，*A Dictionarie of the French and English Tongves*，London，1611，"civil"，"civilement"，"civilise"，"civiliser"，"civilite"，"civilizer".

同，前者为形容词，后者为副词；(3)、(4)和(6)是同一个动词的不同语态，其中(3)是被动语态的分词形式，(4)和(6)是主动语态原形的两种写法；(5)则是与前两类词义相同的名词形式。

1677 年瑞士人盖伊·米基编纂的《新法英词典》，同时还附有英法词汇对照部分。该词典与英国人科特格雷夫的《法英词典》相比，没有收录“教养”的名词形式；也没有收录动词主动语态的两种写法，而是只收录了一种写法。也就是说，瑞士人编纂的这部《新法英词典》，只收录了 1611 年英国人科特格雷夫编纂的《法英词典》所收录 6 个有关文明词汇中的前 4 个，有关词义的解释则基本没有变化。值得注意的是，在拼写上，这时的英文 ciuill 形式已经转变为 civil，与法语单词完全一样了。①

1699 年法国人阿贝尔·伯耶尔编纂的《皇家词典》，是一部英法和法英词典，共收录了 5 个有关文明的词汇。② 与前边所谈到的两部法英词典相比，该词典没有收录有关文明的动词主动语态的两种写法，也只收录了一种写法，但收录了“教养”的名词形式。也就是说，这部《皇家词典》收录了 1611 年英国人科特格雷夫编纂的《法英词典》所收录 6 个有关文明词汇中的前 5 个，有关词义的解释也基本相近，但在英语拼写方式上有了明显的变化，已经与现代英语一样了。③ 这表明，到了 17 世纪末，在法语的影响下，现代英语已初步形成了。

对比上文所谈到的单语的英语词典，法英词典中有关文明词汇的变迁

---

① 参见 Guy Miege，*A New Dictionary French and English*，London，1677，“civil”，“civilement”，“civiliser”，“civilise”.

② 这 5 个词分别是：(1) Civil：civil，pertaining to the citizens，city or state；civil，not criminal；a bill of review；civil，courteous，kind，affable，well-bred. (2) Civlement：civilly，courteously，kindly；civilly，in a civil manner or cause. (3) Civilise：civilized. (4) Civiliser：To civilize or make civil，to soften of polish manners；to turn a criminal into a civil cause. (5) Civilite：civility，courtesy，gentleness，humanity，good breeding. 参见 Albel Boyer，*The Royal Dictionary*，London，1699，“civil”，“civilement”，“civilise”，“civiliser”，“civilite”.

③ ciuill 改为 civil，与法语完全一致；civilitie 改为 civility；courtesie 则改为 courtesy。参见 Albel Boyer，*The Royal Dictionary*，London，1699，“civil”，“civilement”，“civilise”，“civiliser”，“civilite”.

表明，英语单词“civilize”，早在1611年英国人科特格雷夫编纂的《法英词典》中就已经出现了。这比1616年约翰·布洛克编纂的单语词典《英语释义》要早5年。由此可以推断，英语单词“civilize”应该是一个法语借词，是17世纪初英国人主动从法语单词“civiliser”或“civilizer”转借而来的一个新词。但这时我们尚未见到其名词化形式“civilization”。

(三)18世纪英语词典中“文明”一词的出现及其演变

直到18世纪中叶，也就是在科克拉姆1623年编纂出版《英语词典》之后的一个多世纪里，英国人编纂的英语词典所收录的有关文明的词汇，基本沿袭了以往的条目及其所解释的词义，只是有的词典在条目上有所减少，但未见有增加条目者。

然而，随着18世纪中叶前后英国工业革命兴起，特别是在1763年七年战争结束后，英国不仅打败了法国从而确立了欧洲强国地位，而且还巩固和扩大了海外殖民地，跃升为世界性的海洋帝国，英语也随之日益成为“国际商业语言”，人们对英语标准化的要求也日益迫切。① 1755年，撒缪尔·约翰逊(Samuel Johnson，1709—1784)独自编纂的《英语词典》2卷本正式出版。这部词典成为现代标准英语开始诞生的标志，约翰逊与乔叟、莎士比亚被称为现代标准英语形成过程中的三大里程碑式的人物。②

约翰逊编纂在这部《英语词典》中，首次收录了现代英语中的“文明”(civilization)一词，但他对该词的解释是：“把刑事诉讼转变为民事诉讼的法律、司法案件或判决，由起诉书转到现场勘验或相反的做法。”③显然，在约翰逊看来，该词是一个法律专业术语，还不是现代英语中“文明”的概

① A. P. Cowie，ed.，*The Oxford History of English Lexicography*，vol. 1，p. 3.

② 李赋宁：《英语史》，323页；Lynda Mugglestone ed.，*The Oxford History of English*，Oxford：Oxford University Press，2006，p. 2.

③ “a law，act of justice，or judgement，which renders a criminal process civil；which is performed by turning an information into a inquest，or contrary”，See Samuel Johnson，*A Dictionary of the English Language*，vol. 1，London，1755，“civilization”.

念。此外，他还首次收录了“文明使者”(civilizer)，意思是“使人摆脱盲目、野蛮生活的人，教给人文明习惯法则的人”。①

约翰逊不但收录了以上有关文明的两个新词，而且还改变了一些词汇的传统解释。例如，他对传统的“文雅化”(to civilize)一词的解释就完全变了：“走出野蛮、残暴状态，传授常规生活的艺术。”②显然，从词义上看，该词应是“文明化”的意思。另外，他对传统的“教养”(civility)一词的解释也有很大变化，它被解释为三层意思：“脱离野蛮、处于被文明化状态”；“礼貌、温顺、举止优雅”；“礼节、礼仪”。③ 这三层意思基本就是现代英语中的“文明”之含义，与上文所谈到的1604年罗伯特·考德利编纂的《英语难词字母顺序表》对“教养”解释相比，显然已经大不相同了。

然而，从现代英语构词法来看，“文明”(civilization)和“文明使者”(civilizer)这两个新词都是由动词“文明化”(to civilize)转化而来的名词，但由于“文明”(civilization)被局限在法律领域，致使原来的“教养”(civility)额外承载了与动词“文明化”对应的名词“文明”之义。这种语法上的不一致，约翰逊本人也注意到了。因此，在1770年第4版《英语词典》中，他干脆删去了“文明”(civilization)一词。④ 在1772年约翰逊修订再版《英语词典》时，尽管他的传记作者詹姆士·鲍斯威尔曾提出了不同的意见和建议，但他还是没有收录该词。鲍斯威尔曾较为详细地记载了约翰逊对删去该词的想法：约翰逊认为有些词尽管常见，但并非“正当的英语”(legitimate English)，“文明”(civilization)一词就是这样，“他不愿承认‘文明’，而只愿承

① “he that reclaims others from a wild and savage life; he that teaches the rules and customs of civility”, See Samuel Johnson, *A Dictionary of the English Language*, vol. 1, London, 1755, “civilizer”.

② “to reclaim from savageness and brutality; to instruct in the arts of regular life”, See Samuel Johnson, *A Dictionary of the English Language*, vol. 1, London, 1755, “civilize”.

③ “freedom from barbarity, the state of being civilized; politeness, complaisance, elegance of behaviour; rule of decency, practice of politeness”, See Samuel Johnson, *A Dictionary of the English Language*, vol. 1, London, 1755, “civility”.

④ See Samuel Johnson, *A Dictionary of the English Language*, vol. 1, the fourth edition, London, 1770.

认‘教养’。尽管我很尊敬他，但我认为源自‘文明化’的‘文明’，在含义上比‘教养’更好地与‘野蛮’相对，因为一词一义好于他用的‘教养’一词两义”。① 因此，直到18世纪末，约翰逊的《英语词典》尽管再版多次，也从未收录该词。可见，他宁愿删去“文明”(civilization)一词，也不愿意接受鲍斯威尔的建议，更不愿正视现实。由此产生了一个约翰逊难题。

不过，这一难题很快就由其他词典编纂者解决了。在年龄上比约翰逊年轻一些的约翰·阿什(John Ash，1724？－1779)在1775年编纂了一部两卷本的《新编英语大全词典》。该部词典曾被认为“不加鉴别地收录了许多行话、土语”，② 因而为后人诟病。然而，也许正是由于这种开放、宽容的做法，该词典才收录了许多有关文明的词汇。例如，“文明”(civilization)、“民事化”(civilisation)；“文明化”(civilize)；“被文明化的”(civilised)、“被文明化的”(civilized)；“文明使者”(civilizer)、“正在文明化”(civilizing)；“教养”(civility)、“文雅”(civiliness)，等等。可见，动词“文明化”成为核心词，由此派生了出多种形式，其中以下三个词值得关注：(1)“文明”(civilization)，意为“处于被文明化状态，文明化行为”(the state of being civilized，the act of civilizing)；(2)“文明”(civilisation)，意为“把刑事诉讼转变为民事诉讼的法律或行为”(the law or act which renders a criminal process civil)；(3)“教养”(civility)，意为“处于被文明化状态，温顺、客气、礼貌”(the state of being civilized，complaisance，kindness，decency)。③ 在这里，阿什不是像约翰逊那样采取删除、回避“文明”(civilization)一词的做法，恰恰相反，他增加并区分了两个不同的“文明”：第一个与野蛮相对，是野蛮的反义词；第二个则局限于法律领域，是民事化

---

① “He would not admit civilization，but only civility. With great deference to him，I thought civilization，from to civilize，better in the sense opposed to barbarity，than civility，as it is better to have a distinct word for each sense，than one word with two senses，which civility is，in his way of using it”，See James Boswell，*The Life of Samuel Johnson*，vol. 1，London，1791，p. 358.

② Leslie Stephen ed.，*Dictionary of National Biography*，vol. 2，London：Smith，Elder，&Co.，1885，p. 161.

③ John Ash，*A New and Complete Dictionary of the English Language*，vol. 1，London，1775，“civilization”，“civilisation”，“civility”.

的意思。因此，准确地说，这里的第二个“文明”不应被称为“文明”了，而应被称为“民事化”。至此，阿什落实了鲍斯威尔的主张，约翰逊难题终于得到了较为妥善的解决。尽管“教养”(civility)一词仍兼有“文明”的含义，但这层含义由此开始日趋弱化。

综上所述，虽然早在1755年约翰逊在他编纂的《英语词典》中就首次收录了“文明”(civilization)一词，但在实际上该词的词义是法律意义上的“民事化”，与现代英语中的“文明”概念相去甚远。1770年约翰逊从他编纂的《英语词典》中删除了该词。1772年鲍斯威尔建议，在与野蛮相对的词义上，应以“文明”(civilization)取代“教养”(civility)，但遭到了约翰逊的拒绝。直到1775年，阿什在他编纂的《新编英语大全词典》中才首次这么做。可见，至少在1770年以前，人们在实际生活中“民事化”与“文明”一词两意的混乱现象就已经存在了，约翰逊为了避免混乱，干脆从他编纂的词典中删除了该词。1775年阿什在他编纂的《新编英语大全词典》中首次正式收录了该词，并把“civilization”与“civilisation”区分开来，前者指“文明”，后者则指“民事化”。然而，以上只是从词典史的角度对近代早期英国“文明”概念的考察，我们还应结合当时的历史文献著述展开进一步的文本分析。这样我们才能更深入地理解这一概念的变迁。

二 结合历史文献著述的考察

除了依据词典史资料，对近代早期英国的“文明”概念进行词源学和语义学考察以外，结合当时的历史文献著述进行文本分析，我们发现这一概念经历了较长时期的演变过程。从“教养”涵盖“文明”，到二者相互分离，并最终走向了现代中性、复数的“文明”。这不仅是启蒙时代的产物，而且更是人们的世界视野横向扩展与历史维度纵向深化的结果。这与任何中心论或文明的优越感无关。

(一)“教养”与“文明”

早在16世纪，我们在当时的一些作品中就发现有“教养”(ciuilitie)一词。托马斯·皮纳尔(Thomas Paynell, fl. 1528－1567)1560年翻译出版的《儿童的教养》(The Ciuilitie of Childhode)一书，其书名就使用了该词。该书译自法语，译者在序言中说：这部书简明扼要地列举了"儿童的教养与良好品行"(the ciuilitie and good maners of childhode)，包括如何吃饭、聚会、接人待物，等等；在正文中，该书开宗明义，提出4点教子建议，"第一点，柔和的性格及精神会受到美德眷顾；第二点，热爱并学习人文知识；第三点，以相关的为人处事的品行加以指导；第四点，儿童时期养成有关品行的教养"。① 可见，此时的"教养"(ciuilitie)一词并无后来的"文明"的含义，而主要是指日常生活的品行、礼仪。

从16世纪末到17世纪上半叶，有两方面的图书值得注意，一是译自法语的图书，二是宗教类图书，因为这两类书籍在使用"教养"(ciuilitie)一词时，其含义逐渐发生了变化。1594年出版了一本译自法语的《循环之路或全世界万物的变迁，与大地、知识及各主要民族的现状》，它所涵盖的时间段是"从人类社会及人类记忆的起源到当前"(from the beginning of ciuility, and memory of man, to this present)。② 另外，随着宗教改革的深入以及英国内战的激烈冲突，政教关系问题成了许多宗教作品关注的焦点。其中，一本反对主教制的小册子曾写道：主教制不但有悖于本王国的法律(against the laws of the kingdome)，而且有悖于人类社会及普遍人性的法则(against the laws of civility and common humanity)。③ 在这里，"教养"(ciuilitie)的词形、词义都已发生改变，显然已不再是16世纪的品行、礼仪之义了，而是具有了"人类社会"或"文明"之义的萌芽。

1650年，托马斯·霍布斯(Thomas Hobbes, 1588—1679)在给剧作家威廉·达文南特(Sir William Davenant, 1606－1668)的一封信中，更加清

---

① 参见 John Paynell tr., *The Ciuilitie of Childhode*, London, 1560.

② 参见 Loys le Roy, tr. by R. A., *Of the Interchangeable Course, or Variety of Things in the Whole World; and the Concvrennce of Armes and Learning, thourough the First and Famousest Nations: from the Beginning of Ciuility, and Memory of Man, to This Present*, London, 1594.

③ Thomas Cooke, *Episcopacie Asserted: As It Now Stands Established in Our Chvrch Common-Wealth*, London, 1641, pp. 9, 12.

晰地使用了该词的这种新含义。他在信中说："使欧洲的文明与美洲蛮人的野蛮之间相互区分开来的，是在真正的哲学原则指导下的复杂技艺"。① 霍布斯写给达文南特的这封信，是迄今为止我们所看到的把英语 civility 与 barbarity 作为一对反义词对照使用的最早文献。

然而，霍布斯的这种新用法也许只局限于有文化的社会上层。在社会大众层面，人们更多的还是沿袭原来的用法，该词主要是指日常生活中的品行、礼仪等"教养"内容。当时有一部译自法语的《教养守则》(Rules of Civility)就明确界定：教养是"教导人们如何做到言行得体的知识"。② 这部书是由法国人安东尼·科汀(Antoine de Courtin，1622—1685)撰写，其法文版与英文版几乎是同步出版的。该书的英文版从 1671 年初版之后，又分别于 1673 年、1675 年、1678 年、1685 年再版。可见，这部书在当时的英国一定是相当流行的。

综上所述，我们可以断定，至少从 1650 年起，"教养"(ciuilitie)就已经演变为现代英语单词"civility"，而不是始于前文所谈到的 1699 年法国人伯耶尔所编纂的《皇家词典》。这时，该词有两层不同的含义：一是指日常生活中的品行、礼仪等，二则是指与"野蛮"相对的"文明"。这两层含义经历一个世纪的演变，在约翰逊的《英语词典》中仍然被保留了下来。

(二)法语"文明"与英语"文明"

在 1755 年约翰逊编纂的《英语词典》收录"文明"(civilization)一词之前，我们所见到的历史文献著述均未曾使用过该词。此后，我们发现该词首先出现在译自法文的文献中，接着普及于英国人撰写的历史著作中。

伏尔泰(Voltaire，1694—1778)的著作在这一时期开始陆续被译介到英国。他的《路易十四时代》英文版于 1752 年出版。然而，该书竟然很少使

---

① "whatsoever distinguish the civility of Europe, from the barbarity of the American savages, is the workmanship of fancy but guided by the precepts of true philosophy", See Thomas Hobbes, *The Moral and Political Works of Thomas Hobbes of Malmesbury*, London, 1750, pp. 664-665.

② Antoine de Courtin, *Rules of Civility*, London, 1671, p. 6.

用"教养"(civility)一词，至于"文明"(civilization)一词则从未被该书使用过。即使该书使用了前者，也总计只有两处。第一处是说路易十四的大臣，他们"以法语特有的优雅，即使在政府危机之际，也能保持其教养和恭顺"(with that politeness so peculiar to French，who，even in the severity of government，retain their civility and complaisance)。① 第二处则是说中国清朝皇帝康熙接见罗马教宗特使多罗一事，"康熙皇帝最初以隆重礼节接待了教宗特使多罗"(The emperor Camhi at first received the patriarch de Tournon with great civility)。② 可见，以上两处的英文"civility"均与"文明"和"野蛮"无关，而只是教养或礼节之义。

值得注意的是，伏尔泰的《论宗教宽容》1764 年英译本，③ 却较早使用了"文明"(civilization)一词。在谈到古代用人作祭祀品时，伏尔泰有一段注释较为详细地考察了这种祭祀方式，甚至还谈到了迦南人用儿童作祭品的事例，"一个令人感到悲哀的事实是，这些可怕的人祭几乎到处都有。人们已经习以为常，置之不理，除非他们变得文明了。同样真实的是，文明是人类的保姆"。④这里的"文明"已经蕴含着与野蛮相对之义。显然，这有别于上文所述的约翰逊把该词局限于法律领域的"民事化"含义。这是继霍布斯之后，近代早期英国"文明"概念变迁的又一重要节点。1750 年霍布斯首次明确地把 civility 和 barbarity 作为一对反义词来使用，而 1764 年伏尔泰的《论宗教宽容》英译本则较早把 civilization 和 barbarity 在互反意义上使用。

然而，英国人撰写出版的历史著作中使用"文明"(civilization)一词，则比伏尔泰的英译本稍晚一些。休谟(David Hume，1711－1776)的巨著《英国史》，从 1754 年的 2 卷本初版，到 1778 年作者故去后出版的 8 卷本最后更正版，先后多次印刷出版。但我们在考察全书之后发现，该书无论哪个版本，其正文均未曾使用过"文明"(civilization)一词。只有在他的最

---

① M. de Voltaire，*The Age of Lewis XIV*，vol. 1，London，1752，p. 166.

② M. de Voltaire，*The Age of Lewis XIV*，vol. 2，London，1752，p. 256.

③ 伏尔泰著作的英译者是当时英国的小说家斯莫勒特(Tobias George Smollett，1721－1771)。参见 Leslie Stephen ed.，*Dictionary of National Biography*，vol. 53，London：Smith，Elder，&Co.，1898，pp. 174-184.

④ M. de Voltaire，*A Treatise Upon Religious Toleration*，Dublin，1764，p. 172.

后更正版的注释和索引中，我们发现了3处“文明”(civilization)，但其含义均指某种制度的设计和变革，不是与野蛮相对，也不是“民事化”。①至于休谟所使用的“教养”(civility)一词，则与霍布斯基本一致，在这里就不再赘述。可见，休谟撰写《英国史》时，尽管时人已常见“文明”(civilization)一词，但他从未采用该词，只是到了后来，在最后更正版的注释中使用了该词。而且，在该词的含义上，休谟更强调其制度层面。

威廉·罗伯逊(William Robertson，1721—1793)在1759年出版的2卷本《苏格兰史》中，从未使用过“文明”(civilization)一词，也很少使用“教养”(civility)一词。确切地说，只有一处使用了“教养”(civility)。他在描述英格兰接待苏格兰使节时说，“按照最隆重礼节，使节受到了接待”(the ambassadors were received with the utmost civility)。② 1769年出版的3卷本《皇帝查理五世统治时期史》，也未曾使用“文明”(civilization)一词，但在他那篇享誉欧洲的导论部分里，曾3次使用了“教养”(civility)，其含义有些接近霍布斯，更接近17世纪流行的品行、礼节之义。③ 也许这主要是因为，他那篇导论强调的是“欧洲社会的进步”(the progress of society in Europe)，而不是“文明”的进步。在这里，“文明”还不是他进行历史研究的基本单位或对象。

但是，1777年罗伯逊的2卷本《美洲史》出版，成为近代早期英国“文明”概念变迁的重大标志性事件。该部史书首次明确区分了“文明”(civilization)与“教养”(civility)，并把后者的词义限定于品行、礼节，不再额外承担与“野蛮”相对之义。这虽然比阿什在1775年编纂的2卷本《新编英语大全词典》中的做法稍微晚了一些，但与当时的其他历史著述相比，当属首次。不仅如此，据笔者查对统计，罗伯逊的这部书所使用“文明”(civilization)一词的次数多达20次以上。这部2卷本《美洲史》，每卷500页左右

① 参见 David Hume，*The History of England*，vol. 6，London，1793，p. 550；vol. 8，Index：“Ireland”.

② William Robertson，*The History of Scotland*，vol. 1，London，1759，p. 231.

③ 参见 William Robertson，*The History of the Reign of the Emperor Charles V*，vol. 1，London，1769，pp. 18，56，72.

（按都柏林版，第一卷 483 页，第二卷 535 页，不计索引），按页码计算，使用频次约 2%。这是史无前例的。更重要的是，罗伯逊主要是在以下两种含义上使用该词：第一，在纵向上，表示一个社会的整体发展程度，以及在这种程度上一个社会所处的阶段和状态；第二，在横向上，表示一个社会的组织结构，或这个结构的组成部分。[1] 他有时不仅把该词与野蛮相对，而且还对该词所指称的社会现象进行历史定位，并视之为人类社会的一个发展阶段。他曾说，“尽管许多情况似乎都表明了秘鲁某种程度的进步，其他情况却使人感到，其社会仍处于由野蛮向文明转变的初期阶段”(But notwithstanding so many circumstance, which seem to indicate an high degree of improvement in Peru, others occur that suggest the idea of a society still in the first stages of its transition from barbarism to civilization)。[2] 然而，他有时还把该词与“艺术”(arts)并列，[3] 这里显然就是把“文明”视为社会的组成部分了。

（三）中性和复数“文明”的发端

1777 年罗伯逊所著的 2 卷本《美洲史》所使用的“文明”，在一定意义上，就已经初步具有了中性的含义，也蕴含着其复数形式。这是因为罗伯逊使用该词时不但超越了仅仅与“野蛮”相对的那种含义，而且还超越了以欧洲为中心的狭隘视野，明确指出了美洲也存在着某种程度的“文明”。

在 1791 年出版的《古代印度史专题》一书中，罗伯逊所使用的“文明”(civilization)一词的含义就更加明确了。他不但有时把该词与“科学”(science)并用，而且更多的时候是把该词视为整个社会的阶段、状态和结构。他说，“为了解释并确认有关印度居民古老而高级文明的诸多显而易见的证据，我将仔细考察他们作为个体的社会等级和社会环境、他们国家的政

① 参见 William Robertson, *The History of America*, vol. 1, Dublin, 1777, pp. 3, 13, 146, 282, 295, 318, 342, 346, 481; vol. 2, pp. 32, 36, 156, 166, 269, 273, 290-291, 296, 302, 322.

② William Robertson, *The History of America*, vol. 2, Dublin, 1777, p. 322.

③ William Robertson, *The History of America*, vol. 1, Dublin, 1777, pp. 295, 346.

策、他们的法律和司法程序、他们的实用而优雅的艺术、他们的科学、他们的宗教制度”(In order to illustrate and confirm these explicit testimonies concerning the ancient and high civilization of the inhabitants of India, I shall take a view of their rank and condition as individuals; of their civil policy; of their laws and judicial proceedings; of their useful and elegant arts; of their sciences; and of their religious institutions)。① 他还说，“在判断任何民族在文明上所取得的进步时，仅次于政治制度的、最值得关注的东西就是法的精神与借以调整司法程序的诸多文件的性质”(In estimating the progress which any nation has made in civilization, the object that merits the greatest degree of attention, next to its political constitution, is the spirit of the laws and nature of the forms by which its judicial proceedings are regulated)。② 此外，他多处提到印度“早期和高级的文明”(early and high civilization)。③ 这就明确了印度也是一种“文明”，也曾经存在过“文明”。因此，1791 年出版的《古代印度史专题》，可以说是近代早期英国史学史上最早的一部文明史。在这本书里，罗伯逊更为明确地把文明的外延扩大到了某个历史时段上的社会各个领域和部门，并且首次成为他进行历史研究的单位和对象。同时，他把古代印度文明视为一种高级的文明形态，更直接地突破了欧洲自我中心的狭隘视野，不仅为“文明”(civilization)一词的复数形式的诞生奠定了历史基础，而且还为文明多元化视野的形成铺平了道路。

相比之下，吉本(Edward Gibbon, 1737－1794)的历史著作就很少使用该词。他比罗伯逊年轻一些，与罗伯逊、休谟都有过较多的交往，曾称赞罗伯逊为“杰出的艺术家”(master artist)。④ 但吉本在他的巨著《罗马帝

① William Robertson, *An Historical Disquisition concerning the Knowledge Which the Ancients Had of India*, London, 1791, p. 257.

② William Robertson, *An Historical Disquisition concerning the Knowledge Which the Ancients Had of India*, London, 1791, p. 270.

③ William Robertson, *An Historical Disquisition concerning the Knowledge Which the Ancients Had of India*, London, 1791, pp. 290, 309, 311, 335.

④ Leslie Stephen ed., *Dictionary of National Biography*, vol. 48, London: Smith, Elder, &Co., 1896, p. 429.

国衰亡史》中，据笔者查对统计，有5处使用了"文明"(civilization)一词。①其中，他在第10卷谈到塞尔柱突厥人的扩张时说，"马利克越过了息红或查可萨提河，这是波斯文明的最后边界"(Malek passed the Sihon or Jaxartes，the last boundary of Persian civilization)。② 这里的"波斯文明"，显然已经成为一个历史空间意义上的存在。波斯曾经长期被视为古代希腊罗马的"他者"，在吉本那里则变成了"文明"的一员。这不但与罗伯逊的用法一致，而且使中性、复数的"文明"呼之欲出。

可见，到了18世纪末，以罗伯逊和吉本为代表的英国史学家，已经基本完成了"文明"(civilization)一词的中性化、复数化，同时也已经把它所指称的社会历史现象视为一种历史单位和研究对象。只是当时尚未出现一部完整的文明史，但这只是个时间问题了。令人遗憾的是，罗伯逊和吉本对"文明"的贡献，至今仍未受到国内外学者的关注。

根据以上词典史的考察与历史文献著述的文本分析，关于近代早期英国"文明"概念问题，我们可以得出与布罗代尔和威廉斯有些不同的结论。

现代英语单词"civilize"的出现要早于"civilization"。1611年英国人科特格雷夫编纂的《法英词典》较早使用"civilize"，1616年约翰·布洛克编纂的单语词典《英语释义》则正式收录了该词。由此可以推断，现代英语单词"civilize"应是一个法语借词，至少是17世纪初英国人主动从法语单词"civiliser"或"civilizer"转借而来的一个新词。布罗代尔和威廉斯都没有谈及以上两部词典。

与"野蛮"(barbarity)相对的"文明"一词，最初是"教养"(civility)。这较早见于1650年霍布斯写给达文南特的信中。尽管1755年约翰逊编纂的《英语词典》中就已经收录了现代英语单词"civilization"，但其词义是法律专业术语"民事化"，与"文明"无关。1764年伏尔泰《论宗教宽容》的英译本

---

① Edward Gibbon，*The History of the Decline and Fall of the Roman Empire*，London，1791，vol. 1，p. 368；vol. 10，p. 365；vol. 11，p. 293；vol. 12，p. 12，index "Letters".

② Edward Gibbon，*The History of the Decline and Fall of the Roman Empire*，vol. 10，London，1791，p. 365.

则较早以现代英语单词"civilization"取代"教养"，成为与"野蛮"相对的词。也正是在这个意义上，1775 年该词首次被正式收录于阿什所编纂的《新编英语大全词典》中。这与布罗代尔和威廉斯所提出的该词是在 1772 年左右从法语引进的说法要更准确一些。

中性的、复数的"文明"概念，则是随着日益开阔的世界视野与不断加深的历史维度的形成，才逐渐得以明确。1777 年罗伯逊的 2 卷本《美洲史》不但首次在历史著作中明确区分了"文明"(civilization)与"教养"(civility)，并把后者的词义限定于品行、礼节，不再额外承担与"野蛮"相对之义，而且还对该词所指称的社会现象进行历史定位，并视之为人类社会的一个发展阶段。1788 年吉本的全 6 卷本《罗马帝国衰亡史》与 1791 年罗伯逊的《古代印度史专题》成为中性、复数"文明"概念的发端。这要远远早于布罗代尔和威廉斯所说的"文明"复数形式在法语中始于 1819 年、在英语中始于 19 世纪 60 年代。

因此，近代早期英国"文明"概念的变迁，首先反映了启蒙时代的进步观念。这种进步观念主要是一种针对时代变迁的纵深感，一种针对自我蜕变的觉醒和认同，而不是针对他者的误解、贬低或偏见，更不是盲目的自我优越感或某种中心论。其次，它还反映了人们的世界视野的横向扩展与历史维度纵向深化的程度。因此，埃利亚斯所说的"这一概念表现了西方国家的自我意识，或者可以把它说成是民族的自我意识"，① 并不全面，也不准确。至于有中国学者认为"文明话语是以西欧为中心的进步话语的又一种表达"，② 这一说法显然就走得更远了。应当说，中性、复数"文明"概念的发端，是近代以来多元一体世界历史进程的集中体现。

三　驳霍布斯《利维坦》首提"文明"说

正如本文开篇所指出的那样，有中国学者认为，霍布斯在他的《利维

① ［德］诺贝特・埃利亚斯：《文明的进程》第 1 卷，王佩莉译，61 页，北京，生活・读书・新知三联书店，1998。

② 李勇：《西欧的中国形象》，230 页，北京，人民出版社，2010。

坦》中最早提出了"文明"的概念。这一观点至今仍被有的人视为一家之言。通过上述的考证，此说显然已经难以立足。但为了彻底澄清此说，有必要把《利维坦》1985年北京商务印书馆的中文译本与1651年初版的英文原本进行比对。

《利维坦》中译本确实有"文明社会"的提法。霍布斯在谈到自然律及契约法时指出，恐惧是加强人们遵守契约的力量，而恐惧又可分为对神的畏惧与对人的畏惧。"对前者的畏惧在每一个人身上来讲就是他自己的宗教，在文明社会出现以前就在人类的本性之中占有其地位"，"在文明社会的时代以前，或在战争使文明社会状态中断时，除开个人对自己崇拜如神并看作在背信弃义时会对自己进行报复的那种不可见的力量所感到的恐惧以外，就没有其他东西可以加强通过协议订立的和平契约"。① 中国有些学者正是据此断言，霍布斯是西方最早提出"文明"概念的人。

如前所述，在霍布斯所处的时代，还没有"文明"(civilization)一词。当时与"野蛮"相对的"文明"之义，是由"教养"(civility)一词承担的。该词的这一含义也是由霍布斯首次明确使用的。这有他1650年给达文南特的信为证，前文已就此说明了，在这里不再赘述。那么，霍布斯在他1651年出版的《利维坦》中是否也使用了该词呢？中文译本所对应的英文原文究竟是哪个词呢？

为了回答以上两个问题，我们不得不回到霍布斯那部书的1651年原版。笔者查对了1651年《利维坦》英文原文，确实有一处使用了英文"civility"，其原文是："If some man in Bedlam should entertain you with sober discourse; and you desire in taking leave, to know what he were, that you might another time requite his civility; and he should tell you, he were God the Father; I think you need expect no extravagant action for argument of his Madness."②这里的"civility"显然不是与"野蛮"相对的"文

① [英]霍布斯：《利维坦》，黎思复、黎廷弼译，107页，北京，商务印书馆，1985。

② Thomas Hobbes, *Leviathan, or The Matter, Form, and Power of A Commonwealth Ecclesiastical and Civil*, London, 1651, p. 36.

明"之义，而是"礼节、礼貌"之义。因此，中文译本把"that you might another time requite his civility"翻译为"以便于下次回访"，① 符合原意。

经笔者查对1651年原版，中文译本中的"文明社会"所对应的英文原文是"civil society"。② 这里涉及对英文"civil"的理解。也许是因为该词在英语中较为常见，当时以收录难词为主的英语词典几乎都不收录。但正如霍布斯的《利维坦》原版的副标题所标示出来的那样，这里的"civil"是与"ecclesiastical"相对的，意思是"世俗的"。在1755年约翰逊编纂的2卷本《英语词典》出版之前，我们发现有一部英语词源词典收录了该词，其解释是：它是源自拉丁语"civilis"的法语借词，意思是"礼貌的、客气的、有教养的；政治的、属于公民、城市或国家的"(courteous，kind，well-bred；also political，belonging to the citizens，city，or state)。③ 我们查对与霍布斯同时代的法英词典，也可以发现类似的解释，"礼貌的、温和的、得体的、举止适当的；克制的、和善的、安静的；城市养育的、市民一样的；政治的、属世的、世俗的、俗务的"(courteous，gentle，mannerly，well-behaved；also，temperate，milde，quiet；also，town-bred，or burgur-like；also，politick，lay，secular，ciuill)。④ 此外，现代人编纂的《都铎与斯图亚特用语汇编》中对该词的解释是"端庄、严肃、不轻率；正颜厉色"(sober，grave，not gay；said of colur)。⑤ 这部用语汇编所收录的词汇及其释义主要是取自莎士比亚等人的戏剧文学作品，因而对我们理解霍布斯的词汇帮助不大。相比而言，与霍布斯同时代的那部法英词典的释义，应较为贴近1651年《利维坦》中所使用的"civil"一词的原意。因此，中文译本中提到的"文明社会"与英文"civil society"原意也许并不完全相符，因为英文原

---

① [英]霍布斯：《利维坦》，黎思复、黎廷弼译，55页，北京，商务印书馆，1985。

② Thomas Hobbes，*Leviathan，or The Matter，Form，and Power of A Commonwealth Ecclesiastical and Civil*，London，1651，p. 70.

③ Nathan Bailey，*An Universal Etymological English Dictionary*，London，1721，"civil".

④ Randle Cotgrave，*A French-English Dictionary*，London，1650，"civil".

⑤ Walter W. Skeat，*A Glossary of Tudor and Stuart Words*，Oxford At the Clarendon Press，1914，p. 76.

意是指"共同体"(commonwealth)存在的状态，而不是专指共同体的世俗一面，这世俗一面在霍布斯那里是用"civil commonwealth"，"civil government"，"civil state"等来指称的。[①] 因此，笔者认为，这里的"civil society"翻译为"政治社会"或"国家"更合适。[②]

其实，1651年原版还有另外三处使用了英文"civil society"，但中文译本的译文均未再译为"文明社会"。第一处是献词，中文译本没有译出，省略了。在这里我们也略而不谈。第二处是霍布斯在谈到两种人对创立宗教的作用时说："but both sorts have done it，with a purpose to make those men that relied on them，the more apt to obedience，law，peace，charity，and civil society."[③]中文译本对应的翻译是："但这两种人这样做的目的都是要使依附于他们的人更服从、守法、平安相处、互爱、合群。"[④]对照之后，我们可以发现，中文译本的译文与原文有一定出入，也许应译为："但这两种人这样做，目的是让信赖他们的人更倾向于恭顺、法律、和平、仁爱与国家。"这里的英文"civil society"也许翻译为"国家"更为贴切，因为从内容来看，这也是他们创立宗教的初衷。第三处是霍布斯在谈《圣经》中一些教义的意义时说："The maintenance of civil society depending on justice，and justice on the power of life and death，and other less rewards and punishments，residing in them that have the sovereignty of the commonwealth."[⑤]中文译本对应的翻译是："世俗社会的维持在于司法，司法的维持则在于国家的主权者所操的生杀大权以及程度较轻的赏罚。"[⑥]这里的英

---

① Thomas Hobbes，*Leviathan，or The Matter，Form，and Power of A Commonwealth Ecclesiastical and Civil*，London，1651，pp. 185，241，337.

② 参见张乃和：《现代公民社会的起源》，载《吉林大学社会科学学报》，2006(6)。

③ Thomas Hobbes，*Leviathan，or The Matter，Form，and Power of A Commonwealth Ecclesiastical and Civil*，London，1651，p. 54.

④ [英]霍布斯著：《利维坦》，黎思复、黎廷弼译，83页，北京，商务印书馆，1985。

⑤ Thomas Hobbes，*Leviathan，or The Matter，Form，and Power of A Commonwealth Ecclesiastical and Civil*，London，1651，p. 238.

⑥ [英]霍布斯著：《利维坦》，黎思复、黎廷弼译，355页，北京，商务印书馆，1985。

文“civil society”也许同样应该翻译为“国家”，因为这个社会不仅包括属世的一面，也包括属灵的一面，从总体上统称为“国家”更贴近原意。

综上所述，有的中国学者所提出的霍布斯《利维坦》首提“文明”说，显然是不能成立的。此说只不过是有些中国人对霍布斯《利维坦》中译本的误读。

（作者为天津师范大学历史文化学院教授）

近代以来日本的文明观变迁

杨栋梁

文明是人类社会发展的产物，一般把人类改造自然的物质性成果称作物质文明，把改造客观世界和主观世界过程中取得的精神性成果称作精神文明。物质文明和精神文明互为表里，共同推动了人类社会的发展不断向更高层次攀升。

人类古典文明的生成至少有3500年的历史，大航海时代揭幕的近代文明则已走过5个多世纪的历程。日本与欧洲近代文明的邂逅如果从1543年葡萄牙商船漂流到种子岛算起，也已接近500年时间。从那时起，在传统文明与近代文明的相遇、碰撞、融合与互动中，日本对文明的认知和态度发生了哪些变化，哪些因素导致了其文明观变化，其不同时期的文明观有何特征，对日本社会的发展产生了什么影响？本文拟带着这些思考，对近代以来日本的文明观变迁做一综合性考察。

一　近代前夜传统文明观的“动摇”

1603年，德川家康在江户开设幕府，日本进入近代前夜长达2个半世纪的“近世”时代。为了整治长期社会动乱形成的武士“下克上”之风，重建统治秩序，德川幕府初期把“文治”作为“内治”的重点，朱子学成为官学，儒学修养成了任贤举能的重要标准。当时，“武士的基本教养是儒教，对他们来说，在国学和兰学出现之前，儒教不是多元文化之一，而是文化就等于儒教”①。中华文化

① [日]小岛晋治：《日本人的中国观的变化——以幕末维新为中心》，见神奈川大学人文学研究所编：《日中文化论集》，东京，劲草书房，2002。

的空前普及，一度使江户初期的日本“礼乐、书数、衣服、舟车、农具、武具、医药、针灸、官职、位阶、军法、武艺，乃至其他诸种工艺技术，无不源于中华，无不习于中华”①。以至于“纵然知支那之外有他国，亦皆以为夷国，无圣人之道”。②

但是，随着“西学东渐”、中国发生明清鼎革以及大和民族自我意识的成长，进入德川中后期，日本兰学的扩散、日本朱子学本身的变异以及复古国学的兴起等三股力量的推动，导致以中华为是的传统文明观出现了分化。

早在16世纪中叶，随着天主教国家西班牙和葡萄牙的商业冒险与殖民活动蔓延到日本，日本开始接触到“南蛮人”及“南蛮文化”。进入17世纪，新教国家荷兰和英国接踵而至，并很快取代西、葡在日本的地位，垄断了西方的对日贸易。1639年德川幕府实行“锁国”后，西方国家中唯有荷兰取得了在日商贸特权，而日本则可以通过荷兰商人的窗口了解整个西方世界，进而形成了时称“兰学”的认知西方的知识体系。

日本的兰学家们在吸吮消化西方文明的过程中发现，相对于自己是“他者”、相对于西方又属于“自我”的中华传统文明，既非唯一，亦非最高境界，“泰西”文明亦不乏可圈可点之处。杉田玄白(1733－1817)对西方医术推崇备至，以致发出“腐儒庸医不知天地之大，只闻东洋二三国之事，而以支那为万国之冠”③的慨叹。山片蟠桃(1746－1821)高度评价西洋科学，称“欧罗巴之精于天学，古今万国无双。其巡视万国，尤以实见资于发明，无人可敌”④。渡边华山(1793－1841)认为重视教学和政治二道的西洋“为唐山所不及”。⑤ 佐久间象山(1811－1864)提出了“东洋道德，西洋艺

① [日]伊东多三郎编：《日本的名著11 中江藤树、熊泽蕃山》，333、332页，东京，中央公论社，1976。

② [日]佐藤昌介编：《日本的名著25 渡边华山、高野长英》，420页，东京，中央公论社，1986。

③ [日]杉田玄白：《狂医之言》，见《日本思想大系》64，229－230页，东京，岩波书店，1976。

④ [日]山片蟠桃：《梦之代》，见《日本思想大系》43，200页。

⑤ [日]渡边华山：《慎机论》，见《日本的名著25 渡边华山、高野长英》，117页，东京，中央公论社，1986。

术，精粗无遗，表里兼该”①的主张。横井小楠(1809—1869)则力主“明尧舜孔子之道，尽西洋器械之术”②。总之，兰学家的文明观虽然并不否定中华传统文明的价值，但至少已使绝对化的中华传统文明观走向了相对化。

在日本儒者眼中，清入主中原是一种“华夷变态”。以此为契机，中国已“失格”、中华文明接力棒传到日本之手的“日本小中华”思想始露端倪。山鹿素行(1622—1685)在《中朝事实》中，首次把日本视为“中国”，而将中国视为“外邦”，其依据是日本皇统“万世一系”，而“外朝”中国“王朝更替凡三十回”，“臣下诛戮国王者二十五回”。③ 荻生徂徕(1666—1728)对中国古代文明无限崇拜，但对现实中国的看法则是“秦汉一变也，唐再变也，明三变也”，④ 比之于清统治的中国，不如说德川日本继承了古代中国的先王之道，因此日本文明不仅可以与中国文明并立，而且有了超越中国的诸多元素。这种“小中华”思想，构成了近代日本文明观重塑的重要起端。

德川中后期兴起的复古国学竭力神化日本，对古来日本一贯仰慕的中华文明采取了轻蔑态度。以荷田春满、贺茂真渊、本居宣长、平田笃胤为代表的复古神道学者，通过对日本古籍《古事记》《日本书纪》中有关神话的重释，刻意编构了一套独特的日本神学体系，其基本说教是：日本是天照大神(太阳神)缔造的神国，人种是天神所造的神孙，故日本“为万国原本大宗之御国，万事优于异国”，⑤ “日本天子实乃统治四海万国之真天子”。⑥ 本居宣长(1730—1801)宣称：中国无“道”，儒家亦无“道”，唯日本是有“道”之国，故日本人不可沉迷于儒学，“欲习道者，须洗净儒心汉意，坚守大和魂”⑦。平田笃胤(1776—1843)先是讥讽中国对待周边民族“尝以戎狄、夷狄相称而鄙之如禽兽，然其全国皆为夷狄所夺。如斯大国之民，

---

① [日]佐久間象山：《省諐录》，见《日本思想大系》55，413页。

② [日]山崎正董编著：《横井小楠》遗稿篇，726页，东京，明治书院，1938。

③ [日]田原嗣郎编：《山鹿素行与士道》，见《日本的名著 12 山鹿素行》，18页，东京，中央公论社，1975。

④ [日]关仪一郎编：《续日本儒林丛书》，6页，东京，东洋图书刊行会，1930。

⑤ [日]石川淳编：《本居宣长全集》第8卷，311页，东京，筑摩书房，1972。

⑥ 《新修平田笃胤全集》第6卷，543页，东京，名著出版，1977。

⑦ [日]本居宣长：《宇比山踏》，见《日本的名著 21 本居宣长》，35—36页，东京，中央公论社，1986。

竟垂首敬待尝鄙之为北狄者为君”①，继而判定蛮族统治下的清王朝已失去“中华”资格，而天皇“万世一系”的神国日本已有资格成为中华。

正如许多日本学者指出的那样，中国是日本文化之母。近代前夜日本的文明观，原本是以中华传统文明为母本形成的。但是，随着中日两国国情的变化和西学东渐的加剧，围绕“中心与边缘”“华与夷”、东方与西方的认知也在变化，传统的文明观已经动摇。尽管如此，直到1840年第一次鸦片战争爆发、中国的衰相尚未彻底暴露之前，传统文明观的根基还在，尚未完成质的“脱变”。

二 第一次转换：明治时期的“脱亚入欧”

19世纪中叶，西力东渐使中日两国先后陷入殖民危机。中国在第一次鸦片战争中的惨败，从根本上改变了日本人的中国形象，昔日仰羡的中华已不再是学习、模仿和追赶的对象，而是变成了日本避免重蹈覆辙的“殷鉴”。1853年“佩里扣关”后，民族危机成为日本的现实，经历了“萨英战争”和长洲“攘夷”的惨痛失败后，日本的社会精英们醒悟到与西方“力”的文明相对抗终究是徒劳的，而既然无法对抗，那就只有改变自己，以适应新的世界。德川幕府的垮台和明治政府的建立，便是日本的应对和选择。

殖产兴业、富国强兵、文明开化是明治政府强力推行的三大国策，就“文明开化”而言，它不只是一种吃牛肉、穿洋服、跳洋舞的移风易俗，而是一场与工业革命和制度改革并重的思想变革，是要改变人的审美意识和价值观，洗心革面，树立新的文明观。明治初期的“文明开化”既是一场风潮，也是一场近代文明启蒙运动，站在运动前面的旗手便是福泽谕吉(1835—1901)。福泽的文明观不仅影响了一代日本人，而且间接影响了日本政府的战略选择和对外政策。

福泽谕吉于1875年发表的《文明论概略》，堪称一份思想观念上告别东方、投向西方的宣言，书中和盘托出了福泽对东西文明的认知和态度。福

① [日]平田笃胤：《古道大意》，见《日本的名著 24 平田笃胤》，152页，东京，中央公论社，1988。

泽认为："欧罗巴各国及美利坚合众国为最高文明国，土耳其、支那、日本等亚细亚各国为半开化国，非洲及澳大利亚等为野蛮之国。"①在分析中日两国何以成为"半开化"国的原因时，福泽虽然承认儒佛"两教"在日本从"野蛮"走向"文明"的历史进程中发挥过进步作用，但认为"孔子以后无圣人"②，儒家思想使人变成了"精神奴隶"③，从而导致了社会发展停滞不前。鉴于昔日的"礼仪之邦"中国已经面目全非，"华夏国体"已然灭亡，而日本"从文学、技术、商业、工业等最大的事物到最小的事物，从一至百以致到千，无一样能高于西洋，无一样能和西洋比拟"④，福泽的明确态度是："唯有汲取西洋文明才能巩固我国国体，为我皇统增光。"⑤

1885 年 3 月发表在《时事新报》上的《脱亚论》⑥，是福泽谕吉的又一代表作。在这篇语言犀利、行文酣畅、逻辑清晰、观点明确的短文中，前半部分论述了日本脱亚的必要性，其基本观点是：西洋文明势力强大，如麻疹一样流行不可抗拒；这种文明"利害相伴而利益常多"，对此"智者"应采取"与世俱进，一同沉浮于文明之海、一同扬文明之波而与文明共苦乐"的态度，"力助其蔓延，使国民尽早沐浴其风气"；明治以来日本顺应这一潮流，"万事皆采用西洋近时之文明"，"在亚细亚全洲开一新机杼，所持之主义唯在脱亚二字"。后半部分论述了告别"恶友"的必要性，其基本理由是：中韩两个近邻墨守成规、冥顽不化，不知"改进之道"，"傲然而无自省之念"；中韩对日本"不惟丝毫无助"，且使西洋人以"近墨者黑"看待日本，"已间接对我国外交上造成不少障碍"；为今日计，日本应"于心底里谢绝亚细亚东方之恶友"，脱离其伍而"与西洋之文明共进退"，并按照西洋人的方法对待之。

明治时期"脱亚入欧"的文明观转换，是与日本的对外政策实践相互刺激、相互印证实现的。日本于 1874 年出兵侵略中国台湾、1879 年吞并琉

---

① ［日］石田雄编：《近代日本思想大系 2 福泽谕吉集》，89 页，东京，筑摩书房，1975。

② 北京编译社译：《文明论概略》，147 页，北京，商务印书馆，1992。

③ 北京编译社译：《文明论概略》，148－149 页。

④ 北京编译社译：《文明论概略》，96 页。

⑤ 北京编译社译：《文明论概略》，24 页。

⑥ 《日本近代思想大系 对外观》，312－314 页，东京，岩波书店，1988。

球、1882年引发朝鲜壬午兵变、1884年制造朝鲜甲申政变、1894年发动甲午战争。在为这些对外侵略扩张行为辩解时，日本往往以“文明”为遮羞布，强词夺理，编造行为的正当性。例如，甲午战争爆发后的1894年7月29日，福泽谕吉在《时事新报》上发表《日清战争是文野之战》文，煞有介事地诡称此战“是谋求文明开化之进步者与阻碍其进步者之间的战争”，“唯以世界文明的进步为目的”①。国粹主义者陆羯南(1857—1907)在1894年8月6日发表的《征蛮之王师》中声称：清朝是“东洋一大野蛮国”，故“王师的胜败乃是文明之胜败”②。御用文人德富苏峰(1863—1957)以其主办的《国民之友》为阵地，连篇累牍发表文章，竭力鼓吹日本发动的是“义战”，是“将文明的恩光投射到野蛮社会”，所以国民对战争意义的理解，“不要眩惑于兽力现象，而应掌握道义、心灵上的因果”，调子要定得“更加清深高尚”，③ 显然，“文野之战”“义战”论欲向日本国民灌输的思想是，文明淘汰野蛮是大势所趋，因此无论采用什么手段都符合“大义”。

甲午战争是东亚地缘政治格局发生逆转的分水岭，由此传统的东亚华夷秩序不复存在，但是，《马关条约》签订后发生的“三国干涉还辽”事件，使日本再次清醒地认识到，打败中国并不意味日本就能成为“东洋盟主”，列强特别是俄国还不允许日本在东亚舞台上担任主角，日本还需要继续向世界证明其“入欧”的态度、能力和“水准”。为此，日本先是在1900年镇压中国义和团运动时，首次加入列强侵华的统一行动，从而改变了身份，被正式接纳为世界列强俱乐部一员；继而在1904年的日俄战争中打败俄国，上升为“并列于世界优等国的一流国家”④。至此，明治时期的“脱亚入欧”可谓结出了“硕果”。

三 第二次转换：法西斯时代的“脱欧归日”

日俄战争的胜利，使日本进入了“大日本”帝国时代。到第一次世界大

① 《福泽渝吉全集》第14卷，491页。

② [日]西田长寿等编：《陆羯南全集》第4卷，579页，东京，美铃书房，1970。

③ [日]植手通有编：《德富苏峰集》，255页。

④ 《教育时论》，1904-07-15。

战结束时，如同华盛顿会议五国海军裁军条约规定的美英日主力舰比例为5∶5∶3所象征的那样，日本已经挤入世界军事三强。实力对比及其国际地位的变化，导致了日本自我认知及其文明观的变化，其结果是进入20世纪30年代后，欧化文明观为日本独善的皇国文明观所取代，进而又在唯我独尊的皇国观支配下，走上了我行我素、与世界为敌的不归路。

欧化文明观向皇国文明观的转换，经历了30年左右的思想博弈和实践探索过程。一方面，日俄战争后，欧化的脚步并未停止。大正民主运动可谓政治上进一步“欧化”的尝试，东京帝国大学教授美浓部达吉在《宪法讲话》中用资产阶级君主立宪理论的“国家法人说”重新解释明治宪法，向“天皇主权说”提出挑战，并得到了社会的普遍认同；吉野作造在《论宪政之本义兼论达其至善至美之途径》(1916)、《再论宪政之本义兼论达其至善至美之途径》(1918)等论文中，力倡民本主义思想，强调“国家在法理上属于人民”①。大正民主运动一度使西方民主主义、自由主义广为传播，以致从1924年起出现了日本近代史上短暂的政党政治黄金期。

但是在另一方面，强调日本文明价值、旨在对抗乃至取代欧洲中心主义的思潮也在抬头，并有愈演愈烈之势，其代表性主张是冈仓天心的“亚洲一体论”和大限重信的“东西文明调和论”。

冈仓在《东洋的理想》(1903)一书中提出了“亚洲为一”思想，认为诞生在喜马拉雅山两侧的中国文明和印度文明是“所有亚洲民族的共同思想遗产”②，但印度文明已在本土消失，“中国由于几经覆盖全国性的王朝覆灭、鞑靼骑兵的入侵、激昂暴民的杀戮蹂躏，以致除了文献与废墟外，已经没有什么能使人想起唐代帝王荣华与宋代社会典雅的标识”，今天，将复杂的中国文明和印度文明统一起来是“日本伟大的特权”。“拥有万世一系的天皇这一无以类比的祝福、从未被征服的民族骄傲与自恃、牺牲膨胀发展而固守祖先传下来的观念与本能的岛国孤立等，使日本成为承载亚洲思想

① ［日］松尾尊兑、三谷太一郎、饭田泰三编：《吉野作造选集(2)德谟克拉西与政治改革》，24－25页，东京，岩波书店，1996。

② ［日］冈仓天心：《东洋的理想》，桶谷秀昭、桥川文三译，11页，东京，平凡社，1983。

与文化的真正仓库”，“日本是亚洲文明的博物馆”①。不难看出，冈仓欲向世人传递的理念是，亚洲创造的璀璨文明已为日本所继承，因此亚洲主义的核心自然是日本中心主义。

与福泽谕吉一边倒的欧化论不同，日俄战争后骤然提升的民族自信和优越感，构成了“东西文明调和论”登场的时代背景。大隈重信及其智囊团在肯定西方文明的同时，也肯定了东方文明的价值，并把日本与东西文明的关系和作用作为重点论述。大隈认为：“如今，日本作为东洋文明的代表者，吸收咀嚼了白人文明，并将之与东洋文明进行了调和发展。”②因此，“日本对于东洋，是西洋文明的说明者，对于西洋，是东洋文明的代表者，在融合东西文明上居于绝对主导地位”③，“负有指导亚洲劣等文明国家向文明迈进的责任”④。他还在《国民读本》中写道：“我国已处于代表东亚文明，并向东洋介绍西洋文明的地位，很好地调和东西文明，进而醇化世界文明，带来人类和平，以图人道之完美，这是我国国民之理想，也是我日本帝国之天职。”⑤不难看出，在大隈的东西文明调和论中，一种博采众长、调和了东西方文明的“新文明”正在日本诞生，其文明之光不仅会洒向东亚，而且将“醇化世界文明”。

1929 年的世界经济危机蔓延到日本后，激化了长期积累的各种社会矛盾。在“国家改造”“昭和维新”的喧嚣声中，法西斯运动的狂飙打断了明治以来的“欧化”进程，导致了日本社会急剧“转向”。在对外关系上，排他性亚洲门罗主义路线成为主导，继 1931 年武力占领中国东北后，1932 年退出国际联盟，公然与国际社会决裂，沿着对外侵略扩张道路越走越远；在国内统治上，接连不断的血腥恐怖事件，终使日本于 30 年代中期建立了天皇制军部法西斯体制。

内外政策的“转向”与文明观的“转向”相伴，1935 年发生的“国体明征”

---

① [日]冈仓天心：《东洋的理想》，桶谷秀昭、桥川文三译，14 页。
② 《教育时论》，1906-10-05。
③ 《新日本》，第 1 卷第 2 号。
④ [日]大隈重信：《经世论》，38 页，东京，富山房，1912。
⑤ [日]大隈重信：《国民读本》，194 页，东京，宝文馆，1910。

事件堪称政治上清算“欧化”的典型案例。美浓部达吉的“天皇机关说”被“天皇主权说”取代后，不仅导致了1889年建立、含有“近代”成分的日本式东西合璧君主立宪体制崩溃，而且启动了明治后万般推崇的欧洲文明观向法西斯时代“皇国观”的回归。

以国家神道为基础构建的“皇国观”，是法西斯时代日本文明观的同义语，其思想核心是日本原本为太阳神缔造的神国，天皇有“掩八纮为一宇”的特权，中华文明的继承和西洋文明的摄取，已使日本成为东方新文明的代表者，肩负着建立“世界新秩序”的历史使命。这一狂妄而又根深蒂固的观念，可以从关东军参谋、作战主任石原莞尔中佐的“世界最终战争论”中窥知一斑。在石原看来，第一次世界大战实际上是欧洲大战，算不上世界大战。时下世界正形成以日本和美国为首的东西两大集团，当“日本完全处于东洋文明中心位置、美国完全处于西洋文明中心位置、飞机可环绕世界一周不着陆”的三大条件具备之时，便是“日莲圣人所指的统一世界的大战争”爆发之日。① 那将是一场决定世界命运的“最终战争”，是日本代表的东方文明与美国代表的西方文明一决雌雄的决战，战争的结果将决定“是日本的天皇当世界天皇，还是西洋的总统做世界领袖”。②

法西斯时代皇国观的付诸实践，始于1931年日本占领中国东北，为了蒙骗舆论，日本宣称它所扶植的伪满洲国是“五族协和”的“王道乐土”；1937年全面侵华后，近卫文麿政府在1938年11月的第二次声明中，首次提出了日满华合作、“建设东亚新秩序”③的目标；1941年12月，日本发动了自称为“大东亚圣战”的太平洋战争，把侵略魔爪伸向东南亚和西太平洋，而其为侵略行径包装的美名是，要把当地人民从美、英、荷的殖民统治下解放出来，东条英机在1942年的第79次国会演说中，公然把“建设东

① 日本国际政治学会、太平洋战争原因研究部编：《走向太平洋战争的道路·开战外交史》第1卷“满洲事变前夜”，367页，朝日新闻社，1988。

② ［日］石原莞尔：《最终战争论·战争史大观》，73页，东京，中央公论社，1995。

③ 日本外务省编：《日本外交年表及主要文书》下，401页。

亚新秩序”目标提升为建立“大东亚新秩序”，“建设大东亚共荣圈”。①

四 第三次转换：二战战败后的“脱日入美”

1945年9月2日，对日作战同盟国在美军“密苏里”号战列舰上举行受降仪式，日本代表重光葵和梅津美治郎在降书上签字。这一刻标志着第二次世界大战以日本的战败投降为标志落下帷幕，意味着日本帝国的灭亡及其法西斯时代皇国文明观的破产。

美国主导的对日占领政策，是直接军事占领和间接行政统治。为了防止军国主义复活，从制度上铲除日本对外侵略扩张的根源，以麦克阿瑟为首的美国对日占领当局强力推行了非军事化、民主化改革。

非军事化改革砸碎了支撑战争的国家机器，撤销了陆军省和参谋本部、海军省和军令部、教育总监部等军令军政机构，遣散了700万现役官兵，抓捕和审判战犯，并在国家机关和各级政府部门中开展了大规模肃清军国主义分子运动。

民主化改革的宗旨是打破政治、经济和思想上的专制统治，以便在社会的各个层面形成广泛的民主基础。在保障基本人权方面，废除《国家总动员法》《言论、出版、集会、结社等临时取缔法》《治安维持法》《思想犯保护观察法》《治安警察法》等战前“恶法”，解散特高课警察，释放所有政治犯，承认国民有集会、结社、言论、出版及宗教信仰自由，赋予妇女选举权和参政权；在教育改革方面，普及美国式自由民主思想，严禁军国主义、极端国家主义及神国教育内容进课堂，禁止学校开展军训及军事教育，禁止学校设置神龛及悬挂天皇照；在经济改革方面，农地改革、解散财阀和劳动改革的实施，从制度上改变了以财阀垄断和寄生地主制为特征的战前资本主义结构，调整了劳资关系。

1946年11月3日颁布的《日本国宪法》，堪称美国在日推行非军事化、民主化改革的集成，主权在民与和平理念成为战后宪法的核心。据此，立

① 《东条英机首相演说集——面临大东亚战争》，3－11页，东京，改造社，1942。

法、行政、司法三权分立的现代政治体制得以确立，理论上国民已成为国家主人，政府是为国民服务的公仆，天皇则由昔日的“现人神”变为“凡人”，只是作为国家的象征存在而不再具有执掌国政的权能。宪法第二章第9条规定：“永远放弃以国权发动的战争、武力威胁或武力行使作为解决国际争端的手段”，“不保持陆海空军及其他战争力量，不承认国家的交战权”。

战后改革虽然是基于外力强制而非日本自愿的背景，并且随着“冷战”后美国对日政策的改变而出现了明显的倒退，但是改革引起的制度变化以及思想意识上对日本国民的洗脑作用依然不可否定。1951年9月，美国操纵联合国片面签署了对日媾和条约，决定恢复日本的国家主权和“独立”地位，同时签署的《日美安全保障条约》则表明，日美两国已化敌为友，结成了同盟关系。度过战后十年的动荡期，日本经济实现复兴并走上高速增长道路，自民党也从1955年起成为长期执政党。吉田茂等一批保守政治家坚信，只有与世界上最强大的美国绑在一起，跟着美国走，日本才有未来。事实上，战后日本重新崛起的过程，也是日本全方位向美国学习、一切“向美看”、“对美一边倒”的“美国化”过程。在美国提供的保护伞下，日本得以专注经济建设，并尽情分享以美国为首的西方科技进步成果，从而于1968年跃居资本主义世界第二大经济强国，实现了经济赶超。

历史的发展总是惊人的相似。从20世纪60年代中期起，在世界性的日本讴歌声中，恰似日俄战争后急剧抬头的“日本主义”重演，创造了战后经济“奇迹”的日本再次找回了自信，文人政客在诠释经济成功的原因时，“发现”并高度评价了深藏于经济背后的日本独特文化即文明的力量和价值，燃起了日本文明向世界播撒的使命感。1967年，日本文化论代表人物梅原猛在《美与宗教的发现——创造性日本文化论》序言中指出：时至近日，输入的时代正在结束，创造的时代正在到来。1976年，梅原又在《日本文化论》中提出“两种文明原理”，认为“以往的欧洲中心主义文明（包括受西方文明影响而丧失主体性的日本近百年文明）已经没落，像瘟疫一样威胁着现代世界”①，东方文明向西方文明反击的时代已经到来。1982年，

① 卞崇道主编：《战后日本哲学思想概论》，314页，北京，中央编译出版社，1996。

中曾根康弘首相提出“战后政治总决算”口号，宣称日本为了实现经济大国向“政治大国”的转变，必须提升国际化水准，而国际化水准的提升需要输出日本文化。中曾根认为：“迄今为止，我国在吸收和消化外国文化的文化‘摄取’上过于热心，而对文化‘传播’的努力却很不充分”，因此“必须下定决心，大力传播日本文化，让世界更好地了解日本”。① 20 世纪 80 年代的确是日本人开心畅怀的时光，GDP(国内生产总值)景气、日元升值、海外游热、“购买美国”风潮、国际性“日本学”研究的兴起，人们坚信“21 世纪是日本世纪”，石原慎太郎等按捺不住地发出“对美国说‘不’”的强音，正是踌躇满志的日本人心态的真实写照。

然而，历史又是残酷的。过度自信和自我文明的价值高估必然要付出代价。进入 20 世纪 90 年代以后，80 年代“繁荣”所积累的深刻社会矛盾终于爆发。面对“失去的十年”或“停滞的二十年”的严酷现实，飘飘然的日本人开始冷静下来，“反思”和“改革”成为二十年来日本社会的主旋律，盛极一时的日本文化优越论已急剧失去其听众和市场。从文明论的视角观察这一现象时不难发现，日本自 20 世纪 60 年代末期抬头的具有某种“脱美”指向的文明观在画了一个圈后，又基本返回到“入美”“跟美”的原点，时下安倍政府的治国理念及其推行的“与拥有共同价值观的国家携手”②的价值观外交便是明证。

五 结 语

综上所述，在近代前夜德川幕府统治的中后期，原本“以中华为是”的日本传统文明观，因中日国情变化和西学东渐而发生动摇，但根基尚存；1853 年“佩里叩关”揭开了日本近代的序幕，引起了史称“脱亚入欧”的第一次文明观转换；“脱亚入欧”的日本打败中国和俄国，成为雄踞东方的“一流”帝国，由此自恃东西文明兼容并包，是现实东方文明的代表者，军部

① 中曾根康弘首相 1986 年 1 月 27 日在众议院 104 次会议上的施政演说。见田中明彦研究室网站资料《世界与日本》。

② 引自 2015 年 8 月 14 日安倍晋三战后 70 周年谈话。

法西斯掌控国家后，更以神国论包装，把日本代表的所谓东方文明进一步打造成至善至美的“皇国文明”，导致了可称作“脱欧归日”的第二次文明观转换；“皇国观”和皇国梦，促使日本发动了旨在建立“大东亚新秩序”和“共荣圈”的“圣战”，其以失败告终后，被迫进行非军事化、民主化改革，同时接受了一次摈弃皇国观、“脱日入美”的洗脑，从而发生了第三次文明观转换，而今其文明观依然是在这一轨道上延展。

物质决定意识，观念源于实践而又反过来指导行动。物理性现实环境的刺激，是导致近代以来日本的文明观发生三次转换的决定性因素，而其观念转换后的行为和实践，不只是对既成观念的验证，还引起了其既成观念的变化，以致其即成观念一再发生了转换。

在日本的三次文明观转换中，一个耐人寻味的现象是，尽管每次“转换”都具有“质变”的性质，但其新文明观的确立并不意味传统文明观的泯灭。历史证言是，“入欧”“入美”取得显著成效之时，往往也是其“发现”传统、“创新”独自文明观的起端。

日本的三次文明观转换留给世人的重要警示是：逆境之时要与时俱进，及时调整乃至改变落后观念，若此则后进者可以奋起直追，赶上世界发展步伐，甚至站在世界文明之林前列；顺境之时要保持理性，防止不断增强的民族自信、自豪感和使命感走向自我价值高估、他者价值低估的极端，若此则民族、国家可以长盛不衰。当今世界已进入全球化时代，多元文化的碰撞和交融，是世界文明走向更高阶段的强大动力，保持优良传统，敞开广阔胸吸纳世界优秀文化，当为智者的选择。

（作者为南开大学日本研究院、历史学院教授）

史学发展：继承创新和批评商榷

瞿林东

习近平在致第二十二届国际历史科学大会的贺信中指出："人事有代谢，往来成古今。历史研究是一切社会科学的基础，承担着'究天人之际，通古今之变'的使命。"①这一论断，概括了历史学的崇高使命和重大责任。

习近平在信中引用司马迁的这两句话，寓意深刻：一方面表明对这位伟大史学家撰述宗旨的尊重和继承，另一方面又赋予这一宗旨以现代的含义和生命力。当今，人类历史已经进入到关注生态并致力于生态文明建设的时代，对"天"即自然有了前所未有的深刻的理解，人类的活动与自然的发展应在和谐的关系中前行。而"人"，按照马克思主义的观点，随着社会的进步，人越来越得到自由的发展。在改革开放历史形势下的中国，"以人为本"成为时代的主题，人的平等成为社会建设的目标之一。可以说，在21世纪新的理念下的"究天人之际"，仍旧是历史研究的重大课题。

司马迁说的"通古今之变"，在"古"与"今"前后用了"通"与"变"的概念，即不仅仅是考察古今关系，而且要在"通"与"变"方面做出解释，这是司马迁历史思想之深刻的表现之一，他给后来的史学家、思想家和政治家提出了极恢宏的思考空间，促进了人们在古今关系和通变思想方面提出了许多真知灼见。如宋朝史学家对唐初令狐德棻关于撰写前朝的建议给予极高的评价，认为："典章图史，有国者尤急，所以考存亡成败，陈诸前而为之戒。方天下初定，德棻首发其议，而后唐之文物粲然，诚知治之本欤！"②

① 《人民日报》，2015-08-24。

② 《新唐书》卷一〇二"后论"。

习近平在信中赋予“通古今之变”以现代的、世界眼光的诠释，指出：“世界的今天是从世界的昨天发展而来的。今天世界遇到的很多事情可以在历史上找到影子，历史上发生的很多事情也可以作为今天的镜鉴。重视历史、研究历史、借鉴历史，可以给人类带来很多了解昨天、把握今天、开创明天的智慧。所以说，历史是人类最好的老师。”这就是当今的历史研究的历史使命。从人类各种正当活动的共同目标来看，当“历史是人类最好的老师”成为人类的共识并受到真正的尊重时，那不只是历史科学价值的实现，而且是人类文明的极大提升。从这个意义上说，习近平的贺信，是对全世界历史科学之真谛的揭示，也是对全世界历史科学工作者的鼓舞。

那么，历史研究怎样才能真正成为“一切社会社会科学的基础”呢？从当前中国史学发展状况来看，我以为以下两点是比较重要的：

第一，历史研究必须具备并大致遵循已经形成的完整的理论方法论体系。这个理论方法论体系可以用教科书的方式表述出来，如各种版本的“史学概论”那种表述方式，也可以用结合具体研究对象作比较简明的说明。这后一种表述方式，是继承了中国史学上“未尝离事而言理”的传统。如翦伯赞于1963年在《光明日报》上发表的《对处理若干历史问题的初步意见》，就是一篇讲理论方法论的大文章。文中讲了八个问题：如何处理历史上的阶级关系，如何处理历史上的国际关系，如何处理历史上的国际关系，怎样对待发展观点，怎样对待全面观点，人民群众与个别历史人物，政治、经济与文化，理论、史料与文章。① 这八个问题中，最后一个问题是关于史学工作者的基本修养，其他七个问题都与理论方法论相关涉，都是结合具体研究领域阐述理论方法论原则及其运用，使人易于理解。这是从一般意义上阐述研究中国历史的理论和方法。又如侯外庐在讲到他关于中国社会史、思想史的“研究原则和方法”时，写了这样一段话：“总的说来，依据马克思主义的理论和方法，特别是它的政治经济学理论和方法，说明历史上不同社会经济形态发生、发展和衰落的过程；物质生活的生产

① 《翦伯赞史学论文选集》第3辑，59－74页，北京，人民出版社，1980。

方式制约着整个社会生活、政治生活和精神生活的过程；以及经济基础与上层建筑、意识形态之间的辩证关系，是我十五年来研究中国社会史、思想史的基本原则和基本方法。”①侯外庐从九个方面论述了这个“基本原则和基本方法”。翦、侯两位史学前辈在几十年前讲的这些历史研究的理论、原则、方法是否已经“过时”了呢？我以为，社会在进步，学术在发展，他们所论述的理论方法论原则，或许个别地方需要补充和修订，但就整体来说，依然适用于指导当今的历史研究。这是一笔值得继承和发展的理论遗产。

第二，历史科学的发展，需要继承和创新，也需要批评和商榷。近些年来，社会提倡创新，学术界更是大力倡导创新，在这样一个鼓励创新的社会环境中，出现了许许多多的创新事物和创新产品，令人鼓舞。为了进一步推动学术上的原创精神，自2011年以来，华东师范大学连续举办了三届“思勉原创奖”的评选活动，受到社会的广泛关注，也得到了上级主管部门的支持。“思勉原创奖”的主旨，是通过公开、公平、公正的评选，选出那些真正具有原创价值的学术成果，从而起到表彰先进和推动学风改善的目的。参与这一活动的学者指出：创新和原创，需要发现问题、积累问题；没有对新问题的阐释，没有对老问题的新阐释，很难做到创新和原创。同时，创新和原创，一般都离不开继承，或受到前人学术的启发提出新问题并做出合理的阐述，或对前人提出的问题做出新的解说，都是在继承中的创新，而作为新的解说的“第一人”，其成果即可视为“原创”。为了历史科学更大的发展，需要大力倡导积累问题，提出问题；同时也需要进一步提升对于继承的认识，真正认识到继承是创新的基础。

同时，历史科学的发展，也需要批评和商榷。侯外庐讲到他治学的基本原则和基本方法时，把“执行自我批判，聆听学术批评”作为他的原则和方法之一，认为：“坚持自己的学术见解，并非拒绝批评。”②在这方面，老一辈马克思主义史学家们做出了表率。可以这样说，在中国马克思主义史学发展过程中，始终伴随着学术上的批评和商榷。即以新中国成立以后的

① 《侯外庐史学论文选集·自序》，8—9页，北京，人民出版社，1987。

② 《侯外庐史学论文选集·自序》，19页，北京，人民出版社，1987。

17年中关于"五朵金花"的讨论，以及其他一些重大历史问题的讨论，也都伴随着批评与商榷。前不久，在一次学术研讨会上，不少与会者认为，20世纪80年代，学术界还有一些关于重大问题的讨论，而近年来人们更多的是关注自身的研究，很少见到有关学术批评和商榷的文章。显然，这对学术发展是不利的。究其原因大致有三：一是研究的问题比较微观，对宏观问题关注得不够；二是写批评文章，说优点怕被人说是"捧场"，说了缺点怕"得罪人"，更怕影响人家提职称；三是缺少批评和商榷的氛围与平台。为了更加有力地推进历史科学的健康发展，对上述情况做出改进是必要的。

首先，要营造批评与商榷的良好学风。20世纪80年代，白寿彝先生在讲到要关注当代人的著作和开展书评时讲的一些话，在今天或许还是可以参考的。他认为："我国的文学界就够脆弱的了，而史学界比文学界还要脆弱。缺少书评，缺少批评和反批评。有很多书是费了很大气力才得以出版的，但出版以后，没人过问，久而久之，湮没无闻。这种现象，是有碍于学术繁荣的。"关于书评的写法，他讲得很具体，就是："说这书的好处，要确切指出它的优点，而不是一般地捧场；说它的缺点，要确切指出它的不足之处，最好能提出补充和修改意见，而不是挑眼。"①他反复强调要提倡和鼓励这种实事求是的评论和学风。

其次，要关注历史研究和历史撰述中的重大问题。史学工作者一般都有自己的研究领域和学术专长，这是史学发展所必要的。同时，对于历史研究和历史撰述中存在的带有全局性或整体性的重大问题，史学界同行似应当有更多的关注。这样的问题是不少的，如前不久在一次学术会议上，一些同行指出，中国历史上不存在奴隶社会，基本形成定论。我个人认为，问题可能不那么简单。其一，此说虽久已存在，但持有奴隶社会的观点现今也还存在，不仅一些大学教材如此，就是2012年出版的《简明中国历史读本》(中国社会科学院历史研究所本书编写组编写，中国社会科学出版社出版)，也持此说。以上二说如何协调？这就是一个大问题。其二，

① 《白寿彝教授谈读书》，载《读书》，1982(5)。

在中国历史上不存在奴隶社会，怎样看待原始社会解体后的中国社会，或者原始社会怎样过渡到下一个社会形态？对此，是否也应有比较明确的说明，也还有讨论的空间？有一位参与编写中学历史教学大纲的教授曾提出这样的问题：在中国古代史中没有提到“封建社会”的概念，可是在中国近代史中却出现了“半封建半殖民地社会”，这于历史、于逻辑都讲不通。像这样的问题，不进一步展开讨论，以致把学术讨论同教材编写的国家行为混淆起来，不仅于学术发展不利，也直接影响全民族的历史教育。此外，在关于中国古代史的著作中，有的书不知为什么对“秦帝国”“汉帝国”“大清帝国”这样的写法很感兴趣？“帝国”是个什么含义？“二十四史”中是否有此种说法？此类问题，可以举出一些，都有展开商榷、讨论的必要。

最后，要有批评、商榷、讨论的园地与平台。近来，翻阅《学术界》杂志，发现这家学术刊物很久以来坚持每一期都设立“学术批评”栏目，所刊文章涉及文、史、哲、经、法、文化、教育等许多领域。虽然这家杂志的影响力还不是很大，但它在学术批评方面的用心坚持是值得称赞的。如果有更多的学术刊物也能稳定地开设类似“学术批评”的栏目，倡导学术上的批评和商榷，并优先发发有一定分量的此类文章，对促进学术界的“百家争鸣”是大有裨益的。

作为“一切社会科学的基础”的历史研究，只要具备严谨的科学精神、高度的社会责任感，就一定能承担起这崇高的使命。

（作者为北京师范大学历史学院教授）

中国与世界视野下的中国史与世界史

桑　兵

一　“中国与世界”是典型的中国中心观

世界一词，源于内典，本来世指时间性，界指空间性，即无穷无尽的迁流与方位，与如今的“宇宙”概念颇为近似。后来逐渐合为一词，仍然分开解读。直到近代，因缘西学和东学，成为对应西文的重要概念。传衍至今，约定俗成，除了专业人士专门追究语义语源者外，一般人既不会依照传统经典拆开讲，也不会计较是否与西文合。在交流对话时，似乎已经不言而喻，其实却各说各话的情形所在多有。

就字面的应有之义而言，中国本来就是世界的一部分，因而无所谓“中国与世界”的分别及联系。而“中国与世界”的观念，显然意味着中国是与世界相对或平行的单位。这一看似具有国际眼光的表述，其实是典型的中国式思维的表现。或者说，是晚清夷夏之大防崩溃以来，国人急于进入世界以获得公认、同时又自外于世界的心理纠结的不自觉表露。

说到底，“中国与世界”是华夷观的变形，一方面将中国与世界对等，看似极其自信，内里却是一元化进化论价值判断主导下的不自信。1923 年钱玄同为林语堂的文章作跋：“老老实实说明因为西方文化是世界文化，中国要与世界文化融洽，非与西文融洽不可，故须改用罗马字。”①也就是说，在近代中国的新文化论者看来，中国与世界不仅仅是甚至主要不是地

① 杨天石主编：《钱玄同日记》(整理本)中，549 页，北京，北京大学出版社，2014。

域的分别，更重要的是社会发展阶段的差异，中国还不到世界的程度，必须改变，才能进入世界。以此为准，世界不仅是方位范围，更是各国排序的前列。世界文化不是全世界各种文化的集合，而是一部分，甚至是一小部分的先进文化。其先进性是整体的，所以全盘西化是必然的。据此钱玄同认为："统而言之，旧则旧，新则新，两者调和实在没有道理，制度是有机体，牵一发而全身动摇也。我以为真应该将东方文化连根拔去，西方文化全盘承受才是。"①照此观念，所谓中国文化与世界文化的关系，说到底就是要用世界即西方化中国。

在史学领域，所谓中国与世界，有两个层面，一是历史上中国与外国的关系，二是中学与西学以及受西学制约的东学的关系。就现在国际政治而言，则有一个衍生的层面，即中国在世界的地位与作用问题。这一层面原来也有，现在日渐凸显。

二 中西会通可望而不可求

中西会通是近代以来国人在乾坤颠倒的背景下向往的理想境界，同时也是故标高的的体现。严格说来，西学只存在于东方人的心目之中，认为有一个客观实在的西学，恰好是不了解的笼统模糊表现。正如所谓东方学，也是欧洲人心中的学问一样。或者称晚清即有西式的百科全书，以为是西学之通学，殊不知这是误将为应试策论而编写的科场书蜻蜓点水似的面面俱到，当作包含万有的鸿篇巨制。恰如今日的高考复习资料，无非一堆大杂烩而已。

中国人难以通中学，欧美人也难以通所谓西学。中西兼通，无人可及。历数近代学术大家，无人能够真正会通中西。读西书者固然只能附会西说(如章太炎、梁启超、刘师培、王国维等)，留西学者也只能学到一部分(胡适最多只能从文艺复兴讲起，不及希腊罗马；陈寅恪则主要关注西人之东方学；傅斯年于用力越多的领域则越不敢说)。况且欧洲学问的根

① 杨天石主编：《钱玄同日记》(整理本)中，580页。

底在拉丁文，犹如中学的基础在小学，只讲趋时，就是表面。近代中国的留学生，虽然大概知道求学位去美国，求学问去欧洲，但即使留欧，也大都学习热门学科专业，趋时也容易过时。几乎无人从拉丁文学起，求西学的本源。所以留学生大都回中国讲西学，到外国讲中学。

欧洲的古典学，很大程度经过近代学人的重新解读和建构，与中国历代的学问由后代不断重塑相仿佛。如清代的汉学与宋学，与汉代、宋代的思想学术不能等同。要想正本清源，无论中外，都不是轻而易举的事。

中西学体系架构各异，不可强同。清季以来，按照西学系统条理固有材料，用西式眼光看中学，并且将中学强行塞进西式框架，以致经学退出，文学混淆，哲学附会，流弊匪浅。史学作为各科之总汇，不仅专史专题受别科影响，通史也难免穿凿之弊。

作为虽不能至心向往之的境界，求通首先要跳出分科治学的畛域自囿，从读书做起，尽可能不受分门别类的局限，在中学方面努力有所超越，有余力再就习之所近沟通域外。如果不能不分科，强求跨学科更加不可能。试想分科之下终身努力于一科尚且不能通达，随意跨到其他学科，岂非以别科为不学而能？中国文字决定思维好用譬喻，所以应当尽可能少用平行比较，以免在不同文化之间看起来相同相似的人事之间望文生义，格义附会。

三　中国与域外的关系

中国以文化而不以种族论，在天下观的主导下，与四夷一直联系广泛，关系紧密。即使所谓闭关锁国，也只是国家层面某些方向的态势，不等于全部的社会实情。研究中外关系，不可先存有汉为一体的预设前提。作为文化集合体，中国是以文化论亲疏远近，与现在通行的所谓国际法占地分疆的观念大相径庭。

历史是天然的比较研究，通过比较不同的材料，可以近真且得其头绪。要多用比较研究的事实联系探究中外关系的历史，包括晚清以来的文化关系，应首先注意有直接事实联系的部分。胡汉之外，三个时期最值得注意：其一，汉至两宋，佛教影响的一大事因缘。其二，明末清初，耶稣会士入华及其影响。其三，晚清以来西学、东学与中学的冲突及融合。

前两期中外态势基本为吸收内化，后一期则为模仿外化。内化则取珠还椟，外化则乾坤颠倒。应当坚持道教之真精神与新儒家之旧途径，一方面尽力吸收外来思想，另一方面不忘本来民族之地位，两方面相辅相成，才能推动中国文化再创新高。

欧美的中国研究，少壮主要对应研究欧美历史的主流，套用其模式、概念、方法，用异域的例证，一方面显示模式、概念、方法的放之四海而皆准，另一方面表明自我预流，只是这样的皆大欢喜并未顾及与研究对象是否契合。成熟以后逐渐注意到，所套用的模式、概念、方法，其实是牺牲了研究对象的实情削足适履的结果。但是这样很可能陷入既不能真正内化，又游离本我的尴尬，只有少数高明能够接近中国历史的本相。日本因为文字相近的便利，近代学人主张按照中国学人的观念办法研究中国的传统，以及西洋、东洋、日本研究三分天下的组织格局，能够独树一帜，与巴黎汉学双峰并立，可惜这样的传统近年来逐渐流失，在美其名曰与国际接轨的旗号下，新进者舍己从人，同样追仿美国的观念模式，研治外缘性问题，无力深入中国学问的堂奥。前贤的高明难以承接，明治大正以来的学统渐有断裂之势。

胡适那一时代输入新知，用西洋系统条理中国材料，还是直接面对主流的西学。虽然陈垣、傅斯年等人抱有与巴黎、京都的中国研究争胜以及要东方学之正统在中国的雄心，从中研院历史语言研究所选聘海外通信研究员的标准可见，普遍而言，域外的汉学研究者能入中国学人法眼的为数甚少，因而大体上中国学人还不会追仿域外汉学的模式路径。只是时代环境的变动使得学习西方日益延伸到中国历史文化的研究领域，使得追随域外汉学尤其是中国研究逐渐成为趋势。

总括性的因素，首先就是中西学的态势乾坤颠倒。在经历了夷夏大防、中体西用的变异后，清季终于进入全面学习以致全盘西化的轨道，中西潜移默化地转换成新旧，用夷变夏自然成为正确的选项。在此背景下，挟洋自重渐成风气。历来中外文化交流的取珠还椟即吸收同化的内化态势，转变成化已为彼的外朔取向。受此时代风气的影响，历史研究难以自外。

在科举兼容西学的长期努力宣告失败后，西式学堂的分科教育机制与分科之学的西式架构逐渐成为主体，中学实际上是被西学肢解之后重新组装，观念上自然会以西式眼镜看待中国的社会历史文化。

受此制导，留学之于社会变化的作用大幅度凸显。留学生普遍受到重用高看，进一步强化了以西为尊的取向。在历史研究方面，傅斯年甚至认为非留学生不能修史。陈寅恪对于“群趋东邻修国史”虽不以为然，指为“神州士夫羞欲死”之事，却只能徒叹奈何。大势所趋之下，广发学位的美国取得优势先机，随着战后美国国力的猛增，文化霸权更加强势。正因为一代又一代按照西式分科及其叙述架构教育出来的青年学生，以及一批又一批出国留学归来者的言传身教，学习西学变成追仿域外的中国研究，他者的边缘成了自我的向心。学问不能从自国自心发出来，就只能舍己从人，邯郸学步，最终落得个东施效颦。就此而论，中国与域外的关系，早已不是某个具体研究领域面对的具体问题，而是整个中国学问必须设法解脱的困境。

（作者为中山大学历史学系教授）

文化比较视野下的中西史学近代转型

胡逢祥

近代以来，随着西方资本主义的崛起和势力扩张，以及交通、科技和资讯事业的日趋发达，世界各地文化的走向逐渐被联结到某种共生态中，中西史学的发展也结束了先前相互隔绝的状态，进入了一个新的演变阶段。在这一过程中，以欧洲为代表的西方史学不但最先发生并完成了史学近代化，其模式还通过各种途径传播全世界，以致成为整个近代国际史学潮流的引领者。但与此同时，也应看到，世界其他地区和国家的“后发”近代化尽管无不受到西学的影响，却会因各自文化传统和国情民情等因素的作用，表现出不同的特点，由此构成了整个世界文化及其史学向近代转型的复杂性和多面性。比较中西史学近代化的路径与特征，对于我们加深认识世界多元文化演变的复杂性乃至长远趋势，无疑是一个很好的切入口。

从文化比较的视角综合考量中西史学近代转型的过程，我们至少可以发现以下三方面的不同特征。

(一)历史文化背景差异而致路径的不同。中西史学的近代转型，本质上是一种社会文化新旧变革的结果。西方史学的近代化，以文艺复兴运动为契机。即以要求摆脱中世纪以希伯来文化为底色的基督教神学统治一切精神领域的桎梏，恢复发扬古希腊罗马人文精神为转向近代的起点。其文化更新的矛盾运动和组合源主要表现为西方史上两种不同类型的纵向文化坐标，即所谓“两希文化”间的主流转换、相互冲突和重新整合。

在中国史学近代化的过程中，也有人憧憬过“文艺复兴”的重现，如梁启超在《中国学术思想变迁之大势》(1902)和《清代学术概论》(1920)中一再称清代学术“以复古为解放”为特征，“其动机及其内容，皆与欧洲之‘文艺复兴'绝相类"。① 邓实更认为，中国先秦诸子百家学术之盛，足与西方文化的源头——故希腊罗马学术相相颉颃，故振兴民族文化，亟应复兴先秦古学，"刷垢磨光，钩玄提要，以发见种种之新事理"。如此，"则安见欧洲古学复兴于十五世纪，而亚洲古学不复兴于二十世纪也"。② 实际却不然。纵观历史，无论东西，凡文化上的大变局，尤其是一种质变性新飞跃的产生，除了社会本身提供的物质条件外，大多是不同类型的异质文化相互撞击和融合的结果。"文艺复兴"中被重新发掘出来的古希腊罗马文化传统，与西方中世纪一统天下的基督教文化本非同源，西方近代文化正是在这两大不同类型文化的相互撞击中破茧而出的。而先秦非儒诸子学说虽然在汉以后的文化史上始终处于非主流地位，却从未像古希腊罗马学说在西欧中世纪那样遭到过长期湮没无闻的命运，事实上，诸子学说不仅与儒学属同一文化系统和时代的产物，且长期维系着主辅共存、相互斗争而又相互渗透兼容的格局。历史上，儒学和诸子的互摩互荡，当然也会撞出一些火花，产生一些新的思想，但总体看，都只是一种量变，而很难形成根本性的质变或飞跃。进入近代以后，提倡"复兴古学"和恢复诸子应有的学术地位，虽有助于更完整地认识传统文化的内在价值，但同样难以导引中国文化走上现代化的道路。历史已经证明，中国近代文化与学术的巨变，决非由本系统内不同派别冲突和整合酿成，更多的乃是本土和西方两大不同系统文明相互摩荡交汇的产物。

(二)学术关注重心的同中有异。史学近代化的核心是历史研究观念、视野、理论与方法的时代更新，这方面，中西史学的近代发展固然有其共性。但由于两者发展时间和空间上的错落，各自关注的重心也必然有所差异。

西方史学的近代转型，是在中世纪末宗教神学尚笼罩一切精神领域的时期起步的，故一开始就凸显出倡导人文主义和个性解放，要求冲决神学思想罗网的精神，在史学上，其"主要任务之一就是要对历史研究进行一番崭新的定向。为先天地决定历史的普遍计划而提供基础的神学和哲学的

① 梁启超：《清代学术概论·序》，《饮冰室合集》专集之三十四，3页，北京，中华书局，1989。

② 邓实：《古学复兴论》，载《国粹学报》，1905(9)。

伟大体系，已经不被人们所赞同了；于是随着文艺复兴，人们就又回到一种基于古人看法的人文主义历史观上面来。精确的学术研究变得重要起来，因为人类的作为不再使人感到与神的计划相比，被缩小得微不足道，史学思想又一次把人放在它的画面上的中心地位”①。其后兴起的启蒙运动，在呼唤以理性反对蒙昧，以自由平等观批判和驱除专制主义和教权主义的声浪中，更使历史研究的科学性日益成为学科发展的关注中心。至19世纪，由于受到实证主义的影响，学术界普遍认为，科学研究“首先是确定事实；其次是构成规律。事实是被感官知觉所直接确定的。规律是根据归纳法来概括这些事实而构成的。在这一影响之下就出现了一种新的历史编纂学，它可以称为实证主义的历史编纂学”。② 尽管此后学术界对于何谓历史学的“科学性”有不同的理解，不少人的认识其实只停留在“确定事实”这一步，而放弃了“构成规律”的目标。但无论如何，承认并构建历史学的某种“科学”形态，至此已成近代史学界的共识。

中国史学的近代转型，则是在晚清国事日非和西学输入的刺激下，通过对西方的模仿开始的，由于两者所处的历史文化背景不同，其学术关注的重心也各具特点。如西方史学的走向近代的第一步，首先是强调人及其能动性在历史发展中的作用，以突破神意史观的束缚。但在中国，受儒家思想主导的传统史学原本就有趋重人事和较浓厚的人文倾向，尽管其中也夹杂着神意史观，事实上并不占主导地位。这应当是中国史学近代化从未把反神学和重人文列为关注的中心，而是一开始就把批判矛头直指流毒两千年的帝王集权及其专制思想，力倡民本和民主的基本原因。从中国史学史看，无论是明末清初的早期启蒙思想家黄宗羲、顾炎武和王夫之，还是晚清史学的近代化走势，无不表现出这一倾向，梁启超在《新史学》中批判旧史学的“四弊二病”，其核心诉求即在于此。因此可以说，中国史学的近代转型，观念上实更接近于欧洲启蒙时代的史家。但与此同时，我们仍不能忽视两者在具体运作和学术关怀上的差异。

---

① ［英］柯林武德：《历史的观念》，何兆武、张文杰译，99页，北京，商务印书馆，2009。

② ［英］柯林武德：《历史的观念》，何兆武、张文杰译，189页。

首先，从史学近代化的路径看，比较有代表性的意见是，西方以倡导“为学术而学术”的非功利主义学术观作为摆脱中世纪学术依附于神学和开启现代史学独立性的新契机。英国当代史家浦朗穆(John Harold Plumb，1911—2001)就说过：“至文艺复兴以降，史学家逐渐决定致力于了解曾经发生之往事，为了解而了解，非为宗教，非为国运，非为道德，亦非为神圣化之制度……史学家日趋于窥探往事之真相，而冀自此建立有历史根据之社会变迁轨迹。此为一西方之发展。”①但在中国，虽然20世纪初王国维便发出过类似的呐喊，却应者寥寥。新文化运动前后，认同“为学术而学术”等观念的人似乎多了起来，但持续时间并不长。不仅如此，在传统史学转型的一些重要关头，学术界强调的也往往是经世意识而不是“为学术而学术”。如鸦片战争前后的学术风气之变就是以龚、魏等人倡导“经世致用”开始的；20世纪初梁启超在其开创现代史学的名篇《新史学》中，劈头就说：“于今日泰西通行诸学科中，为中国所固有者，惟史学。史学者，学问之最博大而最切要者也，国民之明镜也，爱国心之源泉也。今日欧洲民族主义所以发达，列国所以日进文明，史学之功居其半焉。然则但患其国之无兹学耳，苟其有之，则国民安有不团结，群治安有不进化者。”打出的同样是“救亡图存”、鼓吹民族国家思想等强化史学社会经世功能的旗号——当然其服务对象已从旧史所关注的帝王将相转向社会进步、民族国家和国民，内容也主张从比较狭隘的政治史扩展到视野更宽广的社会史和文化史。

其次，从史学理论与方法这一历史学运作的核心层面看，过去一般认为中国史学的近代化似乎也是尾随着西方的某种理论或方法体系展开的，具体来说，20世纪前半叶表现为以宗奉西方实证论的新考证派为主流，后半叶则是马克思主义唯物史观的一统天下。但现在看来，此种笼统的结论应当重新加以审视。众所周知，历史研究的主要工作，不外围绕着两个层面展开，一是基本史实的认定，二是对历史的理解或解释。前者通常包括

① 当然西方也存在偏于“实用”，旨在以史“更多地证明某些社会思想或政治原理的发展”的一派。参见[波]托波尔斯基：《历史学方法论》，张家哲译，北京，华夏出版社，1990。

史料的搜集和史实的考证排比，为整个历史研究的基础；后者包括对历史因果关系及其是非得失的分析和意义的追寻，形成历史研究的认识升华。由此两个层面考察中国史学的现代转型，可以发现其间存在着一定的差异。

应当指出，在史料和史实考证的基础工作方面，中国现代史学史上倡导的所谓“实证史学”其实并未改变清代以来考据学基本方法和主流路向，不少人按照胡适的说法，认定清代朴学方法就是科学方法，以致他们所从事的“实证史学”用的是西方的术语，走的却基本是乾嘉以来的传统史学路子，或者仅仅是这一路向的拓展。这一点，即使是主张按近代自然科学标准建立“科学的历史学”的傅斯年也不否认，他公开宣称：“我们宗旨的第一条，是保持亭林、百诗的遗训。”因为“他们的历史学和语言学，都是照着材料的分量出货的。他们搜寻金石刻文以考证史事，亲看地势以察古地名……本这精神，因行动扩充材料，因时代扩充工具，便是惟一的正当路径”。又说：“没有客观的处理史学或语言学的题目之精神，即所谓亭林、百诗的遗训者，是不感觉着扩充材料之必要，且正也扩充不了；若不扩张工具，也不能实现这精神、处置这材料。”对于胡适的“科学方法”，与其亲近的一些朋友也以为“始终没有跳出中国‘乾嘉学派’和西洋中古僧侣所搞的‘《圣经》学’的窠臼”。而胡适晚年，竟向何炳棣自承：“你曾对我说过好几次，傅孟真办史语所，不但承继了清代朴学的传统，并且把欧洲的语言、哲学、心理，甚至比较宗教等工具都向所里输入了；但是他却未曾注意到西洋史学观点、选题、综合、方法和社会科学工具的重要。你每次说，我每次把你搪塞住，总是说这是谈何容易……今天我非要向你讲实话不可：你必须了解，我在康乃尔头两年是念农科的，后两年才改文科，在哥大研究院念哲学也不过只有两年；我根本就不懂多少西洋史和社会科学，我自己都做不到的事，怎能要求史语所做到?”胡适和傅斯年尚且如此，遑论其他人。自然，在此期间，也有一些学者在尝试运用西方输入的社会学、经济学等社会科学从事历史特别是社会经济史研究，但总的来说，并不占主导地位。

而在历史解释层面，中国现代史学的主流走的明显是西学路子，从 20 世纪初进化论的流行，到“五四”以后唯物史观的广泛传播，以及其他一些西方历史解释系统的流入，都反映了这一点。而属于中国传统历史解释系统的循环论、治乱得失论、复古论等大抵皆式微不堪。

（三）转型模式的差异。西方史学的近代化，从根本上说，乃是本地区诸近代社会因素日益发酵和推动的结果，也就是说，其变化主要表现为一种内生性的文化矛盾运动。这种发展模式，其学科理论和方法的变革往往以自然演进和发自原创者为多，并易形成由内生向外延的辐射和交流之势。

而作为近代化的“后发”国家，中国史学的近代转型在开始阶段实更多地表现为西学冲击下的被动应变，其理论更新一度主要通过对西学的移植、模仿，也即单向接受的方式实现的。但从后续看，又面临着一个如何成功消化外来进步文化，并结合本土实际和文化传统，逐步形成化“外生”为“内生”的自主创新能力及机制问题。这也正是此种模式的难点所在。

中国史学近代转型遭遇的这种复杂性，表现是多方面的，其中最值得注意的有两点：

一是其输入西方史学的多面性，决定了整个吸收消化过程的复杂性。西方的学术，其源头虽都可上溯古希腊罗马，但近代以来，随着许多民族国家的建立及其文化的发展，已如繁花盛开，各具特色。如欧洲的启蒙主义史学，各国关注的重心就有所不同，“在英国和法国，以哲学为方向的史学占据了主导地位；而在德国，占据主导地位的却是高度发达的诠释式的历史比较语言学”。① 而从鸦片战争后中国对西学的关注方向看，其重点也曾随时局的变化，经历了多次转换：从洋务时期的英美德法为主，到甲午战争以后的借道日本，再到民国年间的直访欧美，以及其后的向苏俄学习等。这种情况表明，所谓西学，实际上是一个相当宽泛的多元文化概念，对此，历史上中国文化消融印度佛教文化的经验显然已不敷用。实践表明，在如此丰富和日新月异的世界面前，中国文化如何应对西方文化的挑战，如何正确选择和吸取对方的各种长处，如何结合本土实际和传统将之融为一体，如何在自觉融入国际学术潮流的同时贡献自身所长，都是一项长期而艰巨的任务。

---

① ［美］伊格尔斯、王晴佳：《全球史学史：从18世纪至当代》，杨豫译，27页，北京，北京大学出版社，2011。

二是围绕着现代史学建设中如何处理中西史学关系的问题，也经历了相当曲折反复的过程。大抵甲午战前，中国学术界对西学的态度以传统保守主义为主流，无论是顽固派还是洋务派，在人文学术领域，对西学即使不坚决反对，一般也缺乏自觉输入和接受的意识。19 世纪末起，这方面风气始开，“西化”思潮日渐抬头，至“五四”时期达到巅峰，其后按照西方近代史学观念、方法和价值体系标准建构中国现代史学，几成国内主流学术机构和大学历史系的共识与基本运作模式。当然其时也有一些持文化保守主义观点的学者，提出了另一种主张，坚持中国现代史学的建设，应以本民族文化为主体，适当吸取西学之长，继承本土史学注重经世、强调通识和人文意识的传统。辛亥革命时期的国粹派、“五四”时期的学衡派及稍后的民族本位文化派，其史学都反映出这一倾向。虽然在民国初的 20 年里，此类史学因其自身的“守旧”形象，很难与生机勃勃的“西化”派抗衡，在学术界往往被挤至非主流的边缘地位。但抗战军兴，随着民族危机的加剧和国内民族爱国主义激情的日趋高涨，其声望日趋提高，与此相应的史学观念和实践也开始受到国人的更多重视。直到新中国建立后，有关这方面的争论依然余响不绝，可见此项工作的长期性。

从文化比较的角度看中国史学的近代转型，至少可以给我们以下几点启示：(1)中国史学的近代化虽是在西力东侵和西学的强势冲击下被动起步的，但客观上，这也是学术更新的一种契机或模式，只有积极应对，努力变被动为主动，才能进入良性发展的轨道。(2)“后发”近代化国家虽然有可能通过输入和移植外来先进文化较快地提升自己的学术，但如满足于模仿和照搬，并不利自身的长远发展，从近代史学史看，只有自觉注重将其与本土史学传统作有机结合的理论和流派，才能产出硕果和深远影响。(3)近代以来，世界各国史学的发展虽呈日渐汇流之势，但这种“汇流”并非众流归一的“合流”。在这一过程中，各地区和民族国家的史学不仅不能偏废，还应通过自己在继承传统基础上的创新实践，向世界展示自己的特色，贡献自己的长处。只有这样，才能不断丰富和推动国际史学的发展。

（作者为华东师范大学历史学系教授）

本土经验与异域理论：20 世纪中国史研究的现状与前景

冯筱才

我们目睹了中国最近 30 余年来的巨大变化。这 30 年中，我们可以明显感觉到中国的进步，譬如经济的迅速发展，民生的广泛改善。同时，我们也都看到了许多未能妥当解决的问题，如官员腐败行为常态化，社会贫富差距过大，法律秩序不健全，环境污染恶化，产品质量监控不力。如何让大多数民众都能享受到经济发展的成果？如何防止官员权力寻租行为的肆意蔓延？如何真正建立一个公正、公平、健康的社会？我想这些难题都是目前急待提出答案的。解决问题，自然需要借鉴经验，更需要适当理论的指导。这就给中国的人文社会科学研究者，提出了挑战。

在政治经济结构与社会巨大变化的同时，我们也可以注意到，人文社会科学在这 30 年里，也有了许多变化。就个人感受来说，最重要的一点，就是西方学术成果大量被翻译介绍到国内。20 世纪 50 年代之后，绝大多数西方学者的观点，都被视作“资产阶级学术思想”，只能在一些批判的文字中找到支离破碎的介绍，此前中外学者之间的密切交流也被迫中断。1952 年之后，像社会学、政治学、人类学、心理学等学科，在中国的大学里多被当作“资产阶级学科”取消。直到 20 世纪 80 年代初这些学科才开始在一些大学重建，中断了 30 年的学术交流也同时渐渐恢复。对当时的中国研究者来说，大多数西方理论与概念都是新颖的，因此，一时涌现大量的译介是可以理解的。而一些学者也确实在借鉴这些理论对中国自身的问题进行较有深度的研究，提出一些相当有价值的看法。不过，需要关注的是，随意搬用的现象也开始出现，一些学者未及完全消化这些西方的理论与概念，就将其运用到中国问题的研究上来，甚至把一些分析性概念作实质化处理。尽管分别有人提出社会科学的"本土化"或"国际化"，然而，究竟应该如何"本土化"？又能通过何种途径，让中国的社会科学研究真正融入国际学术体系中去？大概目前的社会科学界仍没有形成某种共识。

同时，人文学科在这30年里，也同样有了许多新的变化。由于此前文史哲等学科被过度政治工具化，所谓的研究工作基本上在服务教条主义的意识形态与不断变化的政治运动，因此，我们也可以看到，这30多年中，人文学科在做的，一方面是"去魅"，另一方面也有学者在提倡"复古"。同时，与社会科学一样，许多学者对引介西方的研究成果充满兴趣。以本人相对熟悉一些的历史学科来说，由于此前的"历史学"完全束缚于政治教条主义，因此人们对基本史实都缺乏认识，更谈不上理性的科学研究。1978年之后，伴随着经济改革政策的实施，历史学的"社会经济史"转向也相当明显，尤其以"现代化"为论证目的的研究曾成为主流。20世纪90年代之后，受国际历史学界发展潮流的影响，一些历史学者，也开始与社会科学研究者同步关注一些其他问题，如"国家与社会"之关系、"公共空间"与"市民社会"的形成、全球化与后现代主义……这些趋势当然显示了史学研究的新气象。然而，就近现代史研究而论，从扎实的原始资料入手发现题目，既能参考相关理论又摆脱概念预设的研究成果亦不多见。

因此，个人认为，最近30余年中国人文社会科学的发展，主要之贡献仍在于引进介绍西方学术理论，以及用一些中国经验，来证实西方学者的观点与分析。在这个过程中，本土经验之研究，实际上只是为西方学术理论阐释体系增加了一些脚注。然而，我们必须很清楚，目前西方学者所提出观点与理论体系，其主要支撑基础仍是西方的经验证据，尤其是近代以来的欧洲经验。这些基于西方经验证据的看法，是否能够完全解释其他地区的政治与社会经济变迁呢？同时，以某种西方概念与理论为选验命题，来从中国本土寻找支持性证据，这种研究路径是否真的符合严格的科学研究规范呢？

这30年以来，尽管中国在改革实践上开辟了一条新的发展道路，摆脱了西方学术界熟悉的发展模式，然而，中国的学者，却鲜见有人对此提出令人信服的解释。同时，对这个变迁过程中涌现出来的许多问题，目前学术界也没有提出切实的解决方案，更没有形成创新性的社会科学理论，与中国的经济发展一样获得国际性的尊敬。为何会有此种局面？我认为，除去上面提到的“套用西方理论”及众所周知的“政治自律”等原因外，也与研究方法有相当密切的关系。目前的社会科学，研究资料主要来源于公开的资讯，以及调查与问卷。这种方法，也许在西方学术界能够行得通。然而，在中国大陆目前不健全的资讯发布体系之下，仅数据本身便存在天然的缺陷。同时，多数学者的研究领域主要仍在1978年后30余年的历史，对此前30年的历史不大关注。因此，研究者往往对当下许多现象的历史发展脉络缺乏了解。每当谈到某一具体问题，需要借鉴其历史背景时，只能依靠一些陈旧的历史叙述。由于没有一个厚实的历史知识背景，一些社会科学研究者对当代问题提出的论点，常常经不起仔细推敲。但吊诡的是，不少社会科学研究者又常常对历史学者的成果感到不屑，认为其作品缺乏理论维度，只会停留于“就事论事”。

在历史学界，就20世纪中国历史研究来说，学者常囿于学科边界，不大去关注社会科学学者在做些什么。学者个人研究也往往束缚于某个单一的断代时间，或某个单一层面的问题，如晚清新政的展开过程，或1927—1937年国民党政府黄金十年的经济发展。研究者不但对历史缺乏一种贯通性的理解，而且“问题史学”目前仍未能成为史学界多数人的共识。历史研究如果仅以史实考辨为重心，以史事叙述为目的，也很难吸引社会科学研究者的对话兴趣。实证经验研究，不能回到问题的层面来对历史现象进行归纳与分析，提出一个符合严密逻辑的解释；或针对某个特定的问题或其背后的理论阐述，提出自己的辨析性看法，大概也很难越出学科边界，更不大可能以此为基础发明出新的概念与理论。当然，强调“问题意识”，与以某种理论观点为预设前提寻求资料证实的做法是不同的。所谓“问题意识”，是在研究者对大量一手资料及相关理论文献的分析过程产生的。

与中国有关的社会科学研究者，不大去研究1949年后30年的历史，其中一个原因确实与资料有关。令人不解的是，尽管20世纪以来的中国历史比其他任何时段给后人留下的资料都要多，然而，目前是否有学者已经在各自的兴趣主题范围内，对这些资料有充分的掌握、整理与分析呢？有人曾撰文强调中国研究中田野调查的重要性，批评中国学者跟在西方学者的后面只知道重视历史资料。那么，是否西方有关20世纪的中国研究，就一定掌握了大量的一手历史资料？同样，研究中国问题的学者是否就真的忽略田野调查，一味重视历史资料呢？显然，这个看法是不大符合实际情形的。就1949年后30年的历史来看，西方学者能够利用的资料，主要还是公布的各种出版品(如资料选编、年鉴、报刊等)，再加上一些田野调查资料。20世纪80年代之后，许多中国研究者确实非常重视实地田野调查，他们也意识到各种公布的资料包括报刊都有种种缺陷，因此希望能够通过田野工作来获得更直接的信息，并加深对基层中国社会的了解。然而，对中国普通基层民众来说，频繁的政治运动对民众心理造成深远的影响，更让他们对“调查”其实是非常敏感的。如果研究者的田野调查不是长期的内部的，而是走马观花式的，那么，其结果通常是不令人乐观的。此种调查应该是掌握了大量的内部资讯后的补充工作，而不能代替获取一手资料的主要途径。总之，基于大量一手档案资料解读与内部视野观察基础上的研究成果，无论中外学者都不多见。有限资料的性质也决定了中国研究成果的质量，并影响了研究者们思考问题的路径，甚至其提问的方式与内容。除了利用一些公开的资讯，大多数学者仍然未能以档案材料为依据。

比较乐观的是，30年以前的档案，按照国家档案法的规定，都已经超过解密期，因此，不少档案馆现在已经部分开放了1949年后30余年间的档案资料。这些资料与此前被广泛引用的公开出版品，在信息含量方面显然有非常重大的差别，如果研究者能够充分利用这些资料，并且辅之以深入的田野调查与口述访问，相信会对过去的历史与特定的问题有全新的认识。在此基础上，如果能够借鉴西方通行的概念归纳与阐述，也许便可以提出真正原创性的理论观点。其实，目前中外学界已经有一些研究者注意到这些资料的价值，通过研究获得了一些初步性的结论，只是尚未引起广泛的重视。当然，值得关注的是，这些档案资料，许多都是手写的记录文字，识别抄录首先就需要足够的经验，这方面，也需要进行培训。各地的资料，内容同质化现象很严重，我们如何解读这些资料并从中发现有价值的问题，这方面也需要密切的合作，否则不容易取得突破性的研究进展。

档案资料的利用，要与田野调查与口述研究紧密结合起来。同时，我们也要注意将1949年后的资料与此前的资料结合起来理解。跨时间、跨区域的比较研究是有必要的。研究者对各种资料都要有鉴别能力，并且能互相校勘，明白史料背后的“编写逻辑”，避免研究观点受材料文字自身表达逻辑的左右。否则，这些资料不但不能帮助研究者清楚了解历史，反而会加深误解。

20世纪中国的历史，对整个人类文明来说，都是极为特殊的一种经验。同时，我相信它也是人文社会科学研究的一个重要的富矿。既然在过去全球范围内的学者能够通过对各种非中国历史经验的总结，尤其是欧美历史的研究，提出丰富多彩的概念理论，那么，为何中国20世纪的历史经验，就不能提供类似的理论创新基础呢？在这方面，或中国学者有某种天然优势。无论是文化语言，还是直接体验，以及在资料搜集与文本解读方面的能力，都非常有利于研究的开展。最近30年西方理论的引介，也为学者们提供了大量的思想资源。也许通过学术界的努力，不仅20世纪中国历史的全貌能够被慢慢重建出来，对于中国历史的崭新的贯通理解，也可以为创造新的理论提供坚实的基础，并丰富全球知识体系。对于我们熟知的大部分社会科学理论来说，中国20世纪历史无疑是一种异质性的经验，这其实也为新概念与新理论的创造准备了有利的条件。

不过，我们也要承认，仅在理想层面讨论研究现状，有时是隔靴搔痒。最近这些年围绕20世纪中国历史的各种研究题目，我们也已经出版了许许多多的研究著作与论文，涉及范围非常广泛。即使以1949年后30年的历史研究来看，各种正式出版品，包括博硕士论文，为数已甚巨。如果我们以印刷文字数量来看，大概中国人文社会科学真的已经抵达“学术繁荣”的状态。然而，毋庸讳言，从这些汗牛充栋的出版品，也许我们看到更多的是“学术大跃进”推动的“数量繁荣”，高质量的学术论著仍不多见。这一方面与目前国内的学术评鉴体系及出版制度有关，同时也未尝不与研究者们的生存状态有关。“学风浮躁”，有时未必完全是学者的职业道德问题，更加是某种学术机制或环境的产物。

然而，如果对20世纪的中国历史没有充分深入的研究，在此基础上提出客观的分析与解释，那么，无论是理性公共政策的制订，还是国民素质的普遍提高，都是无源之水。当下的中国正面临许多问题，要知道未来走向如何，首先便需要认真研究既往的历史经验。我相信，有关20世纪中国本土经验的高质量研究成果，对一个健康发展的未来中国，乃至于对于整个人类文明的前途，都是大有裨益的。

（作者为华东师范大学历史学系教授）

东亚视野下的中国史研究

孙卫国

20 世纪初以来，随着现代大学与学术研究体制的建立，中国近现代的史学研究得以蓬勃发展，中国史研究取得了卓越成就，涌现了一批学术大家。就研究取向而言，大多立足本国，放眼世界，因为20 世纪初以来，是中国走向民族独立与民族解放的重要历史阶段。长期以来，民族救亡与政治革命，成为20 世纪前半叶中国社会的最强音；经济建设与改革开放，则是20 世纪后半叶中国社会的主旋律。这样，中国史学研究中，民族主义史学成为一个世纪的主流。进入 21 世纪以来，随着东亚汉籍史料的大量刊行，全球史与区域史的发展与兴盛，东亚视野下的中国史研究成为一种新的研究趋向，必将对中国学术的发展产生深远影响。

一 东亚汉文史料的刊发及其影响

诚如陈寅恪所言："一时代之学术，必有其新材料与新问题。取用此材料，以研求问题，则为此时代学术之新潮流。治学之士，得预此潮流者，谓之预流。"①当今东亚汉文史籍的大批刊行与运用，则是 21 世纪的新材料，也带来了学术的新潮流，东亚视野下的中国史研究，乃是这种新潮流的集中体现。

事实上，东亚与海外文献对中国学术的影响，早已有之。清末咸、同年间所兴起的对西北史地的关注，大批学者参考了丰富的周边文献，做出

① 陈寅恪：《陈垣〈敦煌劫余录〉序》，原载《历史语言研究集刊》1930 年第 1 本第 2 分册，又见陈寅恪：《金明馆丛稿二编》，236 页，上海，上海古籍出版社，1980。

了重大成就。20世纪20年代，王国维提出“二重证据法”，其中一个重要层面，就是将国内文献与国外文献进行对照，从而考辨出历史的真相。陈寅恪评价王国维学术成就时，指出他对“中国近代学术界最重要”的贡献，首在“转移一时之风气而示来者以轨则”，其中一条即是“取异族之故书与吾国之旧籍互相补正”。他列举了王国维的辽、金、元史及其边疆地理之作，如《萌古考》及《元朝秘史之主因亦儿坚考》即是其代表作。① 可见，对周边文献的关注，由来已久。

1938年，胡适在苏黎世举行的第八届国际历史学大会上发言，即指出，当时中国学术界资料的四大发现：安阳殷墟史迹(甲骨文字)、新发现的青铜器(铭文史料)、中世纪中国的敦煌文献、最近向学者开放的中国档案(明清档案)四大类史料，加上“原稿搜寻以及禁书、被忽视书的钩沉”。此外，他还特别提及“日本朝鲜所存中国史籍”，其中又特别强调有三类材料：“a. 中国佛教不同派别的历史；b. 唐朝的法律和制度史；c. 世俗文学发展史。”②可见，东亚汉籍与域外文献一直未曾远离近现代中国学者的视野。

在过去的20世纪中，胡适所提及的前四大类史料，大多得以刊发和运用，对于中国学术的发展产生了极大影响。殷墟甲骨文资料与青铜器铭文史料的系统发掘和整理，使得中国先秦史的研究，呈现出名家辈出、成果丰硕的景象；加上随后秦汉简牍的发现与运用，改写了中国秦汉史的面貌；敦煌文书的大批整理与出版，形成了几代学者殚精竭虑、潜心研究的“敦煌学”；明清大内档案的大批影印，使得明清史研究呈现出繁荣兴旺的局面，一代又一代学人如雨后春笋般茁壮成长起来。可见，20世纪中国学术所呈现出繁荣的景象，与这些资料的发掘与运用密切相关。这四大类资料，都是在中国本土发现的，因而较为容易得以刊行，中国学者也比较容

① 陈寅恪：《王静安先生遗书序》中，指出此“轨则”有三：(1)“取地下之实物与纸上之遗文互相释证”；(2)“取异族之故书与吾国之旧籍互相补正”；(3)“取外来之观念与固有之材料互相参证”。参见许冠三：《新史学九十年》，83页，长沙，岳麓书社，2003。

② 《〈新发现的有关中国历史的材料〉——胡适在苏黎世第8届国际历史科学大会上宣读的论文提纲》，载《走向世界》，2015(3)。

易看到，也就能尽快受到中国学者的关注。

而第五类“日本朝鲜所藏中国史籍”，虽然也受到一定程度上的重视，也有些成果问世，但与前面四大类资料相比，其开发运用尚极为有限，远没有达到其应有的程度，因为其主要收藏于周边各国，中国学者要获得并不容易，对中国学术的影响自然有限。而事实上，东亚汉籍既包括胡适所言其贮藏的中国史籍，也包括日本、韩国、越南等国所做的汉文典籍，其数量要大得多，对中国学术的影响，也将更为深远。进入21世纪以来，随着电子化时代的来临，原本贮藏于日本、韩国、越南等地大量汉文文献的刊行出版，各类电子数据库的涌现，使得中国学者获得这些资料已基本不成问题，其对中国学术的发展正产生越来越广泛的影响。其中由复旦大学葛兆光先生所倡导的“从周边看中国”视野的兴起，①正是这种影响的集中体现。

二 东亚汉文史料的种类及其所反映的中国形象

汉字是古代东亚各国共同使用的文字，可以说是东亚古代文明的共同基因，是东亚古代文明的基石。因而流传下来丰富的汉籍，成为东亚世界共同的财富，也是解读古代中华文明的重要史料来源。东亚汉籍与中国古籍一样，也分经、史、子、集四部。从其来源上讲，大体可分三类：

第一类，从中国所传入的各类典籍。古代中国几乎每一部重要典籍都传到周边各国，成为他们阅读、研究的重要典籍。胡适特别指出：“由于海上交通的困难，日本朝圣者和商人从中国带回的手稿和晚近时期的印刷书籍大部分完好地保存在日本的寺庙和宫殿里。这些藏品向研究者开放以及重印其中一部分对于现代历史学研究有很大帮助。”②事实上，这只是极少的一部分，大量的中国各类史书、经书、文集和子部书籍，源源不断地

① 《“从周边看中国”：中国文史研究的新视野——访复旦大学葛兆光教授》，载《文汇读书周报》，2008-01-04。又见复旦大学文史研究院编：《从周边看中国》，北京，中华书局，2009。

② 《〈新发现的有关中国历史的材料〉——胡适在苏黎世第8届国际历史科学大会上宣读的论文提纲》，载《走向世界》，2015(3)。

传到朝鲜、日本和越南等地，成为他们学习中国文化的重要依据。正因此，中日之间的海上航道，竟有“书籍之路”的说法。①中朝、中越之间与之相比，也毫不逊色。这些中国典籍，有些在中国已经失传，而收藏于周边各国，从清末杨守敬以来，受到了越来越多中外学者的关注，②大批中国失传的书籍被从周边各国找到，而重新在中国翻印。

第二类，周边各国对中国典籍的翻刻、注释、解说之类的典籍。周边各国对中国传入的典籍再刊，使之传播更为久远，能被更多的人所阅读；各国学者对重要典籍进行解读，使之能被更好地理解。如对儒家经典《四书五经》的解读文献，在周边各国如汗牛充栋，如韩国所刊印的书籍就相当丰富，韩国成均馆大学影印刊发的《韩国经学资料集成》，③ 就有 86 册之多。对其他相关史籍的解读文献，也极为繁富，如对《史记》的解读著作，也不胜枚举。这些典籍乃是周边各国学习、领会和理解中国古代思想文化的重要著作，也是中国文化传播的重要依据，是解读中外学术文化交流的重要媒介。

第三类，周边各国所著的各类汉文典籍。在学习中国汉文典籍之同时，周边各国所著的汉文典籍极为丰富，成为东亚古代文明的重要组成部分。这些典籍，既有使行记录，又有其所编的各类史籍、史料笔记、个人文集以及各类子部书籍等，乃是周边各国在学习中国文化与中国文明之同时，确立其自身文化认同与文化特色的重要典籍。这类典籍数量最为宏大，影响极为深远。

古代东亚世界，政治上形成了以中国为中心的“天下秩序”，中原王朝成为东亚世界的政治中心。④ 文化上，诚如日本学者西嶋定生所言东亚世

① 参见王勇：《书籍之路与文化交流》，上海，上海辞书出版社，2009。

② 如杨守敬有《日本访书志》(沈阳，辽宁教育出版社，2003)，严绍璗有《汉籍在日本的流布研究》(南京，江苏古籍出版社，1992)，另有[日]大庭修：《江户时代中国典籍流播日本之研究》、王勇等译，杭州，杭州大学出版社，1998。

③ 韩国成均馆大学校大东文化研究院编：《韩国经学资料集成》，서울特别市，成均馆大学校出版部，1998。

④ 参见[美]费正清主编：《中国的世界秩序：传统中国的对外关系》，杜继东译，北京，中国社会科学出版社，2010。

界的“四大支柱”：汉字、儒教、佛教和法律系统，构成了东亚独特的文化特征。①这四大“支柱”或发端于中国(汉字、儒教、法律系统)，或经中国化后再传入周边各国(佛教)，因而古代中国成为东亚文明的发源地与文化中心。因此，在东亚各国典籍中，与中国相关者，相当丰富，大体上可以分为三类：

第一类，观察与见闻。古代中国从西周开始，建立了与周边各国交往的“宗藩体制”，经秦、汉发展，隋、唐时期得以完善，元、明、清时期达至鼎盛。中原王朝是宗主国，周边各国是藩属国，周边各国定期派使臣前往中原王朝朝贡。朝鲜、安南、琉球逐步进入这个体制之中，明清时期乃最为典型的藩属国。历史上日本列岛与中原王朝的交往则若即若离、时断时续，游离于这个体制的边缘。使行往来，是当时中外交往最为重要的官方途径。历代使臣纷纷记录使行过程中的所见所闻，回国后向朝廷禀报。朝鲜使行中，专设书状官，专职掌管记录使行途中的见闻，并定期向王廷汇报。朝鲜王朝因而留下了大量的使行记录《朝天录》与《燕行录》，对于元、明、清的朝中政治事件、社会状况、人们生活、自然环境等进行了直观而细致的记录和描写，留下了大量鲜活的资料。这些资料在中韩两国基本得以刊行，如林基中所编《燕行录全集》《燕行录全集续编》以及他与夫马进所编《燕行录文献日本所藏编》，并有电子数据库；广西师范大学出版社出版了数辑《燕行录全编》，复旦大学出版社出版了《朝鲜汉文燕行录选编》，等等。清代越南来华之使行文献《越南汉文燕行文献集成》也由复旦大学出版社出版。这些资料中记录他们所遇到的各色人等、与他们彼此交谈的文字，甚至于记下他们风闻的各种奇谈怪论。这些鲜活的记录，给我们留下大量宝贵的第一手资料，可以大大补充中国史料的不足，从而更加丰富我们的研究。而在《朝鲜王朝实录》《备边司誊录》《承政院日记》等朝鲜官方史籍中，载录了使臣回国向国王禀报使行见闻的大量报告与谈话，这些皆是重要的参考史料。即便在朝鲜前往日本的使行记录《通信使录》中，在朝鲜人与日本人的交往中，中国也从未缺席过，成为不在场的参与者，

① 参见[日]西嶋定生：《中国古代国家と東アジア世界》，東京，東京大学出版会，1983。

因为中国是朝鲜与日本学习与效仿的对象。日本的使华录、越南的北行燕行录等等，皆是这类重要的资料，通过这些使行记录，我们能够获得许多在中国史籍中难以获取的第一手资料，从而更加丰富我们对古代中国的认识。

第二类，想象与意象。周边各国士人与官员中，出使中国的毕竟是凤毛麟角，大多数人无缘前往。但在他们所阅读的典籍中，有关中国的内容相当丰富，这样也就激起了他们对中国的丰富想象。高丽国王曾经梦中游览汴京，醒来后以未能生在宋朝为憾，即为典型事例。使臣回国后，使行经历也往往影响着他们的一生，经常陷于使行经历的回想之中。而他们的使行记录，也激起了更多的人对中国的向往。清乾隆三十一年(1766)，朝鲜燕行使子弟洪大容与严诚等三位浙江举人在北京琉璃厂相识、相交的传奇故事，激起了一大批有识之士纷纷踏着他的足迹，来到北京，从而开启了一个清代中朝学人大交往的时代，因为洪大容的传奇故事，带给年轻的朝鲜士人无穷的想象。① 更多的则是对书中所描述中国壮丽山河的意象，如对燕京八景的意象、对五岳的意象、对潇湘八景的意象、对五台山的意象等，成为文人墨客追逐的艺术想象，成为他们艺术创作中永恒的主题。② 这类文化想象与意象，正是中国文化在周边各国的投影，也是反观古代中国文化极佳的镜子和检视中国古代文化的重要参考文献。

第三类，吸收与新生。观察与见闻，是直接接触的中国文化；想象与意象，是思想中对中国文化的回想；吸收与新生，则是通过学习中国文化，从而转变成为周边各国自身文化的一部分，是中国文化对周边各国影响的直接体现。既有政治制度上的效仿与学习，亦有文化上的认同与模仿。如朝鲜、越南学习中国隋唐以来开科取士的做法，也实行科举制度，选拔官员。更为重要的是对中国刑律的借用与实施，中国的《唐六典》《元

---

① 参见[日]夫马进：《朝鲜燕行使与朝鲜通信使》，上海，上海古籍出版社，2010。孙卫国：《朝鲜燕行士人与清朝儒生：以洪大容与严诚、潘庭筠、陆飞交往为中心》，见杨龙主编：《东北亚社会经济文化与区域合作》，天津，南开大学出版社，2006。

② 参见守谦、廖肇亨编：《东亚文化意象之形塑：第十一至十八世纪间中日韩三地的艺文互动》，台北，允晨文化实业股份有限公司，2011。

典章》《大明律》等，成为朝鲜、日本、越南制定刑法制度的原本，直接采纳与运用，故而被称为东亚四大支柱之一。朝鲜王朝学习中国的六部制度，设立六曹衙门等，皆是具体的体现。这些文化与制度，发源于中国，传播到周边各国，使之生根发芽，茁壮成长起来，构成古代东亚世界相似性的重要组成部分。透过这些资料的研究与分析，既可以看到周边各国如何学习中国、学习哪些内容，同时可以了解中国文化的生命力与影响力，从而更好地解读中国古史。

总之，东亚的各类汉籍文献，为东亚视野下开展中国史研究，提供了可能性。而其中所蕴藏与中国相关的资料与想象，又增加了其必要性，是进一步深化中国史研究的重要途径。

三 东亚视野下中国史研究的意义

胡适所提出五类史料的发现，前面四类史料皆是在中国本土所发现的，透过这些史料的研究，构筑出了系统的中国史的研究体系，固然非常重要。但在21世纪这样一个多元化的时代中，除了自身视角外，他者的观察显得相当重要，是对自身视角的重要补充，某种意义上，可以弥补自身视角的盲区与缺陷，从而更为全面、系统、多维度地展开认识。东亚视野就是这样一种来自身边他者的眼光，意义相当重大，具体而言，有以下几点：

第一，可以补充和完善中国史料与视野的缺陷与不足。东亚视野，既有资料上的保证，又有方法上的意义。中国史研究，立足中国，建立以中国为主体的学术体系，固然极为重要。经过一个多世纪的发展，这样的中国史早已经硕果累累了，但也同时带来一些缺陷与不足。尽管古代中国是东亚世界的中心，建立了以宗藩体制为核心的天下体系，但从史料上看，对于周边各国的关注始终不多。二十四史中，只有四夷传等极少的篇章涉及周边各国，内容极其简略，史料也相当简单。而周边各国的史料却相当丰富，可以大大补充中国史料的不足，从而将古代中国与周边各国的关系更加丰富、更加细化。同时，总体而言，中国史料虽然很多，但多是以朝廷为中心，对于社会生活的描述缺少鲜活的史料，而来自周边各国的使行记录则有大量这样鲜活的史料，大大补充了中国史料的不足。

第二，可以纠正中国史料与视野的偏差与谬误。中国史官记录中国历史，编修中国史书，固然名正言顺，理所当然。但因为立场与视野问题，因为政治斗争、党同伐异、理念的不同，有些史官往往故意颠倒黑白，混淆是非，往往有些历史的载录不那么公正客观。如《明实录》的编修，就常常出现这样的问题。《明太祖实录》竟然三次撰修，后两次乃是因为成祖朱棣要抹杀“靖难之役”的真相，故而一再改修。《明神宗实录》中，因为党争问题，对于明代抗倭援朝战争的载录，也是故意混淆视听，大加贬斥。这些问题，如果与《朝鲜王朝实录》等史料对照，会发现即便是同一件事、同一位明朝将领，却有完全不同的说法和评价。两相对照，一定程度上，可以纠正其谬误，考辨出历史的真相。因而东亚视野下的中国史研究，中国史中的许多问题，都可以得到完全不同的认识，从而更加丰富和完善我们对中国历史的认识。

第三，可以开拓新的研究领域与新的学科。中国文化源远流长，对东亚以至整个世界的影响都相当深远，但长期以来对于中国文化是如何影响东亚、影响世界的，在哪些方面对东亚有影响，有怎样的影响，其实大都只是大而化之，粗略的了解，对于细节甚至历程都并不清楚。借助东亚汉籍与周边文献，就可以比较深入、细致地考察中国文化是如何传入周边，又是怎样生根发芽，与周边各国文化结合，从而生发出新的文化来的。这样将大大拓展中国文化与中国历史的研究空间，从而开拓出新的研究领域。如儒家传入周边的朝鲜、日本、越南，影响巨大，以至于有形成了儒家文化圈的说法。但是儒家在三国的发展状况却各不相同，明清王朝以程朱理学立国，王阳明心学也得以发展。但是最为正统的程朱理学王朝却是朝鲜王朝，持续时间最长，对朱熹的尊崇也最严，阳明心学在朝鲜王朝始终是被打压的对象，得不到很好的发展。这种差别的原因何在，值得研究。同样学习儒家思想，朝鲜与越南仿效中国，以儒家经典为考试对象，开科取士，日本却没有这样的科举制度，又是怎样的原因呢？像这样的问题不胜枚举，这些既是研究周边各国历史需要注意的问题，也是进一步考察中国文化与中国历史相当重要的问题。从而开拓出新的研究领域，甚至于形成新的学科方向。

总之，东亚视野下的中国史研究，东亚汉籍与周边文献，给这种研究的开展，提供了资料上的保证和可能性。而现有中国史研究自身的不足，又为这种研究提供了必要性。这是21世纪中国历史研究的一个新的发展方向，必将引领中国历史与中国学术走向一个新的阶段。

（作者为南开大学历史学院教授）

跨国史的兴起与20世纪世界史的重新书写

王立新

近年来，国际史学界出现一股强大的潮流，即历史研究的“跨国转向”(transnational turn)，并导致跨国史(transnational history)的兴起。这场有“史学革命”(historiographical revolution)之称的新潮流是继“文化转向”之后史学研究中出现的最引人瞩目的新变化，大有横扫整个史学领域之势，正在对史学观念、历史研究方法和历史知识生产的方式产生深刻影响，甚至可能改变人类对现代历史的理解。本文试图对这一潮流做一简要评述并在此基础上思考跨国史研究对我国20世纪世界史书写的启示。

一 对民族国家史学的反思与跨国史研究的兴起

历史研究的跨国转向是全球化背景下历史学家对民族国家史学的弊端进行反思的结果，其本质是通过重新书写人类历史以应对全球化时代人类面临的种种问题，并为解决这些问题提供一个“可用的过去”(usable past)。由20世纪70年代东西方缓和而重新开启的全球化进程给人类生活带来一系列变化，其中最为明显就是非国际行为体作用的上升和跨国现象的迅速增多，跨国生产和跨国消费逐渐成为人类生存的常态。同时，人员、资本、商品、服务和信息的跨国流动使国家疆界愈来愈容易被渗透，国家越来越受到外部事态和跨国力量的影响。而自19世纪后期以来在史学研究中占据主导地位的民族国家史学把国家的历史看作封闭自足的，无视外来因素对本国历史进程的影响和国家间的相互依赖，专注于重建国家疆界内的历史经验，忽视了跨国性的人类活动，强调本国经验的特殊性，在国民中助长狭隘的民族主义观念，因此越来越难以适应全球化时代的现实，也无助于应对当前面临的种种挑战。

在这一背景下，一些研究美国历史的学者在20世纪80年代末和90年代初率先开始批评民族国家史学的狭隘性，倡导美国史研究的国际化，从而开启了历史研究跨国转向的进程。日裔美国历史学家入江昭在美国权威的史学专业期刊《美国历史评论》1989年2月号上撰文倡导历史研究的"去国家化"和"国际化"，号召历史学家关注"人类历史的相互联系"，"寻找具有超越国家疆界意义的主题和概念"，重视外部世界对美国历史的影响，把美国历史作为更大范围的跨大西洋史的一部分加以研究。① 1991年10月，澳大利亚新南威尔士大学美国史教授伊恩·蒂勒尔在同一家期刊上撰文批评美国历史叙事中的民族主义和"例外论"传统，主张放弃单纯在国家框架内进行历史知识生产的做法，"从替代性的跨国视角"来审视美国历史，进行"跨国史"研究，从而使美国史研究超越民族主义史学的藩篱。②入江昭和蒂勒尔的文章标志着跨国史研究的兴起。

1996年，美国历史学家组织和纽约大学高等研究国际中心合作，发起"美国史研究国际化项目"，来自世界各地的80多位历史学家参加该项目组织的学术讨论会。2000年，由托马斯·本德教授执笔撰写的项目最终成果《拉比埃特拉报告》出版。报告提出美国国家的历史必须置于比国家更大的跨国背景加以考察，关注美国的跨国联系以及外来力量对美国历史进程的影响，以"深化对美国历史语境的理解"，避免"美国例外"的主张。③ 1999年12月，美国历史学家组织的会刊《美国历史杂志》刊发了一组专题论文，主题是"国家与对国家的超越：美国史研究中的跨国视角"。④ 2006年12

---

① Akira Iriye, "The Internationalization of History", *American Historical Review*, Vol. 94, No. 1, Feb., 1989, pp. 2-4.

② Ian Tyrrell, "American Exceptionalism in an Age of International History", *American HistoricalReview*, Vol. 96, No. 4, Oct., 1991, p. 1038.

③ Thomas Bender, La Pietra Report, The Organization of American Historians, 2000, Part II http: //www.oah.org/activities/lapietra/(2012年5月18日获取)

④ "The Nation and Beyond: Transnational Perspectives on United States History: A Special Issue", *Journl of American History*, Vol. 86, No. 3, Dec., 1999, pp. 965-1307.

月，《美国历史评论》刊登了多位学者关于跨国史问题的对话录。到21世纪初，开展跨国史研究以弥补民族国家史学的不足已经成为美国史学界的共识，用印第安纳大学历史系米克尔·西格尔教授的话说，到2005年，“对跨国史的研究已经从最激进的史学方法变成最正统的史学分支”。①

从跨国史视角来重新审视民族国家历史的潮流并不限于美国史学。继美国之后，英国历史学家在20世纪90年代后期开始引入跨国史视角重新研究英帝国和英联邦史。主要代表人物是剑桥大学历史系英联邦史教授安东尼·霍普金斯。他在1999年提出，“现代英国史研究的一个最显著的特征就是一直把民族国家史与帝国史隔离开来”，而这带来一系列弊端，特别是忽视了跨国联系和超国家力量对英国历史的影响；未来的英国史研究应该打破这种隔离，考察帝国的历史对英国国家历史的影响。② 伦敦大学学院历史系凯瑟琳·霍尔教授试图从新的视角，关注英国在海外的殖民活动和帝国管理如何影响英国本土的社会生活和政治演进，特别是英国的国家特性与身份如何通过与帝国内部殖民地“他者”的对照来建构。③ 美国伊利诺伊大学历史系英国史教授安托瓦妮特·伯顿也提出类似的看法，认为在研究英国史时应该“把民族国家(nation)从舞台中心挪走”。④霍尔和伯顿等人开创的“新帝国史”关注英国构建和管理帝国的经历对英国国家历史的影响，具有明显的跨国史取向，是最早一批从跨国史视角研究英(帝)国史的学者。

德国史学家在21世纪初也开始倡导跨国史，柏林自由大学的于尔根·科卡(Juergen Kocka)教授2001年在德国社会史家的旗舰杂志《历史与社会》(*Geschichte und Gesellschaft*)上发起关于跨国史方法的讨论。同年，

---

① Micol Seigel, “Beyond Compare: Comparative Method after the Transnational Turn,” *Radical History Review*, No. 91, Winter, 2005, p. 62.

② A. G. Hopkins, “Back to the Future: From National History to Imperial History,” *Past & Present*, No. 164, August, 1999, pp. 203-205.

③ Catherine Hall, *Civilising Subjects: Metropole and Colony in the English Imagination*, 1830-1867, Chicago: University of Chicago Press, 2002.

④ Antoinette Burton, “Who Needs the Nation? Interrogating ‘British’ History,” *Journal of Historical Sociology*, Vol. 10, No. 3, Sept., 1997, pp. 227-248. 引文引自第240页。

于尔根·奥斯特哈梅尔(Juergen Osterhammel)在批判历史学丛书中出版了关于跨国史和全球史的论文集，还建立了跨国史的网络论坛。随后，莱比锡大学的米德尔(Matthias Middell)教授主持开展“跨国视角下的法国大革命”“欧洲的跨国化和文化转移”“跨国视角下的东欧”等课题的研究。这一系列动向标志着跨国史研究在德国的兴起。① 德国史学界开始倡导跨国史研究虽然比美国晚了近十年，但发展迅速，已经出现一批颇有影响的著作。

法国史研究中的跨国转向大体上发生于21世纪初，主要代表人物有法国国家科学研究中心(Centre National de la Recherche Scientifique)人文与社会科学部的皮埃尔-雅维斯·索尼尔(Pierre-Yves Saunier)教授、加州大学洛杉矶分校林恩·亨特(Lynn Hunt)教授和杜克大学洛朗·迪布瓦(Laurent Dubois)教授。在跨国史的视野下，法国史不再仅仅是其国境内经历的再现，而且还被作为欧洲史的一部分加以研究，学者们更加重视法国与欧洲其他国家的联系，特别是大西洋地区思想、商品和人员的流动对法国历史进程的影响，将法国史研究“欧洲化”。2013年法国史研究学会年会上，1/3以上的分组讨论涉及移民、殖民、帝国、跨国联系以及法美关系等跨国史问题。②这从一个侧面反映了跨国史方法对法国史研究的影响。

2009年，帕尔格拉夫-麦克米伦公司出版了由入江昭和法国历史学家皮埃尔-雅维斯·索尼尔主编的《帕尔格雷夫跨国史辞典》。③ 该辞典的出版被认为是“跨国史已经达到某种程度的成熟并在史学研究中获得合法性的标志”。④ 2007年，帕尔格拉夫-麦克米伦公司开始出版由哈佛大学教授入

① Kiran Klaus Patel, “‘Transnations’ Among ‘Transnations’? The Debate on Transnational History in the United States and Germany,” *Amerikastudien/ American Studies*, Vol. 54, No. 3, Jan., 2009, pp. 456-457.

② 详见 Nancy L. Green, “French History and the Transnational Turn,” *French Historical Studies*, Vol. 37, No. 4, Fall, 2014, p. 562.

③ Akira Iriye and Pierre-Yves Saunier, eds., *The Palgrave Dictionary of Transnational History*, New York and London: Palgrave MacMillan, 2009, pp. xxvi-xxxvi.

④ Ann-Christina L. Knudsen and Karen Gram-Skjoldager, “Historiography and Narration inTransnational History,” *Journal of Global History*, Vol. 9, No. 1, March, 2014, p. 146.

江昭和牛津大学现代中国史学者拉纳·米特(Rana Mitter)任主编的跨国史丛书，每年出版六种，目前已经出版32种。很多史学专业杂志已经开始大量登载跨国史论文，甚至出版跨国史专号。一些研究基金也把跨国史作为新的史学领域加以资助，一些大学设立了跨国史研究生项目、研究机构和跨国史教职。以跨国史为主题的学术会议、工作坊和暑期学校在欧美各国召开，关注跨国联系的史学著作层出不穷。这些都表明跨国史已经成为国际史学界的“新宠”。

那么，什么是跨国史？其研究对象和方法与传统的民族国家史学有何不同？

跨国史研究的是跨越领土疆界的人类经历，包括人员、思想、信息、资本、物质和制度的流动和联系。入江昭和索尼尔在《帕尔格雷夫跨国史辞典》中把跨国史的研究对象界定为：“19世纪中期以来跨越不同的民族共同体或社会以及在不同民族共同体之间、之上和之外的流动和联系。”①在两位作者看来，19世纪中期是民族国家(nation-state)兴起的时代，在此之前不存在民族国家，因此也就不存在跨(民族)国(家)史。索尼尔在其2013年出版的著作中，把跨国史研究的时间范围进一步确定为19世纪初以来的200年。②伊恩·蒂勒尔则主张美国的独立是现代民族国家兴起的开端，因此跨国史的研究对象应该是18世纪晚期以来近250年的人类历史。③也有学者试图把跨国史的研究范围扩大到任何跨越(政治)领土疆界的人类经验，跨国史中的“国”不仅指民族国家(nation)，还可以指任何主权性质的“政治空间单位”，如古代城邦国家、帝国等。这一定义把跨国史研究的时间范围大大扩大了。一般而言，史学界通常认为跨国史视角主要应用于对最近200—250年人类历史(也就是民族国家作为重要历史现象出现后的历史)的研究。

---

① Iriye and Saunier, eds., *The Palgrave Dictionary of Transnational History*, pp. xvii-xviii.

② Pierre-Yves Saunier, *Transnational History: Theory & History*, New York and London: Palgrave Macmillan, 2013, Introduction, p. 7.

③ Ian Tyrrell, “What is transnational history,” https://iantyrrell.wordpress.com/what-is-transnational-history/.(2015年6月9日获取)

跨国史不同于国际关系史。国际关系史的研究对象是国际关系和国际事务，而跨国史的研究对象主要是跨国关系和跨国事务。国际关系（事务）指的是主权国家之间通过其政府或代表产生的联系和互动，是国家行为体的涉外活动；而跨国关系（事务）是非国家行为体，特别是次国家行为体（包括非政府组织、移民和难民、跨国公司、学生和学者、旅行者、商人、宗教人士等）跨越国家疆界的活动。国际关系史关注的是国家间的关系（inter-national relations），实际上是民族国家史的延伸。而跨国史虽然并不刻意排斥国家行为体的跨国活动，但更关注非国家行为体的活动以及非国家行为体与国家之间的互动。简言之，跨国史的研究对象是非国家行为体的跨国联系，而国际关系史的研究对象是国家行为体的跨国联系。

跨国史与全球史也有所不同。其一，跨国史研究的是民族国家兴起以来的跨国现象，而全球史研究的是跨地区和跨大洲的具有全球意义的现象，也就是说，全球史的题材范围要比跨国史小得多。有些跨国现象可能涉及两个国家或社会，并不具有跨文化、跨地区的全球意义，因此并不能成为全球史研究的对象，如边界地带（borderland）、非法移民与难民、教育与文化交流、国际体育、跨国社会与政治运动、国际非政府组织等很难纳入全球史范畴，但却是跨国史的重要题材。一般而言，全球史以地理大发现为其起点，而跨国史的起点是 19 世纪中期或 18 世纪晚期，并不涉及 18 世纪晚期民族国家兴起以前的历史。其二，跨国史视角的提出起源于对民族国家史学的狭隘性、封闭性及其主导地位的不满，致力于重新理解民族国家历史的语境以及补充民族国家史学之不足，培育世界主义和跨国主义观念，因此具有鲜明的反民族国家史学的特性。而全球史从跨地区和全球层面来考察人类历史，是关于全球化进程的历史叙事，并不具有修正和深化民族国家史学的明确旨趣。其三，由于第一手材料的匮乏以及收集不同地区和多种语言材料的艰难，全球史家的主要研究方式是依赖历史学家已有的研究成果来提出问题、阐述观点和构建解释框架。而跨国史在原始材料的收集和利用方面与全球史相比要容易得多，目前已有的成果也主要是基于第一手文献进行的研究。其四，就研究方法而言，跨国史具有鲜明的跨学科特性，受到后殖民研究、性别研究、底层研究、流散研究和文化研究的深刻影响，正是这些研究的跨国性质在20世纪80—90年代激发了对民族国家史学的反思，构成促进跨国史兴起的内在学术力量。而全球史和世界史在方法上偏向于传统的历史叙事，在方法论上不具有鲜明的跨学科特性。

尽管对跨国史的含义、研究对象和时间范围还有争议，但国际学术界已经达成共识，那就是对历史上的跨国现象进行经验研究比陷入概念争论要重要得多。大体说来，学者们主要从两个层面来开展跨国史研究：一是把跨国史作为一种补充性的视角和方法，通过关注民族国家的跨国联系来考察外来力量对民族国家成长的影响，以加深和丰富对民族国家历史的理解，消除民族国家史学的狭隘性和封闭性；二是将跨国史作为新的研究领域，考察历史上的跨国现象和跨国联系，关注跨国空间发生的人类经验，这种意义上的跨国史已经逐渐发展成一个新的史学分支。

二 跨国史视角对民族国家史学的影响

作为新的研究视角和方法，跨国史已经对一些国家的国史研究构成强有力的冲击，改变了各国国史研究的面貌。

在美国，跨国史视角的引入改变了对美国历史上重大问题的理解。殖民地时期的美国史已经被置于相互联系的大西洋世界加以考察，成为更广阔的大西洋史的一部分，而非仅仅是对美利坚合众国历史的准备。美国革命、废奴运动、内战和工业化被重新语境化，其动力深藏于大西洋世界，并受到欧洲思想和事态的深刻影响。进步主义运动的兴起不仅是对美国工业化和社会转型的反应，还被认为是欧美之间人员和思想交流的产物，是20世纪初期兴起的“跨大西洋社会政治”(transatlantic social politics)的美国版。民权运动不再是孤立的、纯粹的美国运动，而是与二战后亚洲和非洲反抗白人至上主义和殖民统治的民族解放运动存在密切的关系，受到非殖民化进程的激励。移民史学者不再仅仅把移民群体纳入以同化为核心的民族主义叙事中，而开始关注移民群体构建的跨国网络的作用及其具有的多重身份和双重国家忠诚。总之，从跨国史视角重新审视美国历史，把美国国家历史视为更大的人类历史的一部分以及关注外部事态对美国历史进程的影响已经成为美国史研究和教学的新正统。

欧洲各国历史研究也因为跨国史视角的引入而展现出新的面貌。研究法兰西帝国史的学者把目光从帝国中心投向边缘，关注法国在加勒比和北非的殖民地如何影响法国本土的事件和进程。研究法国大革命史的学者“在法国国界之外”找到了影响大革命进程的因素，发现法国大革命的原因、内在动力和后果都产生于法国对全球化进程越来越深刻的参与。而德国社会史研究也由于跨国史和全球史视角的引入而获得新的发展，包括研究范围的拓展、题材的增多和因果分析的深化，特别是重视用外部因素和跨国交流来解释德国社会的变化，而不再单纯在德国社会内部寻找社会变迁的动力。从跨国史的视角审视德国史也使德国历史上的很多重要现象有了新的解释。从这个意义上，一些学者提出德国历史的研究应该欧洲化，因为欧洲内部的交往与联系对德国历史极为重要。

欧美以外的国家的历史研究也开始引入跨国史的视角。研究犹太史的学者们发现，犹太人的历史主要是由跨国和流散的经历构成的，犹太民族散居世界各地，又返回故国的经历是典型的跨国经历，以色列国家认同的形成是通过把这些跨国经历“国家化”来实现的。也就是说，以色列的民族主义实际上是建立在跨国主义(transnationalism)之上的，同时也必须透过以色列与海外犹太族群的跨国联系才能加以理解。因此，跨国视角是理解以色列历史的核心路径。

在跨国史研究的影响下，把国家视为自足和封闭的单位和历史的天然载体的史学观念逐渐失去了其吸引力，越来越多的国家的“国史”研究被重塑：此前历史书写中“隐形”的群体的经历被再现，历史上被淹没的声音开始被倾听，外来因素在本国历史发展中的作用得以凸显，本国历史进程“独特”和“例外”的观念被弱化。托马斯·本德在其2006年出版的从跨国史视角重新书写美国历史的著作中曾言，跨国史视角的引入和该书的出版“预示着我们所熟悉的那种美国历史的终结”。① 如果用这句话来描述跨国史对其他很多国家史学的影响，大体上也是合适的。

① Thomas Bender, *A Nation among Nations: America's Place in World History*, New York: Hill and Wang, 2006, p. 3.

不过，跨国史视角的引入不是要取代民族国家史学，而是丰富和深化各国历史的研究。如于尔根·奥斯特哈梅尔所言，跨国史并非天生就优越于民族国家史，历史学家应将跨国史视为对民族国家史的有益补充，综合运用两种视角和框架研究本国的历史。①倡导跨国史的目的是深化对民族国家历史语境的探索，也就是把国家“想象为本质上是在与外部世界的联系中存在的”，“总是卷入或参与到更大的进程和变化中去”。②通过对国家的重新定位，民族国家史学才能摆脱其固有的狭隘性和封闭性，适应全球化时代的新现实。

三 跨国转向与史学研究新领域的兴起

跨国史的兴起催生了诸多新的研究题材和研究领域，包括以国际非政府组织为对象的跨国社会史、研究跨国公司和经济全球化的跨国经济史、国际人权史、关注消费主义和大众文化传播的跨国文化史，以及国际体育史。这些新题材和新领域是在跨公共空间中发生的事态，其意义无法在民族国家的框架内加以彰显和理解。

(1)国际非政府组织(INGO)。从第一个国际非政府组织——基督教青年会世界联盟(World Alliance of Young Men's Christian Associations)于1855年成立起，国际非政府组织在一个半世纪的时间里获得空前的发展。到2000年，国际非政府组织已达47098个。③国际非政府组织在促进基本人权、保护环境、维护世界和平、实施人道主义救助以及参与全球治理等方面发挥日益重要的作用，被视为民族国家和政府间国际组织之外的第三种国际政治力量。有学者甚至认为20世纪70年代以来非政府组织的兴起“可能会永久性地改变国家与公民之间的关系”，其“对20世纪后期的意义

① Jürgen Osterhammel, "A 'Transnational' History of Society: Continuity or New Departure?" in Heinz-Gerhard Haupt and Jürgen Kocka, *Comparative and Transnational History: Central European Approaches and New Perspectives*, New York: Berghahn Books, 2009, pp. 39-40.

② Aleida Assmann, "Transnational Memories", *European Review*, Vol. 22, No. 4, October, 2014, p. 547.

③ http://www.uia.org/statistics/organizations/1.1.1b.pdf.(2008年11月8日获取)

相当于民族国家的兴起对19世纪后期的意义”。① 政治学学者在70年代开始关注非政府组织，将其视为全球治理机制的一部分，但历史学家对非政府组织的关注相对较晚。由彼得·威利茨编辑、布鲁金斯学会出版的论文集考察了国际非政府组织对联合国议程设定、政策制定和政策实施过程的影响，并将国际非政府组织视为“世界的良心”。② 入江昭的著作则赞扬非政府组织培育了人类相互联系和相互依赖的意识，促进了全球公民社会，即全球共同体(global community)的形成。③这些研究都把非政府组织视为民族国家之外的积极力量，对非政府组织在改善人类境遇、促进世界和平等方面的贡献给予了极高的评价。

(2)跨国公司与全球资本主义的研究。资本主义从兴起之初就具有跨国性，无论是19世纪的马克思还是当代新自由主义经济学家都强调资本主义的跨国性质，而跨国公司的兴起集中体现了资本主义的跨国性。英国东印度公司和荷兰东印度公司是最早的跨国公司，在欧洲殖民扩张过程中扮演了重要角色。19世纪民族国家的兴起与跨国公司的兴起和扩张几乎是同步的，实际上一些大的跨国公司对民族国家的国家构建具有极大的影响，如19世纪的南非和20世纪的伊朗等。霍布斯鲍姆在1995年出版的《极端的年代》中对跨国公司给予了特别的关注。④ 杰弗里·弗里登在《全球资本主义在20世纪的兴衰》中探讨了1790年以来的资本主义史和全球化进程。⑤对跨国公司和全球资本主义的研究也可以为民族国家历史研究提供新

① Leste M. Salamon, “The Rise of Nonprofit Sector”, *Foreign Affairs*, Vol. 73, No. 4, Jul/Aug., 1994, p. 109.

② Peter Willetts, ed., *The Conscience of the World: The Influence of the Non-Governmental Organizations in the UN System*, Washington, DC: Brookings Institution, 1996.

③ Akira Iriye, *Global Community: The Role of International Organizations in the Making of the Contemporary World*, Berkeley, C. A.: University of California Press, 2002.

④ Eric Hobsbawm, *The Age of Extreme: The Short Twentieth Century*, 1914—1991, London: Little, Brown and Company, 1995, pp. 277-281.

⑤ Jeffrey A. Frieden, *Global Capitalism: Its Fall and Rise in the Twentieth Century*, New York: W. W. Norton & Company, 2006.

的视角。阿尔弗里德·埃克斯和托马斯·蔡勒的《全球化与美国世纪》考察了以卫星通信和喷气式飞机为代表的技术革新同美国精英推行的贸易自由化和市场开放政策如何一起推动了美国风格的全球化进程以及这一进程又如何推动了美国崛起为世界大国和“美国世纪”的到来。①

(3)国际人权运动。人权观念兴起于18世纪后期的北美和欧洲，它最初是国家内部的事务。但是从20世纪初开始，现代人权运动变成跨国性的运动。随着联合国的建立和1948年《世界人权宣言》的通过，人权又成为20世纪后半期国际关系的重要议题。有关性别平等和少数族裔权利等问题长期以来一直被放在国家框架内进行研究，这些权利都被视为公民权利，即作为某一个国家的公民享有的权利。但是70年代兴起的人权观念则是把人权视为与生俱来的和普遍的，与公民身份无关。人权是一种道德权利，而不是政治权利。因此，跨国史或全球史的框架比民族国家框架更适合理解人权现象。这方面的研究从90年代开始涌现，从跨国史的角度研究人权观念的传播与发展、人权国际保护规范与机制以及人权保障实践成为热点。这方面的代表作是论文集《人权革命的国际史》。该书把二战结束到20世纪70年代称为世界事务中的“人权革命”时期，这场由政治领导人、非政府组织、人权活跃分子发起的人权革命不仅建立了人权的国际规范，而且使普遍人权的观念深入人心，并把人权保护的范围扩大到少数族裔、妇女和政治异见人士。② 另一部有影响的著作是德国学者斯特凡-路德维希·霍夫曼编辑的论文集《20世纪的人权》，作者把人权的兴起和国际化视为20世纪特定历史情境的结果，而不是一个自然的、目的论式的演进过程，提供了一个考察人权历史的新视角。③ 近年来关于人权问题的研究还包括国际人权思想的演进、人权的历史、世界人权宣言的出台、20世纪的种族灭绝暴行、非政府组织与人权、倡导人权的跨国网络等。

---

① Alfred E. Eckes, Jr. and Thomas W. Zeiler, *Globalization and the American Century*, Cambridge, England: Cambridge University Press, 2003.

② Akira Iriye, Petra Goedde and William I. Hitchcock, eds., *The Human Rights Revolution: An International History*, Oxford University Press, 2012.

③ Stefan-Ludwig Hoffmann, ed., *Human Rights in the Twentieth Century*, Cambridge University Press, 2001, p. 2.

(4)消费主义与大众文化传播。大众消费主义兴起于20世纪初的美国，随后通过美国的经济扩张和文化输出传播到世界各地。大众消费主义以及相伴的大众文化成为20世纪对人类生活产生巨大影响的跨国现象，影响了各国的经济、社会、文化与国际关系，有学者甚至认为大众消费主义的全球传播及其地方化在一定程度上促进了“冷战”的终结。① 早期的研究认为消费主义和美国大众文化传播导致世界的“美国化”和文化的同质化与单一化以及美国文化的全球主宰，而晚近的研究则越来越强调大众消费主义在不同国家的表现以及美国大众文化对当地社会的适应(地方化)。越来越多的学者不再把美国大众文化的输出和美式消费主义的扩张等同于“美国化”，转而认为世界各地的消费主义越来越多样化，美国风格的大众消费主义的传播导致了消费领域多元地方主义(multi-localism)的兴起。②较早关注大众消费主义的学者是乔治·梅森大学的彼得·斯特恩斯。他在《世界历史上的消费主义》一书中考察了作为现代现象并具有全球吸引力的消费主义在西方的起源，消费主义在俄国、东亚、非洲和中东的表现以及消费主义在当代造成的种种问题。③ 论文集《消费文化，全球视野》一书考察了消费者概念的产生和消费主义文化的发展历程，并对美国风格的消费主义对不同国家的不同影响进行了比较分析。④ 另一部论文集《消费者的制造》则把大众消费主义研究从关注消费品和消费行为转向研究消费者，来自不同学科的学者从不同视角考察了从维多利亚时代的英国和欧洲大陆到当代中国的消费者身份的演变和消费伦理的变迁。⑤

---

① Emily S. Rosenberg, “Consumer Capitalism and the End of the Cold War,” Melvyn P. Leffler and Odd Arne Westad, eds., *The Cambridge History of the Cold War*, Vol. 3, Cambridge University Press, 2010, pp. 489-512.

② Emily S. Rosenberg, “Mass Consumerism in Global Perspective”，辛德勇、王立新主编：《北大史学》，第14辑，175—228页，北京，北京大学出版社，2009。

③ Peter Stearns, *Consumerism in World History: The Global Transformation of Desire*, New York: Routledge, 2001.

④ John Brewer and Frank Trentmann, eds., *Consuming Cultures, Global Perspectives: Historical Trajectories, Transnational Exchanges*, New York: Berg, 2006.

⑤ Frank Trentmann, ed., *The Making of the Consumer: Knowledge, Power and Identity in the Modern World*, New York: Berg, 2006.

(5)国际体育。现代体育兴起于19世纪的欧洲，伴随欧洲殖民主义扩张，体育开始向西方以外的国家和地区传播，逐渐成为跨国性的活动。作为高度国际化的领域，体育极大地促进了思想、观念、人员、信息和生活方式的跨国交流以及全球相互依赖意识的形成。没有哪个行业像体育那样让世界各地具有完全不同的族裔背景、宗教信仰和文化传统的国家与人民严格遵守同一种规则，也没有哪个行业像体育让世界各地数以亿计的观众在同一时间做同样的事情，即观看和欣赏同一场比赛。在20世纪历史上，体育还成为激发民族主义力量和塑造国家认同的工具，并对国际关系产生巨大影响。体育成为国际关系工具的最著名例子就是中国的乒乓外交。美苏两国对1980年莫斯科奥运会和1984年洛杉矶奥运会的分别抵制也成为“冷战”时期大国对抗的标志。不仅体育本身是跨国现象，现在很多国家内部的体育项目也已经大大国际化了。最典型的是美国的NBA(美国职业篮球联赛)，在2005—2006赛季，NBA中有20%的球员来自国外。[①] 因此，把体育仅仅放在民族国家框架内研究是远远不够的，而必须从跨国史的视角来审视体育的影响。体育与民族主义、体育与全球化进程、体育与国际关系等问题成为近年来研究的热点。

不仅如此，跨国史还改变了一些传统研究领域的路径和方向。移民史并非新的研究领域，但传统的移民史研究受到国家中心主义观念的主导，通常将移民纳入民族国家历史中加以理解和研究，从移民输出国的“推力”和输入国的“拉力”两个方面来解释移民的原因，并着重考察移民在输入国被同化的过程。而从跨国史的视角考察移民史，则强调跨国主义而非民族主义在移民生活中的重要性，将研究重点从移民在移居国的同化过程转向移民与其来源国之间的跨国联系和双重忠诚，以及这种跨国网络对移民群体的经济生活和身份认同的影响。思想和观念的跨国流动也是传统的史学题材，但传统的研究更多关注理论、学说和思潮的跨国流动以及思想家文本的传播，而跨国思想史的研究则关注观念单元，特别是现代性观念(民主、自决、民族国家、理性、科学主义、发展、大规模生产、消费主义)的跨国传

---

① Guoqi Xu, “Sports”, in Iriye and Saunier, eds., *The Palgrave Dictionary of Transnational History*, p. 966.

播，以及这些观念单元的在地化过程，考察外来观念如何适应当地社会，为输入国精英自身的利益和目标服务。实际上，跨国史作为一种视角和方法具有非常广泛的适用性，其他的专题研究领域，如妇女史、劳工史、宗教史、城市史、技术史等都因为跨国史的引入而展现出新的面貌。

一种新的史学方法的生命力取决于其能否激发新的史学研究，开辟新的研究领域。就此而言，跨国史不是昙花一现的史学时尚，而是有着很强生命力的新的史学分支。

四 从跨国史视角重新审视20世纪世界史

跨国史的兴起不仅改变了我们研究历史的方式，也改变了我们对历史本身的理解。从跨国史而不是民族国家史的视角重新审视20世纪世界史，特别是国际关系史，会有很多新的发现。

(1)关于20世纪的历史分期。从国家中心主义的视角审视20世纪历史时，通常以一战、二战和“冷战”作为划时代的事件和历史分期的标志。这一以欧洲为中心的历史分期可能适合欧洲，但未必适合其他地区。比如，1914年在欧洲历史上具有重大意义，是一个划时代的事件，可是在其他国家历史上却没有意义，在西半球和亚洲大部分国家历史上，1914年并不是一个标志性的事件。1991年苏联解体和“冷战”结束被认为是一个划时代的事件，此后的时期通常被称为“后冷战”时代，1991年对苏联各加盟共和国可能是一个重大的历史转折，而对其他大部分国家来说，1991年并没有特殊的意义。这一分期背后隐含的是由国家中心主义导致的欧洲中心论，因为欧洲诸大国不仅代表了民族国家的原型，而且在相当长的时间内曾是强大的民族国家，所以欧洲的历史在很大程度上就成了世界的历史。而从跨国史的视角来看，20世纪70年代才是重要的历史转折时期。在70年代，东西方交流从20世纪中期的大分裂后开始恢复，世界一体化进程加深，人员、信息、资本和商品的跨国流动急剧增加，非政府组织崛起，环境保护、人口控制、跨国犯罪和人权保障等跨国问题涌现，极端主义兴起，而这些都是当代的特征，这些特征与1945年后的主题(“冷战”与国家集团之间的对抗、非殖民化与民族解放运动)大不相同。因此，入江昭认为“20 世纪 70 年代清晰地标志着一个新时代的开始，即我们所称的当代史”。①也就是说，当代史(contemporary history)的起点并非是 1945 年，甚至不是 1991 年，而是 20 世纪 70 年代。

(2)重新审视一战。传统的研究从民族国家史和国际关系史的视角来理解和书写一战的历史，认为战事始于 1914 年 7 月，终于 1918 年 11 月。无论是关于一战的起源、战争的进程还是战后的媾和，一战史叙事的重点都在欧洲，特别是西线，学者们主要关注的是战前国际体系的演进、联盟政治、军事行动、凡尔赛媾和以及战后大国对世界的瓜分。这种以欧洲为中心、关注“高端政治”(high politics)的书写模式把这场冲突视为欧洲的战争或跨大西洋的冲突。

如果从跨国史和全球史的视角来看这场战争，其面貌和意义会有很大不同。就其持续时间而言，一战不仅是一场“大战”(great war)，而且是一场“更大的战争”(greater war)，应该把 1914 年前的巴尔干战争和 1918 年 11 月后东欧的内战纳入这场战争的叙事中去。② 也就是说，一战实际上从 1912 年的巴尔干战争开始，一直持续到俄国内战的结束、1923 年 7 月洛桑条约的签订。1918 年 11 月 11 日 11 点德国在贡比涅森林火车上签署投降书(《贡比涅停战协定》)对英法来说可能意味着战争结束了，但对土耳其和东欧人来说，战争远没有结束，土耳其与希腊和协约国的战争无疑是一战的延续。一战的叙事中心不能局限在西线，东欧、东南欧和中东应该被置于重要位置。

最能体现一战史跨国特征的现象是人口迁移。在德意志、奥匈帝国和俄罗斯帝国的边境地带有大量难民逃离战火。战时的人口迁移也改变了希腊、土耳其以及巴尔干、波罗的海和高加索国家的人口构成和族群特性。一战开启了前所未有的针对平民的暴力，平民、占领区的外国人以及一些

---

① Akira Iriye, *Global and Transnational History*: *The Past*, *Present*, *and Future*, New York and London: Palgrave Macmillan, 2013, p. 39.

② Jay Winter, “The transnational history of the First World War,” *Teaching History*, No. 156, Sept., 2014, p. 20.

国家的少数族群在战争中遭受的杀戮、苦难和非人道的待遇并非微不足道的故事，而应该成为一战史的中心问题。① 而这些内容并没有被纳入以民族国家史中心的传统一战史叙事中去。

从跨国史的视角来看，一战并非单纯的民族国家或民族国家集团之间的战争，而是帝国之间的战争。无论是英、法、俄、美还是德、奥和土耳其当时都是帝国，战争期间，交战双方在全球范围内进行战争动员，同时还要面对帝国内部殖民地诉求和反抗。殖民地人民实际上也卷入战争中去，他们战争期间的角色在很大程度上影响了战争的进程。但是，在传统的关于一战的历史书写中，殖民地和附属国在战争中的角色基本上是看不见了。这样的历史叙事实际上把一战视为欧洲的战争，并没有展现出这场大战的“世界性”，无疑是偏颇的。

对战后媾和与重建国际秩序的研究几乎都集中在美国和欧洲列强的活动以及欧洲问题的解决，很少讨论非西方国家的作用(日本的作用虽有涉及，但基本上是点缀性)，殖民地和半殖民地更是被排除在关于战后媾和的叙事之外。哈佛大学历史系教授埃利泽·马尼拉在《威尔逊时刻》一书中把研究的重点从帝国体系的中心——欧洲转向边缘地带——亚非殖民地和半殖民地区，考察了威尔逊民族自决思想和媾和过程对边缘地带的影响以及边缘地带对中心地带的反抗，认为埃及、印度、中国和朝鲜民族主义者的活动与威尔逊总统的努力一样都是一战后重塑国际秩序的全球运动的一部分。②

从跨国史的视角审视一战还可以对胜负原因做出新的解释。德国和奥匈帝国只是在欧洲范围内进行战争动员，而协约国由于拥有庞大海外殖民地，可以利用世界各地的资源和人力，英国的兵员不仅来自英伦三岛，也来自从温哥华到开普敦、从孟买到阿德莱德的广大地区。而土耳其帝国内

① 详见 Peter Gatrell and Philippe Nivet, “Refuges and Exiles,” in Jay Winter, ed., *The Cambridge History of the First World War*, Vol. 3, Cambridge, England: Cambridge University Press, 2014, pp. 186-215.

② Erez Manela, *Wilsonian Moment: Self-Determination and the International Origins of Anticolonial Nationalism*, Oxford and New York: Oxford University Press, 2007.

部的不稳定特别是阿拉伯人的反抗成为同盟国失败的重要原因。

(3)“冷战”史研究的新取向。从民族国家视角审视二战后的国际关系史，学者们看到的是对抗、冲突、局部战争、核竞赛。二战后至20世纪80年代末的几乎所有重大国际关系事态都被纳入“冷战”和美苏对抗的框架中去考虑。但是，从跨国史的视角来看，把“冷战”作为观察和阐释战后国际关系史的唯一框架是偏颇的，1945—1991年至少有两个重大事态实际上与“冷战”无关或关系不大：一是非殖民化运动和亚非新国家的兴起，二是区域一体化、全球化和国际治理的深化。非殖民化虽然受到美苏对抗的影响，但其根源与这种对抗无关，从根本上说是二战的遗产。而区域一体化和全球化进程更是与美苏对抗背道而驰的，它是技术进步、资本主义扩张和跨国行为体活动的结果。不仅如此，即使是“冷战”中的两大对手实际上也有很多合作，如20世纪70年代美苏合作在全球范围内消除了天花。在“冷战”时期，美苏合作还促进了国际规范和治理机制的建立和发展，赫尔辛基协定建立的国际人权规范就是一个成功的典型。因此，一些学者提出要“摘掉冷战透镜”来看待战后国际关系史，书写超越“冷战”框架的“冷战”时期国际关系史。① 从跨国史的视角还可以对“冷战”终结的根源提出新解释。过去对“冷战”终结的解释多从国家政策着眼，要么归结为美国遏制政策(特别是里根的战略防御计划)或接触政策的成功，要么归结为苏联经济的停滞、领导人代际更替和戈尔巴乔夫的个性。总之，是从传统的民族国家框架来解释“冷战”突然终结这一令人困惑的现象。而莎拉·斯奈德则从跨国史的视角强调跨国人权网络在东欧剧变、德国统一和苏联解体中的作用。在她看来，1975年赫尔辛基最后议定书的签订导致此后由人权活跃分子构成的跨国网络的出现，在这些活跃人士和人权团体的施压下，人权逐渐成为东西方外交的核心议题，同时东欧各国不得不放松对政治异见人士的压制，允许东欧人自由流动，迫使苏联改善人权状况，而这些都成为导致东欧剧变和“冷战”终结的重要因素。斯奈德的著作富有说服力地证明了

① Matthew Connelly, “Taking Off the Cold War Lens: Visions of North-South Conflict during the Algerian War for Independence,” *American Historical Review*, Vol. 105, No. 3, June, 2000, pp. 739-769.

跨国人权团体对终结“冷战”的贡献。①实际上，在促进东西方冲突的和平解决、阻止核军备竞赛、实施人道主义救助以及防治“冷战”变为“热战”等方面，跨国性的科学家团体、环境组织、人权团体以及医生和学者组织发挥了不可替代的重要作用。②

五　对我国世界现代史研究与书写的启示

我国的世界现代史研究和书写长期以来是以国家为中心的，国家在世界现代史叙事中占据着天然的、无可置疑的中心地位，国家之外没有历史。检阅近年出版的各种版本的世界现代史教科书可以发现，其主体内容不外乎四方面：主要资本主义国家的发展历程、社会主义的建立与发展、民族独立运动和发展中国家的历史、以战争为核心的国际关系的演变。一些版本会包含少量关于科技革命、思想文化和社会生活的内容作为点缀。这种关于20世纪世界历史的叙事无疑具有合理性。20世纪见证了民族国家的兴起和成长、大国之间的竞争和冲突以及以国家名义进行的改革与革命，也经历了国家权力的集中与膨胀以及由此导致的巨大灾难。国家无疑是20世纪人类舞台上的核心角色。在可预见的将来，国家仍将是最重要的人类共同体，它在人类生活中的作用仍然无可替代。但是，当我们在21世纪的今天重新审视20世纪人类历史的时候，我们会发现，这一历史叙事漏掉了很多重要的人类经历，特别是那些有助于更好地理解我们所处时代的非国家行为体的活动和跨国性经历。同时，在一个人权保障、环境保护、打击跨国犯罪、反对国际恐怖主义和国际文化交流等已经成为常态国际事务的时代，以民族国家为中心、主要关注战争与和平问题的国际关系史叙事显然也难以满足时代的要求。因此有必要对20世纪人类历史进行重新书

① Sara Snyder, *Human Rights Activism and the End of the Cold War: A Transnational History of the Helsinki Network*, Cambridge University Press, 2011.

② Matthew Evangelista, “Transnational organizations and the Cold War,” in Melvyn P. Leffler and Odd Arne Westad, eds., *The Cambridge History of the Cold War*, Cambridge, England: Cambridge University Press, 2010, Vol. 3, pp. 400-421.

写，这种书写既可以在教科书中增加跨国史的内容，也可以专题的形式编写一部以跨国现象为内容的补充性教科书。无论采取何种形式，引入跨国史视角重新书写世界现代史都需要注意以下三个方面：

一是加强对非国家行为体，特别是国际组织（包括国际非政府组织、政府间国际组织）历史的研究，使其成为世界现代史不可分割的一部分。国际组织，作为独立于民族国家之外的力量，在20世纪人类历史上扮演了与民族国家迥然不同的重要角色。民族国家追求自私的国家利益，导致了无数次冲突与战争，民族国家的暴力机器在20世纪也制造了多次巨大的人道主义灾难（包括犹太大屠杀和苏联的"大清洗"以及红色高棉的大屠杀）。而国际组织关注正义与和平，提倡团结和互助，成为抵制和缓解国家暴力危害的重要力量。20世纪的这些痛苦、灾难和杀戮实际上主要是国家造成的，或者通过对外战争，或者通过对内镇压。而在战争和灾难中从事救援的正是国际组织，这些组织的行动代表着人类的良知，理应得到历史学家的重视。

二是将国际人权保障、教育与文化交流、消除传染性疾病、跨国环境合作以及国际体育交流等所谓"低端外交"事务写入20世纪国际关系史。这些在传统的20世纪国际关系史叙事中被忽视的领域已经成为当前国际关系中的常规议题，但我国史学界对这些领域的研究还相当滞后。当世界性战争离我们逐渐远去的时候，我们不难发现，这些"低端外交事务"无一不与我们的生活息息相关。普遍人权观念的传播、国际人权机制的建立以及国际人权保障的实践已经改变了众多弱势群体的命运，文化交流特别是大众文化的传播丰富了人类生活并正在制造一种全球共享的国际文化，根治传染性疾病拯救的生命实际上超过世界性战争造成的死亡，① 国际体育成为亿万年轻人每天生活不可缺少的一部分，而环境合作与环境治理则为我们也为我们的子孙后代提供一个美好的地球家园。难道这些不值得我们关注

① 在20世纪，约有3亿人死于天花，比该世纪因战争而死亡的人数的二倍还要多。Erez Manela，"Smallpox Eradication and the Rise of Global Governance，" in Niall Ferguson，et al.，eds.，*The Shock of the Global*：*The* 1970*s in Perspective*，Cambridge，Mass.：Harvard University Press，2010，p. 251.

和写入我们的历史教科书中吗?

三是突出跨国力量和跨国联系对各国发展和人类历史的影响。在过去200年间，世界各国的发展是不平衡的，少数国家获得了比其他国家更强大的生产、贸易和消费的能力，积累了巨大的国家实力。在探究这一现象的根源的时候，民族国家史学主要从这些国家的内部寻找原因，包括国家的文化传统、经济与政治制度以及政策与战略，但从跨国史视角探究这一问题则会发现，跨国联系在国家发展过程中扮演了重要角色，经济发展迅速的国家往往是具有广泛的跨国联系并从这种联系中获得益处的国家。① 也就是说，全球政治和经济发展不平衡的根源不仅应该在各国内部寻找，还应在各国的跨国联系中去寻找。例如，无论是美国的迅速崛起还是中国20世纪70年代末以来的经济奇迹，跨国力量都在其中扮演了至关重要的角色，前者表现为外来移民对美国发展的巨大贡献，后者则体现在海外华人和跨国公司资本的独特作用。二战后西方经济的腾飞和世界贸易的大规模增长实际上得益于布雷顿森林体系下人员、资本、商品和信息的跨国流动，包括跨国公司的巨大作用。而20世纪80年代末苏联和东欧的巨变则在相当程度上可以归因于70年代后东西方交流的恢复和这些国家跨国联系的增多。

归根结底，20世纪不仅是民族国家成长以及战争、危机与革命频发的时代，同时也是国际组织成长、国际合作增加、相互依赖加深和地区共同体兴起的时代，关于20世纪人类历史的叙事不能只专注于前者而无视后者。

（作者为北京大学历史学系教授）

---

① “AHR Conversation: Transnational History,” *American Historical Review*, Vol. 111, No. 5, Dec., 2006, p. 1460.

怎样回应文化的不可公度性问题

蒋重跃

一 问题的缘起

“不可公度性”一词译自英文 incommensurability，也有译作“不可通约性”的，英文的这个词16世纪中叶来自拉丁文。这本是一个数学概念，意思是说两个以上的数不能被同一个有理数整除，则它们就是不可公度的。后泛指比较没有共同的基础、尺度和标准①。

1962年，美国科学史家托马斯·库恩出版了他的《科学革命的结构》一书，借用这个词来指称他所理解的科学革命。据他说，一场科学革命的前后，两个科学家群体各自拥有的“范式”(paradigms)之间是不可公度的。“范式改变的确使科学家对他们研究所及的世界的看法变了”，科学家世界转变的基本原型类似于视觉格式塔②转换，“在革命之后，科学家们所面对的是一个不同的世界”，“革命之前科学家世界中的鸭子到革命之后就成了

① *Random House Webster's College Dictionary*，New York，1999，p. 666. 中国专业词典把 incommensurable 翻译为“不可通约的、无公度的、不能比较的”，见张缵绪主编：《英汉数理化词典》，538页，北京，中国标准出版社，1991。

② “格式塔”(Gestalt)，来自德文，本义是指外形、形状，是知觉(视觉)的产物。20世纪初，奥地利及德国的心理学家创立了格式塔理论，又称完形心理学。这“是一种感觉理论，它主张我们一开始就知道的是我们周围环境的组织化了的整体，而不是整体在理论上被分解成的不可还原的要素。根据这个说法，我们不能看见比图形更简单的东西……”(［英］尼古拉斯·布宁、余纪元：《西方哲学英汉对照辞典》，412页，北京，人民出版社，2001)库恩的理论即受此影响。

兔子”①。到2008年，库恩的这部著作已经有了27种语言的译本，发行逾百万册；他的这个观点在全世界产生了广泛而持久的影响，在西方学术界也曾引起强烈的质疑和争论②。20世纪90年代以来，在我国学术界也可看到一些回响，最明显的，就是有大量介绍性的文章出现在中国的学术期刊上，而“范式”这个概念也被广泛地使用。似乎顺理成章地，库恩关于范式转换的观点也被引入人文社科领域，当然也包括史学研究领域，有些论文就是在库恩的“范式”观点影响下撰写的③。2008年，美国安特罗庇谷学院教授朱新民在中国内地学术期刊发表了《偶然性与可公度性》一文，就文化之间是否可公度的问题提出一个说法，认为任何特定的文化都是偶然的，要说明两个偶然的对象可否公度，关键要看两者之间有否“共有框架”(或曰“共享框架”)，如果有，那就是可以公度的，否则就是不可共度的。

从20世纪90年代到21世纪前15年，对于中国的学术界包括史学界来说，怎样对待“不可公度性”这个观点，已然成为一个问题，摆在了学者的面前。2004年，刘家和先生在一次史学学术会议上就不可公度性与历史比较研究方法问题做了专题发言，后来，又和陈新博士一起撰写了《历史比较初论：比较研究的一般逻辑》一文，提出“比较是不可公度性与可公度性的统一”，“比较研究中，比较对象的可公度性与不可公度性随着比较者设定的比较范围或概念层次而变化”④等观点，我们的研究工作就以此为基础。

① [美]托马斯·库恩：《科学革命的结构》，金吾伦、胡新和译，101页，北京，北京大学出版社，2003。本文引用此书内容较多，为减轻烦冗，下文一般在引文后面用圆括号标注页码数字，需说明的才在页下出注。

② John Preston，*KUHN'S THE STRUCTURE OF SCIENTIFIC REVOLUTIONS A Reader's Guide*，London，New York：Continuum International Publishing Group，2008，pp. 7，104-108.

③ 例如，朱汉国：《创建新范式：五四时期学术转型的特征及意义》，载《北京师范大学学报(社会科学版)》，1999(2)；萧功秦：《从〈走向共和〉的人物形象看历史范式的转换》，载《探索与争鸣》，2003(6)；丁钢：《叙事范式与历史感知：教育史研究的一种方法维度》，载《教育研究》，2009(5)；陆杰荣、牛小侠：《“历史”范式的演进与人类“有限性”的研究》，载《求是学刊》，2012(4)。

④ 刘家和、陈新：《历史比较初论：比较研究的一般逻辑》，载《北京师范大学学报(社会科学版)》，2005(5)。

在今天的学术界，随时随处可以看到“范式”概念被广泛地使用着，当然也有不少的滥用或炒作，在西方学术的冲击下，把不可公度性当作文化发展的根本属性的观点似乎得到了许多学者的默认。有鉴于此，本文将对托马斯·库恩和朱新民的观点略作分析，然后对文化是否只有不可公度性的问题提出个人的看法，以就教于高明。

二 论文化只有不可公度性的理论困难

这里要讨论的问题是：文化之间只有不可公度性吗？这个问题来自托马斯·库恩关于“科学革命”的观点。库恩的论证路数是这样的。

科学革命前后，新旧学科共同体的“范式”之间发生了视觉格式塔式的转换，所以它们之间是不可公度的(或曰不可通约的)。用库恩的话说：“科学革命中出现的新的常规科学传统，与以前的传统不仅在逻辑上不相容，而且实际上是不可通约的。”(95)为什么会是这样的呢？

首先，对于“范式”，库恩并没有下过严格的科学定义。库恩自己说：“在我找不出更好的词汇的情况下，使用‘paradigm’(范式)一词似颇合适。”(21)1969年他在为《科学革命的结构》一书所撰写的后记中又这样说：“范式可能是什么。这是本书中遗留下的最不清晰也是最重要的问题。”(163)虽然如此，他在原书中还是试着做了一些类似定义的工作：

> “范式”一词有两种意义不同的使用方式。一方面，它代表着一个特定共同体的成员所共有的信念、价值、技术等等构成的整体。另一方面，它指谓着那个整体的一种元素，即具体的谜题解答；把它当作模型和范例，可以取代明确的规则以作为常规科学中其他谜题解答的基础。(157)
>
> 一个范式就是一个科学共同体的成员所共有的东西，而反过来，一个科学共同体由共有一个范式的人组成。(158)
>
> 一个科学共同体由同一个科学专业领域中的工作者组成。……在这种团体中，交流相当充分，专业判断也相当一致。(159)

> 所有科学共同体的成员，包括前范式时期的各学派，都共有那些我把它们集合起来称作“范式”的各种要素。(160)
>
> 一个范式支配的首先是一群研究者而不是一个学科领域。(161)
>
> 范式是共有的范例，这是我现在认为本书中最有新意而最不为人所理解的那些方面中的核心内容。(168)
>
> 这个共同体的成员究竟共有哪些东西，足以解释他们彼此间专业交流的比较充分和专业判断的颇为一致？……一个范式或一套范式。(163)

从上面的引述，可以大致看出，库恩的“范式”包含这样一些含义：某个学科从业者即所谓学科共同体所共同拥有的一个或一套范例，具体说，就是这个共同体所共同拥有的信念、价值、技术等等构成的整体，这个整体可以作为具体的科学研究工作的模型和范例。

除了“范式”之外，库恩还使用了另外两个值得关注的词，表达相同的意思：“概念网络”和“学科基质”。

科学革命就是科学家据以观察世界的概念网络的变更。①

在1969年序中，库恩写道：

> 为避免混淆我宁愿用另一个词。这个词我建议用“学科基质”(disciplinary matrix)；用“学科”一词是因为它指称一个专门学科的工作者所共有的财产；用“基质”一词是因为它由各种各样的有序元素组成，每个元素都需要进一步界定。所有或大部分我在原书中当作范式、范式的一部分或具有范式性的团体的承诺对象，都是学科基质的组成部分，并因而形成一个整体而共同起作用。(163—164)

请注意：库恩使用了三个关键词：paradigm，conceptual network 和

---

① ［美］托马斯·库恩：《科学革命的结构》，94页。这里的“概念网络”一词，英文是 conceptual network，见 Thomas S. Kuhn, *The Structure of Scientific Revolutions*, Chicago: the University of Chicago Press, 1968, p. 101.

disciplinary matrix，后文我们再作分析。

其次，更多的情况下，“范式”和“学科基质”只能靠列举构成部分来表示，结果，概念的外延较为驳杂。库恩自己承认，有人统计过，“(范式)这个词在本书中至少有二十二种用法”(163)。范式被认为是“科学成就”，为共同体提供典型的问题和解答(序，4)。有两个特征：其一，拥护者；其二，有待解决的问题，包括定律、理论、应用、仪器(9)。又是“选择问题的标准”(34)。库恩说过：“我认为，规则导源于范式，但即使没有规则，范式仍能指导研究。”(39)这说明“规则”与范式相似，只不过要更小。有时范式又被说成是教科书、课堂演讲、实验室的实验中的实例(40)。“热质说”也被说成是一种范式(27)。“只有当实验和试探性理论相互连接在一起使之达成一致时，发现才会突现出来，理论才会变成范式。”(57)“一个科学理论，一旦达到范式的地位……”(71)，可见范式又被说成是理论。“范式是一个成熟的科学共同体在某段时间内所接纳的研究方法、问题领域和解题调准的源头活水。”(95)“在学习范式时，科学家同时学到了理论、方法和标准，它们通常是彼此缠结、难分难解的。因此当范式变化时，通常决定问题和解答的正当性的标准，也会发生重大改变。”(100)“学科基质”有以下主要成分种类：符号概括、形而上学范式或范式的形而上学部分(共同体成员承诺的信念)、价值、范例。库恩所说的范例“比起学科基质中的其他成分，各组范例之间的不同更能提供给共同体以科学的精细结构。”(168)

最后，构成较为松散，且处在变动中，随时可增减变化，具有严重的不确定性。库恩说：“在科学中，一种范式是一种很少用以重复的对象。正相反，像惯例法中一个公认的判例一样，范式是一种在新的或更严格的条件下有待进一步澄清和明确的对象。”(21)“纵观整个科学领域，情况往往倒是，科学似乎是一个相当松散的结构，它的各个部分之间很少有连贯性。”(46)“在学习范式时，科学家同时学到了理论、方法和标准，它们通常是彼此缠结、难分难解的。因此当范式变化时，通常决定问题和解答的正当性的标准，也会发生重大改变。”(100)

按理，内涵越大，外延就越小，概念的所指就越接近事物个体，它们的可公度性也就越小。而决定概念内涵大小，外延数量的多少是至关重要的，同时，诸外延的结合方式更是首要的、前提性的。库恩为什么要使用paradigm、network和matrix这样三个词来具体说明他的著作标题中的structure呢？按，paradigm，今天译“样式”“范例”“范式”等，源于希腊文，作paradeigma，指工匠为建造房屋而设计的式样或模型①。Network指的是网眼编织物状的东西。Matrix这个词来源于拉丁文mātrix，本来指留作育种用的雌性动物②，所以译作母体、母本、基质等。这三个词的共同处在于，它们都来源于具体之物，从一开始就是名词，他们的所指，都可做人工干预，有很大的发展潜质和变化可能。而structure则略有不同，这个词来自拉丁文structūra，词根struct是动词，意思是“放在一起”；关键是这个词的后缀-ura（英文作-ure），专门指行动、结果和手段、工具等抽象名词的后缀。相较而言，structure作为结构是稳定的；而paradigm、network和matrix则不具有那么严格的稳定性。所以，哲学上往往使用前者而非后者。库恩用structure作书名，来表现科学革命是paradigm、network和matrix的变化，这是固定的，符合西方学术传统。但他使用paradigm、network和matrix来指谓科学革命的主体，则是有所为的③。我们知道，概念的内涵在数量和结构上越是不同，进行公度的可能性就越小。其中，如果结合方式是结构性的，如structure之类，那么，要素的数量再多，也不易随便改变内涵的性质。所以，外延要素的结合方式若用抽象的structure来表示，概念就倾向于封闭的、稳定的、不变的了，这样，可公度的概率就会大增。现在不同了，库恩使用paradigm、network和matrix这三个含义模糊、结构松散、易于变动的概念，把structure的含义做了别样的解释，无形中为学科共同体信仰的结构变化、体量增大提供了宽松的条件，也就是说，共同体信仰的个体化程度势必要更加提高，相应地，科

① Henry George Liddell，Robert Scott，*A Greek-English Lexicon*，Clarendon Press，1996，p.1307.

② *Random House Webster's College Dictionary*，New York，1999，p.861.

③ 库恩自己明确说道：“必须改变已经确立、且为大家所熟悉的概念的含义，这正是爱因斯坦理论的革命性影响的核心。”（《科学革命的结构》，94页）可见，通过改变概念的含义来理解或呈现科学革命的本质，库恩早有会心。

学信念的不可公度性也就增大了。如果 paradigm、network 和 matrix 所代表的个体化的科学传统发生了革命，结果很可能是变成了内涵几乎完全不同的另一个个体化的科学传统，于是，革命前后的两个传统看上去自然就是格式塔式的整体替换，它们之间当然是不可公度的了。至此，我们终于明白了，库恩为什么坚持要使用 paradigm、network 和 matrix 这三个学术界并不熟悉、也不习惯的术语。正因为有如此的前提，库恩才敢宣称："就像格式塔转换一样，它要么必须立即整体地变(虽然不必在瞬间完成)，要么就根本不变"(136)！

我承认，库恩的观点有启发意义。他使用"范式""学科基质""格式塔"等概念，强调感觉性、形象性和整体性，这就提醒我们要重视感觉在科学发展和科学史研究中的积极意义。而且在这三种属性的基础上，事物被个体化了，这种个体化的事物之间具有不可公度性是必然的结论，这是毋庸置疑的。从这个意义上说，库恩的论证是能够自圆其说的。不过，完全以感觉为标准来说明科学革命的结构，论证还是有问题的：其一，概念不清晰，内涵无明确定义，外延的要素驳杂且变动不居，用来描述尚可，用来论证，其有效性如何保证，令人担心。更严重的，是用 paradigms、networks 和 matrices 的不可公度性来说明科学革命的 structure，虽不能说是偷换概念，但总令人感到科学革命是相同的，有常规可寻的，这样，在科学革命的意义上，不可公度性就走向了自己的反面。其二，以学科从业者为学术共同体的单位，不是问题导向，而是学科导向，这样，所谓"科学革命"说的主要不是科学原理和方法本身的进步，而是学科共同体的斗争和冲突，其中，有科学知识成分，更有团体利益的因素，这样的所谓科学革命，与其说是科学发展，不如说更像是一场社会运动、宗教改革、政治斗争、甚至是文化革命，其中不可避免地带有大量的人事纷争和意气用事①。其三，这种所谓"革命"与现代学科分化与综合并行的发展趋势并不

① 库恩："不同范式的倡导者之间总有误解存在。……各说各的……范式之间的竞争不是那种可以由证明来解决的战斗。""竞争着的范式的支持者之间，在观点上总难有完全的沟通……总起来说这些理由已被描述为革命前与革命后的常规科学传统间的不可通约性。"(《科学革命的结构》第 12 章，133 页)

吻合，对于交叉领域的科学发展尤其有严重的抑制作用，应该警惕。总之，库恩千方百计强调“范式”“概念网络”和“学科基质”的偶然性和特殊性的一面，生怕它们归入某一个类别，目的无非就是要设法制造和保持它们的个体化的状态，因为只有这样，它们与其他同类才可能是不可公度的，科学革命才会以格式塔式转换的方式进行。

2008年，美国安特罗庇谷学院教授朱新民在中国内地学术期刊发表了《偶然性与可公度性》一文，就文化之间是否可公度的问题提出一个说法，认为任何特定的文化都是偶然的，要说明两个偶然的对象可否公度，关键要看两者之间有否“共有框架”（或曰“共享框架”），如果有，那就是可以公度的，否则就是不可共度的。以此衡量，他认为，法语哲学与英语哲学是可公度的，而中国哲学和希腊哲学则是不可公度的。文章还认为，希腊诸城邦虽然政体不同，但其政治文化之间是可以公度的，因为它们有共有框架，那就是“必须接受法律统治”；古代中国的“国”与希腊的城邦完全不同，政治文化也是不可公度的，因为中国政治传统的一个预设是“君主统治而臣民被统治”。他指出：“中国的国和希腊的城邦是两种不同的生活形式。它们是偶然的。相关的哲学表述、问题和理论也是偶然的。我们已经表明，中国传统和希腊传统完全不同。我们可以说他们是不可公度的（incommensurable）。”“在政治哲学方面，使中国传统和希腊传统可以比较的共享框架并不存在，因为这二者都是偶然的而且是不可公度的。因此，它们之间有意义的比较看起来也是不可能的。”①可见，朱新民的观点不但涉及历史文化领域，还关乎比较研究方法，值得认真对待。

什么叫“偶然的”？什么叫“共有框架”？我想，所谓“偶然的”，说的是独立的，非类别化的存在，也就是个体化的存在。所谓“共有框架”，用到“框架”这个词，就是要把文化传统当作一个形象化的整体来看待。尽管朱新民承认，以“共有框架”为前提，有的文化之间是可公度的，有的文化之间是不可公度的，但“偶然”和“框架”这两个词毫无疑问让我们看到了库恩的“范式”“概念网络”和“学科基质”的影子。有了这两个词，文化的个体化

① 朱新民：《偶然性与可公度性》，载《社会科学》，2008(11)。

程度就大大提高了，对文化做类似格式塔式的整体比较也就成了必然的选择。这样，朱新民就与库恩走到了一块。

我认为，库恩和朱新民的观点都面临着以下困难。

第一，把“不可公度性”当作“完全不同”，这不符合“不可公度性”这个概念的本义。本来，incommensurability 说的是两物有否相同的因素可以衡量。在库恩那里，科学传统之间虽然有相同的元素，但从格式塔意义上看，却是完全不同的，他把这叫作不可公度。朱新民用是否有“共有框架”来判断两个文化现象是否可公度，这的确是前进了一步，为避免把相等和可公度性混淆起来开辟了道路；可在具体论证中，他仍认为两种文化“不可公度”是因为它们“完全不同”，这显然又是库恩的影响。

第二，两人都设法阻止问题上升到普遍性的层次上，所以不能真正解决可否公度的问题。库恩想方设法把科学传统说成是个体化的东西；朱新民同样反复申明文化是“偶然性”的。在他们看来，只要事物主体是个体化的、偶然性的，它们之间自然就是不可公度的了。可是这样一来，就连很一般的问题也无法回答了。打个比方：您有两个乒乓球，“乒乓球 1”和“乒乓球 2”，您可以说“乒乓球 1”和“乒乓球 2”是不可公度的，因为任你怎么弄，也无法徒手让它们合二为一。这听起来似乎没错。可是如果有人请您告诉他/她什么是“乒乓球”，您将如何回答呢？难道您会告诉他/她您只有“乒乓球 1”和“乒乓球 2”而没有“乒乓球”么？这和古代中国“白马非马”论所遭遇的理论困境是一样的。坚持科学革命前的“旧范式”和之后的“新范式”不可公度，其实面临着同样的困境。这个困境是拒绝理论思维造成的。既然都叫作“范式”，为什么不能公度呢？如果不可公度，那为什么还要叫它们为“范式”呢？坚持希腊文化与中国文化不可公度，面临同样的困境。既然都叫作“文化”，为什么它们之间会没有可公度性呢？如果没有共同标准，那为什么又都叫作“文化”呢？

事物不可公度说的是事物之间的差异，事物之间难道只有差异么？就没有相同么？生活中我们常常会涉及事物的同和异，同是可公度的根据，有同，就证明事物是可公度的。那么为什么还非要说事物只有不可公度性呢？难道为了说明事物不可公度，就要永远把自己的思想限制在感觉的层次上？永远把对象限制在个体化的范围内，而不去勇敢地面对同异和矛盾？库恩和朱新民的共同问题在于他们都拒绝普遍性和必然性，都想方设法制造个体化和形象化效应，都试图把事物限制在特殊性和偶然性的范围内，以此维持“差异”和“不可公度性”的独立自存。其实，这是不可能的。斯宾诺莎早就有“规定即否定”的说法①，没有同，异何由而来？又何以自存？

从库恩和朱新民的观点中可以看出，要坚持文化间只有不可公度性的观点，就一定要抵制概念的要素分析，强调形象的整体描述；一定要防止它们进入普遍性的领域，限制在感觉的范围；一定要让它们尽可能地提高个体化和形象化的程度。而要做到这一点，很可能要通过往概念的内涵中不断羼入更多杂质、增强诸内容结合方式的复杂性等办法，以降低概念的层级，直到回复其本身。这就是库恩和朱新民之所以采用那样的论证策略的内在动因。可是这样做的结果，就必然陷入“白马非马”和我所设置的“乒乓球之喻”的困境。

三 上升到普遍性才能找到解决问题的根本出路

如上节所论，不可公度性的论证是建立在感觉意义上的，是把对象当作个体化的、形象化的、整体化的存在的必然结论。可是，这样做，在感觉上似乎说得通了，却无法回答不可公度性来自何处的问题，无法说明离开了可公度性不可公度性何以独立自存的问题，甚至无法解释为什么要使用具有普遍性的概念的问题。那么，究竟要怎样才能回答文化不可公度性的问题呢？我觉得，可否公度，包括文化的可否公度，其实是一个理论问题，要想理解这个问题，避免陷入上述的尴尬和困境，就必须上升到理论

① 斯宾诺莎有句名言“一切规定都是否定”(Omnis determinatio est negatio)，黑格尔发展为“一切规定性的基础都是否定”，见《小逻辑》§91，贺麟译，203页，北京，商务印书馆，1982。《小逻辑》中译者注曰：“这句话见于斯宾诺莎《通信集》第50封信。恩格斯在《反杜林论》中曾引证了这句话，见《马克思恩格斯选集》第3卷，181—182页。”

和概念的层次上，放宽视野，提升品级，有舍有得。在自在之物的意义上，世界上没有任何两物是完全相同的，这时还没有条件来谈可否公度问题，如果要谈，那只能是 acommensurability，是没有意义的。Incommensurability 和 commensurability 是相对而言的，没有后者，就没有前者，反之亦然。而要谈可公度性，就必须上升到普遍意义上，因为可公度性建立在“共性”的基础上，而“共性”已经脱离了自在之物的范畴，脱离了感觉范畴，不是我们用肉眼可以直接看到的了，也就是说，它已经是理论性的东西了！而可公度性的存在恰恰由于有不可公度性作为它的否定和限度。可见，可公度性与不可公度性是对事物作理论把握的产物，停留在感觉层次，是没有希望解决问题的。所以，要想解决可否公度问题，就一定要进入普遍性的领域，上升到理论高度。

在理论层面，前人有许多成果可以借鉴，这些见解不会妨碍科学的进步，也不会阻止学科共同体的发展，倒可以帮助加深问题的理解。

（一）惠施“小同异”和韩非“道理稽”思想的启示

关于文化的可否公度问题，古代中国哲人的思想给我很大启发。

战国时代的惠施在著名的“历物十事”中就曾指出：“大同而与小同异，此之谓小同异；万物毕同毕异，此之谓大同异。”①什么是“同”？《说文》：“同，合会也。”段注：“口皆在所覆之下，是同之意也。”②正因为“同”有“合会”之义，因而有“和”“共”“齐”“等”“皆”“通”等近义词。可见，说“同”是“共性”(universal)比说是“等同”(the same，the similar，the likeness)要更根本些，因为决定“同”具有这些含义的应该是某种共同属性。那么什么是“异”呢？《说文》：“異，分也。从廾畀。畀，予也。”“畀”即双手捧物之象。段玉裁云：“竦手而予人则离异矣。”③准此，“同”是相合，“异”是相分。事物具有共性而合会；不具有共性而分离。俗语说“物以类聚，人以群分”，

① （清）郭庆藩：《庄子集释·天下》，见《诸子集成》第 3 册，476 页，上海，上海书店出版社，1986。

② （清）段玉裁：《说文解字注》，353 页，上海，上海古籍出版社，1981。

③ 段玉裁：《说文解字注》，105 页。

所以聚合者其实就是分别；反之亦然。道理不难理解。具有共性的事物在量上总有其限度，这个限度既成就了分别，从而也就成就了聚合，“同”和“异”是相反相成的。所谓“大同”，就应该是相对较大范围的“同”；所谓“小同”就应该是相对较小范围的“同”。“大同”与“小同”相分，就叫作“小同异”，这不恰恰是说事物的“同”是有不同层级的吗？“同”包含着事物的共有属性，就思维上的作用而言，相当于概念。具体的事物是有“大同”和“小同”的分别的，“大同”对“小同”具有包涵的关系，“小同”对“大同”具有归属的关系，就像大概念、小概念，或种概念(genus)、属概念(species)的关系。如果我们可以把“同”当作若干事物的“共有框架”，那就是说，所谓“共有框架”也是有不同层级的，也就是有大小的不同。准此，两个以上事物在某个层级上没有“共有框架”，不等于在其他层级上也没有“共有框架”；在某个层级上不可公度，不等于在其他层级上也不可公度。任何事物都会因为在某个层级上有“共有框架”而可以公度，哪怕是最小公约数；也会因为在某个层级上没有“共有框架”而不可公度。具体事物就处在可公度与不可公度的矛盾之间，就像“同”和“异”所具有的相反相成的关系一样。如果只有单纯的、唯一的、绝对意义上的同，或者只有单纯的、唯一的、绝对意义上的异，那就会像朱新民所说的，有些事物有“共有框架”，所以是可公度的；有些事物没有“共有框架”，所以是不可公度的。某些事物只有同，而另一些事物只有异，这听起来与惠施所说的“毕同毕异”有相似之处。若所有事物只有相合，那就是“毕同”，它们的内涵就是“0”，外延是它们全体；若所有事物只有相分，那就是“毕异”，每物的内涵只能是自己，外延同样是自己，结果就变成了所有物的内涵是相同的，这同样相当于“0”，而外延也就成了它们全体。这样，“毕异”就成了“毕同”，“毕同”也就是“毕异”，都是纯粹的、没有任何规定性的“存在”(being)，用康德的说法，那就是不可知的“物自体”了。在“物自体”中谈论可否公度，那应该属于 a-commensurability，即无关乎可否公度问题，是毫无意义的了。

比惠施略晚，韩非在老子道论的基础上，发展出道理论，对于回答可否公度性问题具有同样的意义。韩非认为，在现象世界里，“道”是事物的普遍法则或总体本质；“理”则是具体事物的具体本质。“道”和“理”之间具有"稽"的关系，"道"强调合同，涵括所有的"理"；"理"突出分别，把"道"表现在具体之物中。凡物存在皆有其"道"，具体之物则各有其"理"。可见，"道""理"具有同一关系，两者是共存的，又是相互转换的，"道"可以叫作"大理"，"理"其实就是小"道"。凡具体之物都是"道"和"理"的统一①，即都处在种属层级关系之中。

由此可见，惠施所说的"小同异"、韩非的"道理稽"，是古代中国哲人在概念的意义上认识现象世界的基本方法，这个成果有助于我们理解事物的可否公度问题。

（二）黑格尔关于个体性普遍性特殊性思想的理论指导意义

以上，我们从古代中国哲人的思想中看到了现象世界具有可公度性与不可公度性相统一的特点，也就是概念（"大同""小同"与"道""理"）合乎规则地在不同层级上转换的机制。这种情况在黑格尔那里同样得到了阐述。黑格尔关于个体性具有特殊性和普遍性相统一的观点有异曲同工的效果。

我们都知道普遍性（Allgemeinheit，英译 the universal，universality）须寓于特殊性（Besonderheit，the particular，particularity）的道理。但是，只说普遍性与特殊性的统一，对于我这个历史工作者来说还嫌过于玄虚，不切实际。好在黑格尔有"个体性"（Einzelheit，the individual，individuality）一词，他通过"个体性"，把个体事物提升到普遍性的高度上来，可以帮助我们更好地理解普遍与特殊的辩证关系，理解这个道理对于解决文化不可公度性问题的意义。

《小逻辑》的"概念论"中有这样一些段落，很值得玩味：

第 164 节：

> 概念是完全具体的东西。因为概念同它自身的否定的统一，作为

---

① 参见《韩非子·解老》；另见蒋重跃：《道的生成属性及其本体化发展——先秦道论初探》，载《南京大学学报》，2012(4)；蒋重跃：《古代中国关于事物本体的发现——"稽"字的哲学之旅》，载《南京大学学报》，2013(4)。

自在自为的特定存在，这就是个体性，构成它(概念)的自身联系和普遍性。

“个体性”作为概念，具有“自身否定的统一”，也就是概念的普遍性。

第164节的【说明】：

普遍性、特殊性、个体性，抽象地看来，也就相同于同、异、和根据。但普遍性乃是自身同一的东西，不过须明白了解为，在普遍性里同时复包含有特殊的和个体的东西在内。再则，特殊的东西即是相异的东西或规定性，不过须了解为，它是自身普遍的并且是作为个体的东西。同样，个体事物也须了解为主体或基础，它包含有种和类于其自身，并且本身就是实体性的存在。这就表明了概念的各环节有其异中之同，有其差别中的确立的不可分离性(160节)。

“个体性”包含着种和类于其自身，那就是“普遍性”和“特殊性”，“普遍性”就包含着“特殊性”，两者是统一的。

第167节：

……一切事物都是个体的，而个体事物又是具有普遍性或内在本性于其自身的；或者说是，个体化的普遍性。在这种个体化的普遍性中，普遍性与个体性是区别开了的，但同时又是同一的。

“个体性”与“普遍性”是同一的(“普遍性”必然包含着“特殊性”)。

第177节【附释】：

类是种的全体，种的全体就是类。这种普遍与特殊的统一就是概念。

“类”与“种”的关系就是普遍与特殊相统一的关系，这就是概念的内涵。

第 181 节【说明】：

> 现实事物乃是个体事物，个体事物通过特殊性提高其自身为普遍性，并且使自身与自身同一。

"个体事物"通过"特殊性"把自身提升为"普遍性"。

第 181 节【附释】：

> 在必然判断里，我们有一个体事物，通过它的特殊性，使它与它的普遍性即概念联系起来。在这里，特殊性表现为个体性与普遍性之间起中介作用的中项。这就是推论的基本形式。这种推论的进一步发展，就形式看来，即在于个体性和普遍性也可以取得这种中介的地位，这样一来，便形成了由主观性到客观性的过渡。

"个体性"因"特殊性"这个"中介"而与"普遍性"联系起来，成为"概念"。

第 189 节：

> 个体性同时可以被规定为普遍性。这种的中项便发展出反思的推论。①

总括起来，按照黑格尔的理解，普遍性说的是同，共相；特殊性说的是异，殊相。两者具有种和属的关系，即普遍性由特殊性构成；特殊性包含普遍性在自身内，又直接表现为个体性，所以被称为在普遍性和个体性之间起中介作用的中项。普遍性与特殊性两者统一于个体性。正是在这个意义上，黑格尔把个体性理解为概念（begriff，英译 notion），它是普遍性和特殊性的合题或根据。这样就可以说，任何事物个体都以个体性的地位包含着普遍性和特殊性的统一在自身内。认识事物，就是在类和种的统一

① ［德］黑格尔：《小逻辑》，贺麟译，334、334－335、340、353、356、356－357、366 页，北京，商务印书馆，1982。

关系中来把握，也就是在概念的种和属的关系中来把握。

个体性(individuality)这个词来自拉丁文 individuum，是希腊文 atom (英译 uncut，unmown，不可切割、不可分割)的翻译①。个体性所内含的特殊性和普遍性是可以转换的。从形式逻辑上说，在某个特定种属关系的范畴内，属(species，惠施所谓的"小同")的确是不可分的，但这种不可分性是相对而言的，就是作为这个属的某个分子的个体性。可是超出这个范畴，又会发现，原来的属其实可以转变为包含若干下一个层级的属的种(genus，惠施所谓的"大同"，韩非所谓的"道")，这个种毫无疑问是由属构成的。这样，它作为属时的个体性就成了这些构成自己的多个下级的属所共有的属性，即共性或普遍性(universality)了。其实，不论种属都可以是"物以类聚"的，关键看在哪个范畴内，而类形成的基础就在于诸多个别所分享的共性。相对于同类的个别来说，类属性就是它们的共性或曰普遍性了。

普遍性与特殊性(或种与属或"大同"与"小同")可以转换的情况对于理解事物可否公度问题同样具有重要的意义。具体地说，就是根据概念种属关系的变化来理解事物的可否公度问题。

四　余论：几个细节问题的说明

以上我们对不可公度性问题做了理论性的说明，现在，试对库恩和朱新民的若干具体观点略作分析，以申明本文的主旨。

1. 从发展方式上说：究竟是"替代"还是"扬弃"和"损益"？

托马斯·库恩的以下观点在当下的中国比较流行，即：科学革命前后，科学家对待世界的态度是完全不同的两个范式，其间是不可通约的②。

---

① ［英］尼古拉斯·布宁、余纪元：《西方哲学英汉对照辞典》，493 页。希腊文注释见 Henry George Liddell，Robert Scott，*A Greek-English Lexicon*，Clarendon Press，1996，p. 271.

② ［美］托马斯·库恩：《科学革命的结构》，95 页。这是 20 世纪 60 年代的观点，到了 80 年代，库恩的观点有所调整，承认事物之间有部分的可公度性。

或者说，同一文化内部前后不同的两种科学“范式”之间具有不可公度性。我觉得，用这个词做科学革命前后科学家世界观视觉格式塔式变换的譬喻是不恰当的。原其本义，incommensurability 说的不仅仅是诸物之间不相等，而是说诸物之间没有用相同标准衡量的可能性。例如，5、10、35 这三个数是不相等的，但却可以公度，因为它们拥有共同的除数(即公约数)5，从而可以得到整数的商 1、2 和 7，正因如此，我们说它们之间具有可公度性。按照这个道理，托勒密体系和哥白尼体系看起来不同，从前者到后者可以说是发生了视觉格式塔式的转换，但两者之间有没有相同要素可以用同一标准衡量而结果又不损毁两者整体的基本属性呢？我想应该会有的。这样看来，两者之间虽然不同，但应该是可公度的。库恩认为，范式变革前后，科学家的世界观发生了视觉格式塔式的变革，革命前的鸭子革命后变成了兔子。我以为，这个比喻仍然不能说明范式的不可公度性。鸭子当然不是兔子，两者不可混同，这毫无疑问是对的。可是，鸭子和兔子就一定不可公度么？按照可否公度概念的本义，鸭子和兔子虽然不同，但都属于动物，它们分享着作为动物的某些共有属性，这些共有属性可以用来衡量和比较鸭子和兔子在某个范畴内的差异，由此可见，鸭子和兔子显然是可以公度的。库恩借用“不可公度性”(incommensurability)这个概念来比喻科学革命前后两个范式之间具有不可混同、不可替换的关系，就是不恰当的了。

库恩在阐述不可公度性观点时使用的“范式”“世界观”“鸭子”“兔子”等词汇似乎不具有概念意义上的理论性，而 incommensurability 却恰恰是一个数学概念，含义是清晰的，严格的。说科学家的“范式”“世界观”以及“鸭子”和“兔子”“完全不同”，一个替换另一个，不可混淆，这在感觉的意义上，在修辞上，未尝不可；可是在概念意义上，则显得有些轻率，或过于随意了。因此，用含义清晰的数学概念“不可公度性”来表现科学革命先后科学家世界观“完全不同”的变化，很可能会造成思想的混乱。

替库恩着想，假如一定要用“不可公度性”这个概念，那就应该透过感觉和形象，深入事物的内在结构，看看那些“范式”“世界观”以及“鸭子”和“兔子”等是否具有可用以衡量的共同标准。

让我们再回到黑格尔。黑格尔以哲学史为例来说明自己的观点。他相信每一个有资格称作哲学的体系都是以理念为内容的，因而都是表示理念发展的一个特殊阶段或特殊环节，所以，“在哲学史上，逻辑理念的不同阶段是以前后相继的不同的哲学体系的姿态而出现，其中每一个体系皆基于对绝对的一个特殊的界说”；“故早期的哲学体系与后来的哲学体系的关系，大体上相当于前阶段的逻辑理念与后阶段的逻辑理念的关系，这就是说，早期的体系被后来的体系所扬弃，并被包括在自身之内”①。凡是历史上哲学体系被推翻，其实说的都是被扬弃。而所谓扬弃(Aufheben)，就是有吸收，有舍弃②。

黑格尔说的是哲学体系的发展，在古代中国，孔子曾就文化整体的发展问题谈过自己的看法。“子张问：‘十世可知也?’子曰：‘殷因于夏礼，所损益，可知也；周因于殷礼，所损益，可知也。其或继周者，虽百世可知也。’”(《论语·为政》)③在孔子看来，文化的发展是以“损”和“益”的方式进行的，“损”就是革除，“益”就是发扬，他认为夏、商、周三代都是以“损益”的方式发展着自己的文化，即使未来“百世”，这种方式也仍然要延续下去。这种“损益”的观点，实在是辩证发展观在古代东方的杰出先驱或精彩预演。

由此可见，所谓扬弃，所谓损益，说的都是不同发展阶段上的哲学和文化是可以有继承关系的，有继承就说明有相同的东西，因而也就有可以通约的内容。从感觉和形象的意义上，科学革命的样式或许如托马斯·库恩所说，是完全不同的科学家世界观“范式”一个替代另一个的过程，对此我没有研究，不好详论，但黑格尔的哲学扬弃说和孔子的文化损益说与大量的哲学和文化发展的经验事实相一致，是可以肯定的。

2. 从理论上说：“是否相等”还是“是否有共同标准”?

“共性”或“普遍性”(universality)并不简单地就是“相等”(the same)或“相似性”(likeness, similarity)，它需要设定起来(postulated)才可作相等

① [德]黑格尔：《小逻辑》，190页。

② [德]黑格尔：《小逻辑》，191页。

③ (宋)朱熹：《论语集注》，见《四书章句集注》，59页，北京，中华书局，1983。

或相似性来用。也就是说，即使是相等或相似，也不会是两物完全的相同，而仅仅是两物在某种意义上或某范围内、某层次上、某侧面、某程度、某阶段的相等或相似①，如此而已。看似相等或相似的东西固然是有共性的，但那只是在某种意义上说的；其实，在同样的意义上，看似不同的东西也会有共性。例如，初看起来，有神论(theism)与无神论(atheism)不但是不同的，甚至是完全相反的。可是，如果把问题设定在排斥对方这一点上，两者就具有完全一致的属性了。这种完全一致几乎可以成为两者在某种意义上的本质属性。在历史研究中，不能因为从某一个角度看到某些历史现象是可公度的或不可共度的，就断定这些历史现象在任何意义上都是可公度的或不可公度的。我们要时刻想到判断时所设定的角度、范围、层次、程度、阶段及其限度。

与此相关，共性(universality)并不一般地排斥差异(difference)。共性说的是现象是否具有普遍性，或者说，某种现象是否必然地为某种(些)事物所共有，是者，当然就有共性了。某种差异有时也会为某些事物所共有，在这种情况下，共同拥有这种差异就成了这些事物的共性。例如，甲与乙在某方面有某种差异，乙与丙在相同方面也有相同或相似的差异，这种差异都是我们可以认识到的，那么，我们就会说，在甲和乙与乙和丙之间，这种差异的存在就具有普遍性，也就是某种意义上的共性。如果非要说共性就是相同，那么也只能说，这种差异设定在某种相同或相似的关系中时就成为同。所以，当我们把共性当作同时，须知，这个同的内部是包含着差异的。也就是说，我们不能简单地用“同”来等同于“共性”；“异”也可包含在“共性”这个概念之中。“共性”只有在设定后才可叫作“同”②。

---

① ［德］黑格尔：“不要把真正的普遍性或共相与仅仅的共同之点混为一谈，实极其重要。”(《小逻辑》，第 332 页)“相等只是彼此不相同的，不同一的事物之间的同一。”(《小逻辑》，253 页)

② 上文提到，按照库恩的叙述，科学革命的结构显示了范式、概念网络和学科基质的不可公度性，可是如果每一次科学革命都是不可公度的，而且这种不可公度性还有相同的方式、相同的步骤、相同的阶段，那么，所谓科学革命的结构就应该具有普遍性，也就是说应该具有可公度性了。所以，论证范式等不可公度的结果，却反倒说明科学革命的可公度性，岂不是悖论？

从黑格尔的观点看来，在可认知的具体事物中，“共有框架”总会存在的；而按照惠施的“大同”“小同”，韩非的“道”“理”的区分，“共有框架”就有大小的不同。初等数学中两数的公约数有时不止一个，而是多个。希腊城邦本来就有君主制，不管多少，“君主统治臣民被统治”的政治现象总是存在的；在中国的先秦时期，法律也不是吃素的，臣子援引习惯法与君主抗争并获得成功的故事也时有发生①，这种行事在古代中国的政治文化中也是受到赞扬的，与亚里士多德所谓习惯法比成文法更有权威、所涉及的事情也更加重要的思想是一致的②。生活在后代的人们往往容易根据自己的好恶来夸大或贬低古代某种传统的意义。其实，不论在古代希腊还是古代中国，法律实质上都是统治者实施统治和治理的一种手段或曰工具，只不过，相较而言，在希腊，它在思想观念和文化传统上被认为具有更强一些的独立性，而在中国，这种独立性相对要弱一些罢了，可这却改变不了它作为统治手段或工具的性质。从这个意义上说，古代希腊和古代中国的政治传统是可以公度的，因为他们共享了“事实上以法律为工具”的做法，因而才可以用这同一个“框架”来衡量其异同。可是如果只站在某一个角度和层次，就很难找到共有框架，反倒更容易看到具有不可公度性的情况了。如果承认某个所谓共有框架之上还有更大的框架，之下还有更小的框架，其中某一个框架不过是种属关系中某一层级的概念；如果还能承认某物的其他方面与某个共有框架同时存在着别的共有框架，那就会发现，任何具体事物(如朱新民所谓的“偶然性事物”)，都是既可公度又不可公度的，关键要看站在什么角度、什么方面，以及哪个层次上，不能把自己看到或希望看到的某一个方面某一个层次上的框架当作唯一的、绝对的、永恒的标准，这就是问题的根本所在③。

---

① 《左传》昭公七年芋尹无宇对楚灵王。见(清)阮元校刻：《十三经注疏》下册，2047—2048页，北京，中华书局，1980。

② [古希腊]亚里士多德：《政治学》1287^b5-6，见颜一、秦典华译本，111页，北京，中国人民大学出版社，2003。

③ 2015年12月26日，刘家和先生在“中外古史比较研究的理论与实践学术研讨会”上做了题为《历史的比较研究与不可公度性问题》的发言，对概念的种属关系、层次、运行、可否公度、比较研究等问题做了系统阐释，对笔者具有重要的指导和启发意义。

从康德以来，许多哲学家相信，现象世界中的“范畴”，其实是人类为自然界“颁布”的“法则”①。要想认识现象世界，特别是要想从本质上认识现象世界，那就一定要根据范畴和概念的规则来进行。如果以为仅仅凭着我们的感觉，仅仅凭着我们的一厢情愿，不顾范畴和概念规则，随意抓住一些“现实世界”中的材料，就作“可公度”或“不可公度”的判断，那是很危险的。文化也在现象世界中，也需要颁布法则。研究、判断文化之间可否公度，就是在为文化现象创制和颁布法则，就应该遵守创制和颁布法则本身所要求的学术和理论规则。

（作者为北京师范大学历史学院教授）

① ［德］康德：《纯粹理性批判》，邓晓芒译，杨祖陶校，106、109页，北京，人民出版社，2004。

全球史与跨国史视野下的中国与世界

——以第22届国际历史科学大会为中心

刘家峰

最近30多年来，在经济全球化进程加快和各国联系更加紧密的背景下，史学界出现了一股新的研究思潮，即超越传统的民族国家框架来考察和书写历史，这些新的研究范式被称为全球史(global history)、跨国史(transnational history)研究，目前已发展为专门的史学理论与方法，涌现出大批创新性的研究成果。

全球史与跨国史虽属同一潮流，但两者在关注对象和研究旨趣方面还是有所不同。根据全球史大家杰里·本特利的界定，全球史所探讨的是："超越了民族、政治、地理或文化等界限，对跨地区、大洲、半球甚至全球范围内的各种事务产生影响的历史进程，包括气候变迁、物种传播、传染病扩散、大规模移民、技术传播、帝国扩张运动、跨文化贸易、思想和观念的传播以及宗教信仰和文化传统的延展。"①全球史的研究对象是全球性现象和全球化进程，而跨国史的研究对象未必是全球性的，而仅仅涉及两个或多个国家与社会。跨国史研究注重将跨国视角引入民族国家的历史研究，以达到重新阐释该民族国家历史的目标。因此，全球史与跨国史研究在研究对象上是互补的，在研究方法则有一致性，其总体目标与走向都以打破过去历史学界流行的以民族国家作为研究单元和视角的研究范式，

① 引自夏继果、[美]本特利主编：《全球史读本》，45页，北京，北京大学出版社，2010。

是在全球化视野下看待各个民族国家间的互动关系。①

国际历史科学大会创办于1900的巴黎博览会，每五年一届，到今年已经开过22届。国际历史科学大会从一开始就追求超越民族主义，主张跨国研究。但早期的历史大会都在欧洲国家举行，② 参加者多为欧美史学家，不仅在体制上，而且研究实质上也难以摆脱“欧洲中心主义”或“西方文明论”的直线进步史观。当然，西方史学家自身也在不断地反思和自我批判“欧洲中心论”，检索最近20年五届国际历史科学大会的论文手册，就很清楚地看到全球史与跨国史的转向。国际历史学会已成为全球历史学家的学术共同体，在推动全球史与跨国史研究中发挥了重要的引领作用。③

由国际历史学会主办、中国史学会和山东大学承办的第22届国际历史科学大会于2015年8月23—29日在济南召开，这是该大会在其115年的历史上首次进入亚洲，进入中国，具有很强的象征意义，也使得国际历史科学大会的“国际”二字变得越来越名副其实。本届大会网上注册国家及地区90个，注册人数2765人，其中外宾人数937人，中方学者1828人；实际与会总人数2077人，其中外宾人数785人，中方学者1292人，来自76个国家和地区，涵盖了欧洲、美洲、亚洲、非洲及大洋洲的主要国家和地区，国家数目创历届之最，有19个国际组织史学组织设立了分会场。这届大会设立主题会议、专题会议、圆桌会议、联合会议、晚间会议等不同形式，总计共有175场，每场会议的召集人都至少来自两个国家，报告人至少来自4—5个国家，这在国际历史大会历史上是全球化程度最高的一次。值得一提的是，有相当一部分学者来自亚、非、南美及东欧的发展中国家，大会还专设了青年学者墙报展示，来自各个国家的75位硕士和博士生

---

① 有关全球史与跨国史研究的区别与联系，详见王立新：《在国家之外发现历史：美国史研究的国际化与跨国史的兴起》，载《历史研究》，2014(1)。

② 只有第14届(1975年旧金山)、18届(1995年蒙特利尔)和20届(2005年悉尼)是在欧洲之外。

③ 国际历史科学大会的历史可参见 Karl Dietrich Erdmann，*Toward a Global Community of Historians, the International Historical Sciences and the International Committee of Historical Sciences*，New York：Berhahn Books，2005. 中译本见山东大学课题组：《国际历史科学大会百年历程(1898—2000)》，北京，中国社会科学出版社，2015。

参加。当然，这些也要归功于中国综合国力的提升，本届大会组委会有条件为69位学者提供了机票，为124位学者提供了免费住宿。

这届大会有一个创新之处，从这届开始设立两个奖项。一个是“国际历史学会——积家历史奖”(CISH—Jaeger-LeCoultre History Prize)，用于奖励在历史研究或教学中成绩卓著的历史学家。评选办法是国际历史学会的团体会员推荐候选人，国际历史学会执行局委员投票选出。第一届历史奖颁给法国著名历史学家格鲁津斯基(Serge Gruzinski)，主要研究16—18世纪拉丁美洲历史，是全球史和跨国史研究的代表性学者，其主要著作有《思想的混血儿》(La Pensée métisse，Fayard 1999)、《那里是什么时间？现代黎明前的美洲和伊斯兰教》(Quelle heure est-il là-bas? Amérique et Islam à l'orée des temps modernes，Seuil，2008)，最近出版的著作是《鹰与龙：全球化与十六世纪欧洲在中国和美洲的征服梦》。第二个创新是首次设立“国际历史学会——山东大学青年历史学者奖”，该奖由山东大学出资，目的是鼓励、培养下一代的年轻历史学家。今年第一届颁给了中国、德国、加拿大等六位博士生。

这届大会所以能在中国成功召开，一方面是中国史学界多年来努力争取的结果，另一方面也是国际历史学会多年来追求避免欧洲中心主义的结果。正如这一届的国际历史学会秘书长弗兰克教授(Robert Frank)所言，这届大会象征着欧美学者“正从以西方观点为中心的研究摆脱出来”，在推进全球史与跨国史的研究上取得了很大成功。

这次大会对中国而言有很重要的学术、政治意义，是中国史学获得国际同行认可、国际影响力日渐增加的重要体现，也是国内外史学同行交流互鉴的良机。这次大会对国外学者深入认识中国也将产生积极而深远的影响。大会安排了丰富多彩的文化交流活动，在山东的五个城市(济南、青岛、淄博、泰安、济宁)设立卫星会议，向海外学者展示齐鲁文化。这次大会从筹备到召开，地方乃至国家领导人都非常重视。国务院副总理刘延东出席大会开幕式并发表演说，国家主席习近平为大会发来贺信。习主席在贺信中说，“历史研究是一切社会科学的基础”，强调了历史研究对国家、民族未来的重要性。

国际历史学会在讨论议题、主持人设置上也充分体现了中国史学的因素，中国学者提出的8个议题都被接受，有14位大陆学者担任会议主持人、评议人，有50多位中国学者论文报告人。在大会的各项议题中，有关中国研究最重要的是"全球视野下的中国"，它被列为大会的4个主题会议之一，习近平主席在给大会的贺信中特别提到这个议题，称赞"这是一个很好的题目"，因为"中国有着5000多年连续发展的文明史，观察历史的中国是观察当代的中国的一个重要角度。不了解中国历史和文化，尤其是不了解近代以来的中国历史和文化，就很难全面把握当代中国的社会状况，很难全面把握当代中国人民的抱负和梦想，很难全面把握中国人民选择的发展道路。中国人民正在为实现中华民族伟大复兴的中国梦而奋斗，需要从历史中汲取智慧，需要博采各国文明之长"。下面简要介绍这个主题会议的内容。

"全球视野下的中国"是中国史学会与西班牙史学会共同提出的大会主要议题，由中国史学会秘书长王建朗教授与西班牙 Maria Elizalde 教授共同担任召集人，由芝加哥大学的彭慕兰担任评议人。这场会议会期一天，共宣读14篇论文，15位报告人(其中一篇论文有两位作者)来自中国、美国、加拿大、日本、法国、西班牙、意大利、瑞士、俄罗斯、孟加拉等11个国家。论文涉及从中国古代到近代。

中国社科院历史所万明研究员提交的论文《中国的白银货币化：明朝中国与全球互动》，作者以《万历会计录》的统计数据为基础，研究结果表明明朝的财政体系已经由以实体货币转变成以白银货币为主，也就是说，中国已经从古代赋税国家转变成了现代税收国家。作者还重点分析了明朝中国与世界因为白银而产生的互动，主要是日本和美洲白银的进口，明朝的白银需求阻止了世界白银价格暴跌的可能性。她认为中国的白银货币化加强了中国和国际市场之间的联系，明朝已进入白银时代，中国也因此成为全球化的一部分。

意大利里雅斯特大学 Guido Abbattista 教授提交的论文是《"长时段启蒙运动"中的欧洲与中国：1780—1850年的文明、商业意识形态与民族群体》，他研究了马嘎尔尼访华到鸦片战争这段时间里英国人(商人、传教士等）对中国的概念和语词表达的转变，用“商业启蒙”解释这一转变发生的原因及动机。作者认为，当时所谓的“启蒙”从一开始就充斥着扩张主义的思想，也为第一次鸦片战争侵略中国做了思想准备。

美国范德比大学 Paul A. Kramer 教授提交的论文是《帝国的缺口：1868—1910 年美国排华史上的文明、例外和地缘政治的流动性》。作者指出在 19 世纪末 20 世纪初美国虽然通过排华法案，排斥绝大多数中国人入境，但对受过良好教育的士、商阶层移民却持积极欢迎态度，因此他认为这种“例外阶层”的政策性幸存与精英阶层对文明的界定和地缘性政治的流动有关，说明美国白人并非有天然的种族歧视思想。该文提出了概念化移民、帝国和社会分层政策的新框架，具有很强的解释力。

巴黎第一大学 Pierre Singaravlou 教授提交的论文是《全球化的实验室？1900 年前后的天津》，他分析了义和团运动前后，西方列强在天津如何以各自的城市建设和管理理念在中国建构一个“现代化”的城市，包括天津的公共卫生系统、自来水下水道、文化出版等，因此，这些建设让天津城特别是租界成为一个现代化和国际化萌芽的都市。

罗马大学 Valdo Ferretti 教授提交的论文是《20 世纪初的中国与国联》，指出一战之后一些东方国家变得越发重要，如中国参加了国联，第一次成为重要的国际公约成员之一。这样的活动不仅显示出中国当时的精英阶层已经在国际上发挥了更加积极的作用，也体现出当时的国际组织得到了中国官方更好更深的理解和认可，并非是我们过去所想象的中国在国际组织中处于很边缘的地位。

东京大学川岛真教授提交的论文是《中国近现代外交史上的国际主义与民族主义：朝贡体系、革命与战争》，他指出关于中国朝贡体系的评价是与中国的国家历史和国耻相关的，中国的现代外交政策是与现代的主权和现代国土领域相关的；朝贡关系的概念有时被认为是与西方帝国主义和民族主义相对的概念。

瑞士苏黎世大学 Michael Speidel 与 Anne Kolb 教授合著的《罗马帝国与中华帝国：交往与信息的收集》，认为中国古文献如《后汉书》为研究罗马帝国和中国之间真实信息的交互提供了非常丰富的资源，这些文本是以来自罗马的真实信息为基础的，当时中国已经了解罗马选举官员的制度。同时这些中国文献也表明关于罗马帝国的大部分信息只包含了西部地区，特别是埃及。在商业、地理、政治、行政和对罗马文化兴趣促使下，这类信息循环不断地并往往是间接地通过长途贸易通道(丝绸之路)传播，虽然在传输中信息中经常受损，但仍在中国历史文献中留下了可辨识的、有特色的痕迹。

孟加拉吉大港大学 Adullah Al Masum 教授提交的论文是《15 世纪早期中国和孟加拉的关系：马欢与费信的游记研究》，他通过分析马欢和费信有关孟加拉宫廷和中国对外贸易的描述来解读15 世纪早期中孟两国间的互动关系，以及他们对当时孟加拉社会文化的真实态度和观点。作者还讨论了二人的游记和访问对中孟之间的跨文化交流与外交关系的重要影响。

意大利帕多瓦大学 Salvatore Ciriacono 教授的论文《欧洲与中国丝绸(16 至 19 世纪)》提出了将丝绸作为欧洲与中国交流往来的范例，认为它在当时世界经济体系中占据中心地位。作者发现，中国生丝和丝织品的出口逐渐受到了欧洲殖民扩张和工业革命的影响，导致了进出口体系的一种改变，即丝绸从奢侈品变成大众消费品。他分析了中国国内市场、出口市场、工业化生产、消费能力、国家经济政策、贸易规则等相互之间的影响，指出丝绸在当时世界市场当中曾经发挥过巨大作用，并非是一个小角色。

西班牙庞培法布拉大学 Ander Permanyer 教授的论文是《1787—1830 年广州贸易中的西班牙环节：白银、鸦片与皇家菲律宾公司》。作者认为过去对广州鸦片贸易体系的研究大多会忽略西班牙的角色，他发掘了西班牙皇家菲律宾公司的材料，以全球化和地区视角研究探讨西班牙人与中西商人的互动，他认为马尼拉大帆船对此有更深远的影响。

俄罗斯科学院世界史研究所 Alexander Petrov 教授的论文是《19 世纪下半叶俄美公司与中国的商业联系》。俄美公司成立于 1799 年，是俄国第一个殖民地贸易公司，并且在北太平洋的一些领地(包括阿留申群岛和阿拉斯加)被授予垄断贸易特权，公司股东们最初通过向中国出售海獭皮来攫取利润，从此通过与中国的商业联系产生了深远的影响，如它使俄国人养成了喝茶的习惯，还修建了从太平洋沿岸到伊尔库茨克再到布连斯奇的道路，繁荣了从阿拉斯加到远东的广阔的贸易和经济区，并由此建立起俄国与美国、中国的联系，并增强了其对黑龙江流域的兴趣。

中国台湾"东华大学"吴翎君的论文是《外来工程师在华活动与中国的国际化进程：以 1901—1941 年中国工程师学会为个案》。中国工程师学会由莫里森创办于 1901 年，到了 20 世纪 10 年代，学会发展成为一个国际性的学术组织。一战之后，学会在中外经济、科学以及文化交流上起到了至关重要的作用，并帮助建立起了中国工程师的社会网络，把英美等国家在华的工程师学会合并成为国际工程师学会，以"团结会胜利，分裂会失败"为信条，从而加快了中国的国际化进程。

加拿大阿尔伯塔大学 Yiwei Cheng 的论文是《1910 年代晚期至 1920 年代早期中国早期的远东铁路建设与中国对俄国的"重新描述"》，分析了当时中国并存的三个政权(北京政府、广州政府和张作霖主导的奉天政府)分别同俄国谈判远东铁路的过程，结论是中国远东铁路实际上是多管齐下和中国三个不同政府开展合作的结果，作者称之为"平行外交政策"。

首都师范大学刘文明提交的论文是《1417—1733 年中国的苏禄国王墓守墓人》，考察了山东德州苏禄国王守墓人的生活经历。国王的忠实守墓人一直受到明朝官方优待，到 1733 年他们真正成为清朝公民，有一些就成为回族的伊斯兰教信徒。作者认为这些守墓人是一个特殊的离散群体，既具有难民式的离散特征，也具有烈士的离散特征。

以上是对"全球视野下的中国"主题会议论文的内容概要。在主题会议之外的其他会议上，也还有一些涉及中国的研究，这里就不一一介绍了。这些论文虽然讨论的具体议题各不相同，时代从古到近代，跨度 2000 年，彼此之间并没有一个紧凑的联系，但他们都有一个共同的主题，都采用了全球史或跨国史的研究视角，把中国置身于当时所处的全球历史环境，追寻中国与世界不同国家和地区的联系及交往互动，最终得到更全面的中国历史经验。

最近十多年来，中国史学界对全球史和跨国史的研究关注度越来越高，从这些年的会议、论文发表、著作出版的数量猛增可见一斑。首都师范大学在2004年就创办了全球史研究中心，出版《全球史评论》，在推动全球史研究和教学方面发挥重要作用。全球史和跨国史研究并不限于传统的世界史学科，很多中国史研究也越来越多地采取全球史和跨国史的视角。①在网络搜索"全球视野"研讨会，会发现有很多中国史学术会议冠以"全球视野"，② 不论这些会议论文是否都能完全运用"全球史"或"全球化"视角去研究中国问题，但至少也反映最近这些年中国史研究已经接受了全球史的观念，研究方法和视角主动转向。当然，历史学大门类下的不同学科对全球史观的适用性各不相同，如环境史、物质文化史、疾病瘟疫史、文化交流传播史、经济史等很早就受全球史观的影响，有一大批创新性的成果出现。全球史也不都是宏大叙事，也有学者提出"全球微观史"的概念，特别是从在不同文明(文化)穿行的个人生命史中探寻跨文化的联系和全球转变。③ 当然，超越民族国家史的全球史研究取向并非没有问题，尤其是对中国历史研究而言，但全球史研究的确为中国史学科提供了更宽广的研究视野，不仅仅是帮助史学家在观念上摆脱欧洲(西方)中心论，同时也要超越中国中心论，应当把我们历史上所处的地方与国家、世界联系起来，全球史与跨国史的研究视野就不仅是必要的，而且能为中国史研究开辟无限的可能性。

基于以上认识，山东大学历史文化学院计划筹备成立"全球史与跨国史研究院"。研究院拟以山东大学历史文化学院中国史、世界史、考古学

---

① 最近，首都师范大学江湄教授撰文详尽地综述了这方面的研究成果及未来发展趋向，《重新将"中国史"置于"世界史"之中——全球史与中国史研究的新方向》，见《全球史评论》第七辑，北京，中国社会科学出版社，2014。

② 仅2007年以来，简略统计有"全球视野下的史学：区域性与国际性""全球化视野下世界近现代史研究的新方法和新课题""全球视野中的中国科学史""全球视野下的青铜时代""全球视野下的江南文化研究""世界史/全球史语境中的区域史：文化史的专题研究""全球视野下的中国近代社会(1840—1949年)""全球视野下黄河文明起源与发展""全球史视野下的中国与世界""全球化进程中的商业与商人组织""全球视野下的中国西方史学史研究""全球视野下的中外关系史研究""全球化视野下的中国高等教育史暨登州文会馆150周年""全球化视野下的近代中国与世界基督教"，等等。

③ 这方面的讨论详见蒋竹山：《探寻世界的关联：全球史研究趋势与实践》，载《历史研究》，2013(1)。同期还有更多文章讨论全球史的思潮与理论实践。

三大学科为基础，与国内、海外学者、机构密切合作，开展一系列的课题研究、人才培养、通识教育及资政服务等工作，最终目标是希望以研究院的平台建设，让全球史和跨国史研究成为山大历史学科建设的一个新增长点。同时，也希望这个平台能因应国家需求，以全球史和跨国史视野来发掘中华历史文化中积极的处世之道和治理理念，为全球治理理念创新贡献历史智慧。

（作者为山东大学历史文化学院教授）

东亚的古老农具——耒

林沄

在韩国国立博物馆的藏品中，有一件青铜器是在1970年年底由大田的商人从私人收藏者处购得，经首尔商人之手，入藏国立博物馆的。该器据传出自大田一带，具体地点不可知。这件青铜盾形器虽然下部残缺，但经过表面除锈之后，发现它的正反两面均有精细的纹饰，没有衔环桥状钮的一面右上方所展示的纹饰，特别耐人寻味(图一)。

1971年，韩炳三发表《先史时代的农耕纹青铜器》一文，正确地解释这一图像是："人物双手握住农具柄部，一脚作下踩状。此农具较长，分为两叉，形制与'耒'极为相似，其下以十条横线刻绘出一方形区域以示垄沟。在耒下刻绘垄沟的表现手法，如实地反映了当时的耕作场景。"①

这幅图像的奇妙之处，在于所表现的双手持"耒"而一脚踩"耒"的耕作方式，和中国殷墟甲骨文中"耤"的象形字十分相像(图二)②。图二右上那个"耤"字，耕作者也是双手握农具柄，一足作下踩状，农具前端也是分为两叉。图二右中那个"耤"字，前端两叉的农具表现得更细致，加上了脚踩的横棍，下踩的脚形也刻了出来。图二右下的"耤"字，不过是图二右中的左右反转而已。

在殷墟甲骨文中，"耤"字多数作为表达动词"翻耕农田"用。如：

"贞：呼雷耤于明。"(合集14正，宾组卜辞，武丁时代)(图三，1)

---

① [韩]韩炳三：《先史时代农耕纹青铜器》，见《美术考古》总112集，8页，第一图②、第三图下，1971。

② 殷墟甲骨文"耤"字形体不一，可参看李宗焜编著：《甲骨文字编》，下册，1305页，北京，中华书局，2012。

意思是：询问是否叫雷这族人翻耕在“明”地的农田。

“……贞：我受甫耤在自年，三月”(合集 900 正，宾组卜辞，武丁时代)(图三，2)

意思是：询问我是否能得到甫族翻耕在“自”地的农田而获取的收成，卜问的时间在三月。

所以，甲骨文中的“耤”字虽然没表现人在操作岐头工具时形成的田垄沟，而该字在卜辞中的用法，正表明它是和农业收成有关的劳作。

韩炳三说，据传出自大田的那件青铜盾形器上一脚下踩的农具是“耒”，是很正确的。在商代的青铜器铭文中，可以见到一个作为氏族徽号使用的字(图四，1)。很明显，这个字就是“耤”字所持的农具形，只是把持它操作的人形，省略为一个手形罢了。而这个字显然就是后来小篆中“耒”字(图四，2)的原始形态，最后演变为现在汉字楷书的“耒”字(图四，3)。

耒是中国起源最早的农耕工具之一，在中国古代的神话传说中耒是神农氏发明的。《易·系辞传下》中记载：“包牺氏没，神农氏作，斫木为耜，揉木为耒，耒耨之利，以教天下。”用现代汉语来说就是：伏羲氏去世之后，神农氏兴起了。他砍削木头做成耜，弯曲木头做成耒，用它们翻耕和除草都很方便，教会了世上所有的人。在山东省嘉祥县发现的一座东汉晚期武氏家族墓地中的石筑小祠堂——武梁祠(武梁是祠主姓名)，这座祠堂的内壁有丰富的石刻画像，其中就有神农氏的像。像旁有说明文字：“神农氏因宜教田，辟土种谷，以振万民。”(神农氏根据相宜的自然条件教会人们从事农业生产，开辟土地，种植谷物，用来救助广大的人民)神农手里拿的就是一种前端分成两叉的耒。它的柄部是弯曲的，可以和前面提到的“揉木为耒”相印证(图五)。

不过，还有另外一种传说。东汉学者许慎(约 58—约 147)，写成一部字典叫《说文解字》，解释每个汉字的造字原意。他没有机会看到商代的甲骨文和金文，只能根据小篆字形来做解释，所以他说：“耒，手耕曲木也。从手推丯(音介，指‘乱草也’)。古者垂作耒耜，以振民也。”他把小篆中从耒形讹变来的“木”，解释为耒的质地是木头的，他所谓的“丯”，其实是握耒柄的手形变成的。他却当成了被耒所除掉的乱草。这样一来，本来是翻掘土地用的耒，被解释成单单是除草用的农具了。他的书里保存了很多正确的汉字造字的解释，而且保存了古汉字造字的基本原则。有一部分字解释错了，是受了时代的局限，在所难免。他在耒字的解说中还介绍了耒的另一个发明者——垂（有的书上也写作倕）。在其他古书中，垂是一位能工巧匠，发明过“舟”①、“规”（画圆的圆规）、“矩”（确定直角的尺）和“准绳”②“弓”③，还造出最早的“钟”④（一种打击乐器）。有的书上说垂是神农氏的臣属⑤，有的书上则说他是“黄帝工人”⑥。也有的书上说他是尧舜时的人⑦。

从现代考古学的知识来评判上述两种耒的发明者的传说，应该是后一种传说中的垂可信程度更高一些。因为，耒这种工具，可以在田野考古中发掘古代的坑或沟时，在壁上发现它所留下的平行的齿痕。而这种齿痕，首先在殷墟发掘过程中已为中国考古工作者所熟知。1956 年在河南陕县庙底沟 HG553 北壁发现同类齿痕，“经我们仔细观察，发现是用双齿形的工具做成的，每齿的直径是 4 厘米，两齿之间的距离也是 4 厘米，有的宽达 6 厘米的”（图六，1）⑧。这个灰沟属于庙底沟二期文化，可把年代推早到公元前 2780±145 年⑨。20 世纪 70 年代在陕西临潼姜寨的发掘，在姜寨一期（属半坡类型）的坑壁上也发现了同类工具的齿痕。证明“已使用木耒一类的工具，如 H33 南壁尚保留四组木耒痕迹，每组有两条耒齿痕。齿痕间距 16 厘米，每齿宽 6 厘米”（图六，2）⑩。则可把年代推早到仰韶时代中期，即到公元前3000 年以上。众所周知，在中国古代传说中，神农氏是农

---

① 《墨子·非儒下》“巧垂作舟”。

② 《玉篇·夫部》规字条引《世本》“倕作规矩准绳也”。

③ 《荀子·解蔽》“倕作弓”。

④ 《礼记·明堂位》“垂之和钟”。

⑤ 《齐民要术一》引《世本》“倕神农之臣也”（疑是宋衷注本文）。

⑥ 《通典·乐四》引《世本》“钟黄帝工人垂所造”（疑亦是后世注本文）。

⑦ 《尚书·尧典》“帝曰：俞！咨垂汝共工”。《广雅音释》“垂，舜臣”。

⑧ 中国社会科学院考古研究所：《庙底沟与三里桥》（中英文双语版），中文 14—15 页，英文 23 页，图一二、图版玖贰，北京，文物出版社，2011。

⑨ 中国社会科学院考古研究所：《庙底沟与三里桥》，张光直序，3 页。

⑩ 西安半坡博物馆等：《姜寨——新石器时代遗址发掘报告》，43—44 页，图三三；图版一二，4，北京，文物出版社，1988。

业的创始者，而考古发现的南方的稻作农业，可以早到距今10000年以上①，北方的粟作和黍作农业也可以早到距今9000年②。而我们并没有发现时代如此之早的用耒的遗迹。目前发现用耒遗迹最早的是仰韶到龙山时代，这一考古学上的时代大体上相当于传说中由黄帝开始的“五帝时代”。这一时代正是各种文明因素逐渐出现的早期文明化的重要阶段。

由于在中国北方地区的考古工作中还不曾发现过古代的农田遗迹，只在土工工程的窖穴、房子基坑、沟渠的壁上找到过耒的齿痕。而在文献记载中，耒也不只是农具，而是一种常用的挖土的工具。例如，战国晚期韩非(约公元前280—前233)所著的《韩非子·五蠹》中说：“禹之王天下也，身执耒臿以为民先。”(禹为天下的王时，亲自拿着耒和臿做民众的领头人)禹是带领民众大规模治水的领袖，他拿着耒和臿，显然是为了挖渠修堤，而并不是为了耕田。在武梁祠内壁的石刻画像中也有禹，手里举着一件双齿的工具，正是耒。和神农像用以耕作的耒不同之处，在于通体是直的(图七)。

《周礼·考工记》中谈到耒的制作时说，耒的分叉的头部——庛——应长一尺一寸(东周时一尺约为23.1厘米，一尺一寸约合24.5厘米)，而靠近庛的柄部应长三尺三寸，而还有一段柄部应长二尺二寸，由于这三段折成一定角度(图四，1)，所以柄端和庛端的直线距离应该是六尺(约合136.8厘米)。即当时丈量耕地面积的基本长度单位——一步。但是，又强调了折角的度数是要因地制宜的。“坚地欲直庛，柔地欲勾庛，直庛则利推，勾庛则利发。”意思是，土质坚硬的需要使庛部和柄部平直，土质柔软的需要使庛部和柄部形成勾折，庛与柄平直有利于推送，庛与柄部勾折有利于翻起土壤。所以，我们现在在甲骨文和青铜器铭文中见到的耒的象形符号，柄部和分叉的头部有不同的曲折形态。像前面所举出的据传为大田出土的青铜器上的耒，庛和柄仍有一定的角度，正是适用于翻起土壤，形

① 袁家荣：《湖南道县玉蟾岩1万年以前的稻谷和陶器》，张弛：《江西万年早期陶器和稻属植硅石遗存》，均见严文明等主编：《稻作陶器和都市的起源》，31—49页，北京，文物出版社，2000。

② 赵志军：《从兴隆洼遗址浮选结果谈中国北方旱作农业起源问题》，载《东亚古物(A卷)》，北京，文物出版社，2004。

成田垄的。而武梁祠画像石中禹手持的耒，庛和柄部平直，而且较短，应是土工工程的利器。

推想耒这种双齿和翻掘土壤的工具，应该是在土质致密的黄土地带产生的。之所以作双齿形，是为了使入土时有一定宽度，而又减少阻力，双齿之间空隙不宜过宽，方可托起较大的土块。战国时耒的实物，在湖北江陵纪南城的古井中发现过(图八)①。这是保存下来的木耒的一个例子。残长109厘米，柄端残缺，所以不知原来究竟有多长。前端(即庛部)长50厘米，是分为两齿的窄长木板，双齿各套有一铁刃口，铁刃口长7厘米、宽8厘米，板上端一侧较宽，显然是供脚踩踏处。板面和双齿上都有砍制的痕迹。同一井中还发现一段长46厘米的残柄。把这件耒和前面举出的农耕纹青铜牌上的翻耕工具比较，头部的轮廓是很接近的。只是青铜牌上的工具柄和头部呈折角，而井里出土的耒柄和头部呈一直线。虽然形式有所不同，但使用的方式，都是要用脚踩踏来加强发力的。

一直到汉代，这种用脚踩踏来帮助发力的翻耕工具仍旧在使用，所以西汉淮南王刘安(公元前179—前122)组织学者写成的《淮南子》一书中，仍说到"跖耒而耕"，也就是用脚踏着耒进行耕作。前面我们已经介绍过的甲骨文中表现人踩着耒翻耕的那个字(图九，1)，到了西周的青铜器铭文中(图九，3)，踩耒翻耕的图形已经简化了，又加上"昔"(图九，2。上部表示洪水，下部为太阳，表示有洪水的日子——往昔)作为注音的符号②。再进一步演化，把拿着耒的人形也省略掉了，就变成了"耤"字(图九，4—6)。后来又加上了草字头或竹字头，成为"藉""籍"等字。但在后代，籍字仍保持有"踩踏"的意思，"狼藉"这个词，就是用狼踩得乱七八糟的样子来形容"散乱""破败"之意。

汉代的耒，至今还没有发现过实物，但在墓葬中随葬的陶俑中，发现

① 湖北省博物馆江陵纪南城工作站：《一九七九年纪南城古井发掘简报》，载《文物》，1980(10)，42—49页，图三；图九，7。

② 现代汉语中"昔"和"耤"的发音有很大差别，但据王力：《汉语语音史》(北京，中国社会科学出版社，1985)，"昔"的上古音为 siak，"耤"的上古音为 dziak。两者的元音相同，辅音都属所谓"齿头音"(实际是舌尖前音)，故可相通。

过持耒的形象。这是在河南省灵宝东汉的古墓中出土的俑(图十)①，说明直到那时耒仍在使用。更晚的时期，耒在中国土地上就退出历史舞台。这可能是因为耒的双齿在加装铁刃口后，间距已变得很小，并不比加装一字形刃口的臿(即由古耜演变而来的另一种翻掘土壤的工具)有更大的优越性了。

韩炳三在他的论文中指出，据传出自大田的那件青铜盾形器，和大田槐亭洞石棺墓出土的青铜盾形器(图十一)相似，而该墓同出的细形铜剑可定为公元前4—前3世纪②。本文无意讨论朝鲜半岛细形剑的确切年代问题，因为用槐亭洞石棺墓的细形剑来给据传出自大田的青铜盾形器断代，只是一个间接的证据。但大体上可以肯定的是：这件盾形器上的图像表明，起源于黄河流域的耒和“跖耒而耕”的农作方式，最晚在战国时代已经传入朝鲜半岛。而且，图像中那个踏着耒翻耕出一条条田垄的人，头上有两条长羽，显然是朝鲜半岛土著居民的装束，可以证明当地居民已掌握了这种耕作方式。

在黄河流域和朝鲜半岛的中间地带，即中国的东北地区，目前在田野考古中已发现了不少夏家店下层文化和夏家店上层文化遗址中留下的双齿挖土工具的遗痕(图十二、图十三均为吉林大学考古学系王立新教授提供的照片，图十二的齿距为5.5厘米－7.5厘米，图十三的齿距为9厘米－12厘米)。夏家店下层文化的年代约为公元前1900—前1500年，夏家店上层文化的年代约为公元前1000—前600年，比夏家店文化年代更早的遗址中尚未发现过耒齿的遗迹，有待今后田野工作中进一步探寻。

目前已经可知的是，耒这种古老的农具，不但传到了朝鲜半岛，还通过朝鲜半岛传到了日本。由于日本的土壤条件能保存很多木器，所以现在已经出土了不少木制的双齿形农具(图十四)③。其中第一件所示为爱知县春日井市胜川遗址出土的木制耒庛，属于公元前1世纪的弥生中期，和据

---

① 河南省博物馆：《灵宝张湾汉墓》，载《文物》，1975(11)，80页，图六、图二九。

② [韩]韩炳三：《先史时代农耕纹青铜器》，见《美术考古》总112集，2页，注②，1971。

③ [日]上原真人编：《木器集成图录近畿原始编》，7页图7、8、11；9页图6，奈良，奈良国立文化财研究所，1993。

传大田所出盾形器图像所示相似(图十四，1)。第二件为千叶县茂源市国府关遗址所出木制耒庛，属于公元3世纪的古坟初始期，已经形成日本本地的特殊形态(图十四，2)。第三件为长野县长野市石川条里遗址所出连柄的双齿工具，属于公元4世纪的古坟前期(图十四，3)。第四件为大阪府丰中市上津岛遗址所出木制耒庛，属于公元5世纪的古坟中期(图十四，4)。日本学者认为图十四中的1、2、4诸例都可以绑在木质曲柄上使用(图十五，左)①，所以名之为"叉锹"，而把第三件称为"锄"。实际上，既有直柄的双齿木"锄"存在，那么所谓"锹"也可以绑在直柄上使用(图十五，右)，因而也就是耒庛了。而这种在日本分布相当广的木质双齿农具源于中国黄河流域古老的木耒，是无可置疑的。而且，在日本它至少沿用到公元5世纪，比黄河流域要晚得多。

然而，这种在东亚地区广泛流行的古农具，在其发源地却被漫长的历史淹没了。

在中国，起简明大百科全书作用的《辞海》一书，直到1979年的修订版，在耒字条中解释"耒耜"一词时，引用了一幅古代从来不曾存在过的"耒耜"图(图十六)，而解释说："耜是耒耜的铲，耒是耒耜的柄。"以至于耒成了一种臆想出来的农具的柄。这种曲解，起源于西汉时不明农业生产的学究京房(公元前77—前37)，他在注释《易·系辞传下》时把耒和耜当作同一件农具的不同部位，说"耒，耜上勾木也"。东汉时经学大师郑玄(127—200)采用了这种说法，在注释《礼记·月令》时也说"耒，耜之上曲也"。其实，像江陵纪南城战国古井中出土的那种双齿而分别加上铁冠的耒，东汉时还在使用，所以做大司农的郑众，在注释《考工记》中的耒时说：耒为耕耒，庛谓耒下歧。然而郑玄却把这种双齿有两个铁冠的农具，和"耜"(当时一般已称"臿")混为一谈，而且自作聪明地解释说："古者耜一金，两人并发之……今之耜歧头两金，象古之耦也。"②意思是：古时候的"耜"有一个金属的刃口，两个人并排翻土。现在的"耜"是分叉的头部有

---

① [日]都出比吕志：《农具铁器化の二つの画期》，载《考古学杂志》第13卷第3号，考古学研究会，1967。

② 《周礼·考工记·匠人》"耜广五寸，二耜为耦。……"郑玄注。

两个金属的刃口，是模仿古时候两个人成对作业。认为这种双齿工具可以顶两个人同时作业，这是完全脱离实际的想象之辞。但是，由于郑玄对后世经学影响巨大，把“耒耜”当作同一件农具名称，又把耒和耜作为不同部位的名称。于是“耒”仅是“耒耜”的勾曲的柄部，成为经典的见解。

于是，后代的农书中便造出符合郑说的古代“耒耜”的图形来，元代王祯(1271—1368)《农书》总的说是一本科学价值很高的著作，但其中的“耒耜”图却是败笔。《辞海》的“耒耜”图就是从王祯《农书》转引来的。这张图，应该是采用了郑玄耜是耒头金的说法，但这种金属的器口在先秦时代是不可能存在的(有点像后来起翻土作用的犁镜)。柄的下部分出一个叉，也有点像犁，却不知道怎样能安上金属头部，又无助于入土和翻土，也许只好拴上绳子牵拉用。《辞海》竟然用它作插图，实在太不科学，真正是数典忘祖了。

本文的写作目的，是恢复耒作为在东亚世界起过重要作用的古老农具的应有地位，并特别希望在中国、朝鲜半岛和日本列岛各地的考古工作者，在今后的田野工作中，继续关注并努力发现古耒的使用痕迹和实物遗存，使这种器物产生和传布的历史，越来越清楚地呈现在世人面前。

（作者为吉林大学边疆考古研究中心教授）

附图：

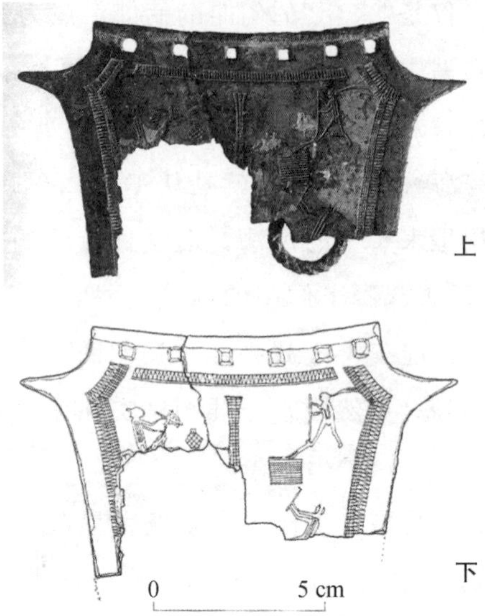

图一　据传出自大田的青铜盾形器

上：照片　下：实测图

图二　盾形器上人形图像和殷墟甲骨文"耤"字的比较

1　　　　2

图三　殷墟甲骨文中有“耤”字的词条举例

1. 合集 14 正局部　2. 合集 900 正局部

1　　2　　3

图四　汉字“耒”的历史演变

1. 商代金文　2. 小篆　3. 楷书

图五　东汉武梁祠画像石中的神农氏

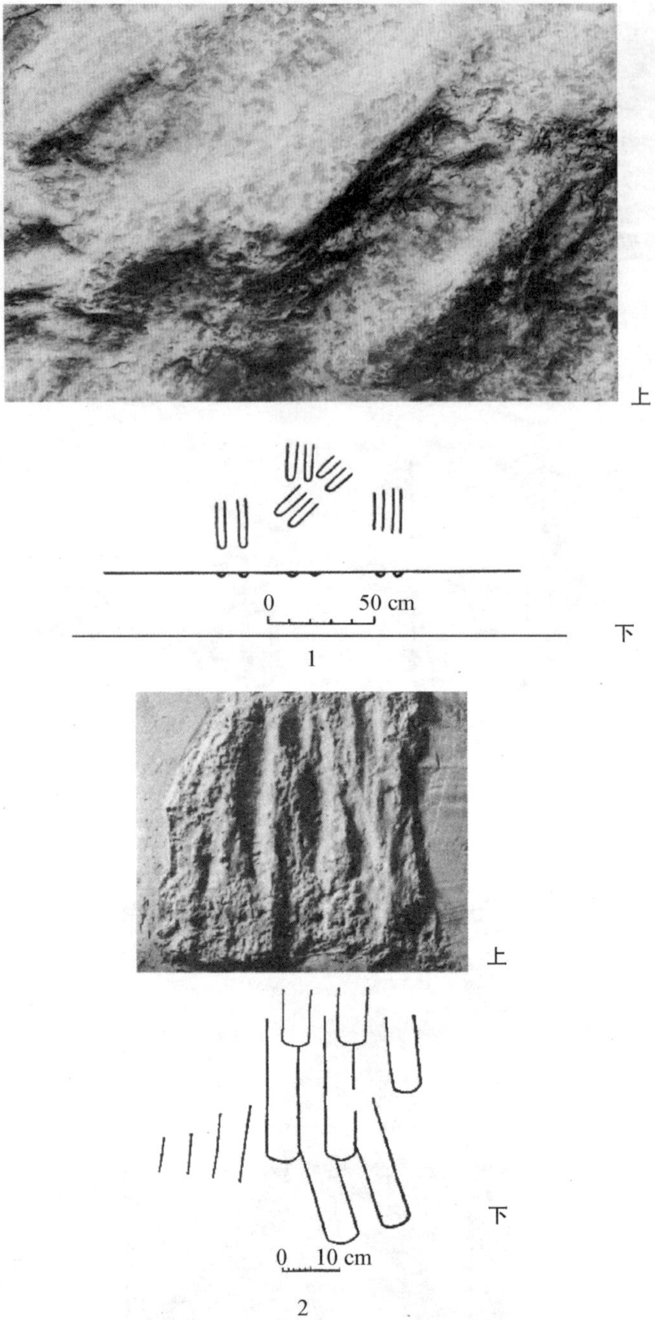

图六　田野考古中发现的耒齿痕迹

1. 庙底沟 HG553 北壁的耒齿痕迹　上：照片　下：实测图

2. 姜寨 H33 南壁的耒齿痕迹　上：照片　下：实测图

图七　武梁祠画像石中的禹

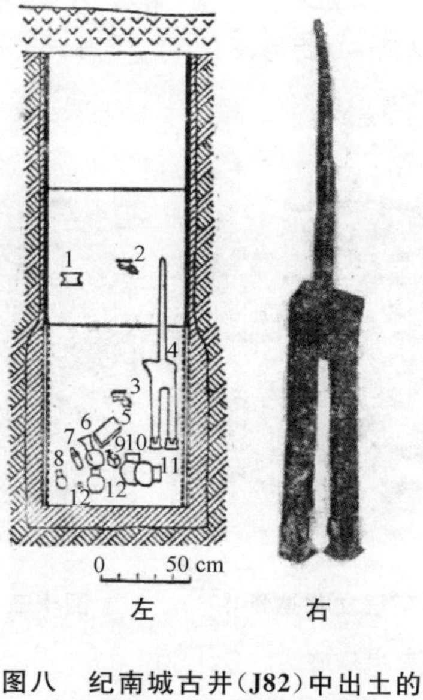

左　　右

图八　纪南城古井(J82)中出土的木耒

左：J82剖面　右：木耒照片

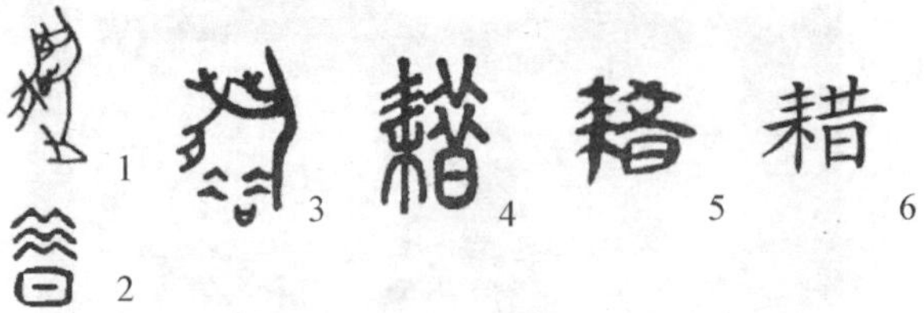

图九　汉字“耤”的历史演变

1—2. 商代甲骨文　3. 西周金文　4. 小篆　5. 秦代隶书　6. 楷书

左　　右

图十　灵宝东汉墓中出土的俑

左：照片　右：线图

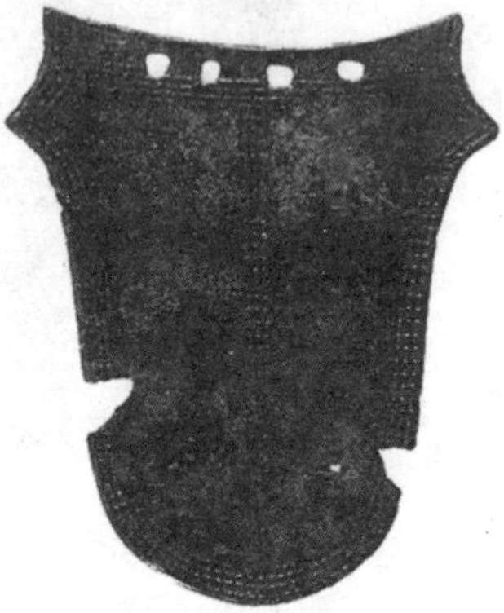

图十一　大田槐亭洞石棺墓出土青铜盾形器

图十二　夏家店下层文化遗址中发现的耒齿痕迹

图十三　夏家店上层文化遗址中发现的耒齿痕迹

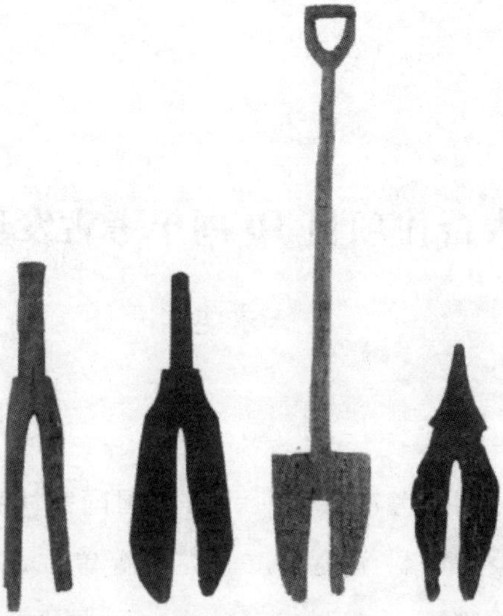

1　　2　　3　　4

图十四　日本各地发现的木耒

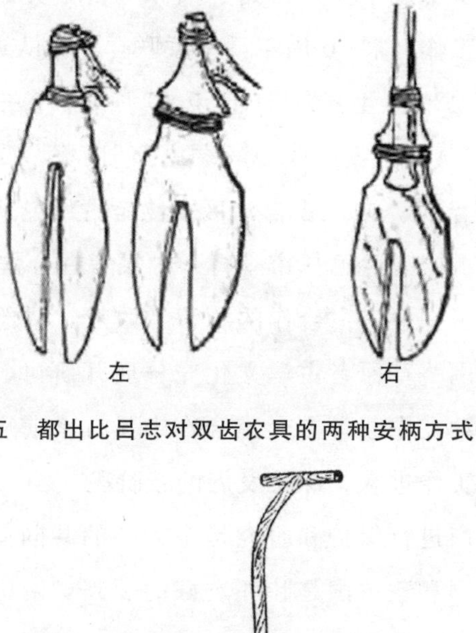

左　　右

图十五　都出比吕志对双齿农具的两种安柄方式设想

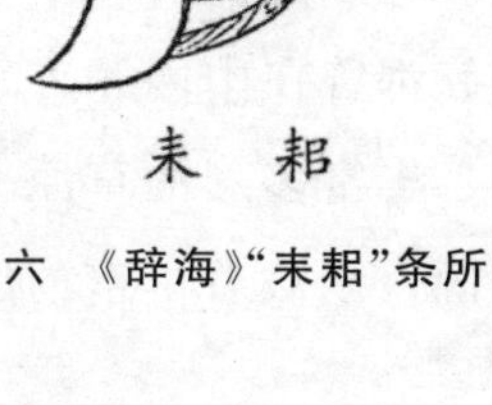

耒　耜

图十六　《辞海》"耒耜"条所附图

中蒙考古合作项目10周年考古发现与收获

陈永志

由内蒙古自治区文物考古研究所、蒙古国国家博物馆、蒙古国游牧文化研究国际学院、蒙古国科学院考古研究所等单位合作进行的“蒙古国境内古代游牧民族文化遗存考古调查、勘探、发掘研究合作项目”，经过中蒙双方多次协商与努力，于2005年正式开始实施，至2015年已历时10年，取得了重要的学术成果，并得到了国际考古学界的认可和赞誉。为了纪念中蒙考古合作工作开展10周年，中蒙联合考古队近期在蒙古国开展了一系列的宣传活动。2015年8月21日至10月9日，中蒙考古队在蒙古国国家博物馆举办了“草原游牧民族与丝绸之路”展览，受到了各国参观者的好评。10月4日至7日，内蒙古自治区文物考古研究所与蒙古国游牧文化研究国际学院在蒙古国乌兰巴托市举行了中蒙考古合作10周年国际学术研讨会，主办方回顾了中蒙考古合作的历程和收获，描绘了美好的合作新前景，各国学者纷纷围绕草原考古学文化充分展开研讨，获得了重要的学术收获。这些纪念活动在中蒙考古交流合作中具有承前启后的重要意义，标志着中蒙考古合作工作进入了深化发展的新阶段。

对历史文化遗产进行保护和研究是全人类的共同使命，因此开展国际合作尤为必要。中国和蒙古国是睦邻友好的邻邦，两国之间密切的历史文化渊源关系，决定了中蒙考古合作的特殊意义。在历史发展过程中，蒙古高原一直是游牧民族活动的大舞台，匈奴、鲜卑、柔然、敕勒、突厥、回鹘、契丹、女真、蒙古等民族都曾在中国北方地区及蒙古国留下了大量的活动遗迹，造就了绚丽多姿、丰富多彩的草原文化。蒙古国境内有着丰富的古代游牧民族文化遗存资源，承载着丰富的历史文化信息，对其进行调查、发掘及系统的研究，可以弥补历史文献稀缺之不足，促进我国民族历史文化等相关领域一些重大课题的深入研究。中蒙两国携手利用这些资源进行合作研究，有利于双方资源整合，相互借鉴，取长补短，同时也为中蒙两国人民增进互信理解、加强沟通交流搭建了一个重要的平台。2005年6月10日，内蒙古自治区文物考古研究所与蒙古国游牧文化研究国际学院、蒙古国国家博物馆共同签订《蒙古国境内古代游牧民族文化遗存考古调查、勘探、发掘研究合作项目意向书》，中蒙合作考古项目正式启动。根据协定，内蒙古自治区文物考古研究所负责中方考古队伍的组织工作，每年夏季开展三四个月调查和发掘工作，每年冬季进行1个月资料整理工作。2010年和2013年，中蒙双方又分别签订了延长合作时间的补充意向书。中蒙两国联合考古队，通过十年的考古发掘合作，取得了重要的考古发现，对蒙古国境内考古学文化遗存有了进一步的认识。

一 考古调查及发掘收获

10年时间里，中蒙联合考古队对蒙古国12个省市的60多个苏木进行了调查，共计调查各类遗址150多处，时代涵盖了石器时代、青铜时代、匈奴、突厥、回鹘、契丹、元代、清代等多个时期。中蒙联合考古队的调查及发掘工作主要集中在蒙古国的后杭爱省和布尔干省，考古调查总行程约23000多千米，总发掘面积约12000平方米。

2005年7月至9月，内蒙古自治区文物考古研究所、中国国家博物馆遥感与航空摄影考古中心、吉林大学边疆考古研究中心与蒙古国国家博物馆、蒙古国游牧文化研究国际学院、蒙古国科学院考古研究所联合组成考古队，对蒙古国中东部地区的后杭爱省、前杭爱省、布尔干省、中央省、乌兰巴托市和肯特省等7个省市的30多个苏木进行了调查，共调查文物遗址(包括岩画、石壁文字、碑刻和寺庙等)88处，其中比较重要的遗址有青铜时代多日博勒斤祭祀遗址、匈奴高勒毛都墓地、突厥温格图祭祀遗址、回鹘哈剌巴拉嘎斯古城等，获得了许多重要的收获。根据调查情况，考古队对后杭爱省浩腾特苏木的回鹘墓园群重点进行了测绘，并决定将回鹘墓园群作为发掘对象。

2006年6月至9月，中蒙联合考古队对后杭爱省浩腾特苏木乌兰朝鲁巴戈的乌布尔哈布其勒山谷3号墓园及胡拉哈山谷1号墓园进行了发掘。乌布尔哈布其勒山谷3号墓园坐西朝东，平面呈长方形，由围墙、围沟、祭祀建筑、墓葬组成。围墙夯筑而成，东西长32.5米，南北宽28.4米。东围墙中部设一门，壕沟环绕围墙外侧分布。享堂建筑已经倒塌，仅见边长7.8米、高1.5米的方形台基，台基用石头和夯土逐层垒砌，边缘砌栏墙。台基周围出土了筒瓦、板瓦、莲籽纹瓦当、兽面脊头瓦等建筑构件堆积，表明台基上原来建有祭祀性建筑。台基南侧有一座带台阶式墓道的圆形砖室墓，全长8.7米，墓室被盗，出土了马头骨、狗头骨、牛腿骨。胡拉哈山谷1号墓园坐西向东，由围墙、祭祀性建筑、墓葬组成。墓园平面为长方形，围墙长41米，宽约34米，东南设一门，门宽3米。在清理建筑台基周围倒塌堆积的过程中，发现了1座漠北回鹘汗国时期的砖室墓和8座元代的墓葬，出土了独木棺、金耳环、铜耳环、罟罟冠等遗物。发掘期间，中蒙联合考古队对中蒙边境的肯特省、苏赫巴托尔省、东戈壁省、南戈壁省、中戈壁省5个省市的13个苏木进行了考古调查，总行程近4000千米，共调查遗址(包括岩画、石人和寺庙等)23处。

2007年6月至9月，中蒙联合考古队继续对胡拉哈山谷1号墓园及周边墓葬群进行发掘，此次发掘清楚地掌握了墓园的结构，发现了围墙、门道、建筑台基、储灰坑、排水渠等遗迹。建筑台基和围墙皆用土夯筑而成，台基周围砌石头和砖块，边长12米，高2.25米。台基周围出土了大量砖石建筑构件，台基顶部当初应建有塔式建筑。在墓园及周边地区清理出1座匈奴墓、5座漠北回鹘汗国时期砖室墓及9座元代墓葬，其中回鹘砖室墓与墓园为同一时期营建。匈奴时期及元代的墓葬在地表上都有封石堆，大多数为竖穴土坑墓，少量墓葬为土洞室墓。匈奴墓出土了陶器、铜器、骨器、铁器、木器、殉牲骨等遗物。回鹘汗国时期的墓葬皆为带有墓道的砖室墓，墓室结构多样，出土遗物有陶器、木弓箭、骨弓柄附件、丝织品、皮靴、金耳环、钱币等，其中一件骨弓柄附件上刻有突厥鲁尼文。元代墓葬出土了金耳坠、金纽扣、金饰件、珍珠、织金锦袍等遗物。此外，本年度中中蒙联合考古队还发掘了浑地壕莱山谷3号墓园和周边地区的元代墓葬。浑地壕莱山谷3号墓园由围墙、围沟、建筑台基组成，围墙平面呈方形，边长约22米，墓园中央有一直径8.9米、高1.5米的夯土建筑台基，台基边缘砌砖，周围出土了许多长方形砖、板瓦、筒瓦、瓦当、莲花纹瓦当等建筑构件。元代的墓葬出土了罟罟冠、铜镜、铁刀等遗物。在发掘期间，联合考古队还对前杭爱省哈剌和林苏木和后杭爱省浩腾特苏木及其周边地区进行了考古调查，共计调查各类遗址16处。

2008年6月至9月，中蒙联合考古队对蒙古国后杭爱省浩腾特苏木浑地壕莱山谷5号、6号回鹘墓园进行了考古发掘，清理出7处建筑基址、1座回鹘墓葬和4座元代墓葬。5号墓园和6号墓园相毗邻，皆坐西向东。5号墓园由围墙、围沟、门道、建筑台基组成。围墙夯筑而成，平面呈长方形，东西长43米，南北宽29米。东围墙中部设一2米宽的门，围墙向外2米处设有围沟。5号墓园内共有5座建筑台基，皆用夯土方式建成，部分台基的边缘砌砖。1号方形建筑台基位于墓园中央，边长约14米，高1.6米。台基东部建有长5米、宽4.7米的斜坡形砖砌踏道。2号台基位于1号台基东侧2米处，依靠在墓园北围墙内侧，边缘砌砖并用白灰罩面。3号建筑基址破损非常严重，其周围的倒塌堆积中有大量的浅粉色白灰墙面。4号建筑台基位于1号台基与墓园西围墙之间，并与二者相连，东西长5.9米，南北宽4.4米，高1.5米。5号台基位于1号台基南侧1米处，依围墙西南角而建，台基边长5.1米，墙垣残高0.85米。5号墓园中出土的遗物主要为砖、瓦类建筑构件。5号墓园内共发现了3座墓葬，其中2号墓和3号墓均为竖穴土坑墓，无随葬物。4号墓是与建筑台基同时期营建的回鹘墓，此墓位于1号台基北侧2.5米处，由斜坡式墓道、甬道、和圆形墓室三部分构成。甬道和墓室皆用砖砌筑，墓室有圆形土圹。墓室直径2.4米，高2米。墓室被盗，仅剩一截成年个体的下肢碎骨。尸床上方的室壁上残存一段面积约2.3平方米的彩绘壁画，壁画图案为五朵形状相同的宝相花，四角间以朵花形角饰，这是蒙古国境内发现的第一座壁画墓。6号墓园位于5号墓园北侧。围墙平面为长方形，东西长19.4米，南北宽14.5米。东围墙中部设有门道。6号建筑台基位于6号墓园中央，以浅黄色土夯筑而成，边长5.2米，残高1米。7号建筑台基位于5号墓园西南侧的围沟之上，东西长6.75米，南北宽6.3米，残高0.65米。5号墓是竖穴土坑墓，位于7号台基顶部的建筑倒塌堆积中。7号台基东南13米处为1号墓，此墓为带有椭圆形土坑式墓道的土洞墓，洞室内发现一具木棺和一具儿童尸骨。

2009年6月至9月，中蒙联合考古队对后杭爱省浩腾特苏木乌布尔哈布其勒山谷5号墓园进行了考古发掘，清理出回鹘时期墓葬1座，元代墓葬5座，同时还发现了围墙、围沟、门址、建筑台基等重要的遗迹及大量的砖瓦类建筑构件。5号墓园坐西向东，围墙边长65米，墙外挖有围沟，东墙中部设门道。墓园内坐落3座建筑，1号建筑位于墓园中央，2、3号建筑对称分布于1号建筑的东南、东北两侧。建筑均已倒塌，台基被大量砖瓦建筑构件所覆盖。1号台基以土、石、砖混筑台心，边长约16米，高2.5米。1号台基顶部原来应有石条及木头等建筑材料构建的围栏，台基四角设有角螭。2、3号建筑台基形制相近，东西长约13.5米，南北宽10米，面阔三间，进深一间。台基边缘以条砖和方砖包砌。墓园东墙的门道建筑为殿堂式，门道两侧的隔墙与东围墙垂直相交，隔墙长4.6米、宽0.9米，隔墙之间的过道宽4.2米。门道中部放置长方形的门砧石和门槛石，门址东侧的围沟沟壁两侧分别有两排木桩，据此可知围沟上曾建有通向墓园门道的木桥。墓园内共计发现5座打破1号建筑的元代墓和1座夹藏在台基之中的回鹘墓。回鹘墓与墓园同时期营建，墓葬由墓门、甬道、墓室组成，在地表上起建，并暗藏在1号台基内部。回鹘墓全长10.3米，墓室直径3.9米，墙壁残高0.89米。墓室和甬道之间出土了大量被扰动的人骨和少量动物骨骼，人骨分属于3个个体。墓园中出土的遗物有砖、莲花纹瓦当、兽面脊头瓦、陶器、骨器、铜器、石质建筑构件等。元代墓葬埋葬草率，随葬遗物稀少。

2010年6月至9月，中蒙联合考古队对后杭爱省浩腾特苏木都根乌珠尔遗址和阿德根哈里雅尔遗址进行了发掘，并对回鹘富贵城、回鹘磨延啜祭祀遗址、前杭爱省哈喇和林苏木和后杭爱省浩腾特苏木的突厥回鹘石头堆遗址进行了调查。考古队在都根乌珠尔遗址内共计清理了25处遗迹，其中 3 处为长方形石头堆积，7 处方形石板堆积，11 处圆形石头堆积，3 处喇嘛庙废墟，1 处附属于喇嘛庙的垃圾坑。在 56 号方形石板堆积中，出土了破碎的人骨和铁锤、铁镊子、铁刀、铁条等遗物。喇嘛庙址中出土了一些铁器、铜器、瓷片。阿德根哈里雅尔遗址经发掘后确认为清代的屯兵遗址。该遗址分为东、西两部分，西部的房屋为地面式，地表暴露出 47 条大小不一、形制多样的火炕，东部共计有 291 余处排列整齐的房屋，全部为半地穴式，门向南开。考古队对遗址东部的 2 处房屋和遗址西部的 5 条火炕进行了发掘。这个遗址应是清朝军队深入漠北蒙古高原协同喀尔喀部抗击准噶尔部时的驻扎营地之一。

2011 年 7 月至 9 月，中蒙联合考古队对后杭爱省浩腾特苏木赫列克斯浩莱山谷 5、6 号墓园进行了发掘。5、6 号墓园皆坐西向东，由壕沟、围墙、门道、台基式建筑构成。5 号墓边长 46 米，东墙中间的门道宽 5 米，围墙外有两重壕沟。5 号墓园中央的建筑台基内暗藏着砖砌墓室，是将祭祀性台基建筑和墓葬组合在一体的一种特殊结构。由于墓室被盗，考古队对墓室进行了抢救性清理。墓室直径 3.6 米，残高 1.25 米。墓室填土内出土了少量人骨。6 号墓园的围墙夯筑而成，边长 12.5 米。东围墙及东壕沟的中部留有 2 米宽的门道，门道上方原来存有土木结构的门廊建筑。6 号墓园中央有一个边长 5.8 米、高 0.89 米的方形建筑台基，台基用石头和夯土交替向上铺筑。台基周围出土了砖瓦类建筑构件、陶器、银器、铜钱等遗物，其中一件筒瓦刻有突厥鲁尼文，但墓园内没有发现墓葬。此外，考古队在山谷内还发掘了 2 座元代的土坑竖穴墓，随葬遗物有铁弯刀、皮带、铜器、羊椎骨等。发掘期间，考古队还调查了中戈壁省瓷器城等 5 处遗址。

2012 年 6 月至 8 月，中蒙联合考古队对后杭爱省浩腾特苏木巴彦朝格图山夯土台遗址进行了发掘。该夯土台呈方形，边长 13 米，高 2.3 米，以浅黄色黏土夯筑而成。夯土台东侧有斜坡形夯土踏道，踏道长 22 米、宽 4 米。夯土台顶部有一盗坑，盗坑内出土了少量人骨和大量动物骨骼。该夯土台与回鹘都城哈剌巴拉嘎斯古城遥遥相望，可能是古城外围的烽燧。发掘期间，联合考古队还对前杭爱省、后杭爱省、巴彦洪格尔省的 12 处遗址进行了调查。

2013年7月至8月，中蒙联合考古队对苏赫巴托省德力格尔汗山周边地区进行了专项调查，调查总行程约1500千米，调查了新石器时代、青铜时代、匈奴、突厥、契丹和元代的文化遗存共10余处，重点调查了乌兰朱和新石器时代遗址、乌兰朱和文化青铜时代的墓葬区、查干额力格岩画群、恩格尔布查匈奴墓地、德力格尔汗山布拉格突厥文碑铭、毕其格图石壁文字遗存等重要文物遗址。德力格尔汗山是蒙古国东部地区各个时期考古学文化遗存较为集中分布的区域，这里分布着新石器时代到元代的许多文化遗存。通过此次考古调查，我们对德力格尔汗山地区各时期考古学遗存的分布规律、文化特征及属性有了较深的认识。

2014年6月至9月，考古队对布尔干省达欣齐楞苏木詹和硕遗址和后杭爱省乌贵诺尔苏木塔林和日木遗址进行了考古发掘。詹和硕遗址由2个圆形土包组成，1号土包清理后发现房址1座、窑炉1座、灰坑1座、墓葬5座。房屋为半地穴式，长10米，宽7米，建于匈奴时期。5座墓葬全部为竖穴土坑式，分别属于回鹘、契丹等不同时期。2号土包清理后发现1座匈奴时期房屋和1座突厥墓。塔林和日木遗址由三座城址组成，此次发掘地点为西城中央的墩台，发现了1座柔然时期的竖穴土坑墓，出土了陶罐、金头饰、弓弭、铜项饰、铜手镯及指环、铁剑等遗物。

2015年6—9月，中蒙联合考古队对蒙古国布尔干省布雷杭盖苏木宝拉格遗址进行了考古发掘，并在去年发掘的基础上，对后杭爱省乌贵诺尔苏木的塔林和日木遗址进行第二次考古发掘。宝拉格遗址位于布尔干省布雷杭盖苏木，本年度共发掘了1座祭祀台基、1座砖窑、1座葬马坑。祭祀台基为山谷中心处的一座坐西朝东的大型覆斗形土台，土台建于平地之上，最高为1.95米。基底呈方形，东西长17.2米，南北长16.9米。顶部居中有一个开口直径1.5米的圆形盗坑，盗坑内出土擦擦1件，还有大量的现代生活废弃物。土台顶部平面呈方形，边长约10米。平面上的四个角分别放置扁平的石块，根据石块的形状和位置推测系柱础石。石块间还垒砌了土坯矮墙，土台的东侧居中有一长斜坡形踏道。初步推测该遗迹为一座亭式建筑的台基，用途可能与祭祀有关。砖窑呈椭圆形，东西向外长径5.85米，内长径4.5米；南北向外短径4.8米，内短径4.1米。窑门位于窑室的东北方向，拱形券顶门，两侧窑壁由土坯垒砌，门内填满了倒塌的土坯和砖。火塘在窑室内前方，窑门入口处。窑床位于窑室后半部，窑箅已经坍塌，烟囱位于窑室后壁的两侧，窑墙保存情况参差，门内北侧保存较好，保留有20层土坯垒砌的窑壁，以上开始向内逐渐叠涩起券，推测该窑应为馒头形。葬马坑坐落在一处朝向东北的阴坡上，地表为石堆，平面分布大致呈圆形，直径约4.5米。清理发现一具完整的马骨。马体左侧卧，头西尾东，马口内有铁马衔和骨马镳，头右侧有一件铁矛头，銎内留有木柄残迹。马胸下垫有一块石头，马背上有木马鞍残迹，马背上铁甲3片，马右腹侧有一件铁马镫，墓葬东壁有铁器一件，此外，还有羊的椎骨、肋骨和肢骨。对塔林和日木遗址的考古发掘主要在中蒙联合考古队在去年工作的基础上，重点发掘了ⅠA土台遗迹。同时发掘了ⅠA顶部的晚期祭坛。此外，在Ⅱ号城址的中心土台(ⅡA)的东侧发掘了一座晚期的石堆墓遗迹。经过发掘，初步判断应为一处清代时期类似敖包的祭坛。

二 学术会议、文物展览与考古报告出版

2009年夏季，中蒙联合考古队成功地在蒙古国首都乌兰巴托召开了“古代回鹘考古学文化研究国际学术研讨会”，来自中国、蒙古、俄罗斯、澳大利亚、日本、新加坡等国的考古、历史文化学者围绕中蒙联合考古工作所取得的收获进行了热烈的探讨，对于中蒙考古队将蒙古国四方形遗址确定为回鹘墓葬这一重大学术成果表示高度赞誉。2015年8月21日，中蒙联合考古队在蒙古国国家博物馆中心展厅举办了“草原游牧民族与丝绸之路暨中蒙联合考古研究十年成果展”开幕式。蒙古国教育文化科学部副部长图拉嘎，中国驻蒙古国大使馆文化参赞、乌兰巴托中国文化中心主任李薇，蒙古国科学院院长、游牧文化研究国际学院院长恩和图布信以及蒙古国历史考古方面的兄弟单位专家同人也出席了现场开幕式。图拉嘎副部长、李薇参赞分别发表贺词，祝贺中蒙联合考古十周年所取得的学术成就与重大突破。恩和图布信院长发表讲话。内蒙古文物考古研究所萨仁毕力格博士受陈永志教授委托也发表了致辞。此次成果展主要以考古出土遗物

为主，按时代序列布展，展示了匈奴、鲜卑、柔然、回鹘、契丹、元、明、清等不同时期出土文物150余件。这些文物为完善蒙古草原游牧民族考古学文化序列和谱系提供了弥足珍贵的实物资料，填补了蒙古国考古工作的诸多空白。这次展览还有一个显著特点，即采用了蒙古国国家博物馆目前最先进的声光电设备，结合景观复原、游戏互动等，综合展示了中蒙合作考古在考古研究、文物保护与修复等方面的成果与优势。开幕至今，展览吸引了来自世界上多个国家的学者与游客前来参观，观众对于中蒙合作所取得的学术成果高度评价，取得了良好的国际效应，展览将持续到2015年10月9日。

中蒙两国考古学者编写的三部考古报告及相关学术论文等科研成果，也在此次展览中登场亮相。中蒙联合考古队及时地对考古发掘资料进行整理，出版了3部(4册)考古研究报告书，撰写了10多篇简报及研究论文，取得了丰硕的科研成果。《蒙古国境内古代游牧民族文化遗存考古调查报告》为“蒙古国游牧民族文化遗存考古调查、勘探、发掘研究合作项目”成果之一，是2005年、2006年度中蒙联合考古队对蒙古国后杭爱省、前杭爱省、布尔干省、中央省、肯特省、苏赫巴托省、东戈壁省、南戈壁省、中戈壁省等10个省市的40余个苏木进行考古调查的成果展示，本书重点介绍了蒙古国境内石器时代、青铜时代、匈奴、突厥、契丹、元、明、清等多个历史时期的文化遗存，内容涉及岩画、赫列克苏尔、鹿石、四方墓、城址、碑刻、庙宇等诸多种类，基本上包括了蒙古高原游牧民族文化遗存的主要内容。该考古调查是中蒙合作撰写的第一部考古调查报告。《蒙古国后杭爱省浩腾特苏木乌布尔哈布其勒三号四方形遗址发掘报告》为“蒙古国境内古代游牧民族文化遗存考古调查、勘探、发掘研究合作项目”成果之二，是2006年度中蒙联合考古队对后杭爱省浩腾特苏木乌兰朝鲁巴戈地区乌布尔哈布其勒3号四方形遗址的考古发掘成果的详细介绍。本考古报告对发掘清理的四方形遗址的布局、结构以及砖室墓的具体情况进行了详细介绍，并对这种四方形遗址的性质、相对年代、历史背景进行了阐释，并推断这种四方形遗址是8—9世纪活动于蒙古高原的回鹘文化遗存，根据发掘墓葬的规模、形制、地望及出土的器物分析，这种奇特的四方形遗址应当是回鹘贵族或可汗的陵寝。该考古报告在全国文博考古十佳图书评选中，获得了“2008年度全国最佳考古发掘报告奖”和2010年度内蒙古自治区第三届社会科学优秀成果政府奖二等奖。《蒙古国后杭爱省浩腾特苏木胡拉哈一号墓园发掘报告》为“蒙古国境内古代游牧民族文化遗存考古调查、勘探、发掘研究合作项目”成果之三，是2006、2007年度中蒙联合考古队对蒙古国后杭爱省浩腾特苏木胡拉哈山谷1号墓园的考古发掘的研究报告。报告对墓园及周边区域的1座匈奴墓、6座回鹘墓葬和17座元代墓葬的形制结构以及出土文物进行了详细的介绍，获得了丰富的考古资料信息，真实地再现了漠北回鹘汗国的建筑技术、葬俗葬制、生产力水平，为研究漠北回鹘汗国丧葬礼仪制度增添了一批重要的考古资料。墓葬中出土的丝绸、钱币，更为直接地反映出回鹘政权与唐王朝密切的政治经济文化交流，同时也印证了汉文文献对于回鹘社会经济等方面的一些文字记述的可靠性。这些高规格的墓园，充分体现出墓主人高贵的身份地位。上述考古发掘报告首次以汉文与西里尔蒙古文两种文字编写出版，详细地介绍了中蒙合作考古取得的重大成果与学术收获，是中国考古学术研究成果在国际考古学界的闪亮展示，引起了世界各国考古学者的极大关注，标志着中蒙合作考古项目迈上了一个新的台阶。

十年磨一剑，中蒙合作考古发掘项目的进行，取得了重大的学术突破。中蒙考古队通过调查，初步掌握了蒙古国境内古代游牧民族文化遗存的分布情况，为研究蒙古高原游牧民族文明的形成与发展积累了大量基础性资料。后杭爱省匈奴墓葬的发掘，为进一步研究古匈奴人的丧葬制度、生活习俗以及人种提供了新的资料和线索。塔林和日木遗址中发现的柔然墓葬，是在蒙古高原上发现的第一座能够确认为柔然时期的古代墓葬，为柔然考古学文化的界定提供了参照标准。后杭爱省浩腾特苏木四方形遗址的发掘，弄清楚了其结构和功用，明确了文化属性，即属于称雄于蒙古草原的回鹘汗国的可汗家族或贵族墓园，从而修正了过去考古学界将之视作为单纯的祭祀性遗址的错误认识。浑地浩莱山谷5号墓园中发现的回鹘壁画墓，是蒙古国境内首次发现的第一座壁画墓，而回鹘墓园内出土的回鹘人类学资料尤为珍贵，反映出回鹘汗国时期民族成分的多源性，这是近年来回鹘考古学研究领域中的重大发现之一。布尔干省达欣齐楞苏木詹和硕辽代墓葬的考古发掘，首次在蒙古国中西部地区发现契丹墓，是辽代西北边疆防御体系建置的实物例证。后杭爱省浩腾特苏木乌布尔哈布其勒山谷5号墓园元代墓葬的发掘，发现了类型多样的墓葬结构和独木棺葬具，反映了元代漠北草原地区蒙古族这种特殊丧葬习俗的流行与普及。后杭盖省浩腾特苏木阿德根哈里雅尔遗址的发掘，发现了规划整齐、成排分布的清代兵营遗址，这个遗址应是清朝军队深入漠北蒙古高原协同喀尔喀部抗击准噶尔部时的驻扎营地之一，为研究清代的政治、军事、经济等方面的内容提供了全新的考古学资料。

当前，中俄蒙正携手推动经济战略走廊建设，全面拓展三方合作空间，搭建共同发展的新平台，特别是中国“一带一路”经济发展战略的构建，使得草原丝绸之路文化内涵的发掘与提升显得尤为重要。中蒙两国在文化领域互补性强，合作前景十分广阔。开展中蒙考古合作，对于提高游牧文化研究的国际话语权，增强国家间的文化亲近感和友好关系，具有十分重要的意义。总之，中蒙两国之间考古合作已经成功走过10周年，奠定了良好的合作基础，积累了丰富的合作经验。该项目今后将继续秉承互利共赢、务真求实、锐意进取的学术宗旨，相信在中蒙两国考古工作人员的共同努力下，未来必将取得更加丰硕的学术成果。

（作者为内蒙古自治区文物考古研究所研究员）

图书在版编目(CIP)数据

史学调查与探索 ：教育部社会科学委员会历史学学部论丛. 2016 / 教育部社会科学委员会历史学学部编 .—北京：北京师范大学出版社，2016. 8

ISBN 978-7-303-21180-7

Ⅰ. ①史… Ⅱ. ①教 … Ⅲ. ①史学—调查研究—世界 Ⅳ. ①K0

中国版本图书馆 CIP 数据核字(2016)第 189488 号

营 销 中 心 电 话 010-58805072 58807651
北师大出版社学术著作与大众读物分社 http://xueda. bnup. com

SHIXUE DIAOCHA YU TANSUO

出版发行：北京师范大学出版社 www. bnup. com
北京市海淀区新街口外大街 19 号
邮政编码：100875

印 刷：大厂回族自治县正兴印务有限公司
经 销：全国新华书店
开 本：787 mm×1092 mm 1/16
印 张：30. 25
字 数：463 千字
版 次：2016 年 8 月第 1 版
印 次：2016 年 8 月第 1 次印刷
定 价：88. 00 元

策划编辑：宋旭景 责任编辑：齐 琳 王一夫
美术编辑：王齐云 装帧设计：京鲁设计
责任校对：陈 民 责任印制：马 洁